IMPOSTOS MUNICIPAIS

para concursos

ISSQN, IPTU e ITBI

Série
DIREITO TRIBUTÁRIO PARA CONCURSOS
Coordenação: Antonio Augustos Dias Jr.

Helton Kramer Lustoza

IMPOSTOS MUNICIPAIS para concursos

ISSQN, IPTU e ITBI

5ª edição | revista atualizada ampliada

2023

EDITORA JusPODIVM
www.editorajuspodivm.com.br

EDITORA *Jus*PODIVM
www.editorajuspodivm.com.br

Rua Canuto Saraiva, 131 – Mooca – CEP: 03113-010 – São Paulo – São Paulo
Tel: (11) 3582.5757
• Contato: https://www.editorajuspodivm.com.br/central-de-relacionamento

Copyright: Edições *Jus*PODIVM

Diagramação: Equipe *Jus*PODIVM

Capa: Ana Caquetti

L972i Lustoza, Helton Kramer
Impostos Municipais para Concursos - ISSQN, IPTU e ITBI / Helton Kramer Lustoza – 5.ed., rev., atual. e ampl. - São Paulo: Editora JusPodivm, 2023.

480 p.
(Coleção Direito Tributário para Concursos)

Inclui Bibliografia
ISBN: 978-85-442-4317-6

1. Direito Tributário. 2. Impostos. 3. Concursos. I. Lustoza, Helton Kramer. II. Título.

CDD 341.39

BIBLIOTECÁRIA RESPONSÁVEL

Ana Carolina Ribeiro Mois – CRB7 – RJ 007348/0

APRESENTAÇÃO

Caro leitor, seja bem-vindo a 5ª edição do livro *Impostos Municipais*!

Com o objetivo de amparar o candidato para os concursos públicos que exigem o Direito Tributário Municipal de forma mais aprofundada, esta obra apresenta os principais temas de acordo com as exigências verificadas nas provas dos concursos e na prática tributária.

Ao mesmo tempo em que se busca uma abordagem completa e pormenorizada dos temas, evita-se as digressões que não possuem relevância para as bancas de concursos e prática tributária.

Para otimizar o estudo, o livro apresenta os principais entendimentos através de quadros de atenção, demonstrando a importância do tema e sua incidência nas provas, bem como questões discursivas respondidas pelo autor, dentre outros elementos para facilitar o aprendizado.

Nesta 5ª edição, a obra está repleta de novidades, trazendo comentários sobre a Lei Complementar 175/2020, que alterou a local de pagamento e as obrigações acessórias sobre alguns serviços no ISSQN.

Além da Lei Complementar 116/2003 anotada, a obra traz uma série de novos entendimentos atualizados do STF e STJ – baseados em julgamentos de 2021 e 2022 – acerca do ISSQN, IPTU e ITBI, dentre elas, o Tema 1113 (REsp n. 1.937.821/SP), que trata acerca da base cálculo ITBI e o tema 918 de Repercussão Geral que trata do ISSQN sobre escritórios de advocacia. Também incluímos o julgamento da ADI 1945, que tratou do ISSQN sobre software. Outro julgamento que impactou este tema foi do Superior Tribunal de Justiça no EAREsp 31.084/MS, através do qual a 1ª Seção pacificou a jurisprudência da Corte sobre a irrelevância do tipo societário escolhido pela sociedade uniprofissional como condição para o seu enquadramento no ISS-Fixo.

Esperamos, com isso, dar mais segurança aos candidatos que precisam de um material de estudo mais aprofundado e atualizado, poupando-o da busca de textos esparsos e do desperdício de tempo.

SUMÁRIO

ESTATÍSTICA DOS CONCURSOS DE PROCURADORIA MUNICIPAL

As bancas de concurso de Procuradorias Municipais em geral, sejam elas tradicionais (CESPE, FCC, FGV etc.) ou locais (bancas próprias, UFPR, PUC-PR), costumam cobrar nas provas temas relacionados à atuação prática do cargo da advocacia pública.

Apesar de cada prova ter sua particularidade é possível constatar que elas partem de uma estrutura comum ou padrão, por meio da qual haverá a valorização de algumas disciplinas em detrimento de outras. Essas informações – retiradas das estatísticas da obra Edital sistematizado da PGM – são fundamentais para aqueles que almejam traçar uma estratégia de estudo.

O primeiro gráfico demonstra as matérias que são mais cobradas no concurso de Procuradorias Municipais, destacando o direito tributário entre as três mais importantes:

1. ADMINISTRATIVO	754	17,6%
2. CONSTITUCIONAL	523	12,2%
3. TRIBUTÁRIO	507	11,8%
4. CIVIL	472	11%
5. TRABALHO	318	7,4%
6. PROCESSO CIVIL	310	7,2%
7. FINANCEIRO	253	5,9%
8. PROCESSO CONSTITUCIONAL	250	5,8%
9. PENAL	182	4,3%
10. AMBIENTAL	158	3,7%
11. PROCESSO TRABALHO	142	3,3%
12. PREVIDENCIÁRIO	103	2,4%
13. URBANÍSTICO	107	2,5%
14. CONSUMIDOR	76	1,8%

Fonte: Edital sistematizado PGM.

Essas estatísticas auxiliam o candidato a ter a real dimensão de como deve planejar seu tempo de estudo. É essencial que o candidato desenvolva uma estratégia focado nas teses que envolvam a atuação da Fazenda Pública.

O próximo gráfico apresenta as matérias que mais são cobradas em provas dissertativas de Procuradorias Municipais:

ADMINISTRATIVO	40	33,3%
TRIBUTÁRIO	22	18,3%
CONSTITUCIONAL	11	9,2%
PROCESSO CONSTITUCIONAL	11	9,2%
CIVIL	8	6,7%
TRABALHO	8	6,7%

Fonte: Edital sistematizado PGM.

E mais uma vez, o candidato pode notar que o direito tributário se destaca entre as matérias mais cobradas nos concursos da Advocacia Pública. É fundamental que, nesta fase, o candidato se prepare focando nas melhores defesas para a administração pública.

Ao mesmo tempo em que o estudo dos conteúdos precisa ser sistemático, deve, também, ser feita uma análise paralela com base no foco do cargo que será exercido. Em outras palavras, devem-se privilegiar temas específicos das procuradorias municipais, dominando assuntos que envolvem a atuação prática do Município, como impostos municipais.

Na segunda fase desses concursos, é comum haver a cobrança de Parecer ou Peça Processual (petições iniciais, contestação e recursos). É neste momento que o candidato será avaliado, tanto na parte de conteúdo quanto de como aplicará este conhecimento em uma prática simulada.

E, por fim, neste último gráfico apresentamos os temas – dentro da disciplina de direito tributário – que são mais cobrados no concurso da Advocacia Pública Municipal:

CRÉDITO TRIBUTÁRIO	112	22,1%
IMPOSTOS EM ESPÉCIE	100	19,7%
LIMITAÇÕES AO PODER DE TRIB.	74	14,6%
TRIBUTOS	68	13,4%
OBRIGAÇÃO TRIBUTÁRIA	61	12%
COMPETÊNCIA TRIBUTÁRIA	38	7,5%

LEGISLAÇÃO TRIBUTÁRIA	31	6,1%
ADMINISTRAÇÃO TRIBUTÁRIA	15	3%
LEI COMPLEMENTAR	8	1,6%

Fonte: Edital sistematizado PGM.

Desta forma, ficou mais do que evidente a importância de o candidato estudar com profundidade o tema "impostos municipais", sendo que este tema aparece na posição de segundo mais cobrado. Nada mais lógico, uma vez que, para se preparar para seara municipal, o candidato deve dominar o assunto de direito tributário que irá trabalhar no cargo almejado.

Espero que essas estatísticas tenham ajudado no planejamento de seu estudo.

Desejo sucesso nesta empreitada.

Professor Helton Kramer Lustoza

Site: www.heltonkramer.com

Facebook: www.facebook/helton.kramer

Instagram: @profheltonkramer

CAPÍTULO I
AUTONOMIA TRIBUTÁRIA DOS MUNICÍPIOS E ASPECTOS DA ARRECADAÇÃO

1. COMPETÊNCIA TRIBUTÁRIA MUNICIPAL

Competência tributária é a autorização constitucional para que determinado ente da federação (União, Estados, Distrito Federal ou Município) possa instituir tributos. Ao discriminar competências tributárias aos entes políticos, a Constituição Federal delimita o campo tributário, indicando o que estes entes podem e o que devem fazer em matéria tributária. Ou seja, a Constituição Federal não cria tributos, mas sim prevê sua criação pelos entes da federação.

Importante asseverar que a instituição de um determinado tributo somente poderá ocorrer por lei específica, consoante preceituado pelo art. 150, I, da Constituição Federal[1], que positiva o princípio da legalidade. Por conseguinte, detém competência tributária o ente que possui competência legislativa para tanto.

Consoante lecionada o doutrinador Antônio Roque Carrazza[2], competência tributária é a manifestação da autonomia da pessoa política, disciplinada pelas normas constitucionais que preveem as concretas obrigações tributárias, permitindo que o ente político possa criar, instituir tributos através de atividade legislativa. Para Paulo de Barros Carvalho a "*competência tributária, em síntese, é uma das parcelas entre as prerrogativas legiferantes de que são portadoras as pessoas políticas, consubstanciada na possibilidade de legislar para a produção de normas jurídicas sobre tributos*"[3]. Em outras palavras, é a repartição do poder de tributar, constitucionalmente atribuído

1. Art. 150. Sem prejuízo de outras garantias asseguradas ao contribuinte, é vedado à União, aos Estados, ao Distrito Federal e aos Municípios: I – exigir ou aumentar tributo sem lei que o estabeleça.
2. CARRAZZA, Roque Antônio. Curso de Direito Constitucional Tributário. 27 ed. São Paulo: Malheiros. 2010. p. 531.
3. CARVALHO, Paulo de Barros. Curso de Direito Tributário. São Paulo: Saraiva, 2005, p. 218.

aos diversos entes públicos, de modo que cada um tenha o poder de instituir e arrecadar os tributos de sua exclusiva responsabilidade.

A competência tributária não se confunde com poder irrestrito de tributar. Isso porque, o exercício da competência tributária encontra limites no ordenamento jurídico, atendo-se às normas legais que lhe atribuem validade, como o respeito ao pacto federativo, ao devido processo legislativo e observância aos princípios constitucionais tributários.

De forma sucinta, pela competência tributária, não cria tributo quem quer, mas quem pode, consoante a Constituição.

Acerca dos atributos da Competência Tributária, iremos adotar a sistemática da doutrina de Roque Antônio Carrazza[4], o qual define os seguintes: facultatividade, indelegabilidade, privatividade, incaducabilidade, inalterabilidade e irrenunciabilidade.

1.1. Espécies de competência tributária

a) ***Competência tributária privativa ou exclusiva***: É a competência exclusiva de um único ente, expressa e taxativamente enumerada na Constituição Federal como pertencente a um determinado ente público, cuidando-se faixas tributárias privativas[5]. Ou seja, a Constituição habita somente um único ente a instituir determinado tributo e, por conseguinte, proíbe os demais. No Sistema Tributário Municipal, três são os impostos privativos, previstos no art. 156 da CF, quais sejam: ITBI, ISS e IPTU.

b) ***Competência tributária residual:*** É a competência atribuída para a União criar impostos e contribuições de seguridade que não estejam no rol de sua competência privativa. Seguridade social abrange previdência, assistência e saúde. A União pode criar contribuições para financiar essas três áreas. A competência residual da União está no art. 154, I[6] e no art. 195, § 4º[7], da CF. O art. 154, I, trata da competência residual da União para criar impostos não previstos expressamente na CF. o dispositivo exige lei complementar, não cumulatividade, e base de cálculo e fatos geradores diversos dos impostos previstos na CF. em regra, os tributos são criados por lei ordinária. O segundo requisito é a não cumulatividade, sendo o que foi pago anteriormente irá

---

4. CARRAZZA, Roque Antônio. Curso de Direito Constitucional Tributário. 27 ed. São Paulo: Malheiros. 2010.
5. CARRAZZA, Roque Antônio. Curso de Direito Constitucional Tributário. 27 ed. São Paulo: Malheiros. 2010. p. 557.
6. Art. 154. A União poderá instituir: I – mediante lei complementar, impostos não previstos no artigo anterior, desde que sejam não-cumulativos e não tenham fato gerador ou base de cálculo próprios dos discriminados nesta Constituição.
7. Art. 195. A seguridade social será financiada por toda a sociedade, de forma direta e indireta, nos termos da lei, mediante recursos provenientes dos orçamentos da União, dos Estados, do Distrito Federal e dos Municípios, e das seguintes contribuições sociais: § 4º A lei poderá instituir outras fontes destinadas a garantir a manutenção ou expansão da seguridade social, obedecido o disposto no art. 154, I.

gerar um crédito para ser abatido na operação subsequente, a fim de evitar o pagamento em cascata, ou seja, o imposto que incide sobre ele mesmo[8].

Por sua vez, o art. 195, § 4º da CF trata da competência residual para criar contribuições previdenciárias e remete ao art. 154, I, da CF.

c) ***Competência extraordinária***: Prevista no art. 154, II, da CF[9], a competência tributária extraordinária autoriza a União a criar impostos no caso de iminência ou de existência de guerra externa, impostos estes compreendidos ou não na competência da União. Vale dizer, que a União, nestas hipóteses, pode invadir a competência alheia e criar imposto cujo fato gerador seja idêntico a de imposto de competência de outro ente. Assim, por exemplo, a União pode criar IPTU ou ISS extraordinários, impostos de competência do Município.

d) ***Competência comum:*** É a competência atribuída aos entes da federação para a criação de tributos de acordo com a sua competência administrativa. São as taxas, as contribuições de melhoria e a contribuição previdenciária dos servidores.

Ao mesmo tempo em que a Constituição determinou a inviolabilidade dos direitos individuais (art. 5.º da CF/88), ela também sistematizou a forma do Poder de Tributar (aptidão de criar tributos), delimitando-o no intuito de assegurar os direitos dos contribuintes. Distribuiu o Poder Político em três esferas (municipal, estadual e federal).

Pode-se entender que o sistema tributário possui três níveis distintos de normas, são elas:

- plano constitucional: as normas de competência – são as normas que, veiculadas pela própria Constituição, atribuindo a competência que irá autorizar as pessoas políticas a criar e cobrar tributos (positivas e negativas).
- plano da lei complementar: normas gerais de direito tributário – São normas que, na diretriz do art. 146 da CF, dispõem sobre conflitos de competência, regulam as limitações do poder de tributar e estabelecem as normas gerais em matéria de legislação tributária. Estas normas vêm trazer uma padronização para as normas de incidência.
- plano da legislação ordinária: Trata-se da lei de cada uma das pessoas competentes, portanto, que veicula a norma de incidência, ou seja, a norma que irá criar o tributo correspondente.

*** Quando é exigida lei complementar? A regra é a instituição de tributos por lei ordinária. A instituição por lei complementar é apenas excepcional. Só que há alguns casos em que a CF exige expressamente lei complementar para a regulação

8. MACHADO, Hugo de Brito. Curso de Direito Tributário. 31 ed. São Malheiros. 2010. P. 311.
9. Art. 154. A União poderá instituir: II – na iminência ou no caso de guerra externa, impostos extraordinários, compreendidos ou não em sua competência tributária, os quais serão suprimidos, gradativamente, cessadas as causas de sua criação.

de determinadas matérias. O primeiro artigo fundamental é o art. 146 da CF[10], o qual exige a edição de uma lei complementar de caráter nacional sobre matéria tributária.

Em primeiro lugar, cabe à lei complementar dispor sobre conflitos de competência, em matéria tributária, entre a União, os Estados, o Distrito Federal e os Municípios. É preciso lei complementar para solucionar conflito de competência entre os entes, por exemplo, entre ISS e ICMS, entre IPTU e ITR. O inciso II diz que cabe à lei complementar regular as limitações constitucionais ao poder de tributar. O CTN que vai regulamentar a anterioridade, a irretroatividade, etc. O inciso III diz respeito à fixação de normas gerais em matéria tributária. Só que essa exigência é tão somente para a fixação de normas gerais.

1.2. Mas que normas gerais são essas?

O inciso III do art. 146 fala que cabe à lei complementar estabelecer *normas gerais* em matéria de legislação tributária, *especialmente sobre*: a) definição de tributos e de suas espécies, bem como, em relação aos impostos discriminados nesta Constituição, a dos respectivos fatos geradores, bases de cálculo e contribuintes; b) obrigação, lançamento, crédito, prescrição e decadência tributários; c) adequado tratamento tributário ao ato cooperativo praticado pelas sociedades cooperativas; d) definição de tratamento diferenciado e favorecido para as microempresas e para as empresas de pequeno porte, inclusive regimes especiais ou simplificados no caso do imposto previsto no art. 155, II, das contribuições previstas no art. 195, I e §§ 12 e 13, e da contribuição a que se refere o art. 239.

---

10. Art. 146. Cabe à lei complementar:
I – dispor sobre conflitos de competência, em matéria tributária, entre a União, os Estados, o Distrito Federal e os Municípios;
II – regular as limitações constitucionais ao poder de tributar;
III – estabelecer normas gerais em matéria de legislação tributária, especialmente sobre:
a) definição de tributos e de suas espécies, bem como, em relação aos impostos discriminados nesta Constituição, a dos respectivos fatos geradores, bases de cálculo e contribuintes;
b) obrigação, lançamento, crédito, prescrição e decadência tributários;
c) adequado tratamento tributário ao ato cooperativo praticado pelas sociedades cooperativas.
d) definição de tratamento diferenciado e favorecido para as microempresas e para as empresas de pequeno porte, inclusive regimes especiais ou simplificados no caso do imposto previsto no art. 155, II, das contribuições previstas no art. 195, I e §§ 12 e 13, e da contribuição a que se refere o art. 239. (Incluído pela Emenda Constitucional nº 42, de 19.12.2003)
Parágrafo único. A lei complementar de que trata o inciso III, d, também poderá instituir um regime único de arrecadação dos impostos e contribuições da União, dos Estados, do Distrito Federal e dos Municípios, observado que: (Incluído pela Emenda Constitucional nº 42, de 19.12.2003)
I – será opcional para o contribuinte; II – poderão ser estabelecidas condições de enquadramento diferenciadas por Estado; III – o recolhimento será unificado e centralizado e a distribuição da parcela de recursos pertencentes aos respectivos entes federados será imediata, vedada qualquer retenção ou condicionamento; IV – a arrecadação, a fiscalização e a cobrança poderão ser compartilhadas pelos entes federados, adotado cadastro nacional único de contribuintes.
Art. 146-A. Lei complementar poderá estabelecer critérios especiais de tributação, com o objetivo de prevenir desequilíbrios da concorrência, sem prejuízo da competência de a União, por lei, estabelecer normas de igual objetivo.

A autonomia municipal é consagrada nos artigos 29 e 30 da Constituição Federal. Em decorrência desta autonomia, o Município pode governar-se e administrar-se, instituindo regras a si próprio, sem interferência ou autorização dos demais entes políticos. Por força da autonomia municipal, os Municípios são livres para criar a arrecadar os tributos de sua competência, devendo a Administração Pública Municipal dispor de meios com o fim de efetivar a arrecadação.

Neste sentido, leciona Roque Antonio Carrazza que:

> "o Município, no Brasil, é entidade autônoma. Pessoa política, legisla para si, de acordo com as competências que a Carta Magna lhe deu. Nenhuma lei que não a emana de sua Câmara tem a possibilidade jurídica de ocupar-se com assuntos de interesse local"[11].

Contudo, esta autonomia municipal não dispensará a necessidade de o Município observar as normas gerais das situações autorizadas pela Constituição Federal, como por exemplo, as normas gerais do direito tributário estabelecidas no Código Tributário Nacional –, as normas aplicáveis ao Simples Nacional definidas na Lei Complementar 123, e as normas gerais do ISSQN estabelecidas na Lei complementar n. 116/2003.

Um problema crônico que acompanha a tributação municipal é a respeito da guerra fiscal entre os Municípios, uma vez que procurando investimentos, os entes municipais reduzem alíquotas dos tributos, concedem isenções e outros beneficias fiscais, criando uma grande desigualdade entre eles no campo de desenvolvimento social[12]. Por estas razões que a Constituição Federal determinou que caberia a Lei complementar regular as normais gerais do ISSQN.

Estas e outras questões atinentes à tributação municipal serão tratadas nesta obra, que traz ainda, o posicionamento atualizado do Superior Tribunal de Justiça, Supremo Tribunal Federal e dos Tribunais de Contas, quando for o caso.

2. EFICIÊNCIA NA ARRECADAÇÃO TRIBUTÁRIA MUNICIPAL E A POSSIBILIDADE DO PROTESTO DA CDA

No ano de 2015, o Superior Tribunal de Justiça sediou o *II Seminário de Planejamento Estratégico Sustentável do Poder Judiciário, sendo que na* abertura, o Ministro Herman Benjamin ressaltou a importância de novos comportamentos para estimular a adoção de práticas sustentáveis: "*Não vamos transformar nossos hábitos da noite para o dia. A missão é enorme. É transformar e deixar para trás paradigmas, não só paradigmas ambientais, mas paradigmas da coisa pública*".

O conceito de "burocracia", desenvolvido no final do século XVIII por Max Weber, fruto do ideário liberal que pregava a mínima intervenção estatal, tinha como

11. CARRAZZA, Roque Antonio. Curso de Direito Constitucional Tributário. São Paulo: Malheiros, 2006, p .179.
12. SANTI, Eurico Marcos Diniz de. Curso de Direito tributário e finanças públicas. São Paulo: Saraiva, p. 770/771.

pedra fundamental a legalidade, princípio disciplinador da atividade pública[13]. Deste modo, o modelo burocrático foi pensado como forma mais racional de gerir da coisa pública, marcado pela profissionalização dos agentes públicos, sendo a estes assegurados direitos com o fito de distanciá-los das arbitrariedades do poder político, bem como pela hierarquização dos órgãos.

Assim, a adoção do modelo burocrático no Brasil teve como objetivo impedir a sedimentação do clientelismo no setor público. Contudo, o autor Sérgio Buarque de Holanda alerta que *"a ideologia impessoal do liberalismo democrático jamais se naturalizou entre nós. Só assimilamos efetivamente esses princípios até onde coincidiram com a negação pura e simples de uma autoridade incomoda, confirmando nosso instintivo horror às hierarquias e permitindo tratar com familiaridade os governantes"*[14].

Diante de críticas realizadas, o sistema da Administração Pública passou por uma série de reformulações, onde se buscou abandonar a idolatria pelos processos (no sentido de forma) para se preocupar com o controle da eficiência dos resultados.

O eixo central da eficiência administrativa concentra-se no dever de o Estado aperfeiçoar suas atividades com o fito de *diminuir a burocratização e lentidão administrativa para obter um maior rendimento funcional* e, com isto obter uma rentabilidade social. Para isso, torna-se necessário uma adequação técnica e planejamento adequado da atividade pública, sujeita ao controle que assegure essa presteza e rendimento funcional[15], conforme leciona Maria Sylvia Zanella Di Pietro:

> O princípio da eficiência apresenta, na realidade, dois aspectos: pode ser considerado em relação ao modo de atuação do agente público, do qual se espera o melhor desempenho possível de suas atribuições, para lograr os melhores resultados; e em relação ao modo de organizar, estruturar, disciplinar a Administração Pública, também com o mesmo objetivo de alcançar os melhores resultados na prestação do serviço público.[16]

Aliás, ensina Regina Maria Macedo Nery Ferrari que o principal desafio do constitucionalismo moderno consiste na substituição do Direito dirigente ineficaz por outros mecanismos que garantam o projeto da modernidade, inserindo a força dirigente da Constituição na imposição de tarefas em um contexto que possam coexistir valor, conhecimento e ação[17]. Pois, as normas constitucionais que preveem programas e tarefas para o Estado não se resumem a meras proclamações ideológicas

---

13. SCHIER, Adriana da Costa Ricardo. Administração Pública: Apontamentos sobre os Modelos de Gestão e Tendências Atuais. In: GUIMARÃES, Edgar (Coord.). Cenários do Direito Administrativo – Estudos em Homenagem ao Professor Romeu Felipe Bacellar Filho. Belo Horizonte: Fórum. 2004. pp. 21-55.
14. HOLANDA, Sérgio Buarque. Raízes do Brasil. 24 ed., Rio de Janeiro: José Olympio, 1992, p. 119.
15. Cf. CARVALHO, Raquel Melo Urbano de. Curso de Direito administrativo. Salvador: JusPodivm, 2009, p. 197.
16. DI PIETRO, Maria Sylvia Zanella. Direito Administrativo. São Paulo: Atlas, 2000, p. 83.
17. Cf. FERRARI, Regina Maria Macedo Nery. Normas constitucionais programáticas: normatividade, operatividade e efetividade. São Paulo: Revista dos Tribunais, 2001, p. 169.

ou políticas, mas possuem caráter jurídico imperativo[18]. Essa ideologia foi defendida no julgamento do Recurso Extraordinário n. 393.175[19], onde o ministro Celso de Mello entendeu pela necessidade do Estado levar a sério os direitos inseridos em normas programáticas, sendo que as previsões constitucionais se qualificam como prerrogativas que decorrem do poder do cidadão exigir do Estado a implementação de prestações positivas impostas pelo próprio ordenamento jurídico[20].

A esse respeito, transcreve-se a seguir o conceito adotado pelo Tribunal de Contas da União para definir um sistema de planejamento e gestão:

> Um sistema de planejamento e gestão deve fundamentar-se em princípios que objetivem a identificação e a prevenção de problemas e o alcance da visão de longo prazo como estratégia para o desenvolvimento da organização. (BRASIL. Guia de Referência do Sistema de Planejamento e Gestão do Tribunal de Contas da União, 2008, p.8).

Com essa ideia de otimizar as atividades estatais, dentre elas a tributação, é que surgiu a polêmica sobre a possibilidade de utilizar o protesto da Certidão de Dívida Ativa, inclusive a Procuradoria Geral da Fazenda Nacional adotou o procedimento através do PARECER PGFN/CDA/Nº 537/2013.

Segundo o art. 1º da Lei n.º 9.492/97, o *"protesto é o ato formal e solene pelo qual se prova a inadimplência e o descumprimento de obrigação originada em títulos e outros documentos de dívida"*.

Em um primeiro momento o STJ afirmou que não haveria interesse jurídico em se realizar o protesto da CDA considerando que, por ser título executivo, é possível o ajuizamento, desde logo, da execução fiscal (STJ AgRg no Ag 1316190/PR, Rel. Min. Arnaldo Esteves Lima, 1ª Turma, j. 17/05/2011, DJe 25/05/2011).

Contudo, a Lei n.º 12.767/2012, trouxe previsão expressa ao incluir o parágrafo único ao art. 1º da Lei n.º 9.492/97, permitindo o protesto de certidões da dívida ativa:

> Art. 1º (...)
>
> Parágrafo único. Incluem-se entre os títulos sujeitos a protesto as certidões de dívida ativa da União, dos Estados, do Distrito Federal, dos Municípios e das respectivas autarquias e fundações públicas.

---

18. Cf. SARLET, Ingo Wolfgang. Op. cit., p. 281.
19. "DISTRIBUIÇÃO GRATUITA, A PESSOAS CARENTES, DE MEDICAMENTOS ESSENCIAIS À PRESERVAÇÃO DE SUA VIDA E/OU DE SUA SAÚDE: UM DEVER CONSTITUCIONAL QUE O ESTADO NÃO PODE DEIXAR DE CUMPRIR. – O reconhecimento judicial da validade jurídica de programas de distribuição gratuita de medicamentos a pessoas carentes dá efetividade a preceitos fundamentais da Constituição da República (arts. 5º, caput, e 196) e representa, na concreção do seu alcance, um gesto reverente e solidário de apreço à vida e à saúde das pessoas, especialmente daquelas que nada têm e nada possuem, a não ser a consciência de sua própria humanidade e de sua essencial dignidade. Precedentes do STF." (BRASIL. Supremo Tribunal Federal. RE 393.175-AgR/RS. Rel.: Min. Celso de Mello. Julg. 12/12/2006).
20. BRASIL. Supremo Tribunal Federal. RE 393.175, Rel.: Min. Celso de Mello. Julg. 01/02/2006. DJ 16/02/2006.

Desse modo, diante da previsão expressa na Lei n.º 9.492/97, mais especificamente, final de 2013, o Superior Tribunal de Justiça mudou seu entendimento, passando a aceitar como legítimo o protesto da Certidão de Dívida Ativa – CDA:

> PROCESSUAL CIVIL E ADMINISTRATIVO. PROTESTO DE CDA. LEI 9.492/1997. INTERPRETAÇÃO CONTEXTUAL COM A DINÂMICA MODERNA DAS RELAÇÕES SOCIAIS E O "II PACTO REPUBLICANO DE ESTADO POR UM SISTEMA DE JUSTIÇA MAIS ACESSÍVEL, ÁGIL E EFETIVO". SUPERAÇÃO DA JURISPRUDÊNCIA DO STJ.
>
> 1. Trata-se de Recurso Especial que discute, à luz do art. 1º da Lei 9.492/1997, a possibilidade de protesto da Certidão de Dívida Ativa (CDA), título executivo extrajudicial (art. 586, VIII, do CPC) que aparelha a Execução Fiscal, regida pela Lei 6.830/1980.
>
> 2. Merece destaque a publicação da Lei 12.767/2012, que promoveu a inclusão do parágrafo único no art. 1º da Lei 9.492/1997, para expressamente consignar que estão incluídas "entre os títulos sujeitos a protesto as certidões de dívida ativa da União, dos Estados, do Distrito Federal, dos Municípios e das respectivas autarquias e fundações públicas".
>
> 3. Não bastasse isso, mostra-se imperiosa a superação da orientação jurisprudencial do STJ a respeito da questão.
>
> 4. No regime instituído pelo art. 1º da Lei 9.492/1997, o protesto, instituto bifronte que representa, de um lado, instrumento para constituir o devedor em mora e provar a inadimplência, e, de outro, modalidade alternativa para cobrança de dívida, foi ampliado, desvinculando-se dos títulos estritamente cambiariformes para abranger todos e quaisquer "títulos ou documentos de dívida". Ao contrário do afirmado pelo Tribunal de origem, portanto, o atual regime jurídico do protesto não é vinculado exclusivamente aos títulos cambiais.
>
> 5. Nesse sentido, tanto o STJ (RESP 750805/RS) como a Justiça do Trabalho possuem precedentes que autorizam o protesto, por exemplo, de decisões judiciais condenatórias, líquidas e certas, transitadas em julgado.
>
> 6. Dada a natureza bifronte do protesto, não é dado ao Poder Judiciário substituir-se à Administração para eleger, sob o enfoque da necessidade (utilidade ou conveniência), as políticas públicas para recuperação, no âmbito extrajudicial, da dívida ativa da Fazenda Pública.
>
> 7. Cabe ao Judiciário, isto sim, examinar o tema controvertido sob espectro jurídico, ou seja, quanto à sua constitucionalidade e legalidade, nada mais. A manifestação sobre essa relevante matéria, com base na valoração da necessidade e pertinência desse instrumento extrajudicial de cobrança de dívida, carece de legitimação, por romper com os princípios da independência dos poderes (art. 2º da CF/1988) e da imparcialidade.
>
> 8. São falaciosos os argumentos de que o ordenamento jurídico (Lei 6.830/1980) já instituiu mecanismo para a recuperação do crédito fiscal e de que o sujeito passivo não participou da constituição do crédito.
>
> 9. A Lei das Execuções Fiscais disciplina exclusivamente a cobrança judicial da dívida ativa, e não autoriza, por si, a insustentável conclusão de que veda, em caráter permanente, a instituição, ou utilização, de mecanismos de cobrança extrajudicial.
>
> 10. A defesa da tese de impossibilidade do protesto seria razoável apenas se versasse sobre o "Auto de Lançamento", esse sim procedimento unilateral dotado de eficácia para imputar débito ao sujeito passivo.

> 11. A inscrição em dívida ativa, de onde se origina a posterior extração da Certidão que poderá ser levada a protesto, decorre ou do exaurimento da instância administrativa (onde foi possível impugnar o lançamento e interpor recursos administrativos) ou de documento de confissão de dívida, apresentado pelo próprio devedor (e.g., DCTF, GIA, Termo de Confissão para adesão ao parcelamento, etc.).
>
> 12. O sujeito passivo, portanto, não pode alegar que houve "surpresa" ou "abuso de poder" na extração da CDA, uma vez que esta pressupõe sua participação na apuração do débito. Note-se, aliás, que o preenchimento e entrega da DCTF ou GIA (documentos de confissão de dívida) corresponde integralmente ao ato do emitente de cheque, nota promissória ou letra de câmbio.
>
> 13. A possibilidade do protesto da CDA não implica ofensa aos princípios do contraditório e do devido processo legal, pois subsiste, para todo e qualquer efeito, o controle jurisdicional, mediante provocação da parte interessada, em relação à higidez do título levado a protesto.
>
> 14. A Lei 9.492/1997 deve ser interpretada em conjunto com o contexto histórico e social. De acordo com o "II Pacto Republicano de Estado por um sistema de Justiça mais acessível, ágil e efetivo", definiu-se como meta específica para dar agilidade e efetividade à prestação jurisdicional a "revisão da legislação referente à cobrança da dívida ativa da Fazenda Pública, com vistas à racionalização dos procedimentos em âmbito judicial e administrativo".
>
> 15. Nesse sentido, o CNJ considerou que estão conformes com o princípio da legalidade normas expedidas pelas Corregedorias de Justiça dos Estados do Rio de Janeiro e de Goiás que, respectivamente, orientam seus órgãos a providenciar e admitir o protesto de CDA e de sentenças condenatórias transitadas em julgado, relacionadas às obrigações alimentares.
>
> 16. A interpretação contextualizada da Lei 9.492/1997 representa medida que corrobora a tendência moderna de intersecção dos regimes jurídicos próprios do Direito Público e Privado. A todo instante vem crescendo a publicização do Direito Privado (iniciada, exemplificativamente, com a limitação do direito de propriedade, outrora valor absoluto, ao cumprimento de sua função social) e, por outro lado, a privatização do Direito Público (por exemplo, com a incorporação – naturalmente adaptada às peculiaridades existentes – de conceitos e institutos jurídicos e extrajurídicos aplicados outrora apenas aos sujeitos de Direito Privado, como, e.g., a utilização de sistemas de gerenciamento e controle de eficiência na prestação de serviços).
>
> 17. Recurso Especial provido, com superação da jurisprudência do STJ. (REsp 1126515/PR, Rel. Min. Herman Benjamin, Segunda Turma, julgado em 03/12/2013)

Frente a este novo cenário, os Tribunais de Contas de vários Estados, visando otimizar a arrecadação municipal, tem orientado os Municípios a adotarem essa modalidade de cobrança. Cabe notar que a orientação do Tribunal de Contas não se refere ao encaminhamento de todas as CDAs para protesto, mas somente daquelas que realmente não trariam vantagens se forem objeto de execução fiscal, nos termos do art. 14 da Lei de Responsabilidade Fiscal.

Neste sentido, o instituto do protesto da CDA está em consonância com a ideia de eficiência na arrecadação tributária, na medida em que cria um mecanismo legítimo para fomentar a tributação. Na existência de débitos que seu custo não justifica o ajuizamento da execução fiscal poderia ser objeto de protesto, agilizando o recebimento de valores ditos irrisórios.

Portanto, conclui-se ser legitimo e constitucional a realização do protesto de CDA.

3. REQUISITOS PARA OS MUNICÍPIOS CONCEDEREM BENEFÍCIOS FISCAIS

A questão de isenção tributária no âmbito municipal também é frequentemente cobrada em concursos públicos, sendo que a banca FCC, no concurso para Procurador de Teresina (2010), considerou como CORRETA a seguinte assertiva: *"a isenção é renúncia de receita e, como tal, além dos requisitos para sua concessão, previstos no Código Tributário Nacional, deve também prever as exigências previstas na Lei de Responsabilidade Fiscal quando for em caráter não geral".*

Qualquer isenção tributária que se pretenda criar deve obedecer a três pressupostos, a saber:

> a) lei específica (art. 150, §6º da CF/88);
>
> b) obediência ao art. 14 da Lei de Responsabilidade Fiscal e;
>
> c) avaliação de possíveis vedações constitucionais.

O Código Tributário Nacional não veda a criação de isenções específicas, desde que sejam plenamente justificadas e condicionadas ao cumprimento de requisitos, conforme prescreve o seu art. 179:

> Art. 179. A isenção, quando não concedida em caráter geral, é efetivada, em cada caso, por despacho da autoridade administrativa, em requerimento com o qual o interessado faça prova do preenchimento das condições e do cumprimento dos requisitos previstos em lei ou contrato para sua concessão.

Tornou-se comum os entes federativos concederem isenções especificas, frente sua discricionariedade, mas sempre prescrevendo requisitos para que, efetivamente, a isenção cumpra o objetivo para qual ela foi criada.

A matéria já foi objeto de indagação junto ao Tribunal de Contas do Estado do Paraná, ocasião em que esta Corte se posicionou pela possibilidade de concessão de isenção tributária específica, desde que obedeça aos ditames do artigo 14 da Lei de Responsabilidade Fiscal.

Em outra ocasião, o mesmo Tribunal de Contas, através do Acórdão nº 266/08, cuja relatoria ficou ao encargo do Conselheiro Hermas Brandão, foi ratificado o posicionamento anterior, estabelecendo os seguintes requisitos:

> "O simples fato de haver tratamento diferenciado não implica na ilegalidade do benefício, todavia, reclama a adoção das medidas abaixo expostas (as medidas ´3´ e ´4´são alternativas):
>
> 1. Acompanhamento de estimativa do impacto orçamentário-financeiro no exercício em que deva iniciar sua vigência e nos dois seguintes – Este aspecto diz respeito a estudo no qual sejam sopesados os recursos que deixarão de

ser percebidos pelo Município e os benefícios que poderão advir da isenção tributária, devendo abordar não só o exercício em que esta entre em vigência, mas também, nos dois seguintes.

2.Atendimento ao disposto na Lei de Diretrizes Orçamentárias – A isenção tributária deverá estar de acordo com as diretrizes constantes da LDO.

3. Demonstração de que a renúncia foi considerada na estimativa de receita da lei orçamentária e de que não afetará as metas previstas na lei de diretrizes orçamentárias – Deve restar comprovado que: a) quando da elaboração da LOA, já estava programado benefício fiscal; b) os objetivos integrantes dos anexos da LDO não resultarão prejudicados em virtude da concessão da isenção;

4. Acompanhamento de medidas de compensação, por meio do aumento da receita – na hipótese de não poder ser atendida a medida ´3´, a administração deverá contrabalançar o montante que deixará de ser auferido incrementando sua renda através da elevação de alíquotas, ampliação da base de cálculo, majoração ou criação de tributo ou contribuição".

Portanto, ao projetar um texto legal e enviá-lo ao Poder Legislativo para aprovação, tendo por objetivo conceder benefícios ou incentivos de natureza fiscal, deve-se ter plena consciência de que há uma renúncia da receita tributária do ente público. E tal renúncia de receita, após a entrada em vigor da Lei Complementar Nacional nº 101/2000 (Lei de Responsabilidade Fiscal), possui previsão, condições e requisitos nela estabelecidos para que possa ser considerada válida.

Além dos requisitos orçamentários – previstos do art. 14 da LRF – orienta-se que a lei em tela traga requisitos objetivos a fim de garantir a contraprestação efetiva por parte da empresa beneficiada.

Assim, a previsão legal impõe, claramente, a existência de requisitos para isenção específica, o que demonstra haver a indispensabilidade da existência de pressupostos de compensação. Em outras palavras, a exigência legal segue no sentido de que o Poder Público, ao conceder o benefício fiscal, deve impor requisitos que garantam a contraprestação, como porcentagem mínima a ser comprovada de geração de empregos, de investimento, projeto de construção, tempo mínimo de presença física no território municipal, etc.

A título de exemplo, citamos os requisitos que são exigidos pelo Município de Foz do Iguaçu/PR, através do art. 6º da Lei 3155/2005:

> Art. 6º Para obter qualquer dos incentivos descritos no art. 2º desta Lei, o interessado deverá apresentar requerimento dirigido ao Prefeito Municipal, no qual especificará os incentivos pretendidos e juntará os seguintes documentos. (Redação dada pela Lei nº 3191/2006)
>
> I – Requerimento Padrão de Incentivos;
>
> II – Formulário Geral de Informação para Fomento, a ser fornecido pela Secretaria Municipal de Indústria e Comércio;
>
> III – Comprovante do CNPJ;
>
> IV – Contrato Social e sua última alteração;
>
> V – Certidão de Dívida Ativa Municipal;

VI – Última Folha de Pagamento de Empregado, CAGED ou a Declaração a que se refere o parágrafo único do art. 4º;

VII – Últimas isenções de tributos, se houver;

VIII – Estudo de viabilidade para novos empreendimentos.

Isso também acontece com a Lei 2190/2010 do Município de Campo Largo/PR:

Art. 9º – Fica obrigado também a empresa Combibloc Ltda., a fim de garantir o gozo dos incentivos e benefícios previstos nesta Lei:

I – Apresentar até a data de 30/04/2010 os projetos civis e de implantação da fábrica protocolados na Secretaria Municipal do Desenvolvimento da Prefeitura Municipal de Campo Largo; Ver tópico

II – Apresentar licenças ambientais e demais licenças pertinentes;

III – Apresentar os projetos do acesso, aprovados pelo DENIT e RODONORTE, necessários ao processo licitatório e execuções de obras;

IV – Atender ao cronograma de implantação da fábrica quanto aos investimentos e prazos estabelecidos no Anexo I desta Lei;

V – Geração de 100 empregos diretos e 50 indiretos, sendo os empregos diretos destinados preferencialmente aos munícipes de Campo Largo, através da Agência do Trabalhador. Ver tópico

Exemplo também seguido pelo Município de Cascavel/PR, através da lei 5422/2010:

SEÇÃO IV

DO ENQUADRAMENTO NO PROGRAMA

Art. 6º Para obter quaisquer dos incentivos descritos nos artigos 3º e 4º desta Lei o interessado deverá apresentar requerimento dirigido à Secretaria Municipal de Desenvolvimento Econômico, no qual especificará os incentivos pretendidos e juntará os seguintes documentos:

I – Requerimento em Formulário próprio;

II – Fichas Cadastrais preenchidas, com Descrição do Empreendimento;

III – Contrato Social consolidado;

IV – Cópia da Escritura ou Contrato de Locação do Imóvel;

V – Alvará de Funcionamento atualizado;

VI – Cópia do Cartão do CNPJ e Inscrição Estadual;

VII – Cópia do CPF, RG e comprovante de endereço dos sócios;

VIII – Certidão Negativa de Débito do Imóvel e Empresa junto ao Município;

IX – Estudo de Viabilidade Econômica do Empreendimento;

X – Apresentação de Cronograma Físico e Financeiro de Implantação da Indústria;

XI – Declarar, por escrito, o conhecimento desta Lei;

XII – Última Folha de Pagamento, comprovada pelo Cadastro Geral de Empregados e Desempregados – Caged – quando couber;

XIII – Cópia da Declaração de Imposto de Renda da Pessoa Jurídica.

Partindo do pressuposto que o ente público estará "abrindo mão" de parte de sua receita orçamentária, deve haver meios e mecanismos pelos quais se garanta a compensação aos cofres públicos em relação aos valores que o mesmo ente deixará de receber em razão da aplicação daquela lei. Isso é de suma importância para justificar o interesse público em possíveis contestações dos órgãos de controle, tais como Ministério Público, Tribunal de Contas, Poder Judiciário, etc.

Em outras palavras, o projeto de lei deve demonstrar de forma clara e minuciosa o atendimento a tais requisitos e condições, sob pena de não poderem ser aprovados, por frontal ofensa e desatendimento à LRF. Ao assim agir, o chefe do poder executivo corre o risco de incidir em atos de improbidade administrativa, a teor do que estabelecem o artigo 10 da Lei 8.429/92, ao *"conceder benefício administrativo ou fiscal sem a observância das formalidades legais ou regulamentares aplicáveis à espécie"*.

Assim, o art. 179 do Código Tributário Nacional impõe, claramente, a existência de requisitos para isenção específica, o que demonstra haver a indispensabilidade da existência de pressupostos de compensação. Em outras palavras, a exigência legal segue no sentido de que o Poder Público, ao conceder o benefício fiscal, deve impor requisitos que garantam a contraprestação, como porcentagem mínima a ser comprovada de geração de empregos, de investimento, projeto de construção, tempo mínimo de presença física no território municipal, etc.

Portanto, não se mostra difícil concluir que qualquer lei municipal que tenha por objetivo conceder benefícios ou incentivos fiscais - entenda-se isenção tributária - deverá atender integralmente às exigências contidas no artigo 14 da LRF. Além disso, frente a aconselhamentos dos Tribunais de Contas, não se poderá conceder isenção irrestrita, pelo contrário, deverá trazer requisitos objetivos e efetivos que assegurem a efetividade dos motivos que a fundamentaram.

4. EFEITOS DO RECONHECIMENTO DA ISENÇÃO TRIBUTÁRIA PELO ENTE MUNICIPAL

Na conceituação de Roque Antonio Carrazza, entende-se "as isenções condicionais também são chamadas bilaterais ou onerosas, porque, para serem fruídas, exigem uma contraprestação do beneficiário"[21].

Em muitas situações a lei tributária condiciona a concessão de determinada isenção ao preenchimento de certos requisitos, sendo que isto deve ser demonstrado junto à Administração Pública para gerar efeitos.

Embora exista a exigência de o contribuinte comprovar requisitos legais para obter o benefício fiscal isso não seria suficiente para descaracterizar a natureza declaratória do benefício fiscal. Como se sabe, as isenções, como todo benefício fiscal, podem ser gerais ou individuais, sendo que na primeira hipótese o preceito que estabelece a isenção não comina qualquer requisito particular para a sua

---

21. CARRAZZA, Roque Antonio. Direito Constitucional Tributário. São Paulo: Malheiros, 2006, p. 846.

incidência. Na segunda hipótese, o gozo do benefício fiscal estará condicionado a determinadas condições que necessitam ser preenchidas. Nesse sentido, Hugo de Brito Machado Segundo estabelece que "*o ato da autoridade que reconhece a presença desses requisitos tem eficácia declaratória, vale dizer, seus efeitos retroagem à data em que o contribuinte passou a atender os requisitos necessários à incidência da norma isentiva*"[22]. Ou seja, nesta situação seria, conforme já entendia Pontes de Miranda, um típico "ato de reconhecimento", através do qual se busca uma comprovação do enquadramento da lei isentiva sobre situações concretas ocorridas sob sua égide[23].

Além disso, o Supremo Tribunal Federal se manifestou de forma clara nesse sentido, através do julgamento do Recurso Extraordinário n. 85571:

> ISENÇÃO TRIBUTARIA ESPECIAL. INTERPRETAÇÃO DO ART. 179 DO CTN. O ATO ADMINISTRATIVO QUE A RECONHECE E DECLARATORIO E NÃO CONSTITUTIVO. O REQUERIMENTO E PRESSUPOSTO PARA DESFRUTE DA ISENÇÃO, MAS NÃO PARA O SEU NASCIMENTO. ISENÇÃO ESPECIAL RECONHECIDA DESDE A VIGENCIA DA LEI QUE A INSTITUIU NO INTERESSE GERAL, UMA VEZ VERIFICADOS OS SEUS REQUISITOS LEGAIS. DISSIDIO JURISPRUDENCIAL NÃO DEMONSTRADO. SÚMULA 291. RE NÃO CONHECIDO. (RE 85571, Relator(a): Min. CORDEIRO GUERRA, SEGUNDA TURMA, julgado em 03/12/1976, DJ 18-03-1977 PP-01528 EMENT VOL-01051-04 PP-00721)

Posicionamento também adotado pelo Superior Tribunal de Justiça no julgamento no Agravo em Recurso Especial n. 1170008/SP:

> TRIBUTÁRIO – IPVA – ISENÇÃO CONDICIONADA – ATO ADMINISTRATIVO – NATUREZA DECLARATÓRIA – EFEITOS EX TUNC – INEXIGIBILIDADE DO CRÉDITO TRIBUTÁRIO. 1. A concessão de isenção tributária apenas proclama situação preexistente capaz de conceder ao contribuinte o benefício fiscal. 2. O ato declaratório da concessão de isenção tem efeito retroativo à data em que a pessoa reunia os pressupostos legais para o reconhecimento dessa qualidade. (AgRg no REsp 1170008/SP, Rel. Ministro HUMBERTO MARTINS, SEGUNDA TURMA, julgado em 18/03/2010, DJe 30/03/2010)

E com base nesta linha de entendimento é que o Conselho de Contribuintes de São José dos Pinhais julgou, por unanimidade, procedente recurso administrativo que estava sob nossa relatoria[24]. Ficou consignado que a isenção, uma vez reconhecida, deve ser aplicada desde a data em que o contribuinte comprovou atender aos pressupostos legais.

Por isso, entende-se que o benefício fiscal (isenção e moratória) se aplicará desde o momento que o contribuinte comprovou atender aos requisitos legais.

---

22. MACHADO SEGUNDO, Hugo de Brito. Código Tributário Nacional. 2 ed. São Paulo: Atlas, p. 371.
23. Cf. MIRANDA, Pontes. Comentários à Constituição de 1946. vol II, Rio de Janeiro: Borsoi, 1960, p. 97/98.
24. CC de SJP. Processo n. 063. CMC: 2010/2012. Protocolo n.º 025658/2011. Recorrente: Feedback cobrança Brasil Ltda. Recorrida: Município de São José dos Pinhais.

5. MULTA PUNITIVA E ART. 136 DO CTN: RESPONSABILIDADE OBJETIVA OU SUBJETIVA?

O artigo 146, III da Constituição Federal dispõe que caberá a União, estabelecer normas gerais em matéria tributária, o que levou a ordem constitucional de 1988 recepcionar a Lei 5.172/66 (Código Tributário Nacional) com status de Lei Complementar, esta por sua vez, ao dispor sobre normas gerais em direito tributário tratou também de definir as regras a propósito da responsabilidade tributária, inclusive em caso de infração, senão vejamos o que dispõe o artigo 136 do Código Tributário Nacional:

> "Art. 136. Salvo disposição de lei em contrário, a responsabilidade por infrações da legislação tributária independe da intenção do agente ou do responsável e da efetividade, natureza e extensão dos efeitos do ato".

Para o jurista Hans Kelsen "*as ordens sociais a que chamamos Direito são ordens coativas da conduta humana. Exigem uma determinada conduta humana na medida em que liga à conduta oposta a um ato de coerção dirigido à pessoa que assim se conduz*"[25]. Em outras palavras, existe uma norma de comportamento ligada a uma norma sancionatória, na medida em que a obediência social pela primeira só se daria com o efeito de coação da segunda.

A doutrina de Kelsen acerca da norma jurídica ensina que há uma dúplice estrutura, formada por uma norma primária e outra secundária, sendo que a primária determina a prática de uma determinada conduta e a secundária prescreve uma sanção. Por isso que se concebe que essas duas espécies de preceitos estão intimamente interligados, garantindo a eficácia da norma comportamental[26].

E quando este mandamento legal é desobedecido é bom que se atente que essa transgressão pode se dar em dois sentidos, como bem alerta Sacha Calmon Navarro Coelho:

> "Não praticar um comportamento tem dois sinais: positivo e negativo. Quando um comportamento é punível, é porque o seu contrário é obrigatório. Se age quando o dever é uma omissão (por exemplo: não matar), a ação de matar é que é a hipótese de punição. Se não se age quando o dever é agir (por exemplo: pagar tributo), o comportamento consistente em não pagar – comportamento omissivo – é que é a hipótese de punição."[27]

Isso transforma a sanção em um instrumento de desestimular a prática de ilícito por parte do contribuinte, o que pode variar em intensidade dependendo da

---

25. KELSEN, Hans. Teoria pura do Direito. Trad. João Baptista Machado. São Paulo: Martins Fontes, 2000, p. 36.
26. Observa Kelsen que "quando uma norma prescreve uma determinada conduta e uma segunda norma estatui uma sanção para a hipótese da não-observância da primeira, estas duas normas estão essencialmente interligadas" (KELSEN, Hans. Teoria pura do Direito. Trad. João Baptista Machado. São Paulo: Martins Fontes, 2000, p. 61).
27. COELHO, Sacha Calmon Navarro. Curso de direito tributário brasileiro. 8ª. ed. Rio de Janeiro: Forense, 2005, p. 23-24.

severidade da pena imposta, inclusive a pecuniária. Tal assertiva parece encontrar apoio em Michel Foucault, quando disserta sobre a punição, defendendo que "*sua eficácia é atribuída à sua fatalidade, não à sua intensidade visível; a certeza de ser punido é que deve desviar o homem do crime e não mais o abominável teatro*"[28].

Assim, a função da norma punitiva, além de visar a aplicação de medidas coativas, possui também um caráter ideológico, na medida em que atende aos anseios sociais de se testemunhar a punibilidade do infrator, conforme entende Paulo Roberto Coimbra Silva, quando lecionar que "*no caso concreto, a sanção aplicada provê um castigo ou aflição como uma solução ordeira para aplacar o instintivo sentimento humano de demandar uma retribuição*"[29].

É neste ponto em que surgem significativas polêmicas acerca da natureza jurídica das multas tributárias. Há uma corrente doutrinária que defende que elas teriam aspecto punitivo, ou seja, seria uma penalidade imposta a uma transgressão à norma comportamental previamente estabelecida (não pagamento do tributo no prazo fixado). Já para a corrente doutrinária que defende a função indenizatória da multa tributária o raciocínio que se faz é de uma consequência automática da ocorrência de dano ao erário (em virtude da mora no pagamento do tributo), sendo que multa de cunho indenizatório deveria ocorrer independente de questões subjetivas.

Para a corrente doutrinária que defende que as multas teriam cunho punitivo, a interpretação do fato parte de uma análise da conduta a fim de enquadrá-la na tipificação legal que a define como antijurídica. No campo tributário existe uma estrutura na qual se estabelece uma norma criadora da obrigação tributária (hipótese de incidência + lançamento tributário), de modo que o seu não cumprimento acarretará sanções, assumindo uma estrutura semelhante ao direito penal. Alfredo Augusto Becker defende que "*sempre terá natureza penal a norma jurídica que contempla uma possível ofensa ao ordenamento e associa à conduta infratora uma sanção. É indiferente, portanto, que essa norma apareça alojada em uma lei administrativa, em uma lei penal, ou ainda em uma lei tributária. O modo de qualificar a lei não é essencial. O que importa é a natureza da norma, que será jurídico penal, onde quer que se encontre encartada, sempre que preveja uma infração e associe a essa infração uma sanção*"[30].

Assim, as sanções administrativas fiscais representam medidas repressivas a uma conduta reprovável, isto é, o não recolhimento de tributos, atraso da entrega de declarações fiscais etc., configuram hipóteses que autorizam o Estado a utilizar os meios repressivos em face do contribuinte. Esse *modus operandi* do direito administrativo tributário se aproxima significativamente da estrutura de operacionalização do direito penal, de modo a criar sistemas análogos na apuração da conduta infratora.

---

28. FOUCAULT, Michel. Vigiar e Punir. 19 ed., Petrópolis: Ed. Vozes, 1999, p.13.
29. SILVA, Paulo Roberto Coimbra. Direito Tributário Sancionador. São Paulo: Quartier Latin, 2007, p. 62.
30. BECKER, Alfredo Augusto. Teoria Geral do Direito Tributário. São Paulo: Saraiva, 1963, p. 552.

Superada a discussão acerca da estrutura da norma punitiva tributária, passa-se a analisar seu modo de aplicação e a forma de perquirir a responsabilidade por infrações fiscais.

Na seara da responsabilidade tem-se tradicionalmente sua classificação em: objetiva e subjetiva. A primeira é o dever de reparar (ou responder) pelo dano independentemente da existência de culpa, bastando a configuração do dano e nexo causal. Já na responsabilidade subjetiva é necessária a presença da culpa em sentido *lato sensu*, entenda-se dolo ou culpa (*stricto sensu*), para configurar a responsabilidade pelo ato ilícito.

O Código Tributário Nacional, ao preceituar a aplicação de sanção por infrações tributárias, utiliza a expressão "*independe da intenção do agente ou do responsável e da efetividade, natureza e extensão dos efeitos do ato*", ou seja, desconsidera a intenção do agente ou responsável como pressuposto para a aplicação da devida punição, bem como dispensa a comprovação dos efeitos e extensão dos danos à Fazenda Pública.

Com essa atitude, quis o legislador consagrar a responsabilidade objetiva por atos infracionais tributários, dispensando a Fazenda Pública de perquirir fatos comprovadores da presença do dolo ou da culpa e elementos de materialidade efetiva para aplicar a sanção correspondente. Em outras palavras, para legitimar a sanção basta a certificação do fato infracional, independentemente da existência de culpa, demonstração de boa-fé, e ocorrência de efetivo dano ao erário público.

Existe uma corrente doutrinária que defende a aplicação da responsabilidade objetiva, justificando não haver necessidade de procurar o elemento subjetivo (dolo ou culpa) para imputar-se a sanção tributária. O argumento utilizado é no sentido de que, se o fisco estivesse obrigado a perquirir a culpa em toda infração administrativa, estar-se-ia criando um obstáculo ao combate à impunidade dessas infrações, uma vez que tornaria o procedimento muito mais demorado, complexo e direcionado ao fracasso. Dentre os doutrinadores filiados a esta corrente, destaca-se o professor Werther Botelho Spagnol, que leciona na seguinte linha de raciocínio:

> "Nas hipóteses de sujeição passiva direta, a responsabilidade por infrações da legislação tributária independe da intenção do agente ou do responsável e da efetividade, natureza e extensão dos efeitos do ato, salvo disposição de lei em contrário (art. 136). Referido dispositivo consagra, em termos nítidos e sem restrições, o critério da responsabilidade objetiva para a configuração das infrações tributárias."[31]

É possível perceber ainda autores que defendem outras interpretações para o dispositivo legal em voga. O professor Hugo de Brito Machado[32] entende haver

31. SPAGNOL, Werther Botelho. Curso de Direito Tributário – conforme a Emenda Constitucional n. 42/03 DOU 31.12.2003. Belo Horizonte: Del Rey, 2004, p. 205.

32. "A diferença é simples. Na responsabilidade objetiva não se pode questionar a respeito da intenção do agente. Já na responsabilidade por culpa presumida tem-se que a responsabilidade independe de intenção apenas no sentido de que não há necessidade de se demonstrar a presença de dolo

a existência de uma responsabilidade presumida, através da qual a presunção de culpa mostra-se prevalente sobre a presunção de inocência das infrações, porque obedece ao princípio da praticidade[33].

Embora a interpretação literal do art. 136 do CTN denote que a legislação tributária tenha adotada a responsabilidade objetiva por sanções fiscais, Vittorio Cassone[34] analisa com receios esse dispositivo legal:

> "Nas discussões da Comissão V (e no plenário), ficou claro que a resposta foi dada em função do direito posto (art. 136), o qual efetivamente encerra o princípio da responsabilidade objetiva. Contudo, isso não quer dizer que essa disposição não tenha sido condenada e, mais do que isso, está ela a merecer nova redação, a fim de agasalhar o princípio da responsabilidade subjetiva, por ser aquele que atende ao ideal de justiça."

É nesse cenário que o trabalho se torna polêmico, pois o acatamento de uma responsabilidade objetiva estaria retirando a necessidade de averiguação da culpa em infrações sancionatórias, criando dúvidas quanto a aplicação de princípios constitucionais, como a presunção de inocência do administrado, proporcionalidade, individualização da pena etc.

É inevitável a analogia que se faz da estrutura de punições administrativas tributárias com o sistema do direito penal, haja vista a semelhança de seus resultados. Em face dessa situação é temerário permitir que a Fazenda Pública aplique sanções administrativas sem analisar a presença do elemento subjetivo do agente, sendo que, tanto no tipo penal como no tipo tributário, deve existir a justa causa na persecução estatal – é justamente isso que irá identificar uma conduta como infracional.

Nesse panorama, o professor Marçal Justen Filho ao lecionar acerca das sanções administrativas defende que "*o Estado Democrático de Direito excluiu o sancionamento punitivo dissociado da comprovação da culpabilidade. Não se pode admitir a punição apenas em virtude da concretização de uma ocorrência danosa material*"[35].

---

ou culpa, mas o interessado pode excluir a responsabilidade fazendo prova de que, além de não ter a intenção de infringir a norma, teve intenção de obedecer a ela, o que não lhe foi possível fazer por causas superiores à sua vontade." (MACHADO, Hugo de Brito. Teoria das Sanções Tributárias. In: MACHADO, Hugo de Brito (Coord.). Sanções administrativas tributárias. São Paulo: Dialética, 2004, p. 159-191)

33. As discussões a respeito do princípio da praticidade da tributação ainda são recentes no Brasil e não apresentam a mesma produção doutrinária dos demais princípios tributários. (...) A praticidade tem sido usada não só pelo Fisco para justificar certas práticas administrativas, como pelo legislador para fundamentar normas tributárias (principalmente as que instituem presunções e criam obrigações acessórias) e também pelo Poder Judiciário como fundamento de decisões. (...) Mas ressaltamos novamente que essa justificativa não pode subsidiar uma aplicação irrazoável e desproporcional de uma norma fundamentada na praticidade da tributação (CARDOSO, Alessandro Mendes. A responsabilidade do substituto tributário e os limites à praticidade. Revista Tributária e de Finanças Públicas, n. 68, p. 141/178, jul. 2006, p. 160).
34. CASSONE, Vittorio. In: MACHADO, Hugo de Brito (Coord.). Sanções administrativas tributárias. São Paulo: Dialética, 2004, p. 475-476.
35. JUSTEN FILHO, Marçal. Curso de direito administrativo. 2a. ed. São Paulo: Saraiva, 2006, p. 408.

A interpretação literal da legislação é insuficiente para fornecer uma justificativa razoável ao problema invocado no presente trabalho. Pois o Direito exige um fundamento concreto para solucionar as dúvidas que pairam acerca da responsabilização por infrações tributárias.

Afim de traçar uma diretriz dentre as mais variadas interpretações existentes, o professor Luciano Amaro[36] entende que o art. 136 do CTN não prevê que a responsabilização de infrações tributárias ocorre independente da culpa, diz tão-só que se dispensa a vontade de ludibriar o fisco, em outras palavras, é desnecessária a prova do dolo, mas jamais da culpa em sentido estrito.

Esse raciocínio é adotado também por Sacha Calmon Navarra Coelho, o qual aceita a aplicação da responsabilidade objetiva condicionada a temperamentos, através do qual a autoridade fiscal deve condicionar o tipo infracional ao elemento subjetivo, com vistas aos arts. 108, § 2º (equidade) e 112 (*in dubio pro contribuinte*), ambos do Código Tributário Nacional[37].

As interpretações feitas por Luciano Amaro e Sacha Calmon encontram uma semelhança no ponto de que ambos os autores defendem que para configurar o ilícito tributário dispensaria a comprovação da intenção do agente em contrariar a norma, ou seja, o dolo. No entanto, é imprescindível a prova da culpa em sentido estrito.

Em razão disso entende-se que se trata de um temperamento da responsabilidade objetiva, uma vez que a aplicação de sanções administrativas tributárias dependeria da demonstração de elementos que concorreram para ocorrência do resultado, isto é, deverá haver uma análise dos atos do contribuinte para justificar a sua punição. Assim, quando o art. 136 do CTN dispõe que a sanção "*independe da intenção do agente*", a legislação excluiu a necessidade da Fazenda Pública perquirir acerca do dolo em criar algum prejuízo ao erário público, mas não isentou a autoridade fiscal em analisar a culpabilidade do acusado (culpa sentido estrito), a fim de verificar se não se trata de mero erro ou equívoco, tornando incabível a aplicação de uma sanção sem tal averiguação.

Esse entendimento é comprovado nas palavras do professor Luciano Amaro que assim leciona:

> "Quando cometo uma infração por engano, um erro material que não dependeu da minha vontade, que pode ter decorrido da minha imperícia, da minha negligência, mas não decorreu da minha intenção, a coisa parece que muda um pouco de figura. O Código não está aqui dizendo que todos podem ser punidos independentemente de culpa. Ele está dizendo que a aplicação penal independe de intenção, o que libera o Fisco de obter a prova diabólica de que, em cada situação de infração fiscal, o indivíduo queria mesmo descumprir a lei. O Fisco não precisa fazer essa prova."[38]

---

36. AMARO, Luciano. Infrações tributárias. Revista de Direito Tributário, São Paulo, v. 67, p. 33-4.
37. COELHO, Sacha Calmon Navarro. In: RESENDE, Flávio Lúcio Chaves de. A responsabilidade pela prática de infrações tributárias não-delituosas. Disponível na Internet: WWW.jusnavegandi.com.br. 22/10/2008.
38. AMARO, Luciano. Infrações Tributárias. São Paulo: Revista de Direito Tributário, n. 67, 1996, p. 25-42.

No âmbito judicial, pode-se observar que, no ano de 2000, a Segunda Turma do Superior Tribunal de justiça decidiu pela aplicação da responsabilidade objetiva, realizando uma interpretação literal do art. 136 do CTN[39].

No ano de 2006, essa mesma Turma mudou seu entendimento e julgou pela necessidade de prova da culpabilidade (culpa em sentido estrito) do contribuinte em apuração de infração administrativa tributária, é o que dispõe o seguinte aresto:

> "Tributário – Execução fiscal – ICMS – Infração tributária – Quebra do diferimento – Comprador irregular – Vendedor de boa-fé – Responsabilidade objetiva – Não-ocorrência – Responsabilidade Tributária – Art. 128 do CTN – Reexame de lei estadual – Súmula 280/STF – A responsabilidade pela prática de infração tributária, malgrado o disposto no art. 136 do CTN, deve ser analisada com temperamentos, sobretudo quando não resta comprovado que a conduta do vendedor encontrava-se inquinada de má-fé. Em hipótese como tais, tem emprego o disposto no art. 137 do CTN, que consagra a responsabilidade subjetiva. Recurso Especial parcialmente conhecido e, nessa parte, não-provido." (STJ – RESP 200000718475 – (267546 MG) – 2a. T. – Rel. Min. João Otávio de Noronha – DJU 01.02.2006 – p. 00473) (Sem grifos no original)

Como se percebe, aquela Corte Jurisdicional tem reconhecido a aplicação da responsabilidade objetiva com temperamentos, sendo que não configurada a má-fé do contribuinte, elemento eminentemente íntimo, fica prejudicada a punição lançada pelo fisco.

Indo mais além, o Superior Tribunal de Justiça[40] já revogou sanções administrativas diante da boa-fé do administrado, no qual, embora tenha cometido uma infração fiscal, esta não causou nenhum prejuízo para o erário público nem teve a má-fé comprovada.

Observe-se que a própria legislação contemporânea ao CTN exige que a graduação de certas multas tributárias seja feita conforme a comprovação de intuito fraudulentos do agente. Note-se, ainda, que a lei n. 9.430/96, que regulamenta as multas punitivas a serem aplicadas no descumprimento das obrigações tributárias federais, prevê o percentual de 75%, nos casos de falta de pagamento, recolhimento após o vencimento do prazo, nos termos do art. 44, I. Já o inciso II do art. 44 do mesmo diploma legal impõe a aplicação de multa no percentual de 150% do valor do tributo devido, nos casos de evidente intuito de fraude.

Neste caso, fica evidente que a legislação federal exige a análise subjetiva do contribuinte (intuito de fraude) para aplicar a multa no percentual agravado, o que

---

39. STJ – RESP 117301 – RS – 2a. T. – Relª. Minª. Eliana Calmon – DJU 04.12.2000 – p. 00057.

40. Tributário – Agravo regimental – Recurso especial – Auto de infração fiscal – Mercadoria transportada com nota fiscal irregular – Contribuinte – Caracterização – Boa-fé – Regularidade contábil da operação – Prejuízo para o fisco – Inexistência – I – Observado o erro consubstanciado no nome do destinatário do produto, equívoco que pode ser saneado a qualquer tempo, bastando para tanto uma simples verificação contábil, não há de ser prejudicado o comerciante que, de boa-fé, acreditou nas informações contidas no documento, inexistindo, ademais, qualquer prejuízo para o Fisco. II – Precedentes. III – Agravo Regimental a que se nega provimento." (STJ – AgRg-REsp 253.061/PR – 1a. T. – Rel. Min. Francisco Falcão – DJU 30.09.2002 – p. 165) (sem grifos no original)

leva à conclusão, até de forma lógica, que deve ser exigida a mesma análise para aplicação de qualquer tipo de punição tributária.

A título de exemplo, cita-se que a mesma situação ocorre no caso de infrações aduaneiras, sendo que o art. 617 do Decreto 4.543/02 (Regulamento Aduaneiro)[41] exige a comprovação da responsabilidade do condutor para aplicar a pena de perdimento do veículo.

Ao aplicar infrações administrativas tributárias sem a análise da culpa configurará uma ofensa ao princípio da proporcionalidade e da isonomia, uma vez que se estaria aplicando a mesma pena para o infrator que teve a má-fé em prejudicar o erário público e para aquele contribuinte que por um mero equívoco acabou se enquadrando naquele tipo punitivo. Desse modo, o princípio da proporcionalidade funciona como verdadeiro filtro administrativo, exigindo que haja gradação nas punições previstas no ordenamento jurídico, de modo que o Estado aplique sanções na medida da culpabilidade do agente, o que não se coaduna com a teoria da responsabilidade objetiva.

Por isto, a interpretação do art. 136 do CTN à vista do ordenamento jurídico brasileiro logo se percebe que não se trata de uma responsabilidade objetiva, mas sim, no sentido de que a infração tributária poderá ser configurada independente de dolo, mas nesse caso, necessariamente deverá haver a presença da culpa em sentido estrito, vez que a própria Constituição Federal (art. 5º, XLVI) prevê a individualização da pena em qualquer tipo de punição, na medida da culpabilidade do agente.

6. ISS FIXO PARA OPTANTES DO SIMPLES NACIONAL

Cabe notar que foi a Lei Complementar n. 123/2006[42] que atualmente regulamenta as normas gerais relativas ao tratamento diferenciado e favorecido a ser dispensado às microempresas e empresas de pequeno porte no âmbito dos Poderes da União, dos Estados, do Distrito Federal e dos Municípios.

O principal objetivo desta lei é estimular os empreendimentos nacionais e resgatar da informalidade aquelas empresas que vem operando à margem da legislação. A própria justificação do projeto de lei previu o seguinte: *"o sucesso do SIMPLES*

---

41. Art. 617. Aplica-se a pena de perdimento do veículo nas seguintes hipóteses, por configurarem dano ao Erário (Decreto-Lei n. 37, de 1966, art. 104, e Decreto-Lei n. 1.455, de 1976, art. 24):
V – quando o veículo conduzir mercadoria sujeita a perdimento, se pertencente ao responsável por infração punível com essa penalidade; e
§ 1º Aplica-se, cumulativamente ao perdimento do veículo, nos casos dos incisos II, III e VI, o perdimento da mercadoria (Decreto-lei nº 37, de 1966, art. 104, parágrafo único, art. 105, inciso XVII, e Decreto-lei n. 1.455, de 1976, art. 23, inciso IV e § 1º, este com a redação dada pela Lei n. 10.637, de 2002, art. 59). (Redação dada pelo Decreto n. 4.765, de 24. 6. 2003).
§ 2º Para efeitos de aplicação do perdimento do veículo, na hipótese do inciso V, deverá ser demonstrada, em procedimento regular, a responsabilidade do proprietário do veículo na prática do ilícito.

42. Vigência a partir de 01/07/2007.

federal, estimulou sua criação em 21 Estados da Federação, onde foram criados sistemas simplificados para tributos estaduais no âmbito de suas competências".

Dentre as inovações trazidas pela LC 123/2006 tem-se que destacar a arrecadação unificada dos tributos federais, estaduais e municipais e, o seu gerenciamento por um Comitê Gestor que funciona junto à estrutura física/jurídica da União Federal.

Acerca da manutenção do pagamento do ISSQN fixo, assim prescreve o art. 18 da Lei Complementar 123/2006:

> Art. 18. O valor devido mensalmente pela microempresa e empresa de pequeno porte comercial, optante pelo Simples Nacional, será determinado mediante aplicação da tabela do Anexo I desta Lei Complementar.
>
> ...
>
> § 4º-A. O contribuinte deverá segregar, também, as receitas: (Incluído pela Lei Complementar nº 147, de 7 de agosto de 2014)
>
> ...
>
> II – sobre as quais houve retenção de ISS na forma do § 6º deste artigo e § 4º do art. 21 desta Lei Complementar, ou, na hipótese do § 22-A deste artigo, seja devido em valor fixo ao respectivo município; (Incluído pela Lei Complementar nº 147, de 7 de agosto de 2014)
>
> III – sujeitas à tributação em valor fixo ou que tenham sido objeto de isenção ou redução de ISS ou de ICMS na forma prevista nesta Lei Complementar; (Incluído pela Lei Complementar nº 147, de 7 de agosto de 2014)
>
> ...

Assim, a Legislação Complementar permitiu que os entes federativos, incluindo o Município, mantenha a forma de tributação fixa para empresas que se enquadrem nos requisitos legais pertinentes. A Lei Complementar também atribuiu ao Comitê Gestor do Simples Nacional a incumbência de regulamentar o funcionamento e condições especificas de operacionalização desta situação:

> Art. 2º O tratamento diferenciado e favorecido a ser dispensado às microempresas e empresas de pequeno porte de que trata o art. 1º desta Lei Complementar será gerido pelas instâncias a seguir especificadas:
>
> I – Comitê Gestor do Simples Nacional, vinculado ao Ministério da Fazenda, composto por 4 (quatro) representantes da Secretaria da Receita Federal do Brasil, como representantes da União, 2 (dois) dos Estados e do Distrito Federal e 2 (dois) dos Municípios, para tratar dos aspectos tributários; e

A Resolução CGSN nº 52, de 22 de dezembro de 2008, prevê expressamente a possibilidade do Município em instituir e cobrar o ISSQN fixo de Microempresas (ME) e Empresas de Pequeno Porte (EPP) optantes pelo Simples Nacional:

> Art. 1º O ente federativo tem competência para, com relação à ME ou à EPP optante pelo Simples Nacional, de acordo com os §§ 18 a 20-A do art. 18 da Lei Complementar nº 123, de 14 de dezembro de 2006, na forma prevista nesta Resolução:
>
> ...

> III – estabelecer valores fixos para recolhimento do ICMS ou do ISS.
>
> ...
>
> Art. 2º A concessão dos benefícios previstos no art. 1º poderá ser realizada:
>
> I – mediante deliberação exclusiva e unilateral do Estado, do Distrito Federal ou do Município concedente;
>
> II – de modo diferenciado para cada ramo de atividade.
>
> ...
>
> Art. 5º O ente federativo poderá, no âmbito de sua respectiva competência, independentemente da receita bruta auferida no mês pelo contribuinte, adotar valores fixos mensais para o recolhimento do ICMS e do ISS devido por ME que aufira receita bruta, no ano-calendário anterior, de até R$ 120.000,00 (cento e vinte mil reais), observado o disposto no art. 13 da Resolução CGSN nº 51, de 22 de dezembro de 2008.
>
> ...
>
> Art. 6º As disposições relativas a benefícios para a ME ou para a EPP optante pelo Simples Nacional deverão adequar-se ao previsto nesta Resolução, devendo, se for o caso, serem promovidas as alterações cabíveis nas respectivas legislações.

Em cartilha disponível no site: <http://www8.receita.fazenda.gov.br/SimplesNacional/> é possível notar que o sistema de declaração do Simples Nacional tem um campo especifico para o ISSQN fixo:

13.4 – VALOR FIXO DE ICMS E ISS

CNPJ da Matriz	Nome Empresarial	Início de Atividade	Período de Apuração	Regime
		18/04/2002	01/2012	Competência

Receita Bruta Total do Ano Anterior (R$)	Receita Bruta Últimos 12 Meses (R$)	Receita Bruta Total no Ano (R$)	Receita Bruta Total do PA (R$)
50.000,00	50.000,00	15.000,00	15.000,00

Caso seu Estado ou Município tenha estabelecido valores fixos para recolhimento do ICMS ou ISS informe abaixo (R$)

ICMS (estado): ISS (município):

Voltar Continuar

Alerta-se que a Resolução CGSN 56/2009, a qual alterou a Resolução CGSN nº 51/2008, determina que na hipótese de a ME ou EPP estar sujeita à tributação do ISS no Simples Nacional por valores fixos mensais, não caberá a retenção do imposto, salvo quando o ISS for devido a outro município:

> Art. 3º As ME e as EPP optantes pelo Simples Nacional deverão considerar, destacadamente, mensalmente e por estabelecimento, para fim de pagamento, conforme o caso:
>
> ...
>
> § 2º A retenção na fonte de ISS das ME ou das EPP optantes pelo Simples Nacional, somente será permitida se observado o disposto no art. 3º da Lei Complementar nº 116, de 2003, e deverá observar as seguintes normas:
>
> ...
>
> IV – na hipótese de a ME ou EPP estar sujeita à tributação do ISS no Simples Nacional por valores fixos mensais, não caberá a retenção a que se refere o caput, salvo quando o ISS for devido a outro município; (Redação dada pela Resolução CGSN nº 56, de 23 de março de 2009)

A empresa que venha a prestar o serviço na situação pela qual o tributo é devido em outro Município haverá a normal retenção do ISS por aquela municipalidade.

Portanto, é possível que o Município, no âmbito de sua respectiva competência, cobre valores fixos mensais de ISSQN de Microempresa (ME) que aufira receita bruta, no ano-calendário anterior, de até R$ 120.000,00.

Dispõem as normas editadas pelo CGSN que o valor fixo será recolhido por meio de DAS, juntamente com os demais tributos apurados no regime do Simples Nacional. O aplicativo de cálculo não habilitará o campo para informar valor fixo caso a ME tenha auferido receita bruta, no ano-calendário anterior, superior a R$120.000,00, ou possua mais de um estabelecimento ou, ainda, esteja no ano calendário de início de atividade.

7. QUESTÕES OBJETIVAS

01. (TCE-RS –2008 – Adjunto MP) Quanto aos incentivos fiscais relacionados ao ICMS:

a) podem ser concedidos por quaisquer Estados mediante decreto.

b) podem ser concedidos por Portaria do Secretário da Fazenda, desde que autorizada por convênio.

c) podem ser concedidos por lei estadual, mas dependem de prévio convênio dos Estados e do Distrito Federal.

d) podem ser concedidos por lei federal.

02. (TCE-RS –2008 – Adjunto MP) Compete aos Estados e aos Municípios:

a) a instituição de contribuições sociais e de intervenção no domínio econômico.

b) a instituição de contribuição para o custeio do serviço de iluminação pública.

c) a instituição de contribuição, cobrada de seus servidores, para o custeio, em benefício destes, de regime próprio de previdência.

d) a instituição de contribuição, cobrada de seus servidores, para o custeio, em benefício destes, de regime próprio de previdência e de serviços de saúde.

e) a instituição de contribuição, cobrada de seus servidores, para o custeio, em benefício destes, de sistemas de previdência, assistência social e saúde.

03. (PGM-Teresina – 2022 – FCC) Sobre a renúncia de receita pública, a LRF (Lei Complementar nº 101, de 04 de maio de 2000) dispõe:

I. A concessão ou ampliação de incentivo ou benefício de natureza tributária, da qual decorra renúncia de receita, deverá estar acompanhada de estimativa do impacto orçamentário-financeiro, no exercício em que deva iniciar sua vigência e nos dois seguintes.

II. Considera-se renúncia de receita as alterações das alíquotas dos impostos federais, reguladores do mercado interno, assim como impostos sobre o comércio exterior, sobre produtos industrializados e sobre operações financeiras.

III. A renúncia de receita deve estar acompanhada de medidas de compensação, no exercício em que deva iniciar sua vigência e nos dois seguintes, por meio do aumento de receita, proveniente da elevação de alíquotas, ampliação da base de cálculo, majoração ou criação de tributo ou contribuição, ou de demonstração pelo proponente de que a renúncia foi considerada na estimativa da receita da lei orçamentária.

IV. Considera-se renúncia de receita o cancelamento de débito cujo montante seja inferior ao dos respectivos custos de cobrança.

Está correto o que se afirma APENAS em

a) I, II e III.
b) I e III.
c) I e II.
d) II e IV.
e) II, III e IV.

Gabarito	
1	C
2	C
3	B

8. QUESTÕES DISSERTATIVAS

01. (Cespe/PGM/Boa_Vista/Procurador/2010) Em virtude da necessidade de aumentar a arrecadação, um estado da federação resolveu conceder benefício fiscal aos contribuintes que efetuassem o pagamento de seus débitos tributários, referentes ao ICMS, por meio de um programa que diminuía a cobrança da multa moratória em 50% do seu valor, diminuindo, por consequência, o valor do crédito tributário a receber. Considerando o tratamento constitucional da concessão de benefício fiscal por um estado em relação ao tributo de ICMS, redija um texto dissertativo que responda aos questionamentos seguintes, relativos à situação hipotética acima apresentada. (i) É possível a concessão do benefício proposto? Que benefício seria esse e qual a sua natureza jurídica? (ii) Se possível a concessão, que requisitos constitucionais devem ser observados?

▶ Resposta:

A criação de qualquer benefício fiscal estará sujeita a pressupostos legais e constitucionais, a saber: *a) lei específica (art. 150, §6º da CF/88); b) obediência ao art. 14 da Lei de Responsabilidade Fiscal*[43] *e, c) avaliação de possíveis vedações constitucionais.*

43. Tese fixada: "É inconstitucional lei estadual que concede benefício fiscal sem a prévia estimativa de impacto orçamentário e financeiro exigida pelo art. 113 do ADCT." ADI 6303/RR, relator Min. Roberto Barroso, julgamento virtual finalizado em 11.3.2022 (sexta-feira), às 23:59.

Portanto, ao projetar um texto legal e enviá-lo ao Poder Legislativo para aprovação, tendo por objetivo conceder benefícios ou incentivos fiscais, identifica-se uma renúncia tributária do ente público. E tal renúncia de receita deve seguir os requisitos estabelecidos no art. 14 da Lei de Responsabilidade Fiscal para não ser considerada ilegal. Os requisitos se referem a necessidade de que a concessão ou ampliação de incentivo ou benefício de natureza tributária da qual decorra renúncia de receita deverá estar acompanhada de estimativa do impacto orçamentário-financeiro no exercício em que deva iniciar sua vigência e nos dois seguintes, atender ao disposto na lei de diretrizes orçamentárias e a pelo menos uma das seguintes condições: I – demonstração pelo proponente de que a renúncia foi considerada na estimativa de receita da lei orçamentária e de que não afetará as metas de resultados fiscais previstas no anexo próprio da lei de diretrizes orçamentárias; II – estar acompanhada de medidas de compensação, no período mencionado no caput, por meio do aumento de receita, proveniente da elevação de alíquotas, ampliação da base de cálculo, majoração ou criação de tributo ou contribuição. Em se tratando de ICMS, além da existência de uma lei regional criando o benefício fiscal do ICMS e do atendimento à Lei de Responsabilidade Fiscal, deve haver uma autorização do CONFAZ[44]. O caso concreto relata que um Estado da federação resolveu conceder benefício fiscal aos contribuintes que efetuassem o pagamento de seus débitos tributários, referentes ao ICMS, por meio de um programa que diminuía a cobrança da multa moratória em 50% do seu valor, diminuindo, por consequência, o valor do crédito tributário a receber.

A remissão, prevista no art. 172 do Código Tributário Nacional, é uma hipótese de extinção do crédito tributário, a qual ocorre após o nascimento deste. Em outras palavras, a remissão surtirá efeitos sobre o crédito tributário constituído, podendo englobar tributo, juros e multa. Por outro lado, a anistia, prevista no art. 180 do CTN, exclui a exigibilidade do crédito tributário correspondente à penalidade aplicada por infrações. Esta, por sua vez, se refere ao perdão que o Estado concede a uma infração cometida pelo contribuinte, deixando de aplicar a penalidade.

A doutrina majoritária defende que a remissão pode ser parcial, englobando apenas parte do crédito que se extingue. Já em relação a anistia, somente poderá ser concedida integralmente, pois não se pode anistiar um "pedaço" de uma infração[45].

---

44. A concessão, mediante ato do poder público local, de isenções, incentivos e benefícios fiscais, em tema de ICMS, depende, para efeito de sua válida outorga, da prévia e necessária deliberação consensual adotada pelos Estados-membros e pelo Distrito Federal, observada, quanto à celebração desse convênio intergovernamental, a forma estipulada em lei complementar nacional editada com fundamento no art. 155, § 2º, XII, g, da Carta Política. Este preceito constitucional, que permite à União Federal fixar padrões normativos uniformes em tema de exoneração tributária pertinente ao ICMS, acha-se teleologicamente vinculado a um objetivo de nítido caráter político-jurídico: impedir a "guerra tributária" entre os Estados-membros e o Distrito Federal. Plausibilidade jurídica dessa tese sustentada pelo Procurador-Geral da República (Voto do Ministro Celso de Mello – Adin 930/MA – julg. 25/11/1993).

45. SILVEIRA, Alexandre Coutinho da; SCAFF, Fernando Facury. Prefeituras podem exigir ressarcimento no FPM. Publicado em 02 de Outubro de 2009. Disponível em: <http://www.advassociados.com.br/material/arquivos/escritorionamidia/1002Conjur-Artigo.pdf>. Acesso em: 24/10/2011.

Por isso, é permitido que o Estado, com finalidade de estimular o pagamento do ICMS, institua a remissão parcial da multa moratória, desde que seja criado por lei estadual (CF/88, art. 150, §6º), precedida de autorização por Convênio aprovado no CONFAZ (CF/88, art. 155, §2º, XII, g) e com atendimento aos requisitos do art. 14 da LC 101/00.

02. **(Questão formulada pelo autor)** Com o fim de otimizar a arrecadação tributária, o Chefe do Poder Executivo solicita parecer sobre a possibilidade de, ao invés de promover a execução fiscal de todas as Certidões de Dívida Ativa, selecionar algumas de valor ínfimo, para protesto. Ateste a possibilidade ou impossibilidade da medida.

▶ Resposta:

Segundo o art. 1º da Lei n.º 9.492/97, o "*protesto é o ato formal e solene pelo qual se prova a inadimplência e o descumprimento de obrigação originada em títulos e outros documentos de dívida*".

Em um primeiro momento o STJ afirmou que não haveria interesse jurídico em se realizar o protesto da CDA considerando que, por ser título executivo, é possível o ajuizamento, desde logo, da execução fiscal. Contudo, a Lei n.º 12.767/2012, trouxe previsão expressa ao incluir o parágrafo único ao art. 1º da Lei n.º 9.492/97, permitindo o protesto de certidões da dívida ativa.

Desse modo, diante da previsão expressa na Lei n.º 9.492/97, mais especificamente, final de 2013, o Superior Tribunal de Justiça mudou seu entendimento, passando a aceitar como legítimo o protesto da Certidão de Dívida Ativa - CDA.

Neste sentido, o instituto do protesto da CDA está em consonância com a ideia de eficiência na arrecadação tributária, na medida em que cria um mecanismo legitimo para fomentar a tributação. Na existência de débitos que seu custo não justifica o ajuizamento da execução fiscal poderia ser objeto de protesto, agilizando o recebimento de valores ditos irrisórios.

Portanto, conclui-se ser legitimo e constitucional a realização do protesto de CDA.

CAPÍTULO II
IMPOSTO SOBRE SERVIÇOS DE QUALQUER NATUREZA – ISSQN

1. ASPECTO MATERIAL

A análise da incidência de um imposto denota a necessidade de se fazer uma abordagem detalhada dos critérios material, temporal, espacial, pessoal e quantitativo da regra matriz de incidência da referida espécie tributária. A regra matriz de incidência funciona como um arquétipo da norma jurídica tributária, delimitando as possibilidades e limites onde o tributo poderá gerar seus efeitos.

A estrutura proposta pelo professor Paulo de Barros Carvalho, tomando como base o arquétipo da norma jurídica proposta por Kelsen (juízo hipotético condicional – antecedente e consequente), utiliza-se de elementos do próprio tributo para classificá-lo.

Assim, didaticamente, poderia ser demonstrada a regra matriz de incidência do ISSQN da seguinte forma:

HIPÓTESE	**1. Critério material**	Prestar serviço
	2. Critério temporal	Momento da prestação do serviço
	3. Critério espacial	Local da estabelecimento do prestador, em regra
CONSEQUÊNCIA	**1. Critério subjetivo**	a) Sujeito Ativo: Fazenda Municipal
		b) Sujeito Passivo: prestador ou responsável
	2. Critério quantitativo	a) Base de cálculo: preço do serviço
		b) Alíquota: previsão legal

Em linhas gerais, pode-se definir a Hipótese de Incidência como a "*descrição legal de um fato: a formulação hipotética, prévia e genérica, contida na lei, de um fato (é o espelho do fato, a imagem conceitual de um fato; é seu desenho)*"[1]. Frente a isso, o aspecto material seria o comportamento, condicionado às circunstâncias de tempo e espaço, que está previsto no dispositivo constitucional. Os elementos da hipótese de incidência dos tributos municipais devem ser analisados a partir da Constituição Federal, pois *"é ali que se desenham, na definição da competência tributária dos entes da Federação, os contornos que irá ter cada peça integrante do sistema tributário nacional"*[2]. É a Carta Constitucional que estabelece os limites ao poder de tributar e a delimitação da hipótese de incidência de cada um dos tributos, incluindo os impostos municipais.

A regra matriz de incidência do imposto sobre serviços de qualquer natureza – ISSQN está delimitada pelo art. 156, III da Constituição Federal, o qual delimita a competência municipal na seara da prestação de serviços:

> Art. 156. Compete aos Municípios instituir impostos sobre:
>
> (...)
>
> III – serviços de qualquer natureza, não compreendidos no art. 155, II, definidos em lei complementar.
>
> (...)
>
> § 3º Em relação ao imposto previsto no inciso III do caput deste artigo, cabe à lei complementar:
>
> I – fixar as suas alíquotas máximas e mínimas;
>
> II – excluir da sua incidência exportações de serviços para o exterior.
>
> III – regular a forma e as condições como isenções, incentivos e benefícios fiscais serão concedidos e revogados.

Explica Paulo de Barros Carvalho que "*esse núcleo, ao qual nos referimos, será formado, invariavelmente, por um verbo, seguido de seu complemento. Daí porque aludirmos o comportamento humano, tomada a expressão na plenitude de sua força significativa, equivalente a dizer, abrangendo não só as atividades refletidas (verbos que*

1. ATALIBA, Geraldo. Hipótese de Incidência Tributária. São Paulo: Malheiros, 2010, p. 58.
2. AMARO, Luciano. Direito tributário brasileiro. 9. ed. São Paulo: Saraiva, 2003, p. 162.

exprimem ação) como aquelas espontâneas (verbos de estado: ser, estar, permanecer, etc.)"[3]. De modo que os elementos "prestar serviço", por exemplo, são elementos que definem e delimitam o rol de situações abarcadas pela incidência tributária, que serão de suma importância no momento da investigação fática.

Roque Antonio Carrazza define que se de um lado as normas constitucionais habilitam as pessoas políticas a criarem seus tributos, também impede que as demais possam vir a alterá-la[4]. Por isso, o aspecto material do Imposto sobre Serviços, além de definir a incidência tributária sobre a prestação de serviços, estabeleceu parâmetros para evitar o conflito em relação ao ICMS e ao IPI, bem como, delegou à Legislação Complementar a missão de editar normas gerais sobre este imposto municipal.

Na área de concursos públicos é comum as bancas terem por costume explorar o regramento constitucional dos tributos, inclusive a definição da regra matriz de incidência dos tributos estaduais e municipais. Já foi objeto de questão da ESAF (Auditor da Receita Federal - 2012), considerada como CORRETA, a seguinte afirmação "*no conjunto de serviços tributáveis pelo ISS, a lei complementar definirá aqueles sobre os quais poderá incidir o mencionado imposto, com o que realiza a sua finalidade principal, que é afastar os conflitos de competência, em matéria tributária, entre as pessoas políticas*".

Abaixo das normas constitucionais é possível encontrar a função do legislador complementar, o qual deverá estabelecer a regulamentação nacional do ISSQN, garantindo a aplicação de maneira equânime das diretrizes constitucionais, bem como excluir de sua incidência exportações de serviços para o exterior (lembre que este é um caso de isenção e não imunidade).

E por fim, cumpre aos Municípios e Distrito Federal, dentro de sua competência, editar normais locais, para detalharem a aplicação da hipótese de incidência e demais normas para arrecadação do tributo, dentro de suas peculiaridades, sempre em consonância com a Constituição Federal e Legislação Complementar.

Desta feita, temos três ordens legislativas para analisar:

- Legislação Constitucional - normas de competência
- Legislação Complementar - normas gerais
- Legislação Ordinária (local) - normas de incidência

Por isso, deve-se compreender que a competência - e consequentemente o aspecto material - dos Municípios em relação ao ISSQN, está definida pela norma constitucional. A regulamentação a nível nacional é feita pela Lei Complementar nº 116/2003, a qual revogou parcialmente o Decreto-Lei nº 406/68. E sobrará aos Municípios e DF a competência de editar leis locais para criar o tributo e

---

3. CARVALHO, Paulo de Barros. Curso de direito tributário. São Paulo: Saraiva, 2005, p. 258.
4. CARRAZZA, Roque Antonio. A tributação na Constituição, o princípio da autonomia municipal e o imposto sobre serviços de qualquer natureza (ISS). Questões conexas. In. SANTI, Eurico Marcos Diniz de. Curso de Direito Tributário e Finanças Públicas. São Paulo: Saraiva, 2008, p. 786.

regulamentá-lo dentro das diretrizes constitucionais e das normas gerais editas pela União Federal.

Primeiramente cabe notar que o Imposto Sobre Serviços de Qualquer Natureza irá incidir sobre a relação jurídica de prestar serviço, o qual deve ser interpretado como um conceito jurídico e não apenas como acontecimento fático. Nestes termos, Natália de Nardi Dácomo lembra que a norma do ISS incide sobre uma prestação de serviço derivada de um negócio jurídico:

> "Pois não basta uma pessoa, física ou jurídica, começar a prestar serviço a outra sem o seu consentimento, pacto ou ajuste. Dessa forma, é necessário um acordo, um contrato (verbal ou escrito), uma relação entre pessoas, física ou jurídica, para fazer nascer a prestação de serviços"[5].

Apesar de inexistir um conceito expresso de serviço na legislação do ISSQN, é possível encontrar uma correspondência, num exercício de interpretação interdisciplinar, no art. 3º, §2º do Código de Defesa do consumidor, onde ficou assim disciplinado:

> Art. 3º ....
>
> (...)
>
> § 2º Serviço é qualquer atividade fornecida no mercado de consumo, mediante remuneração, inclusive as de natureza bancária, financeira, de crédito e securitária, salvo as decorrentes das relações de caráter trabalhista.

É essencial diferenciar neste momento a relação jurídica de "prestar serviço" da repercussão econômica de "prestar serviço". Como afirmado logo acima, somente o primeiro caso terá o condão de autorizar o nascimento da obrigação tributária do ISSQN, na medida em que é o evento descrito na norma constitucional.

Explica Natália de Nardi Dácomo[6] que existem duas correntes que buscam explicar a obrigação tributária derivada do aspecto "prestar serviço". A primeira, denominada de econômica, onde prevalece o entendimento de que bastava a circulação de bens imateriais ou matérias para o nascimento da obrigação tributária. Esta corrente doutrinária, representada por Sergio Pinto Martins, defende que o conceito de serviço compreende *"a existência de transferência onerosa, por parte de uma pessoa a outra, de bem imaterial que se acha na etapa de movimentação econômica"*[7]. Neste caso, a prestação de serviço seria uma etapa da circulação econômica pela qual uma pessoa, em troca de pagamento de um preço, simplesmente realiza a transferência de um bem imaterial (serviço) a outra.

Por outro lado, a corrente denominada jurídica, até o momento entendida como majoritária, defende que a hipótese de incidência somente alcançará as prestações de serviços derivadas de uma obrigação de fazer, ou seja, oriundas de um negócio jurídico. Esta corrente doutrinária busca explicar o fenômeno do

5. DÁCOMO, Natália de Nardi. Hipótese de Incidência do ISS. São Paulo: Noeses, 2006, p. 29.
6. Cf. DÁCOMO, Natália de Nardi. Hipótese de Incidência do ISS. São Paulo: Noeses, 2006, p. 35/36.
7. MARTINS, Sergio Pinto. Manual de Imposto sobre Serviços. São Paulo: Atlas, 2004, p. 42.

nascimento da obrigação tributária do ISSQN a partir de uma obrigação jurídica precedente. Nesta linha José Eduardo Soares de Melo leciona e se posiciona a respeito da segunda corrente:

> "O cerne da materialidade da Hipótese de incidência do imposto em comento não se circunscreve a 'serviço', mas a uma 'prestação de serviço', compreendendo um negócio (jurídico) pertinente a uma obrigação de fazer, de conformidade com os postulados e diretrizes do direito privado"[8].

Acompanhando este raciocínio, Eduardo Domingos Bottallo defende que o conceito constitucional de "prestação de serviço" engloba uma obrigação jurídica de fazer, ainda que acompanhada de utilidades materiais:

> "Este conceito é suficientemente lato, de modo a albergar toda e qualquer prestação de utilidade, tanto material (uma obra de engenharia), quanto imaterial (serviços prestados por profissionais liberais), que consista na execução de uma obrigação de fazer". Mesmo quando a prestação de serviços concretiza-se em utilidades materiais, o fazer haverá de prevalecer sob o dar"[9].

Inclusive, o Supremo Tribunal Federal, a partir do julgamento do Recurso 116.121/SP, realizado em 11/10/2000, abandonou o critério econômico para adotar o critério jurídico da obrigação tributária do ISSQN, prevalecendo tal orientação até os dias atuais:

> TRIBUTO – FIGURINO CONSTITUCIONAL. A supremacia da Carta Federal é conducente a glosar-se a cobrança de tributo discrepante daqueles nela previstos. IMPOSTO SOBRE SERVIÇOS – CONTRATO DE LOCAÇÃO. A terminologia constitucional do Imposto sobre Serviços revela o objeto da tributação. Conflita com a Lei Maior dispositivo que imponha o tributo considerado contrato de locação de bem móvel. Em Direito, os institutos, as expressões e os vocábulos têm sentido próprio, descabendo confundir a locação de serviços com a de móveis, práticas diversas regidas pelo Código Civil, cujas definições são de observância inafastável – artigo 110 do Código Tributário Nacional. (RE 116121, Relator(a): Min. OCTAVIO GALLOTTI, Relator(a) p/ Acórdão: Min. MARCO AURÉLIO, Tribunal Pleno, julgado em 11/10/2000, DJ 25-05-2001 PP-00017 EMENT VOL-02032-04 PP-00669)

A partir deste julgamento o entendimento nacional foi uniformizado, no sentido de que a incidência do ISSQN deve estar precedida necessariamente de um negócio jurídico com natureza de obrigação de fazer. A partir disso, tem-se uma definição clara de que o núcleo da descrição fática deve estar concretizado na conjugação das terminologias: "prestar + serviços".

Ainda que se apresentasse como um entendimento consolidado, a controvérsia retornou ao Supremo Tribunal Federal, em especial, nas questões a respeito das chamadas "locações mistas", que envolvem a locação de bem móvel e prestação de

---

8. MELO, José Eduardo Soares de. ISS – Aspectos Teóricos e Práticos. 5. ed. São Paulo: Dialética, 2008, p. 37.
9. BOTTALLO, Eduardo Domingos. Notas sobre o ISS e a Lei Complementar n. 116/2003. In. O ISS e a LC 116. Coord. Valdir de Oliveira Rocha. São Paulo: Dialética, 2003, P.79.

serviços. Na Reclamação 28.324, a Suprema Corte afastou o entendimento da Súmula Vinculante 31, face a necessidade de cindir as operações que comportassem locação de bens móveis com prestação de serviços:

> É certo que, nos debates travados ao exame da Proposta de Súmula Vinculante 35, que resultou na SV 31, suscitada dúvida no Plenário desta Corte quanto à situação em que a locação de bens móveis está associada à prestação de serviços, tendo-se concluído pela exclusão do termo "dissociadas da prestação de serviços", uma vez não analisada a questão relativa aos contratos mistos. (...) 6. Em relações contratuais complexas ou mistas, apenas há falar em descumprimento da Súmula Vinculante 31 quando a locação de bem móvel esteja evidentemente dissociada da prestação de serviços, seja em relação ao objeto, seja no tocante ao valor detalhado da contraprestação financeira. (...) Não há falar, pois, em contrariedade à Súmula Vinculante 31, que não contempla contratos mistos – locação de bens móveis acompanhado de prestação de serviço. Verifica-se da sentença trazido pelo reclamante que, ao analisar o caso concreto, entendeu o Juízo de origem que as atividades prestadas não são apartadas, visto que, além da locação dos aparelhos de audiovisual, são disponibilizados os operadores, na prestação de serviço (...)
>
> (Rcl 28.324, rel. min. Rosa Weber, dec. monocrática, j. 25-5-2018, DJE 107 de 30-5-2018)

Em outro julgamento, desta vez da Reclamação 8623, o Supremo novamente afastou a incidência desta Súmula Vinculante, para permitir a incidência do ISSQN sobre a cessão do uso de marca. Ficou assim definido no voto do Relator do processo, Ministro Gilmar Mendes: "*Essas circunstâncias afastam a incidência da Súmula Vinculante 31 sobre o caso, uma vez que a cessão do direito de uso de marca não pode ser considerada locação de bem móvel, mas serviço autônomo especificamente previsto na LC 116/2003*". (Rcl 8.623 AgR, voto do rel. min. Gilmar Mendes, 2ª T, j. 22-2-2011).

Mas foi com o julgamento RE 651.703/PA, que a Suprema Corte parece ter abandonado definitivamente a diferenciação clássica de "obrigação de fazer x obrigação de dar" como único critério, a fim de traçar uma diferenciação mais bem elaborada para caracterização da incidência do ISSQN. Este recurso apresentou a discussão acerca da incidência do ISSQN sobre os planos de saúde, o qual apresenta os seguintes trechos de fundamentação:

> (...) O conceito de prestação de "serviços de qualquer natureza" e seu alcance no texto constitucional não é condicionado de forma imutável pela legislação ordinária, tanto mais que, de outra forma, seria necessário concluir pela possibilidade de estabilização com força constitucional da legislação infraconstitucional, de modo a gerar confusão entre os planos normativos. O texto constitucional ao empregar o signo "serviço", que, a priori, conota um conceito específico na legislação infraconstitucional, não inibe a exegese constitucional que conjura o conceito de Direito Privado. (...) Os tributos sobre o consumo, ou tributos sobre o valor agregado, de que são exemplos o ISSQN e o ICMS, assimilam considerações econômicas, porquanto baseados em conceitos elaborados pelo próprio Direito Tributário ou em conceitos tecnológicos, caracterizados por grande fluidez e mutação quanto

à sua natureza jurídica. O critério econômico não se confunde com a vetusta teoria da interpretação econômica do fato gerador, consagrada no Código Tributário Alemão de 1919, rechaçada pela doutrina e jurisprudência, mas antes em reconhecimento da interação entre o Direito e a Economia, em substituição ao formalismo jurídico, a permitir a incidência do Princípio da Capacidade Contributiva. A classificação das obrigações em "obrigação de dar", de "fazer" e "não fazer", tem cunho eminentemente civilista, como se observa das disposições no Título "Das Modalidades das Obrigações", no Código Civil de 2002 (que seguiu a classificação do Código Civil de 1916), em: (i) obrigação de dar (coisa certa ou incerta) (arts. 233 a 246, CC); (ii) obrigação de fazer (arts. 247 a 249, CC); e (iii) obrigação de não fazer (arts.250 e 251, CC), não é a mais apropriada para o enquadramento dos produtos e serviços resultantes da atividade econômica, pelo que deve ser apreciada *cum grano salis*.

A lei complementar a que se refere o art. 156, III, da CRFB/88, ao definir os serviços de qualquer natureza a serem tributados pelo ISS a) arrola serviços por natureza; b) inclui serviços que, não exprimindo a natureza de outro tipo de atividade, passam à categoria de serviços, para fim de incidência do tributo, por força de lei, visto que, se assim não considerados, restariam incólumes a qualquer tributo; e c) em caso de operações mistas, afirma a prevalência do serviço, para fim de tributação pelo ISS. O artigo 156, III, da CRFB/88, ao referir-se a serviços de qualquer natureza não os adstringiu às típicas obrigações de fazer, já que raciocínio adverso conduziria à afirmação de que haveria serviço apenas nas prestações de fazer, nos termos do que define o Direito Privado, o que contrasta com a maior amplitude semântica do termo adotado pela constituição, a qual inevitavelmente leva à ampliação da competência tributária na incidência do ISSQN. A regra do art. 146, III, "a", combinado com o art. 146, I, CRFB/88, remete à lei complementar a função de definir o conceito "de serviços de qualquer natureza", o que é efetuado pela LC nº 116/2003. A classificação (obrigação de dar e obrigação de fazer) escapa à ratio que o legislador constitucional pretendeu alcançar, ao elencar os serviços no texto constitucional tributáveis pelos impostos (v.g., serviços de comunicação - tributáveis pelo ICMS, art. 155, II, CRFB/88; serviços financeiros e securitários - tributáveis pelo IOF, art. 153, V, CRFB/88; e, residualmente, os demais serviços de qualquer natureza - tributáveis pelo ISSQN, art. 156. III, CRFB/88), qual seja, a de captar todas as atividades empresariais cujos produtos fossem serviços sujeitos a remuneração no mercado. Sob este ângulo, o conceito de prestação de serviços não tem por premissa a configuração dada pelo Direito Civil, mas relacionado ao oferecimento de uma utilidade para outrem, a partir de um conjunto de atividades materiais ou imateriais, prestadas com habitualidade e intuito de lucro, podendo estar conjugada ou não com a entrega de bens ao tomador.

Note-se que o Supremo Tribunal Federal parece considerar que a famosa diferenciação entre "obrigação de fazer x obrigação de dar" não é mais suficiente para aferir o enquadramento dos serviços para efeitos de incidência do ISSQN. No próprio voto, o Relator - ministro Luiz Fux - afirmou que o critério econômico não se confunde com a teoria da interpretação econômica do fato gerador, consagrada no Código Tributário Alemão de 1919, mas admite haver um reconhecimento da interação entre o Direito e a Economia, em substituição ao formalismo jurídico. Nestes termos, como forma de identificar a capacidade contributiva dos cidadãos, revelada nas atividades econômicas, a Constituição Federal permite que a competência tributária municipal se estabeleça através de tipos abertos, e não de conceitos técnicos fechados.

A expressão "de qualquer natureza, não compreendidos no art. 155, II (ICMS)" revela o limite constitucional de evitar com que qualquer operação de circulação de bem imaterial autorize a tributação. Ao mesmo tempo, o conceito "prestação de serviço" abarca as manifestações econômicas de serviços, e não apenas aquelas relacionadas à realização de trabalho humano em favor de outrem (obrigação de fazer). E será a lista anexa à Lei Complementar 116/2003, ao definir os serviços tributáveis, que conferirá segurança jurídica ao contribuinte, fixando os limites de interpretação possíveis do texto constitucional.

Segundo entendimento do STF, no RE 651.703/PA, a lei complementar a que se refere o art. 156, III, da CF, ao definir os serviços de qualquer natureza a serem tributados pelo ISS:

> a) arrola serviços por natureza;
>
> b) inclui serviços que, não exprimindo a natureza de outro tipo de atividade, passam à categoria de serviços, para fim de incidência do tributo, por força de lei, visto que, se assim não considerados, restariam incólumes a qualquer tributo; e
>
> c) em caso de operações mistas, afirma a prevalência do serviço, para fim de tributação pelo ISS.

Além do julgamento acerca do ISSQN sobre os planos de saúde, o Supremo Tribunal Federal também reafirmou o entendimento no Tema de Repercussão Geral 300 (RE 603.136/RJ), relativo a incidência do ISS em contratos de franquia, fixando a seguinte tese: *"É constitucional incidência de Imposto sobre Serviços de Qualquer Natureza (ISS) sobre contratos de franquia (franchising)".*

Embora a corrente doutrinária clássica sustente a inexistência da obrigação de fazer no contrato de franquia, o Relator do RE 603.136/RJ, ministro Gilmar Mendes, considerando inadequada a conceituação jurídica da prestação de serviços, decidiu que esta atividade está sujeita ao ISSSQN:

> A mim me parece que a velha distinção entre as ditas obrigações de dar e de fazer não funciona como critério suficiente para definir o enquadramento do contrato de franquia no conceito de "serviço de qualquer natureza", previsto no texto constitucional. Digo isso porque, para mim, está mais do que evidente que esta tal estrutura negocial inclui tanto prestações de "dar" como prestações de "fazer". A rigor, nem mesmo entre os civilistas a distinção entre essas duas situações – obrigações de dar e de fazer – é posta sempre com tal clareza.

Esta linha de entendimento é fundamental para identificarmos os próximos passos da incidência do ISSQN sobre as novas tecnologias, chamadas de economia digital. Embora o conceito jurídico se mantenha estático, a nova linha interpretativa da Suprema Corte permitirá o adequado enquadramento do ISSQN sobre materialidades econômicas extremamente volúveis e em constante modificação, como os aplicativos de transporte urbano, de entrega de comida (*delivery*), de *streaming*, de intermediação de locação de automóveis, etc.

São atividades econômicas que representam valores significativos e que representam uma gama gigante de movimentação financeira que merece o perfeito acompanhamento pelo direito tributário.

Não que se tenha negado ou abandonado a diferenciação da "obrigação de fazer x obrigação de dar" do direito civil, mas para compreender a natureza das atividades econômicas contemporâneas se deve ir além dos conceitos tecnicamente fechados, conforme externou o ministro Roberto Barroso, em seu voto, no RE 651.703/PA:

> Na linha dos julgados mais recentes sobre o tema, penso que o conceito de serviço para os fins do art. 156, III, da Constituição, não deve ser entendido exclusivamente à luz da legislação de direito civil, muito menos como mera obrigação de fazer em contraposição a uma obrigação de dar, como pretende o recorrente. Em verdade, o conceito de serviço disposto na Constituição é mais amplo do que o descrito na legislação civil e busca abranger as múltiplas e complexas atividades econômicas existentes no mercado. Isso ocorre em razão de dois motivos.
>
> Em primeiro lugar, o texto constitucional delimita como fato gerador do tributo "serviços de qualquer natureza". Há, portanto, uma clara intenção de inserir uma ampla gama de serviços, levando à necessária extensão da competência tributária. A amplitude semântica do termo "qualquer natureza" parece denotar a intenção do constituinte de incluir todas as atividades empresariais cujos produtos tenham características semelhantes a serviços e que não estejam englobadas no conceito de serviço de comunicação e serviço de transporte interestadual ou intermunicipal (tributáveis pelo ICMS, nos termos do art. 155, II, CF/88) ou serviços financeiros e securitários (tributáveis pelo IOF, nos termos do art. 153, V, CF/88). Em outras palavras, excetuando as atividades em que o constituinte determinou a incidência de ICMS ou IOF, todas as demais que envolvam a prestação de uma utilidade com elementos de um serviço devem ser tributadas pelo ISS.
>
> Em segundo lugar, o perfil constitucional do conceito de serviço é necessariamente intermediado por uma definição legal. Vale dizer: a Constituição determinou que os contornos jurídicos do serviço de qualquer natureza deveriam ser delimitados por lei complementar específica. Ao definir o conceito de serviço, a Lei Complementar nº 116/2003 inclui em sua lista: (i) atividades tradicionalmente entendidas como prestação de serviços (e.g.: assessoria, consultoria, planejamento, guarda e vigilância); (ii) atividades que passam a categoria de serviço para fins de incidência do tributo, pois, caso contrário, ficariam imunes de qualquer tributo; e (iii) operações mistas, em que se afirma a prevalência do serviço para fins de tributação (e.g.: reparação, conservação e reforma de edifícios; execução de empreitada e subempreitada; conserto, reparo e manutenção e máquinas, veículos e equipamentos).
>
> Portanto, em razão desses dois motivos, não há como interpretar a regra de competência do ISSQN de maneira a conduzir a resultado tão restritivo quanto o que pretende o recorrente, por meio de uma mera dicotomia entre obrigação de fazer e obrigação de dar. Fica evidente que a definição de

serviço disposta na Constituição buscou englobar todas as complexas relações econômicas atualmente existentes no mercado, de modo a impedir que determinadas atividades simplesmente ficassem imunes a qualquer tipo de tributação.

Em razão desta reviravolta na jurisprudência do Supremo Tribunal Federal, torna-se clara a possibilidade de incidência de ISSQN em várias atividades econômicas relevantíssimas da era digital. Parte-se de um enquadramento dos itens da lista anexa à Lei Complementar 116/2003 com o conceito econômico de serviços, qual seja, oferecimento de utilidade a outrem mediante remuneração.

Essa situação é importantíssima, pois é a partir dela que a jurisprudência e doutrina se apoiam para definir as separações entre os fatos que estariam sujeitos ao ISSQN e aqueles que pertenceriam ao IPI e ICMS. Na tributação municipal há uma predominância da obrigação de "fazer" sobre a obrigação de "dar", o que demonstra uma diferença fundamental para que as autoridades fazendárias não venham praticar bitributação sobre os mesmos fatos, ofendendo, neste caso, a segurança jurídica.

Outra diferença em relação ao ICMS e IPI é que o ISSQN incide sobre o fato de prestar serviço, independente do resultado. Não interessa para esta tributação se o resultado da obrigação de fazer resultou um bem material ou imaterial, pois o núcleo deste tributo não é o produto e sim na operação. Em decorrência disso, prevaleceu o entendimento de que somente estão passiveis de incidência do ISSQN os serviços incluídos na lista prevista na Lei Complementar nº 116/2003, os quais devem ser repetidos nas leis municipais.

É a partir deste raciocínio que Aires F. Barreto define que o ISSQN somente pode incidir sobre a atividade exercida em favor de outrem, com conteúdo econômico, sob regime de direito privado, em caráter negocial, sem subordinação, tendente a produzir uma utilidade material ou imaterial[10]. A incidência do ISSQN está circunscrita a estes parâmetros, de forma que estarão excluídas de seu critério material aquelas atividades que sejam prestadas de forma gratuita e compulsória, como por exemplo, o serviço militar, a convocação eleitoral e a participação no júri.

Isso permite compreender que a partir da previsão constitucional – "serviços de qualquer natureza" –, a Lei Complementar nº 116/2003 define como hipótese de incidência deste tributo "a prestação de serviços constantes da lista anexa". Ou seja, esta Lei Complementar traz um rol dos serviços sobre os quais incide ISSQN, excluindo os serviços de competência dos Estados como transporte interestadual, intermunicipal e serviços de comunicação.

Para melhor compreender as diferenças do ICMS e ISSQN, elabora-se o seguinte quadro exemplificativo:

---

10. Cf. BARRETO, Aires F. ISS na Constituição e na Lei. São Paulo: Dialética, 2003, p.62.

	ICMS	ISSQN
Serviços	Transporte interestadual/intermunicipal, comunicações, operações específicas e residuais	Definidos expressamente em Lei Complementar
Alíquotas (limites mín/máx)	Resolução do Senado	Lei complementar e ADCT*
Princípios constitucionais	Não cumulatividade e seletividade	Não há
Atividade fim	Circulação de mercadorias	Prestação de serviços

Também é possível traçar uma diferença entre ISSQN e IPI:

	IPI	ISSQN
Atividade fim	Transformar/produto	Prestação de serviços
Customização	Em massa	Sob encomenda
Princípios constitucionais	Não cumulatividade e seletividade	Não há
Exportação	Imunidade	Isenção ou não incidência

Com este delineamento constitucional, é reconhecida a autonomia aos Municípios acerca da competência para instituir este imposto no âmbito de seus territórios, através de leis municipais, de forma que, *"por força do princípio da autonomia municipal, a pessoa política Município é livre para criar e arrecadar os tributos de sua competência"*[11].

Quanto a isso, a banca da FCC (2010 – PGM-TERESINA-PI) entendeu ser INCORRETA a seguinte assertiva *"Tratando-se de serviço semelhante, mas não previsto expressamente nesta lei, o Município poderá sofrer a incidência deste imposto em virtude da interpretação analógica, aplicável em casos de equidade".* Nesse sentido, cabe ao Município arrecadar o imposto sobre serviços não compreendidos na competência da União e dos Estados, desde que estes estejam expressamente previstos na lista de serviços anexa à Lei Complementar 116/2003.

O atual entendimento jurisprudencial é de que a lista de serviços, embora taxativa, admite a interpretação extensiva. Alguns dos itens da lista, onde constem expressões como "outros" e "congêneres", permite que o intérprete possa buscar um entendimento ampliativo para não deixar situações semelhantes fora da incidência do ISSQN, conforme entendimento do STF[12] e STJ:

11. CARRAZZA, Roque Antonio. Curso de Direito Constitucional Tributário. 4. ed. São Paulo: Malheiros, 1993, p.111.

12. "É taxativa, ou limitativa, e não simplesmente exemplificativa, a lista de serviços anexa à lei complementar, embora comportem interpretação ampla os seus tópicos." (RE 361.829/RJ, relator ministro Carlos Velloso, DJ de 24/02/06, p. 51)

> A jurisprudência do STJ se firmou no sentido de que é taxativa a lista anexa ao Decreto-Lei nº 406/1968, comportando interpretação extensiva, a fim de abarcar serviços correlatos àqueles previstos expressamente, uma vez que, se assim não fosse, ter-se-ia, pela simples mudança de nomenclatura de um serviço, a incidência ou não do ISS. (STJ. EREsp 916.785/MG, Rel. Min. Humberto Martins, Primeira Seção, Julgado em 23.04.2008)

Em decorrência disso, somente estão passiveis de incidência do ISSQN os serviços incluídos na lista prevista na Lei Complementar nº 116/2003, os quais devem ser repetidos nas leis municipais. A partir disso, tem-se uma definição clara de que o núcleo da descrição fática deve estar concretizado na conjugação das terminologias: "prestar + serviços".

Serviços Gratuitos são tributados pelo ISS? No exemplo de uma prestação de serviço advocatício prestado gratuitamente para uma entidade beneficente. Apesar de estar consolidado o entendimento de que a incidência do ISSQN independer do resultado do serviço, é necessário que esta relação jurídica tenha um cunho econômico.

A incidência do ISSQN está circunscrita a estes parâmetros, de forma que estarão excluídas de seu critério material aquelas atividades que sejam prestadas de forma gratuita e compulsória, como por exemplo, o serviço militar, a convocação eleitoral, etc.

Em linhas gerais, podemos assim definir as diretrizes da incidência do ISSQN[13]:

- o ISS não pode incidir sobre serviço potencial: a obrigação tributária só surge diante de fato concretamente ocorrido;
- é irrelevante que o prestador do serviço possua habilitação para a sua execução;
- é irrelevante, para fins de ISS, que o prestador tenha a finalidade lucrativa, ou que não tenha obtido lucro, basta que se trate de fato com conteúdo econômico.

Expressamente, a própria Lei Complementar 116/2003 declarou não haver incidência do ISSQN sobre os serviços sujeitos a incidência do ICMS, bem como serviços realizados em relação de emprego, dos trabalhadores avulsos, dos diretores e membros de conselho consultivo ou de conselho fiscal de sociedades e fundações; valores intermediados no mercado de títulos e valores mobiliários por instituições financeiras. Sem falar naqueles serviços onde a jurisprudência reconheceu a aplicação da imunidade tributária, como aqueles prestados pela Empresa Pública dos Correios no envio de correspondências[14] e pelo SESC em atividades revertidas em suas finalidades essenciais[15]. No primeiro caso não confundir com os serviços

---

13 Cf. BARRETO, Aires F. Imposto sobre serviços. In. Curso de direito Tributário e Finanças Públicas. Eurico Marcos Diniz de Santi (org.), São Paulo: Saraiva, 2008, p. 1004.

14. STF. Agravo Regimental no Recurso Extraordinário nº 357.291/PR, 1ª Turma do Supremo Tribunal Federal, relator ministro Cezar Peluso, DJ de 02/06/06, p. 12.

15. STF. AI-AgR nº 155.822/SP, 1ª Turma do Supremo Tribunal Federal, relator ministro Ilmar Galvão, DJ de 02/06/95, p. 16238.

prestados pelas Agências "franqueadas" dos correios, pois estas não serão beneficiadas pela imunidade tributária.

Também prevaleceu o entendimento no Supremo Tribunal Federal de que a imunidade recíproca alcança a atividade pública posteriormente delegada no que atine a confecção de bilhetes magnéticos, pela Casa da Moeda (RE 610517/RJ – DJe de 17.6.2013). Com isso, não se revela constitucionalmente lícito ao Município, fazer incidir o ISS sobre a atividade desempenhada pela Casa da Moeda do Brasil – CMB. Apesar de a mesma possuir a qualificação de empresa pública federal, a sua execução de serviços de emissão de moeda, com base o art. 21, VII, da CF/88, é de natureza pública e em regime exclusivo.

Neste ponto, inclusive, a banca CESPE (2009 – ANATEL – Analista Administrativo) considerou como CORRETA a seguinte assertiva "*o ISS não incide sobre a prestação de serviços dos dirigentes e membros de conselhos consultivos ou fiscais das entidades*".

Neste sentido, não haverá incidência de ISSQN sobre serviços que tenham a nota fiscal cancelada, pois neste caso – até que tenha prova em contrário – presume-se que a prestação de serviço inexistiu, conforme já julgou o Tribunal de Justiça de são Paulo:

> "Ementa: ISSQN – Cancelamento das notas fiscais – Cobrança sem comprovação da realização de fato da prestação de serviços – Impossibilidade – Inocorrência do fato gerador. Canceladas as notas fiscais, é impossível a cobrança do ISSQN sem a comprovação pelo fisco da efetiva prestação de serviços, já que, nesta hipótese, presume-se não ter ocorrido o fato gerador da obrigação tributária. RECURSO IMPROVIDO. (TJ-SP – Apelação com revisão nº 0002647-88.2009.8.26.0248 – 23/08/2012)".

Deste modo, a nota fiscal é documento – não o único, mas o principal – que faz prova da ocorrência da prestação do serviço, devendo ser emitida toda vez que a empresa prestar algum serviço. Caso haja seu cancelamento teremos uma presunção relativa que o serviço não foi prestado, e via de consequência, não haverá incidência do ISSQN.

Nesta perspectiva, a prestação de serviços de qualquer natureza, para fins de incidência de ISSQN, deve estar compreendida no fato de se desenvolver um esforço a fim de cumprir uma obrigação de fazer, sendo importante para a análise da incidência tributária a sua prestação e não o resultado (produto). Isso faz com que se conclua que esta exação municipal não pode incidir sobre o serviço em potencial, mas sim, sobre sua efetiva materialidade, conforme leciona o Aires F. Barreto:

> *o ISS, e bem assim qualquer outro imposto, só pode alcançar o fato concretamente ocorrido no mundo fenomênico, e nunca aquele que está por ocorrer, ainda que a probabilidade dessa ocorrência seja presumível. Relativamente ao ISS, é preciso atentar, ainda, para a circunstância de que se trata de um imposto sobre fatos e não sobre contratos*[16].

---

16. BARRETO, Aires F. Curso de Direito Tributário Municipal. São Paulo: Saraiva, 2009, p. 322.

O critério utilizado neste caso foi a diferenciação da obrigação de "fazer" e de "dar", sendo que, enquanto "*a prestação, na obrigação de dar, consiste na entrega de um objeto, sem que se tenha de fazê-lo previamente, e, na de fazer, na realização de um ato ou confecção de uma coisa, para depois entregá-la ao credor*"[17]. Dentro desta lógica, o Supremo Tribunal Federal, em análise sobre a atividade de locação de bens móveis, definiu que se tratava de uma obrigação de dar, afastando a incidência de ISSQN. Tempos depois, a Suprema Corte pacificou esse mesmo entendimento, através da edição da Súmula Vinculante nº 31[18].

> É inconstitucional a incidência do imposto sobre serviços de qualquer natureza – ISS sobre operações de locação de bens móveis.

A incidência do ISSQN está restrita a prestação de serviço que possua autonomia em relação a outras etapas da atividade, por isso não se permite a tributação da chamada "atividade-meio". É o que ocorre, por exemplo, com a venda de ar condicionado, cuja comercialização da mercadoria inclui, muitas vezes, a sua instalação (atividade meio). Quando a prestação de serviço for apenas parte integrante (acessória) da relação jurídica de venda será ela considerada como atividade-meio, o que consequentemente afastará a incidência do tributo municipal[19].

Não é possível decompor a atividade-fim para sujeitar ao ISS as várias ações-meio que a possibilitam, sendo que somente a atividade-fim é que pode sofrer a incidência da exação, conforme entendimento jurisprudencial dominante:

> APELAÇÃO CÍVEL E REEXAME NECESSÁRIO – MANDADO DE SEGURANÇA. 2. ISSQN – ATIVIDADE PRESTADA PELA EMPRESA – LOCAÇÃO DE BENS MÓVEIS E PROJETOS DE CRIAÇÃO DE STANDS – ATIVIDADES MEIO DA EMPRESA QUE NÃO ESTÃO SUJEITAS AO ISS POR NÃO COMPOREM O "PREÇO DO SERVIÇO" – INCONSTITUCIONALIDADE DA INCIDÊNCIA DE ISS SOBRE LOCAÇÃO DE BENS MÓVEIS – SÚMULA VINCULANTE 31 DO STF. 3. NEGADO PROVIMENTO AO RECURSO DE APELAÇÃO E SENTENÇA MANTIDA EM REEXAME NECESSÁRIO. Súmula Vinculante 31 do STF: "É inconstitucional a incidência do Imposto sobre Serviços de Qualquer Natureza – ISS sobre operações de locação de bens móveis." (TJPR – 3ª C.Cível – ACR – 1698942-5 – Pinhais – Rel.: Denise Hammerschmidt – Unânime – J. 07.11.2017)
>
> APELAÇÃO – Ação Declaratória de Incidência Tributária cumulada com Obrigação de Fazer – ISSQN – Contrato de execução de serviço na rede de distribuição de energia – Atividades acessórias complementares as de manutenção e de serviços de instalação de postes e cabos para posterior distribuição da energia,

17. DINIZ, Maria Helena. Curso de direito civil brasileiro. 2 vol. São Paulo: Saraiva, 2002, p. 100.
18. "A prestação, na obrigação de dar, consiste na entrega de um objeto, sem que se tenha de fazê-lo previamente, e, na de fazer, na realização de um ato ou confecção de uma coisa, para depois entregá-la ao credor". (DINIZ, Maria Helena. Curso de direito civil brasileiro. 2 vol. São Paulo: Saraiva, 2002, p. 100)
19. TRIBUTÁRIO. ISSQN. FATO GERADOR. SERVIÇO DE TRANSPORTE DE VALORES. COBRANÇA DE PREÇO ÚNICO, NELE INCLUÍDOS OS SERVIÇOS AUXILIARES INDISPENSÁVEIS À CONSECUÇÃO DA ATIVIDADE FIM. BASE DE CÁLCULO: PREÇO COBRADO PELA TOTALIDADE DO SERVIÇO (LC 116/03, ART. 7º; DL 406/68, ART. 9º). RECURSO IMPROVIDO. (STJ REsp 901.298/RS, Rel. Ministro TEORI ALBINO ZAVASCKI, PRIMEIRA TURMA, julgado em 21/10/2008, Dje 03/11/2008)

serviço de elaboração de um projeto de eletricidade, entre outros, enquadrados no subitem 7.02 da lista anexa à Lei Complementar nº. 116/03, e no subitem 7.02 da Lei Complementar nº. 108/03 - Sentença de improcedência - Pretensão ao reconhecimento da incidência do ISS nos serviços prestados pela empresa apelada - Impossibilidade de tributação - Imunidade - Art. 155, §3º da CF - Serviços correlatos não previstos pela Lei Complementar n. 1160/03 - Taxatividade da lista de serviços - Sentença mantida - Recurso não provido. (TJSP; Apelação 1012163-75.2014.8.26.0625; Relator (a): Cláudio Marques; Órgão Julgador: 14ª Câmara de Direito Público; Foro de Taubaté - Vara da Fazenda Pública; Data do Julgamento: 22/02/2018; Data de Registro: 27/02/2018)

Portanto, para confirmação da incidência do ISSQN deve haver um perfeito enquadramento do fato concreto na definição de prestação do serviço, dentro dos parâmetros acima trabalhados, perante algum dos itens da lista de serviços.

1.1. Análise de alguns serviços da lista

1.1.1. Exportação de serviço

A Constituição Federal de 1988 possibilitou que a legislação complementar estabelecesse isenção para a exportação de serviços. Esta previsão está no art. 2º da Lei Complementar nº 116/2003, que assim disciplina:

> Art. 2º O imposto não incide sobre:
>
> I - as exportações de serviços para o exterior do País;
>
> (...)
>
> Parágrafo único. Não se enquadram no disposto no inciso I os serviços desenvolvidos no Brasil, cujo resultado aqui se verifique, ainda que o pagamento seja feito por residente no exterior

Essa situação foi objeto de pergunta no concurso para Procurador Municipal (COPEVE - 2010), considerando como CORRETA a afirmativa que *"o ISSQN não incide sobre as exportações de serviços para o exterior do País".* Isto significa que não incidirá o ISSQN sobre serviços exportados, ou seja, desde que aqui no país não se verifique quaisquer resultados. Em análise deste pressuposto, o Superior Tribunal de Justiça decidiu que o trabalho desenvolvido não irá configurar exportação de serviço quando a prestação de serviço é efetivada no Brasil, independente do pagamento ser feito por estrangeiro:

> Na acepção semântica, "resultado" é consequência, efeito, seguimento. Assim, para que haja efetiva exportação do serviço desenvolvido no Brasil, ele não poderá aqui ter consequências ou produzir efeitos. A contrário senso, os efeitos decorrentes dos serviços exportados devem-se produzir em qualquer outro País. É necessário, pois, ter-se em mente que os verdadeiros resultados do serviço prestado, os objetivos da contratação e da prestação. O trabalho desenvolvido pela recorrente não configura exportação de serviço, pois o objetivo da contratação, o resultado, que é o efetivo conserto do equipamento, é totalmente concluído no nosso território[20].

---

20. STJ. REsp 831124/RJ. Rel. José Delgado. Primeira Turma. Julg. 12/12/2006.

Entende-se "resultado" equivalente a "efeito", ou seja, se este, de algum modo, for produzido no Brasil não se tratará de exportação de serviço. Para caracterizar a exportação deve haver efetiva destinação do serviço ao exterior, isto é, imprescindível que o efeito do serviço executado seja produzido no exterior.

> No voto do então ministro Teori Zavascki, no julgamento do Recurso Especial 831.124/RJ, ficou consignado que: "*...não se pode confundir resultado da prestação de serviço com conclusão do serviço. Não há dúvida nenhuma que o serviço é iniciado e concluído aqui. Não há dúvida nenhuma que o teste na turbina faz parte do serviço. O fato de ser testado aqui foi o fundamento adotado pelo juiz de Primeiro Grau e pelo Tribunal para dizer que o teste é o resultado. Mas essa conclusão não é correta: o teste faz parte do serviço e o serviço é concluído depois do teste. Depois disso, a turbina é enviada ao tomador do serviço, que a instala no avião, quando então, se verificará o resultado serviço. O resultado, para mim, não pode se confundir com conclusão do serviço. Portanto, serviço é concluído no País, mas o resultado é verificado no exterior, após a turbina ser instalada no avião*"

Com base nesta interpretação, considera-se como excluídos da incidência do ISSQN os serviços que sejam prestados no exterior ou aqueles prestados no Brasil, mas que o seu resultado se verifique no exterior.

É importante observar que o fato do pagamento ter sido realizado por fonte do exterior é irrelevante para caracterizar exportação de serviço, uma vez que o dispositivo legal analisado apenas trabalha com o critério "resultado" do serviço. Neste cenário, o termo "resultado" está ligado aos elementos que derivaram da obrigação de fazer, sendo que nenhum deles podem ter ocorrido no mercado nacional para que seja entendida como exportado.

Neste sentido:

> "De substancial importância, portanto, a compreensão do conteúdo do termo resultado, da forma como colocado no parágrafo único do art. 2º da Lei Complementar 116/03. Na acepção semântica, resultado é consequência, efeito, seguimento. Assim, para que haja efetiva exportação do serviço desenvolvido no Brasil, ele não poderá aqui ter consequências ou produzir efeitos. A contrário senso, os efeitos decorrentes dos serviços exportados devem se produzir em qualquer outro país que não o Brasil".[21]

Observe-se que este assunto também foi objeto de Consulta junto à Prefeitura de São Paulo, sendo que o fisco paulista respondeu segundo entendimento do Superior Tribunal de Justiça:

> Solução de Consulta SF/DEJUG nº 14, de 26 de março de 2012: ISS. Subitem 10.02 da Lista de Serviços da Lei nº 13.701/2003. Observância à restrição imposta no parágrafo único do art. 2º da Lei Complementar nº 116/2003. Não é possível caracterizar a exportação de serviços apenas pelo fato de a fonte

21 TROIANELLI, Gabriel Lacerda; GUEIROS, Juliana Gueiros. "O ISS e Exportação e Importação de Serviços", publicado no livro ISS – Lei Complementar 116/2003, org. Marcelo Magalhães Peixoto e Ives Gandra da Silva Martins, Juruá Editora, 2004, página 201.

pagadora encontrar-se no exterior. A ocorrência de resultado em território nacional impede a caracterização como exportação de serviços e há tributação pelo ISS.

Em outra Situação, o Superior Tribunal de Justiça analisou o caso de remessa de projetos de engenharia ao exterior. Neste caso houve o reconhecimento da existência de exportação de serviço pelo fato de ter identificado a intenção da execução do serviço no território estrangeiro, ou seja, as provas dos autos revelaram a finalidade de execução do projeto em obras que só poderiam ser executadas na França:

> "À luz do parágrafo único do art. 2º da LC n. 116/2003, a remessa de projetos de engenharia ao exterior poderá configurar exportação quando se puder extrair do seu teor, bem como dos termos do ato negocial, puder-se extrair a intenção de sua execução no território estrangeiro. Hipótese em que se deve manter o acórdão a quo, porquanto o Tribunal consignou que as provas dos autos revelaram a finalidade de execução do projeto em obras que só poderiam ser executadas na França ("elaboração das Plantas de execução do muro cilíndrico de proteção do reservatório de gás liquefeito de petróleo naval TK1, a ser construído na cidade de Gonfreville - LOrcert, França e ao dimensionamento dos blocos de estacas do edifício principal do centro cultural, Centre Pompidou a ser construído na cidade de Metz, França e a modelagem em elementos finitos da fachada principal de dito centro)". (AREsp 587.403/RS, Rel. Ministro GURGEL DE FARIA, PRIMEIRA TURMA, julgado em 18/10/2016, DJe 24/11/2016)

A partir desta decisão muitos operadores do direito tentaram argumentar que se levantava uma nova teoria, denominada de fruição, em substituição da antiga (do resultado) a respeito da exportação do serviço. Contudo, não acreditamos que houve uma mudança de entendimento jurisprudencial, mas apenas definição de um caso especial, onde o Superior Tribunal de Justiça analisou a fruição ou utilidade do projeto para identificar onde seria executada a obra, sendo esta como resultado da prestação do serviço. Neste caso, a finalidade desta análise objetivava somente fixar a conhecida regra do "acessório segue o principal" ou em linguagem mais técnica-jurídica, o projeto seria atividade-meio para a execução da obra que seria atividade-fim.

Também não seria permitido definir a incidência tributária somente a partir da "intenção do prestador", uma vez que o fato gerador tributário deve ser interpretado objetivamente, nos termos do art.116 e 123 do CTN[22]. De modo que o legislador, ao instituir o tributo ou excluir sua incidência, são sempre considerados objetivamente, de acordo com o critério estabelecido na lei. Em outras palavras, para a sua configuração, a vontade do contribuinte pode ser mero pressuposto, mas nunca elemento criador ou integrante. Assim, aquilo que o direito privado permite como vontade do indivíduo, em direito tributário é um mero fato, dentro dos limites impostos pelo art. 123 do CTN.

---

22 REsp 1013458/SC, Rel. Ministro LUIZ FUX, PRIMEIRA TURMA, julgado em 09/12/2008, DJe 18/02/2009.

No ano de 2019, o Superior Tribunal de Justiça analisou outra situação em que deixou evidente de que não se reconhecerá como exportação no caso da execução e resultado – econômico e jurídico – da prestação dos serviços ocorrer no Brasil. Assim, nos termos dos precedentes desta Corte, prevaleceu o entendimento de que o art 2º, inciso I, parágrafo único da LC 116/03, não se aplica quando os serviços são realizados em território brasileiro e o resultado aqui se verifique:

> Com efeito, para que haja efetiva exportação do serviço desenvolvido no Brasil, ele não poderá aqui ter consequências ou produzir efeitos.
>
> Logo, no caso em tela, verificando que as atividades desenvolvidas pelo recorrente não configuram exportação de serviço, resta inquestionável a incidência do ISSQN, consoante a incidência do disposto no parágrafo único, do art. 2º, da LC 116/03: "Não se enquadram no disposto no inciso I os serviços desenvolvidos no Brasil, cujo resultado aqui se verifique, ainda que o pagamento seja feito por residente no exterior." 6. Agravo interno não provido.
>
> (AgInt no AREsp 1446639/SP, Rel. Ministro MAURO CAMPBELL MARQUES, SEGUNDA TURMA, julgado em 19/09/2019, DJe 24/09/2019)

Em síntese, o Superior Tribunal de Justiça apenas reafirmou a regra de que haverá a configuração da exportação de serviço quando o resultado da atividade ocorre no exterior, em especial quando os efeitos ou até mesmo a utilidade do serviço ocorre fora do Brasil, desde considerado objetivamente os efeitos desta prestação.

São aquelas situações como serviços de projetos de engenharia ou software gravado sob encomenda em que o profissional é contratado para executar o serviço no exterior. Nestes casos a prestação-fim (resultado) ocorre integralmente fora dos limites do território nacional, sendo que a incidência do imposto municipal não alcançará estas hipóteses.

Em 2021, o Superior Tribunal de Justiça analisou o caso de prestação de serviços de reparos em embarcações de bandeira estrangeira em território nacional, prevalecendo o entendimento de que seria possível a incidência do ISSQN:

> É legítima a incidência do ISSQN nas prestações de serviços de reparos navais em embarcações de bandeira estrangeira em águas marítimas no território nacional.
>
> No caso, os serviços são prestados em território nacional, presente a incontroversa circunstância de as embarcações estrangeiras se encontrarem em águas marítimas brasileiras. Em desdobramento, revela-se igualmente desenganada a constatação de que o resultado dos serviços ocorre em solo nacional, uma vez que a feitura de reparos e a manutenção dos navios se mostram úteis desde logo para os tomadores/contratantes do serviço, que deles passam a usufruir ainda em águas nacionais, não se configurando, com isso, a sustentada hipótese de exportação de serviços.
>
> REsp 1.805.226-SP, Rel. Min. Sérgio Kukina, Primeira Turma, por unanimidade julgado em 09/11/2021, DJe 19/11/2021.

Desta forma, somente configurará a exportação de serviço quando o serviço é totalmente concluído fora do país e que não gere efeitos em território nacional.

1.1.2. Conflitos entre ICMS e ISSQN: caso paradigma de Informática (software)

Alguns itens da lista de serviços podem trazer um aparente conflito tributário entre ISSQN, ICMS e IPI, diante da prestação do serviço combinado com a entrega de bens ou materiais. É natural que uma empresa que comercializa equipamentos de informática (operação sujeita ao ICMS) também venha a realizar serviços de assistência.

A Carta Constitucional outorgou aos Estados e ao Distrito Federal a competência para instituir Imposto sobre a Circulação de Mercadorias e Serviços - ICMS (artigo 155, II). Paralelamente, disciplinou pertencer aos Municípios o Imposto sobre Serviços - ISSQN (artigo 156, III), desde que estes serviços estejam previstos em lei complementar.

Com a publicação da Lei Complementar tentou-se minimizar o problema de conflito entre estes tributos, através de critérios de identificação do fato gerador dos mesmos. Ainda que aparentemente não haja uma identificação clara entre o ICMS e o ISSQN, eis que o primeiro se refere a circulação de mercadorias e o segundo sobre a prestação de serviços, existe situações onde, embora se verifique o serviço com fornecimento de matérias, haverá incidência exclusiva do tributo municipal.

Neste caso, ocorre a chama operação mista, ou veja, a prestação do serviço vem acompanhada do fornecimento ou emprego de materiais. Frente a esta situação, onde se visualiza a venda de mercadoria com prestação de serviço, o § 2º, IX, "b" do artigo 155 da CF dispõe que o ICMS incidirá sobre o valor total da operação, quando as mercadorias forem fornecidas com serviços não compreendidos na competência tributária dos Municípios.

Em contrapartida, a Lei Complementar n. 116/2003, em seu art. 1º, § 2º, determina que os serviços nela mencionados não estão sujeitos ao ICMS, salvo as exceções expressas na lista de serviços, conforme previsão expressa:

> Art. 1º...
>
> **§ 2º Ressalvadas as exceções expressas na lista anexa**, os serviços nela mencionados não ficam sujeitos ao Imposto Sobre Operações Relativas à Circulação de Mercadorias e Prestações de Serviços de Transporte Interestadual e Intermunicipal e de Comunicação - ICMS, ainda que sua prestação envolva fornecimento de mercadorias.

Com análise da legislação dos dois tributos, entendimento jurisprudencial que prevaleceu foi de que incidirá o ISSQN sobre a prestação de serviços que constam expressamente na lista de serviços da lei complementar 116/2003; e incidirá o ICMS sobre as operações de venda de mercadorias acompanhadas de prestação de serviços, desde que estas não constem em referida Lei Complementar.

Observe-se entendimento do Supremo Tribunal Federal quando do julgamento do RE n. 144795-8:

> Consequentemente, o ISS incidirá tão-somente sobre serviços de qualquer natureza que estejam relacionados na lei complementar, ao passo que o ICMS,

> além dos serviços de transporte, interestadual e intermunicipal, e de comunicações, terá por objeto operações relativas a circulação de mercadorias, ainda que as mercadorias sejam acompanhadas de prestação de serviço, salvo quando o serviço esteja relacionado em lei complementar como sujeito a ISS.

Este também é o entendimento seguido pelo Superior Tribunal de Justiça, o qual consolidou o entendimento através da sistemática de recursos repetitivos (tema 91):

> Segundo decorre do sistema normativo específico (art. 155, II, § 2º, IX, b e 156, III da CF, art. 2º, IV, da LC 87/96 e art. 1º, § 2º, da LC 116/03), a delimitação dos campos de competência tributária entre Estados e Municípios, relativamente à incidência de ICMS e de ISSQN, está submetida aos seguintes critérios: (a) sobre operações de circulação de mercadoria e sobre serviços de transporte interestadual e internacional e de comunicações incide ICMS; (b) sobre operações de prestação de serviços compreendidos na lista de que trata a LC 116/03 (que sucedeu ao DL 406/68), incide ISSQN; e (c) sobre operações mistas, assim entendidas as que agregam mercadorias e serviços, incide o ISSQN sempre que o serviço agregado estiver compreendido na lista de que trata a LC 116/03 e incide ICMS sempre que o serviço agregado não estiver previsto na referida lista. (REsp 1092206/SP, Rel. Ministro TEORI ALBINO ZAVASCKI, PRIMEIRA SEÇÃO, julgado em 11/03/2009, DJe 23/03/2009).

Somente com a análise da lista de serviços é que será possível identificar se esta atividade se enquadra na hipótese de incidência do imposto, independentemente deste constituir ou não atividade preponderante do prestador.

No caso de informática, a jurisprudência do STJ fazia a distinção entre os programas feitos em grande escala, vulgo software de prateleira (estaria sujeito ao ICMS) e aqueles softwares elaborados sob encomenda, sendo que neste último caso ficará sujeito ao ISSQN:

> Os programas de computador desenvolvidos para clientes, de forma personalizada, geram incidência de tributo do ISS. Diferentemente, se o programa é criado e vendido de forma impessoal para clientes que os compra como uma mercadoria qualquer, esta venda é gravada com o ICMS (REsp 216.967/SP, 2ª Turma do Superior Tribunal de Justiça, relatora ministra Eliana Calmon, DJ de 22/04/01, p. 185).

A diferença entre a hipótese de incidência destes tributos (IPI, ICMS e ISSQN) não se referia a grandeza ou dificuldade do esforço humano, mas sim, identificando se a produção foi sob encomenda ou "em massa"[23]. E, também, se existir serviços de assistência e consertos de forma autônoma à venda do material de informática, é possível configurar a incidência do ISSQN.

---

23. Entende o autor que industrialização por encomenda constitui "*atividade-fim do prestador do aludido serviço, tendo em vista que, uma vez concluída, extingue o dever jurídico obrigacional que integra a relação jurídica instaurada entre o 'prestador' (responsável pelo serviço encomendado) e 'tomador' (encomendante)*". (MELO, Jose Eduardo Soares de; PAULSEN, Leandro. Impostos federais, estaduais e municipais. 6 ed. Porto Alegre: Livraria do Advogado, 2011, p. 314)

Ocorre que o Supremo Tribunal Federal, em análise da ADI 1945, decidiu, por maioria de votos, que o tributo que deve incidir sobre o licenciamento e a cessão de direito de uso de softwares é o ISSQN, descartando, assim, a ocorrência do ICMS destas operações:

> Consoante a jurisprudência da Corte, o ICMS-comunicação "apenas pode incidir sobre a atividade-fim, que é o serviço de comunicação, e não sobre a atividade-meio ou intermediária como são aquelas constantes na Cláusula Primeira do Convênio ICMS nº 69/98" (RE nº 570.020/DF, Tribunal Pleno, Rel. Min. Luiz Fux). ... A tradicional distinção entre software de prateleira (padronizado) e por encomenda (personalizado) não é mais suficiente para a definição da competência para tributação dos negócios jurídicos que envolvam programas de computador em suas diversas modalidades. Diversos precedentes da Corte têm superado a velha dicotomia entre obrigação de fazer e obrigação de dar, notadamente nos contratos tidos por complexos. 4. O legislador complementar, amparado especialmente nos arts. 146, I, e 156, III, da Constituição Federal, buscou dirimir conflitos de competência em matéria tributária envolvendo softwares elencando, no subitem 1.05 da lista de serviços tributáveis pelo ISS anexa à LC nº 116/03, o licenciamento e a cessão de direito de uso de programas de computação. É certo, ademais, que, conforme a Lei nº 9.609/98, o uso de programa de computador no País é objeto de contrato de licença. Associa-se a isso a noção de que software é produto do engenho humano, é criação intelectual. Ou seja, é imprescindível a existência de esforço humano direcionado para a construção de um programa de computador (obrigação de fazer), não podendo isso ser desconsiderado quando se trata de qualquer tipo de software. A obrigação de fazer também se encontra presente nos demais serviços prestados ao usuário, como, v.g., o help desk e a disponibilização de manuais, atualizações e outras funcionalidades previstas no contrato de licenciamento. Igualmente há prestação de serviço no modelo denominado software-as-a-Service (SaaS), o qual se caracteriza pelo acesso do consumidor a aplicativos disponibilizados pelo fornecedor na rede mundial de computadores, ou seja, o aplicativo utilizado pelo consumidor não é armazenado no disco rígido do computador do usuário, permanecendo online em tempo integral, daí por que se diz que o aplicativo está localizado na nuvem, circunstância atrativa da incidência do ISS. (ADI 1945, Relator(a): CÁRMEN LÚCIA, Relator(a) p/ Acórdão: DIAS TOFFOLI, Tribunal Pleno, julgado em 24/02/2021, PROCESSO ELETRÔNICO DJe-096 DIVULG 19-05-2021 PUBLIC 20-05-2021)

O posicionamento da Suprema Corte traz significativo impacto econômico às empresas do setor de tecnologia, bem como às que atuam com a disponibilização de softwares. Considerando este impacto, a Suprema Corte, optou por modular os efeitos da sentença das seguintes maneiras.

1) Para os contribuintes que efetuaram apenas o recolhimento do ICMS, não será possível restituir o tributo já pago, e os municípios, por sua vez, não poderão efetuar a cobrança do ISS, sob pena de bitributação.
2) Para os contribuintes que efetuaram apenas o recolhimento do ISS, o pagamento do tributo será validado, e os Estados não poderão mais efetuar a cobrança do ICMS.

3) Para os contribuintes que não efetuaram o recolhimento de nenhum dos dois tributos até a véspera da data de publicação da ata do julgamento, fica aberta a possibilidade de os municípios cobrarem o ISS, observando o prazo de prescrição de cinco anos.
4) Para os contribuintes que efetuaram o recolhimento de ambos os tributos e não ingressaram com ação de repetição de indébito por haver bitributação, há a possibilidade de pleitear a restituição dos valores pagos a título de ICMS, sob pena de enriquecimento sem causa do Estado.
5) No caso das ações judiciais pendentes de julgamento movidas por contribuintes contra os Estados, inclusive as de repetição de indébito em que se questiona a cobrança do ICMS, os processos devem ser julgados conforme o entendimento do STF.
6) No caso das ações judiciais, inclusive as de execução fiscal, pendentes de julgamento movidas pelos Estados visando à cobrança do ICMS, devem ser julgadas conforme o entendimento da Suprema Corte. As ações de cobrança, inclusive as execuções fiscais, já em curso devem ser extintas, com os respectivos levantamentos de eventuais depósitos ou garantias dados em juízo.
7) No caso das ações judiciais, inclusive as de execução fiscal, pendentes de julgamento movidas pelos municípios visando à cobrança do ISS, devem ser julgadas conforme o entendimento do STF – exceto em casos nos quais o contribuinte já tenha efetuado o recolhimento do ICMS.
8) No caso das ações judiciais pendentes de julgamento movidas por contribuintes contra os municípios, discutindo a incidência do ISS sobre a licença ou a cessão de uso dos softwares, devem ser julgados conforme o entendimento do STF, no sentido da tributação pelo imposto municipal.

Através deste entendimento, a Suprema Corte alterou o panorama da incidência do ISSQN sobre o software, consolidando o entendimento no sentido de que a elaboração de softwares resulta de um esforço humano. Tanto no caso de fornecimento personalizado – por meio do comércio eletrônico direto – quanto no licenciamento ou na cessão de direito de uso, fica evidente a existência da obrigação de fazer na confecção do programa de computador. Com isso, deve incidir exclusivamente o ISSQN.

Em respeito ao princípio da segurança jurídica, tornou-se necessário definir os efeitos tributários obre estas novas tecnologias, a fim de evitar que haja bitributação e guerra fiscal entre Estados e Municípios. Por isso que este é julgamento representa um marco na incidência tributária sobre as atividades de tecnologia, uma vez que é cada vez mais comum o acesso a aplicativo ou software e a operação direta do usuário por meio da nuvem.

1.1.3. Atividades bancárias

O tema atividades bancárias foi bem cobrado em várias provas de concursos, sendo que a banca da ESAF (Auditor Fiscal da Receita Federal – 2012) considerou como CORRETA a assertiva *"há incidência de ISSQN sobre operações bancárias"*. Isso porque o atual entendimento da doutrina e jurisprudência é da possibilidade da tributação dos serviços bancários pelo ISSQN, conforme a seguinte decisão:

> ISS - serviços bancários - lista de serviços - taxatividade "Tributário. Serviços bancários. ISS. Lista de serviços. Taxatividade. Interpretação extensiva. 1. A jurisprudência desta Corte firmou entendimento de que é taxativa a Lista de Serviços anexa ao Decreto-Lei nº 406/1968, para efeito de incidência de ISS, admitindo-se, aos já existentes apresentados com outra nomenclatura, o emprego da interpretação extensiva para serviços congêneres. 2. Recurso especial não provido. Acórdão sujeito ao regime do art. 543-C do CPC e da Resolução STJ nº 8/2008." (STJ - REsp 1.111.234/PR - (2009/0015818-9) - 1ª S. - Relª Min. Eliana Calmon - DJe 08.10.2009)

Neste caso, a Primeira Seção do Superior Tribunal de Justiça aprovou a Súmula 424, com seguinte teor: *"É legítima a incidência do ISS sobre os serviços bancários congêneres da lista anexa ao DL nº 406/1968 e à LC nº 56/1987"*. Isso mostra ser possível a cobrança de ISSQN sobre os serviços bancários, mesmo antes da vigência da LC 116/2003, inclusive aplicando a interpretação extensiva de cada item para abarcar serviços congêneres.

1.1.4. Arrendamento mercantil - leasing

Nos termos do art. art. 1º, parágrafo único, da Lei 6.099/1974, o arrendamento mercantil/leasing possui a seguinte definição legal:

> Art. 1º...
>
> Parágrafo único - Considera-se arrendamento mercantil, para os efeitos desta Lei, o negócio jurídico realizado entre pessoa jurídica, na qualidade de arrendadora, e pessoa física ou jurídica, na qualidade de arrendatária, e que tenha por objeto o arrendamento de bens adquiridos pela arrendadora, segundo especificações da arrendatária e para uso próprio desta.

Na leitura de Eduardo Fortuna *"o leasing é, portanto, uma forma de ter sem comprar, seguindo o princípio de que o lucro vem da utilização do bem e não da sua propriedade"*[24]. Em outras palavras, é uma modalidade de empréstimo em que é possível haver a amortização do valor do bem no pagamento da contraprestação do aluguel.

Diante da polêmica que existia sobre a natureza tributária do arrendamento mercantil (*leasing*), o Superior Tribunal de Justiça compreendeu que a discussão em torno do conceito de serviço para fins de incidência do ISSQN sobre operações de arrendamento mercantil (*leasing*) é de cunho eminentemente constitucional (Resp 1184736/MG).

Ao chegar ao Supremo Tribunal Federal, os ministros, por maioria de votos, deram provimento ao Recurso Extraordinário nº 547245 no sentido de que o *leasing*

---

24. FORTUNA, Eduardo. Mercado Financeiro: produto e serviços. 15. ed. Rio de Janeiro: Qualitymark, 2002, p. 230.

financeiro e *lease-back* são considerados serviços e, portanto, passíveis de incidência do ISSQN:

> *EMENTA: RECURSO EXTRAORDINÁRIO. DIREITO TRIBUTÁRIO. ISS. ARRENDAMENTO MERCANTIL. OPERAÇÃO DE LEASING FINANCEIRO. ARTIGO 156, III, DA CONSTITUIÇÃO DO BRASIL. O arrendamento mercantil compreende três modalidades, [i] o leasing operacional, [ii] o leasing financeiro e [iii] o chamado lease-back. No primeiro caso há locação, nos outros dois, serviço. A lei complementar não define o que é serviço, apenas o declara, para os fins do inciso III do artigo 156 da Constituição. Não o inventa, simplesmente descobre o que é serviço para os efeitos do inciso III do artigo 156 da Constituição. No arrendamento mercantil (leasing financeiro), contrato autônomo que não é misto, o núcleo é o financiamento, não uma prestação de dar. E financiamento é serviço, sobre o qual o ISS pode incidir, resultando irrelevante a existência de uma compra nas hipóteses do leasing financeiro e do lease-back. Recurso extraordinário a que se dá provimento. (RE 547245, Relator(a): Min. EROS GRAU, Tribunal Pleno, julgado em 02/12/2009)*

Esta Corte Constitucional definiu que existem de fato três modalidades de executar esta operação: *leasing* operacional, *lease–back* e *leasing* financeiro, sendo que o ISSQN somente incidirá nos dois últimos casos, pois no primeiro ocorre típica locação do bem. No *leasing* operacional, a empresa de *leasing* irá comprar o bem e alugar por um determinado período ao seu cliente que no fim do contrato poderá optar em comprar o bem, devolvê-lo ou renovar o contrato. Já no *leasing* financeiro, o cliente-arrendatário irá escolher comprar o bem no início da operação, sendo que as parcelas do aluguel do bem vêm acompanhadas do chamado VRG (Valor Residual Garantido)[25].

Posteriormente, o Superior Tribunal de Justiça, através da sistemática de recursos repetitivos seguiu o entendimento do Supremo Tribunal Federal:

> 1. O Supremo Tribunal Federal, por ocasião do julgamento do RE 592.905/SC, Relator Ministro EROS GRAU (DJ de 02.12.2009), que reconheceu a repercussão geral sobre o tema, consoante regra do art. 543-B, do CPC, firmou o entendimento de que, no arrendamento mercantil (leasing financeiro), contrato autônomo que não é misto, o núcleo é o financiamento, não uma prestação de dar. E financiamento é serviço, sobre o qual o ISS pode incidir, resultando irrelevante a existência de uma compra nas hipóteses do leasing financeiro e do lease-back.
>
> 2. A Primeira Seção do Superior Tribunal de Justiça, por ocasião do julgamento do REsp. 1.060.210/SC, DJe 05.03.2013, submetido ao rito do art. 543-C do CPC, concluiu que o fato gerador da operação de arrendamento mercantil ocorre no local do estabelecimento prestador do serviço, predominando, para caracterizá-lo, na hipótese de *leasing* financeiro, o financiamento, o empréstimo de capital, conforme definido pelo STF.
>
> 3. Inexiste ofensa aos princípios da separação dos poderes, da territorialidade, da segurança jurídica e da legalidade. A Seção não criou qualquer norma legal adicional; ao contrário, limitou-se a esclarecer o teor de norma infralegal para solucionar a controvérsia em torno da competência para a cobrança do ISS das empresas operadoras de leasing financeiro.

25. MARTINS, Sergio Pinto. Manual do Imposto Sobre Serviços. 8. ed. São Paulo: Atlas, 2010, p. 265.

> 4. Agravo Regimental do Município de Santo Antônio da Patrulha desprovido. (AgRg no REsp 1021108/RS, Rel. Ministro NAPOLEÃO NUNES MAIA FILHO, PRIMEIRA TURMA, julgado em 18/09/2014, DJe 09/10/2014)

Portanto, somente haverá incidência do ISSQN sobre o *lease-back* e *leasing* financeiro, por ser considerado serviço, o que não ocorre no caso de *leasing* operacional (locação).

Quanto ao aspecto espacial (local de pagamento), o Superior Tribunal de Justiça decidiu de uma forma inusitada no que se refere ao leasing. No julgamento do Recurso Especial nº 1060210/SC, a Primeira Seção deste Tribunal decidiu que o Município competente para a cobrança de ISS sobre operações de arrendamento mercantil, ainda que na vigência do DL nº 406/1968, é o do local onde está sediado o estabelecimento financeiro do prestador (art. 12).

Assim ficou sedimentado o entendimento desta Corte jurisdicional:

> Recurso Especial parcialmente provido para definir que: (a) incide ISSQN sobre operações de arrendamento mercantil financeiro; (b) o Município competente para a sua cobrança, na vigência do DL 406/68 é o da sede do estabelecimento prestador (art. 12), e a partir da LC 116/03, existindo unidade econômica ou profissional do estabelecimento prestador do serviço de arrendamento mercantil no Município onde essa prestação é perfectibilizada, ou seja, onde ocorrido o fato gerador tributário, ali deverá ser recolhido o tributo; (c) a base de cálculo do tributo, no presente caso, abrange o valor total da operação contratada, por corresponder ao preço do serviço; (STJ. Resp. nº 1060210/SC, Rel. Min. Napoleão Nunes Maia Filho, julgado em 28/11/2012)

Isso demonstra que o entendimento da jurisprudência do Superior Tribunal de Justiça sobre o tema é de que, mesmo na vigência do Decreto-Lei 406/68, o tributo deve ser recolhido na sede da empresa de leasing (local onde se aprova o financiamento). E, a partir da vigência da LC 116/2003, se existir uma unidade econômica ou profissional do estabelecimento prestador do serviço de arrendamento mercantil no Município onde essa prestação é realizada, ali deverá ser recolhido o tributo.

Ocorre que o aspecto espacial do *leasing* foi alterado pela Lei Complementar 175/2020, passando a ser devido no domicílio do tomador do serviço, conforme será explicado mais adiante (capítulo 03).

Também decidiu o Superior Tribunal de Justiça que a base de cálculo do ISS, no caso de arrendamento mercantil financeiro, abrange o valor total da operação contratada, inclusive o valor do financiamento[26].

Em síntese temos o seguinte panorama:

***Leasing* Operacional**	A empresa de *leasing* compra o bem e o aluga por um determinado período ao seu cliente que no fim do contrato poderá optar em comprar o bem, devolvê-lo ou renovar o contrato.	Não incide ISSQN

26. STJ. Resp. nº 1060210/SC, Rel. Min. Napoleão Nunes Maia Filho, julgado em 28/11/2012.

***Leasing* Financeiro**	O cliente escolhe comprar o bem no início da operação por valor pré-determinado ou pelo preço de mercado ao fim da operação. Assim, além das parcelas que correspondem ao aluguel do bem, chamada de contraprestações, o consumidor pagará também o VRG (Valor Residual Garantido).	Incide ISSQN
Lease-Back	O cliente vende o bem para a arrendadora e em seguida arrenda o bem. Ao fim do contrato, o cliente compra o bem pelo Valor Residual Garantido (VRG).	Incide ISSQN

*1.1.5. Franquia (*franchising*)*

A franquia é o contrato pelo qual um comerciante (chamado de franqueador) licencia o uso de sua marca ou patente para outro comerciante (chamado de franqueado), sendo que nesta relação comercial é identificada uma relação complexa para concretizar a organização empresarial, conforme dispõe o artigo 1º da Lei 13.966/2019:

> Art. 1º Esta Lei disciplina o sistema de franquia empresarial, pelo qual um franqueador autoriza por meio de contrato um franqueado a usar marcas e outros objetos de propriedade intelectual, sempre associados ao direito de produção ou distribuição exclusiva ou não exclusiva de produtos ou serviços e também ao direito de uso de métodos e sistemas de implantação e administração de negócio ou sistema operacional desenvolvido ou detido pelo franqueador, mediante remuneração direta ou indireta, sem caracterizar relação de consumo ou vínculo empregatício em relação ao franqueado ou a seus empregados, ainda que durante o período de treinamento.

Como se pode notar, a Lei 13.966/2019 passou a regular as franquias empresariais no lugar da Lei 8.955/1994, que tratava do mesmo tema. Em linhas gerais, a nova legislação traz aspectos práticos que são habituais na relação entre franqueador e franqueados, como é o caso, por exemplo, da previsão de associação de franqueados, por exemplo, criadas para deliberar quanto à aplicação de verbas de marketing, fortalecimento da marca e outras matérias.

A nova legislação reforçou a inexistência de vínculo empregatício entre o franqueador e o franqueado e entre franqueador e os empregados do franqueado, bem como exclui a aplicação do Código de Defesa do Consumidor para as relações de franquias.

Embora tenhamos uma mudança substancial de legislação ainda permanece as regras sobre a natureza jurídica – essencial para discutirmos a incidência do ISSQN –, as quais iremos comentar logo abaixo.

Assim, essa espécie de ralação negocial está prevista o item 17.08 da lista de serviços anexa a Lei Complementar nº 116/2003.

Pode-se notar que o contrato de *franchising* define legalmente a "franquia" como o sistema pelo qual o franqueador cede ao franqueado *"o direito de uso de marca ou patente", "o direito de distribuição exclusiva ou semi-exclusiva de produtos ou serviços" e "o direito de uso de tecnologia de implantação e administração de negócio ou sistema operacional desenvolvidos ou detidos pelo franqueador".*

Haverá a "cessão" de todo um modelo de negócio, em que o franqueador vai proporcionar ao franquiado a reprodução de um estilo de negócio. Não é difícil notar que o contrato de franquia possui natureza complexa, pois envolve a figura de vários contratos típicos na sua previsão legal, de modo que a franqueada receberia treinamento e os produtos da franqueadora para vendê-los com exclusividade ou *semiexclusividade.*

Em linhas gerais, esta espécie contratual permite a ocorrência de prestações recíprocas, no sentido de que as partes assumem obrigações de natureza indivisível, porquanto o franqueador cede ao franqueado um modelo de negócio. Neste sentido, a doutrina empresarial tem lecionado que este contrato abrange *"prestações recíprocas e sucessivas com o fim de se possibilitar a distribuição, industrialização ou comercialização de produtos, mercadorias ou prestação de serviços, nos moldes e forma previstos em contrato de adesão"*[27].

Frente essa complexidade da natureza jurídica da franquia, formou-se algumas correntes doutrinárias a respeito da incidência do ISSQN. Para resumir, podemos destacar três linhas doutrinárias:

- comparação entre franquia e locação de bem móvel;
- identificação da franquia como prestação de serviço;
- exame da questão diante da distinção entre atividade-meio e atividade--fim.

Sobre a primeira corrente, existem argumentos no sentido de que antes da vigência da Lei Complementar 116 a franquia deveria ser tributada pelo ISSQN a título de "locação de bem móvel". Ocorre que este entendimento encontrou obstáculo na interpretação do STF que assentou que, na não haverá incidência deste tributo sobre locação de bens móveis (Sumula Vinculante 31).

Atualmente, a divergência existe entre a segunda e terceira corrente, onde se concentra na definição se a franquia teria ou não natureza jurídica de prestação de serviços para efeitos de incidência do ISSQN.

Os doutrinadores que defendem a não incidência do ISSQN sobre a franquia, por ser um contrato complexo, não pode ser interpretado como uma obrigação de fazer, logo não haverá natureza jurídica de prestação de serviço:

> "O contrato de franquia envolve diversas atividades, não podendo ser resumido a um contrato cujo objeto é apenas uma obrigação de fazer. Do mesmo modo as operações de factoring, que também guardam uma natureza complexa, envolvendo diversas atividades"[28]

---

27. SIMÃO FILHO, Adalberto. Franchising. 3 ed. São Paulo: Atlas, 1998, p.36, 4.
28. HOFFMANN, Susy Gomes. *O Imposto sobre serviços de qualquer natureza.* In. Curso de Especialização em Direito Tributário. Coord. Eurico Marcos Diniz de Santi. Forense: Rio de Janeiro, 2009, p. 514.

Neste mesmo sentido, é o entendimento do Prof. Aires F. Barreto:

> "É inequívoca a intributabilidade, por via de ISS, da atividade da franquia. O franchising não se subsume ao conceito constitucional de serviços tributáveis por esse imposto municipal; consequentemente, dita atividade econômica não está abrangida pela competência tributária atribuída aos Municípios pela Constituição Federal"[29]

Nessa linha de raciocínio desenvolvida a franquia não se amoldaria ao conceito constitucional de prestação de serviços, de modo que esta forma contratação envolveria prestações recíprocas de natureza variada, evidentemente, não pode ser reduzido a uma obrigação de fazer.

Ocorre que de acordo com art. 1º da Lei 13.966/2019 o foco principal da franquia está em ceder ao franqueado o direito de uso de marca ou patente, mediante assistência técnica do franqueador. Ou seja, junto com a cessão de uso, também há uma série de obrigações em distribuir, exclusiva ou semiexclusivamente, produtos ou serviços. É por isso que André Luiz Santa Cruz Ramos leciona que a franquia é uma verdadeira técnica de organização empresarial, nos seguintes termos:

> (...) o franqueador presta ao franqueado serviços de organização empresarial, que se desdobram, basicamente, em três contratos específicos: i) engineering, por meio do qual o franqueador orienta o franqueado em todos o processo de montagem e planejamento do seu estabelecimento; ii) mangement, mediante o qual o franqueador orienta o franqueado no treinamento de sua equipe de funcionários e na gerência de sua atividade; iii) marketing, por meio d qual o franqueador orienta o franqueado quanto aos procedimentos de divulgação e promoção dos produtos comercializados[30].

Assim, pode-se defender a franquia se enquadrar em uma obrigação de fazer, que importaria na prestação de um serviço tributável pelo ISSQN. As obrigações de dar somente estar implicitamente embutida da obrigação principal (fazer), fazendo parte da execução do contrato, e não de sua natureza ou constituição.

Conforme entende Ricardo Negrão, *"a função econômica do contrato de franquia, neste caso, encontra-se centrada em um modelo de distribuição de produtos ou de serviços, concebido pelo franqueador, no qual se incluem, necessariamente, conhecimento técnico e treinamento. Este modelo é facilmente reconhecido pelo consumidor pelos sinais distintivos licenciados pelo franqueador"*[31]. Isso significa que ao celebrar o contrato de franquia, o franqueado está buscando, ao mesmo tempo, o direito de uso de marca ou patente, o direito de distribuição exclusiva de produtos ou serviços e, o direito ao uso de tecnologia de implementação e administração de negócio ou sistema operacional desenvolvido pelo franqueador.

Sobre a natureza complexa dos contratos de franquia, trazemos a contribuição do professor Menezes Direito, que lecionava:

---

29. BARRETO, Aires F. *ISS na Constituição e na Lei*. São Paulo: Dialética, 2003, p. 172.
30. RAMOS, André Luiz Santa Cruz. *Direito Empresarial esquematizado*. Rio de Janeiro: Forense, 2010, p. 461.
31. NEGRÃO, Ricardo. *Manual de Direito Comercial e Empresarial*. São Paulo: Saraiva, 2010, p. 310.

"É fácil perceber que a própria lei embute na chamada franquia empresarial várias modalidades obrigacionais, mencionando outros contratos que estão enlaçados com o de franquia, assim, o de uso de marca e patente, o de distribuição exclusiva ou semiexclusiva de produtos ou serviços, o de uso de tecnologia de implantação e administração de negócios. É um dos contratos tidos como complexos, porque prevê uma série de relações jurídicas entre o franqueador e o franqueado. Ainda, diversos são os tipos de franquia, podendo ser de serviços, de produção, de distribuição e de indústria. Pelo menos na franquia de serviços existe a prestação de assistência técnica do franqueador ao franqueado, sem mencionar que, nesses contratos, há uma enorme variedade de exigências de qualidade e apresentação, como, por exemplo, as relativas ao tipo de arquitetura que deve ser utilizada, ao de mobiliário, ao de embalagem. Inclua-se, ainda, a interferência direta do franqueador em matéria de engineering, que planeja e orienta a montagem da empresa franqueada, como mostra Arnoldo Wald"[32].

De uma forma didática, teríamos o seguinte quadro:

FRANQUEADOR	FRANQUEADO
• Oferece, de forma continuada e sucessiva: • licença de uso de direitos de propriedade industrial; • distribuição exclusiva ou semiexclusiva de produtos e serviço. • **Cumulativamente:** • tecnologia de implantação; • tecnologia na administração da empresa; • sistema operacional adequado à organização da atividade empresarial.	• Recebe serviços e paga *royalties*; • Respeitar certas regras fixadas pelo franqueador.

Desta forma, desde a primeira edição desta obra, defendemos que a franquia, por sua natureza, englobaria a transferência de uso de marca[33], *know-how*, tecnologia na administração do negócio, bem como treinamento de funcionários e franqueado, dentre outras atividades. O que mostra que a **franquia é um serviço de organização empresarial!**

É evidente que a franquia tem como atividade-fim a cessão de um modelo de negócio (organização empresarial), para o qual concorrem inúmeras atividades de ambas as partes. Resta claro que os delineamentos básicos da franquia englobam uma série de fatores comuns, como a concessão do uso da marca e do título do

32. DIREITO, Carlos Alberto Menezes. As Relações entre o Franqueador e o Franqueado e o Código de Defesa do Consumidor. Direito Público, nº 16, p. 5 – 12, Abr-Maio-Jun/2007.

33. Ademais, concluiu-se que se trataria de cessão de direito sobre uso de marca, que não poderia ser considerada locação de bens móveis, mas serviço autônomo, como previsto na Lei Complementar 116/2003. Assim, não haveria a incidência da Súmula Vinculante 31 (*"É inconstitucional a incidência do imposto sobre serviços de qualquer natureza – ISS sobre operações de locação de bens móveis."*) (Rcl 8623 AgR/RJ, rel. Min. Gilmar Mendes, 22.2.2011).

estabelecimento, promoção e publicidade do produto, transferência dos direitos da franquia às pessoas expressamente designadas e assistência técnica necessária ao exercício do comércio. Inclusive, esta assistência técnica poderá conter a transferência de tecnologia ou licença para uso do sistema ou método. Assim entende o prof. José Eduardo Soares de Melo não se trata de uma mera prestação de serviço, mas sim em várias que se direcionam para um objetivo:

> "Não se trata de mera prestação e serviços (fazer), uma vez que a participação na distribuição de bens (mercadorias e serviços) entre franqueador e franqueado envolve ampla atividade de transferência de tecnologia, imposição de condutas, cessão de direitos, obrigação de aquisição de quantidades mínimas, etc., evidenciando objetivo participativo entre as partes"[34].

Ocorre que afirmar que a franquia é apenas uma relação jurídica complexa, sem identificá-la na esfera tributária é temerária e cômoda. É necessário classificá-la a fim de identificar sua essência para fins de tributação, somente desta forma será possível evitar uma não incidência sem justificativa constitucional.

Em respeito a hipótese de incidência constitucional é de se reconhecer que a franquia é uma forma prestação de serviço, ainda que complexa, conforme deixa claro o artigo 1º da Lei 13.966/2019. Apesar de traduzir em sua operacionalização uma série de vínculos obrigacionais entre franqueador e franqueado, o contrato de franquia empresarial se constitui em uma obrigação de fazer. No mesmo sentido, o autor Waldo Fazzio Júnior leciona que: "ao esboçar o perfil da franquia, verifica-se que não se trata de singela licença para utilização de marca, mas de sistema de distribuição de bens e serviços distinto da concessão mercantil, envolvendo complexo suporte organizacional, ainda que o licenciamento mostre-se como sua característica essencial"[35].

Numa leitura moderna do instituto demonstra que a franquia possui a natureza jurídica de uma prestação de serviço complexa, por meio da qual, o franqueador estabelece uma linha bastante abrangente de organização empresarial.

Cabe notar que sob a égide da Lei Complementar nº 116/2003 (01.01.2004), o Superior Tribunal de Justiça decidiu ser legítima a incidência de ISSQN sobre a franquia em relação a sua natureza jurídica:

Nos termos jurisprudência do STJ, a partir da edição da Lei Complementar nº 116/03, em vigor a partir de 1º.1.2004, a atividade de franquia passou a ser expressamente prevista no item 17.08 da lista de serviços anexa, ficando, portanto, sujeita à tributação. (STJ. AGRESP 200901738164, HUMBERTO MARTINS, STJ - SEGUNDA TURMA, 14/02/2011)

Assim, o entendimento que prevaleceu até o momento foi de que a franquia é uma forma de prestação de serviço e de que, com o advento da Lei Complementar

---

34. MELO, José Eduardo Soares de; PAULSEN, Leandro. *Impostos federais, estaduais e municipais*. 6 ed. Porto Alegre: Livraria do Advogado, 2011, p. 319.

35 FAZZIO JÚNIOR, Waldo. *Manual de Direito Comercial*. 7ª ed. São Paulo: Atlas, 2006, p. 570.

116/03, estas operações, de forma geral, foram expressamente incluídas na lista de serviços que tornam exigível o ISSQN.

Após alguns anos de espera, o Supremo Tribunal Federal julgou o Recurso Extraordinário 603.136, que estava sobrestado com Repercussão Geral reconhecida, reconhecendo a constitucionalidade da incidência do ISSQN sobre a franquia. O tema foi julgado no plenário virtual, em votação que se encerrou no dia 28/05/2020. O relator, ministro Gilmar Mendes, foi acompanhado por Alexandre de Moraes, Edson Fachin, Cármen Lúcia, Luiz Fux, Rosa Weber, Ricardo Lewandowski e Roberto Barroso.

E por fim, o Supremo Tribunal Federal fixou a seguinte tese a respeito do tema: *"É constitucional a incidência de Imposto sobre Serviços de Qualquer Natureza (ISS) sobre contratos de franquia (franchising) (itens 10.04 e 17.08 da lista de serviços prevista no Anexo da Lei Complementar 116/03)."*

Ressalta-se que desde a primeira edição desta obra, defendemos a incidência do ISSQN sobre os serviços de franquia, em razão da natureza jurídica do contrato. Entendimento este que estava em consonância com o julgamento do STF ocorrido em 2020.

Desta forma, até futura mudança de entendimento, temos como consolidado a tese da constitucionalidade da incidência de ISSQN sobre a franquia.

1.1.6. Construção civil

Existirá uma série de situações em que demanda uma interpretação acerca da aplicação de materiais e insumos na prestação de serviço. Por exemplo, o fornecimento de cimento numa construção poderá ser interpretado como insumo da prestação de serviço, enquanto vendido na loja seria apenas uma mercadoria.

A doutrina costuma diferenciar o preço da prestação (base de cálculo do ISSQN) do preço do serviço, sendo que o conceito deste último engloba, além do valor da prestação e valores gastos com a prestação. Essa diferenciação é de suma importância em serviços em que haja a aplicação de materiais e instrumentos, na medida em que há uma dificuldade maior para se identificar a real base de cálculo do tributo. No que se refere a incidência tributária da prestação de serviços de construção civil possui expressa previsão na lista de serviços da Lei Complementar 116/2003, conforme item 7.02, interferindo na delimitação da base de cálculo do tributo:

> 7.02 – Execução, por administração, empreitada ou subempreitada, de obras de construção civil, hidráulica ou elétrica e de outras obras semelhantes, inclusive sondagem, perfuração de poços, escavação, drenagem e irrigação, terraplanagem, pavimentação, concretagem e a instalação e montagem de produtos, peças e equipamentos (exceto o fornecimento de mercadorias produzidas pelo prestador de serviços fora do local da prestação dos serviços, que fica sujeito ao ICMS).

O Código Civil Brasileiro disciplina que os contratos de empreitada podem ser "de lavor", quando o empreiteiro assume apenas a obrigação de trabalho; e de empreitada "mista", quando também se obriga a fornecer os materiais, conforme prescrito no art. 610:

> *Art. 610. O empreiteiro de uma obra pode contribuir para ela só com seu trabalho ou com ele e os materiais.*

Observe-se que o item 7.02 da lista é expresso em definir que haverá a incidência de ISSQN sobre o valor integral da prestação do serviço, ressalvando o fornecimento de mercadorias produzidas pelo prestador do serviço fora do local da obra.

Durante um tempo o Superior Tribunal de Justiça tinha o posicionamento sacramentado no sentido de que na prestação de serviço de construção civil ocorria a incidência do ISSQN sobre o valor global do serviço, sem autorização de dedução de materiais, exceto quanto a previsão da parte final do item 7.02[36]. Cabe ainda mencionar a respeito da Súmula nº 167 do Superior Tribunal de Justiça, a qual prevê o entendimento de que o fornecimento de concreto para construção civil, preparado no trajeto até a obra se sujeita somente ao ISS. Isto porque na construção civil existe uma obrigação de uma atividade fim, qual seja: a prestação de serviço direcionado a entrega de uma obra.

Este entendimento leva a conclusão de que o conceito de prestação de serviço independe se o prestador utilizou ou aplicou materiais para consecução de seu objetivo. Em outras palavras, não desnatura o contrato, se o dentista usou anestésico e se o engenheiro teve que adquirir uma trena.

Nesta linha, Bernardo Ribeiro de Moraes compreende que a "*empreitada é prestação de obra de resultado. Os serviços prestados na empreitada representam um meio para o fim desejado. O que se exige é a obra, e não a prestação de serviço*"[37]. Assim, na construção civil existe uma obrigação de uma atividade fim, ou seja, à entrega da obra, não constituindo seu trabalho, em si, ou a entrega de materiais, a finalidade mesma do ajuste.

O Professor Hugo de Brito Machado[38], em parecer emitido para empresa de banheiros pré-moldados, no ano de 2000, assim lecionou:

> "(...) Os banheiros em análise, apesar de construídos fora do local da obra, têm dimensões e características técnicas (tais como tubulação, energia, iluminação) que apenas permitem a sua incorporação ao imóvel para o qual foram projetados. Um hotel, por exemplo, é inteiramente construído por uma construtora. Os quartos, corredores, salas, elevadores, etc., tudo é feito no local da obra. Os banheiros, contudo, são construídos pela Consulente, em regime de

---

36. A tese de que não apenas os materiais produzidos pelo próprio prestador, mas também os adquiridos de terceiros, devem ser excluídos da base de cálculo do ISS não encontra respaldo no ordenamento jurídico, pois a regra legal que trata da incidência do ISS sobre serviços de construção civil é clara ao excluir apenas os materiais produzidos pelo próprio prestador fora do local onde prestados os serviços. (STJ – AgRg no REsp 1002693/RS – Ministro CASTRO MEIRA – Data do Julgamento – 25/03/2008)
37. MORAES, Bernardo Ribeiro de. Doutrina e Prática do Imposto sobre Serviços. São Paulo: Revista dos Tribunais, 1978.
38. Fonte: <http://www.fiscosoft.com.br/main_index.php?home=home_artigos&m=_&nx_=& viewid=136101>.

> empreitada, com os respectivos terminais de energia elétrica, água e esgoto. Terminada a construção dos banheiros, estes são transportados até o local da obra e nesta são incorporados. São feitas as conexões de água, luz e esgoto e definitivamente o banheiro torna-se parte indissociável do imóvel para o qual foi projetado. Em vista disso, é inteiramente impossível o aproveitamento desses banheiros em outra obra. Tanto é assim que o contrato celebrado entre a consulente e os tomadores de seus serviços prevê a hipótese de embargo da obra, devendo a consulente ser indenizada no montante equivalente às unidades produzidas e em fase de produção, ao custo dos materiais importados para aplicação no projeto do contrato, ao valor do custo de projeto das unidades ainda não produzidas etc. Essa indenização decorre do fato de que referidos banheiros não têm qualquer valor econômico senão para o tomador do serviço. Não podem, por isso, serem vendidos ou revendidos, mas tão somente utilizados na obra para a qual foram projetados. Não são, inequivocamente, mercadorias. (...)"

E conclui:

> "(...) Os banheiros, porque construídos por empreitada e destinados exclusivamente a integrar determinado imóvel, único ao qual suas dimensões, design e demais especificações atendem, não são mercadorias. Sua produção configura serviço de construção civil, submetendo-se à incidência do ISS. A entrega e o auxílio na fixação do banheiro à obra fazem parte do contrato de empreitada, consubstanciando a parte final da execução do serviço na construção civil. Não há circulação de mercadoria, não se podendo cogitar, por conseguinte, de incidência de ICMS. (...)".

A incorporação de bens na obra fez com que tais materiais perdessem suas qualidades de origem, transformando-se em elementos da construção, isto é, o tomador do serviço não contratou o recebimento destes materiais, mas simplesmente eles foram transformados em insumos e foram adicionados à obra. Neste caso, conforme explica Andrei Pitten Velloso, "os materiais empregados na prestação de serviços são, com frequência, elementos imprescindíveis à sua conclusão, não se qualificando necessariamente como mercadorias, por não serem bens destinados ao comércio"[39].

Neste sentido, Adolpho Bergamini:

> O que quer dizer o dispositivo é que, regra geral, na hipótese de prestação de serviços com fornecimento de mercadorias, as receitas respectivas, auferidas pelo prestador, serão integralmente tributadas pelo ISS, inclusive os valores das mercadorias embutidas no preço do serviço prestado. As exceções a essa regra deverão constar expressamente da lista de serviços e, nesses casos, os valores das mercadorias serão tributados pelo ICMS, enquanto os valores relativos aos serviços, pelo ISS.[40]

No que tange as obras de construção civil, é importante esclarecer que a conclusão dos contratos firmados por empreitada não há a transferência, à contratante,

---

39. VELLOSO, Andrei Pitten. Constituição Tributária Comentada. São Paulo: Atlas, 2007, p. 311.

40 BERGAMINI, Adolpho. Curso de ISS. São Paulo: Editora Revista dos Tribunais, 2017, pag. 77.

de parte do empreendimento executado ou dos materiais individualmente empregados, mas sim, a entrega da obra como um todo. Tanto é assim, que nos termos do art. 610 do Código Civil, o contrato de empreitada pode advir somente da contribuição do trabalho do empreiteiro ou, também, com o emprego de materiais. Em ambas as situações o contrato de empreitada se caracterizaria como obrigação de fazer, sendo que o material empregado se transformou em insumo da obra.

Ocorre que o Decreto-Lei 406/1968, que não havia sido revogada integralmente pela LC 116/2003, conservou a possibilidade da dedução da base de cálculo da prestação de serviços de construção civil:

> Art 9º A base de cálculo do impôsto é o preço do serviço.
>
> § 2º Na prestação dos serviços a que se referem os itens 19 e 20 da lista anexa o impôsto será calculado sôbre o preço deduzido das parcelas correspondentes
>
> a) ao valor dos materiais fornecidos pelo prestador dos serviços;
>
> b) ao valor das subempreitadas já tributadas pelo impôsto.

Neste sentido, o art. 9º, § 2º, não deixou dúvidas que no caso de construção civil o preço do serviço sofrerá a dedução do valor dos materiais fornecidos pelo prestador dos serviços e das subempreitadas. Mesmo assim, o que gerou a polêmica foi a previsão na lista de serviços constar "... *exceto o fornecimento de mercadorias produzidas pelo prestador de serviços, fora do local da prestação dos serviços, que fica sujeito ao ICMS".*

Essa ressalva deu origem a duas correntes jurisprudenciais/doutrinárias: a primeira, restritiva, que permitia o abatimento somente das mercadorias produzidas pelo prestador fora do local da prestação de serviços; a segunda, favorável aos contribuintes, no sentido de que a dedução de todos os materiais empregados na obra, de forma que o ISSQN não alcançaria o valor relativo a mercadoria alguma, ainda que adquiridas de terceiro.

A primeira corrente prevaleceu por vários anos no âmbito do Superior Tribunal de Justiça, sendo que permitia a aplicação do art. 9º, § 2º, *a*, do DL 406/1968 apenas naquelas hipóteses em que o prestador do serviço era contribuinte do ICMS e fornecesse mercadorias paralelamente à prestação do serviço.

Ocorre que de forma contrária a este posicionamento, o Supremo Tribunal Federal, através de um voto monocrático da ministra Ellen Gracie, no Recurso Extraordinário nº 603497, julgou pela possibilidade da dedução de materiais da base de cálculo da prestação de serviços da construção civil da seguinte forma:

> A hipótese dos autos versa sobre a constitucionalidade da incidência do ISS sobre materiais empregados na construção civil. O acórdão assim decidiu: "TRIBUTÁRIO – ISS – CONSTRUÇÃO CIVIL – BASE DE CÁLCULO – MATERIAL EMPREGADO – DEDUÇÃO – IMPOSSIBILIDADE. A jurisprudência desta Corte pacificou o entendimento de que a base de cálculo do ISS é o preço total do serviço, de maneira que, na hipótese de construção civil, não pode haver a subtração do material empregado para efeito de definição da base de cálculo. Precedentes de Corte. Agravo regimental improvido." 2. Este Tribunal, no julgamento do RE 603.497, de minha relatoria, reconheceu a existência da

> repercussão geral da matéria para que os efeitos do art. 543-B do CPC possam ser aplicados. Esta Corte firmou o entendimento no sentido da possibilidade da dedução da base de cálculo do ISS dos materiais empregados na construção civil. O acórdão recorrido divergiu desse entendimento. 3. Ante o exposto, com fundamento no art. 557, § 1º-A, do CPC, dou provimento ao recurso extraordinário. (RE 603497, Relator(a): Min. ELLEN GRACIE, julgado em 18/08/2010, publicado em DJe-172 DIVULG 15/09/2010 PUBLIC 16/09/2010)

Esta decisão do Supremo causou um verdadeiro rebuliço jurídico, uma vez que os Municípios vinham adotando o entendimento do Superior Tribunal de Justiça, qual seja: impossibilidade de dedução dos materiais da base de cálculo do ISSQN. Isso porque a redação do art. 9º, § 2º, *a*, é clara no sentido de que os serviços de construção civil, o preço do serviço deveria sofrer a dedução do valor dos materiais e subempreitadas fornecidos pelo prestador dos serviços.

Em outra situação, o Supremo Tribunal Federal voltou a se pronunciar sobre o tema, definindo a recepção e aplicação do art. 9º do DL nº 406/68[41]. Após esta manifestação pela Suprema Corte, o Superior Tribunal de Justiça alterou seu entendimento relativo à definição da base de cálculo do ISSQN na construção civil, passando a aceitar a possibilidade da dedução dos materiais e subempreitada[42].

Na leitura de Aires F. Barreto, o fato da lei complementar não permitir a inclusão dos materiais equivale a dizer que materiais não integram a base de cálculo do ISSQN, isto em razão da não cumulatividade do imposto. Entende este autor que o veto ocorrido no inciso II do § 2º da LC 116/2003 é inconstitucional, pois a não dedução das subempreitadas afrontaria a própria estrutura constitucional do imposto[43].

Desta maneira, assim passou a ser fixada a jurisprudência do Superior Tribunal de Justiça:

> Após o julgamento do RE nº 603.497, MG, a jurisprudência do Tribunal passou a seguir o entendimento do Supremo Tribunal Federal quanto à legalidade da dedução do custo dos materiais empregados na construção civil da base de cálculo do imposto sobre serviços, incluído o serviço de concretagem. Agravo regimental desprovido (AgRg no AREsp 664012/RJ, Rel. Ministra ASSUSETE MAGALHÃES, SEGUNDA TURMA, Julgado em 10/03/2016, DJE 17/03/2016).

---

41. A jurisprudência do Supremo Tribunal Federal é firme no sentido de que o art. 9º do Decreto-Lei 406/1968 foi recepcionado pela Constituição Federal de 1988. Pelo que é possível a dedução da base de cálculo do ISS dos valores dos materiais utilizados em construção civil e das subempreitadas. (RE 599582 AgR, Relator(a): Min. AYRES BRITTO, Segunda Turma, julgado em 29/03/2011, DJe-123 DIVULG 28-06-2011)
42. O STF, por ocasião do julgamento do RE 603.497/MG, Rel. Min. Ellen Gracie, DJ de 16/9/2010, reconheceu a repercussão geral sobre o tema, consoante regra do art. 543-B, do CPC (NCPC art. 1036), e firmou entendimento no sentido da possibilidade da dedução da base de cálculo do ISS dos materiais empregados na construção civil. Pelo que é possível a dedução da base de cálculo do ISS dos valores dos materiais utilizados em construção civil e das subempreitadas." (STJ. AgRg no AgRg no AI nº 1.410.608, 1ª Turma, relator Ministro Benedito Gonçalves, julgado em 18/10/2011, publicado no DJe de 21/10/2011)
43. Cf. BARRETO, Aires F. Curso de Direito Tributário Municipal..., p. 410/412.

Diante deste novo cenário uma situação é clara na jurisprudência do STJ e STF, que a partir dessa quebra de paradigma, será possível excluir da base de cálculo da prestação de serviço de construção civil os materiais e as subempreitadas da obra.

Porém, através de uma interpretação razoável desta situação, não parece coerente prevalecer o entendimento de que o Supremo Tribunal Federal simplesmente permitiu a dedução de todo e qualquer material da base de cálculo do ISSQN em casos de construção civil, até porque a lei assim não permitiu. Pelo contrário, a fundamentação das decisões da Suprema Corte, consideraram que a dedução é possível, mas deve se limitar somente aos materiais empregados diretamente na obra. Com isso, fica claro que a legislação tributária juntamente com a jurisprudência dominante, pretendem excluir da base de cálculo, corresponde ao valor total do serviço de construção civil prestado, tão-somente, os valores advindos de materiais que tenham origem de uma venda mercantil (sujeita a tributação do ICMS) e desde que sejam empregados (incorporadores definitivamente) na obra.

A terminologia "materiais fornecidos", previsto no art. 7º da LC nº 116/2003 não chega ao ponto de englobar materiais utilizados indiretamente na obra. Por isso, acredita-se que o abatimento de valores da base de cálculo deve ser realizado com cautela, pois deverá haver a efetiva comprovação de que os materiais foram devidamente aplicados na obra, independentemente de serem adquiridos ou produzidos pelo prestador[44].

A título de exemplo, pode-se apontar a legislação do Município de São Paulo, onde o art. 14 da Lei nº 13701/2003, permite o abatimento de materiais na prestação de serviços de construção civil, desde que sejam incorporados à obra[45]. A terminologia utilizada pela legislação paulista parece ser adequada à situação, na medida em que respeita o direito de abatimento dos materiais, bem como conserva a cautela da fiscalização municipal em delimitar a base de cálculo conforme os ditames constitucionais. E também respeita a possibilidade de dedução de materiais fornecidos pelo prestador, exigindo a comprovação da incorporação destes na obra. Esse também foi o entendimento encontrado no Conselho de Contribuintes paulista, abalizando o que vem sendo exigido pela Lei nº 13701/2003[46].

Outra situação que deve ser salientada é o posicionamento do Juízo da Fazenda Pública de São José dos Pinhais[47], que após alguns debates em demandas

---

44. Cf. LUSTOZA, Helton Kramer. Novos paradigmas da incidência do ISSQN sobre a prestação de serviço na construção civil. In. Revista de Estudos Tributários. Porto Alegre: v. 15, nº 87, p105-122, set/out, 2012.
45. Art. 14. A base de cálculo do Imposto é o preço do serviço, como tal considerada a receita bruta a ele correspondente, sem nenhuma dedução, excetuados os descontos ou abatimentos concedidos independentemente de qualquer condição. (...) § 7º Quando forem prestados os serviços descritos nos subitens 7.02, 7.04, 7.05, 7.15 e 7.19 da lista do "caput" do artigo 1º, o Imposto será calculado sobre o preço do serviço deduzido das parcelas correspondentes: I – ao valor dos materiais incorporados ao imóvel, fornecidos pelo prestador de serviços.
46. CC-SP – PA nº 2006-0.0.31.593-9 – Conselheiro Relator: Adelmo da Silva Emerenciano– Câmara Julgadora: 2ª Câmara – 27/11/2006.
47. Magistrado Juan Danilo Pereira Sobreiro. Autos de Mandado de Segurança n. 2541-52.2015 – Impetrante: Dimiani S/A; Impetrado: Município de São José dos Pinhais; julgamento: 10/11/2015.

tributárias, acolheu a tese de que somente poderia haver a dedução da base de cálculo do ISSQN acerca equipamentos *empregados* e materiais de construção *incorporados* à obra.

Estas questões ainda não resolvidas parecem estar longe de solução na jurisprudência, apesar de ser tratada como matéria pacífica. Ademais, o plenário do Supremo Tribunal Federal iniciou julgamento de proposta de edição de enunciado de súmula vinculante com o seguinte teor: *"Não se inclui na base de cálculo do Imposto Sobre Serviços de Qualquer Natureza - ISSQN o valor dos materiais adquiridos de terceiros e empregados em obras de construção civil pelo prestador de serviços"*. Entretanto, até o fechamento desta obra, a proposta de súmula vinculante não tinha sido aprovada pelo STF, mas que já denota a pacificação do entendimento nos Tribunais Superiores, deixando a cargo da segunda instância a resolução das questões peculiares.

A **dedução dos materiais é um direito inafastável do contribuinte**, em homenagem ao princípio da não bitributação, mas deve ser feito com coerência e de forma restritiva, em consonância com a legislação pertinente e ao art. 111 do Código Tributário Nacional. Isso leva a síntese de que a permissão de subtrair da base de cálculo do ISSQN o montante referente a todo e qualquer material utilizado na construção civil fere o princípio da razoabilidade.

Ocorre que em junho de 2020, o Supremo Tribunal Federal - no julgamento no plenário virtual do Recurso Extraordinário 603497 - decidiu no sentido de que a jurisprudência desta Corte circunscreve-se a asseverar recepcionado, pela Carta de 1988, o art. 9º, § 2º, "a", do DL 406/1968, sem, contudo, estabelecer interpretação sobre o seu alcance nem analisar sua subsistência frente à legislação que lhe sucedeu - em especial, a LC 116/2003:

> No caso, o acórdão do Superior Tribunal de Justiça, objeto do recurso extraordinário, não destoou da jurisprudência desta Suprema Corte, porque, sem contrariar a premissa de que o art. 9º, § 2º, "a", do DL 406/1968 foi recepcionado pela atual ordem constitucional, e considerada, ainda, a superveniência do art. 7º, § 2º, I, da LC 116/2003, restringiu-se a delimitar a interpretação dos referidos preceitos infraconstitucionais, para concluir pela ausência, na espécie, dos requisitos para a dedução, da base de cálculo do Imposto sobre Serviços de Qualquer Natureza (ISSQN), de materiais utilizados no fornecimento de concreto, por empreitada, para construção civil.
>
> (RE 603497 AgR-segundo. Órgão julgador: Tribunal Pleno. Relator(a): Min. ROSA WEBER. Julgamento: 29/06/2020. Publicação: 13/08/2020)

Neste caso, a empresa Topmix Engenharia pretendia afastar a incidência de ISSQN do Município de Betim (MG) sobre os materiais utilizados no fornecimento de concreto. Contudo, o Supremo Tribunal Federal deu parcial provimento ao recurso, para fixar a seguinte tese do **Tema 247 da Repercussão Geral**: *"O art. 9º, § 2º, do DL nº 406/1968 foi recepcionado pela ordem jurídica inaugurada pela Constituição de 1988"*.

Percebe-se que esta insegurança adveio desde 2010, quando a discussão chegou ao Supremo Tribunal Federal através do RE 603.497. Relatora da matéria, a ministra Ellen Gracie (hoje aposentada) deu provimento ao recurso para restabelecer a sentença e permitir à empresa recorrente deduzir da base de cálculo os valores dos materiais usados para concretagem.

Essa decisão monocrática durou por mais de uma década, em que os contribuintes utilizaram esta tese para deduzir todo tipo de material utilizado ou empregado definitivamente na obra. Inclusive, em diversas oportunidades, os julgamentos do Supremo sinalizaram que a interpretação do STJ estava superada.

Ocorre que, no julgamento definitivo do RE 603497, agora com a Relatoria da Ministra Rosa Weber, houve uma reviravolta, em que se delegou ao Superior Tribunal de Justiça a delimitação dos materiais que seriam deduzimos, por ser matéria infraconstitucional. A partir deste entendimento, o Superior Tribunal de Justiça, em 14/03/2023, ao julgar o REsp 1.916.376/RS, decidiu ser possível deduzir os materiais de concretagem no ISS, **desde que ele seja produzido fora do local da obra e por ele destacadamente comercializado com a incidência do ICMS:**

> A base de cálculo do ISS é o preço do serviço de construção civil contratado, não sendo possível deduzir os materiais empregados, salvo se produzidos pelo prestador fora do local da obra e por ele destacadamente comercializados com a incidência do ICMS.
>
> O Supremo Tribunal Federal, ao proferir o primeiro julgamento do RE 603.497/MG (Tema n. 247 do STF), em 31/8/2010 (DJ 16/9/2010), decidiu reformar acórdão do STJ com fundamento no entendimento do Pretório Excelso sobre a "possibilidade de dedução da base de cálculo do ISS dos materiais empregados na construção civil".
>
> A partir desse momento, esta Corte Superior, buscando alinhar a sua jurisprudência à referida decisão da Suprema Corte, começou a decidir naquele mesmo sentido.
>
> Entretanto, mais recentemente, em 3/7/2020 (publicação da ata de julgamento em 13/7/2020), nos mesmos autos do RE 603.497/MG, o STF deu parcial provimento a agravo interno para, reafirmando a tese de recepção do art. 9º, § 2º, do DL n. 406/1968 pela Constituição de 1988, assentar que a aplicação dessa tese naquele caso concreto não ensejou reforma do acórdão do STJ, ficando evidenciada, no referido julgamento, a intenção do Pretório Excelso de preservar a orientação jurisprudencial que o Superior Tribunal de Justiça sedimentou no âmbito infraconstitucional acerca da possibilidade de dedução dos materiais empregados da base de cálculo do ISS incidente sobre serviço de construção civil.
>
> Diante desse último pronunciamento da Suprema Corte no julgamento do Tema n. 247 do STF, há de voltar a ser prestigiada a vetusta jurisprudência do STJ sobre o tema.
>
> REsp 1.916.376-RS, Rel. Ministro Gurgel de Faria, Primeira Turma, por unanimidade, julgado em 14/3/2023.

Diante da resolução da demanda do Supremo Tribunal Federal no processo RE 603.497/MG, em que julgou pela constitucionalidade do artigo 9º, parágrafo 2º, alínea "a", do Decreto-Lei nº 406/1968, o Superior Tribunal de Justiça retoma o entendimento restritivo da dedução dos materiais da base de cálculo do ISS construção civil.

A partir da leitura do Superior Tribunal de Justiça, aparentemente, não se permitirá a dedução dos materiais adquiridos pelo prestador de serviço de terceiros, ainda que tenha recolhido o ICMS de forma destacada. Posição que não concordamos, uma vez que se permite a dedução dos materiais produzidos pelo próprio prestador de serviços, não haveria uma razoabilidade em não se permitir a dedução dos materiais adquiridos de terceiros, sob pena de configuração de bitributação (ICMS/ISSQN).

De qualquer forma, a posição predominante neste momento, até o fechamento desta obra, é restritiva, sendo que no caso do prestador do serviço de construção civil também ser contribuinte do ICMS, os materiais necessários à construção por ele produzidos fora do local da obra e destacadamente comercializados em paralelo com o tomador, poderão ser subtraídos da base de cálculo do ISS.

Portanto, em linhas gerais, a base de cálculo do ISS é o preço do serviço de construção civil contratado, deduzindo-se apenas os materiais produzidos fora do local de serviço e que se sujeitem ao ICMS.

Entretanto, ressalva-se que diante da situação acima entabulada, acredita-se que ainda há um percurso para que a jurisprudência venha a delimitar definitivamente este assunto, tendo em vista a incerteza sobre os materiais adquiridos de terceiros pelo prestador de serviço com destaque de ICMS, o que, a nosso ver, poderá apresentar divergência quanto ao tema.

POSSIBILIDADE DE DEDUÇÃO DA BASE DE CÁLCULO DO ISSQN NA CONSTRUÇÃO CIVIL

Subempreitadas	*Materiais empregados na obra*

1.1.7. Industrialização por encomenda

O Imposto de Produtos Industrializados – IPI é um tributo que incide sobre a circulação econômica, mais especificamente sobre a etapa inicial, quando os bens materiais são industrializados, conforme definição dada pelo art. 3º do RIPI (Decreto nº 87.981/82).

Alguns casos, a prestação do serviço pode gerar um aparente conflito entre o ISSQN em face do IPI e ICMS. Enquanto o aspecto material do ICMS é a realização de uma operação relativa à circulação de mercadorias, no ISSQN haverá tão somente uma prestação de serviço prevista expressamente na lista anexa à LC 116/2003.

A legislação do IPI define claramente a industrialização como qualquer operação que modifique a natureza, o funcionamento, o acabamento, a apresentação ou a finalidade do produto, ou o aperfeiçoe para o consumo.

Esta definição legal pode gerar conflito entre o ISS e o IPI, quando ocorrer a chamada industrialização por encomenda, na qual há a elaboração de um produto nos termos das necessidades específicas do solicitante. O industrial vai atuar mediante uma prévia contratação para produzir algo a partir de características impostas pelo autor da encomenda. Esse critério foi utilizado pelo Superior Tribunal de Justiça para definição do teor da Súmula nº 156: "A prestação de serviço de composição gráfica, personalizada e sob encomenda, ainda que envolva fornecimento de mercadorias, está sujeita, apenas, ao ISS".

Assim caminha a jurisprudência pátria:

> APELAÇÃO CÍVEL – EMBARGOS À EXECUÇÃO FISCAL – QUESTÃO QUE DIZ RESPEITO À INCIDÊNCIA DE ISSQN SOBRE PRODUÇÃO DE EMBALAGENS PLÁSTICAS. RECURSO DO MUNICÍPIO – ALEGAÇÃO DE INCIDÊNCIA DO IMPOSTO ANTE A IMPRESSÃO GRÁFICA REALIZADA NO PRODUTO SOB ENCOMENDA – NÃO INCIDÊNCIA – ATIVIDADE Cível nº 1.551.825-7 fl. 2DESENVOLVIDA PELA EMPRESA TEM CARÁTER DE COMERCIALIZAÇÃO E INDUSTRIALIZAÇÃO – DECRETO LEI Nº 406/68 – PRECEDENTES DO STF E STJ QUE AFASTAM A COBRANÇA – ATIVIDADE QUE SE SUJEITA À COBRANÇA DE ICMS – RECURSO CONHECIDO E DESPROVIDO.APELAÇÃO ADESIVA – RECURSO DA EMBARGANTE. MAJORAÇÃO DOS HONORÁRIOS ADVOCATÍCIOS SUCUMBENCIAIS. APLICAÇÃO DO ARTIGO 20, § 4º, DO CÓDIGO DE PROCESSO CIVIL DE 1973 VIGENTE À ÉPOCA. VALOR FIXADO QUE NÃO REMUNERA ADEQUADAMENTE O TRABALHO REALIZADO – MAJORAÇÃO NECESSÁRIA CONSIDERANDO, PRECIPUAMENTE, A NATUREZA E A IMPORTÂNCIA DA CAUSA E O TEMPO DE TRABALHO EXIGIDO DO CAUSÍDICO. PRECEDENTES DESTA CORTE.APLICAÇÃO DE OFÍCIO DE TERMO INICIAL E ÍNDICE RELATIVOS AOS JUROS E CORREÇÃO MONETÁRIA OMISSA NA R. SENTENÇA. – RECURSO CONHECIDO E PROVIDO. Cível nº 1.551.825-7 fl. 3 (TJPR – 2ª C.Cível – AC – 1551825-7 – Curitiba – Rel.: Angela Maria Machado Costa – Unânime – J. 01.08.2017)

Neste caso, para haver a incidência de ISSQN é preciso que o serviço personalizado seja preponderante na operação de industrialização[48]. Nesta linha de raciocínio bastava identificar a operação de *"industrialização por encomenda"* na lista de serviços da Lei Complementar 116/2003 para atestar a incidência de ISSQN.

Contudo, o Supremo Tribunal Federal, quando do julgamento da ADIN 4389-MC, tornou este critério mais rígido, definindo que não haveria a incidência de ISSQN quando a operação de industrialização por encomenda estivesse destinada à integração ou utilização direta em processo subsequente de industrialização ou de circulação de mercadoria:

> Até o julgamento final e com eficácia apenas para o futuro (ex nunc), concede-se medida cautelar para interpretar o art. 1º, caput e § 2º, da Lei Complementar 116/2003 e o subitem 13.05 da lista de serviços anexa, para reconhecer que o ISS não incide sobre operações de industrialização por encomenda de embalagens, destinadas à integração ou utilização direta em processo

48. STJ. REsp 725.246/PE. 1ª Turma. Relator ministro Teori Albino Zavascki, DJ de 14/11/05, p. 215.

> subsequente de industrialização ou de circulação de mercadoria. Presentes os requisitos constitucionais e legais, incidirá o ICMS. (ADI 4389 MC, Relator(a): Min. JOAQUIM BARBOSA, Tribunal Pleno, julgado em 13/04/2011)

Note-se que no julgamento desta medida cautelar, o STF reconheceu a não incidência do ISSQN sobre operações de industrialização por encomenda de embalagens destinadas à integração ou utilização direta em processo subsequente de industrialização ou de circulação de mercadoria. O critério utilizado pela Suprema Corte brasileira é a respeito da destinação do produto encomendado.

Entendimento confirmado pelo Supremo no julgamento do AGE 916725:

> Ementa: AGRAVO REGIMENTAL NO RECURSO EXTRAORDINÁRIO COM AGRAVO. TRIBUTÁRIO. CONTROVÉRSIA QUANTO À INCIDÊNCIA DO ICMS OU DO ISSQN. FABRICAÇÃO DE EMBALAGENS. COMPOSIÇÃO GRÁFICA. MATERIAIS EMPREGADOS NO PROCESSO PRODUTIVO DE MERCADORIAS. INCIDÊNCIA DO ICMS. POSSIBILIDADE DE JULGAMENTO IMEDIATO DOS FEITOS QUE VERSEM SOBRE A MESMA CONTROVÉRSIA DECIDIDA PELO PLENÁRIO EM JUÍZO PRECÁRIO. AGRAVO REGIMENTAL DESPROVIDO. (ARE 916725 AgR, Relator(a): Min. LUIZ FUX, Primeira Turma, julgado em 16/02/2016, PROCESSO ELETRÔNICO DJe-039 DIVULG 01-03-2016 PUBLIC 02-03-2016)

Precedentes desta Corte indicam a necessidade da verificação – para identificar a incidência do ISSQN – das condições que comprovem a preponderância da obrigação de "fazer" sobre o "dar"[49]. Em outra oportunidade, o Supremo Tribunal Federal, no julgamento do Agravo em Recurso Extraordinário n. 839976, reafirmou o entendimento que a fabricação de rótulos e embalagens não está sujeita ao ISSQN, mas sim ao ICMS, quando destinadas à integração ou utilização direta em processo subsequente de industrialização ou de circulação de mercadoria:

> EMENTA: AGRAVO REGIMENTAL EM RECURSO EXTRAORDINÁRIO COM AGRAVO. INDUSTRIALIZAÇÃO POR ENCOMENDA. ETAPA INTERMEDIÁRIA DA CADEIA DE

---

49. Agravo regimental no recurso extraordinário. Serviço de composição gráfica com fornecimento de mercadoria. Conflito de incidências entre o ICMS e o ISSQN. Serviços de composição gráfica e customização de embalagens meramente acessórias à mercadoria. Obrigação de dar manifestamente preponderante sobre a obrigação de fazer, o que leva à conclusão de que o ICMS deve incidir na espécie. 1. Em precedente da Corte consubstanciado na ADI nº 4.389/DF-MC, restou definida a incidência de ICMS "sobre operações de industrialização por encomenda de embalagens, destinadas à integração ou utilização direta em processo subsequente de industrialização ou de circulação de mercadoria". 2. A verificação da incidência nas hipóteses de industrialização por encomenda deve obedecer dois critérios básicos: (i)verificar se a venda opera-se a quem promoverá nova circulação do bem e (ii) caso o adquirente seja consumidor final, avaliar a preponderância entre o dar e o fazer mediante a averiguação de elementos de industrialização. 4. À luz dos critérios propostos, só haverá incidência do ISS nas situações em que a resposta ao primeiro item for negativa e se no segundo item o fazer preponderar sobre o dar. 5. A hipótese dos autos não revela a preponderância da obrigação de fazer em detrimento da obrigação de dar. Pelo contrário. A fabricação de embalagens é a atividade econômica específica explorada pela agravante. Prepondera o fornecimento dos bens em face da composição gráfica, que afigura-se meramente acessória. Não há como conceber a prevalência da customização sobre a entrega do próprio bem. 6. Agravo regimental não provido. (AI 803296 AgR, Relator(a): Min. DIAS TOFFOLI, Primeira Turma, julgado em 09/04/2013, PROCESSO ELETRÔNICO DJe-107 DIVULG 06-06-2013 PUBLIC 07-06-2013)

> PRODUÇÃO. EMISSÃO DE NOTAS FISCAIS ATESTADAS PELA ORIGEM. INOCORRÊNCIA DA MATERIALIDADE ATRIBUÍDA AO ISSQN. Nas hipóteses de conflito entre os fatos imponíveis do ICMS e do ISS, não se pode desconsiderar o papel da atividade exercida no contexto de todo o ciclo produtivo. Sob tal perspectiva, cabe ao intérprete perquirir se o sujeito passivo presta um serviço marcado por um talento humano específico e voltado ao destinatário final, ou desempenha atividade essencialmente industrial, que constitui apenas mais uma etapa dentro da cadeia de circulação. Perfilhando esta diretriz, não é possível fazer incidir o ISS nas hipóteses em que a atividade exercida sobre o bem constitui mera etapa intermediária do processo produtivo. (ARE 839976 AgR, Relator(a): Min. ROBERTO BARROSO, Primeira Turma, julgado em 10/02/2015, ACÓRDÃO ELETRÔNICO DJe-047 DIVULG 11-03-2015 PUBLIC 12-03-2015)

Neste mesmo julgamento, o Min. Joaquim Barbosa assim justificou o entendimento:

> "não há como equiparar a produção gráfica personalizada e encomendada para uso pontual, pessoal ou empresarial, e a produção personalizada e encomendada para fazer parte de complexo processo produtivo destinado a por bens em comércio."

Em um momento inicial o Superior Tribunal de Justiça, sob análise dos EDcl no AgRg no AREsp 103409/RS, aderiu a tese do STF, quando da apreciação da industrialização de cartões magnéticos sob encomenda para uso próprio da empresa. Neste caso, o STJ, fez referência à decisão proferida na ADI 4389-MC, confirmando que nesta hipótese o produto encomendado não seria utilizado como insumo ou mercadoria, concluindo que deveria incidir o ISSQN[50]. Isso pode ser constatado, por exemplo, quando há um processo de beneficiamento de chapas de granito (corte, recorte e polimento), onde será posteriormente comercializado pelo encomendante. Por outro lado, se numa prestação de composição gráfica, haverá a incidência do ISSQN, nos termos da Súmula 156 do STJ, caso o produto seja destinado ao uso exclusivo do encomendante.

Entretanto, em outra oportunidade, a Segunda Turma do Superior Tribunal de Justiça, divergiu do entendimento do STF, julgando no sentido de que pouco importava haver a comercialização do produto no futuro, uma vez que o traço distintivo da incidência do imposto se refere à atividade-fim do prestador do serviço:

> Verifica-se que, no caso dos autos, deve incidir o ISS porquanto, trata-se de serviços personalizados feitos em conformidade com o interesse exclusivo do cliente, distintos dos serviços destinados ao público em geral.
>
> Nesta esteira, impende salientar que não interessa se haverá comercialização do produto no futuro, pois isso não é o traço distintivo da incidência do imposto como quer fazer crer o agravante. O que há de aferir é atividade-fim do prestador do serviço, "tendo em vista que, uma vez concluída, extingue o dever jurídico obrigacional que integra a relação jurídica instaurada entre o 'prestador' (responsável pelo serviço encomendado) e o 'tomador'

50. STJ.AResp.103409/RS.Rel. Humberto Martins. Segunda Turma. Publ. DJE 18/06/2012.

> (encomendante): a empresa que procede ao corte, recorte e polimento de granito ou mármore, de propriedade de terceiro, encerra sua atividade com a devolução, ao encomendante, do produto beneficiado." (REsp 888.852/ES, Rel. Min. Luiz Fux, Primeira Turma, julgado em 4.11.2008 Dje de 1º.12/2008)
> Agravo regimental parcialmente provido, apenas para reconhecer a tempestividade do recurso especial[51].

Neste panorama, passou-se a verificar uma flagrante contrariedade de entendimentos das Cortes Superiores.

O Superior Tribunal de Justiça deu nascimento de inúmeros precedentes que desconsideram a situação do produto industrializado compor etapa intermediária de futuro processo de industrialização ou comercialização[52]. Por outro lado, o Supremo Tribunal Federal vem reconhecendo como ilegítima a incidência de ISSQN sobre a fabricação por encomenda de embalagens e etiquetas destinadas à integração direta em posterior processo de industrialização ou comercialização.

Tomando como referência o entendimento do STF – tratando-se de matéria constitucional – somente haverá incidência do ISSQN na operação de industrialização de embalagens e etiquetas sob encomenda em que o produto seja destinado para uso próprio da empresa contratante (consumidora final). No caso de o produto industrializado ser utilizado em processo de industrialização ou circulação de mercadoria haveria a incidência do ICMS e IPI.

Diante da polêmica gerada e com o fim de unificar o entendimento de todos os produtos sujeito à industrialização por encomenda, em 21/05/2015, o Supremo Tribunal Federal reconheceu a repercussão geral no RE 882461/MG. Este recurso envolve a disputa relativa à incidência do ISSQN em atividade de industrialização integrante do processo do aço, realizada em materiais fornecidos pelo contratante, quando a operação configura etapa intermediária do ciclo produtivo da mercadoria:

> EMENTA: RECURSO EXTRAORDINÁRIO. TRIBUTÁRIO. ISSQN. INCIDÊNCIA. INDUSTRIALIZAÇÃO POR ENCOMENDA. SUBITEM 14.5 DA LISTA ANEXA À LEI COMPLEMENTAR Nº 116/2003. MULTA FISCAL MORATÓRIA. LIMITES. VEDAÇÃO AO EFEITO CONFISCATÓRIO. MATÉRIA CONSTITUCIONAL. QUESTÕES RELEVANTES DOS PONTOS DE VISTA ECONÔMICO E JURÍDICO. TRANSCENDÊNCIA DE INTERESSES. REPERCUSSÃO GERAL RECONHECIDA. (RE 882461 RG, Relator(a): Min. LUIZ FUX, julgado em 21/05/2015, PROCESSO ELETRÔNICO DJe-112 DIVULG 11-06-2015 PUBLIC 12-06-2015)

Ocorre que após toda esta celeuma jurídica, a Lei complementar 157 foi publicada e promoveu algumas alterações nas normas gerais do ISSQN (LC 116), sendo que uma delas foi a alteração o item 13.05 da lista anexa, passando a constar o seguinte texto:

---

51. STJ. AgRg no AREsp 328.624/ES, Rel. Ministro HUMBERTO MARTINS, SEGUNDA TURMA, julgado em 17/09/2013, DJe 25/09/2013.

52. STJ.AgRg no REsp 1323284/RS, Rel. Ministro OG FERNANDES, SEGUNDA TURMA, julgado em 19/08/2014; AgRg no AREsp 330.870/SC, Rel. Ministro HERMAN BENJAMIN, SEGUNDA TURMA, julgado em 17/12/2013.

> 13.05 – Composição gráfica, inclusive confecção de impressos gráficos, fotocomposição, clicheria, zincografia, litografia e fotolitografia, exceto se destinados a posterior operação de comercialização ou industrialização, ainda que incorporados, de qualquer forma, a outra mercadoria que deva ser objeto de posterior circulação, tais como bulas, rótulos, etiquetas, caixas, cartuchos, embalagens e manuais técnicos e de instrução, quando ficarão sujeitos ao ICMS.

Deste modo, o legislador complementar resolveu positivar o entendimento do Supremo Tribunal Federal, o que parece acabar com este conflito de posicionamentos jurisprudenciais.

Composição gráfica após LC 157/2016

"Nesses termos, a partir da LC 157/2016, se os produtos dos serviços de composição gráfica, impressos, fotocomposição, clicheria, zincografia, litografia e fotolitografia forem destinados a posterior comercialização ou industrialização, estarão sujeitos ao ICMS" (BERGAMINI, Adolpho. Curso de ISS. São Paulo: Editora Revista dos Tribunais, 2017, pag. 98).

Em linhas gerais, a jurisprudência do STJ, vem se manifestando no sentido de que quando houver o desenvolvimento de operações mistas, deve ser verificado a atividade desenvolvida pela empresa, a fim de definir o imposto a ser recolhido. Sendo que se a atividade desenvolvida estiver sujeita à lista do ISSQN, o imposto a ser pago é o ISSNQ, inclusive sobre as mercadorias envolvidas, com a exclusão do ICMS sobre elas, a não ser que conste expressamente da lista a exceção.

Por exemplo, realizando-se uma interpretação extensiva da legislação de regência verifica-se que o serviço de montagem de pneus encontra-se inserido dentro do item 14.01 da lista anexa à Lei Complementar 116/2003, por se enquadrar dentro do item manutenção e conservação de veículos, de modo que não há que se falar em incidência do ICMS:

> TRIBUTÁRIO. POSSIBILIDADE DE INCIDÊNCIA DO ICMS OU DO ISSQN SOBRE O SERVIÇO DE SUBSTUTUIÇÃO/TROCA DE PNEUS. ATIVIDADE MISTA.
>
> INTERPRETAÇÃO EXTENSIVA. PREVISÃO NA LISTA ANEXA DA LEI COMPLEMENTAR 116/2003, ITEM 14.01. INCIDÊNCIA DO ISS.
>
> 1. O Superior Tribunal de Justiça manifestou-se no sentido da necessidade de verificação da atividade da empresa no caso de operações mistas para a definição do imposto a ser recolhido. "Se a atividade desenvolvida estiver sujeita à lista do ISSQN, o imposto a ser pago é o ISSNQ, inclusive sobre as mercadorias envolvidas, com a exclusão do ICMS sobre elas, a não ser que conste expressamente da lista a exceção" (EDcl no AgRg no AgRg no REsp 1.168.488/ SP, Rel.
>
> Min. Humberto Martins, Segunda Turma, DJe 21/6/2010). 2. Nesse contexto, na presente hipótese, a execução de serviços de troca/substituição dos pneus vendidos pela recorrente, apesar de não encontrar previsão expressa no item 14.01 da Lista Anexa à LC 116/03, dela deve constar por força de interpretação extensiva, pois o serviço de montagem de pneus é correlato à atividade de manutenção e conservação de veículos. Precedente: REsp 1.307.824/SP, Rel.

> Ministro Mauro Campbell Marques, Segunda Turma, julgado em 27/10/2015, DJe 9/11/2015.
>
> 3. Recurso Especial provido.
>
> (REsp 1680712/SP, Rel. Ministro HERMAN BENJAMIN, SEGUNDA TURMA, julgado em 21/09/2017, DJe 09/10/2017)

1.1.8. Aplicação da imunidade de jornais e periódicos

A imunidade tributária sobre jornais está prevista no art. 150 da Carta da República:

> Art. 150. Sem prejuízo de outras garantias asseguradas ao contribuinte, é vedado à União, aos Estados, ao Distrito Federal e aos Municípios: (...)
>
> VI - instituir impostos sobre: (Vide Emenda Constitucional nº 3, de 1993) (...)
>
> d) livros, jornais, periódicos e o papel destinado a sua impressão.

O Supremo Tribunal Federal possui entendimento antigo, mas ainda aplicável, acerca da extensão da imunidade sobre a publicação de anúncios e publicidade em jornais:

> RE 91662 / SP - Relator(a): Min. DECIO MIRANDA - Julgamento: 04/11/1980 - Órgão Julgador: SEGUNDA TURMA - Publicação: DJ 28-11-1980 PG-10102 EMENT VOL-01194-04 PG-00969 RTJ VOL-00098-03 PG-00802 - EMENTA. TRIBUTÁRIO. IMPOSTO SOBRE SERVIÇOS. Não incide sobre anúncios e publicidade em jornal. Precedente: RE 87.049, Pleno de 13.04.78, RTJ 87/608.

Por outro lado, o Supremo Tribunal Federal já decidiu ser inaplicável a imunidade aos serviços de distribuição de encartes de propaganda de terceiros por jornais e periódicos (AI 368077). Quando houve capas duras auto encadernáveis utilizadas na distribuição de obras para o fim de incrementar a venda de jornais (RE 325334), e aos encartes de propaganda distribuídos com jornais e periódicos (RE 213094), não haverá a aplicação da imunidade tributária.

Observe o entendimento da Suprema Corte:

> EMENTA: TRIBUTÁRIO. ENCARTES DE PROPAGANDA DISTRIBUÍDOS COM JORNAIS E PERIÓDICOS. ISS. ART. 150, VI, d, DA CONSTITUIÇÃO. Veículo publicitário que, em face de sua natureza propagandística, de exclusiva índole comercial, não pode ser considerado como destinado à cultura e à educação, razão pela qual não está abrangido pela imunidade de impostos prevista no dispositivo constitucional sob referência, a qual, ademais, não se estenderia, de qualquer forma, às empresas por eles responsáveis, no que concerne à renda bruta auferida pelo serviço prestado e ao lucro líquido obtido. Recurso não conhecido. (RE 213094, Relator(a): Min. ILMAR GALVÃO, Primeira Turma, julgado em 22/06/1999, DJ 15-10-1999 PP-00023 EMENT VOL-01967-03 PP-00446 RTJ VOL-00171-01 PP-00336)

A razão disso é porque, em tais situações, fica evidente que o veículo publicitário não pode ser considerado como destinado à cultura e à educação, mas sim, como uma prestação de serviço de publicidade comercial.

Outro entendimento interessante do Supremo Tribunal Federal a respeito desta espécie de imunidade tributária segue no sentido de que as prestadoras de serviços de composição gráfica não serão beneficiadas:

> As prestadoras de serviços de composição gráfica, que realizam serviços por encomenda de empresas jornalísticas ou editoras de livros, não estão abrangidas pela imunidade tributária prevista no art. 150, VI, d, da CF. Frisou que, no ponto, os serviços de composição gráfica realizados por empresas contratadas para realizar esses trabalhos, seriam meros prestadores de serviço e, por isso, a eles não se aplicaria a imunidade tributária. Vencido o Ministro Eros Grau, que dava provimento ao recurso. RE 434826 AgR/MG, rel. orig. Min. Cezar Peluso, red. p/ o acórdão Min. Celso de Mello, 19.11.2013. (RE-434826)

Este entendimento diz que incidirá normalmente o ISSQN sobre as prestações indiretas de serviços de gráfica sob encomenda de livros, periódicos e jornais, não estando abrangidas pela imunidade do art. 150, VI, "d", da Constituição Federal.

Ademais, não será possível esquecer a virada paradigmática do Supremo Tribunal Federal, que passou a reconhecer a imunidade tributária dos chamados livros eletrônicos e suportes:

> EMENTA Recurso extraordinário. Repercussão geral. Tributário. Imunidade objetiva constante do art. 150, VI, d, da CF/88. Teleologia multifacetada. Aplicabilidade. Livro eletrônico ou digital. Suportes. Interpretação evolutiva. Avanços tecnológicos, sociais e culturais. Projeção. Aparelhos leitores de livros eletrônicos (ou e-readers). 1. A teleologia da imunidade contida no art. 150, VI, d, da Constituição, aponta para a proteção de valores, princípios e ideias de elevada importância, tais como a liberdade de expressão, voltada à democratização e à difusão da cultura; a formação cultural do povo indene de manipulações; a neutralidade, de modo a não fazer distinção entre grupos economicamente fortes e fracos, entre grupos políticos etc.; a liberdade de informar e de ser informado; o barateamento do custo de produção dos livros, jornais e periódicos, de modo a facilitar e estimular a divulgação de ideias, conhecimentos e informações etc. Ao se invocar a interpretação finalística, se o livro não constituir veículo de ideias, de transmissão de pensamentos, ainda que formalmente possa ser considerado como tal, será descabida a aplicação da imunidade. 2. A imunidade dos livros, jornais e periódicos e do papel destinado a sua impressão não deve ser interpretada em seus extremos, sob pena de se subtrair da salvaguarda toda a racionalidade que inspira seu alcance prático, ou de transformar a imunidade em subjetiva, na medida em que acabaria por desonerar de todo a pessoa do contribuinte, numa imunidade a que a Constituição atribui desenganada feição objetiva. A delimitação negativa da competência tributária apenas abrange os impostos incidentes sobre materialidades próprias das operações com livros, jornais, periódicos e com o papel destinado a sua impressão. 3. A interpretação das imunidades tributárias deve se projetar no futuro e levar em conta os novos fenômenos sociais, culturais e tecnológicos. Com isso, evita-se o esvaziamento das normas imunizantes por mero lapso temporal, além de se propiciar a constante atualização do alcance de seus preceitos. 4. O art. 150, VI, d, da Constituição não se refere apenas ao método gutenberguiano de produção de livros, jornais e periódicos. O vocábulo "papel" não é, do mesmo modo, essencial ao conceito desses bens finais. O suporte das publicações é apenas o continente (corpus mechanicum) que

> abrange o conteúdo (corpus misticum) das obras. O corpo mecânico não é o essencial ou o condicionante para o gozo da imunidade, pois a variedade de tipos de suporte (tangível ou intangível) que um livro pode ter aponta para a direção de que ele só pode ser considerado como elemento acidental no conceito de livro. A imunidade de que trata o art. 150, VI, d, da Constituição, portanto, alcança o livro digital (e-book). 5. É dispensável para o enquadramento do livro na imunidade em questão que seu destinatário (consumidor) tenha necessariamente que passar sua visão pelo texto e decifrar os signos da escrita. Quero dizer que a imunidade alcança o denominado "audio book", ou audiolivro (livros gravados em áudio, seja no suporte CD-Rom, seja em qualquer outro). 6. A teleologia da regra de imunidade igualmente alcança os aparelhos leitores de livros eletrônicos (ou e-readers) confeccionados exclusivamente para esse fim, ainda que, eventualmente, estejam equipados com funcionalidades acessórias ou rudimentares que auxiliam a leitura digital, tais como dicionário de sinônimos, marcadores, escolha do tipo e do tamanho da fonte etc. Esse entendimento não é aplicável aos aparelhos multifuncionais, como tablets, smartphone e laptops, os quais vão muito além de meros equipamentos utilizados para a leitura de livros digitais. 7. O CD-Rom é apenas um corpo mecânico ou suporte. Aquilo que está nele fixado (seu conteúdo textual) é o livro. Tanto o suporte (o CD-Rom) quanto o livro (conteúdo) estão abarcados pela imunidade da alínea d do inciso VI do art. 150 da Constituição Federal. 8. Recurso extraordinário a que se nega provimento. TESE DA REPERCUSSÃO GERAL: 9. Em relação ao tema nº 593 da Gestão por Temas da Repercussão Geral do portal do STF na internet, foi aprovada a seguinte tese: "A imunidade tributária constante do art. 150, VI, d, da CF/88 aplica-se ao livro eletrônico (e-book), inclusive aos suportes exclusivamente utilizados para fixá-lo." (RE 330817, Relator(a): Min. DIAS TOFFOLI, Tribunal Pleno, julgado em 08/03/2017, ACÓRDÃO ELETRÔNICO REPERCUSSÃO GERAL - MÉRITO DJe-195 DIVULG 30-08-2017 PUBLIC 31-08-2017)

Outro assunto que deve ser tratado neste momento é a respeito da mídia eletrônica. Tradicionalmente, o mercado promovia sua divulgação de propaganda e publicidade na TV, rádio e *outdoors*. Com o surgimento de novas tecnologias, o direito tributário foi impactado, uma vez que precisa regulamentar a tributação destas múltiplas ferramentas de divulgação de mensagens publicitárias.

Nesse novo contexto digital, é possível perceber a existência de anúncios, através de post e links patrocinados em redes sociais, banners expostos em sites. Embora existisse uma discussão doutrinária a bastante tempo, foi com o crescimento da economia digital, especialmente do marketing em canais eletrônicos, que se intensificaram os conflitos entre estados e municípios para alcançar as receitas resultantes da divulgação da propaganda digital.

Foi a Lei Complementar 157/16, ao incluir o item 17.25 na lista anexa à LC 116, que autorizou os entes municipais a tributar a "*inserção de textos, desenhos e outros materiais de propaganda e publicidade, em qualquer meio (exceto em livros jornais, periódicos e nas modalidades de radiofusão sonoro e de sons e imagens de recepção livre e gratuita*)". Neste caso, a legislação complementar determinou que o fornecedor de serviços relacionados à atividade de publicidade e propaganda ficará sujeito ao ISSQN, conforme decidiu o Superior Tribunal de Justiça:

> O ICMS não incide sobre o serviço de inserção de publicidade e veiculação de propaganda em sites da internet. A esse respeito, o Supremo Tribunal Federal, no julgamento da ADI 6034/RJ, firmou o entendimento segundo o qual "é constitucional o subitem 17.25 da lista anexa à LC n. 116/2003, incluído pela LC n. 157/2016, no que propicia a incidência do ISS, afastando a do ICMS, sobre a prestação de serviço de inserção de textos, desenhos e outros materiais de propaganda e publicidade em qualquer meio (exceto em livros, jornais, periódicos e nas modalidades de serviços de radiodifusão sonora e de sons e imagens de recepção livre e gratuita)". (ADI 6034, Relator Dias Toffoli, Tribunal Pleno, julgado em 09/03/2022, DJe 21/03/2022). AREsp 1.598.445-SP, Rel. Min. Gurgel de Faria, Primeira Turma, por unanimidade, julgado em 23/08/2022.

Desta forma, para possibilitar a tributação, os municípios precisam atualizar suas leis para incluir esta nova hipótese de incidência, observando os princípios da anterioridade e também a noventena.

1.1.9. Locação de bens móveis

A questão de locação de bens móveis é um dos temas que tem sido mais questionado na seara de concursos públicos e prática tributária.

No que se refere a diferenciação da obrigação de "fazer" e de "dar", o Supremo Tribunal Federal, em análise sobre a atividade de locação de bens móveis, definiu que se tratava de uma obrigação de dar, afastando a incidência de ISSQN. Tempos depois, a Suprema Corte pacificou esse mesmo entendimento, através da edição da Súmula Vinculante n. 31:

> Súmula Vinculante 31: "É inconstitucional a incidência do imposto sobre serviços de qualquer natureza – ISS sobre operações de locação de bens móveis."

Grosso modo, temos a diferenciação entre locação se serviço no seguinte sentido:

Serviço	**Locação**
Negócio jurídico onde alguém se obrigue a prestar atividade em favor de outrem, mediante remuneração, e que consista em criar situação nova, até então inexistente.	Na locação de coisas, uma das partes se obriga a ceder à outra, por tempo determinado ou não, o uso e gozo de coisa não fungível, mediante certa retribuição.

A incidência do ISSQN está restrita a prestação de serviço que possua autonomia em relação a outras etapas da atividade, por isso não se permite a tributação da chamada "atividade-meio". É o que ocorre, por exemplo, com a venda de ar condicionado, cuja comercialização da mercadoria inclui, muitas vezes, a sua instalação (atividade meio). Quando a prestação de serviço for apenas parte integrante (acessória) da relação jurídica de venda, será ela considerada como atividade-meio, o que consequentemente afastará a incidência do tributo municipal.

Nestes termos é o entendimento do Superior Tribunal de Justiça:

> TRIBUTÁRIO. ISSQN. FATO GERADOR. SERVIÇO DE TRANSPORTE DE VALORES. COBRANÇA DE PREÇO ÚNICO, NELE INCLUÍDOS OS SERVIÇOS AUXILIARES INDISPENSÁVEIS À CONSECUÇÃO DA ATIVIDADE FIM. BASE DE CÁLCULO: PREÇO COBRADO PELA TOTALIDADE DO SERVIÇO. (STJ REsp 901.298/RS, Rel. Ministro TEORI ALBINO ZAVASCKI, PRIMEIRA TURMA, julgado em 21/10/2008, Dje 03/11/2008)

Também se deve tomar o cuidado a respeito do entendimento do STF, através do qual ficou delimitada a situação em que haja a combinação de locação de bens móveis junto com a prestação de serviço, sendo que o ISSQN incide somente sobre o segundo:

> A Súmula Vinculante 31 não exonera a prestação de serviços concomitante à locação de bens móveis do pagamento do ISS. 2. Se houver ao mesmo tempo locação de bem móvel e prestação de serviços, o ISS incide sobre o segundo fato, sem atingir o primeiro. (STF, Segunda Turma, ARE 656.709 AgR, Rel. Min. Joaquim Barbosa, DJe 08/03/2012).

Não se pode confundir locação de bens móveis, com cessão de direitos, este último passível de tributação pelo ISSQN, segundo entendimento do Supremo Tribunal Federal:

> Essas circunstâncias afastam a incidência da súmula vinculante 31 sobre o caso, uma vez que a cessão do direito de uso de marca não pode ser considerada locação de bem móvel, mas serviço autônomo especificamente previsto na Lei Complementar 116/2003." (STF, Segunda Turma, Rcl 8.623 AgR, Rel. Min. Gilmar Mendes, DJe 10/03/2012).

Portanto, para confirmação da incidência do ISSQN deve haver um perfeito enquadramento do fato concreto na definição de prestação do serviço, dentro dos parâmetros acima trabalhados.

1.1.10. Serviços relativos a fonografia, fotografia, cinematografia e reprografia

Após a aprovação da Emenda Constitucional n. 75, publicada no DOU de 16/10/13, passou a existir nova modalidade de imunidade no art. 150 da constituição Federal:

> "Art. 150. Sem prejuízo de outras garantias asseguradas ao contribuinte, é vedado à União, aos Estados, ao Distrito Federal e aos Municípios:
>
> (...)
>
> e) fonogramas e videofonogramas musicais produzidos no Brasil contendo obras musicais ou literomusicais de autores brasileiros e/ou obras em geral interpretadas por artistas brasileiros bem como os suportes materiais ou arquivos digitais que os contenham, salvo na etapa de replicação industrial de mídias ópticas de leitura a laser. (Incluída pela EC nº 75)

Esta situação vai repercutir na impossibilidade de tributação pelo ISSQN das atividades que envolvam serviços de fonogramas e videofonogramas musicais produzidos no Brasil contendo obras musicais ou literomusicais de autores brasileiros e/ou obras em geral interpretadas por artistas brasileiros bem como os suportes materiais ou arquivos digitais que os contenham. A exceção seria no caso da replicação industrial de mídias ópticas de leitura a laser, ou seja, o processo industrial de multiplicação da matriz do CD ou DVD em cópias idênticas.

Desta forma, o Município está impedido de cobrar o ISSQN sobre os serviços que envolvam a gravação de música ou obras em geral, de som ou imagem e som interpretadas por artistas brasileiros. Neste caso, a imunidade analisada vai atingir produção de CDs e DVDs no que se refere à fonografia ou gravação de sons, inclusive trucagem, dublagem, mixagem e congêneres. (itens 13.02 e 13.03).

1.1.11. Serviços de transporte de natureza municipal

Neste item, é comum encontrar questões que testam o conhecimento acerca da incidência de ISSQN sobre a prestação de serviços de transporte. Cabe notar que o imposto não incide sobre qualquer transporte, mas somente no transporte municipal, sendo que nos demais casos incidirá o ICMS.

A Lei Complementar 157 alterou a lista anexa da LC 116, aumentando o rol da atividade:

> 16.01 – Serviços de transporte coletivo municipal rodoviário, metroviário, ferroviário e aquaviário de passageiros.
>
> 16.02 – Outros serviços de transporte de natureza municipal

Entendimento do Superior Tribunal de Justiça é de que a base de cálculo do ISSQN é o preço efetivamente pago pelo usuário:

> A base de cálculo do ISS incidente sobre a prestação de serviço de transporte coletivo de passageiros é o preço efetivamente pago pelo usuário no ato da compra e venda dos bilhetes (seja vale-transporte ou passagem escolar), não o vigente no momento posterior em que se dá a efetiva prestação. Assim, mostra-se indevido o recolhimento do tributo sobre a diferença verificada quando da majoração da tarifa de transporte ocorrida entre a compra do bilhete antecipado e a efetiva prestação do serviço, pois o momento da incidência do fato gerador é o da compra das passagens. (STJ. AgRg no AREsp 112.288-RS, Rel. Min. Benedito Gonçalves, julgado em 20/9/2012).

Convém lembrar também que, a base de cálculo e o aspecto temporal do imposto são fixados no momento em que o preço é pago pelo usuário, e não da prestação propriamente dita.

1.1.12. Serviços compartilhados (cost sharing)

Neste ponto muito tem se debatido a respeito da incidência de ISSQN sobre serviços compartilhados (*cost sharing*), entendidos como aqueles em que "o objetivo da adoção de centros de custos ou serviços compartilhados é o de obter redução de gastos e economias de escala, através da padronização de procedimentos com a melhoria de controle de demais benefícios decorrentes da especialização de funções"[53]. O objetivo do denominado *cost sharing* é a criação de centro de serviços compartilhados para a concentração de atividades de suporte de empresas integrantes de um grupo econômico, como serviços financeiros, recrutamento, jurídicos, etc. Em outras palavras, seria o caso de uma empresa ficar responsável pela prática de atividade em prol das demais integrantes do grupo.

Temos pouca produção doutrinária e raríssimas decisões judiciais ainda sobre o assunto o que dificulta em se definir um entendimento majoritário ou consolidado. Mas é possível, dentre a doutrina existente, apontar que há uma inclinação em prevalecer um entendimento de não identificar a prestação de serviço como natureza jurídica desta espécie de negócio:

> Conforme já afirmado alhures, o contrato celebrado entre empresas de um mesmo grupo com a finalidade de ratear despesas entre si não configura prestação de serviços, afinal, o que se busca não é uma remuneração ou margem de lucro a partir dessa atividade, mas sim uma organização empresarial com vistas à maximização de resultados propiciado pela redução da estrutura administrativa do grupo econômico[54]

Neste caso, embora as sociedades agrupadas mantenham distintas personalidades jurídicas, prevalecerá os serviços em regime de colaboração entre elas, restando dúvida quanto à incidência do ISS em relação a atividades desenvolvidas por uma em benefício da outra, conforme adverte o professor Marcelo Caron Baptista[55]. Trata-se de um contrato atípico em que duas ou mais pessoas jurídicas dividem custos e despesas de interesse comum, como por exemplo, pessoal técnico de informática, recursos humanos, equipamentos, etc. Se por um lado, para o direito do trabalho é plenamente aceitável que um mesmo empregado exerça atividades para diversas empresas do grupo, sem caracterização de mais de um contrato de trabalho, para o direito do tributário, especialmente no que tange ao ISSQN, é uma relação jurídica ainda pouco explorada no âmbito jurisprudencial.

O fisco federal já se deparou com algumas situações similares, onde o Conselho Administrativo de Recursos Fiscais - CARF – através do Acórdão nº 2401-004.672 – julgou um Auto de Infração lavrado pela Receita Federal em que houve o compartilhamento de despesas no pagamento de contribuição previdenciária. Ao final, o CARF acolheu a defesa do contribuinte, reconhecendo que os empregados que prestaram os serviços administrativos tinham contrato de trabalho com outra empresa do grupo, a qual, por sua vez, recolheu todos os encargos e contribuições devidos.

Ademais, na Solução de Divergência COSIT no 23/2013 se definiu que "é possível a concentração, em uma única empresa, do controle dos gastos referentes

---

53 GALHARDO, Luciana Rosanova. Rateio de despesas no direito tributário. São Paulo: Quartier Latin, 2004, p. 24.

54 BERGAMINI, Adolpho. Curso de ISS. São Paulo: Editora Revista dos Tribunais, 2017, p. 165.

55 BAPTISTA, Marcelo Caron. A norma tributária do Imposto sobre Serviços – ISS ênfase no consequente normativo. In. Curso de direito Tributário e Finanças Públicas. Eurico Marcos Diniz de Santi (org.), São Paulo: Saraiva, 2008, p. 1050.

a departamentos de apoio administrativo centralizados, para posterior rateio dos custos e despesas administrativos comuns entre empresas que não a mantenedora da estrutura administrativa concentrada".

A partir da Solução de Divergência COSIT nº 23/2013 assim ficou delimitado:

> Com efeito, é peculiar ao gerenciamento concentrado de despesas que uma entidade pertencente ao grupo econômico, normalmente e a matriz, assuma inicialmente os custos e despesas necessários para operacionalização da sistemática. Tais dispêndios são de responsabilidade de todas as unidades que usufruam dos bens e serviços consumidos. O fato de a unidade centralizadora dos custos e despesas receber das unidades descentralizadas as importâncias que inicialmente suportou, em benefício destas, não configura receita, mas simplesmente reembolso dos valores adiantados.

Contudo, para que isto se viabilize é necessário atender alguns requisitos:

> I – as despesas devem comprovadamente corresponder a bens e serviços efetivamente pagos e recebidos.
>
> II – as despesas devem ser necessárias, usuais e normais nas atividades das empresas.
>
> III – o rateio deve se dar mediante critérios razoáveis e objetivos, previamente ajustados, devidamente formalizados por contrato entre as empresas.
>
> IV – o critério de rateio deve ser consistente com o efetivo gasto de cada empresa e com o preço global pago pelos bens e serviços, em observância aos princípios gerais de Contabilidade.
>
> V – a empresa centralizadora da operação de aquisição de bens e serviços apropriar como despesa tão-somente a parcela que lhe couber segundo o critério de rateio.
>
> VI – seja mantida escrituração destacada de todos os atos diretamente relacionados com o rateio das despesas administrativas.

Quanto ao ISSQN, é possível identificar decisão do Conselho Municipal de Tributos – CMT de São Paulo, onde se julgou que o rateio de despesas não configura hipótese de incidência do ISS, desde que devidamente comprovado:

> ISS. CONTRATO DE RATEIO DE DESPESAS. NECESSIDADE DE COMPROVAÇÃO DOCUMENTAL DO CONTRATO DE RATEIO DE DESPESAS, DA FORMA DE COMPARTILHAMENTO E DA NATUREZA DAS DESPESAS QUE TERIAM SIDO RATEADAS. AUSÊNCIA DE PROVAS. AIIM MANTIDOS. O lançamento tributário, dotado de presunção de legitimidade, apenas poderá ser afastado no processo administrativo tributário quando o contribuinte reunir provas bastantes, em conformidade com a sua alegação. O rateio de despesas somente é hábil para afastar extraordinariamente a incidência do Imposto Sobre Serviços de Qualquer Natureza se houver relevante suporte documental, ficando caracterizada a prestação de serviços na sua ausência ou fragilidade" (Recurso 2010-0.052.670-0, 1ª Câmara Julgadora).

Posicionamento parecido com o entendimento da Fazenda Pública de Belo Horizonte:

"Ementa: ISSQN – Centralização dos serviços administrativos e rateio dos custos por empresas integrantes de um mesmo grupo econômico – Não incidência do imposto. Em reformulação de consulta verifica-se que os valores repassados à pessoa jurídica líder, pelas demais pessoas jurídicas do mesmo grupo econômico, a título de rateio das despesas incorridas por ela, responsável pelo desembolso financeiro inicial em razão das atividades administrativas de funcionamento e manutenção realizadas pelo Centro de Custos não constitui prestação de serviço tributável pelo ISSQN. (Pedido de reformulação de consulta n. 006/2014 – Prefeitura Municipal de Belo Horizonte)"

Desta forma, ainda que ausente de um posicionamento dos Tribunais Superiores, tem-se que há fortes elementos para que o sistema de compartilhamento aqui relatado, tendo apoio de documentação, não estará sujeito à incidência do ISSQN.

1.1.13. Atividades de apostas e loterias

Através do julgamento de ADPFs 492, 493 e ADI 4986, o Supremo Tribunal Federal decidiu que a União não tem exclusividade para explorar os serviços de apostas e loterias. Por unanimidade de votos, os ministros entenderam que os estados e municípios, apesar de não possuírem competência de legislar sobre a matéria, podem explorar as modalidades lotéricas. Neste sentido, a Corte Constitucional, ao apreciar a Ação Direta de Inconstitucionalidade 4986, fixou a constitucionalidade da legislação de Mato Grosso que permite a Lemat explorar, direta ou indiretamente, as mesmas modalidades lotéricas da União e que o resultado econômico será destinado ao financiamento do Fundo Estadual de Assistência Social e do Fundo de Desenvolvimento Desportivo do Estado de Mato Grosso.

Ao orientar o entendimento unânime do STF, o relator das ações, ministro Gilmar Mendes, ressaltou que a exploração de loterias tem natureza de serviço público e que a legislação federal não pode impor a qualquer ente federativo restrição à exploração de serviço público para além daquela já prevista no texto constitucional.

Além da quebra do monopólio da União na exploração dos jogos de apostas e loterias, ainda o Supremo Tribunal presenteou os entes municipais com a declaração de constitucionalidade da incidência do ISSQN sobre as apostas.

A Suprema Corte, por maioria, apreciando o **tema 700 da repercussão geral (RE 634.764)**, deu parcial provimento ao recurso extraordinário, fixando a seguinte tese: "*É constitucional a incidência de ISS sobre serviços de distribuição e venda de bilhetes e demais produtos de loteria, bingos, cartões, pules ou cupons de apostas, sorteios e prêmios (item 19 da Lista de Serviços Anexa à Lei Complementar 116/2003). Nesta situação, a base de cálculo do ISS é o valor a ser remunerado pela prestação do serviço, independentemente da cobrança de ingresso, não podendo corresponder ao valor total da aposta*".

Para a maioria dos ministros, a distribuição e venda de bilhetes de bingos e apostas representam a clássica definição de serviços, não fugindo da regra matriz de incidência deste tributo municipal.

1.1.14. Serviço de compartilhamento de infraestrutura

Muito tem se discutido a respeito da natureza jurídica dos contratos de compartilhamento de infraestrutura, especialmente nos setores de energia e telecomunicações, uma vez que correspondem a relações jurídicas complexas, que envolvem a locação e sublocação, o arrendamento, a cessão de direito de passagem ou permissão de uso e, ainda, podem envolver outras obrigações.

É comum a existência de compartilhamento de estruturas fixas, como ferrovias, rodovias, postes, cabos, dutos e condutos, a fim de que tais estruturas possam ser utilizadas como meio para outros serviços. O Supremo Tribunal Federal, no julgamento da ADI 3142, interpretou o subitem 3.04 da lista anexa à Lei Complementar 116/2003, com a finalidade de admitir a cobrança do ISS em casos que não sejam possíveis um claro encaixe numa obrigação de fazer:

> *O art. 3º, § 1º, da LC nº 116/03 não viola os princípios da proporcionalidade e da razoabilidade. Ele estabelece que se considera ocorrido o fato gerador e devido o imposto em cada município em cujo território haja extensão de ferrovia, rodovia, postes, cabos, dutos e condutos de qualquer natureza, objetos de locação, sublocação, arrendamento, direito de passagem ou permissão de uso, compartilhado ou não. Existência de unidade econômica, para fins de tributação, em cada uma dessas urbes, ainda que o sujeito passivo não tenha nelas instalado unidade de gerenciamento de atividades, filial ou mesmo infraestrutura operacional para calcular ou pagar o imposto. Ação direta de inconstitucionalidade julgada parcialmente procedente, conferindo-se interpretação conforme à Constituição Federal ao subitem 3.04 da lista anexa à LC nº 116/03, a fim de se admitir a cobrança do ISS nos casos em que as situações nele descritas integrem relação mista ou complexa em que não seja possível claramente segmentá-las de uma obrigação de fazer, seja no que diz com o seu objeto, seja no que concerne ao valor específico da contrapartida financeira.*
>
> *(ADI 3142, Relator(a): DIAS TOFFOLI, Tribunal Pleno, julgado em 05/08/2020, PROCESSO ELETRÔNICO DJe-243 DIVULG 05-10-2020 PUBLIC 06-10-2020 REPUBLICAÇÃO: DJe-246 DIVULG 08-10-2020 PUBLIC 09-10-2020)*

As premissas do julgamento da Suprema Corte ficaram claras para avaliação acerca da incidência do ISSQN sobre as atividades previstas no subitem 3.04, embora em muitos casos, em razão da complexidade da relação jurídica, seja difícil de identificar as obrigações de fazer. Percebe-se que na própria definição do Supremo Tribunal Federal, a contratação pode ser interpretada como obrigações "mistas ou complexas". Assim, permitiu-se a tributação da locação, sublocação, arrendamento, direito de passagem ou permissão de uso, compartilhado ou não, de ferrovia, rodovia, postes, cabos, dutos e condutos de qualquer natureza, desde que atreladas a uma obrigação de fazer e que não seja possível dissociá-las.

Desta forma, as atividades descritas no subitem 3.04 são passíveis de incidência do ISSQN, especialmente diante das relações denominadas "mistas ou complexas", assim entendidas como aquelas em que estão atreladas obrigações de dar e de fazer, bem como diante de situações em que não seja possível a segregação dessas obrigações, tanto no que diz respeito ao seu objeto como no tocante à contraprestação financeira.

2. ASPECTO TEMPORAL

O aspecto temporal é o momento num dado processo cronológico em que se identifica o nascimento da obrigação tributária. O artigo 116 do Código Tributário Nacional impede a exigência do tributo antes da ocorrência efetiva do fato tributário, na medida em que condiciona sua ocorrência a duas situações: material ou jurídica.

> Art. 116. Salvo disposição de lei em contrário, considera-se ocorrido o fato gerador e existentes os seus efeitos:
>
> I – tratando-se de situação de fato, desde o momento em que o se verifiquem as circunstâncias materiais necessárias a que produza os efeitos que normalmente lhe são próprios;
>
> II – tratando-se de situação jurídica, desde o momento em que esteja definitivamente constituída, nos termos de direito aplicável.

No primeiro caso, considera-se concretizado o fato gerador desde o momento em que o se verifiquem as circunstâncias materiais necessárias a que produza os efeitos que normalmente lhe são próprios. E no segundo, desde o momento em que esteja definitivamente constituída, nos termos de direito aplicável.

Para Aires F. Barreto, serviço, embora se origine de um negócio jurídico, é considerado como um fato, autorizando a exigência do tributo a partir das condições materiais que lhe são próprios:

> O que releva considerar não é a causa jurídica, mas a atividade material em que consiste o serviço. Serviço é fato, nada obstante sua compreensão possa ser iluminada pelo contrato. Só há prestação de serviço tributável dentro de um contexto contratual.

Considerando o "serviço" como um fato material, acompanha-se entendimento de Marçal Justen Filho, quando afirma que "(...) *se o aspecto material é a prestação de serviço, o aspecto temporal só pode ser um único: o momento em que há prestação de serviço*"[56].

Não se pode confundir o aspecto temporal com o momento da assinatura do contrato ou demais atos preparatórios, pois se estaria tributando uma expectativa ao atendimento à hipótese de incidência. Assim o entendimento do Supremo Tribunal Federal é de que o aspecto temporal ocorre no momento da efetiva prestação do serviço:

> "Não é o momento da celebração do contrato que conta para a incidência, mas o da prestação dos serviços ao dono da obra." (STF – Ag. Reg. Bem. Decl. AI 84.008/DF – Rel. Min. Décio Miranda – 2ª T. j. 11.12.81)

Isso mostra que a legislação tributária não permite a incidência do ISSQN antes da ocorrência de seu fato gerador, sendo que todas as leis locais que prevejam

---

56. JUSTEN FILHO, Marçal. ISS – O Imposto sobre Serviços na Constituição. Revista de Direito Tributário, nº 46, São Paulo: RT, 1985, p. 138.

aspecto material antes deste momento serão consideradas inconstitucionais[57]. Vale considerar que o aspecto temporal será o momento da efetiva prestação de serviço, mas é permitido à Fazenda Pública alterar, por meio de decreto, o prazo de pagamento, uma vez que este elemento não está sujeito a reserva legal (art. 97 do CTN)[58].

Em uma situação singular, no caso da prestação de serviço ligado à diversão pública (item 12 da lista), prevaleceu o entendimento de que o fato gerador se configura no momento da venda do ingresso ao consumidor e não da chancela dos bilhetes pela prefeitura[59]:

> "Em se tratando de ISS incidente sobre diversões públicas, o fato imponível se configura no momento da venda do ingresso ao consumidor, pelo que ilegítima a antecipação do recolhimento, quando da chancela prévia dos bilhetes pelo município". (STJ – Resp. 159861/SP – Relator(a) Humberto Gomes de Barros – Primeira Turma – Julg. 13/10/1998)

Cada serviço tem sua peculiaridade que deve ser analisada caso a caso, sendo que sua concretização ficará sujeita aos elementos materiais de sua estrutura. No caso de serviços de construção civil, por exemplo, o entendimento jurisprudencial predominante é de que o aspecto temporal seria da finalização da obra, que acontece administrativamente com a emissão do documento emitido pela Prefeitura denominado "habite-se"[60].

Com isso, o aspecto temporal é condicionado à concretização do aspecto material da hipótese de incidência do ISSQN – efetiva prestação de serviço – não se confundido com o momento da assinatura do contrato nem com o pagamento pelo serviço.

3. ASPECTO ESPACIAL

O aspecto espacial se refere ao local de pagamento do ISSQN, o que exige o desenvolvimento de critérios claros para a identificação do Município competente para cobrar o tributo, sob pena de cair na armadilha daquele famoso vocábulo jurídico: "*quem paga mal, paga duas vezes*".

É comum existirem problemas práticos e também em provas de concurso público exigindo o conhecimento do candidato a respeito da correta identificação do

---

57. Cf. BARRETO, Aires F. Curso de Direito Tributário Municipal. São Paulo: Saraiva, 2009, p. 337.
58. RE 203684, Relator(a): Min. ILMAR GALVÃO, Primeira Turma, julgado em 20/05/1997.
59. STJ. Rcl. 880/SP, Rel. Ministro FRANCISCO FALCÃO, Primeira Seção, julgado em 28/04/2004.
60. APELAÇÃO CÍVEL E REEXAME NECESSÁRIO. MANDADO DE SEGURANÇA. ISSQN COBRADO QUANDO DA APROVAÇÃO DE PROJETO DE CONSTRUÇÃO CIVIL. FATO GERADOR OCORRIDO APENAS QUANDO CONCLUÍDA A OBRA. INEXISTÊNCIA DE PRESTAÇÃO DE SERVIÇOS, NO MOMENTO DA APROVAÇÃO. AUSÊNCIA DE FATO GERADOR DO TRIBUTO. NULIDADE DO LANÇAMENTO EFETUADO. EXIGÊNCIA DE PAGAMENTO DOS TRIBUTOS INCIDENTES SOBRE A OBRA PARA A EXPEDIÇÃO DO "HABITE-SE". INVIABILIDADE DE UTILIZAÇÃO DE MEIO INDIRETO PARA A COBRANÇA DE TRIBUTO. SENTENÇA MANTIDA, EM REEXAME NECESSÁRIO.RECURSO DE APELAÇÃO NÃO PROVIDO. (TJPR - 2ª C.Cível - 0007003-19.2021.8.16.0173 - Umuarama - Rel.: DESEMBARGADOR STEWALT CAMARGO FILHO - J. 16.05.2022)

município competente para exigir este tributo municipal. Poderão ocorrer situações em que o prestador do serviço tenha seu estabelecimento localizado em uma cidade, mas precisa se deslocar até outra para assinar o contrato. E, após assinado este contrato se desloca para uma terceira cidade, onde irá ocorrer a prestação do serviço. Nesta situação em que local deverá haver o pagamento do ISSQN? Para responder estas questões é preciso analisar os parâmetros da legislação infraconstitucional, bem como o entendimento jurisprudencial sobre o assunto.

O Decreto Lei nº 406/68, recepcionada, materialmente, como Lei Complementar pela Constituição Federal, havia adotado como regra geral o local do estabelecimento do prestador e, na sua falta, o seu domicílio. A exceção à regra geral ocorreria no caso dos serviços de construção civil, sendo que neste caso o imposto incidirá no local da prestação do serviço (local da obra).

Naquele momento, no entanto, a jurisprudência, em especial do Superior Tribunal de Justiça, se formou no sentido de que o Município competente para cobrança do imposto, em qualquer situação, é aquele em que tinha ocorrida a prestação do serviço[61]. Isto é, apesar do DL 406/68 ter previsto expressamente que o serviço de construção civil seria a única exceção, através da qual adotava a regra do critério do local da ocorrência do fato gerador, a corrente jurisprudencial e doutrinária majoritária caminhava no sentido de que esta regra seria aplicada a todas as situações. Tanto é assim que na década de 80, Geraldo Ataliba e Aires F. Barreto defenderam a inconstitucionalidade da alínea "a" do art. 12 do DL nº 406/68, argumentando que *"se o arquétipo é a prestação de serviço, o aspecto espacial só pode ser reduzido ao local onde se efetua a prestação"*[62].

Este entendimento foi novamente abalado com o advento da Lei Complementar nº 116/2003, a qual manteve a mesma regra legislativa do local do estabelecimento para o aspecto espacial do ISSQN, acirrando ainda mais a polêmica, eis que foi em sentido contrário a posição já consolidada na jurisprudência. Neste novo cenário (pós LC 116/2003), o Superior Tribunal de Justiça revisou seu entendimento anterior, a fim de acatar a regra do art. 3º da Lei Complementar nº 116/2003 da seguinte forma:

> De acordo com os artigos 3º e 4º da Lei Complementar nº 116/03, conclui-se que a municipalidade competente para realizar a cobrança do ISS é a do local do estabelecimento prestador dos serviços, considerando-se como tal a localidade em que há uma unidade econômica ou profissional, isto é, onde a atividade é desenvolvida, independentemente de sua denominação. (REsp 1195844/DF - Ministro Relator Mauro Campbell Marques - DJ 15/03/2011).

Este entendimento estabeleceu um novo panorama para a situação, promovendo a uniformização da regra de aplicação do local competente para arrecadar

61. STJ. EREsp 130.792/CE, 1ª Seção do Superior Tribunal de Justiça, relatora ministra Nancy Andrighi, DJ de 12/06/00, p. 66.
62. ATALIBA, Geraldo; BARRETO, Aires F. ISS - Construção civil - Pseudo-serviço e prestação de serviço - Estabelecimento prestador - Local da prestação. In. Revista de Direito Tributário, nº 40, abril/junho, 1987, p. 93/94.

o ISSQN. Neste novo cenário, a Primeira Seção do Superior Tribunal de Justiça, no julgamento do Recurso Especial nº 1.117.121/SP, reafirmou o entendimento de que na ocorrência do fato gerador sob a égide da Lei Complementar nº 116/2003, à exceção de serviços expressamente previstos nos incisos I a XXII do art. 3º, o ISSQN é devido ao Município do local do estabelecimento do prestador de serviço.

Observe que o fisco paulista, em resposta a uma Consulta, também proferiu o mesmo entendimento do Superior Tribunal de Justiça, o que gera uma maior segurança ao candidato ao responder provas específicas na seara fiscal.

Solução de Consulta SF/DEJUG nº 45, de 14 de agosto de 2013:

> Local de incidência do ISS. Serviços de assessoria e consultoria prestados por empresa estabelecida no Município de São Paulo a tomador estabelecido fora do Município de São Paulo. ISS devido no Município de São Paulo.

Nestes termos, a banca da FCC (Auditor Fiscal/São Paulo-SP-2007) considerou como INCORRRETA a seguinte afirmação: *"Incide ISSQN em São Paulo quando uma empresa de demolição, com estabelecimento único, situado no município de São Paulo, prestou serviços de demolição no município de Santos".*

No caso de prestação de serviço de engenharia consultiva necessária à realização de uma obra, o ISSQN deverá ser recolhido no local da obra. No caso de serviços atinentes à construção civil é de que no caso de engenharia consultiva o ISSQN incidirá no local da obra pela aplicação da regra da unidade da obra:

> (...) o ISSQN incidente sobre os serviços de engenharia consultiva necessária à realização da obra na construção civil, obedecendo se à unidade da obra, deve ser recolhido no local da construção. Não importa se o contrato tenha estabelecido o valor total da obra sem discriminar onde seria cada etapa, porque o fato relevante a ser considerado é o local onde será realizada a obra(...). (STJ – REsp 1.117.121-SP, Rel. Min. Eliana Calmon, julgado em 14/10/2009.)

Essa questão poderia ser facilmente respondida com base nas seguintes regras de fixação do aspecto espacial do ISSQN:

REGRAL GERAL	Local do estabelecimento prestador (art. 3º *caput* LC 116/2003)
EXCEÇÃO I – na falta de estabelecimento do prestador	Local do domicílio do prestador (art. 3º *caput* LC 116/2003)
EXCEÇÃO II – serviços previstos expressamente nos incisos I a XXII do art. 3º da LC 116/2003	O imposto será devido nos locais indicados nas regras de exceção (local da prestação do serviço).
EXCEÇÃO III – No caso de importação serviço	O local do estabelecimento do tomador (art. 3º, I da LC 116/2003)

Desta forma, para fixar o Município competente para exigir o ISSQN é essencial identificar o local do estabelecimento do prestador, dentro dos parâmetros do art. 4º da Lei Complementar 116/2003:

> Art. 4º Considera-se estabelecimento prestador o local onde o contribuinte desenvolva a atividade de prestar serviços, de modo permanente ou temporário, e que configure unidade econômica ou profissional, sendo irrelevantes para caracterizá-lo as denominações de sede, filial, agência, posto de atendimento, sucursal, escritório de representação ou contato ou quaisquer outras que venham a ser utilizadas.

Nas diretrizes do art. 1.142 do Código Civil, considera-se estabelecimento todo complexo de bens organizado, para exercício da empresa, por empresário, ou por sociedade empresária. Aparentemente o art. 4º da Lei Complementar nº 116/2003 parece ter criado um novo conceito de estabelecimento para efeitos tributários em contraposição do disposto no art. 110 do Código Tributário Nacional[63]. Contudo, o entendimento majoritário é de que a Lei Complementar 116/2003 traz um detalhamento a partir do conceito civil de estabelecimento, de modo que se considere o local em que a atividade é exercida, independentemente do seu porte e grau de autonomia[64].

Um caso interessante foi julgado pelo Superior Tribunal de Justiça, quando este Tribunal abordou os requisitos do art. 4º da Lei Complementar nº 116/03 e considerou a prestação de serviços de informática na sede de uma instituição financeira, localizada em Brasília. Ocorre que neste caso, embora o prestador não tivesse estabelecimento no DF, o mesmo disponibilizou técnicos residentes para a manutenção da solução durante um determinado período, caracterizando uma unidade econômica no âmbito do Distrito Federal, o que legitima esse ente estatal para a cobrança o ISS[65]. Em outras palavras, é irrelevante a qualificação que o contribuinte tenha atribuído ao local (matriz, filial, etc.), sendo suficiente a identificação de sua unidade econômica apta a prestar determinado serviço. Pouco importa se a contabilidade ou organização de determinada empresa seja feita de forma centralizada ou não, será relevante a identificação de poderes parciais de representação daquela prestação de serviço. Isso torna necessário identificar a origem da prestação do serviço, de forma a comprovar que ela ocorreu naquela estrutura empresarial de forma autônoma.

Note-se que não basta simular a abertura de uma unidade econômica sem que os requisitos legais estejam presentes para que a mesma seja aceita para fins fiscais. Isso significa que em nenhum momento o legislador tributário tentou flexibilizar o conceito cível de estabelecimento ao criar a figura da unidade econômica. A intenção foi de permitir que a fiscalização tributária tivesse meios de ilidir possíveis fraudes na desconsideração com base em relações fáticas no momento da eleição do domicilio tributário.

---

63. Art. 110. A lei tributária não pode alterar a definição, o conteúdo e o alcance de institutos, conceitos e formas de direito privado, utilizados, expressa ou implicitamente, pela Constituição Federal, pelas Constituições dos Estados, ou pelas Leis Orgânicas do Distrito Federal ou dos Municípios, para definir ou limitar competências tributárias.
64. Cf. BARRETO, Aires F. Curso de Direito Tributário Municipal. São Paulo: Saraiva, 2009, p. 349.
65. BARRETO, Aires Fernandino. ISS na Constituição e na lei. São Paulo: Dialética, 2003, p. 265.

Na matéria concernente ao ISS, Aires Barreto sistematizou o entendimento da doutrina, ao eleger alguns requisitos que devem ser observados pela fiscalização municipal no momento do lançamento do ISSQN[66]:

> a) a manutenção, nesse lugar, de pessoal, material, máquinas, instrumentos e equipamentos necessários à execução dos serviços;
>
> b) a existência de estrutura gerencial, organizacional e administrativa compatível com as atividades desenvolvidas;
>
> c) ter havido, ali, inscrição na Prefeitura do Município e nos órgãos previdenciários;
>
> d) informação desse local como domicílio fiscal, para efeitos de outros tributos;
>
> e) divulgação do endereço desse lugar em impressos, formulários, correspondências ou nas contas de telefone, de energia elétrica, de água, ou gás, em nome do prestador.

Não basta a simples abertura de uma filial em outra cidade para deslocar a competência tributária, o que poderia ser considerado uma evasão fiscal. É imprescindível examinar a causa jurídica e a efetividade das operações, bem como se os atos foram praticados sob um poder de direção ou gestão deste serviço, e não apenas pelos acontecimentos pontuais.

Neste sentido, Adolpho Bergamini:

> Dizer que o artigo 4º da Lei Complementar n. 116/2003 admite que o estabelecimento prestador possa ser todo e qualquer estabelecimento da pessoa jurídica, que não atenda os preceitos do artigo 1.142 do código Civil, seria negar vigência ao artigo 110 do código Tributário Nacional, cujas disposições são claras ao prescrever que os conceitos de direito privado devem ser respeitados à aplicação da legislação tributária.[67]

O conceito de estabelecimento ou unidade econômica, para fins de ISSQN, estão estritamente ligadas a "*existência de estrutura gerencial, organizacional e administrativa compatível com as atividades desenvolvidas*". Assim sendo, para identificação do estabelecimento e unidade econômica será necessário haver a presença de, no mínimo, alguns pressupostos de existência, dentre eles o poder de decisão ou de gerência.

Observe-se entendimento do Tribunal de Justiça do Rio Grande do Sul, que se baseou na existência de poderes decisórios suficientes para configuração de unidade econômica:

> EMBARGOS À EXECUÇÃO. ISS. LEASING. COMPETÊNCIA. O Município competente para exigir o pagamento do ISS relativo à prestação dos serviços de leasing é o do "local onde se comprove haver unidade econômica ou profissional da instituição financeira com poderes decisórios suficientes à concessão

66. BARRETO, Aires Fernandino. ISS na Constituição e na lei. São Paulo: Dialética, 2003, p. 265.
67 BERGAMINI, Adolpho. Curso de ISS. São Paulo: Editora Revista dos Tribunais, 2017, p. 133.

> e aprovação do financiamento". Resp 1060210. Art. 543-C do CPC. Recurso da autora provido. Recurso do Réu Prejudicado. Voto vencido (Apelação Cível Nº 70032658775, Vigésima Segunda Câmara Cível, Tribunal de Justiça do RS, Relator: Maria Isabel de Azevedo Souza, Julgado em 30/10/2013)

Ademais, em outras situações, o próprio Superior Tribunal de Justiça adotou o critério de poder decisório como critério para identificação da unidade econômica:

> TRIBUTÁRIO. AGRAVO REGIMENTAL NOS EMBARGOS DE DECLARAÇÃO NO AGRAVO DE INSTRUMENTO. EMBARGOS À EXECUÇÃO FISCAL. ISS. ARRENDAMENTO MERCANTIL. MUNICÍPIO COMPETENTE. LOCAL DO SERVIÇO. ESTABELECIMENTO PRESTADOR ONDE CONCEDIDO O FINANCIAMENTO. ENTENDIMENTO FIRMADO PELO RITO DO ART. 543-C DO CPC (RESP 1.060.210/SC). 1. A Primeira Seção, em sede de recurso especial representativo de controvérsia (REsp 1.060.210/SC, Rel. Min. Napoleão Nunes Maia Filho), decidiu que "o sujeito ativo da relação tributária, na vigência do DL 406/68, é o Município da sede do estabelecimento prestador (art. 12)" e "a partir da LC 116/03, é aquele onde o serviço é efetivamente prestado, onde a relação é perfectibilizada, assim entendido o local onde se comprove haver unidade econômica ou profissional da instituição financeira com poderes decisórios suficientes à concessão e aprovação do financiamento – núcleo da operação de leasing financeiro e fato gerador do tributo". 2. No caso dos autos, o acórdão recorrido registrou, expressamente, que o estabelecimento da embargada situa-se em Poá/SP, sem mencionar eventual fraude a esse respeito nem tampouco a existência de qualquer outra unidade econômica ou profissional da arrendadora no município recorrido que tivesse poderes decisórios acerca da concessão de financiamento. 3. Agravo regimental não provido. (AgRg nos EDcl no Ag 1384284/MS, Rel. Ministro BENEDITO GONÇALVES, PRIMEIRA TURMA, julgado em 03/04/2014, DJe 09/04/2014)

De acordo com a decisão deste Egrégio Tribunal, o ISS deve ser recolhido no Município da unidade econômica ou profissional do estabelecimento prestador do serviço de arrendamento mercantil "*possuidor de poder decisório para o aperfeiçoamento do negócio*". A partir dessas decisões (REs ns. 592.905/SC e 547.245/SC) e diante da instauração de um conflito de competência entre Municípios para a cobrança do ISS, o STJ apreciou a controvérsia sobre o local de prestação do serviço e definiu que o tributo deve ser recolhido no Município da unidade econômica ou profissional do estabelecimento prestador do serviço de arrendamento mercantil possuidor de poder decisório para o aperfeiçoamento do negócio (REsp nº 1.060.210/SC).

Nesta linha de argumentação, entende-se que a configuração da unidade econômica vai além de uma organização (complexo de bens) necessária ao exercício da atividade empresarial ou profissional, englobando, também, ainda que parcialmente, poderes decisórios e gerenciais do serviço.

Partilhando desta mesma opinião, José Eduardo Soares de Melo leciona que:

> "o estabelecimento prestador não será um singelo depósito de materiais ou a existência de um imóvel, sendo necessária a organização unificada em uma unidade econômica indispensável à prestação do serviço. O local onde se situar tal organização (de fato, não por ficção formal ou declaração de fachada

do contribuinte), a-trairá o âmbito de validade territorial da lei municipal respectiva".[68].

Prossegue o professor José Eduardo Soares de Melo considerando ser possível até mesmo identificar os chamados estabelecimentos virtuais a fim de fazer incidir o ISSQN:

> Trata-se de uma nova realidade – site – cuja participação é bem variada, pois pode consistir num elemento de mera difusão de serviços e bens; como no recebimento de solicitações pelos possíveis clientes; e, ainda, na efetiva aceitação do pedido, emissão de ordens de pagamento e concretização dos negócios (como é o caso do site inteligente). A diversificada utilização e a flexibilidade de seu desempenho, por si só, não permitem caracterizar o site como um estabelecimento, para todos os efeitos tributários, pois pode ser considerado como mero escritório administrativo, distinto do local da efetiva prestação de serviços[69]

Essa crítica é muito importante para verificar e qualificar a incidência dos novos serviços incluídos pela Lei Complementar 157, sendo eles:

> 1.03 – Processamento, armazenamento ou hospedagem de dados, textos, imagens, vídeos, páginas eletrônicas, aplicativos e sistemas de informação, entre outros formatos, e congêneres.
>
> 1.04 – Elaboração de programas de computadores, inclusive de jogos eletrônicos, independentemente da arquitetura construtiva da máquina em que o programa será executado, incluindo tablets, smartphones e congêneres.
>
> ....
>
> 1.09 – Disponibilização, sem cessão definitiva, de conteúdos de áudio, vídeo, imagem e texto por meio da internet, respeitada a imunidade de livros, jornais e periódicos (exceto a distribuição de conteúdos pelas prestadoras de Serviço de Acesso Condicionado, de que trata a Lei nº 12.485, de 12 de setembro de 2011, sujeita ao ICMS).

Apesar de ser um contexto recente e difícil de identificar precisamente todos os elementos, o ambiente virtual precisa se enquadrar dentro dos esquemas tradicionais do instituto, para que seja possível a sua correta tributação. Na atividade regular, o empresário deverá promover seu cadastramento no ente municipal, através do alvará de localização, onde será possível identificar o estabelecimento para fins de tributação.

Note-se que o conceito tradicional de estabelecimento é definido no art. 1142 do Código Civil, que disciplina, *"considera-se estabelecimento todo complexo de bens organizado, para exercício da empresa, por empresário, ou por sociedade empresária".* A legislação civil não pressupôs a existência de instalações fixas, mas alberga estrutura definitiva ou temporária indispensáveis para prática do serviço. Pergunta-se: é possível haver a prática de um serviço sem um responsável técnico ou gerencial?

---

68. MELO, José Soares de. ISS – Aspectos Teóricos e Práticos. São Paulo: Dialética, 2008, p. 195.

69 MELO, José Eduardo Soares de; PAULSEN, Leandro. Impostos federais, estaduais e municipais. 6 ed. Porto Alegre: Livraria do Advogado, 2011, p. 330.

Ao nosso modo de ver, parece que não, haja vista que qualquer serviço, por mais singelo que seja, deve haver um agente responsável, que concentraria poder decisório.

Nestes termos, Misabel Derzi leciona sobre a necessidade da existência de um poder, ainda que mínimo, de administração para identificação do estabelecimento:

> "Estabelecimento prestador do serviço é o complexo de coisas, como unidade econômica, que configure um núcleo habitual do exercício da atividade, supondo administração e gerência mínima, apta à execução do serviço. Tanto pode ser a sede, matriz, filial, sucursal, ou agência, sendo irrelevante a denominação do estabelecimento e a centralização ou não da escrita da pessoa. O local onde se situa cada unidade econômica - assim entendido aquele do estabelecimento prestador de serviço - atrairá a incidência da norma municipal respectiva".[70].

Em linhas gerais, o aspecto espacial do ISSQN está definido pela Lei Complementar como sendo o local do estabelecimento ou unidade econômica é o local no qual o contribuinte gerencia seu negócio e se viabiliza como prestador de serviço, compreendendo os bens e pessoas suficientes para exercer sua atividade. De modo que *"Não deixam de ser estabelecimentos quaisquer unidades econômicas, quer sejam sucursais ou agências, pelo fato de ser maior ou menor a extensão dos poderes de diretor ou do administrador, sejam eles suprimidos ou autorizados pela sucursal, no caso de agência, ou da matriz, no caso de sucursais. A diferença é sutil de grau e não de natureza."*[71]

Caso interessante foi julgado no Superior Tribunal de Justiça foi a respeito da coleta e análise clínica de materiais biológicos, em que a primeira atividade ocorreu em um município e o segundo em outro. A celeuma se formou porque os dois entes municipais estavam exigindo o recolhimento do ISSQN sobre o valor total da atividade sem considerar o desmembramento. E de forma ainda mais inusitada, esta Corte jurisdicional, instada a solucionar a dúvida entre as competências tributantes, definiu que o ISSQN deveria ser recolhido no local da contratação do serviço, ou seja, onde houve a coleta do material biológico:

> DIREITO TRIBUTÁRIO. COMPETÊNCIA PARA EXIGIR ISS INCIDENTE SOBRE A PRESTAÇÃO DE SERVIÇO DE ANÁLISE CLÍNICA. É competente para cobrar o ISS incidente sobre a prestação de serviço de análise clínica (item 4.02 da lista anexa à LC 116/2003) o município no qual foi feita a contratação do serviço, a coleta do material biológico e a entrega do respectivo laudo, ainda que a análise do material coletado tenha sido realizada em unidade localizada em outro município, devendo-se incidir o imposto sobre a totalidade do preço pago pelo serviço..." (REsp 1.439.753-PE, Rel. Min. Arnaldo Esteves Lima, Rel. para acórdão Min. Benedito Gonçalves, julgado em 6/11/2014, DJe 12/12/2014)

---

70. DERZI, Misabel Abreu Machado. O aspecto espacial do imposto municipal sobre serviços de qualquer natureza. In: TÔRRES, Heleno Taveira (Org.). ISS na lei complementar nº 116/2003 e na constituição. Barueri: Manole, 2004, p. 78.
71. BARRETO, Aires F. Curso de Direito Tributário municipal. São Paulo: Saraiva, 2009, p. 348.

Em seu voto, o Relator Min. Arnaldo Esteves Lima, fundamentou que há caracterização de uma unidade econômica no Município que se promoveu a coleta do sangue pelo fato que neste local ocorreu a relação jurídica da prestação do serviço: *"Diante disso, verifica-se, no caso em análise, que a empresa contribuinte, a despeito de manter seu laboratório em determinado município, estabeleceu unidade econômica e profissional em outra municipalidade com escopo de disponibilizar os seus serviços de análises clínicas para as pessoas dessa localidade. Esse tipo de estabelecimento constituiu unidade econômica porque é lá onde usualmente contrata-se o serviço, providencia-se o pagamento e encerra-se a avença, com a entrega do laudo técnico solicitado pelo consumidor".*

Portanto, a orientação atual acerca do aspecto espacial do ISSQN é da localização do estabelecimento ou unidade econômica (origem da prestação do serviço), salvo as exceções expressamente previstas nos incisos I a XXII do art. 3º da LC 116/2003.

3.1. Inovações promovidas pela Lei Complementar 157

Conforme comentamos no tópico anterior, a Lei Complementar nº 116/2003 manteve a mesma regra legislativa do local do estabelecimento ou unidade econômica para a fixação do aspecto espacial do ISSQN. O que fez a LC 157/2016 foi aumentar o rol de serviços do art. 3º da LC 116, os quais são devidos no local da prestação, incluindo os seguintes:

> Art. 1º A Lei Complementar nº 116, de 31 de julho de 2003, passa a vigorar com as seguintes alterações:
>
> "Art. 3º O serviço considera-se prestado, e o imposto, devido, no local do estabelecimento prestador ou, na falta do estabelecimento, no local do domicílio do prestador, exceto nas hipóteses previstas nos incisos I a XXV, quando o imposto será devido no local:
>
> ....
>
> XII – do florestamento, reflorestamento, semeadura, adubação, reparação de solo, plantio, silagem, colheita, corte, descascamento de árvores, silvicultura, exploração florestal e serviços congêneres indissociáveis da formação, manutenção e colheita de florestas para quaisquer fins e por quaisquer meios;
>
> ....
>
> XVI – dos bens, dos semoventes ou do domicílio das pessoas vigiados, segurados ou monitorados, no caso dos serviços descritos no subitem 11.02 da lista anexa;
>
> ....
>
> XIX – do Município onde está sendo executado o transporte, no caso dos serviços descritos pelo item 16 da lista anexa;
>
> ....
>
> XXIV – do domicílio do tomador do serviço no caso dos serviços prestados pelas administradoras de cartão de crédito ou débito e demais descritos no subitem 15.01;

XXV – do domicílio do tomador dos serviços dos subitens 10.04 e 15.09.

§ 4º Na hipótese de descumprimento do disposto no caput ou no § 1º, ambos do art. 8º-A desta Lei Complementar, o imposto será devido no local do estabelecimento do tomador ou intermediário do serviço ou, na falta de estabelecimento, onde ele estiver domiciliado. (Partes mantidas)

"Art. 6º ....

....

§ 2º ....

....

III – a pessoa jurídica tomadora ou intermediária de serviços, ainda que imune ou isenta, na hipótese prevista no § 4º do art. 3º desta Lei Complementar. (Partes mantidas)

§ 3º No caso dos serviços descritos nos subitens 10.04 e 15.09, o valor do imposto é devido ao Município declarado como domicílio tributário da pessoa jurídica ou física tomadora do serviço, conforme informação prestada por este.

§ 4º No caso dos serviços prestados pelas administradoras de cartão de crédito e débito, descritos no subitem 15.01, os terminais eletrônicos ou as máquinas das operações efetivadas deverão ser registrados no local do domicílio do tomador do serviço.

Em uma leitura didática das mudanças promovidas pela LC 157/2016 quanto ao aspecto espacial do ISSQN, pode-se demonstrar graficamente o estudo comparativo com o momento anterior:

ANTES DA LC 157	APÓS A LC 157
Art. 3º O serviço considera-se prestado e o imposto devido no local do estabelecimento prestador ou, na falta do estabelecimento, no local do domicílio do prestador, exceto nas hipóteses previstas nos incisos I a XXII, quando o imposto será devido no local:	Art. 3º O serviço considera-se prestado, e o imposto, devido, no local do estabelecimento prestador ou, na falta do estabelecimento, no local do domicílio do prestador, exceto nas hipóteses previstas nos incisos I a XXV, quando o imposto será devido no local:
XII – do florestamento, reflorestamento, semeadura, adubação e congêneres, no caso dos serviços descritos no subitem 7.16 da lista anexa;	XII – do florestamento, reflorestamento, semeadura, adubação, reparação de solo, plantio, silagem, colheita, corte, descascamento de árvores, silvicultura, exploração florestal e serviços congêneres indissociáveis da formação, manutenção e colheita de florestas para quaisquer fins e por quaisquer meios;
XVI – dos bens ou do domicílio das pessoas vigiados, segurados ou monitorados, no caso dos serviços descritos no subitem 11.02 da lista anexa;	XVI – dos bens, dos semoventes ou do domicílio das pessoas vigiados, segurados ou monitorados, no caso dos serviços descritos no subitem 11.02 da lista anexa;

ANTES DA LC 157	APÓS A LC 157
XIX – do Município onde está sendo executado o transporte, no caso dos serviços descritos pelo subitem 16.01 da lista anexa;	XIX – do Município onde está sendo executado o transporte, no caso dos serviços descritos pelo item 16 da lista anexa; XXIV – do domicílio do tomador do serviço no caso dos serviços prestados pelas administradoras de cartão de crédito ou débito e demais descritos no subitem 15.01; XXV – do domicílio do tomador dos serviços dos subitens 10.04 e 15.09.

Contudo, parte da lei foi vetada pelo Presidente da República no que se refere a cobrança do ISSQN no local da prestação dos serviços nos casos específicos de operação com cartão de crédito ou débito, *factoring* e *leasing*.

Acompanhe os dispositivos vetados, com as respectivas razões:

Dispositivo vetado	Razões
Inciso XXIII do art. 3º da Lei Complementar nº 116, de 31 de julho de 2003, alterado pelo art. 1º do projeto de lei complementar "XXIII – do domicílio do tomador dos serviços dos subitens 4.22, 4.23 e 5.09;"	"O dispositivo comportaria uma potencial perda de eficiência e de arrecadação tributária, além de pressionar por elevação do valor dos planos de saúde, indo de encontro à estratégia governamental de buscar alternativas menos onerosas para acesso aos serviços do setor."
Inciso XXIV do art. 3º e § 4º do art. 6º da Lei Complementar nº 116, de 31 de julho de 2003, alterados pelo art. 1º do projeto de lei complementar "XXIV – do domicílio do tomador do serviço no caso dos serviços prestados pelas administradoras de cartão de crédito ou débito e demais descritos no subitem 15.01;"	"Os dispositivos comportariam uma potencial perda de eficiência e de arrecadação tributária, além de redundar em aumento de custos para empresas do setor, que seriam repassados ao custo final, onerando os tomadores dos serviços."
"§ 4º No caso dos serviços prestados pelas administradoras de cartão de crédito e débito, descritos no subitem 15.01, os terminais eletrônicos ou as máquinas das operações efetivadas deverão ser registrados no local do domicílio do tomador do serviço."	

Dispositivo vetado	Razões
Inciso XXV do art. 3º e § 3º do art. 6º da Lei Complementar nº 116, de 31 de julho de 2003, alterados pelo art. 1º do projeto de lei complementar "XXV – do domicílio do tomador dos serviços dos subitens 10.04 e 15.09." "§ 3º No caso dos serviços descritos nos subitens 10.04 e 15.09, o valor do imposto é devido ao Município declarado como domicílio tributário da pessoa jurídica ou física tomadora do serviço, conforme informação prestada por este."	"Os dispositivos contrariam a lógica de tributação desses serviços, que deve se dar no local onde ocorrem a análise do cadastro, o deferimento e o controle do financiamento concedido, e não em função do domicílio do tomador dos serviços."
§ 4º do art. 3º e inciso III do § 2º do art. 6º da Lei Complementar nº 116, de 31 de julho de 2003, alterados pelo art. 1º do projeto de lei complementar "§ 4º Na hipótese de descumprimento do disposto no *caput* ou no § 1º, ambos do art. 8º-A desta Lei Complementar, o imposto será devido no local do estabelecimento do tomador ou intermediário do serviço ou, na falta de estabelecimento, onde ele estiver domiciliado." "III – a pessoa jurídica tomadora ou intermediária de serviços, ainda que imune ou isenta, na hipótese prevista no § 4º do art. 3º desta Lei Complementar."	"Os dispositivos imputariam elevado custo operacional às empresas. Além disso, a definição da competência tributária deve vir expressamente definida em lei complementar, não cabendo sua definição a posteriori, como pode ocorrer nas hipóteses previstas pelos dispositivos."

Apesar da justificativas, estes vetos foram derrubados posteriormente pelo Congresso Nacional, sendo que os serviços passaram a ser tributados no município do domicílio do tomador dos serviços.

Aparentemente a situação tinha se consolidado novamente, através da qual o aspecto espacial do ISSQN permaneceria sendo da localização do estabelecimento ou unidade econômica (origem da prestação do serviço), salvo as exceções expressamente previstas nos incisos do art. 3º da LC 116/2003, incluindo as novas previsões da Lei complementar 157. Contudo, a polêmica tomou conta na seara doutrinária e jurisprudencial a respeito das novas inclusões dos serviços devidos no local da prestação do serviço, a ponto de chegar um questionamento diretamente no Supremo Tribunal Federal, na Ação Declaratória de Inconstitucionalidade n. 5835/DF, resumida abaixo.

▶ ATENÇÃO

Foi ajuizada a Ação Declaratória de Inconstitucionalidade n. 5835/DF, com pedido de medida cautelar, pela Confederação Nacional do Sistema Financeiro – CONSIF e pela Confederação Nacional das Empresas de Seguros Gerais, Previdência Privada e Vida, Saúde Suplementar e Capitalização – CNSeg, em face do artigo 1º da Lei Complementar 157/2016, na parte que modificou o art. 3º, XXIII, XXIV e XXV, e os parágrafos 3º e 4º do art. 6º da Lei Complementar 116/2003 para determinar que o ISS será devido no Município do tomador, em relação aos serviços (i) de planos de medicina de grupo ou individual; (ii) de administração de fundos quaisquer e de carteira de cliente; (iii) de administração de consórcios; (iv) de administração de cartão de crédito ou débito e congêneres; (v) de arrendamento mercantil. Em análise preliminar, o Ministro Alexandre de Moraes, em 23/03/2018 deferiu medida cautelar no seguinte sentido:

a) com fundamento no art. 10, § 3º, da Lei 9.868/1999 e no art. 21, V, do RISTF, CONCEDO A MEDIDA CAUTELAR pleiteada, ad referendum do Plenário desta SUPREMA CORTE, para suspender a eficácia do artigo 1º da Lei Complementar 157/2016, na parte que modificou o art. 3º, XXIII, XXIV e XXV, e os parágrafos 3º e 4º do art. 6º da Lei Complementar 116/2003; bem como, por arrastamento, para suspender a eficácia de toda legislação local editada para sua direta complementação.

Deste modo, até que se tenha o julgamento definitivo da ADI 5835/DF parte das mudanças promovidos pela LC 157/2016 estão suspensos, mais especificamente a mudança do local de pagamento em relação aos serviços (i) de planos de medicina de grupo ou individual; (ii) de administração de fundos quaisquer e de carteira de cliente; (iii) de administração de consórcios; (iv) de administração de cartão de crédito ou débito e congêneres; (v) de arrendamento mercantil. Em outras palavras, estes serviços voltam a ser devidos no local do estabelecimento do prestador do serviço.

3.2. Inovações trazidas pela Lei Complementar 175/2020

a) Contexto

Uma significativa vitória foi conquistada pelas municipalidades que poderá gerar um bom incremento – a médio e longo prazo – na arrecadação, principalmente, dos pequenos Municípios. Trata-se da Lei Complementar 175, publicada em 23 de setembro de 2020, que alterou o local de pagamento do ISSQN, relativamente aos serviços de planos de saúde médica e veterinária, de administração de consórcios, de cartões de crédito e débito e de arrendamento mercantil (*leasing*).

O objetivo desta legislação foi sanear as omissões e questionamentos que existiam sobre as determinações da Lei Complementar 157/2016, que havia criado mais exceções quanto ao local de recolhimento do Imposto sobre Serviços de Qualquer Natureza – ISSQN.

Lembra-se que em momento anterior, a Lei Complementar 157/2016 já havia prevista alteração do local de pagamento dos serviços de planos de saúde e atividades financeiras para o município do tomador. Ocorre que após o veto do Presidente da República e a sua posterior derrubada pelo Congresso Nacional, esta legislação foi alvo da Ação Direita de Inconstitucionalidade n. 5835, através da qual, o Ministro Alexandre de Moraes concedeu liminar, suspendo os efeitos desta mudança, sob o fundamento da *"dificuldade na aplicação da nova legislação, com ampliação dos conflitos de competência entre municípios e afronta ao princípio constitucional da segurança jurídica"*.

Em outras palavras, a mudança tão brusca do local de pagamento do ISSQN exigiria uma disciplina normativa que apontasse com clareza o conceito de "tomador de serviços", sob pena de grave insegurança jurídica e eventual possibilidade de dupla tributação.

Observe os principais trechos da fundamentação do Ministro Relator Alexandre de Moraes na Medida Cautelar da ADIN 5835:

> Essa alteração exigiria que a nova disciplina normativa apontasse com clareza o conceito de "tomador de serviços", sob pena de grave insegurança jurídica e eventual possibilidade de dupla tributação, ou mesmo inocorrência de correta incidência tributária.
>
> A ausência dessa definição e a existência de diversas leis, decretos e atos normativos municipais antagônicos já vigentes ou prestes a entrar em vigência acabarão por gerar dificuldade na aplicação da Lei Complementar Federal, ampliando os conflitos de competência entre unidades federadas e gerando forte abalo no princípio constitucional da segurança jurídica, comprometendo, inclusive, a regularidade da atividade econômica, com consequente desrespeito à própria razão de existência do artigo 146 da Constituição Federal.

Foi para cumprir esta lacuna que a LC 175/20 foi aprovada, representando uma importante vitória para a maioria dos Municípios, uma vez que descentraliza o recolhimento do ISSQN a respeito de serviços que geram significativas receitas, como o leasing e administração de planos de saúde e cartões de crédito/débito.

Assim, a partir de 2021, haverá uma regra de transição para a partilha do produto da arrecadação tributária entre o Município do local do estabelecimento prestador do serviço e o Município do domicílio do tomador.

Atualmente, o tributo sobre estes serviços é integralmente devido no local de origem, sendo que em geral as empresas prestadoras estão localizadas nos grandes centros; e a nova lei prevê a transferência da arrecadação para o destino, especialmente sobre os serviços acima mencionados. Por exemplo, em relação às administradoras de cartão de crédito, o tomador do serviço será o domicílio do primeiro titular do cartão. A transição ocorrerá gradualmente, de modo que, a partir de 2023, 100% do ISSQN recolhido será devido ao Município tomador do serviço.

b) Serviços alcançados

Em seu artigo 1º, a Lei Complementar nº 175/20 deixa claro que se aplica especificamente aos serviços previstos nos seguintes subitens da lista anexa à Lei Complementar nº 116/03:

> 4.22 – Planos de medicina de grupo ou individual e convênios para prestação de assistência médica, hospitalar, odontológica e congêneres.

4.23 – Outros planos de saúde que se cumpram através de serviços de terceiros contratados, credenciados, cooperados ou apenas pagos pelo operador do plano mediante indicação do beneficiário.

5.09 – Planos de atendimento e assistência médico-veterinária.

15.01 – Administração de fundos quaisquer, de consórcio, de cartão de crédito ou débito e congêneres, de carteira de clientes, de cheques pré-datados e congêneres

15.09 – Arrendamento mercantil (leasing) de quaisquer bens, inclusive cessão de direitos e obrigações, substituição de garantia, alteração, cancelamento e registro de contrato, e demais serviços relacionados ao arrendamento mercantil (leasing).

Isso significa que a orientação acima passada ainda continua valendo, qual seja: que a orientação atual acerca do **aspecto espacial do ISSQN é da localização do estabelecimento ou unidade econômica** (origem da prestação do serviço), salvo as exceções expressamente previstas nos incisos I a XXV do art. 3º da LC 116/2003.

A alteração do local do recolhimento do ISSQN promovida pela Lei Complementar 175/2020 apenas alcança os serviços dos itens "4.22, 4.23, 5.09, 15.01, e 15.09" da lista anexa à LC 116/2003. Assim, as alterações que serão comentadas abaixo também se referem somente a estes serviços, não alterando a relação jurídica e administrativa dos demais serviços.

c) obrigações acessórias

A Lei Complementar 175/20, visando a simplificação do sistema, instituiu nova forma de recolhimento do ISSQN, que será realizado por sistema eletrônico de padrão unificado que deverá seguir os padrões definidos pelo Comitê Gestor das Obrigações Acessórias do ISSQN.

O interessante é que o art. 2º desta legislação disciplina que este sistema eletrônico de padrão unificado será desenvolvido pelo contribuinte, sendo que posteriormente, deverá franquear aos Municípios e ao Distrito Federal acesso mensal e gratuito.

Por outro lado, os Municípios deverão fornecer informações sobre as alíquotas, legislação vigente sobre os serviços prestados e dados do domicílio bancário para adimplemento da obrigação tributária. Inclusive, o art. 4, § 3º da LC 175/20 deixa claro que é de responsabilidade dos Municípios a regularidade dos dados que esses prestarem no sistema, sendo vedada a imposição de penalidades ao contribuinte em caso de omissão, de inconsistência ou de inexatidão de tais dados.

Além disso, é importante lembrar que os Municípios deverão promover a adequação de sua legislação local a fim de prever a cobrança do ISSQN no domicílio do tomador dos serviços previstos na LC 175/20. Enquanto não houver esta atualização na legislação municipal, a arrecadação destes valores poderá ser contestada judicialmente pelos contribuintes, gerando insegurança jurídica e impedindo que nova arrecadação seja concretizada.

Após a criação do sistema unificado, os Municípios estarão impedidos de criarem outras obrigações acessórias sobre estes mesmos serviços, conforme previsto no art. 5º:

> **Art. 5º** Ressalvadas as hipóteses previstas nesta Lei Complementar, **é vedada aos Municípios e ao Distrito Federal a imposição a contribuintes não estabelecidos em seu território de qualquer outra obrigação acessória com relação aos serviços referidos no art. 1º**, inclusive a exigência de inscrição nos cadastros municipais e distritais ou de licenças e alvarás de abertura de estabelecimentos nos respectivos Municípios e no Distrito Federal.

A intenção do legislador era de garantir a praticidade e segurança jurídica, por isso optou em unificar uma única declaração em que todos os Municípios poderão ter acesso, evitando que um mesmo contribuinte tivesse que realizar milhares de declarações criadas pelos entes municipais. Importante frisar, no entanto, que diante de irregularidades praticadas pelos contribuintes destes serviços, não haverá empecilho dos Municípios aplicarem as sanções já previstas em suas legislações, como, por exemplo, a ausência de declaração ou omissões de receitas.

Outro ponto importante nesta lei foi a dispensa dos prestadores de serviços dos itens 15.01 e 15.09 na emissão de Notas Fiscais, sendo suficiente a declaração no sistema unificado:

> **Art. 6º** A emissão, pelo contribuinte, de notas fiscais de serviços referidos no art. 1º pode ser exigida, nos termos da legislação de cada Município e do Distrito Federal, exceto para os serviços descritos nos subitens 15.01 e 15.09, **que são dispensados da emissão de notas fiscais**.

Lembra-se que estes serviços são os seguintes:

> **15.01** – Administração de fundos quaisquer, de consórcio, de cartão de crédito ou débito e congêneres, de carteira de clientes, de cheques pré-datados e congêneres.
>
> **15.09** – Arrendamento mercantil (leasing) de quaisquer bens, inclusive cessão de direitos e obrigações, substituição de garantia, alteração, cancelamento e registro de contrato, e demais serviços relacionados ao arrendamento mercantil (leasing)

E por fim, o art. 8º vedou que os Municípios atribuam a terceira pessoa, de responsabilidade pelo crédito tributário relativa aos serviços previstos na Lei Complementar 175/20, permanecendo a responsabilidade exclusiva do contribuinte.

d) criação do CGOA

Para gerenciar e normatizar as obrigações acessórias de maneira unificada, seria necessária a criação de um órgão responsável em padronizar estas regras. Foi para cumprir este objetivo que o art. 9º da Lei Complementar 175/2020 instituiu o Comitê Gestor das Obrigações Acessórias do ISSQN.

Dentre as atribuições estabelecidas, podemos destacar a função de padronizar a obrigação acessória, definir o leiaute de acesso e a forma de alimentação do sistema:

> Art. 10. Compete ao CGOA regular a aplicação do padrão nacional da obrigação acessória dos serviços referidos no art. 1º.
>
> § 1º O leiaute, o acesso e a forma de fornecimento das informações serão definidos pelo CGOA e somente poderão ser alterados após decorrido o prazo de 3 (três) anos, contado da definição inicial ou da última alteração.

> § 2º A alteração do leiaute ou da forma de fornecimento das informações será comunicada pelo CGOA com o prazo de pelo menos 1 (um) ano antes de sua entrada em vigor.

Disciplina a lei que o CGOA será composto por 10 (dez) membros, representando as regiões Sul, Sudeste, Centro-Oeste, Nordeste e Norte do Brasil, da seguinte forma: a) 1 (um) representante de Município capital ou do Distrito Federal por região; b) 1 (um) representante de Município não capital por região. Os representantes dos Municípios capitais ou do DF serão indicados pela Frente Nacional de Prefeitos (FNP), e os representantes dos Municípios não capitais, pela Confederação Nacional de Municípios (CNM).

Acredita-se que o CGOA funcionará de forma semelhante, mas com atuação bem mais restrita, que o Comitê Gestor do Simples Nacional.

e) Regulamentação das exceções à regra do caput do art. 3º da LC 116/2003, inseridas pela LC 175/20

Sem dúvidas que o ponto mais importante na Lei Complementar 175/2020 foi a regulamentação detalhada acerca dos serviços que foram tratados por esta legislação.

O interessante foi a inclusão do §5º do art. 3º da LC 116/2003, em que definiu como tomador dos serviços referidos nos incisos XXIII, XXIV e XXV do caput deste artigo o contratante do serviço e, no caso de negócio jurídico que envolva estipulação em favor de unidade da pessoa jurídica contratante, a unidade em favor da qual o serviço foi estipulado:

> Art. 3º ....
>
> XXIII – do domicílio do tomador dos serviços dos subitens 4.22, 4.23 e 5.09;
>
> XXIV – do domicílio do tomador do serviço no caso dos serviços prestados pelas administradoras de cartão de crédito ou débito e demais descritos no subitem 15.01;
>
> XXV – do domicílio do tomador do serviço do subitem 15.09.
>
> ....
>
> § 5º Ressalvadas as exceções e especificações estabelecidas nos §§ 6º a 12 deste artigo, considera-se tomador dos serviços referidos nos incisos XXIII, XXIV e XXV do caput deste artigo o contratante do serviço e, no caso de negócio jurídico que envolva estipulação em favor de unidade da pessoa jurídica contratante, a unidade em favor da qual o serviço foi estipulado, sendo irrelevantes para caracterizá-la as denominações de sede, filial, agência, posto de atendimento, sucursal, escritório de representação ou contato ou quaisquer outras que venham a ser utilizadas.

A intenção do legislador complementar foi de definir detalhadamente o local do recolhimento do tributo, procurando solucionar o problema que teria sido apontado pelo Ministro Alexandre de Moraes, quando concedeu liminar, suspendo os efeitos das mudanças promovidas pela LC 157. Naquela ocasião, o Ministro Alexandre de Moraes apontou a "*dificuldade na aplicação da nova legislação, com ampliação dos conflitos de competência entre municípios e afronta ao princípio constitucional da segurança jurídica*", como principal razão para a suspensão da mudança do local de recolhimento.

Desta vez, o legislador trouxe – através da LC 175/20 – o detalhamento necessário para evitar a insegurança jurídica, inclusive, estabelecendo uma regra de transição para a partilha do produto da arrecadação tributária entre o Município do local do estabelecimento prestador do serviço e o Município do domicílio do tomador.

Assim, apresentamos de uma forma didática as regras para a identificação do local correto na definição do domicílio do tomador dos serviços enumerados pela Lei Complementar 175/2020:

Serviços	Local do recolhimento (regulamentação)
Plano de Saúde	"Art. 3º .... § 6º No caso dos serviços de planos de saúde ou de medicina e congêneres, referidos nos subitens 4.22 e 4.23 da lista de serviços anexa a esta Lei Complementar, **o tomador do serviço é a pessoa física beneficiária vinculada à operadora por meio de convênio ou contrato de plano de saúde** individual, familiar, coletivo empresarial ou coletivo por adesão.
Administração de Cartão de Crédito	Art. 3º .... § 8º No caso dos serviços de administração de cartão de crédito ou débito e congêneres, referidos no subitem 15.01 da lista de serviços anexa a esta Lei Complementar, prestados diretamente aos portadores de cartões de crédito ou débito e congêneres, **o tomador é o primeiro titular do cartão.** § 9º **O local do estabelecimento credenciado é considerado o domicílio do tomador** dos demais serviços referidos no subitem **15.01** da lista de serviços anexa a esta Lei Complementar relativos às transferências realizadas por meio de cartão de crédito ou débito, ou a eles conexos, que sejam prestados ao tomador, direta ou indiretamente, por: (Incluído pela Lei Complementar nº 175, de 2020) I – bandeiras; (Incluído pela Lei Complementar nº 175, de 2020) II – credenciadoras; ou (Incluído pela Lei Complementar nº 175, de 2020) III – emissoras de cartões de crédito e débito.
Administração de valores mobiliários, fundos e consórcios	Art. 3º .... § 10. No caso dos serviços de administração de carteira de valores mobiliários e dos serviços de administração e gestão de fundos e clubes de investimento, referidos no subitem 15.01 da lista de serviços anexa a esta Lei Complementar, o **tomador é o cotista**. (Incluído pela Lei Complementar nº 175, de 2020)

Serviços	Local do recolhimento (regulamentação)
	§ 11. No caso dos serviços de administração de consórcios, **o tomador de serviço é o consorciado.** (Incluído pela Lei Complementar nº 175, de 2020)
Leasing	Art. 3º .... § 12. No caso dos serviços de arrendamento mercantil, **o tomador do serviço é o arrendatário**, pessoa física ou a unidade beneficiária da pessoa jurídica, domiciliado no País, e, no caso de arrendatário não domiciliado no País, o tomador é o beneficiário do serviço no País. (Incluído pela Lei Complementar nº 175, de 2020)

f) Regra de transição

O produto da arrecadação do ISSQN relativo aos serviços descritos pela Lei Complementar 175/2020, cujo período de apuração esteja compreendido entre a data de publicação desta Lei Complementar e o último dia do exercício financeiro de 2022 será partilhado entre o Município do local do estabelecimento prestador e o Município do domicílio do tomador desses serviços, da seguinte forma:

ANO	MUNICÍPIO DO ESTABELECIMENTO DO PRESTADOR	MUNICÍPIO DO DOMICÍLIO DO TOMADOR
2020	100%	0%
2021	33,5%	66,5%
2022	15%	85%
2023	0%	100%

O art. 13 da Lei Complementar 175/2020 ainda disciplina que em relação às competências de janeiro, fevereiro e março de 2021, é assegurada ao contribuinte a possibilidade de recolher o ISSQN e de declarar as informações objeto da obrigação acessória até o 15º (décimo quinto) dia do mês de abril de 2021, sem a imposição de nenhuma penalidade. Apesar de inexistir multa neste período, o tributo será atualizado pela taxa referencial do Sistema Especial de Liquidação e de Custódia (Selic) para títulos federais, a partir do 1º (primeiro) dia do mês subsequente ao mês de seu vencimento normal até o mês anterior ao do pagamento, e pela taxa de 1% (um por cento) no mês de pagamento.

Convém notar que na hipótese de algum Município deixar de realizar convênio, ajuste ou protocolo com o CGOA para regulamentação do sistema unificado de recolhimento, mesmo assim permanecerá a obrigação do Município do domicílio do tomador do serviço transferir ao Município do local do estabelecimento prestador a parcela do imposto que lhe cabe até o 5º (quinto) dia útil seguinte ao seu recolhimento.

Inclusive, prevê o art. 15, §2º, que o Município do domicílio do tomador do serviço poderá atribuir às instituições financeiras arrecadadoras a obrigação de reter e de transferir ao Município do estabelecimento prestador do serviço os valores correspondentes à respectiva participação no produto da arrecadação do ISSQN.

Estes são os mecanismos criados pela Lei Complementar 175/2020 para efetivar a transição do recolhimento do ISSQN do local de estabelecimento do prestador do serviço para o local do domicilio do tomador do serviço.

4. ASPECTO SUBJETIVO

O artigo 121 do Código Tributário Nacional disciplina que o sujeito passivo da obrigação principal é a pessoa obrigada ao pagamento de tributo, que pode surgir a partir de duas situações:

> I - contribuinte, quando tenha relação pessoal e direta com a situação que constitua o respectivo fato gerador;
>
> II - responsável, quando, sem revestir a condição de contribuinte, sua obrigação decorra de disposição expressa de lei.

No que se refere ao aspecto pessoal da hipótese de incidência da obrigação tributária do ISSQN existe de um lado o sujeito ativo, representado pelo Município ou Distrito Federal. Do outro lado tem o sujeito passivo, que poderá ser o contribuinte ou terceira pessoa, obrigada pela lei ao pagamento do tributo ou penalidade pecuniária, chamada de responsável tributário.

O art. 121 do Código Tributário Nacional classifica a sujeição passiva tributária em contribuinte e responsável. O contribuinte é aquele que tem relação pessoal e direta com a situação que constitua o fato gerador do tributo, sendo que neste caso será o prestador do serviço (art. 5º da LC 116/2003). Além disso, o art. 6º da Lei Complementar nº 116/2003 permite que os Municípios e o Distrito Federal possam, discricionariamente, atribuir a responsabilidade pelo crédito tributário a terceira pessoa, vinculada ao fato gerador da respectiva obrigação, excluindo a responsabilidade do contribuinte ou atribuindo a este em caráter supletivo o cumprimento total ou parcial da referida obrigação, inclusive a que se refere à multa e aos acréscimos legais.

Juntamente com esta permissão legal, a própria legislação elegeu algumas hipóteses expressas de responsabilidade tributária, sendo elas:

> 1) o tomador ou intermediário de serviço proveniente do exterior do País ou cuja prestação se tenha iniciado no exterior do País;
>
> 2) a pessoa jurídica, ainda que imune ou isenta, tomadora ou intermediária dos seguintes serviços:
>
> 3.05 - Cessão de andaimes, palcos, coberturas e outras estruturas de uso temporário.
>
> 7.02 - Execução, por administração, empreitada ou subempreitada, de obras de construção civil, hidráulica ou elétrica e de outras obras semelhantes,

inclusive sondagem, perfuração de poços, escavação, drenagem e irrigação, terraplanagem, pavimentação, concretagem e a instalação e montagem de produtos, peças e equipamentos (exceto o fornecimento de mercadorias produzidas pelo prestador de serviços fora do local da prestação dos serviços, que fica sujeito ao ICMS).

7.04 – Demolição.

7.05 – Reparação, conservação e reforma de edifícios, estradas, pontes, portos e congêneres (exceto o fornecimento de mercadorias produzidas pelo prestador dos serviços, fora do local da prestação dos serviços, que fica sujeito ao ICMS).

7.09 – Varrição, coleta, remoção, incineração, tratamento, reciclagem, separação e destinação final de lixo, rejeitos e outros resíduos quaisquer.

7.10 – Limpeza, manutenção e conservação de vias e logradouros públicos, imóveis, chaminés, piscinas, parques, jardins e congêneres.

7.12 – Controle e tratamento de efluentes de qualquer natureza e de agentes físicos, químicos e biológicos.

7.16 – Florestamento, reflorestamento, semeadura, adubação e congêneres.

7.17 – Escoramento, contenção de encostas e serviços congêneres.

7.19 – Acompanhamento e fiscalização da execução de obras de engenharia, arquitetura e urbanismo.

11.02 – Vigilância, segurança ou monitoramento de bens e pessoas.

17.05 – Fornecimento de mão-de-obra, mesmo em caráter temporário, inclusive de empregados ou trabalhadores, avulsos ou temporários, contratados pelo prestador de serviço.

17.10 – Planejamento, organização e administração de feiras, exposições, congressos e congêneres.

A doutrina interpreta que a responsabilidade prevista no art. 6º da Lei Complementar nº 116/2003 é classificada como "substituição tributária", sendo que a lei atribuiu o dever de pagamento do tributo a pessoa diversa aquela que praticou o fato gerador, antes da ocorrência deste[72]. Neste caso a legislação vai criar uma obrigação de terceira pessoa, em geral o tomador do serviço, a promover a retenção do valor do tributo devido pelo prestador do serviço.

Nestes termos, Alfredo Augusto Becker explica o fenômeno da substituição tributária:

> Existe substituto legal tributário toda vez em que o legislador escolher para sujeito passivo da relação jurídica tributária um outro qualquer indivíduo, em substituição daquele determinado indivíduo de cuja renda ou capital a hipótese de incidência é fato-signo presuntivo[73].

A responsabilidade estabelecida no ISSQN surge com a ocorrência do fato gerador do tributo, de forma que a previsão legal prévia já identifica o sujeito passivo que deverá realizar o pagamento.

---

72. Cf. BARRETO, Aires F. Curso de Direito Tributário Municipal. São Paulo: Saraiva, 2009, p. 365.
73. Becker, Alfredo Augusto. Teoria Geral do Direito Tributário. 3ª ed., São Paulo, Lejus, 1998, p. 549.

Além das hipóteses legais expressas na LC 116/2003, é permitido aos Municípios estabelecerem a substituição tributária com a retenção do imposto do prestador do serviço, desde que o ISSQN esteja dentro de sua competência territorial (aspecto espacial).

4.1. Cartórios, notariais e registros públicos

Concursos ainda tem questionado acerca da incidência de ISSQN sobre as atividades dos cartórios, notariais e registro públicos. A banca ESAF, por exemplo, avaliou como INCORRETA a afirmação de que *"os serviços de registros públicos, cartorários e notariais são imunes à incidência do ISS"* (ESAF - 2012). Isso é questionado porque com a entrada em vigor da Lei Complementar nº 116/2003 foi adicionado à lista de serviços tributáveis pelo ISS, diversos serviços, dentre eles os de registros públicos, cartorários e notariais (item 21-01).

Tal incidência foi objeto de diversos questionamentos judiciais, tendo a questão sido "pacificada" somente com julgamento da ADIn nº 3089, na qual sua constitucionalidade foi declarada pelo Supremo Tribunal Federal[74]. Considerou-se que as pessoas que exercem atividade notarial não são imunes à tributação, porquanto a circunstância de desenvolverem os respectivos serviços com intuito lucrativo invoca a exceção prevista no art. 150, § 3º da Constituição Federal.

Em relação às serventias judiciais, por sua vez, nada obstante o teor do art. 31, do Ato das Disposições Constitucionais Transitórias, que impõe a estatização de seus serviços, encontra-se ainda um quadro em que se tem a convivência de ofícios que exercem suas funções em caráter privado enquanto outras já exercem atividades sob o regime público. Somente a estatização do serviço, com a realização de concurso público de todos os funcionários, teria o condão de evitar a incidência tributária sobre a prestação de serviços ali realizada.

As atividades das serventias judiciais e extrajudiciais exercidas em caráter privado não obstante serem reguladas pelo Estado possui o caráter lucrativo, o que não fará jus a imunidade tributária.

O fato da atividade ser pública, como ocorre com a função notarial e a registral, não transforma o exercente em agente integrante do aparelho estatal. Conforme define Celso Antonio Bandeira de Mello: *"é preciso atenção para não misturar dois temas perfeitamente distintos: um, o do tipo de atividade que é estatal; outro, o do enquadramento de quem a desempenha, o qual pode ou não ser estatal. Assim, do fato de uma atividade ser pública não se segue que o sujeito que a desempenha se aloque na intimidade do aparelho estatal"*[75].

A respeito da base de cálculo, a jurisprudência tem o entendimento perfilhado no sentido de não ser aplicável a sistemática de recolhimento de ISS, prevista no art. 9º, § 1º, do Decreto-Lei nº 406/68 (regime fixo anual) aos cartórios:

---

74. ADI 3089, Relator(a): Min. CARLOS BRITTO, Tribunal Pleno, julgado em 13/02/2008.
75. BANDEIRA DE MELLO, Celso Antônio. Pareceres de Direito Administrativo. São Paulo: Malheiros, 2011. p. 410-411.

> DIREITO TRIBUTÁRIO. IMPOSSIBILIDADE DE APLICAÇÃO DA SISTEMÁTICA DE RECOLHIMENTO DE ISS PREVISTA NO § 1º DO ART. 9º DO DEC.-LEI nº 406/1968 AOS SERVIÇOS DE REGISTROS PÚBLICOS CARTORÁRIOS E NOTARIAIS. Não se aplica à prestação de serviços de registros públicos cartorários e notariais a sistemática de recolhimento de ISS prevista no § 1º do art. 9º do Dec.-lei nº 406/1968. (...) a prestação dos serviços cartoriais não importa em necessária intervenção pessoal do notário ou do oficial de registro, tendo em vista que o art. 236 da CF e a legislação que o regulamenta permitem a formação de uma estrutura economicamente organizada para a prestação do serviço de registro público, assemelhando-se ao próprio conceito de empresa. (STJ. REsp 1.328.384-RS, Rel. para acórdão Min. Mauro Campbell Marques, julgado em 4/2/2013).

Isso possui uma razão, pois o artigo 20 da Lei nº 8.935/94 autoriza os notários e os oficiais de registro a contratarem, para o desempenho de suas funções, escreventes, dentre eles escolhendo os substitutos, e auxiliares como empregados. Essa faculdade legal revela que a consecução dos serviços cartoriais não importa em necessária intervenção pessoal do tabelião, visto que possibilita empreender capital e pessoas para a realização da atividade.

Desta forma, o ISSQN devido pelos cartórios, notários e serventias não estatizadas deve ser calculado com base nos valores dos emolumentos cobrados pelos atos cartorários.

Outro fato que deve ser salientado é que o rendimento do serviço de cartórios, notários e serventias não estatizadas irá ser contabilizados na Declaração de Imposto de Renda - Pessoa Física. As serventias notariais e de registros não possuem Personalidade Jurídica - não são Empresas.

O entendimento predominante da doutrina e jurisprudência é de que os cartórios extrajudiciais não possuem personalidade jurídica e, portanto, não podem figurar no polo passivo das demandas judiciais. De acordo com o art.106, I, do regulamento de imposto de renda, aprovado pelo Decreto nº 3.000/99 a remuneração de notários e registradores está fincada no código 0190 (carnê-leão), aplicável às pessoas físicas.

A então Secretaria da Receita Federal, na Solução de Consulta nº 194, de 24 de maio de 2004, afastou qualquer dúvida a respeito da natureza jurídica dos serviços prestados por notários e tabeliães, de modo que não podem ser considerados como pessoas jurídicas (empresas) pelo simples fato de estarem inscritas no Cadastro Nacional de Pessoas Jurídicas (CNPJ).

Com efeito, a inscrição no CNPJ serve tão-somente para possibilitar a contratação de empregados, como autoriza o art.20 da Lei nº 8.935/94.

Assim, a tributação da renda auferida pelos Cartórios e Serventia extrajudiciais será feito na pessoa do titular da serventia. O imposto de Renda Pessoa Física (IRPF), sendo a forma de o Governo Federal receber dos contribuintes sua contribuição pelo trabalho e rendimento, são contabilizados como receita da pessoa física do titular, recolhendo este o IRPF.

Esse é o entendimento proferido pela Receita Federal em resultado de vários procedimentos de consultas:

> SOLUÇÃO DE CONSULTA Nº 81 de 11 de Marco de 2004
>
> EMENTA: Imposto de Renda da Pessoa Jurídica. Declaração. Cartório. Os cartórios são tributados como pessoas físicas, por meio da DIRPF dos respectivos tabeliães, e estão desobrigados da apresentação da DIPJ e da DCTF
>
> SOLUÇÃO DE CONSULTA Nº 217 de 11 de Junho de 2010
>
> EMENTA: TITULARES DE CARTÓRIO DE REGISTRO DE IMÓVEIS Para efeito de tributação do Imposto de Renda. Os cartórios de registro de imóveis não são considerados pessoas jurídicas, e nem a elas equiparadas, ainda que obrigados à inscrição no Cadastro Nacional das Pessoas Jurídicas (CNPJ). Os valores oriundos dos serviços notariais e de registro, a que se refere o art. 236 da Constituição, auferidos pelos titulares, ainda que em condição provisória, são considerados rendimentos do trabalho não-assalariado, e devem ser oferecidos à tributação, mensalmente, por meio do Recolhimento Mensal Obrigatório (carnê-leão), podendo, para efeito de apuração da base de cálculo, serem deduzidas as despesas escrituradas em Livro Caixa. Sendo assim, os titulares de serviços de registro de imóveis devem entregar a Declaração do Imposto sobre a Renda Retido na Fonte (Dirf), em seu próprio nome - indicando o número de inscrição no Cadastro das Pessoas Físicas (CPF), caso tenham pago ou creditado rendimentos que tenham sofrido retenção do imposto sobre a renda na fonte, ainda que em um único mês do ano-calendário a que se referir a declaração.
>
> SOLUÇÃO DE CONSULTA Nº 54 de 09 de Abril de 2009
>
> EMENTA: IRPF. NOTÁRIOS e REGISTRADORES. Os rendimentos oriundos dos serviços notariais e cartoriais serão tributados mensalmente pelo imposto de renda na pessoa física do titular do cartório, sujeitando-se ao recolhimento do carnê-leão na forma da legislação em vigor. A tributação dos rendimentos auferidos pelos notários e oficiais de registro opera-se na pessoa física do titular ainda que o cartório esteja obrigado à inscrição no Cadastro Nacional da Pessoa Jurídica (CNPJ).

Sendo o contribuinte do ISSQN o prestador do serviço, neste caso, o titular da serventia, cabe a ele a sujeição passiva em cumprir as obrigações acessórias necessárias para a realização da fiscalização tributária.

4.2. Cooperativa

Devido o interesse social que impregna a doutrina do cooperativismo, o Estado estabeleceu o regime jurídico da sociedade cooperativa, regulamentando sua estrutura, organização e funcionamento, através da Lei 5.764/71.

Com isso, a sociedade cooperativa é um instrumento de contratação coletiva, através da qual os profissionais que integram seu quadro social (cooperados), colocam sua atividade individual à disposição da sociedade, a fim de prestar serviços aos usuários. Tanto é assim que o art. 79 da lei 5764/71, ao especificar as relações reputadas como "atos cooperativos", acabou afastando a natureza comercialista:

> Art. 79. Denominam-se atos cooperativos os praticados entre as cooperativas e seus associados, entre estes e aquelas e pelas cooperativas entre si quando associados, para a consecução dos objetivos sociais.

> Parágrafo único. O ato cooperativo não implica operação de mercado, nem contrato de compra e venda de produto ou mercadoria.

O entendimento jurisprudencial é no sentido de que a cooperativa pode praticar tanto atos cooperativos, quanto atos não cooperativos, sendo que neste segundo caso haverá a incidência normal do ISSQN:

> ISS. COOPERATIVA. SERVIÇOS MÉDICOS. ATOS NÃO-COOPERADOS. TAXA. ADMINISTRAÇÃO. (...) o ISS não incide sobre os atos praticados pelas cooperativas médicas consistentes no exercício de atividades em prol dos associados que prestam serviços médicos a terceiros (atos cooperados). Os atos não-cooperados, aqueles decorrentes de relação jurídica negocial advinda da venda de planos de saúde a terceiros, sujeitam-se à incidência do ISS, tendo como base de cálculo, tão-somente, a receita advinda da cobrança da taxa de administração. Isso porque a receita tributável não abrange o valor pago ou reembolsado aos cooperados, haja vista não constituir parte do patrimônio da cooperativa (art. 79 da Lei nº 5.764/1971, c/c os arts. 86 e 87 do mesmo diploma legal). (STJ. REsp 875.388-SP, Rel. Min. Luiz Fux, julgado em 2/10/2007)

Em síntese, não haverá incidência de ISSQN sobre atos cooperativos; e nos atos não cooperativos, por sua vez, a incidência deverá estar circunscrita sobre a chamada taxa de administração, excluindo-se os valores pagos ou reembolsados aos associados. Entretanto, caso haja a demonstração de que a cobrança do tributo seja irregular, com caráter empresarial, ficará sujeito à incidência normal do ISSQN, conforme entendimento do STJ:

> TRIBUTÁRIO. COOPERATIVA DE SERVIÇOS ODONTOLÓGICOS. ATOS NEGOCIAIS. ISSQN. BASE DE CÁLCULO. Assentado pelas instâncias ordinárias o caráter empresarial da atividade desempenhada pela recorrente – venda de serviços de assistência odontológica –, deve ela submeter-se ao recolhimento do Imposto Sobre Serviços de Qualquer Natureza, cuja base de cálculo será o valor líquido recebido. Recurso especial provido. (REsp 1371438/RJ, Rel. Ministro ARI PARGENDLER, PRIMEIRA TURMA, julgado em 03/09/2013, DJe 23/10/2013)
>
> AGRAVO REGIMENTAL NO RECURSO ESPECIAL. COOPERATIVA DE SERVIÇOS MÉDICOS. ATO MERAMENTE NEGOCIAL, NÃO COOPERATIVO. ISS. INCIDÊNCIA. PRECEDENTES. Não incide o ISS sobre as atividades próprias de cooperativa. Por outro lado, as atividades de natureza empresarial, decorrentes de relação jurídica negocial, estão sujeitas à incidência do tributo porque não se qualificam como atos cooperativos. Precedentes. Agravo regimental improvido. (AgRg no REsp 1172458/RJ, Rel. Ministro CESAR ASFOR ROCHA, SEGUNDA TURMA, julgado em 29/05/2012, DJe 05/06/2012)

4.3. Serviços de coleta de sangue e análise clínica

A lista anexa à Lei Complementar 116/2003 prevê em itens separados o serviço de coleta e de análise do material:

> 4.02 – Análises clínicas, patologia, eletricidade médica, radioterapia, quimioterapia, ultrassonografia, ressonância magnética, radiologia, tomografia e congêneres.

> 4.20 – Coleta de sangue, leite, tecidos, sêmen, órgãos e materiais biológicos de qualquer espécie.

Esta previsão tem gerado algumas polêmicas na prática fiscalizatória, na medida em que no âmbito dos Municípios vem sendo aplicado o entendimento de que possa haver duas prestações de serviços distintas e, via de consequência, duas tributações.

Por outro lado, forma-se uma corrente que defende que *a "coleta de materiais" é* uma atividade-meio da *"análise clínica".* Sendo que em muitas situações, a coleta é realizada por uma filial e a análise pela matriz, em Município diferente, o que pode acirrar ainda mais a briga pela tributação, confundido a organização dos contribuintes.

Tradicionalmente, a doutrina defende que as "atividades-meio" possuem a utilidade de viabilizar a prestação do serviço público, não se caracterizando como serviço autônomo, nem mesmo possuindo conteúdo econômico próprio.

Nesse sentido, Aires F. Barreto leciona que:

> "somente podem ser tomadas, para compreensão do ISS, as atividades entendidas como fim, correspondentes à prestação de um serviço integralmente considerado em cada item. Não se pode decompor em serviço porque previsto, em sua integralidade, no respectivo item específico da lista da lei municipal nas várias ações-meio que o integram, para pretender tributá-las separadamente, isoladamente, como se cada uma delas correspondesse a um serviço autônomo, independente. Isso seria uma aberração jurídica, além de construir-se em desconsideração à hipótese de incidência do ISS"[76].

É possível identificar situações onde existem inúmeras atividades que estão direcionadas a consecução de uma prestação final, este sim, em sua integralidade, considerado como serviço autônomo. Para se desvendar esta situação no caso concreto, a fiscalização municipal terá que conhecer o fim do contrato, isto é, descobrir a atividade-fim, e consequentemente, considerar que todos os demais atos relacionados a tal comportamento são apenas prestações-meio[77].

O professor Aires F. Barreto identifica a existência dos chamados "pseudo-serviços", que seriam os atos preparatórios que conduzem a execução de um serviço. Assim, este doutrinador separa duas situações: "*(a) as atividades desenvolvidas como requisito ou condição para a produção de outra utilidade qualquer são sempre ações-meio, (b) essas mesmas ações ou atividades, todavia, consistirão no fim ou objeto, quando, em si mesmas, isoladamente consideradas, refletirem, elas próprias, a utilidade colocada à disposição de outrem*"[78].

Assim, seria possível a tributação de um serviço somente no caso deste ser autônomo e ter conteúdo econômico próprio, sendo vedado seu isolamento de

---

76. BARRETO, Aires. Curso de Direito Tributário Municipal. 2. ed. São Paulo: Saraiva, 2012, p. 375.
77. Cf. ALVES, Ana Clara da Rosa. Questões práticas do ISS – O Imposto sobre Serviços e as Atividades-Meio. 1.ed. São Paulo: ÔnixJur, 2011, p. 87.
78. BARRETO, Aires. Curso de Direito Tributário Municipal. 2. ed. São Paulo: Saraiva, 2012. p. 375.

forma unilateral pela Administração Pública. Ainda que a fiscalização tributária municipal se depare com os ditos serviços complexos – que se compõe de uma séria de atos intermediários para prestação do serviço – não há possibilidade de haver a divisão destes para tributação isolada[79].

Na lógica do mercado, as ações intermediárias (atividades meio), têm seu custo agregado ao preço final do serviço, mas isso não significa haver a possibilidade de interpretação como serviços isolados ou autônomos. É nessa esteira que o Superior Tribunal de Justiça possui o entendimento sedimentado acerca da impossibilidade de incidência do ISSQN sobre atividade meio[80].

Ocorre que o Superior Tribunal de Justiça, após analisar uma situação que envolvia um caso de coleta de sangue, definiu que o ISSQN cabe ao município no qual foi feita a contratação do serviço (coleta do material biológico e a entrega do respectivo laudo), ainda que a análise do material coletado tenha sido realizada em unidade localizada em outro município:

> DIREITO TRIBUTÁRIO. COMPETÊNCIA PARA EXIGIR ISS INCIDENTE SOBRE A PRESTAÇÃO DE SERVIÇO DE ANÁLISE CLÍNICA. É competente para cobrar o ISS incidente sobre a prestação de serviço de análise clínica (item 4.02 da lista anexa à LC 116/2003) o município no qual foi feita a contratação do serviço, a coleta do material biológico e a entrega do respectivo laudo, ainda que a análise do material coletado tenha sido realizada em unidade localizada em outro município, devendo-se incidir o imposto sobre a totalidade do preço pago pelo serviço.... REsp 1.439.753-PE, Rel. Min. Arnaldo Esteves Lima, Rel. para acórdão Min. Benedito Gonçalves, julgado em 6/11/2014, DJe 12/12/2014.

Em seu voto, o Relator Min. Arnaldo Esteves Lima, fundamentou que há caracterização de uma unidade econômica no Município que se promoveu a coleta do sangue pelo fato que neste local ocorreu a relação jurídica da prestação do serviço:

> Diante disso, verifica-se, no caso em análise, que a empresa contribuinte, a despeito de manter seu laboratório em determinado município, estabeleceu unidade econômica e profissional em outra municipalidade com escopo de disponibilizar os seus serviços de análises clínicas para as pessoas dessa localidade. Esse tipo de estabelecimento constituiu unidade econômica porque é lá onde usualmente contrata-se o serviço, providencia-se o pagamento e encerra-se a avença, com a entrega do laudo técnico solicitado pelo consumidor.

Fica claro, através desta decisão, que a competência tributária não é influenciada pela faculdade assegurada à empresa de manter os seus laboratórios em um determinado Município. Pelo contrário, o critério utilizado neste caso foi a partir da identificação do local onde é gerada a riqueza tributável, que ocorreu na unidade econômica que promoveu a contratação e a coleta de material biológico.

Este entendimento é fundamental para se verificar a necessidade de identificação da atividade fim, pois é ela que irá direcionar a competência tributária. A

79. STJ. Resp. 953840/RJ. Rel. Min. Luiz Fux. DJe 14.09.2009.
80. STJ. REsp 83254/MG, Rel. Min. José Delgado, Primeira Turma, julgado em 18.207, DJ 28.208 p. 74.

confusão entre "atividade meio" e "atividade fim" pode implicar não somente em erro quanto a competência, mas também em alíquotas e obrigações acessórias.

Não se pode afirmar que tal entendimento é pacífico, mas é um julgamento que se deve levar em consideração para compreender a competência tributária quanto ao ISSQN nesta espécie de serviço.

5. ASPECTO QUANTITATIVO

5.1. Base de cálculo

A base de cálculo é compreendia como a grandeza econômica que advém dos fatos jurídicos sujeitos à tributação. Ocorre que a grandeza efetiva dos acontecimentos e os fatos não são mensuráveis em sua integralidade, o que mostra a necessidade de delimitar a base de cálculo em situações específicas.

No caso do ISSQN a base de cálculo deverá se amoldar ao preço do serviço, que será a contraprestação em relação à obrigação de fazer, nos termos do art. 7º da Lei Complementar 116/2003.

Necessário diferenciar o preço do serviço, como aquela receita bruta de contraprestação, de meros ingressos, como outros tipos de valores. Para rigorosa compreensão das discussões judiciais a respeito da base de cálculo do ISSQN, principalmente no âmbito do Superior Tribunal de Justiça, deve-se fazer a distinção acima anunciada.

Nem toda entrada de valores que acompanham o serviço se referem a receita do serviço, uma vez que é comum haver passagem provisória de valores que não importam em modificação do patrimônio do prestador, apenas servindo de recursos intermediários. É comum, por exemplo, o repasse de valores em favor de advogados, paralelamente ao serviço advocatício, que servirá para custear as custas judiciais ou despesas gerais. Estes valores intermediários não poderão compor a base de cálculo do ISSQN dos serviços advocatícios, uma vez que não é contraprestação ao serviço.

Assim leciona Aires F. Barreto[81] sobre a base de cálculo do ISSQN:

> (...) tem-se que a base de cálculo do ISS é o preço do serviço, nele (preço) incluído tudo o que for pago pelo tomador (destinatário utente, usuário) ao prestador, desde que provenha da prestação de serviços.

E assim conclui:

> Vista de ângulo negativo, tem-se que a base de cálculo do ISS não pode incluir valores (a) que decorram de negócios outros, inconfundíveis com a prestação de serviços e (b) que, embora relacionados com a prestação de serviços, não expressam, eles mesmos, receitas do prestador.

81. BARRETO, Aires F. Curso de Direito Tributário Municipal. São Paulo: Saraiva, 2009, p. 380.

Tanto é assim que, no julgamento da ADPF 190, o Supremo Tribunal Federal fixou a seguinte tese: "É inconstitucional lei municipal que veicule exclusão de valores da base de cálculo do ISSQN fora das hipóteses previstas em lei complementar nacional". No caso julgado, prevaleceu o entendimento de que se reveste de inconstitucionalidade formal a lei municipal na qual se define base de cálculo em que se excluem os tributos federais relativos à prestação de serviços tributáveis e o valor do bem envolvido em contratos de arrendamento mercantil, por se tratar de matéria com reserva de lei complementar, nos termos do art. 146, III, "a", da Constituição da República[82].

Existem vários itens da lista anexa à Lei Complementar 116/2003 que trazem ressalvas acerca da base de cálculo, permitindo a incidência de ICMS sobre as mercadorias que acompanham a prestação de serviços (7.02, 14.01, 14.03, 17.11, etc.). Nos demais casos, onde não consta esta ressalva, deverá haver a incidência exclusivamente do ISSQN sobre a totalidade do preço do serviço. Assim, a regra a ser seguida é de que as atividades constantes da lista, sem ressalva quanto à incidência do ICMS, estão sujeitas somente ao imposto municipal, ainda que na sua prestação se verifique o fornecimento de materiais.

É comum a existência do ingresso de alguns valores no caixa do prestador do serviço que, embora se originem do mesmo negócio jurídico, não fazem parte da hipótese de incidência do ISSQN. O ingresso de valores que transitem de forma temporária sobre o mesmo objeto do negócio que originou a prestação de serviço não terá o condão de integrar a base de cálculo. Isso ocorre com imobiliárias ou administradores de imóveis, situação em que não poderá haver a incidência do ISSQN sobre os valores referentes aos aluguéis, pois tais valores não compõe o preço do serviço.

Situação semelhante ocorreu com a incidência do ISSQN sobre planos de saúde, onde o Superior Tribunal de Justiça decidiu que a base de cálculo deste imposto é o preço pago pelos consumidores, excluindo os repasses feitos pela contribuinte aos demais prestadores de serviços de saúde (hospitais, clínicas, laboratórios, médicos etc.)[83]. Também prevalece o entendimento de que no caso de contrato de seguro-saúde, o ISS não deve ser tributado com base no valor bruto entregue à empresa que intermedeia a transação, mas sim, apenas sobre a comissão[84].

Entendimento do STJ: em caso de planos de saúde, o ISSQN incide somente sobre a taxa de administração.

> Por tal razão, o valor repassado aos profissionais credenciados deve ser excluído da base de cálculo do tributo devido pela empresa gestora (STJ – AgRg no AREsp 218.161/MG, Rel. Ministro BENEDITO GONÇALVES, PRIMEIRA TURMA, julgado em 15/08/2013, DJe 26/08/2013)

---

82. ADPF 190, Relator(a): Min. EDSON FACHIN, Tribunal Pleno, julgado em 29/09/2016, PROCESSO ELETRÔNICO DJe-087, DIVULG 26-04-2017, PUBLIC 27-04-2017.
83. STJ. REsp 1237312/SP, Rel. Ministro HERMAN BENJAMIN, SEGUNDA TURMA, julgado em 20/10/2011, DJe 24/10/2011.
84. STJ. EDcl no REsp 227.293/RJ, Rel. Ministro JOSÉ DELGADO. PRIMEIRA TURMA, julgado em 09/08/2005.

> "A base de cálculo do ISS incidente sobre as operações decorrentes de contrato de seguro-saúde não abrange o valor bruto entregue à empresa que intermedeia a transação, mas, sim, a comissão, vale dizer: a receita auferida sobre a diferença entre o valor recebido pelo contratante e o que é repassado para os terceiros efetivamente prestadores dos serviços (STJ - AgRg no Ag 1288850/ES, Rel. Ministro HAMILTON CARVALHIDO, PRIMEIRA TURMA, julgado em 19/10/2010, DJe 06/12/2010)

Acerca do seguro saúde, em 2020, no julgamento do Recurso de Embargos de Declaração no Recurso Extraordinário 651703, o Supremo Tribunal Federal alterou a tese de Repercussão Geral anteriormente aprovada, que passou a constar a seguinte: "As operadoras de planos de saúde realizam prestação de serviço sujeito ao Imposto sobre Serviços de Qualquer Natureza previsto no artigo 156, inciso III da Constituição Federal".

O plenário decidiu excluir a expressão "seguro saúde" da tese aprovada em repercussão geral sobre a incidência ISSQN sobre a atividade desenvolvida pelas operadoras de planos de saúde. Assim, a partir deste entendimento, prevaleceu o entendimento no sentido de que o seguro saúde não compõe a base de cálculo da atividade exercida pelas operadoras de planos de saúde. Isso porque o seguro é fato gerador do IOF, imposto federal.

Outro tema importante julgado pelo Supremo Tribunal Federal - no RE 634.764 - foi acerca dos serviços de apostas. Decidiu esta Corte ser constitucional a incidência do ISSQN sobre as atividades de distribuição e venda de bilhetes e demais produtos de loteria, bingos, cartões, pules ou cupons de apostas, sorteios e prêmios (item 19 da Lista de Serviços Anexa à Lei Complementar 116/2003). Contudo, a base de cálculo do ISS deve ser o valor a ser remunerado pela prestação do serviço, independentemente da cobrança de ingresso, não podendo corresponder ao valor total da aposta. Nestes termos, mediante proposição do Relator Ministro Gilmar Mendes, foi aprovada a seguinte tese: "Surge incompatível com a Constituição Federal a incidência de Imposto sobre Serviços de Qualquer Natureza - ISS calculado sobre vendas de apostas".

A base de cálculo deve estar delimitada pelo princípio da legalidade, na medida em que precisa estar definido por lei municipal (art. 97 CTN), sendo que esta previsão deve estar em consonância com as normas gerais do tributo (art. 146, III CF/88). Inclusive, o Superior Tribunal de Justiça já reconheceu que descontos incondicionais não compõem a base de cálculo do ISSQN, por haver uma diminuição da contraprestação financeira recebida:

> Descontos no preço do serviço que forem feitos de forma incondicionada, sem qualquer condição, serão válidos. O preço do serviço será, portanto, o valor cobrado já com o desconto. Se não for comprovado que a dedução foi incondicionada, mas decorreu de uma certa condição, o fisco poderá cobrar a diferença do ISS. (MARTINS, Sérgio Pinto, "Manual do Imposto sobre Serviços", 7ª edição, São Paulo, Atlas, 2006, p. 82 e 83). Recurso especial conhecido e parcialmente provido para reconhecer que os descontos incondicionados concedidos em nota fiscal não integram a base de cálculo do ISS. (REsp 1015165/BA, Rel. Ministra DENISE ARRUDA, PRIMEIRA TURMA, julgado em 17/11/2009, DJe 09/12/2009)

Situação semelhante foi reconhecida perante uma Solução de Consulta da Prefeitura de São Paulo, onde se entende que descontos incondicionais não compõe base de cálculo do ISSQN:

> SOLUÇÃO DE CONSULTA SF/DEJUG nº 27, de 22 de maio de 2013
>
> ISS. Valores concedidos a título de bolsa de estudo – PROUNI. Descontos Incondicionais. Dedução da base de cálculo.

Pode-se notar que o valor referente ao desconto condicionado não compõe a base de cálculo do ISSQN. Situação diversa é a respeito do desconto incondicionado, aqui o preço do serviço é fixado no contrato e não há previsão de concessão de nenhum desconto. Este último caso fica caracterizado quando o Prestador do Serviço emite a nota fiscal, concedendo o desconto desvinculando de qualquer exigência ou condição.

Neste caso, entende-se como preço do serviço os valores pagos pelos consumidores em contraprestação do serviço recebido, em regra, sem nenhuma dedução. Por outro lado, é necessário compreender que nem todo ingresso pode ser considerado receita direta da prestação de serviço. É o que acontece com o serviço de trabalho temporário, onde o ISS incidirá somente sobre a taxa de administração, exceto se o empregado for contratado pela empresa intermediadora com registro empregatício, entendimento este materializado na Súmula 524 do STJ:

> Súmula 524: No tocante à base de cálculo, o ISSQN incide apenas sobre a taxa de agenciamento quando o serviço prestado por sociedade empresária de trabalho temporário for de intermediação, devendo, entretanto, englobar também os valores dos salários e encargos sociais dos trabalhadores por ela contratados nas hipóteses de fornecimento de mão de obra.

Por outro lado, como exceção, na prestação de serviços médicos em hospitais (item 4.03), a jurisprudência se formou no sentido de que o valor dos medicamentos e alimentação vai compor a base de cálculo do tributo municipal[85].

Nestes termos, o professor Marcelo Caron Baptista assim define a base de cálculo do ISSQN:

> Mesmo sendo certo que não se pode confundir preço da prestação (base de cálculo do ISS) com preço do serviço (preço da prestação + valores gastos com a prestação), há que se levar em consideração os casos em que o prestador cobra do tomador um valor global pela sua atividade, sem distinguir o que se refere ao preço da mão de obra e o que se refere a outros gastos por ele incorridos[86]

Assim, não integram a base de cálculo do imposto os reembolsos de despesas dos clientes, adiantados pelo prestador do serviço, tais como os valores constantes de Notas Fiscais de Serviços prestados por terceiros, emitidas em nome dos clientes.

---

85. Súmula 274 STJ: O ISS incide sobre o valor dos serviços de assistência médica, incluindo-se neles as refeições, os medicamentos e as diárias hospitalares.

86 BAPTISTA, Marcelo Caron. A norma tributária do Imposto sobre Serviços – ISS ênfase no consequente normativo. In. Curso de direito Tributário e Finanças Públicas. Eurico Marcos Diniz de Santi (org.), São Paulo: Saraiva, 2008, p. 1048.

Neste sentido, já decidiu o Superior Tribunal de Justiça:

> Consoante a jurisprudência do Superior Tribunal de Justiça as despesas necessárias à prestação de serviço que não importem na atividade-fim do prestador são excluídas da base de cálculo do tributo. Precedentes. Hipótese em que o transportador efetua despesas em nome dos tomadores do serviço, que serão posteriormente reembolsadas. Dedução da base de cálculo do ISS (AgRg no AREsp 90.001/SP, Rel. Ministra ASSUSETE MAGALHÃES, SEGUNDA TURMA, julgado em 28/04/2015, DJe 08/05/2015).

O mesmo entendimento foi proferido pelo Superior Tribunal de Justiça em outra oportunidade sobre as despesas de viagem, alimentação dos empregados:

> A base de cálculo do ISS é o preço do serviço, consoante disposto no art. 9º, caput, do Decreto-Lei nº 406/68. Destarte, o preço do serviço é a contraprestação que o tomador ou usuário do serviço deve pagar diretamente ao prestador, vale dizer, o valor a que o prestador faz jus, pelos serviços que presta. Consectariamente, as despesas realizadas com viagens, alimentação e estada de funcionários, para prestação do serviço em localidade diversa do estabelecimento do prestador, ostentam natureza indenizatória em virtude do repasse ao contratante para posterior reembolso, não integrando a remuneração pelo serviço prestado, porquanto não realizadas em favor de quem as efetuou. É cediço na jurisprudência da Corte que somente os gastos com a própria atividade são objeto de tributação pelo ISS, não podendo ser deduzidos para a apuração do resultado, sob pena de o preço do serviço deixar de ser a receita bruta a ele correspondente. Outrossim, não podem ser considerados como referidos valores os recebidos de outrem para adimplir obrigações (não do prestador) de terceiro, cujo negócio é por aquele administrado, sob pena de não se distinguir o conceito de despesa com o de custo da prestação do serviço, e de valores pertencentes a terceiros. (REsp 788.594/MG, Rel. Ministro LUIZ FUX, PRIMEIRA TURMA, julgado em 06/02/2007, DJ 08/03/2007, p. 167)

Já no caso das sociedades que tenham como objeto a prestação de serviços de marketing não possuem direito à exclusão da base de cálculo do ISS dos valores recebidos a título de reembolso pelo pagamento de profissionais contratados interinamente[87].

Portanto, em regra, o preço do serviço vai ser a exata medida do valor combinado para a prestação do serviço, ou seja, é o conteúdo patrimonial que será utilizado com contraprestação da obrigação de fazer sujeita ao ISSQN. Não se inclui na base de cálculo do ISSQN valores como valores destinados ou pertencentes à terceiros, meros reembolsos, descontos incondicionais e encargos financeiros.

5.1.1. *Base de cálculo especial para sociedades profissionais (ISS-fixo)*

O Supremo Tribunal Federal decidiu que o art. 9º do DL 406/1968 não foi revogado pela Lei Complementar 116/2003. Isso significa que dentre outras situações,

87 AgInt nos EDcl no AgInt no AREsp 903.587/SP, Rel. Ministro OG FERNANDES, SEGUNDA TURMA, julgado em 02/05/2017, DJe 05/05/2017.

ainda é vigente o chamado ISS fixo, através do qual a Fazenda Pública deverá criar uma forma de tributação fixa quando a prestação de serviços ocorrer sob a forma de trabalho pessoal do próprio contribuinte.

É nítida a exigência da lei para que o trabalho seja exercido pessoalmente pelo profissional, sem a possibilidade de terceirização. Neste sentido, terá direito ao tratamento privilegiado do ISS as sociedades civis uniprofissionais, que tem por objeto a prestação de serviço especializado e sem caráter empresarial:

> A jurisprudência do Superior Tribunal de Justiça firmou-se no sentido de que o benefício da alíquota fixa do ISS somente é devido às sociedades unipessoais integradas por profissionais *que* atuam com responsabilidade pessoal, não alcançando as sociedades empresariais, como as sociedades por quotas, cuja responsabilidade é limitada ao capital social. 2. In casu, se a sociedade recorrente adotou a forma de cotas por responsabilidade limitada não faz jus ao privilégio do recolhimento do ISS com base em alíquotas fixas, previsto nos §§ 1º e 3º do art. 9º do Decreto-Lei nº 406/68 (AgRg nos EDcl no AREsp 33.365/PR, Rel. Ministro HUMBERTO MARTINS, SEGUNDA TURMA, julgado em 22/11/2011, DJe 25/11/2011)
>
> Segundo a jurisprudência firmada no âmbito da 1ª. Seção do STJ, o tratamento diferenciado dispensado às sociedades profissionais, nos moldes do art. 9º. do Decreto-Lei 406/68, não foi revogado pela Lei Complementar 116/03 (REsp. 919.067/MG, Rel. Ministro TEORI ALBINO ZAVASCKI, DJe 9.8.2011). Firmou-se a orientação da 1a. Seção desta Corte Superior de que as sociedades constituídas sob a forma de responsabilidade limitada, justamente por excluir a responsabilidade pessoal dos sócios, não atendem ao disposto no art. 9º., § 3º. do DL 406/68, razão por que não fazem jus à postulada tributação privilegiada do ISS (AgRg nos EREsp. 1.182.817/RJ, Rel. Min. MAURO CAMPBELL MARQUES, DJe 29.8.2012). 3. Agravo Regimental da empresa contribuinte ao qual se nega provimento. (AgRg no AREsp 155.844/SP, Rel. Ministro NAPOLEÃO NUNES MAIA FILHO, PRIMEIRA TURMA, julgado em 15/03/2016, DJe 31/03/2016)

Aires F. Barreto, com base no art. 9º do DL 406/68, traça os seguintes elementos que devem ser verificados no caso concreto para atestar o atendimento dos pressupostos legais:

> a) o serviço seja prestado em nome da sociedade, sob a forma de trabalho pessoal do próprio contribuinte;
>
> b) os sócios estejam (todos) devidamente habilitados para o exercício da mesma profissão (sociedades uniprofissionais) ou de profissões afins;
>
> c) a habilitação profissional dos integrantes da sociedade seja diretamente relacionada com o objeto da sociedade;
>
> d) a sociedade seja formada apenas por pessoas físicas".

Assim predominou o entendimento de que o benefício da alíquota fixa do Imposto sobre Serviços estabelecida no art. 9º, §§ 1º e 3º, do DL n. 406/68 somente era concedido às sociedades uni ou pluripessoais integradas por profissionais que atuavam com responsabilidade pessoal e sem caráter empresarial (AgInt no AREsp 860593/SE, Rel. Ministro MAURO CAMPBELL MARQUES, SEGUNDA TURMA, Julgado em 02/06/2016, DJE 08/06/2016). Muito embora esta questão estivesse consolidada no âmbito do Superior Tribunal de Justiça, havia Repercussão geral reconhecida no Supremo Tribunal Federal sobre o regime de tributação fixa do ISSQN e as sociedades profissionais de advogados (RE 940769 – Tema 918), a qual foi julgada e fixada a seguinte tese:

> **Tese aprovada ao Tema 918 de Repercussão Geral:** *"É inconstitucional lei municipal que estabelece impeditivos à submissão de sociedades profissionais de advogados ao regime de tributação fixa em bases anuais na forma estabelecida por lei nacional."*

Nestes termos, o STF consolidou o entendimento de que é inconstitucional lei municipal que disponha de modo divergente ao DL 406/1968 sobre base de cálculo do ISSQN, por ofensa direta ao art. 146, III, a, da Constituição Federal.

Outro julgamento que impactou este tema, foi do Superior Tribunal de Justiça no EAREsp 31.084/MS, **através do qual a 1ª Seção pacificou a jurisprudência da Corte sobre a irrelevância do tipo societário escolhido pela sociedade uniprofissional como condição para o seu enquadramento no ISS-Fixo:**

> O cerne da questão reside na caracterização da embargante como sociedade civil de profissionais, o que lhe permitiria gozar da alíquota fixa do ISSQN, nos moldes do artigo 9º, § 3º, do Decreto-Lei 406/1968. No caso em tela, trata-se de sociedade simples limitada, em que o objeto social é a prestação de serviços médicos desenvolvidos diretamente pelos sócios que compõem o quadro societário (fls. 347/348, e-STJ), cuja responsabilidade pessoal é regida pelo Código de Ética Médica.
>
> Circunscrito a estes parâmetros fáticos sobreditos, assevera-se que a fruição do direito a tributação privilegiada do ISSQN depende, basicamente, da análise da atividade efetivamente exercida pela sociedade, para saber se ela se enquadra dentre aquelas elencadas no § 3º do art. 9º do Decreto-lei n. 406/1968 (itens 1, 4, 8, 25, 52, 88, 89, 90, 92 da lista anexa à LC n. 56/1987), bem como se perquirir se a atividade intelectual, científica, literária ou artística desempenhada pela pessoa jurídica não constitua elemento de empresa, ou melhor, nos termos do artigo 966 do Código Civil, que os fatores de produção, circulação e de organização empresarial não se sobreponham à atuação profissional e direta dos sócios na condução do objeto social da empresa, sendo irrelevante para essa finalidade o fato de a pessoa jurídica ter se constituído sob a forma de responsabilidade limitada.
>
> Desta forma, ressalvado os modelos puramente empresariais, como ocorre com as espécies de sociedades anônimas e comandita por ações, não é relevante para a concessão do regime tributário diferenciado a espécie empresarial adotada pela pessoa jurídica, pois como no caso concreto ora analisado, pode haver sociedades limitadas que não são empresárias, conforme preveem expressamente os artigos 982 e 983 do Código Civil.
>
> 5. Embargos de Divergência providos.
>
> (EAREsp 31.084/MS, Rel. Ministro NAPOLEÃO NUNES MAIA FILHO, Rel. p/ Acórdão Ministro MAURO CAMPBELL MARQUES, PRIMEIRA SEÇÃO, julgado em 24/03/2021, DJe 08/04/2021)

O entendimento firmado pelo STJ foi o de que o enquadramento da sociedade uniprofissional no regime fixo de ISS instituído por força do art. 9º, do

Decreto-lei 406/68, não guarda relação com o tipo societário escolhido para a sua constituição. Circunscrito a estes parâmetros, assevera-se que a fruição do direito a tributação privilegiada do ISSQN depende, basicamente, da análise da atividade efetivamente exercida pela sociedade, para saber se ela se enquadra dentre aquelas elencadas no § 3º do art. 9º do Decreto-lei n. 406/1968, ou melhor, nos termos do artigo 966 do Código Civil, que os fatores de produção, circulação e de organização empresarial não se sobreponham à atuação profissional e direta dos sócios na condução do objeto social da empresa, sendo irrelevante para essa finalidade o fato de a pessoa jurídica ter se constituído sob a forma de responsabilidade limitada.

5.1.2. Arbitramento da base de cálculo – regime de estimativa

Conforme se escreveu acima, a Lei Complementar 116/2003 disciplinou que o ISSQN deve ser calculado aplicando uma determinada alíquota sobre a respectiva base de cálculo do imposto. A base de cálculo, por sua vez, está prevista no art. 7º como sendo "o preço do serviço".

Ocorre que em muitas situações a Fazenda Pública detecta que o contribuinte promove a declaração e pagamento do tributo menor do que realmente devido. E pior, os casos em que a Fazenda Pública promove a intimação do contribuinte para apresentar documentos e notas fiscais e, este, deliberadamente se mantém inerte.

É com base nestas situações que a Fazenda Pública, encontrando dificuldade em se identificar o valor real do preço do serviço, poderá se valer do art. 148 do Código Tributário Nacional para arbitrar a base de cálculo utilizar o regime de estimativa. Assim disciplina o art. 148 do CTN: **"quando o cálculo do tributo tenha por base, ou tome em consideração, o valor ou o preço de bens, direitos, serviços ou atos jurídicos, a autoridade lançadora, mediante processo regular, arbitrará aquele valor ou preço, sempre que sejam omissos ou não mereçam fé as declarações ou os esclarecimentos prestados, ou os documentos expedidos pelo sujeito passivo ou pelo terceiro legalmente obrigado, ressalvada, em caso de contestação, avaliação contraditória, administrativa ou judicial".**

Em outras palavras, a apuração do valor da base de cálculo do ISSQN pode ser feita por arbitramento nos termos do artigo 148 do CTN quando for certa a ocorrência do fato imponível e a declaração do contribuinte não mereça fé, em relação ao valor ou preço de bens, direitos, serviços ou atos jurídicos registrados. Nesse caso, o fisco municipal estará autorizado a proceder ao arbitramento mediante processo administrativo-fiscal regular, assegurados o contraditório e a ampla defesa.

É nesse sentido a jurisprudência do Superior Tribunal de Justiça:

> Acrescente-se que a apuração do valor da base de cálculo do imposto pode ser feita por arbitramento nos termos do artigo 148 do CTN quando for certa a ocorrência do fato imponível e a declaração do contribuinte não mereça fé, em relação ao valor ou preço de bens, direitos, serviços ou atos jurídicos registrados. Nesse caso, a Fazenda Pública fica autorizada a proceder ao arbitramento mediante processo administrativo-fiscal regular, assegurados o contraditório e a ampla defesa. (REsp 1816701/SP, Rel. Ministro HERMAN BENJAMIN, SEGUNDA TURMA, julgado em 25/06/2019, DJe 01/07/2019)

REFLITA A PRÁTICA:

Imagine um cenário em que o Auditor Fiscal Municipal encontra um prestador de serviço que atua na atividade de estacionamento. Este contribuinte nunca declarou o tributo, não emite Nota Fiscal e nunca recolheu um centavo de ISSQN.

Com o objetivo de fiscalizar a atividade, o Auditor Fiscal promove a intimação do contribuinte, para o fim de apresentar os documentos necessários e prestar informações da atividade para apurar a base de cálculo do ISSQN. Contudo o contribuinte se mantém inerte.

A solução para o caso em tela será o Auditor Fiscal encontrar a base de cálculo através da aplicação de um regime de estimava (arbitramento), onde em uma fiscalização *in loco*, irá juntar elementos necessários para apurar uma base de cálculo presumida.

Para isso, tratando-se da atividade de estacionamento, poderá o Auditor Fiscal fazer um levantamento de informações, como o número de vagas, preço médio do serviço e rotatividade diária no estacionamento, formando a equação do preço médio:

RELATÓRIO DE FISCALIZAÇÃO – REFI N.º ....

ENQUADRAMENTO - REGIME DE ESTIMATIVA

Razão Social : ____________________

Nome Fantasia : ____________________

Inscr. Municipal n.º : __________ Contador : __________

Atividade : __________ Área Ocupada : ______

Número de sócios : ______ Número de Empregados : ______

Livro Caixa : ☐ Sim ☐ Não   Prédio Próprio : ☐ Sim ☐ Não

Tipo de Serviço Prestado: ____________________

Número de vagas para veículos: ____________________

Quantidade de veículos: ____________________

Preço médio dos serviços: ____________________

Assim, plenamente viável a adoção do regime de estimativa quando não existam dados que possibilitem a aferição mensal do valor do ISS ou quando os documentos fiscais do sujeito passivo não sejam merecedores de fé. A sua adoção é instituída no interesse e no resguardo da arrecadação municipal e deve ser feito nos estritos limites da Lei Municipal.

Inclusive, o Supremo tribunal Federal já se manifestou no sentido de que, em respeito ao princípio da legalidade tributária, o regime de estimava para ser legítimo deve estar previsto em lei e não decreto:

> TRIBUTO – PRINCÍPIO DA LEGALIDADE. A exigibilidade de tributo pressupõe lei que o estabeleça – artigo 150 da Constituição Federal. ICMS – REGIME DE APURAÇÃO – ESTIMATIVA – DECRETO – IMPROPRIEDADE. A criação de nova maneira de recolhimento do tributo, partindo-se de estimativa considerado o mês anterior, deve ocorrer mediante lei no sentido formal e material, descabendo, para tal

> fim, a edição de decreto, a revelar o extravasamento do poder regulamentador do Executivo. (RE 632265, Relator(a): Min. MARCO AURÉLIO, Tribunal Pleno, julgado em 18/06/2015, ACÓRDÃO ELETRÔNICO REPERCUSSÃO GERAL – MÉRITO DJe-199 DIVULG 02-10-2015 PUBLIC 05-10-2015)

O regime de estimativa, como medida excepcional, deve ser utilizado sempre com muita cautela pelo fisco municipal e, deve ocorrer dentro de critérios justos, técnicos e adequados. E por se tratar de uma sistemática diferenciada e excepcional, o regime de estimativa deve ser usado somente as hipóteses previstas no art. 148 do CTN.

Para reforçar este entendimento, em julgamento de um caso similar, o Superior Tribunal de Justiça fixou o entendimento de que "*atendidos os requisitos previstos em lei, é legítima a submissão de empresas a Regime Especial de Fiscalização, salvo comprovação de que as medidas inviabilizem indevidamente o livre exercício da atividade econômica*". (RMS 65.714-SE, Rel. Min. Assusete Magalhães, Segunda Turma, por unanimidade, julgado em 22/02/2022, DJe 03/03/2022). Isso significa que se o procedimento especial de fiscalização estiver devidamente previsto na lei municipal e não inviabilizar o livre exercício da empresa, não haverá nenhuma irregularidade.

5.2. Alíquota

Primeiramente, cabe lembrar que a Carta Constitucional, no seu art. 156, § 3º, I, estabeleceu que ficará a cargo da Legislação Complementar fixar as alíquotas máximas e mínimas do ISSQN. No primeiro caso, existe a previsão da alíquota máxima de 5% (LC 116/03, art. 8º, II), o que não ocorre no segundo, pois não houve previsão de alíquota mínima.

A polêmica está centrada no fato de que o constituinte derivado alterou o art. 88 do ADCT, a fim de incluir a vedação aos Municípios, no que tange ao ISSQN, estabelecerem alíquotas mínimas inferiores a 2%, bem como de concederem benefícios e isenções, até que a legislação complementar venha regulamentar esta situação:

> Art. 88. Enquanto lei complementar não disciplinar o disposto nos incisos I e III do § 3º do art. 156 da Constituição Federal, o imposto a que se refere o inciso III do caput do mesmo artigo:
>
> I – terá alíquota mínima de dois por cento, exceto para os serviços a que se referem os itens 32, 33 e 34 da Lista de Serviços anexa ao Decreto-Lei nº 406, de 31 de dezembro de 1968;
>
> II – não será objeto de concessão de isenções, incentivos e benefícios fiscais, que resulte, direta ou indiretamente, na redução da alíquota mínima estabelecida no inciso I.

Este dispositivo constitucional é expresso em definir que na ausência de Lei Complementar regulamentadora, os Municípios não poderiam conceder isenções. Posteriormente a Lei Complementar nº 116/2003 foi editada para definir normas gerais do ISSQN, sendo omissa, contudo, quanto aos benefícios fiscais e alíquota mínima.

Existem vários doutrinadores que identificam uma inconstitucionalidade do artigo 88 do ADCT, inserido pela Emenda nº 37/2002, por afrontar a autonomia municipal e, por decorrência, o princípio federativo. Nestes termos, Aires F. Barreto entendeu ser inconstitucional a Emenda nº 37/2002, esclarecendo que "*parece, a todos os títulos, que se tem aí afronta ao magno princípio da autonomia municipal. Quem é competente para instituir também o é para isentar, reduzir, incentivar*"[88].

Entretanto, não há um posicionamento claro da jurisprudência pátria, apenas, foi encontrado raros julgados de Tribunais de Segunda Instância no sentido de ser constitucional as limitações do art. 88 da ADCT[89].

Corrente que defende a Inconstitucionalidade do art. 88 ADCT	Corrente que defende a Constitucionalidade do art. 88 ADCT
• Ofensa à autonomia dos municípios • Omissão da LC 116/2003	• Artigo ainda em vigência • Presunção de constitucionalidade • Evitar guerra fiscal

> Acredita-se que a doutrina e jurisprudência possam buscar uma interpretação dos reais objetivos da ordem tributária constitucional, de forma que a norma em comento seja aplicada inteligentemente. Por isso, ultrapassada a questão da validade "duvidosa" do artigo 88, do ADCT, deve este dispositivo receber uma interpretação teleológica, a fim de se identificar a verdadeira finalidade da norma constitucional. Nestes termos, a lição de Luis Roberto Barroso se aplica perfeitamente a situação, quando este doutrinador afirma que: "as normas devem ser aplicadas atendendo, fundamentalmente, ao seu espírito e á sua finalidade. (...) procura revelar o fim da norma, o valor ou bem jurídico visado pelo ordenamento com a edição de dado preceito"[90].

Está claro que o artigo 88 do ADCT não estabelece um impedimento de incentivos fiscais à toa, há uma intenção clara de se evitar uma disputa fiscal (cunho arrecadatório). Em outras palavras, sem dificuldade alguma é possível identificar que o art. 88 da ADCT visa evitar a guerra fiscal entre os municípios, proibindo a utilização de incentivos fiscais de forma indiscriminada, prejudicando, muitas vezes, o equilíbrio fiscal da própria municipalidade.

---

88. BARRETO, Aires F. O ISS na Constituição e na Lei. São Paulo: Dialética, 2003, p. 345.
89. Incidente de inconstitucionalidade Acórdão que suscitou o incidente como preliminar de conhecimento da questão de mérito, reportando-se à argumentação tecida na sentença recorrida Argumentação suficiente para conhecimento do incidente Arguição de nulidade do acórdão rejeitada Incidente conhecido Lei Municipal n" 3 020/04, art. l", do Município de Poá, que prorrogou a alíquota mínima do ISSQN cm 0,25% pelo prazo de dez anos Norma que contrariou o disposto no art. 88, I c II, do Ato das Disposições Transitórias da Constituição Federal, acrescentado pela EC n" 37, de 12 de junho de 2002, que estabeleceu alíquota mínima de 2% e inadmitiu isenções, incentivos e benefícios fiscais que resultasse na redução da alíquota mínima estabelecida para o ISSQN. Arguição conhecida, declarada incidentalmente a inconstitucionalidade do art. l"da Lei Mun 3.020/04, do Município de Poá (TJSP – Incidente de Inconstitucionalidade nº 994.09.222.877-8 – Rel. Joisé Santana – Julg. 24/02/2010).
90. BARROSO, Luís Roberto. Interpretação e Aplicação da Constituição. São Paulo: Saraiva, 2004. p. 138.

Esta reflexão é importante na medida em que se torna necessário justificar a constitucionalidade de uma série de benefícios fiscais concedidos com fins sociais, o que já poderia, de antemão, verificar a ausência de qualquer disputa fiscal que ensejasse a aplicação do art. 88 da ADCT. Além disso, poder-se-ia visualizar certos incentivos finalísticos, sob condições específicas, ligado aos objetivos constitucionais do art. 3º da Constituição Federal de 1988.

Tivemos um julgamento sobre este caso pelo Supremo Tribunal Federal na ADPF 190, onde se fixou a seguinte tese: "é incompatível com o Texto Constitucional medida fiscal que resulte indiretamente na redução da alíquota mínima estabelecida pelo art. 88 do ADCT, a partir da redução da carga tributária incidente sobre a prestação de serviço na territorialidade do ente tributante". *Neste caso, o STF encontrou a* inconstitucionalidade material da lei municipal que violou o art. 88, I e II, do ADCT, o qual fixou alíquota mínima para os fatos geradores do ISSQN, assim como vedou a concessão de isenções, incentivos e benefícios fiscais, que resultasse, direta ou indiretamente, na redução da alíquota mínima estabelecida. Assim, reduz-se a carga tributária incidente sobre a prestação de serviço a um patamar vedado pelo Poder Constituinte[91].

Para efeitos de concurso público é aconselhável seguir a interpretação expressa de lei abalizada por este entendimento do STF, como ocorreu em certame organizado pela FCC (TC-BA – 2011), onde considerou-se como CORRETA a seguinte afirmação "*O imposto de competência dos municípios que deverá ter suas alíquotas mínimas e máximas fixadas em lei complementar é o imposto sobre serviços de qualquer natureza, não compreendidos na competência dos Estados*".

► ATENÇÃO:

Com a publicação da Lei Complementar 157/2017, § 2º, passou a ser considerada improbidade administrativa, por parte do gestor responsável, a concessão de benefício fiscal cuja alíquota esteja abaixo de 2% no ISSQN.

Assim, os Municípios tiveram o prazo de 01 ano contados da publicação desta lei para se ajustarem à legislação, evitando a continuidade da guerra fiscal. Note-se que a nova redação do § 2º disciplina que será considerada nula a lei ou o ato do Município ou do Distrito Federal que não respeite as disposições relativas à alíquota mínima do ISSQN. A fixação de alíquota mínima visa impedir que municípios fixem percentuais inferiores ao piso, a fim de atrair e fomentar novos investimentos em seu território. Tal prática tem como uma de suas consequências o favorecimento de municípios de grande porte, posto que o alto volume de arrecadação permitiria a concessão desses benefícios fiscais. Ademais, a desobediência aos ditames desta norma configura improbidade administrativa, conforme inclusão do art. 10-A na Lei 8.429/1992.

---

91. ADPF 190, Relator(a): Min. EDSON FACHIN, Tribunal Pleno, julgado em 29/09/2016, PROCESSO ELETRÔNICO DJe-087 DIVULG 26-04-2017 PUBLIC 27-04-2017.

Com isso, considera-se consolidado o entendimento da impossibilidade de concessão de alíquotas menores que 2% no ISSQN, exceto aos ramos econômicos de construção civil e transporte (subitens 7.02, 7.05 e 16.01 da lista anexa à LC 157/16), para as quais ainda será possível a concessão de isenções e benefícios fiscais.

6. INFORMAÇÕES COMPLEMENTARES

6.1. Lançamento

A espécie de lançamento vai depender da regulamentação criada pela lei local de cada um dos Municípios, mas normalmente o ISSQN variável é realizado por meio de lançamento por homologação (art. 150 CTN) e o ISSQN fixo pelo lançamento por ofício (art. 149, I do CTN).

Na prática tem-se presenciado a exigência que as empresas que prestam serviço em vários municípios estão sendo obrigadas a realizar um cadastro ou inscrição na prefeitura do tomador do serviço. Assim, para implementar este controle, foi criado o CEPOM (Rio de Janeiro), CPOM (São Paulo), CPOM (Curitiba), dentre outros.

A Lei do Município de são Paulo n. 14042/2005 dispõe que as empresas com sede em outro município que prestam serviços na capital paulista devem efetuar um cadastro na prefeitura, comprovando a existência de seu estabelecimento. A ausência do cumprimento desta obrigação acessória resulta na obrigação da tomadora do serviço efetuar a retenção do Imposto Sobre Serviços. Nestes casos, caso as municipalidades identifiquem que o cadastro não existe ou seja inconsistente, além do ISSQN devido no local do estabelecimento do prestador, também haverá a retenção do ISSQN no município do tomador (bitributação).

Frente a esta situação, duas correntes se formaram; A primeira formada por aqueles que defendem que a lei afrontou o princípio da territorialidade por criar obrigação acessória para empresa fora de seu território. Com base neste entendimento diversos juízos começaram a conceder tutelas judiciais para desobrigar os contribuintes a efetuarem tal cadastro.

Por outro lado, a segunda corrente não visualizava nenhuma afronta ao princípio da territorialidade, tendo em vista que ao criar esta obrigação acessória, o Município apenas está cumprindo o dever constitucional de fiscalizar o tributo, nos termos do art. 145, §1º da CF:

> Art. 145...
>
> ...
>
> § 1º Sempre que possível, os impostos terão caráter pessoal e serão graduados segundo a capacidade econômica do contribuinte, facultado à administração tributária, especialmente para conferir efetividade a esses objetivos, identificar, respeitados os direitos individuais e nos termos da lei, o patrimônio, os rendimentos e as atividades econômicas do contribuinte.

A jurisprudência tem decidido pela constitucionalidade da exigência de cadastramento prévio das prestadoras de serviço:

"Não há violação do princípio da territorialidade quando o município competente para cobrança de ISS exige obrigação acessória de cadastramento das empresas contribuintes quando estas possuem sede em outro município, mas prestam serviços no município arrecadador." (STJ – Ag Resp. 1.140.354/SP – Rel. Humberto Martins – 2ª Turma – Julg. 11/05/2010)

Município de São Paulo – Alegado cerceamento de defesa pela ausência de perícia – Inocorrência, pois por ocasião do saneador a autora pediu julgamento antecipado da lide – Retenção do imposto pelo tomador do serviço – Cadastramento que evitaria tal medida – Principio da territorialidade – Não violação, pois a retenção somente ocorre no caso de não cadastramento – Sentença mantida – RECURSO IMPROVIDO. (TJ-SP – CR 7809905400 SP. Relator(a): Rodrigues de Aguiar. Julgamento: 21/08/2008)

O cadastro prévio se resume em uma obrigação acessória em que permite que o Município fiscalize com efetividade o local do estabelecimento do prestador do serviço. É uma forma de se combater a sonegação tributária que no campo do ISSQN ocorria com a criação de estabelecimentos ou unidades econômicas fictícias.

6.2. Restituição do tributo perante a previsão do art. 166 do CTN

No âmbito tributário, o direito a repetição do indébito é um direito fundamental do contribuinte que vem a impedir o enriquecimento sem causa do Estado, conforme garantia estabelecida no art. 165 do CTN.

Reconhecida a cobrança indevida é um direito do contribuinte obter a repetição do pagamento realizado, respeitado o prazo prescricional/decadencial do art. 168 e 169 do Código Tributário Nacional. A restituição deverá ser feita na mesma proporção que foi paga, englobando juros não capitalizáveis, a partir do trânsito em julgado da decisão definitiva que a determinar (art. 167 CTN e Súmula 188 STJ).

O Código Tributário Nacional traz uma regra especial para a restituição de tributos chamados de indiretos, a exemplo do ICMS, IPI e ISSQN, nos quais é possível haver a transferência do custo tributário dos contribuintes de direito para os contribuintes de fato. Seria a situação em que aquelas pessoas eleitas pela lei para realizar o pagamento do tributo (contribuinte de direto) repassam o ônus tributário para o tomador do serviço (contribuinte de fato), que é efetivamente quem irá suportar o pagamento do tributo.

Apesar das divergências doutrinárias[92], a repercussão econômica é levada em conta pela legislação tributária, de forma que o art. 166 do Código Tributário Nacional determina que neste caso, somente haverá a restituição a quem comprovar houver suportado o ônus financeiro do tributo[93]:

---

92. "Somente o contribuinte chamado de jure é parte da relação jurídica tributária; consequentemente, somente a ele é atribuível o título jurídico; somente a ele cabe o direito de repetição do tributo indevido e nenhuma condição adicional se lhe pode ser imposta para o exercício desse direito". (BOTALLO, Eduardo Domingos in Restituição de Impostos Indiretos, São Paulo, Revista de Direito Tributário nº 2, p. 320)

93. Súmula 546 STF: Cabe a restituição do tributo pago indevidamente, quando reconhecido por decisão, que o contribuinte "de jure" não recuperou do contribuinte "de facto" o "quantum" respectivo.

> Art. 166. A restituição de tributos que comportem, por sua natureza, transferência do respectivo encargo financeiro somente será feita a quem prove haver assumido o referido encargo, ou, no caso de tê-lo transferido a terceiro, estar por este expressamente autorizado a recebê-la.

No caso do ISSQN a jurisprudência compreende que, por sua própria natureza, este imposto comporta transferência do respectivo encargo financeiro. Assim, o ISSQN pode ser tanto imposto direto, quando é cobrado através de alíquota fixa (art. 9º, §3º do DL 406/68)[94], quanto indireto, nos demais casos, porque recolhido sobre as receitas oriundas de cada operação[95].

ISS fixo	ISS normal
• Incide de forma fixa – anual	• Incide sobre o preço do serviço
• Tributo direto	• Tributo indireto
• Não aplica o art. 166 CTN	• Aplica o art. 166 CTN

Desta maneira, o ISSQN, na maioria dos casos, é tributo indireto que comporta o repasse para o consumidor do serviço. Aplicado o art. 166 do CTN torna-se necessário, ao contribuinte de direito, demonstrar, através de prova documental ou pericial, que não repassou o valor do tributo ou que possui autorização do contribuinte de fato:

> O ISS é espécie tributária que admite a sua dicotomização como tributo direto ou indireto, consoante o caso concreto. A pretensão repetitória de valores indevidamente recolhidos a título de ISS incidente sobre a locação de bens móveis (cilindros, máquinas e equipamentos utilizados para acondicionamento dos gases vendidos), hipótese em que o tributo assume natureza indireta, reclama da parte autora a prova da não repercussão, ou, na hipótese de ter a mesma transferido o encargo a terceiro, de estar autorizada por este a recebê-los, o que não ocorreu in casu(...) (STJ. Resp. 1131476/RS. Rel. Luiz Fux. Julg. 09/12/2009)

Quanto a caracterização do ISSQN como tributo indireto, oportuno trazer os argumentos do Ministro Castro Meira no julgamento de questão similar:

> "É certo que a classificação dos tributos em diretos e indiretos obedece ao critério econômico da repercussão. Não há, entretanto, rigidez nesse critério classificatório. Alguns tributos, a depender da situação de mercado, ora se apresentam como indiretos, permitindo a transferência do encargo financeiro, ora se colocam na condição de tributos diretos, assumindo o próprio contribuinte de direito o ônus da imposição fiscal.
>
> (...)
>
> Sujeitas, pois, a tributação diferenciada, em que o pagamento do ISS resulta de valor fixo, estabelecido a partir do número de profissionais que compõem a sociedade civil de advocacia – não calculado o imposto sobre o faturamento –, impróprio cogitar de transferência do ônus financeiro da exação aos

94. STJ. Resp. 629356/PR. Rel. João Otávio de Noronha. Segunda Turma. Julg. 06/02/2007.

95. STJ. Resp. 1.131.476-RS. Rel. Luiz Fux. Julg. Primeira Seção. 09/12/2009.

tomadores de serviços, já que inexiste vinculação entre os serviços prestados com o montante do tributo devido. Nesse caso, o ISS assume a natureza de tributo direto" (REsp nº 727.810-MS, DJ de 19.9.2005).

Isso mostra que no caso de repetição de valores de ISSQN, por sua própria natureza, deverá haver a obediência aos requisitos do art. 166 do CTN, o qual impõe a necessidade da comprovação do não repasse do encargo financeiro do tributo.

Ainda existe polêmica acerca da possibilidade de o contribuinte de fato buscar a restituição de tributos, quando houver transferência deste encargo. O Superior Tribunal de Justiça tinha consolidado sua jurisprudência no sentido de que o contribuinte de fato era parte ilegítima para discutir para pleitear a repetição do tributo[96]. Contudo, em recente apreciação, esta Corte Jurisdicional, em caso específico de ICMS sobre a energia elétrica, considerou legitima a consumidora final (contribuinte de fato) para pleitear a repetição de indébito de ICMS.[97]

Apesar deste posicionamento ter sido tomado pela Primeira Seção, acredita-se não ser suficiente para indicar uma alteração de entendimento, pois analisou-se somente uma questão especifica sobre o regime de repasse tributário no regime de concessão de serviço público.

Portanto, para obter a restituição de ISSQN por pagamento indevido, torna-se necessário o contribuinte de direito comprovar que não houve transferência do encargo tributário ou que possui autorização do contribuinte de fato, conforme dispõe o art. 166 do CTN.

ATENÇÃO: Decisão interessante neste ponto foi proferida pelo Superior Tribunal de Justiça em que se questionava se, para repetir indébito relativo ao ISS sobre serviços postais, decorrente de imunidade que lhe foi reconhecida, a ECT (Empresa Pública dos Correios e Telégrafos) teria de comprovar o não repasse do encargo financeiro do tributo ou autorização do contribuinte de fato, nos termos do art. 166 do Código Tributário Nacional. Prevaleceu o entendimento de que a presunção seria exatamente de que não havia repasse do custo do ISS ao consumidor final, o que dispensaria o ECT de comprovar os requisitos do art. 166 do CTN para buscar a repetição de indébito:

> TRIBUTÁRIO. ISS. ECT. IMUNIDADE. REPETIÇÃO DE INDÉBITO. ART. 166 DO CTN. INAPLICABILIDADE DA EXIGÊNCIA DE PROVA DE A EMPRESA TER ASSUMIDO O ENCARGO FINANCEIRO OU ESTAR EXPRESSAMENTE AUTORIZADA PELOS TOMADORES DOS SERVIÇOS.
>
> 1. O recurso questiona se, para repetir indébito relativo ao ISS sobre serviços postais, decorrente de imunidade que lhe foi reconhecida, a ECT teria de comprovar autorização do contribuinte de fato, nos termos do art. 166 do Código Tributário Nacional.
>
> 2. Consoante a jurisprudência do STJ, o ISS pode assumir a natureza de tributo direto ou indireto (REsp 1.131.476/RS, Rel. Ministro Luiz Fux, Primeira Seção, DJe 01/02/2010, submetido ao rito do art. 543-C do CPC), classificação essa

96. STJ. EREsp 1192624/MG, Rel. Ministro BENEDITO GONÇALVES, PRIMEIRA SEÇÃO, julgado em 08/06/2011.
97. STJ. REsp 1299303/SC, Rel. Ministro CESAR ASFOR ROCHA, PRIMEIRA SEÇÃO, julgado em 08/08/2012.

que dependerá de análise, caso a caso, de existência de vinculação entre o valor auferido pelos serviços prestados e o tributo devido.

4. O acórdão recorrido considerou que "não é razoável supor que os valores fixados pelo Ministério da Fazenda para os serviços prestados pela ECT não levam em conta os custos necessários para a sua realização. Portanto, para que a ECT possa pleitear a repetição de indébito, é imprescindível que tenha a autorização do contribuinte de fato".

5. A revisão dessa conclusão não encontra obstáculo na Súmula 7/STJ, uma vez que o acórdão recorrido não chegou à sua conclusão com base na prova dos autos, mas com base em presunção.

6. O art. 12 do Decreto-lei Decreto-lei 509/69 estabelece que a ECT goza dos privilégios concedidos à Fazenda Pública, inclusive em relação a imunidade tributária, direta ou indireta. Embora contestada por diversas Fazendas Municipais e Estaduais, a validade desse dispositivo sempre foi sustentada pelos Correios e pela Administração Federal, razão pela qual não tem razoabilidade presumir que, na composição das tarifas postais, o Ministério da Fazenda levasse em conta um ISS ou um ICMS que seriam repassados aos tomadores dos serviços, pois seu entendimento sempre foi o de que a ECT não se sujeita ao pagamento destes impostos. A presunção seria exatamente aquela oposta à assumida pelo acórdão recorrido, ou seja, de que não havia repasse do custo do ISS ao consumidor final.

8. Recurso Especial provido para reconhecer o direito à repetição do indébito relativo ao ISS, afastando a necessidade de prova de a empresa ter assumido o encargo pelo tributo ou estar expressamente autorizada pelos tomadores dos serviços.

(REsp 1642250/SP, Rel. Ministro HERMAN BENJAMIN, SEGUNDA TURMA, julgado em 16/03/2017, DJe 20/04/2017)

6.3. Regime de retenção no Simples Nacional

Muitos questionamentos existem sobre o regime de retenção do ISSQN e sua realização perante empresas optantes pelo regime especial do Simples Nacional. Para isso elabora-se um pequeno roteiro que ajudará a entender melhor essa modalidade de pagamento:

a) entre empresas (pessoas jurídicas) do município

- Prestador NÃO OPTANTE pelo Simples Nacional: Há retenção pela alíquota do município;
- Prestador OPTANTE pelo Simples Nacional: Há retenção com base nas alíquotas das tabelas dos anexos III ou IV da LC 123/2003 (de 2 a 5 por cento).

*** Caso não seja informada a condição de Simples Nacional, o tomador deverá reter o tributo pela alíquota do Município, ou no caso de ser informada a condição de Simples Nacional mas não informada a alíquota, deverá ser retido o tributo pela alíquota de 5%.

*** É possível que o próprio Município dispense a retenção.

b) Prestadora do serviço é uma pessoa jurídica e a tomadora é uma pessoa física

Não há retenção;

c) Pessoa física como prestadora e empresa (pessoa jurídica) como tomadora

- profissional inscrito no município: não haverá retenção (depende lei local);
- profissional não for inscrito no município: haverá retenção pelo valor do serviço (depende lei local);

d) Pessoa Jurídica fora do município prestando serviços para Pessoa Jurídica do Município

- (Somente será feita a retenção se o serviço prestado enquadra-se no artigo 3º da LC 116/03, ou seja, se o imposto é devido no destino);
- Prestador NÃO OPTANTE pelo Simples Nacional: o tomador deverá reter o tributo de acordo com a alíquota do Município;
- Prestador OPTANTE pelo Simples Nacional: o tomador deverá reter o tributo de acordo com a alíquota do Simples Nacional, anexos III e IV da LC 123/06;

e) Pessoa Jurídica do município prestando serviços em outros municípios

(Somente será feita a retenção se o serviço prestado enquadra-se no artigo 3º da LC 116/03, ou seja, se o imposto é devido no destino) – verificar a legislação do outro município, havendo retenção:

- Prestador NÃO OPTANTE pelo Simples Nacional: o tomador fará a retenção e o recolhimento com a alíquota vigente no local da prestação;
- Prestador OPTANTE pelo Simples Nacional: o tomador fará a retenção e o recolhimento pela alíquota a qual o prestador esteja enquadrado no Simples Nacional.

6.4. Requisitos de Isenções individuais[98]

Qualquer isenção tributária que se pretenda criar deve obedecer a três pressupostos, a saber: a) lei específica (art. 150, § 6º da CF/88); b) obediência ao art. 14 da Lei de Responsabilidade Fiscal; e c) avaliação de possíveis vedações constitucionais.

O **Código Tributário Nacional não veda a criação de isenções específica**s, desde que sejam plenamente justificadas e condicionadas ao cumprimento de requisitos, conforme prescreve o seu art. 179:

---

98. A questão de isenção tributária no âmbito municipal também é frequentemente cobrada em concursos públicos, sendo que a banca FCC, no concurso para Procurador de Teresina (2010), considerou como CORRETA a seguinte assertiva: *"a isenção é renúncia de receita e, como tal, além dos requisitos para sua concessão, previstos no Código Tributário Nacional, deve também prever as exigências previstas na Lei de Responsabilidade Fiscal quando for em caráter não geral".*

> Art. 179. A isenção, quando não concedida em caráter geral, é efetivada, em cada caso, por despacho da autoridade administrativa, em requerimento com o qual o interessado faça prova do preenchimento das condições e do cumprimento dos requisitos previstos em lei ou contrato para sua concessão.

Tornou-se comum os entes federativos concederem isenções especificas, frente sua discricionariedade, mas sempre prescrevendo requisitos para que, efetivamente, a isenção cumpra o objetivo para qual ela foi criada.

A matéria já foi objeto de indagação junto ao Tribunal de Contas do Estado do Paraná, ocasião em que esta Corte posicionou-se pela possibilidade de concessão de isenção tributária específica, desde que obedeça aos ditames do artigo 14 da Lei de Responsabilidade Fiscal.

Em outra ocasião, o mesmo Tribunal de Contas, através do Acórdão nº 266/08, cuja relatoria ficou ao encargo do Conselheiro Hermas Brandão, foi ratificado o posicionamento anterior, estabelecendo os seguintes requisitos:

> "O simples fato de haver tratamento diferenciado não implica na ilegalidade do benefício, todavia, reclama a adoção das medidas abaixo expostas (as medidas ´3´ e ´4´são alternativas):
>
> 1. Acompanhamento de estimativa do impacto orçamentário-financeiro no exercício em que deva iniciar sua vigência e nos dois seguintes - Este aspecto diz respeito a estudo no qual sejam sopesados os recursos que deixarão de ser percebidos pelo Município e os benefícios que poderão advir da isenção tributária, devendo abordar não só o exercício em que esta entre em vigência, mas também, nos dois seguintes.
>
> 2. Atendimento ao disposto na Lei de Diretrizes Orçamentárias - A isenção tributária deverá estar de acordo com as diretrizes constantes da LDO.
>
> 3. Demonstração de que a renúncia foi considerada na estimativa de receita da lei orçamentária e de que não afetará as metas previstas na lei de diretrizes orçamentárias - Deve restar comprovado que: a) quando da elaboração da LOA, já estava programado benefício fiscal; b) os objetivos integrantes dos anexos da LDO não resultarão prejudicados em virtude da concessão da isenção;
>
> 4. Acompanhamento de medidas de compensação, por meio do aumento da receita - na hipótese de não poder ser atendida a medida ´3´, a administração deverá contrabalançar o montante que deixará de ser auferido incrementando sua renda através da elevação de alíquotas, ampliação da base de cálculo, majoração ou criação de tributo ou contribuição".

Portanto, ao projetar um texto legal e enviá-lo ao Poder Legislativo para aprovação, tendo por objetivo conceder benefícios ou incentivos de natureza fiscal, deve-se ter plena consciência de que há uma renúncia da receita tributária do ente público. E tal renúncia de receita, após a entrada em vigor da Lei Complementar Nacional nº 101/2000 (Lei de Responsabilidade Fiscal), possui previsão, condições e requisitos nela estabelecidos para que possa ser considerada válida.

Além dos requisitos orçamentários - previstos do art. 14 da LRF - orienta-se que a lei em tela traga requisitos objetivos a fim de garantir a contraprestação efetiva por parte da empresa beneficiada.

Partindo do pressuposto que o ente público estará "abrindo mão" de parte de sua receita orçamentária, deve haver meios e mecanismos pelos quais se garanta a compensação aos cofres públicos em relação aos valores que o mesmo ente deixará de receber em razão da aplicação daquela lei. Isso é de suma importância para justificar o interesse público em possíveis contestações dos órgãos de controle, tais como Ministério Público, Tribunal de Contas, Poder Judiciário, etc.

Em outras palavras, o projeto de lei deve demonstrar de forma clara e minuciosa o atendimento a tais requisitos e condições, sob pena de não poderem ser aprovados, por frontal ofensa e desatendimento à LRF. Ao assim agir, o chefe do poder executivo corre o risco de incidir em atos de improbidade administrativa, a teor do que estabelece o artigo 10, VII, da Lei 8.429/92, ao "*conceder benefício administrativo ou fiscal sem a observância das formalidades legais ou regulamentares aplicáveis à espécie*".

Assim, o art. 179 do Código Tributário Nacional impõe, claramente, a existência de requisitos para isenção específica, o que demonstra haver a indispensabilidade da existência de pressupostos de compensação. Em outras palavras, a exigência legal segue no sentido de que o Poder Público, ao conceder o benefício fiscal, deve impor requisitos que garantam a contraprestação, como porcentagem mínima a ser comprovada de geração de empregos, de investimento, projeto de construção, tempo mínimo de presença física no território municipal, etc.

Portanto, não se mostra difícil concluir que qualquer lei municipal que tenha por objetivo conceder benefícios ou incentivos fiscais – entenda-se isenção tributária – **deverá atender integralmente às exigências contidas no artigo 14 da LRF**. Além disso, não se poderá conceder isenção irrestrita, pelo contrário, deverá trazer requisitos objetivos e efetivos que assegurem a efetividade dos motivos que a fundamentaram.

7. ALTERAÇÕES PROMOVIDAS PELA LEI COMPLEMENTAR 157/2016

7.1. Improbidade administrativa

Em 30 de dezembro de 2016 foi publicada a Lei complementar 157, a qual trouxe substanciais alterações na regulamentação do ISSQN no âmbito nacional. Um dos principais objetivos visados foi de ajustar a legislação referente ao tributo à atual realidade social e evitar a continuidade da guerra fiscal entre municípios.

Em linhas gerais, esta nova legislação complementar promoveu a alteração em duas importantes leis nacionais:

- Lei do ISSQN (LC 116/2003); e
- Lei da improbidade Administrativa (Lei n. 8.429/92).

Embora a correta tributação seja atividade imprescindível dos integrantes da federação, é comum encontrar a existência de benefícios fiscais, desonerando certos segmentos da atividade produtiva, com a intenção de fomentar a economia local ou estimular a geração de empregos. Assim, inúmeros Municípios, na ânsia de atraírem empresas prestadoras de serviço para seu território, valeram-se de isenções tributárias, diminuição de alíquotas e deduções indevidas na base de cálculo do ISSQN. Legislações desta natureza geram uma verdadeira guerra fiscal e já foram objeto de discussões judiciais, sendo que o Supremo Tribunal Federal, no julgamento da ADPF 190, movida pelo Distrito Federal contra leis do Município de Poá, considerou inconstitucional a lei municipal que permitia a dedução da base de cálculo do ISSQN, de diversos tributos federais e do valor do bem no caso do serviço de *leasing*:

> O Tribunal, por maioria, conheceu em parte da arguição e rejeitou as demais preliminares, vencido o Ministro Marco Aurélio, que entendia inadequada a ação ajuizada. Em seguida, o Tribunal, por maioria, deliberou converter o julgamento do referendo da cautelar em julgamento do mérito, vencido o Ministro Marco Aurélio. No mérito, o Tribunal, por maioria, conhecida parcialmente da arguição, quanto à parte conhecida, julgou-a procedente para declarar a inconstitucionalidade dos artigos 190, § 2º, inciso II; e 191, § 6º, inciso II, e § 7º, da Lei nº 2.614/1997, do Município de Estância Hidromineral de Poá, São Paulo, vencido o Ministro Marco Aurélio, que julgava improcedente a ação. Fixada tese nos seguintes termos: "É inconstitucional lei municipal que veicule exclusão de valores da base de cálculo do ISSQN fora das hipóteses previstas em lei complementar nacional. Também é incompatível com o Texto Constitucional medida fiscal que resulte indiretamente na redução da alíquota mínima estabelecida pelo art. 88 do ADCT, a partir da redução da carga tributária incidente sobre a prestação de serviço na territorialidade do ente tributante." O Tribunal deliberou que a declaração de inconstitucionalidade tenha efeitos a partir da data do deferimento da cautelar. Tudo nos termos do voto do Relator. O Ministro Marco Aurélio não fixou tese nem modulou os efeitos da decisão. Falaram: pelo requerente, Governador do Distrito Federal, o Dr. Marcelo Galvão, Procurador do Distrito Federal; pelo interessado, Município de Poá, o Dr. Guido Pulice Boni; pelo *amicus curiae* Município de Porto Alegre, o Dr. Roberto Silva da Rocha, Procurador do Município; pelo *amicus curiae* Município de São Paulo, o Dr. Felipe Granado Gonzáles, Procurador do Município de São Paulo; pelo *amicus curiae* Associação Brasileira das Secretarias de Finanças das Capitais Brasileiras – ABRASF, o Dr. Ricardo Almeida; pelo *amicus curiae* Município de Barueri, o Dr. Paulo Ayres Barreto, e, pelo *amicus curiae* Associação Brasileira das Empresas de Leasing – ABEL, a Dra. Anna Paola Zonari. Presidiu o julgamento a Ministra Cármen Lúcia. Plenário, 29.09.2016.

Por isso, a ocorrência de guerra fiscal entre municípios integrantes de Região Metropolitana é ainda mais corriqueira, onde alguns deles fixaram alíquotas de ISSQN em percentual menor que 2%, a fim de atrair o maior número possível de empresas prestadoras de serviços. Sendo que várias destas empresas somente criaram um estabelecimento fictício em municípios com alíquota reduzida, estando de fato localizadas em outros municípios, o que proporcionava que estes contribuintes fossem beneficiados com base numa fraude tributária.

A situação era tão evidente que o Prof. Ricardo Alexandre explica como ocorria essa prática:

> "A maneira mais comum como se dava a guerra fiscal do ISS era os Municípios estipularem alíquotas irrisórias para o tributo, atraindo empresas para os

> respectivos territórios, uma vez que a competência para a cobrança era, em regra, do Município em que estava domiciliado o prestador de serviço.
>
> Noticiou-se, por exemplo, que Municípios da região metropolitana de São Paulo reduziram a alíquota do ISS para 0,5% (meio ponto percentual), o que equivalia a um décimo do que era cobrado na Capital. Dessa forma, as empresas que mudassem formalmente suas sedes para tais Municípios gozariam de uma redução de 90% (noventa por cento) na carga relativa ao tributo.
>
> No final das contas, todos os Municípios acabavam perdendo, pois quem tem um aparente ganho, sujeita-se a perdas futuras, uma vez que os demais Municípios também entrarão na guerra."[99]

O que aparentemente geraria benefícios para o Município – com a geração de empregos e repasses de outros tributos – acabava ocasionando uma contrapartida muito cara, implicando na drástica redução da tributação municipal e, consequentemente, do potencial de investimento desses entes políticos.

Outra medida contra os benefícios fiscais foi criada com a aprovação da Lei Complementar 157/2016, que além de trazer importantes mudanças para as normas gerais do ISSQN, tornou o sistema de "antiguerra fiscal" dos Municípios ainda mais rígido. Esta legislação complementar previu que a lei municipal que estabelecer benefício fiscal que implique alíquota do ISSQN menor que 2% (já prevista no art. 88 ADCT[100]) será considerada nula, no caso de serviço prestado a tomador situado em município diverso daquele onde está localizado o prestador. Vejamos:

> Art. 2º A Lei Complementar nº 116, de 31 de julho de 2003, passa a vigorar acrescida do seguinte art. 8º-A:
>
> "Art. 8º-A. A alíquota mínima do Imposto sobre Serviços de Qualquer Natureza é de 2% (dois por cento).
>
> § 1º O imposto não será objeto de concessão de isenções, incentivos ou benefícios tributários ou financeiros, inclusive de redução de base de cálculo ou de crédito presumido ou outorgado, ou sob qualquer outra forma que resulte, direta ou indiretamente, em carga tributária menor que a decorrente da aplicação da alíquota mínima estabelecida no caput, exceto para os serviços a que se referem os subitens 7.02, 7.05 e 16.01 da lista anexa a esta Lei Complementar.
>
> § 2º É nula a lei ou o ato do Município ou do Distrito Federal que não respeite as disposições relativas à alíquota mínima previstas neste artigo no caso de serviço prestado a tomador ou intermediário localizado em Município diverso daquele onde está localizado o prestador do serviço.
>
> § 3º A nulidade a que se refere o § 2º deste artigo gera, para o prestador do serviço, perante o Município ou o Distrito Federal que não respeitar as disposições

99. ALEXANDRE, Ricardo. Direito Tributário esquematizado. São Paulo: Método, 2016, p. 678.

100. Art. 88. Enquanto lei complementar não disciplinar o disposto nos incisos I e III do § 3º do art. 156 da Constituição Federal, o imposto a que se refere o inciso III do caput do mesmo artigo: I – terá alíquota mínima de dois por cento, exceto para os serviços a que se referem os itens 32, 33 e 34 da Lista de Serviços anexa ao Decreto-Lei nº 406, de 31 de dezembro de 1968; II – não será objeto de concessão de isenções, incentivos e benefícios fiscais, que resulte, direta ou indiretamente, na redução da alíquota mínima estabelecida no inciso I.

> deste artigo, o direito à restituição do valor efetivamente pago do Imposto sobre Serviços de Qualquer Natureza calculado sob a égide da lei nula."

Desta forma, temos o seguinte panorama:

REGRA	não se pode conceder isenção, incentivo ou benefício relacionado com ISS se isso resultar em uma alíquota inferior a 2%.
EXCEÇÃO	será permitida a concessão de isenção, incentivo ou benefício de ISS para os seguintes serviços: ✦ 7.02 – Execução, por administração, empreitada ou subempreitada, de obras de construção civil, hidráulica ou elétrica e
EXCEÇÃO	de outras obras semelhantes, inclusive sondagem, perfuração de poços, escavação, drenagem e irrigação, terraplanagem, pavimentação, concretagem e a instalação e montagem de produtos, peças e equipamentos (exceto o fornecimento de mercadorias produzidas pelo prestador de serviços fora do local da prestação dos serviços, que fica sujeito ao ICMS). ✦ 7.05 – Reparação, conservação e reforma de edifícios, estradas, pontes, portos e congêneres (exceto o fornecimento de mercadorias produzidas pelo prestador dos serviços, fora do local da prestação dos serviços, que fica sujeito ao ICMS). ✦ 16.01 – Serviços de transporte coletivo municipal rodoviário, metroviário, ferroviário e aquaviário de passageiros.

Embora esta vedação já constasse no art. 88 dos Atos e Disposições Constitucionais Transitórias, este dispositivo legal foi além, estabelecendo uma causa de nulidade da lei ou o ato administrativo do Município ou do Distrito Federal que conceda isenções, incentivos ou benefícios tributários ou financeiros, ou sob qualquer outra forma que resulte, direta ou indiretamente, em carga tributária menor que a decorrente da aplicação da alíquota mínima do ISSQN. Ademais, a nulidade a que se refere a lei, gerará para o prestador do serviço, perante o Município ou o Distrito Federal que não respeitar as disposições legais, o direito à restituição do valor efetivamente pago do Imposto sobre Serviços de Qualquer Natureza calculado sob a égide da lei nula.

Percebe-se que além da sanção direcionada ao Município, a Lei Complementar 157/2016 acresceu o artigo 10-A a Lei de Improbidade Administrativa (Lei 8.429/1992), segundo o qual o agente público que conceder (ato comissivo) ou mantiver (ato omissivo) benefício fiscal contrário às diretrizes constantes do artigo 8º-A da LC 116/03 responderá por ato de improbidade administrativa:

> Art. 4º A Lei nº 8.429, de 2 de junho de 1992 (Lei de Improbidade Administrativa), passa a vigorar com as seguintes alterações:
>
> Art. 10-A. Constitui ato de improbidade administrativa qualquer ação ou omissão para conceder, aplicar ou manter benefício financeiro ou tributário contrário ao que dispõem o caput e o § 1º do art. 8º-A da Lei Complementar nº 116, de 31 de julho de 2003."

"Art. 12. ....

....

IV – na hipótese prevista no art. 10-A, perda da função pública, suspensão dos direitos políticos de 5 (cinco) a 8 (oito) anos e multa civil de até 3 (três) vezes o valor do benefício financeiro ou tributário concedido.

...." (NR)

"Art. 17. ....

....

§ 13. Para os efeitos deste artigo, também se considera pessoa jurídica interessada o ente tributante que figurar no polo ativo da obrigação tributária de que tratam o § 4º do art. 3º e o art. 8º-A da Lei Complementar nº 116, de 31 de julho de 2003." (NR)

Em linhas gerais, a nova legislação complementar visou penalizar o administrador público que mantiver ou conceder benefícios fiscais contrários às regras legais, bem como o próprio Município na hipótese de o serviço ser prestado ao tomador localizado em cidade diversa. Assim, se determinado ente municipal reduzir ilegalmente a alíquota para aquém da mínima em relação a serviço prestado exclusivamente em seu território, causando um prejuízo apenas para si, a sanção ficará restrita ao administrador público. Caso o serviço for prestado ao tomador localizado em outro município, extrapolando os seus limites territoriais, existirá uma segunda sanção direcionada ao ente público municipal criador deste incentivo fiscal, que terá o dever de restituir integralmente o tributo pago pelo contribuinte, sem prejuízo da aplicação da pena de improbidade administrativa.

Essa também é a opinião de Francielli Honorato Alves:

> E como consequência dessa nulidade, será garantido a esse prestador o direito de pleitear, junto ao ente federado que desrespeitou aquele limite legal, a restituição do valor do ISS pago a ele. Com isso, o ente que abriu mão de cobrar o valor mínimo de ISS prescrito pela lei complementar nacional não terá direito à receita cobrada com fundamento na lei municipal que previu alíquota inferior a 2%, em razão da nulidade dessa lei quando aplicada na tributação de serviço prestado para tomadores ou intermediários localizados no território de outro Município[101].

Hipótese	**Sanção aos agentes públicos**	**Sanção ao Município**
Benefício fiscal criado por Município contrário às regras da LC 116/2003 – Prestação de serviço em município diferente do estabelecimento do prestador;	Passível de improbidade administrativa;	Declarada nula a lei, gera direito de restituição do valor pago ao prestador do serviço;

101. ALVES, Francielli Honorato. As novas regras gerais para a cobrança de ISS previstas pela LC 157/16. Disponível na Internet: http://www.migalhas.com.br.

Benefício fiscal criado por Município contrário às regras da LC 116/2003 - Prestação de serviço no mesmo município do estabelecimento do prestador;	Passível de improbidade administrativa;	Sem previsão de sanção, além da ilegalidade da lei;

Isso quer dizer que além de ser considerada nula a lei ou o ato do município que não respeite as disposições acima mencionadas, também configurará como ato de improbidade administrativa qualquer ação ou omissão de autoridade administrativa que conceder, aplicar ou manter benefício financeiro ou tributário contrário ao que dispõe o art. 8º-A da LC 116/2003.

Assim, cabe mencionar que o art. 10-A da Lei 8429/92 deixa bastante clara a possibilidade de responsabilização de autoridades públicas tanto por ação quanto por omissão, não restringindo a penalização somente ao chefe do Poder Executivo. Notem que o art. 1º da Lei 8429/92 disciplina que o sujeito ativo da improbidade administrativa pode ser *"qualquer agente público, servidor ou não, contra a administração direta, indireta ou fundacional de qualquer dos Poderes da União, dos Estados, do Distrito Federal, dos Municípios, de Território, de empresa incorporada ao patrimônio público ou de entidade para cuja criação ou custeio o erário haja concorrido ou concorra com mais de cinquenta por cento do patrimônio ou da receita anual, serão punidos na forma desta lei".*

Não há dúvidas que os Prefeitos precisão analisar e adequar a legislação municipal às regras impostas pela legislação complementar, sob pena de responsabilidade, independentemente do tempo em que a prática se estabeleceu. Mesmo assim, cabe mencionar que acompanhando o atual entendimento jurisprudencial, o elemento subjetivo é essencial para a caracterização da improbidade administrativa, que está associada à noção de desonestidade e má-fé do agente público. Assim, a má-fé deve ser comprovada, sendo premissa do ato ilegal e ímprobo, isto é, a ilegalidade só pode ser entendida como improbidade quando a conduta do agente público ofender os princípios constitucionais da Administração Públicas coadunadas com a má intenção. Assim julgou o Superior Tribunal de Justiça:

> A improbidade administrativa está associada à noção de desonestidade, de má-fé do agente público, do que decorre a conclusão de que somente em hipóteses excepcionais, por força de inequívoca disposição legal, é que se admite a sua configuração por ato culposo (artigo 10, da Lei 8.429/92). O elemento subjetivo é essencial à caracterização da improbidade administrativa, sendo certo, ainda, que a tipificação da lesão ao patrimônio público (art. 10, *caput*, da Lei 8429/92) exige a prova de sua ocorrência, mercê da impossibilidade de condenação ao ressarcimento ao erário de dano hipotético ou presumido.[102]

A grande inovação da Lei Complementar 157 foi considerar como improbidade administrativa, por parte do gestor responsável, a concessão de benefício fiscal

102. STJ – REsp 980.706 / RS. Rel. Ministro LUIZ FUX. Julg. 03/02/2011.

cuja alíquota esteja abaixo do mínimo legal. O que sugere, repita-se, que qualquer agente público – com poder de decisão – que participar do ato concessivo do benefício fiscal em desobediência à previsão legal, estará passível de responsabilização por via da improbidade administrativa.

Em linhas gerais, esta vedação de benefícios fiscais poderá mostrar um caminho mais seguro e correto sob o ponto de vista da gestão fiscal responsável, devendo implicar no investimento na eficiência da arrecadação tributária. O objetivo é que os entes federativos possam criar e manter a regularidade de suas receitas tributárias para custear serviços públicos de qualidade em todas as esferas de poder. Somente quando os integrantes da federação tiverem como norte o planejamento de ações integradas no campo da gestão tributária é que a política fiscal terá como corolário a seriedade, legitimidade e eficiência.

Neste novo cenário, a possibilidade de autoridades públicas serem responsabilizadas por improbidade administrativa é iminente, o que deverá levá-las a repensar a gestão pública tributária, passando a utilizar instrumentos criativos e eficientes em prol da justiça fiscal e do controle das finanças públicas.

7.2. Vigência da LC 157/2016

O art. 7º da LC 157/2016 disciplina que as disposições desta Lei Complementar entrarão em vigor na data de sua publicação. Contudo, quanto à adequação ao disposto no art. 8º-A da Lei complementar 116/2003 – que estabeleceu a vedação de benefícios fiscais e alíquotas menores que 2% do ISSQN – os entes federados deverão, no prazo de 1 (um) ano contado da publicação desta Lei Complementar, revogar os dispositivos que contrariem esta prescrição legal.

Para evitar dúvidas, o §1º do art. 7º previu expressamente que disposto no caput e nos §§ 1º e 2º do art. 8º-A da Lei Complementar nº 116/2003, e no art. 10-A, no inciso IV do art. 12 e no § 13 do art. 17, todos da Lei nº 8.429/92 (Lei de Improbidade Administrativa), somente produzirão efeitos após o decurso do prazo de 1 ano contado da publicação desta Lei complementar. Em outras palavras, somente no caso dos Municípios não adequarem suas legislações no prazo de 01 ano da publicação desta Lei Complementar é que os administradores públicos e demais funcionários estarão sujeitos à improbidade administrativa.

7.3. Definição da cota-parte no repasse do ICMS

A partilha da cota parte do ICMS atualmente é regulamentada pelo art. 158 da Constituição Federal, alterado pela Emenda Constitucional 108/2020:

> Art. 158. Pertencem aos Municípios:
>
> ...
>
> IV – vinte e cinco por cento do produto da arrecadação do imposto do Estado sobre operações relativas à circulação de mercadorias e sobre prestações de serviços de transporte interestadual e intermunicipal e de comunicação.
>
> Parágrafo único. As parcelas de receita pertencentes aos Municípios, mencionadas no inciso IV, serão creditadas conforme os seguintes critérios:

I - 65% (sessenta e cinco por cento), no mínimo, na proporção do valor adicionado nas operações relativas à circulação de mercadorias e nas prestações de serviços, realizadas em seus territórios; (Redação dada pela Emenda Constitucional nº 108, de 2020)

II - até 35% (trinta e cinco por cento), de acordo com o que dispuser lei estadual, observada, obrigatoriamente, a distribuição de, no mínimo, 10 (dez) pontos percentuais com base em indicadores de melhoria nos resultados de aprendizagem e de aumento da equidade, considerado o nível socioeconômico dos educandos. (Redação dada pela Emenda Constitucional nº 108, de 2020)

Convém notar que a partilha do ICMS foi alterado pela Emenda Constitucional 108/20, disciplinando diferente os critérios de crédito das parcelas do produto da arrecadação de impostos de competência dos Estados e de transferências pertencentes aos Municípios.

Com esta alteração, a partir da promulgação da EC 108/20, a cota de 25% do ICMS - que pertence aos Municípios - passa a ser partilhada da seguinte forma: 65%, no mínimo, na proporção do valor adicionado nas operações relativas à circulação de mercadorias e nas prestações de serviços, realizadas em seus territórios e, até 35%, de acordo com o que dispuser lei estadual, observada, obrigatoriamente, a distribuição de, no mínimo, 10 pontos percentuais com base em indicadores de melhoria nos resultados de aprendizagem e de aumento da equidade, considerado o nível socioeconômico dos educandos.

7.4. Acréscimo de serviços na lista anexa à LC 116/2003

Outra medida direcionada a incrementar as finanças municipais e adaptar-se à nova realidade social, foi a inclusão de novas atividades na lista de serviços do Imposto Sobre Serviços de Qualquer Natureza (ISSQN), tornando sujeitas à tributação as seguintes atividades:

(Lista de serviços anexa à Lei Complementar nº 116, de 31 de julho de 2003)

"1 - ....

....

1.03 - Processamento, armazenamento ou hospedagem de dados, textos, imagens, vídeos, páginas eletrônicas, aplicativos e sistemas de informação, entre outros formatos, e congêneres.

1.04 - Elaboração de programas de computadores, inclusive de jogos eletrônicos, independentemente da arquitetura construtiva da máquina em que o programa será executado, incluindo tablets, smartphones e congêneres.

....

1.09 - Disponibilização, sem cessão definitiva, de conteúdos de áudio, vídeo, imagem e texto por meio da internet, respeitada a imunidade de livros, jornais e periódicos (exceto a distribuição de conteúdos pelas prestadoras de Serviço de Acesso Condicionado, de que trata a Lei nº 12.485, de 12 de setembro de 2011, sujeita ao ICMS).

....

6 - ....

....

6.06 – Aplicação de tatuagens, piercings e congêneres.

7 – ....

....

7.16 – Florestamento, reflorestamento, semeadura, adubação, reparação de solo, plantio, silagem, colheita, corte e descascamento de árvores, silvicultura, exploração florestal e dos serviços congêneres indissociáveis da formação, manutenção e colheita de florestas, para quaisquer fins e por quaisquer meios.

....

11 – ....

....

11.02 – Vigilância, segurança ou monitoramento de bens, pessoas e semoventes.

....

13 – ....

....

13.05 – Composição gráfica, inclusive confecção de impressos gráficos, fotocomposição, clicheria, zincografia, litografia e fotolitografia, exceto se destinados a posterior operação de comercialização ou industrialização, ainda que incorporados, de qualquer forma, a outra mercadoria que deva ser objeto de posterior circulação, tais como bulas, rótulos, etiquetas, caixas, cartuchos, embalagens e manuais técnicos e de instrução, quando ficarão sujeitos ao ICMS.

14 – ....

....

14.05 – Restauração, recondicionamento, acondicionamento, pintura, beneficiamento, lavagem, secagem, tingimento, galvanoplastia, anodização, corte, recorte, plastificação, costura, acabamento, polimento e congêneres de objetos quaisquer.

....

14.14 – Guincho intramunicipal, guindaste e içamento.

....

16 – ....

16.01 – Serviços de transporte coletivo municipal rodoviário, metroviário, ferroviário e aquaviário de passageiros.

16.02 – Outros serviços de transporte de natureza municipal.

17 – ....

....

17.25 – Inserção de textos, desenhos e outros materiais de propaganda e publicidade, em qualquer meio (exceto em livros, jornais, periódicos e nas modalidades de serviços de radiodifusão sonora e de sons e imagens de recepção livre e gratuita).

....

25 – ....

....

25.02 – Translado intramunicipal e cremação de corpos e partes de corpos cadavéricos.

....

25.05 – Cessão de uso de espaços em cemitérios para sepultamento.

Observe-se que a Lei Complementar 157/16 trouxe novas situações que estarão sujeitas à incidência do ISSQN, alterando alguns itens e incluindo outros na lista anexa à LC 116/2003. Obviamente que estas mudanças vieram acompanhadas de polêmicas e críticas, seja pela impopularidade da incidência do tributo sobre os serviços de transmissão de dados, seja pela possível ineficiência no combate à guerra fiscal entre municípios.

Convém frisar que a inclusão dos novos serviços a serem tributados pelo ISSQN somente irão gerar efeitos a partir de março de 2017, em obediência do princípio da anterioridade nonagesimal, previsto no art. 150, III, "c" da CF. Enquanto que a regra da aplicação da alíquota mínima e a sanção de improbidade administrativa em caso de seu descumprimento passam a produzir efeitos somente a partir de 30 de dezembro de 2017, por expressa previsão legal.

Frise-se que a inclusão destas novas atividades trouxe grande debate para as empresas que trabalham com tecnologia, uma vez que muitas destas atividades não estavam sujeitas a qualquer tributação anteriormente.

Analise o estudo comparativo no gráfico abaixo para um melhor entendimento:

ANTES DA LC 157	APÓS A LC 157
1.03 – Processamento de dados e congêneres.	1.03 – Processamento, armazenamento ou hospedagem de dados, textos, imagens, vídeos, páginas eletrônicas, aplicativos e sistemas de informação, entre outros formatos, e congêneres
1.04 – Elaboração de programas de computadores, inclusive de jogos eletrônicos.	1.04 – Elaboração de programas de computadores, inclusive de jogos eletrônicos, independentemente da arquitetura construtiva da máquina em que o programa será executado, incluindo tablets, smartphones e congêneres.
Sem correspondência	1.09 – Disponibilização, sem cessão definitiva, de conteúdos de áudio, vídeo, imagem e texto por meio da internet, respeitada a imunidade de livros, jornais e periódicos (exceto a distribuição de conteúdos pelas prestadoras de Serviço de Acesso Condicionado, de que trata a Lei nº 12.485, de 12 de setembro de 2011, sujeita ao ICMS).
Sem correspondência	6.06 – Aplicação de tatuagens, piercings e congêneres.

ANTES DA LC 157	APÓS A LC 157
7.16 – Florestamento, reflorestamento, semeadura, adubação e congêneres.	7.16 – Florestamento, reflorestamento, semeadura, adubação, reparação de solo, plantio, silagem, colheita, corte e descascamento de árvores, silvicultura, exploração florestal e dos serviços congêneres indissociáveis da formação, manutenção e colheita de florestas, para quaisquer fins e por quaisquer meios.
11.02 – Vigilância, segurança ou monitoramento de bens e pessoas.	11.02 – Vigilância, segurança ou monitoramento de bens, pessoas e semoventes.
13.05 – Composição gráfica, fotocomposição, clicheria, zincografia, litografia, fotolitografia.	13.05 – Composição gráfica, inclusive confecção de impressos gráficos, fotocomposição, clicheria, zincografia, litografia e fotolitografia, exceto se destinados a posterior operação de comercialização ou industrialização, ainda que incorporados, de qualquer forma, a outra mercadoria que deva ser objeto de posterior circulação, tais como bulas, rótulos, etiquetas, caixas, cartuchos, embalagens e manuais técnicos e de instrução, quando ficarão sujeitos ao ICMS.
14.05 – Restauração, recondicionamento, acondicionamento, pintura, beneficiamento, lavagem, secagem, tingimento, galvanoplastia, anodização, corte, recorte, polimento, plastificação e congêneres, de objetos quaisquer.	14.05 – Restauração, recondicionamento, acondicionamento, pintura, beneficiamento, lavagem, secagem, tingimento, galvanoplastia, anodização, corte, recorte, plastificação, costura, acabamento, polimento e congêneres de objetos quaisquer.
Sem correspondência	14.14 – Guincho intramunicipal, guindaste e içamento.
16.01 – Serviços de transporte de natureza municipal.	16.01 – Serviços de transporte coletivo municipal rodoviário, metroviário, ferroviário e aquaviário de passageiros.
Sem correspondência	16.02 – Outros serviços de transporte de natureza municipal.
Sem correspondência	17.25 – Inserção de textos, desenhos e outros materiais de propaganda e publicidade, em qualquer meio (exceto em livros, jornais, periódicos e nas modalidades de serviços de radiodifusão sonora e de sons e imagens de recepção livre e gratuita).

ANTES DA LC 157	APÓS A LC 157
25.02 – Cremação de corpos e partes de corpos cadavéricos.	25.02 – Translado intramunicipal e cremação de corpos e partes de corpos cadavéricos.
Sem correspondência	25.05 – Cessão de uso de espaços em cemitérios para sepultamento.

De plano percebeu-se que o legislador teve a intenção de estender a tributação sobre as atividades do setor de *streaming*[103], tais como, Netflix, Spotify e Apple Music, as quais estariam abrangidas pelo conceito de serviço de disponibilização, sem cessão definitiva, de conteúdos de áudio, vídeo, imagem e texto por meio da internet. Mas fez a ressalva para a distribuição de conteúdos pelas prestadoras de Serviço de Acesso Condicionado, de que trata a Lei 12.485/11, que estariam sujeitas ao ICMS.

Convém frisar que vai girar muitas polêmicas sobre a incidência do ISSQN sobre atividades de streaming, uma vez que muitos não a enquadram como uma prestação de serviço, mas como exploração de direitos autorais e de imagem. De qualquer forma, deve-se aguardar o posicionamento jurisprudencial para aferir a legitimidade da incidência tributária sobre tais serviços.

Também chama atenção a alteração do texto do item 1.03 da lista de serviços, passando a constar o "*processamento, armazenamento ou hospedagem de dados, textos, imagens, vídeos, páginas eletrônicas, aplicativos e sistemas de informação*". Neste ponto, a exação tributária irá incidir sobre aqueles serviços disponibilizados aos usuários, como Google Drive, iCloud, Google Play, etc., que se identifiquem como armazenamento *on line* de dados. O que não impede que os contribuintes possam a vir questionar a incidência do tributo, diante de entendimento clássico do Supremo Tribunal Federal (Súmula 662), através do qual os serviços de locação de filmes cinematográficos, videoteipes, cartuchos para videogames e assemelhados não foram consideradas prestação de serviço.

Outra atividade que poderá gerar muita polêmica é o item 17.25 – "*Inserção de textos, desenhos e outros materiais de propaganda e publicidade, em qualquer meio (exceto em livros, jornais, periódicos e nas modalidades de serviços de radiodifusão sonora e de sons e imagens de recepção livre e gratuita)*". Neste ponto há uma linha muito estreita entre a incidência do imposto municipal e o ICMS, sendo que este possui como uma das hipóteses de incidência a prestação onerosa de serviços de comunicação:

> "Art. 2º O imposto incide sobre:
>
> ....
>
> III – prestações onerosas de serviços de comunicação, por qualquer meio, inclusive a geração, a emissão, a recepção, a transmissão, a retransmissão, a repetição e a ampliação de comunicação de qualquer natureza;"

103. *Streaming* é uma tecnologia que envia informações multimídia, através da transferência de dados, utilizando redes de computadores, especialmente a Internet.

Quanto à atividade de transporte, permanece o entendimento de que não incide o ISSQN sobre a prestação de serviços de transporte interestadual, intermunicipal e de comunicação, uma vez que faz parte da hipótese de incidência do ICMS, nos termos do art. 2º, II da LC 87/96. Assim, respeitada a competência tributária estadual, fica garantido aos Municípios a tributação do serviço de transporte coletivo municipal rodoviário, metroviário, ferroviário e aquaviário de passageiros, porventura existente em seu território.

E por fim, o item 13.05 dispõe acerca da incidência do tributo municipal sobre a composição gráfica, inclusive confecção de impressos gráficos, fotocomposição, clicheria, zincografia, litografia e fotolitografia, desde que não sejam destinados a posterior operação de comercialização ou industrialização, ainda que incorporados, de qualquer forma, a outra mercadoria que deva ser objeto de posterior circulação, tais como bulas, rótulos, etiquetas, caixas, cartuchos, embalagens e manuais técnicos e de instrução, quando ficarão sujeitos ao ICMS. Esta previsão legal é resultado do entendimento do Supremo do Tribunal Federal onde ficou definido que não haveria a incidência de ISSQN quando a operação de industrialização por encomenda estivesse destinada à integração ou utilização direta em processo subsequente de industrialização ou de circulação de mercadoria:

> Até o julgamento final e com eficácia apenas para o futuro (ex nunc), concede-se medida cautelar para interpretar o art. 1º, caput e § 2º, da Lei Complementar 116/2003 e o subitem 13.05 da lista de serviços anexa, para reconhecer que o ISS não incide sobre operações de industrialização por encomenda de embalagens, destinadas à integração ou utilização direta em processo subsequente de industrialização ou de circulação de mercadoria. Presentes os requisitos constitucionais e legais, incidirá o ICMS. (ADI 4389 MC, Relator(a): Min. JOAQUIM BARBOSA, Tribunal Pleno, julgado em 13/04/2011)
>
> Ementa: AGRAVO REGIMENTAL NO RECURSO EXTRAORDINÁRIO COM AGRAVO. TRIBUTÁRIO. CONTROVÉRSIA QUANTO À INCIDÊNCIA DO ICMS OU DO ISSQN. FABRICAÇÃO DE EMBALAGENS. COMPOSIÇÃO GRÁFICA. MATERIAIS EMPREGADOS NO PROCESSO PRODUTIVO DE MERCADORIAS. INCIDÊNCIA DO ICMS. POSSIBILIDADE DE JULGAMENTO IMEDIATO DOS FEITOS QUE VERSEM SOBRE A MESMA CONTROVÉRSIA DECIDIDA PELO PLENÁRIO EM JUÍZO PRECÁRIO. AGRAVO REGIMENTAL DESPROVIDO. (ARE 916725 AgR, Relator(a): Min. LUIZ FUX, Primeira Turma, julgado em 16/02/2016, PROCESSO ELETRÔNICO DJe-039 DIVULG 01-03-2016 PUBLIC 02-03-2016)

Precedentes desta Corte indicam a necessidade da verificação – para identificar a incidência do ISSQN – das condições que comprovem a preponderância da obrigação de "fazer" sobre o "dar"[104], sendo que no caso de integração em processo de industrialização prevalece o entendimento de não incidência do tributo municipal.

---

104. Agravo regimental no recurso extraordinário. Serviço de composição gráfica com fornecimento de mercadoria. Conflito de incidências entre o ICMS e o ISSQN. Serviços de composição gráfica e customização de embalagens meramente acessórias à mercadoria. Obrigação de dar manifestamente preponderante sobre a obrigação de fazer, o que leva à conclusão de que o ICMS deve incidir na espécie. 1. Em precedente da Corte consubstanciado na ADI nº 4.389/DF-MC, restou definida a

Desta forma, estas são as principais questões que foram trazidas pela Lei Complementar 157/2016, de forma que um melhor entendimento sobre o assunto vai depender de seu amadurecimento com futuras decisões judiciais e produção doutrinária.

8. QUADRO SINÓPTICO

Princípio da Legalidade	• Deve obedecer
Princípio da anterioridade	• Deve obedecer
Princípio da anterioridade nonagesimal	• Deve obedecer
Hipótese de incidência na Constituição Federal e Lei Complementar 116/2003 (aspecto material)	• a prestação de serviços constantes da lista anexa, ainda que esses não se constituam como atividade preponderante do prestador. • serviço proveniente do exterior do País ou cuja prestação se tenha iniciado no exterior do País. • serviços prestados mediante a utilização de bens e serviços públicos explorados economicamente mediante autorização, permissão ou concessão, com o pagamento de tarifa, preço ou pedágio pelo usuário final do serviço.
Aspecto espacial	• Local do estabelecimento do prestador do serviço (regra geral) • Local Prestação do serviço, domicilio prestador ou do tomador (exceção)
Aspecto temporal	• Momento da prestação do serviço (não da celebração contrato)
Aspecto quantitativo (Base de cálculo e alíquota)	• Base de Cálculo: preço da prestação • Alíquota: depende lei local (vide limites)
Aspecto pessoal	• Prestador do serviço e/ou responsável tributário

---

incidência de ICMS "sobre operações de industrialização por encomenda de embalagens, destinadas à integração ou utilização direta em processo subsequente de industrialização ou de circulação de mercadoria". 2. A verificação da incidência nas hipóteses de industrialização por encomenda deve obedecer dois critérios básicos: (i)verificar se a venda opera-se a quem promoverá nova circulação do bem e (ii) caso o adquirente seja consumidor final, avaliar a preponderância entre o dar e o fazer mediante a averiguação de elementos de industrialização. 4. À luz dos critérios propostos, só haverá incidência do ISS nas situações em que a resposta ao primeiro item for negativa e se no segundo item o fazer preponderar sobre o dar. 5. A hipótese dos autos não revela a preponderância da obrigação de fazer em detrimento da obrigação de dar. Pelo contrário. A fabricação de embalagens é a atividade econômica específica explorada pela agravante. Prepondera o fornecimento dos bens em face da composição gráfica, que afigura-se meramente acessória. Não há como conceber

9. SÚMULAS DO STF E DO STJ

9.1. Súmulas do STF

- Súmula Vinculante nº 31: É inconstitucional a incidência do Imposto sobre Serviços de Qualquer Natureza - ISS sobre operações de locação de bens móveis.
- Súmula Vinculante nº 31: É inconstitucional a incidência do Imposto sobre Serviços de Qualquer Natureza - ISS sobre operações de locação de bens móveis.
- Súmula Vinculante nº 50: Norma legal que altera o prazo de recolhimento de obrigação tributária não se sujeita ao princípio da anterioridade.
- Súmula vinculante 57: A imunidade tributária constante do art. 150, VI, d, da CF/88 aplica-se à importação e comercialização, no mercado interno, do livro eletrônico (e-book) e dos suportes exclusivamente utilizados para fixá-los, como leitores de livros eletrônicos (e-readers), ainda que possuam funcionalidades acessórias.
- Súmula nº 663: Os §§ 1º e 3º do art. 9º do DL 406/68 foram recebidos pela Constituição.
- Súmula nº 588: O imposto sobre serviços não incide sobre os depósitos, as comissões e taxas de desconto, cobrados pelos estabelecimentos bancários.
- Súmula nº 546: Cabe a restituição do tributo pago indevidamente, quando reconhecido por decisão, que o contribuinte "de jure" não recuperou do contribuinte "de facto" o "quantum" respectivo.

9.2. Súmulas do STJ

- Súmula nº 524: No tocante à base de cálculo, o ISSQN incide apenas sobre a taxa de agenciamento quando o serviço prestado por sociedade empresária de trabalho temporário for de intermediação, devendo, entretanto, englobar também os valores dos salários e encargos.
- Súmula nº 424: É legítima a incidência de ISS sobre os serviços bancários congêneres da lista anexa ao DL nº 406/1968 e à LC nº 56/1987.
- Súmula nº 274: O ISS incide sobre o valor dos serviços de assistência médica, incluindo-se neles as refeições, os medicamentos e as diárias hospitalares.
- Súmula nº 167: O fornecimento de concreto, por empreitada, para construção civil, preparado no trajeto até a obra em betoneiras acopladas a caminhões, é prestação de serviço, sujeitando-se à incidência do ISS.
- Súmula nº 156: A prestação de serviço de composição gráfica, personalizada e sob encomenda, ainda que envolva fornecimento de mercadorias, está sujeita, apenas, ao ISS.

---

a prevalência da customização sobre a entrega do próprio bem. 6. Agravo regimental não provido. (AI 803296 AgR, Relator(a): Min. DIAS TOFFOLI, Primeira Turma, julgado em 09/04/2013, PROCESSO ELETRÔNICO DJe-107 DIVULG 06-06-2013 PUBLIC 07-06-2013)

- Súmula nº 138: O ISS incide na operação de arrendamento mercantil de coisas móveis.

10. SÍNTESE DOS PRINCIPAIS ENTENDIMENTOS SOBRE ISSQN

- A listagem de serviços que constituem fatos geradores do Imposto Sobre Serviços de Qualquer Natureza – ISSQN (anexa ao Decreto-Lei 406/1968 e à Lei Complementar 116/2003) comporta interpretação extensiva para abarcar os serviços congêneres àqueles previstos taxativamente. (Tema 132)
- A partir da vigência da Lei Complementar 116/03, a competência tributária ativa para a cobrança do ISSQN recai sobre o município em que o serviço é efetivamente realizado, desde que, no local, haja unidade econômica ou profissional do estabelecimento prestador. (Temas 354 e 355)
- Incide ISSQN e não ICMS nas hipóteses em que são desenvolvidas operações mistas de fornecimento de mercadorias e prestação de serviço, desde que este esteja expressamente previsto na listagem anexa ao DL 406/1968 e à LC 116/2003.
- A base de cálculo do ISSQN incidente na prestação do serviço público de transporte coletivo é o valor pago pelo usuário no momento da aquisição da passagem, e não o valor da tarifa vigente na data da sua utilização.
- É inconstitucional a incidência do Imposto sobre Serviços de Qualquer Natureza – ISS sobre operações de locação de bens móveis dissociadas da prestação de serviços. (Súmula Vinculante 31/STF)
- É legítima a incidência de ISS sobre os serviços bancários congêneres da lista anexa ao DL 406/1968 e à LC 56/1987. (Súmula 424/STJ) (Julgado sob o rito do art. 543-C do CPC/73 _ Tema 132)
- Não se aplica à prestação de serviços de registros públicos cartorários e notariais o regime especial de alíquota fixa do ISS previsto no § 1º do art. 9º do DL 406/1968.
- A competência para o recolhimento do ISS nas hipóteses de construção civil é do município onde a obra foi realizada, independentemente do serviço ter sido prestado antes ou após a edição da LC 116/03. (Tese julgada sob o rito do art. 543-C do CPC/73 – Tema 198)
- O custo dos materiais empregados na construção civil pode ser deduzido da base de cálculo do Imposto sobre Serviços.
- O ISSQN incide apenas sobre a taxa de agenciamento quando o serviço prestado por sociedade empresária de trabalho temporário for de intermediação, devendo, entretanto, englobar também os valores dos salários e encargos sociais dos trabalhadores por ela contratados nas hipóteses de fornecimento de mão de obra. (Tese julgada sob o rito do art. 543-C do CPC/73 – Tema 403)
- Não incide ISS sobre o serviço de provedor de acesso à internet, por ausência de previsão legal.
- Incidência do ISSQN sobre montagem de pneus ainda que a empresa forneça pneus utilizados na montagem (STJ – Resp; 1307824/SP)

- É inconstitucional lei municipal que veicula exclusão de valores da base de cálculo do ISsQN (STF - ADPF 190/SP)
- A prestação de serviços de marketing é fato gerador do ISS (STJ - AREsp 227724/SP)
- ECT tem direito à repetição de indébito relativo ao ISS sem necessidade de prova de ter assumido o encargo pelo tributo e sem autorização dos tomadores de serviço (STJ - Resp 1642250/SP)
- O Imposto Sobre Serviços de Qualquer Natureza - ISSQN - incide sobre os serviços de proteção ao crédito, ainda que prestados por entidade sindical a seus associados. (AREsp 654.401-SP, Rel. Min. Gurgel de Faria, por unanimidade, julgado em 04/10/2018, DJe 16/11/2018)
- **Tese Repercussão Geral no RE 651.703**: "As operadoras de planos de saúde realizam prestação de serviço sujeito ao Imposto sobre Serviços de Qualquer Natureza previsto no artigo 156, inciso III da Constituição Federal".
- **Tese Repercussão Geral 379 no RE 605.552** "No tocante às farmácias de manipulação, incide o ISS sobre as operações envolvendo o preparo e o fornecimento de medicamentos encomendados para posterior entrega aos fregueses, em caráter pessoal, para consumo; incide o ICMS sobre os medicamentos de prateleira por elas produzidos, ofertados ao público consumidor".
- **Tema Repercussão Geral 296 no RE 784439** - A tese aprovada foi: "É taxativa a lista de serviços sujeitos ao ISS a que se refere o art. 156, III, da Constituição Federal, admitindo-se, contudo, a incidência do tributo sobre as atividades inerentes aos serviços elencados em lei em razão da interpretação extensiva".
- **Tese aprovada no RE 603.136:** "É constitucional a incidência de Imposto sobre Serviços de Qualquer Natureza (ISS) sobre contratos de franquia (franchising) (itens 10.04 e 17.08 da lista de serviços prevista no Anexo da Lei Complementar 116/03)."
- **Tema de Repercussão Geral 700** – tese aprovada: "É constitucional a incidência de ISS sobre serviços de distribuição e venda de bilhetes e demais produtos de loteria, bingos, cartões, pules ou cupons de apostas, sorteios e prêmios (item 19 da Lista de Serviços Anexa à Lei Complementar 116/2003). Nesta situação, a base de cálculo do ISS é o valor a ser remunerado pela prestação do serviço, independentemente da cobrança de ingresso, não podendo corresponder ao valor total da aposta",
- **Tema de Repercussão Geral 247**: *"O art. 9º, § 2º, do DL nº 406/1968 foi recepcionado pela ordem jurídica inaugurada pela Constituição de 1988".*
- **Tese aprovada no Tema 918 de repercussão geral**: "É inconstitucional lei municipal que estabelece impeditivos à submissão de sociedades profissionais de advogados ao regime de tributação fixa em bases anuais na forma estabelecida por lei nacional." (RE 940769 - Tema 918)
- Desta forma, ressalvado os modelos puramente empresariais, como ocorre com as espécies de sociedades anônimas e comandita por ações, não é relevante para a concessão do regime tributário diferenciado a espécie empresarial

adotada pela pessoa jurídica, pois como no caso concreto ora analisado, pode haver sociedades limitadas que não são empresárias, conforme preveem expressamente os artigos 982 e 983 do Código Civil (EAREsp 31.084/MS, Rel. Ministro NAPOLEÃO NUNES MAIA FILHO, Rel. p/ Acórdão Ministro MAURO CAMPBELL MARQUES, PRIMEIRA SEÇÃO, julgado em 24/03/2021, DJe 08/04/2021)

- A tradicional distinção entre software de prateleira (padronizado) e por encomenda (personalizado) não é mais suficiente para a definição da competência para tributação dos negócios jurídicos que envolvam programas de computador em suas diversas modalidades. ... É certo, ademais, que, conforme a Lei nº 9.609/98, o uso de programa de computador no País é objeto de contrato de licença. 5. Associa-se a isso a noção de que software é produto do engenho humano, é criação intelectual. (ADI 1945, Relator(a): CÁRMEN LÚCIA, Relator(a) p/ Acórdão: DIAS TOFFOLI, Tribunal Pleno, julgado em 24/02/2021, PROCESSO ELETRÔNICO DJe-096 DIVULG 19-05-2021 PUBLIC 20-05-2021)
- *O ICMS não incide sobre o serviço de inserção de publicidade e veiculação de propaganda em sites da internet. AREsp 1.598.445-SP, Rel. Min. Gurgel de Faria, Primeira Turma, por unanimidade, julgado em 23/08/2022.*
- *É legítima a incidência do ISSQN nas prestações de serviços de reparos navais em embarcações de bandeira estrangeira em águas marítimas no território nacional. REsp 1.805.226-SP, Rel. Min. Sérgio Kukina, Primeira Turma, por unanimidade julgado em 09/11/2021, DJe 19/11/2021.*

11. QUESTÕES OBJETIVAS

01. (PGM - Barra de São Francisco – 2022 IBADE) Analise as assertivas e responda.

I – as exportações de serviços, desenvolvidos no Brasil, para o exterior do País.

II – a prestação de serviços em relação de emprego, dos trabalhadores avulsos, dos diretores e membros de conselho consultivo ou de conselho fiscal de sociedades e fundações, bem como dos sócios-gerentes e dos gerentes-delegados.

III – o valor intermediado no mercado de títulos e valores mobiliários, o valor dos depósitos bancários, o principal, juros e acréscimos moratórios relativos a operações de crédito realizadas por instituições financeiras.

À luz do disposto pela Lei Complementar 116 de 2003, que dispõe sobre o Imposto Sobre Serviços de Qualquer Natureza, das assertivas dispostas, é CORRETO afirmar que o imposto não incidirá sobre:

a) I, II e III.

b) I e II.

c) I e III.

d) II e III.

e) III.

02. (PGM-Porto Alegre - 2022 - FUNDATEC) Em relação ao Imposto Sobre Serviços de Qualquer Natureza (ISSQN), é correto afirmar que:

a) De acordo com os precedentes do Superior Tribunal de Justiça, na incorporação indireta, o incorporador constrói em terreno próprio, por sua conta e risco, realizando a venda das unidades autônomas por "preço global", compreensivo da cota de terreno e construção; o incorporador não presta serviço de "construção civil" ao adquirente, mas para si próprio, razão pela qual não incide ISSQN nesta modalidade de incorporação.

b) De acordo com os precedentes do Superior Tribunal de Justiça, na incorporação por meio do regime de construção "por administração" ou "a preço de custo", não incide ISSQN, já que o imóvel é vendido, em tal hipótese, por preço que representa mero repasse, ao adquirente, dos custos dos materiais de construção.

c) Segundo entendimento do Supremo Tribunal Federal, é taxativa a lista de serviços sujeitos ao ISSQN a que se refere o Art. 156, III, da Constituição Federal de 1988, admitindo-se, contudo, a incidência do tributo sobre as atividades inerentes aos serviços elencados em lei em razão da interpretação extensiva

d) De acordo com precedente do Supremo Tribunal Federal, considerando que a lei complementar não tem plena liberdade de qualificar como serviços tudo aquilo que queira, a jurisprudência do Supremo Tribunal Federal exige que ela inclua, como serviços, apenas aquelas atividades que o Direito Privado qualificaria como tais.

e) Não incide ISSQN sobre as operações de venda de medicamentos preparados por farmácias de manipulação sob encomenda, conforme decisão recentemente proferida pelo Supremo Tribunal Federal.

03. (PGM-Porto Alegre - 2022 - FUNDATEC) De acordo com o entendimento do Supremo Tribunal Federal, manifestado no julgamento do Tema 918 da Repercussão Geral, no que se refere ao papel da lei complementar federal e o papel da lei municipal quanto à cobrança de imposto sobre serviços de qualquer natureza (ISSQN) mediante alíquotas fixas, é correto afirmar que:

a) É formalmente inconstitucional lei municipal que estabelece impeditivos à submissão de sociedades profissionais de advogados ao regime de tributação fixa em bases anuais na forma estabelecida por lei nacional.

b) O Decreto Lei nº 406/1968, por estabelecer tratamento diferenciado para tributação dos serviços prestados por sociedades profissionais, causa distinção potencialmente violadora da igualdade tributária relativamente aos profissionais beneficiados pelo recolhimento fixo do ISSQN, razão pela qual se admite que a legislação municipal possa, nesse âmbito da regulação jurídica, corrigir tais desigualdades mediante a fixação de base de cálculo que tenha o faturamento total da sociedade profissional como grandeza econômica tributada.

c) A jurisprudência do STF se firmou no sentido da recepção do Decreto-Lei nº 406/1968 pela ordem constitucional vigente com status de lei complementar nacional, assim como pela compatibilidade material da prevalência do cálculo do imposto por meio de alíquotas fixas, com base na natureza do serviço, compreendendo a importância paga a título de remuneração do próprio labor.

d) A competência legislativa do município no que se refere à fixação da base de cálculo do ISSQN pode, no sistema tributário atualmente vigente, ser exercida de forma plena, já que, neste aspecto, a lei complementar federal é omissa.

e) Considerando que a base de cálculo do ISSQN deve ser, segundo a lei complementar federal, o preço do serviço, é autorizado que os municípios, por lei local, exijam das sociedades profissionais que estas prestem serviços apenas por meio de pessoas físicas a elas vinculadas, vedado qualquer tipo de terceirização de atividade para outra sociedade profissional.

04. (2023 - CESPE - SEPLAN-RR) Acerca do Sistema Tributário Nacional, julgue o item que se segue.

Para que uma câmara de vereadores defina a alíquota do imposto sobre serviços de qualquer natureza incidente sobre determinado serviço, ela deverá respeitar as alíquotas máximas e mínimas que estejam estabelecidas em lei complementar.

( ) Certo

( ) Errado

05. (2022 – FCC - SEFAZ-PE Auditor Fiscal) Gerente de indústria farmacêutica pernambucana contrata os seguintes serviços de confecção de impressos gráficos de determinada gráfica localizada em Recife/PE:

– rótulos dos frascos de remédios que serão comercializados com seus distribuidores.

– panfletos com instruções de segurança para seus funcionários dos laboratórios da empresa.

– cartões de visita para os diretores e gerentes da empresa.

Nos termos previstos na Lei Complementar n° 116/2003, a gráfica deve recolher o Imposto sobre Serviços de Qualquer Natureza (ISSQN) pelos serviços contratados e efetuados referente aos:

a) rótulos e panfletos, apenas.

b) rótulos e cartões, apenas.

c) panfletos e cartões, apenas.

d) rótulos, panfletos e cartões.

e) cartões, apenas.

06. (2022 - CESPE/CEBRASPE - PGM Recife) A respeito do imposto sobre serviços de qualquer natureza (ISS) e do imposto sobre circulação de mercadorias e serviços (ICMS), julgue os itens a seguir, à luz da Constituição Federal de 1988 (CF) e da jurisprudência do Supremo Tribunal Federal (STF).

I A atividade exclusiva de locação de bens móveis está sujeita à incidência do ISS.

II Os serviços prestados pelas operadoras de plano de saúde estão sujeitos à incidência de ISS.

III Os contratos de franquia estão sujeitos à incidência do ICMS.

Assinale a opção correta.

a) Apenas o item I está certo.
b) Apenas o item II está certo.
c) Apenas os itens I e II estão certos.
d) Apenas os itens II e III estão certos.
e) Todos os itens estão certos.

07. (2022 – FGV - Câmara de Taubaté-SP) Para que um Município possa ser beneficiado com transferências voluntárias de outros entes federados, deve, nos termos da Lei de Responsabilidade Fiscal (Lei Complementar nº 101/2000), instituir e efetivamente arrecadar, necessariamente, os seguintes tributos municipais:

a) IPTU, Taxa de Coleta de Lixo Domiciliar, COSIP e ISS.
b) ISS, Taxa de Coleta de Lixo Domiciliar, COSIP e Taxa de Fiscalização de Funcionamento.
c) ITBI, IPTU e ISS.
d) IPVA, ITBI, ISS e COSIP.
e) IPTU, ICMS e ISS.

08. (2022 – UNIOESTE - Prefeitura de Guaratuba-PR) Quanto ao Imposto Sobre Serviços de Qualquer Natureza, é CORRETO afirmar:

a) A lista anexa à Lei Complementar n.º 116, de 31 de julho de 2003, do Imposto Sobre Serviços de Qualquer Natureza, possui um rol meramente exemplificativo.
b) O serviço considera-se prestado, e o imposto, devido, no local do estabelecimento prestador ou, na falta do estabelecimento, no local do domicílio do prestador, sem exceções, sendo contribuinte o prestador do serviço.
c) A alíquota mínima é de 3% (três por cento) e a máxima é de 5% (cinco por cento).
d) No caso dos serviços de administração de consórcios, o tomador de serviço é o consorciado. Já no caso dos serviços de arrendamento mercantil, o tomador do serviço é o arrendatário, pessoa física ou a unidade beneficiária da pessoa jurídica, domiciliado no País, e, no caso de arrendatário não domiciliado no País, o tomador é o beneficiário do serviço no País.
e) Os Municípios e o Distrito Federal, mediante lei, poderão atribuir de modo expresso a responsabilidade pelo crédito tributário a terceira pessoa, vinculada ao fato gerador da respectiva obrigação, não excluindo a responsabilidade do contribuinte, atribuindo-a a este em caráter supletivo do cumprimento total ou parcial da referida obrigação, inclusive no que se refere à multa e aos acréscimos legais.

09. (2022 - CESPE/CEBRASPE - SEE-PE) Considerando o disposto na Lei Complementar n.º 116/2003, julgue o item a seguir.
Para o pagamento do imposto sobre serviços de qualquer natureza, a base de cálculo será o preço do serviço.

( ) Certo

( ) Errado

10. (2022 - IFPI - IF-PI) Sobre o lançamento dos impostos, de acordo com o CTN, analise os itens abaixo.

I – O Imposto sobre a propriedade de veículos automotores tem o seu lançamento feito por declaração.

II – Imposto sobre a renda e proventos de qualquer natureza tem o seu lançamento feito por homologação.

III – O Imposto sobre a propriedade predial e territorial urbana tem o seu lançamento feito de ofício pela autoridade administrativa.

IV – O lançamento reporta-se à data da ocorrência do fato gerador da obrigação e rege-se pela lei então vigente, ainda que posteriormente modificada ou revogada.

Está(ão) CORRETO(S).

a) Apenas o item I e III
b) Apenas os itens I e IV
c) Apenas os itens II e III
d) Apenas os itens II, III e IV
e) Todos os itens estão corretos

11. (FCC/TRF/4R/Técnico/2010) À União NÃO é vedada competência para

a) cobrar imposto, além de outros, sobre o patrimônio, a renda ou os serviços dos Estados e Municípios.
b) cobrar imposto sobre o papel destinado exclusivamente à impressão de jornais, periódicos e livros.
c) instituir imposto sobre a importação de produtos estrangeiros, tendo como fato gerador a entrada destes no território nacional.
d) cobrar imposto sobre o patrimônio e a renda com base em lei posterior à data inicial do exercício financeiro a que corresponda.
e) estabelecer limitações ao tráfego, no território nacional, de mercadorias, por meio de tributos interestaduais ou intermunicipais.

12. (FCC/DPE/SP/Defensor/2009) Assinale a alternativa incorreta.

a) São de competência dos Municípios os seguintes tributos: imposto sobre a propriedade predial e territorial urbana; imposto sobre serviços de qualquer natureza, definidos em lei complementar, desde que não compreendidos na tributação do ICMS e, por fim, o imposto sobre a transmissão "inter vivos", a qual quer título, por ato oneroso.
b) Segundo a Constituição Federal, o ICMS incide também sobre a entrada de bem ou mercadoria importa dos do exterior por pessoa física ou jurídica, cabendo o imposto ao Estado da localização do destinatário da mercadoria ou serviço.
c) De acordo com a Constituição Federal, o ICMS não incide sobre operações que destinem petróleo, combustíveis e energia elétrica a outros Estados.

d) O imposto de transmissão causa mortis e doação, de quaisquer bens ou direitos, que compete aos Estados e ao Distrito Federal, terá sua instituição regulada por lei complementar, quando o doador tiver domicílio ou residência no exterior.

e) No tocante à repartição das receitas tributárias, estabelece a Constituição Federal que pertencem aos Municípios vinte e cinco por cento do produto da arrecadação do imposto do Estado sobre a propriedade de veículos automotores licenciados em seus territórios.

13. (FCC/Sefaz/SP/AgenteFiscal/2009) Em relação à competência tributária, cabe

a) à União instituir impostos sobre: I) importação de produtos estrangeiros; II) propriedade territorial rural; III) doação de quaisquer bens e direitos.

b) aos Estados e ao Distrito Federal instituir impostos sobre: I) transmissão causa mortis; II) operações relativas à circulação de mercadorias e sobre prestações de serviços de transporte interestadual e intermunicipal e de comunicação; III) propriedade de veículos de qualquer natureza.

c) aos Municípios instituir impostos sobre: I) propriedade territorial urbana e rural; II) serviços de qualquer natureza não compreendidos na competência tributária dos Estados, definidos em lei complementar; III) doação de quaisquer bens e direitos.

d) aos Estados instituir impostos sobre: I) propriedade predial territorial e urbana; II) transmissão "inter vivos" a qualquer título, por ato oneroso ou gratuito de quaisquer bens e direitos; III) serviços de qualquer natureza.

e) à União instituir impostos sobre: I) importação de produtos estrangeiros; II) propriedade territorial rural; III) os impostos estaduais em território Federal e, se o Território não for dividido em Municípios, cumulativamente, os impostos municipais.

14. (FCC/PGM/Teresina/Procurador/2010) Não é competência municipal a instituição de

a) contribuição de interesse de categorias profissionais ou econômicas.

b) imposto sobre a transmissão de bens imóveis por ato "inter vivos" a título oneroso.

c) imposto sobre a propriedade territorial urbana.

d) contribuição social dos servidores municipais para custeio de regime previdenciário próprio.

e) contribuição de melhoria.

15. (FCC/PGM/Teresina/Procurador/2010) O Município possui autonomia para o exercício da sua competência tributária, inclusive para concessão de isenção relativamente a seus tributos. Sobre este fato deve ser considerado que

a) a concessão de isenção deve vir prevista na lei orçamentária anual para poder ser efetivada, devendo, portanto obediência à anualidade tributária.

b) a isenção enquanto causa de exclusão do crédito tributário depende unicamente da decisão política municipal, bastando a lei municipal concessiva.

c) o Código Tributário Nacional foi derrogado pela Lei de Responsabilidade Fiscal relativamente à disciplina da isenção, considerada atualmente renúncia de receita e não mais causa de exclusão do crédito tributário.

d) a isenção é renúncia de receita e, como tal, além dos requisitos para sua concessão, previstos no Código Tributário Nacional, deve também prever as exigências previstas na Lei de Responsabilidade Fiscal quando for em caráter não geral.

e) a previsão da Lei de Responsabilidade Fiscal de exigência de medidas específicas para concessão de isenção é inconstitucional por ferir a autonomia municipal e também dos demais entes federados.

16. (FCC/PGE/MT/Procurador/2011) Sobre competência tributária e capacidade tributária ativa, é correto afirmar:

a) A competência tributária é delegável por lei.

b) A capacidade tributária ativa indica o sujeito ativo da obrigação tributária principal.

c) O Código Tributário Nacional fixa as competências tributárias.

d) A capacidade tributária ativa é exclusiva do ente político definido na Constituição Federal.

e) Somente o ente político competente para instituir o tributo pode ser titular da capacidade tributária ativa.

17. (FCC/Sefaz/SP/AgenteFiscal/2009) Sobre as espécies tributárias, é correto afirmar:

a) As receitas dos Estados, do Distrito Federal e dos Municípios destinadas a contribuições sociais para a Seguridade Social constarão dos respectivos orçamentos e integrarão o orçamento da União.

b) Na iminência ou no caso de guerra externa, a União, os Estados e os Municípios poderão instituir impostos extraordinários.

c) A taxa é espécie de tributo vinculado a uma atividade estatal globalmente considerada, bem como à capacidade econômica do contribuinte.

d) O tributo vinculado que tem por fato gerador a valorização de imóvel do contribuinte, decorrente de obra pública, é a contribuição de melhoria.

e) A União, mediante lei ordinária, tem competência privativa residual para instituir novos impostos, desde que sejam não cumulativos e não tenham por fato gerador ou base de cálculo próprios dos demais impostos discriminados na Constituição Federal.

18. (FCC/TCE/GO/Analista/2009) Os tributos classificam-se em vinculados e não vinculados. É exemplo de tributo vinculado, de forma direta, com finalidade de remunerar serviço público:

a) o imposto.

b) a taxa.

c) a contribuição de melhoria.

d) a contribuição social.

e) o empréstimo compulsório.

19. (FCC/ALE/SP/Técnico/2010) Alguns tributos só podem ser instituídos por lei complementar, por disposição constitucional expressa. Se enquadram nesta hipótese

a) os impostos extraordinário e residual.

b) a contribuição de intervenção no domínio econômico e o empréstimo compulsório.

c) o imposto residual e o empréstimo compulsório.

d) o empréstimo compulsório e o imposto extraordinário.

e) a contribuição social e a contribuição de interesse das categorias profissionais ou econômicas.

20. (FCC/Sefaz/SP/AgenteFiscal-GT/2013) Possuem competência para instituir o Imposto Sobre Doações e Transmissão causa mortis, Imposto Territorial Rural, Impostos sobre Importações e Impostos sobre Serviços de Qualquer Natureza, respectivamente:

a) Estados; Municípios; União; Estados e Distrito Federal.

b) Municípios; Estados e Distrito Federal; União; Municípios.

c) Estados e Distrito Federal; União; União; Distrito Federal.

d) Estados; União; Estados e Distrito Federal; Municípios.

e) Estados; Municípios; União; Municípios e Distrito Federal.

21. (PGM-Maringá/PUC-PR/2015) Sobre o Imposto sobre Serviços de Qualquer Natureza– ISS, na Lei Complementar Municipal nº 677/2007, assinale a alternativa CORRETA

a) Toda e qualquer prestação de serviço realizada no território do Município é passível de incidência do ISS.

b) O ISS não incide sobre a exportação e sobre a importação de serviços.

c) As alíquotas do ISS têm como limite superior 5% (cinco por cento) e como limite inferior 0% (zero por cento).

d) Todo contribuinte, seja pessoa jurídica ou pessoa física, com ou sem estabelecimento fixo, que exerça ou não, de forma habitual ou esporadicamente, individualmente ou em sociedade, qualquer das atividades constantes da lista de serviços previstos na Lei nº 677/2007, ou outras atividades disciplinadas por essa Lei, fica obrigado à inscrição no Cadastro Mobiliário da Secretária Municipal de Fazenda, a não ser que seja isento ou imune ao pagamento do imposto, casos em que estará dispensado da respectiva inscrição.

e) A incidência do ISS independe da existência de estabelecimento fixo.

22. (PGM-Maringá/PUC-PR/2015) Em relação à lei complementar em matéria tributária e com base na Constituição Federal, assinale a alternativa CORRETA

a) A União poderá instituir, mediante lei complementar, na iminência ou não de guerra externa, imposto s extraordinários, compreendidos ou não em sua competência tributária.

b) Quanto ao Imposto sobre Circulação de Mercadorias e Serviços - ICMS, cabe à lei complementar dispor sobre substituição tributária e sobre o regime de compensação do imposto, mas cabe à lei ordinária prever casos de manutenção de crédito, relativamente à remessa para outro Estado e exportação para o exterior, de serviços e de mercadorias.

c) A União, mediante lei complementar, poderá instituir empréstimos compulsórios para atender a despesas extraordinárias, decorrentes de calamidade pública. Todavia, no caso de guerra externa ou sua iminência, dada a urgência que a situação requer, os empréstimos compulsórios poderão ser instituídos por lei ordinária.

d) A lei complementar definirá os setores de atividade econômica para os quais as contribuições incidentes sobre a receita ou faturamento serão não cumulativas.

e) Quanto ao Imposto sobre Prestação de Serviços (ISS), cabe à lei complementar fixar as suas alíquotas máximas e mínimas, excluir da sua incidência exportações de serviços para o exterior e regular a forma e as condições como isenções, incentivos e benefícios fiscais serão concedidos e revogados.

23. (PGM-SP/VUNESP/2014) Determina a Constituição Federal que, sempre que possível, os impostos terão caráter pessoal e serão graduados segundo a capacidade econômica do contribuinte, facultado à administração tributária, especialmente para conferir efetividade a esses objetivos, identificar, respeitados os direitos individuais e nos termos da lei, o patrimônio, os rendimentos e as atividades econômicas do contribuinte. Referida determinação reflete um princípio que, por seu turno, é corolário do princípio tributário da

a) imposição do efeito confiscatório.

b) isonomia tributária.

c) anterioridade.

d) irretroatividade.

e) parafiscalidade

24. (PGM-Caxias do Sul-RS/Objetiva) Em relação ao Sistema Tributário Municipal, marcar C para as afirmativas Certas, E para as Erradas e, após, assinalar a alternativa que apresenta a sequência CORRETA:

( ) O Imposto Sobre Serviços de Qualquer Natureza (ISS) quando "por homologação" tem como formato o próprio sujeito passivo, a cada fato gerador calcular o montante do tributo devido e antecipar o pagamento, sem prévio exame da autoridade administrativa, cabendo a esta verificar a correção do procedimento.

( ) O ISS está sujeito ao Princípio da Legalidade e não está sujeito ao Princípio da Anterioridade, tendo em vista sua finalidade.

( ) O ISS tem como fato gerador a prestação de serviços constantes da lista prevista em lei própria, ainda que esses serviços não se constituam como atividade preponderante do prestador.

a) C – C – C.

b) E – E – C.

c) C – E – C.

d) E – C – E.

25. (PGM-São Bernardo do Campo) De acordo com a lei que disciplina a matéria, a alíquota máxima do Imposto Sobre Serviços de Qualquer Natureza é de

a) 0,5%

b) 1,5%

c) 3%

d) 5%

e) 10%

26. (PGM-Curitiba/UFPR/2015) Nos termos da Constituição de 1988, compete aos Municípios instituir impostos sobre serviços de qualquer natureza (ISSQN), definidos em lei complementar e não compreendidos no âmbito de incidência do ICMS. No Município de Curitiba, o ISSQN é regido pela Lei Complementar nº40/2001 (Código Tributário Municipal). Sobre o assunto, assinale a alternativa correta.

a) As alíquotas máximas do ISSQN no Município de Curitiba são de 4%.

b) São imunes ao ISSQN os serviços prestados pela Empresa Brasileira de Correios e Telégrafos (ECT), ainda que em regime de concorrência com empresas privadas.

c) De acordo com jurisprudência pacífica do Supremo Tribunal Federal, viola a Constituição de 1988 a previsão de ISSQN fixo constante da Lei Complementar nº 40/2001 do Município de Curitiba.

d) De acordo com jurisprudência pacífica do Superior Tribunal de Justiça, incidirá ISSQN nas operações de industrialização por encomenda, salvo nos casos em que o produto for utilizado para uso próprio da empresa contratante do serviço.

e) Incide ISSQN nas operações de leasing financeiro, lease-back e leasing operacional

27. (Auditor Júnior/CESGRANRIO/2018) O imposto sobre serviços, nos termos da Lei de regência, tem como base de cálculo o preço da(o)

a) logística

b) infraestrutura

c) adicional

d) intercâmbio

e) serviço

28. (Procurador Câmara BH/CONSULPLAN/2018) A empresa Beta Construção Civil Ltda, com sede no Município Ômega, foi contratada, em 2013, pelo Município Alfa, para prestar serviços de engenharia consultiva (serviços técnicos especializados para elaboração dos projetos executivos de implantação, material licitatório, assessoria na licitação e gerenciamento das obras). Dos diversos e complexos serviços de engenharia uns foram executados na sede da empresa e outros no município onde ficará a construção. Ocorre que Beta está sendo cobrada pelos Fiscos Municipais de Ômega e Alfa, que lhe exigem o pagamento do ISS. Na situação descrita anteriormente

a) o imposto é devido no local do estabelecimento prestador, já que se trata de serviço meramente intelectual.
b) o imposto é devido no local da construção, entendendo-se a obra como sendo uma unidade.
c) devem ser quantificadas as diferentes etapas do contrato, buscando-se atribuir a cada município uma base tributável.
d) o imposto sobre o serviço consultivo é devido ao município Ômega e o relativo ao serviço construtivo fica com o município Alfa.

29. (DPE-PE/CESPE/2018) A empresa BETA, operadora de plano privado de saúde, foi notificada pelo fisco estadual em razão do não recolhimento de ICMS relativo às operações mistas, que envolvem a prestação de serviços associados ao fornecimento de mercadorias. Em sua defesa, a empresa alegou que o fisco municipal entende que, nesse caso, incide o imposto sobre serviços de qualquer natureza (ISSQN). Considerando o entendimento majoritário e atual do Supremo Tribunal Federal, assinale a opção correta, acerca dos impostos que poderão incidir no presente caso.

a) No caso em tela, deve prevalecer a incidência do ICMS, afastando-se a incidência do ISSQN sobre a operação.
b) Se os serviços prestados pela empresa em questão estiverem previstos na lei complementar federal que dispõe sobre o ISSQN, prevalecerá a incidência do ISSQN sobre o ICMS.
c) Incidirá, em regra, o ICMS, podendo haver a incidência do ISSQN se o serviço estiver previsto na lei complementar federal que dispõe sobre esse tributo, caso em que, para evitar a bitributação, o valor pago a título de ICMS será deduzido da base de cálculo do ISSQN
d) No caso em tela, incidem tanto ICMS como o ISSQN: o ICMS incidirá sobre a parcela relativa à obrigação de dar e o ISSQN incidirá sobre a parcela referente à obrigação de fazer.
e) Há de se verificar a atividade preponderante do contribuinte: se a atividade preponderante for o fornecimento de mercadorias, ele deve ser tributado pelo ICMS; se for a prestação de serviços, ele será tributado pelo ISSQN.

30. (Procurador Fortaleza-CE/CESPE/2017) Julgue o item a seguir, em relação aos impostos discriminados na CF.

O aspecto material da hipótese de incidência do imposto sobre serviços de qualquer natureza consiste na obrigação de fazer em prol de terceiro, mediante remuneração, quando essa obrigação é objeto de relação jurídica de direito privado. A prestação por delegatário e remunerada pelo usuário de serviços públicos não se submete à incidência dessa espécie tributária devido a interesse público subjacente.

31. (Procurador Câmara de Maria Helena-PR/FAUEL/2017) O Chefe do Poder Executivo Municipal de Goiabinha encaminhou, à Câmara de Vereadores, projeto de Lei que visa à majoração da arrecadação tributária. Dentre as disposições legais, estão as seguintes medidas:

- PRIMEIRA MEDIDA – elaboração de convênio com o Município de Juqueí, vizinho, para que este exerça, em seu lugar, sua competência tributária, instituindo e arrecadando o Imposto Sobre Serviço de Qualquer Natureza (ISS) que lhe seria devido, ficando o Município de Goaibinha com uma "retribuição compensatória". A medida, na visão do Prefeito, economizaria os gastos com a arrecadação e fiscalização.
- SEGUNDA MEDIDA – Alterar a lei ordinária que instituiu o Imposto Sobre a Transmissão de Bens e Imóveis (ITBI) naquele município para prever a cobrança do tributo sobre as doações de imóveis feitas entre parentes em linha reta até o segundo grau, e, em linha colateral, até o terceiro grau. A respeito destas medidas, assinale a assertiva correta:

a) A PRIMEIRA MEDIDA não padece de qualquer vício de constitucionalidade ou legalidade, podendo ser aprovada. Todavia, a SEGUNDA MEDIDA é inconstitucional, por ser de competência dos Estados a instituição do ITBI.

b) A PRIMEIRA MEDIDA não deverá ser aprovada, pois a competência tributária é indelegável, salvo atribuição das funções de arrecadar ou fiscalizar tributos. A SEGUNDA MEDIDA também não poderá ser aprovada, pois não pode a lei tributária alterar a definição, o conteúdo e o alcance de institutos, conceitos e formas de direito privado, utilizados, expressa ou implicitamente, pela Constituição Federal para definir ou limitar competências tributárias.

c) A PRIMEIRA MEDIDA não deverá ser aprovada, pois a competência tributária é indelegável, salvo atribuição das funções de arrecadar ou fiscalizar tributos. A SEGUNDA MEDIDA é inconstitucional, por ser de competência dos Estados a instituição do ITBI.

d) A PRIMEIRA MEDIDA não padece de qualquer vício de constitucionalidade ou legalidade, podendo ser aprovada. A SEGUNDA MEDIDA não poderá ser aprovada, pois não pode a lei tributária alterar a definição, o conteúdo e o alcance de institutos, conceitos e formas de direito privado, utilizados, expressa ou implicitamente, pela Constituição Federal para definir ou limitar competências tributárias.

32. (Analista/CESPE/2017) No que se refere à legislação tributária básica e suas atualizações, julgue o item que se segue.

- Uma empresa domiciliada em Goiânia e prestadora, no aeroporto de Brasília, de serviços logísticos relativos a mercadorias em trânsito será contribuinte do ISS no DF.

33. (Auditor Fiscal Teresina/FCC/2016) De acordo com a disciplina estabelecida na Lei Complementar nº 116, de 31 de julho de 2003, o ISS

a) incide sobre as exportações de serviços para o exterior do País, nos termos estabelecidos em lei.

b) não incide sobre a prestação de serviços em relação de emprego, regida pela CLT, dos diretores de conselho fiscal de sociedades, salvo disposição de lei municipal em contrário.

c) tem como contribuinte o tomador do serviço.

d) tem como fato gerador a prestação de serviços constantes da lista anexa a essa Lei, desde que tais serviços se constituam como atividade preponderante do prestador.

e) incide sobre os serviços mencionados na lista anexa à referida Lei, afastada a incidência do ICMS sobre eles, mesmo que sua prestação envolva fornecimento de mercadorias, ressalvadas as exceções expressas na própria lista.

34. (2019 Banca: FAFIPA Órgão: Prefeitura de Foz do Iguaçu - PR Prova: FAFIPA - Prefeitura de Foz do Iguaçu - PR - Procurador do Município Júnior) Assinale a alternativa INCORRETA quanto ao Imposto sobre Serviços de Qualquer Natureza previsto no Código Tributário Municipal.

a) O Imposto Sobre Serviços de Qualquer Natureza (ISSQN) incide sobre os serviços prestados mediante a utilização de bens e serviços públicos explorados economicamente mediante autorização, permissão ou concessão, com o pagamento de tarifa, preço ou pedágio pelo usuário final do serviço.

b) A incidência do Imposto Sobre Serviços de Qualquer Natureza (ISSQN) independe da existência de estabelecimento fixo; da denominação dada ao serviço prestado; recebimento do preço ou do resultado financeiro obtido; da destinação dos serviços; do cumprimento de quaisquer exigências legais, regulamentares ou administrativas, relativas à atividade, sem prejuízo das cominações cabíveis; do fornecimento de materiais, quando for o caso.

c) A alíquota mínima do Imposto sobre Serviços de Qualquer Natureza é de 3% (três por cento), podendo ser objeto de concessão de isenções, incentivos ou benefícios tributários ou financeiros.

d) A base de cálculo do Imposto Sobre Serviços de Qualquer Natureza (ISSQN) poderá ser estimada pela autoridade administrativa competente com base em levantamento procedido quando o contribuinte, reiteradamente, violar as disposições da legislação tributária.

e) A autoridade fiscal pode rever os valores estimados para determinado exercício ou período, e, se for o caso, reajustar as prestações subsequentes à revisão, quando se verificar que a estimativa inicial foi incorreta ou que o volume ou modalidade dos serviços se tenha alterado de forma substancial.

35. (2019 Banca: VUNESP Órgão: Prefeitura de Valinhos - SP Prova: VUNESP - 2019 - Prefeitura de Valinhos - SP - Procurador) Assinale a assertiva que se encontra em consonância com Súmula Vinculante do Supremo Tribunal Federal em matéria tributária.

a) É inconstitucional a adoção, no cálculo do valor de taxa, de um ou mais elementos da base de cálculo própria de determinado imposto, ainda que não haja integral identidade entre uma base e outra.

b) É constitucional a incidência do Imposto sobre Serviços de Qualquer Natureza - ISS sobre operações de locação de bens móveis.

c) O ICMS incide sobre alienação de salvados de sinistro pelas seguradoras.

d) O serviço de iluminação pública pode ser remunerado mediante taxa.

e) Norma legal que altera o prazo de recolhimento de obrigação tributária não se sujeita ao princípio da anterioridade.

36. (2019 Banca: FCC Órgão: SEMEF Manaus - AM Prova: FCC - 2019 - SEMEF Manaus - AM - Técnico Fazendário) De acordo com a Constituição Federal, o Município pode

a) instituir, lançar e cobrar o IPTU relativamente a bem imóvel no qual se realizam os cultos e cerimônias religiosos e cujo proprietário é a instituição religiosa "HÁ VIDA NO ALÉM".

b) instituir, lançar e cobrar o ITCMD em relação aos serviços gratuitos de orientação pedagógica e educacional prestados pela instituição de educação "Escola para Todos Ltda.", instituição sem fins lucrativos.

c) cobrar o ITBI no exercício subsequente àquele em que tiver sido publicada a lei que aumentou sua base de cálculo, dispensada a observância do princípio da anterioridade nonagesimal.

d) instituir, lançar e cobrar o ISSQN sobre a prestação de serviços de fonografia, atinente à produção, no território do Município, de fonogramas contendo poesias não musicadas, de autoria do poeta chileno Pablo Neruda, e recitadas por artista de nacionalidade chilena.

e) instituir, lançar e cobrar o IPTU sobre a propriedade de imóvel em que funciona a Secretaria de Fazenda do Estado, imóvel este que é de propriedade do governo estadual.

37. **(2019 Banca: FCC Órgão: SEMEF Manaus - AM Prova: FCC - 2019 - SEMEF Manaus - AM - Auditor Fiscal de Tributos Municipais)** Pedro, domiciliado em Belo Horizonte/MG, é arrendatário de uma aeronave de propriedade da empresa "Planalto Aeronaves Ltda.", localizada em Campo Grande/MS, sendo que esta aeronave é utilizada apenas nos dias úteis, para transportar Pedro a várias localidades do Brasil. A manutenção da aeronave é feita no Rio de Janeiro/RJ e, quando não está em uso, é estacionada e guardada em estabelecimento de empresa localizada em Guarulhos/SP, que mantém hangares destinados a isso. De acordo com a Lei Complementar nº 116/2003, o serviço de guarda desta aeronave é considerado prestado e o imposto devido

a) a Belo Horizonte, Município de domicílio de Pedro, arrendatário.

b) a Campo Grande, Município de localização da empresa arrendante.

c) ao Rio de Janeiro, Município em que é feita a manutenção da aeronave.

d) a Guarulhos, Município em que a aeronave é guardada.

e) a qualquer Município que constitua o local de origem do trecho aéreo a ser percorrido.

38. Acerca dos tributos municipais, assinale a alternativa correta.

a) O serviço de iluminação pública pode ser remunerado mediante taxa.

b) É defeso ao município atualizar o IPTU, mediante decreto, em percentual superior ao índice oficial de correção monetária.

c) Cabe ao poder público comprovar a realização de notificação do lançamento tributário pelo envio do carnê de cobrança do IPTU.

d) Não é válida a utilização da metragem do imóvel como base de cálculo da cobrança da taxa de coleta de lixo.

e) É constitucional a incidência do ISS sobre operações de locação de bens móveis dissociadas da prestação de serviços.

39. (2019 Banca: NC-UFPR Órgão: Prefeitura de Curitiba - PR Prova: NC-UFPR - 2019 - Prefeitura de Curitiba - PR - Procurador) O Impostos sobre Serviços é tributo de competência municipal ensejador de muitas controvérsias, a começar pelo fato de ser disciplinado pela Constituição Federal, pela Lei Complementar nº 116/2003, pelo Decreto-Lei nº 406/68 e pela Lei Complementar Municipal nº 40/2001. Levando em consideração os dados apresentados, assinale a alternativa correta.

a) O serviço considera-se tomado, e o imposto, devido, no local do estabelecimento prestador e, na falta deste estabelecimento, no domicílio do tomador. A base de cálculo do serviço nesses casos é o preço da prestação do serviço.

b) A alíquota mínima do Imposto sobre Serviços é de 2% (dois por cento). O imposto poderá, entretanto, ser objeto de concessão de isenções, incentivos ou benefícios tributários ou financeiros, inclusive de redução de base de cálculo ou de crédito presumido ou outorgado, ou sob qualquer outra forma, mesmo que disso resulte, direta ou indiretamente, carga tributária menor que a decorrente da aplicação da alíquota mínima de 2% (dois por cento).

c) Considera-se estabelecimento prestador o local onde o contribuinte desenvolva a atividade de prestar serviços, de modo permanente ou temporário, e que configure unidade econômica ou profissional, sendo irrelevantes para caracterizá-lo as denominações de sede, filial, agência, posto de atendimento, sucursal, escritório de representação ou contato ou quaisquer outras que venham a ser utilizadas.

d) O Contribuinte do ISS é o tomador do serviço.

e) O enquadramento de sociedade como sociedade profissional com vistas à tributação fixa anual independe de requerimento, sendo suficiente o preenchimento dos requisitos estabelecidos na Lei.

Gabarito					
1	D	**14**	A	**27**	E
2	C	**15**	D	**28**	B
3	A	**16**	B	**29**	B
4	Certo	**17**	D	**30**	Errada
5	D	**18**	B	**31**	B
6	B	**19**	C	**32**	Certo
7	C	**20**	C	**33**	B
8	D	**21**	E	**34**	C
9	Certo	**22**	E	**35**	E
10	D	**23**	B	**36**	D
11	C	**24**	C	**37**	D
12	E	**25**	D	**38**	B
13	E	**26**	B	**39**	C

12. QUESTÕES DISSERTATIVAS

01. (PGM/Rio_de_Janeiro/Procurador/2011) A fabricante de cervejas, Indústria de Bebidas Chopin Ltda., que goza de excelente conceito no mercado de bebidas alcoólicas, encomenda à multinacional instalada no Estado do Rio de Janeiro, Adesivos Universal S. A., a confecção de 2 milhões de rótulos, indicativos das características da bebida que produz, destinados à colocação nas garrafas da bebida vendida a seus consumidores. Em ato de fiscalização, a autoridade estadual, entendendo tratar-se de venda de mercadoria, visto que, flagrantemente, a Adesivos Universal entrega à indústria de bebidas os rótulos encomendados, autua a fornecedora por falta de recolhimento do ICMS devido. Segundo o Auditor-Fiscal, está perfeitamente configurada a ocorrência do fato gerador do imposto estadual. O contribuinte, não se conformando, impugna a exigência, alegando não se verificar, no caso específico, uma venda, em sentido próprio, mas, sim, a prestação de serviços, ainda que, para realização do negócio, a multinacional faça entrega, ao encomendante, do material impresso. Pede-se a emissão de parecer sobre a exigência feita pelo Estado, considerando a jurisprudência do Supremo Tribunal Federal, já assentada, sobre o assunto.

► Resposta:

Neste caso, o candidato teria que elaborar um parecer, atendendo aos requisitos formais e materiais da proposta da banca[105]. Deveria abordar e diferenciar a hipótese de incidência do ICMS e do ISSQN, trazendo os principais elementos que compõe a incidência tributária dos dois impostos, em especial a famosa distinção entre a obrigação de "dar" e de "fazer".

No caso em tela, uma fabricante de cervejas, Indústria de Bebidas Chopin Ltda., encomendou à multinacional Adesivos Universal S. A., a confecção de 2 milhões de rótulos, indicativos das características da bebida que produz, destinados à colocação nas garrafas da bebida vendida a seus consumidores.

A Lei Complementar n. 116/2003 define como hipótese de incidência deste tributo *"a prestação de serviços constantes da lista anexa", ou seja,* esta Lei Complementar traz um rol dos serviços sobre os quais incide ISSQN, excluindo os serviços de competência dos Estados como transporte interestadual, intermunicipal e serviços de comunicação. Nesse sentido, cabe ao Município arrecadar o imposto sobre serviços não compreendidos na competência da União e dos Estados, desde que estes estejam expressamente previstos na lista de serviços anexa à Lei Complementar 116/2003.

Esta situação diferencia da hipótese de incidência do ICMS, sendo que o critério utilizado neste caso foi a diferenciação da obrigação de "fazer" e de "dar", sendo que, enquanto *"a prestação, na obrigação de dar, consiste na entrega de um objeto, sem que se tenha de fazê-lo previamente, e, na de fazer, na realização de um ato ou confecção de uma coisa, para depois entregá-la ao credor"*[106].

---

105. DICA DE LEITURA: Dúvidas quanto ao aspecto formal do parecer podem ser tiradas em nossa obra: LUSTOZA, Helton Kramer Lustoza. Advocacia Pública em Ação. 2ª Ed. Salvador: Juspodivm, 2014, p. 29.

106. DINIZ, Maria Helena. Curso de direito civil brasileiro. 2 vol. São Paulo: Saraiva, 2002, p. 100.

Alguns casos, a prestação do serviço pode gerar um aparente conflito entre o ISSQN e o ICMS. Enquanto o aspecto material do ICMS ora em estudo é a realização de uma operação relativa à circulação de mercadorias, no ISSQN haverá tão somente uma prestação de serviço prevista expressamente na lista anexa à LC 116/2003.

No caso de uma empresa atuar mediante uma prévia contratação para produzir algo a partir de características impostas pelo autor da encomenda será uma prestação de serviço e não circulação de mercadoria. Esse critério foi utilizado pelo Superior Tribunal de Justiça para definição do teor da Súmula nº 156: "*A prestação de serviço de composição gráfica, personalizada e sob encomenda, ainda que envolva fornecimento de mercadorias, está sujeita, apenas, ao ISS*". Neste caso, para haver a incidência de ISSQN é preciso que o serviço personalizado seja preponderante na operação de industrialização[107].

Nesta linha de raciocínio bastava identificar a operação de "*serviço sob encomenda*" na lista de serviços da Lei Complementar 116/2003 para atestar a incidência de ISSQN[108]. O posicionamento do Supremo Tribunal Federal é de que somente haverá a incidência do ICMS no caso da obrigação de dar ser manifestamente preponderante sobre a obrigação de fazer. Em precedentes desta Corte, há indicação da necessidade da verificação dos seguintes elementos para identificar a incidência nas hipóteses de industrialização por encomenda: (i) verificar se a venda irá se operar a quem irá promover nova circulação deste bem recém industrializado e (ii) caso o adquirente seja consumidor final, avaliar a preponderância entre o dar e o fazer mediante a averiguação de elementos de industrialização. Haverá somente a incidência do ISS nas situações em que a resposta ao primeiro item for negativa e se no segundo item o fazer preponderar sobre o dar[109].

---

107. STJ. REsp 725.246/PE. 1ª Turma. Relator ministro Teori Albino Zavascki, DJ de 14/11/05, p. 215.

108. Cf. GOUVEA, Marcus de Freitas; LUSTOZA, Helton Kramer; CASTRO, Eduardo de. Tributos em Espécie. Salvador: Juspodivm, 2014, p. 655.

109. Agravo regimental no recurso extraordinário. Serviço de composição gráfica com fornecimento de mercadoria. Conflito de incidências entre o ICMS e o ISSQN. Serviços de composição gráfica e customização de embalagens meramente acessórias à mercadoria. Obrigação de dar manifestamente preponderante sobre a obrigação de fazer, o que leva à conclusão de que o ICMS deve incidir na espécie. 1. Em precedente da Corte consubstanciado na ADI nº 4.389/DF-MC, restou definida a incidência de ICMS "sobre operações de industrialização por encomenda de embalagens, destinadas à integração ou utilização direta em processo subsequente de industrialização ou de circulação de mercadoria". 2. A verificação da incidência nas hipóteses de industrialização por encomenda deve obedecer dois critérios básicos: (i)verificar se a venda opera-se a quem promoverá nova circulação do bem e (ii) caso o adquirente seja consumidor final, avaliar a preponderância entre o dar e o fazer mediante a averiguação de elementos de industrialização. 4. À luz dos critérios propostos, só haverá incidência do ISS nas situações em que a resposta ao primeiro item for negativa e se no segundo item o fazer preponderar sobre o dar. 5. A hipótese dos autos não revela a preponderância da obrigação de fazer em detrimento da obrigação de dar. Pelo contrário. A fabricação de embalagens é a atividade econômica específica explorada pela agravante. Prepondera o fornecimento dos bens em face da composição gráfica, que afigura-se meramente acessória. Não há como conceber a prevalência da customização sobre a entrega do próprio bem. 6. Agravo regimental não provido. (AI 803296 AgR, Relator(a): Min. DIAS TOFFOLI, Primeira Turma, julgado em 09/04/2013, PROCESSO ELETRÔNICO DJe-107 DIVULG 06-06-2013 PUBLIC 07-06-2013)

Assim, o Supremo Tribunal Federal, no julgamento da Medida Cautelar na Ação Direta de Inconstitucionalidade n. 4389[110], reafirmou o entendimento que a fabricação de rótulos e embalagens não está sujeita ao ISS, mas sim ao ICMS, quando destinadas à integração ou utilização direta em processo subsequente de industrialização ou de circulação de mercadoria[111].O critério utilizado pela Suprema Corte brasileira é a respeito da destinação da operação encomendada, sendo que no caso do produto ser utilizado como insumo ou comercializado, haverá incidência do ICMS e IPI e não do ISSQN[112].

Este entendimento também é seguido pelo Superior Tribunal de Justiça na medida em que definiu que incidirá ISSQN sobre a industrialização sob encomenda de cartões magnéticos sob encomenda para uso próprio da empresa, pois, ficou demonstrado que o produto não seria utilizado como insumo ou mercadoria[113]. Inclusive, através da LC 157, tal situação ficou consolidada neste sentido.

Neste caso, o Auditor-Fiscal estadual está correto ao interpretar que esta situação está sujeita à hipótese de incidência do ICMS, uma vez que existe circulação de mercadorias. Na presente situação a atividade está inserida em processo industrial cujo produto resultante se destina a posterior etapa de produção.

02. (FJG/PGM/Nova_Iguaçu/Procurador/2005) Comente sobre a possibilidade de incidência do ISS sobre a atividade de locação de bens móveis antes e depois da LC 116/03?

▶ Resposta:

A prestação de serviços de qualquer natureza, para fins de incidência de ISSQN, deve estar compreendida no fato de se desenvolver um esforço a fim de cumprir uma obrigação de fazer, sendo importante para a análise da incidência tributária a sua prestação e não o resultado (produto)[114].

O critério utilizado neste caso foi a diferenciação da obrigação de "fazer" e de "dar", sendo que, enquanto *"a prestação, na obrigação de dar, consiste na*

---

110. Último andamento até fechamento desta obra: 19/09/2014 – Conclusos ao(à) Relator(a).

111. CONSTITUCIONAL. TRIBUTÁRIO. CONFLITO ENTRE IMPOSTO SOBRE SERVIÇOS DE QUALQUER NATUREZA E IMPOSTO SOBRE OPERAÇÃO DE CIRCULAÇÃO DE MERCADORIAS E DE SERVIÇOS DE COMUNICAÇÃO E DE TRANSPORTE INTERMUNICIPAL E INTERESTADUAL. PRODUÇÃO DE EMBALAGENS SOB ENCOMENDA PARA POSTERIOR INDUSTRIALIZAÇÃO (SERVIÇOS GRÁFICOS). AÇÃO DIRETA DE INCONSTITUCIONALIDADE AJUIZADA PARA DAR INTERPRETAÇÃO CONFORME AO O ART. 1º, CAPUT E § 2º, DA LEI COMPLEMENTAR 116/2003 E O SUBITEM 13.05 DA LISTA DE SERVIÇOS ANEXA. FIXAÇÃO DA INCIDÊNCIA DO ICMS E NÃO DO ISS. MEDIDA CAUTELAR DEFERIDA. Até o julgamento final e com eficácia apenas para o futuro (ex nunc), concede-se medida cautelar para interpretar o art. 1º, caput e § 2º, da Lei Complementar 116/2003 e o subitem 13.05 da lista de serviços anexa, para reconhecer que o ISS não incide sobre operações de industrialização por encomenda de embalagens, destinadas à integração ou utilização direta em processo subsequente de industrialização ou de circulação de mercadoria. Presentes os requisitos constitucionais e legais, incidirá o ICMS." (ADI 4389 MC/DF – Distrito Federal – Medida Cautelar na Ação Direta de Inconstitucionalidade; Rel. Min. Joaquim Barbosa; Julgamento: 13/04/2011; Órgão Julgador: Tribunal Pleno)

112. STF. ADI 4389 MC, Relator(a): Min. JOAQUIM BARBOSA, Tribunal Pleno, julgado em 13/04/2011.

113. STJ. AResp. 103409/RS. Rel. Humberto Martins. Segunda Turma. Publ. DJE 18/06/2012.

114. BARRETO, Aires F. Curso de Direito Tributário Municipal. São Paulo: Saraiva, 2009, p. 322.

entrega de um objeto, sem que se tenha de fazê-lo previamente, e, na de fazer, na realização de um ato ou confecção de uma coisa, para depois entregá-la ao credor"[115]. Dentro desta lógica, o Supremo Tribunal Federal, em análise sobre a atividade de locação de bens móveis, definiu que se tratava de uma obrigação de dar, afastando a incidência de ISSQN[116].

Este entendimento está sedimentado na Súmula Vinculante n. 31[117], onde ficou caracterizado ser "*inconstitucional a incidência do imposto sobre serviços de qualquer natureza – ISS sobre operações de locação de bens móveis*".

É interessante de notar que as decisões reiteradas da Suprema Corte que motivaram a edição da Súmula Vinculante 31 foi a inconstitucionalidade do item 3.01 da lista da LC 116/2003, bem como do item 79 da antiga lista de serviços anexa ao Decreto-Lei nº 406/68[118].

Entretanto, deve-se chamar a atenção para o fato de que a incidência do ISSQN está restrita a prestação de serviço que possua autonomia em relação a outras etapas da atividade, por isso não se permite a tributação da chamada "atividade-meio". É o que ocorre, por exemplo, com a venda de ar condicionado, cuja comercialização da mercadoria inclui, muitas vezes, a sua instalação (atividade meio). Quando a prestação de serviço for apenas parte integrante (acessória) da relação jurídica de venda, será ela considerada como atividade-meio, o que consequentemente afastará a incidência do tributo municipal[119].

---

115. DINIZ, Maria Helena. Curso de direito civil brasileiro. 2 vol. São Paulo: Saraiva, 2002, p. 100.

116. "Na espécie, o imposto, conforme a própria nomenclatura, considerado o figurino constitucional, pressupõe a prestação de serviços e não o contrato de locação. Em face do texto da Carta Federal, não se tem como assentar a incidência do tributo na espécie, porque falta o núcleo dessa incidência, que são os serviços. Observem-se os institutos em vigor tal como se contêm na legislação de regência. As definições de locação de serviços e locação de móveis vêm-nos do Código Civil. Em síntese, há de prevalecer a definição de cada instituto, e somente a prestação de serviços, envolvido na via direta o esforço humano, é fato gerador do tributo em comento. Prevalece a ordem natural das coisas cuja força surge insuplantável; prevalecem as balizas constitucionais, a conferirem segurança às relações Estado-contribuinte; prevalece, alfim, a organicidade do próprio Direito, sem a qual tudo será possível no agasalho de interesses do Estado, embora não enquadráveis como primários." AI 623.226 AgR, Relator Ministro Marco Aurélio, Primeira Turma, julgamento em 1.2.2011, DJe de 11.3.2011.

117. "A prestação, na obrigação de dar, consiste na entrega de um objeto, sem que se tenha de fazê-lo previamente, e, na de fazer, na realização de um ato ou confecção de uma coisa, para depois entregá-la ao credor". (DINIZ, Maria Helena. Curso de direito civil brasileiro. 2 vol. São Paulo: Saraiva, 2002, p. 100)

118. "Ementa: Imposto sobre serviços (ISS) – Locação de veículo automotor – Inadmissibilidade, em tal hipótese, da incidência desse tributo municipal – Distinção necessária entre locação de bens móveis (obrigação de dar ou de entregar) e prestação de serviços (obrigação de fazer) – Impossibilidade de a legislação tributária municipal alterar a definição e o alcance de conceitos de Direito Privado (CTN, art. 110) – Inconstitucionalidade do item 79 da antiga lista de serviços anexa ao Decreto-Lei nº 406/68 – Precedentes do Supremo Tribunal Federal – Recurso improvido. – Não se revela tributável, mediante ISS, a locação de veículos automotores (que consubstancia obrigação de dar ou de entregar), eis que esse tributo municipal somente pode incidir sobre obrigações de fazer, a cuja matriz conceitual não se ajusta a figura contratual da locação de bens móveis. Precedentes (STF). Doutrina." RE 446.003 AgR, Relator Ministro Celso de Mello, Segunda Turma, julgamento em 30.5.2006, DJ de 4.8.2006.

119. Cf. GOUVEA, Marcus de Freitas; LUSTOZA, Helton Kramer; CASTRO, Eduardo de. Tributos em Espécie. Salvador: Juspodivm, 2014, p. 643.

Portanto, o atual posicionamento do Supremo Tribunal Federal é de ser inconstitucional a incidência de ISSQN sobre locação de bens móveis, sob a égide da LC 116/2003 e do antigo DL 406/68.

03. Com base no regimento sobre o ISSQN, responda: Embora a lista de serviços anexa à LC 116/2003 seja entendida como taxativa, é permitida uma interpretação extensiva, a fim de abarcar serviços correlatos àqueles previstos expressamente.

▶ Resposta:

O atual entendimento jurisprudencial é de que a lista de serviços, embora taxativa, admite a interpretação extensiva. Alguns dos itens da lista, onde constem expressões como "outros" e "congêneres", permite que o intérprete possa buscar um entendimento ampliativo para não deixar situações semelhantes fora da incidência do ISSQN, conforme entendimento do STF[120] e STJ:

> A jurisprudência do STJ se firmou no sentido de que é taxativa a lista anexa ao Decreto-Lei nº 406/1968, comportando interpretação extensiva, a fim de abarcar serviços correlatos àqueles previstos expressamente, uma vez que, se assim não fosse, ter-se-ia, pela simples mudança de nomenclatura de um serviço, a incidência ou não do ISS. (STJ. EREsp 916.785/MG, Rel. Min. Humberto Martins, Primeira Seção, Julgado em 23.04.2008)

04. É possível caracterizar a exportação de serviços se comprovado que o fato de a fonte pagadora se encontrar no exterior?

▶ Resposta:

A Constituição Federal de 1988 possibilitou que a legislação complementar estabelecesse isenção para a exportação de serviços. Esta previsão está no art. 2º da Lei Complementar nº 116/2003. Isto significa que não incidirá o ISSQN sobre serviços exportados, ou seja, desde que aqui no país não se verifique quaisquer resultados. Em análise deste pressuposto, o Superior Tribunal de Justiça decidiu que o trabalho desenvolvido não irá configurar exportação de serviço quando a prestação de serviço é efetivada no Brasil, independente do pagamento ser feito por estrangeiro:

> Na acepção semântica, "resultado" é consequência, efeito, seguimento. Assim, para que haja efetiva exportação do serviço desenvolvido no Brasil, ele não poderá aqui ter consequências ou produzir efeitos. A contrário senso, os efeitos decorrentes dos serviços exportados devem-se produzir em qualquer outro País. É necessário, pois, ter-se em mente que os verdadeiros resultados do serviço prestado, os objetivos da contratação e da prestação. O trabalho desenvolvido pela recorrente não configura exportação de serviço, pois o

---

120. "É taxativa, ou limitativa, e não simplesmente exemplificativa, a lista de serviços anexa à lei complementar, embora comportem interpretação ampla os seus tópicos." (RE 361.829/RJ, relator ministro Carlos Velloso, DJ de 24/02/06, p. 51)

objetivo da contratação, o resultado, que é o efetivo conserto do equipamento, é totalmente concluído no nosso território[121].

Assim explicamos em nossa obra Tributos em Espécie:

> "Entende-se "resultado" equivalente a "efeito", ou seja, se este, de algum modo, for produzido no Brasil não se tratará de exportação de serviço. Para caracterizar a exportação deve haver efetiva destinação do serviço ao exterior, isto é, imprescindível que o efeito do serviço executado seja produzido no exterior"[122]

Desta forma, somente configurará a exportação de serviço quando o serviço é totalmente concluído fora do país e que não gere efeitos em território nacional.

05. Acerca do regramento dos Tributos municipais, responda:

- Prevalece na jurisprudência do STF e STJ acerca do ISSQN o entendimento no sentido da possibilidade da dedução somente dos materiais da base de cálculo da prestação de serviços da construção civil.
- Prevalece no âmbito do STF o entendimento de que incide ISSQN sobre operações de industrialização por encomenda de embalagens destinadas a mercadorias a serem posteriormente revendidas.
- Incide ISSQN em Manaus quando uma empresa de demolição, com estabelecimento único, situado no município de Manaus, prestou serviços de demolição no município de Belém.
- Não há violação ao princípio da territorialidade quando o município competente para cobrança de ISS exige obrigação acessória de cadastramento das empresas contribuintes quando estas possuem sede em outro município, mas prestam serviços no município arrecadador.

▶ Resposta:

Questão 5.1 - ERRADA

No que se refere a incidência tributária da prestação de serviços de construção civil possui expressa previsão na lista de serviços da Lei Complementar 116/2003, conforme item 7.02, interferindo na delimitação da base de cálculo do tributo:

> 7.02 - Execução, por administração, empreitada ou subempreitada, de obras de construção civil, hidráulica ou elétrica e de outras obras semelhantes, inclusive sondagem, perfuração de poços, escavação, drenagem e irrigação, terraplanagem, pavimentação, concretagem e a instalação e montagem de produtos, peças e equipamentos (exceto o fornecimento de mercadorias produzidas pelo prestador de serviços fora do local da prestação dos serviços, que fica sujeito ao ICMS).

121. STJ. REsp 831124/RJ. Rel. José Delgado. Primeira Turma. Julg. 12/12/2006.

122. LUSTOZA, Helton Kramer. Et at. Tributos em Espécie. Salvador: Juspodivm, 2017, p. 811.

O Supremo Tribunal Federal, através de um voto monocrático da ministra Ellen Gracie, no Recurso Extraordinário nº 603497, julgou pela possibilidade da dedução de materiais da base de cálculo da prestação de serviços da construção civil da seguinte forma:

> A hipótese dos autos versa sobre a constitucionalidade da incidência do ISS sobre materiais empregados na construção civil. O acórdão assim decidiu: "TRIBUTÁRIO – ISS – CONSTRUÇÃO CIVIL – BASE DE CÁLCULO – MATERIAL EMPREGADO – DEDUÇÃO – IMPOSSIBILIDADE. A jurisprudência desta Corte pacificou o entendimento de que a base de cálculo do ISS é o preço total do serviço, de maneira que, na hipótese de construção civil, não pode haver a subtração do material empregado para efeito de definição da base de cálculo. Precedentes de Corte. Agravo regimental improvido." 2. Este Tribunal, no julgamento do RE 603.497, de minha relatoria, reconheceu a existência da repercussão geral da matéria para que os efeitos do art. 543-B do CPC possam ser aplicados. Esta Corte firmou o entendimento no sentido da possibilidade da dedução da base de cálculo do ISS dos materiais empregados na construção civil. O acórdão recorrido divergiu desse entendimento. 3. Ante o exposto, com fundamento no art. 557, § 1º-A, do CPC, dou provimento ao recurso extraordinário. (RE 603497, Relator(a): Min. ELLEN GRACIE, julgado em 18/08/2010, publicado em DJe-172 DIVULG 15/09/2010 PUBLIC 16/09/2010)

Em outra situação, o Supremo Tribunal Federal voltou a se pronunciar sobre o tema, definindo a recepção e aplicação do art. 9º do DL nº 406/68[123]. Após esta manifestação pela Suprema Corte, o Superior Tribunal de Justiça alterou seu entendimento relativo à definição da base de cálculo do ISSQN na construção civil, passando a aceitar a possibilidade da dedução dos materiais e subempreitada[124].

Acerca do tema, fizemos algumas reflexões, as quais recomenda-se a leitura para aprofundamento sobre os desdobramentos dos entendimentos jurisprudenciais:

> A dedução dos materiais é um direito inafastável do contribuinte, em homenagem ao princípio da não bitributação, mas deve ser feito com coerência e de forma restritiva, em consonância com a legislação pertinente e ao art. 111 do Código Tributário Nacional. Isso leva a síntese

---

123. A jurisprudência do Supremo Tribunal Federal é firme no sentido de que o art. 9º do Decreto-Lei 406/1968 foi recepcionado pela Constituição Federal de 1988. Pelo que é possível a dedução da base de cálculo do ISS dos valores dos materiais utilizados em construção civil e das subempreitadas. (RE 599582 AgR, Relator(a): Min. AYRES BRITTO, Segunda Turma, julgado em 29/03/2011, DJe-123 DIVULG 28-06-2011)

124. O STF, por ocasião do julgamento do RE 603.497/MG, Rel. Min. Ellen Gracie, DJ de 16/9/2010, reconheceu a repercussão geral sobre o tema, consoante regra do art. 543-B, do CPC (NCPC art. 1036), e firmou entendimento no sentido da possibilidade da dedução da base de cálculo do ISS dos materiais empregados na construção civil. Pelo que é possível a dedução da base de cálculo do ISS dos valores dos materiais utilizados em construção civil e das subempreitadas." (STJ. AgRg no AgRg no AI nº 1.410.608, 1ª Turma, relator Ministro Benedito Gonçalves, julgado em 18/10/2011, publicado no DJe de 21/10/2011)

de que a permissão de subtrair da base de cálculo do ISSQN o montante referente a todo e qualquer material utilizado na construção civil fere o princípio da razoabilidade[125].

De qualquer forma, o enunciado está equivocado, na medida em que a atual jurisprudência do STF e STJ seguem no sentido da possibilidade de dedução do valor dos materiais e subempreitadas utilizadas na obra.

Questão 5.2 - ERRADA

A legislação do IPI define claramente a industrialização como qualquer operação que modifique a natureza, o funcionamento, o acabamento, a apresentação ou a finalidade do produto, ou o aperfeiçoe para o consumo.

Neste caso, o industrial vai atuar mediante uma prévia contratação para produzir algo a partir de características impostas pelo autor da encomenda. Esse critério foi utilizado pelo Superior Tribunal de Justiça para definição do teor da Súmula nº 156: "*A prestação de serviço de composição gráfica, personalizada e sob encomenda, ainda que envolva fornecimento de mercadorias, está sujeita, apenas, ao ISS*".

Contudo, o Supremo Tribunal Federal, quando do julgamento da ADIN 4389-MC, tornou este critério mais rígido, definindo que não haveria a incidência de ISSQN quando a operação de industrialização por encomenda estivesse destinada à integração ou utilização direta em processo subsequente de industrialização ou de circulação de mercadoria:

> Até o julgamento final e com eficácia apenas para o futuro (ex nunc), concede-se medida cautelar para interpretar o art. 1º, caput e § 2º, da Lei Complementar 116/2003 e o subitem 13.05 da lista de serviços anexa, para reconhecer que o ISS não incide sobre operações de industrialização por encomenda de embalagens, destinadas à integração ou utilização direta em processo subsequente de industrialização ou de circulação de mercadoria. Presentes os requisitos constitucionais e legais, incidirá o ICMS. (ADI 4389 MC, Relator(a): Min. JOAQUIM BARBOSA, Tribunal Pleno, julgado em 13/04/2011)

Entendimento confirmado pelo Supremo no julgamento do AGE 916725.

Inclusive, este entendimento já se consolidou com a publicação da LC 157 que alterou o teor do item 13.05 da lista de serviços anexa à LC 116:

> 13.05 – Composição gráfica, inclusive confecção de impressos gráficos, fotocomposição, clicheria, zincografia, litografia e fotolitografia, exceto se destinados a posterior operação de comercialização ou industrialização, ainda que incorporados, de qualquer forma, a outra mercadoria que deva ser objeto de posterior circulação, tais como bulas, rótulos, etiquetas, caixas, cartuchos, embalagens e manuais técnicos e de instrução, quando ficarão sujeitos ao ICMS.

125. LUSTOZA, Helton Kramer. Et at. Tributos em Espécie. Salvador: Juspodivm, 2017, p. 825.

Questão 5.3 – ERRADA

É comum existirem problemas práticos e também em provas de concurso público exigindo o conhecimento do candidato a respeito da correta identificação do município competente para exigir este tributo municipal.

A Lei Complementar nº 116/2003 fixou a regra legislativa do local do estabelecimento para o aspecto espacial do ISSQN. A Primeira Seção do Superior Tribunal de Justiça, no julgamento do Recurso Especial nº 1.117.121/SP, reafirmou o entendimento de que na ocorrência do fato gerador sob a égide da Lei Complementar nº 116/2003, à exceção de serviços expressamente previstos nos incisos I a XXII do art. 3º, o ISSQN é devido ao Município do local do estabelecimento do prestador de serviço.

Portanto, a orientação atual acerca do aspecto espacial do ISSQN é da localização do estabelecimento ou unidade econômica (origem da prestação do serviço), salvo as exceções expressamente previstas nos incisos I a XXII do art. 3º da LC 116/2003.

Ocorre que o serviço proposto pelo enunciado "demolição" está previsto no inciso IV do art. 3º da LC 116/2003, sendo devido, neste caso, no local da prestação do serviço, qual seja: Município de Belém.

Questão 5.4 – CERTA

Na prática tem-se presenciado a exigência que as empresas que prestam serviço em vários municípios estão sendo obrigadas a realizar um cadastro ou inscrição na prefeitura do tomador do serviço. Assim, para implementar este controle, foi criado o CEPOM (Rio de Janeiro), CPOM (São Paulo), CPOM (Curitiba), dentre outros.

A Lei do Município de são Paulo n. 1.4042/2005, por exemplo, dispõe que as empresas com sede em outro município que prestam serviços na capital paulista devem efetuar um cadastro na prefeitura, comprovando a existência de seu estabelecimento.

A jurisprudência tem decidido pela constitucionalidade da exigência de cadastramento prévio das prestadoras de serviço:

> "Não há violação do princípio da territorialidade quando o município competente para cobrança de ISS exige obrigação acessória de cadastramento das empresas contribuintes quando estas possuem sede em outro município, mas prestam serviços no município arrecadador." (STJ – Ag Resp. 1.140.354/SP – Rel. Humberto Martins – 2ª Turma – Julg. 11/05/2010)
>
> Município de São Paulo – Alegado cerceamento de defesa pela ausência de perícia – Inocorrência, pois por ocasião do saneador a autora pediu julgamento antecipado da lide – Retenção do imposto pelo tomador do serviço – Cadastramento que evitaria tal medida – Principio da territorialidade – Não violação, pois a retenção somente ocorre no caso de não cadastramento – Sentença mantida – RECURSO IMPROVIDO. (TJ-SP – CR 7809905400 SP. Relator(a): Rodrigues de Aguiar. Julgamento: 21/08/2008)

06. O Laboratório de Análises Clínicas Siqueira Ltda., cuja sociedade é constituída por quatro sócios (um médico, dois farmacêuticos e uma empresária), explora serviços de análises clínicas, em caráter empresarial. Ocorre que, a partir de julho de 2015, a referida empresa passou por uma reestruturação, desenvolvendo-se, a partir de então, somente com dois sócios, os dois farmacêuticos. Todavia, a sociedade manteve-se sob a modalidade limitada, nos termos do art. 1.052 do Código Civil. Na qualidade de contribuinte do ISSQN, a empresa deixou de recolher o respectivo tributo no Município, dando origem a diversas autuações fiscais. O argumento da empresa era de que, a partir da sobredita reestruturação, o ISS deveria ser calculado e recolhido como tributo fixo, ou seja, com base em um valor fixo previsto no art. 9º do DL 406/68. Também alega que diante das atividades exercidas, no Município de São Luís somente havia a coleta do material (sangue e similares), sendo que análise clínica e, por consequência, a prestação do serviço, ocorria em outra localidade, onde o ISSQN era recolhido integralmente.

Na posição de Procurador do Município e com base na jurisprudência dos Tribunais Superiores, explique, em até 20 linhas, o aspecto temporal e quantitativo do ISSQN, abordando, obrigatoriamente, os seguintes pontos:

- A empresa possui o direito de recolher o ISSQN de forma fixa, nos termos do art. 9º do DL 406/68?
- No caso do serviço de análise clínica (item 4.02 da lista da LC 116/2003), o ISSQN é devido em que localidade da coleta ou da análise do material?

▶ Resposta:

a) ISSQN fixo para sociedade limitada:

O Supremo Tribunal Federal decidiu que o ***art. 9º do DL 406/1968 não foi revogado*** pela Lei Complementar 116/2003. Isso significa que dentre outras situações, ainda é vigente o chamado ISS fixo, através do qual a Fazenda Pública deverá criar uma forma de tributação fixa quando a prestação de serviços ocorrer sob a forma de trabalho pessoal do próprio contribuinte.

Assim predominou o entendimento de que o benefício da alíquota fixa do Imposto sobre Serviços estabelecida no art. 9º, §§ 1º e 3º, do DL n. 406/68 somente era concedido às sociedades uni ou pluripessoais integradas por profissionais que atuavam com responsabilidade pessoal e sem caráter empresarial (AgInt no AREsp 860593/SE, Rel. Ministro MAURO CAMPBELL MARQUES, SEGUNDA TURMA, Julgado em 02/06/2016, DJE 08/06/2016).

Outro julgamento que impactou este tema, foi do Superior Tribunal de Justiça no EAREsp 31.084/MS, **através do qual a 1ª Seção pacificou a jurisprudência da Corte sobre a irrelevância do tipo societário escolhido pela sociedade uniprofissional como condição para o seu enquadramento no ISS-Fixo**:

> O cerne da questão reside na caracterização da embargante como sociedade civil de profissionais, o que lhe permitiria gozar da alíquota fixa do ISSQN, nos moldes do artigo 9º, § 3º, do Decreto-Lei 406/1968. No caso em tela, trata-se de sociedade simples limitada, em que o objeto social é a prestação de serviços médicos desenvolvidos diretamente

> pelos sócios que compõem o quadro societário (fls. 347/348, e-STJ), cuja responsabilidade pessoal é regida pelo Código de Ética Médica.
>
> Circunscrito a estes parâmetros fáticos sobreditos, assevera-se que a fruição do direito a tributação privilegiada do ISSQN depende, basicamente, da análise da atividade efetivamente exercida pela sociedade, para saber se ela se enquadra dentre aquelas elencadas no § 3º do art. 9º do Decreto-lei n. 406/1968 (itens 1, 4, 8, 25, 52, 88, 89, 90, 92 da lista anexa à LC n. 56/1987), bem como se perquirir se a atividade intelectual, científica, literária ou artística desempenhada pela pessoa jurídica não constitua elemento de empresa, ou melhor, nos termos do artigo 966 do Código Civil, que os fatores de produção, circulação e de organização empresarial não se sobreponham à atuação profissional e direta dos sócios na condução do objeto social da empresa, sendo irrelevante para essa finalidade o fato de a pessoa jurídica ter se constituído sob a forma de responsabilidade limitada.
>
> Desta forma, ressalvado os modelos puramente empresariais, como ocorre com as espécies de sociedades anônimas e comandita por ações, não é relevante para a concessão do regime tributário diferenciado a espécie empresarial adotada pela pessoa jurídica, pois como no caso concreto ora analisado, pode haver sociedades limitadas que não são empresárias, conforme preveem expressamente os artigos 982 e 983 do Código Civil.
>
> 5. Embargos de Divergência providos.
>
> (EAREsp 31.084/MS, Rel. Ministro NAPOLEÃO NUNES MAIA FILHO, Rel. p/ Acórdão Ministro MAURO CAMPBELL MARQUES, PRIMEIRA SEÇÃO, julgado em 24/03/2021, DJe 08/04/2021)

O entendimento firmado pelo STJ foi o de que o enquadramento da sociedade uniprofissional no regime fixo de ISS instituído por força do art. 9º, do Decreto-lei 406/68, não guarda relação com o tipo societário escolhido para a sua constituição. Circunscrito a estes parâmetros, assevera-se que a fruição do direito a tributação privilegiada do ISSQN depende, basicamente, da análise da atividade efetivamente exercida pela sociedade, para saber se ela se enquadra dentre aquelas elencadas no § 3º do art. 9º do Decreto-lei n. 406/1968, ou melhor, nos termos do artigo 966 do Código Civil, que os fatores de produção, circulação e de organização empresarial não se sobreponham à atuação profissional e direta dos sócios na condução do objeto social da empresa, sendo irrelevante para essa finalidade o fato de a pessoa jurídica ter se constituído sob a forma de responsabilidade limitada.

b) Incidência do ISSQN sobre a atividade de análise clínica:

A regra matriz de incidência do imposto sobre serviços de qualquer natureza – ISSQN está delimitada pelo art. 156, III, da Constituição Federal, o qual delimita a competência municipal na seara da prestação de serviços:

> Art. 156. Compete aos Municípios instituir impostos sobre:
>
> (...)
>
> III – serviços de qualquer natureza, não compreendidos no art. 155, II, definidos em lei complementar.

> (...)
>
> § 3º Em relação ao imposto previsto no inciso III do caput deste artigo, cabe à lei complementar:
>
> I – fixar as suas alíquotas máximas e mínimas;
>
> II – excluir da sua incidência exportações de serviços para o exterior.
>
> III – regular a forma e as condições como isenções, incentivos e benefícios fiscais serão concedidos e revogados.

O ISSQN incide sobre o fato de prestar serviço, independente do resultado. Assim, não interessa para esta tributação se o resultado da obrigação de fazer resultou um bem material ou imaterial, pois o núcleo deste tributo não é o produto e sim na operação. Em decorrência disso, prevaleceu o entendimento de que somente estão passiveis de incidência do ISSQN os serviços incluídos na lista prevista na Lei Complementar nº 116/2003, os quais devem ser repetidos nas leis municipais.

Quanto ao ISSQN sobre a prestação de serviços de análise clínica, sua previsão está no item 4.02 da lista *da LC 116/2003:*

> 4.02 – Análises clínicas, patologia, eletricidade médica, radioterapia, quimioterapia, ultrassonografia, ressonância magnética, radiologia, tomografia e congêneres.

É a partir deste raciocínio que Aires F. Barreto define que o ISSQN somente pode incidir sobre a atividade exercida em favor de outrem, com conteúdo econômico, sob regime de direito privado, em caráter negocial, sem subordinação, tendente a produzir uma utilidade material ou imaterial[126]. A incidência do ISSQN está circunscrita a estes parâmetros, de forma que estarão excluídas de seu critério material aquelas atividades que sejam prestadas de forma gratuita e compulsória, como por exemplo, o serviço militar, a convocação eleitoral e a participação no júri.

Isso permite compreender que a partir da previsão constitucional – "serviços de qualquer natureza" –, a Lei Complementar nº 116/2003 define como hipótese de incidência deste tributo *"a prestação de serviços constantes da lista anexa".* Ou seja, esta Lei Complementar traz um rol dos serviços sobre os quais incide ISSQN, excluindo os serviços de competência dos Estados como transporte interestadual, intermunicipal e serviços de comunicação.

Portanto, para confirmação da incidência do ISSQN deve haver um perfeito enquadramento do fato concreto na definição de prestação do serviço, dentro dos parâmetros acima trabalhados, perante algum dos itens da lista de serviços. Em outras palavras, deve haver o atendimento a três pressupostos para haver a incidência do ISSQN:

- Prestação de serviço;
- Derivar de uma relação jurídica;
- Previsão na lista de serviços da LC 116/2003.

126. Cf. BARRETO, Aires F. ISS na Constituição e na Lei. São Paulo: Dialética, 2003, p.62.

Considera-se concretizado o fato gerador desde o momento em que se verifiquem as circunstâncias materiais necessárias a que produza os efeitos que normalmente lhe são próprios. E no segundo, desde o momento em que esteja definitivamente constituída, nos termos de direito aplicável. Para Aires F. Barreto, serviço, embora se origine de um negócio jurídico, é considerado como um fato, autorizando a exigência do tributo a partir das condições materiais que lhe são próprios:

> O que releva considerar não é a causa jurídica, mas a atividade material em que consiste o serviço. Serviço é fato, nada obstante sua compreensão possa ser iluminada pelo contrato. Só há prestação de serviço tributável dentro de um contexto contratual.

Considerando o "serviço" como um fato material, acompanha-se entendimento de Marçal Justen Filho, quando afirma que "(...) *se o aspecto material é a prestação de serviço, o aspecto temporal só pode ser um único: o momento em que há prestação de serviço*"[127].

Não se pode confundir o aspecto temporal com o momento da assinatura do contrato ou demais atos preparatórios, pois se estaria tributando uma expectativa ao atendimento à hipótese de incidência. Assim o entendimento do Supremo Tribunal Federal é de que o aspecto temporal ocorre no momento da efetiva prestação do serviço:

> "Não é o momento da celebração do contrato que conta para a incidência, mas o da prestação dos serviços ao dono da obra." (STF – Ag. Reg. Bem. Decl. AI 84.008/DF – Rel. Min. Décio Miranda – 2ª T. j. 11.12.81)

Com isso, o aspecto temporal é condicionado à concretização do aspecto material da hipótese de incidência do ISSQN – efetiva prestação de serviço – não se confundido com o momento da assinatura do contrato nem com o pagamento pelo serviço.

Deste modo, na questão da coleta do material e sua análise clínica há uma área de dúvida para se identificar qual é o momento da incidência do ISSQN, bem como qual destas situações configura atividade meio e atividade fim. Diante desta polêmica, o Superior Tribunal de Justiça decidiu que a competência para exigir o ISSQN sobre a prestação de serviço de análise clínica é do município no qual foi feita a contratação do serviço, a coleta do material biológico e a entrega do respectivo laudo, ainda que a análise do material coletado tenha sido realizada em outra cidade.

Eis o julgado:

> DIREITO TRIBUTÁRIO. COMPETÊNCIA PARA EXIGIR ISS INCIDENTE SOBRE A PRESTAÇÃO DE SERVIÇO DE ANÁLISE CLÍNICA. É competente para cobrar o ISS incidente sobre a prestação de serviço de análise clínica (item 4.02 da lista anexa à LC 116/2003) o município no qual

127. JUSTEN FILHO, Marçal. ISS – O Imposto sobre Serviços na Constituição. Revista de Direito Tributário, nº 46, São Paulo: RT, 1985, p. 138.

foi feita a contratação do serviço, a coleta do material biológico e a entrega do respectivo laudo, ainda que a análise do material coletado tenha sido realizada em unidade localizada em outro município, devendo-se incidir o imposto sobre a totalidade do preço pago pelo serviço. Dispõe o art. 4º da LC 116/2003 que: "Considera-se estabelecimento prestador o local onde o contribuinte desenvolva a atividade de prestar serviços, de modo permanente ou temporário, e que configure unidade econômica ou profissional, sendo irrelevantes para caracterizá-lo as denominações de sede, filial, agência, posto de atendimento, sucursal, escritório de representação ou contato ou quaisquer outras que venham a ser utilizadas". Diante disso, verifica-se, no caso em análise, que a empresa contribuinte, a despeito de manter seu laboratório em determinado município, estabeleceu unidade econômica e profissional em outra municipalidade com escopo de disponibilizar os seus serviços de análises clínicas para as pessoas dessa localidade. Esse tipo de estabelecimento constituiu unidade econômica porque é lá onde usualmente contrata-se o serviço, providencia-se o pagamento e encerra-se a avença, com a entrega do laudo técnico solicitado pelo consumidor. Também se caracteriza como unidade profissional, uma vez que nesse lugar dá-se a coleta do material biológico, o qual exige conhecimento técnico para a extração, o acondicionamento e o transporte até o laboratório. Por oportuno, deve-se anotar que o caso em análise é absolutamente diferente daquele decidido no Recurso Especial Repetitivo 1.060.210-SC (Primeira Seção, DJe 5/3/2013), em que se decidiu que "[a]pós a vigência da LC 116/2003 é que se pode afirmar que, existindo unidade econômica ou profissional do estabelecimento prestador no Município onde o serviço é perfectibilizado, ou seja, onde ocorrido o fato gerador tributário, ali deverá ser recolhido o tributo". Naqueles autos, que cuidavam do ISS incidente sobre o arrendamento mercantil (leasing), concluiu a Primeira Seção que o núcleo da operação, concernente à concessão do financiamento, era integralmente realizado, com a análise e aprovação do crédito, elaboração do contrato e liberação dos valores, pela empresa arrendadora em seu estabelecimento, normalmente localizado nos grandes centros do País. Depreende-se, assim, que, na hipótese do leasing, a empresa que comercializa o bem desejado não constitui unidade econômica ou profissional da empresa arrendadora, na medida em que, em tais casos, o consumidor somente se dirige à empresa vendedora (concessionária de veículos) para indicar à instituição financeira a res que deverá ser adquirida e disponibilizada. Em outras palavras, o consumidor e a empresa concessionária buscam, ainda que de forma não presencial, o auxílio de instituição financeira sediada noutra localidade para concretizar o negócio. Frise-se, ainda, que a faculdade assegurada à empresa contribuinte de eleger o município onde vai manter os seus laboratórios constitui uma conveniência empresarial e, como tal, não pode vincular a competência do ente tributante. Por fim, mostra-se igualmente importante para a solução da controvérsia o local onde é gerada a riqueza tributável. Na presente hipótese, verifica-se que a receita advinda do contrato de prestação de serviço de análises clínicas é obtida em face do estabelecimento da unidade econômica e profissional sediada no município em que realizada a coleta de material biológico. Nesse contexto, compete a essa municipalidade o direito à tributação sobre a riqueza que foi gerada em seu território, pois ali fora estabelecida a relação jurídico-tributária. De mais a mais, registre-se que não é possível decompor o serviço e o valor a ser tributado. Isso porque o ISS é devido ao primeiro município, em que se estabeleceu a relação jurídico-tributária, e incide sobre a totalidade do preço do serviço pago, não havendo falar em fracionamento, ante a impossibilidade técnica de se dividir ou decompor o fato imponível. A par disso, a remessa do material biológico entre unidades do mesmo contribuinte não constitui fato gerador do tributo, à míngua de relação jurídico-tributária com terceiros ou onerosidade. Em verdade, a hipótese em foco se assemelha, no que lhe for cabível, ao enunciado da Súmula 166 do STJ, verbis: "Não constitui fato gerador do ICMS o simples deslocamento de mercadoria de uma para outro estabelecimento do mesmo contribuinte". REsp 1.439.753-PE, Rel. Min. Arnaldo Esteves Lima, Rel. para acórdão Min. Benedito Gonçalves, julgado em 6/11/2014, DJe 12/12/2014.

Deste modo, **o Superior Tribunal de Justiça definiu que os laboratórios de análise clínica devem recolher ISS ao município onde é feita a coleta do material a ser analisado.** Apesar do entendimento ainda não ter passado pelo regime de recursos repetitivos, nem ser materializado em Súmula, tem-se que o assunto é um precedente importante para concursos municipais.

Espelho de correção:

Quesitos avaliados	*Nota*	*Comentários*
Aspectos microestruturais (adequação ao número de linhas, coesão, coerência, ortografia, morfossintaxe e propriedade vocabular); – 0,0 a 1,0;		
a) Segundo entendimento jurisprudencial e doutrinário, o chamado ISSQN fixo somente poderá ser aplicado para as sociedades unipessoais integradas por profissionais que atuam com responsabilidade pessoal, não alcançando as sociedades empresariais, como a sociedade limitada (STJ) – 0,0 a 12,0;[128]		

128. Este gabarito foi cobrado em momento anterior ao entendimento do STJ no julgamento EAREsp 31.084/MS. Sugere-se ao candidato que adote, a partir de agora, o entendimento do STJ para responder questões similares.

b) É competente para cobrar o ISS incidente sobre a prestação de serviço de análise clínica (item 4.02 da lista anexa à LC 116/2003) o município no qual foi feita a contratação do serviço, a coleta do material biológico e a entrega do respectivo laudo (STJ)– 0,0 a 12,0;		
NOTA		

CAPÍTULO III
IMPOSTO PREDIAL E TERRITORIAL URBANO – IPTU

1. ASPECTO MATERIAL

A regra matriz de incidência do imposto sobre propriedade predial e territorial urbana – IPTU está delimitada pelo art. 156, I da Constituição Federal, o qual estabelece a competência dos Municípios da seguinte forma:

> Art. 156. Compete aos Municípios instituir impostos sobre:
>
> I – propriedade predial e territorial urbana;

Em consonância com as diretrizes constitucionais, o art. 32 do Código Tributário Nacional estabeleceu o aspecto material do IPTU como o exercício da propriedade, domínio útil ou posse sobre um bem imóvel localizado na zona urbana do Município.

A legislação tributária permite que haja uma interpretação mais ampla do conceito de propriedade, descrita no inciso I do art. 156 da Constituição Federal, abrangendo o domínio útil e a posse. Esclarece Hugo de Brito Machado que, apesar de constar expressamente na Constituição Federal apenas a propriedade, é possível abranger a posse e domínio útil, pois estes nada mais são do que o exercício de alguns dos elementos do direito de propriedade[1].

---

1. "Falando a Constituição em "propriedade", naturalmente abrangeu a posse, que nada mais é que um direito inerente à propriedade. A autorização constitucional é para tributar a propriedade, e o Código Tributário Nacional faculta a lei ordinária tomar para o fato gerador do tributo a propriedade, o domínio útil ou a posse, vale dizer, o direito pleno, total, que a propriedade, ou um de seus elementos, o domínio útil, ou ainda a posse" (MACHADO, Hugo de Brito. Curso de direito tributário. 32ª. ed. São Paulo: Malheiros, 2011, p. 349-350).

Mesmo diante da existência de limitações legais à utilização da propriedade, como a constituição de área de preservação permanente, não afasta a incidência do IPTU, uma vez que o fato gerador da exação permanece íntegro (exercício da propriedade)[2]. Isso ocorre por conta da previsão do art. 1228, § 1º do Código Civil, onde disciplina que o direito de propriedade estará condicionado à sua função social, o que vem a englobar a preservação da flora, da fauna, do equilíbrio ecológico e do patrimônio histórico e artístico.

No direito civil, o conceito de propriedade é definido pelo art. 1228 do Código Civil, o qual dispõe que o proprietário tem a faculdade de usar, gozar, dispor da coisa e reavê-la. A partir destes direitos que se poderá identificar o exercício de propriedade sobre determinado imóvel, de forma que somente haverá a transferência do imóvel com a sua transcrição no registro de imóveis, conforme prescreve o art. 1245 do Código Civil[3].

Pode-se dizer, portanto, que a terminologia propriedade, descrito no inciso I do art. 156 da Constituição Federal, deve ser interpretado de forma a englobar o domínio útil e a posse com animus definitivo[4]. Este é o entendimento do Superior Tribunal de Justiça, que assim já decidiu:

> A jurisprudência do STJ é pacífica no sentido de que somente a posse com animus domini é apta a gerar a exação predial urbana, o que não ocorre com o condomínio, in casu, que apenas possui a qualidade de administrador de bens de terceiros. (REsp 1327539/DF, Rel. Ministro HUMBERTO MARTINS, SEGUNDA TURMA, julgado em 14/08/2012, DJe 20/08/2012)

Nestes termos, *"a posse deflui do conceito de possuidor, como sendo todo aquele que tem de fato o exercício, pleno ou não, de algum dos poderes inerentes à propriedade"*[5] O domínio útil pode ser entendido como o conjunto de atributos conferidos ao titular de enfiteuse ou aforamento. E a posse será a visibilidade do domínio sobre o imóvel, de forma que sua aquisição ocorre no momento em que se torna possível o exercício, em nome próprio, de qualquer dos poderes inerentes à propriedade. (art. 1204 CC).

É certo que entre o embate teórico para a definição da posse, entre a teoria subjetiva de Savigny e a objetiva de Jhering, prevaleceu a última, que defendia a presença do *corpus*, que seria traduzida na visibilidade do domínio (art. 1.196 CC). Mas isso não significa que a posse é resumida simplesmente no exercício de um poder físico sobre a coisa. O que ocorre neste caso, ao invés de posse, é a mera detenção daquele que, achando-se em relação de dependência para com outro,

---

2. STJ. REsp 1.128.981-SP, Rel. Min. Benedito Gonçalves, julgado em 18/3/2010.
3. Art. 1.245. Transfere-se entre vivos a propriedade mediante o registro do título translativo no Registro de Imóveis. § 1º Enquanto não se registrar o título translativo, o alienante continua a ser havido como dono do imóvel.
4. STJ. AgRg no AREsp 178.845/MG, Rel. Ministro HERMAN BENJAMIN, SEGUNDA TURMA, julgado em 04/09/2012.
5. PAULSEN, Leandro; MELO, José Eduardo Soares de. Impostos: federais, estaduais e municipais. Porto Alegre: Livraria do Advogado, 2011, p. 285.

conserva a posse em nome deste e em cumprimento de ordens ou instruções (art. 1198 CC).

A hipótese de incidência do IPTU é a disponibilidade econômica da propriedade, do domínio útil ou da posse (art. 32, do CTN), o que vem a excluir dessa perspectiva a posse de conteúdo não econômico, como aquela exercida pelo locatário ou mero detentor (vigia, empregados, etc.). Assim, a incidência do IPTU deve ser afastada nas hipóteses em que a posse ocorre precariamente, bem como nos casos em que os direitos reais não estejam relacionados com a aquisição da propriedade.

Cabe notar que a Constituição Federal autoriza a incidência sobre a propriedade predial ou territorial urbana. A distinção centra-se no sentido de que a expressão territorial e predial reside no fato de que no primeiro caso é a área sem aproveitamento e no segundo são terrenos edificados[6].

A banca da UFPR (TJ-PR – Juiz – 2012) considerou como CORRETA a assertiva que afirmava que o *"promitente comprador de imóvel residencial transcrito em nome de autarquia é contribuinte do Imposto Predial Territorial Urbano".*

► ATENÇÃO:

Prevalecia no âmbito do Superior Tribunal de Justiça o entendimento de ser inexigível o IPTU da cessionária de imóvel pertencente à União, quando a posse for decorrente de relação pessoal (sem *animus domini*), sendo que somente haveria a incidência do imposto no caso de concessão de direito real de uso de bem imóvel público. Contudo, os ministros do Supremo Tribunal Federal aprovaram a tese de repercussão geral relativa ao julgamento do Recurso Extraordinário 601720, afastando a imunidade tributária para cobrança de IPTU sobre terreno público cedido a empresa privada ou de economia mista.

Após isso, houve o julgamento do RE 594015 com o voto-vista do ministro Luís Roberto Barroso, acompanhando a posição do relator, ministro Marco Aurélio, onde prevaleceu o mesmo entendimento de que não faz sentido estender a imunidade a empresa de direito privado arrendatária de bem público, e que o utiliza para fins comerciais.[7]

Para fim de repercussão geral, o ministro Luís Roberto Barroso propôs a seguinte tese, que foi aprovada por maioria do plenário:

> "A imunidade recíproca não se estende a empresa privada arrendatária de imóvel público, quando seja ela exploradora de atividade econômica com fins lucrativos. Nessa hipótese, é constitucional a cobrança de IPTU pelo município."[8]

Na linha do que foi julgado no Recurso Extraordinário 601.720/RJ, o Plenário do Supremo Tribunal Federal, por maioria, deu provimento a recurso para reafirmar

---

6. Cf. MARTINS, Ives Gandra. Comentários à Constituição do Brasil. São Paulo: Saraiva, 1990, v. 06, p. 529.
7. STJ. AgRg no REsp 1.337.903-MG, Rel. Min. Rel. Min. Castro Meira, julgado em 9/10/2012.
8. RE 594015/DF, rel. Min. Marco Aurélio, julgamento em 6.4.2017. (RE-594015).

o entendimento de incide o IPTU sobre imóvel de propriedade de ente público – no caso, a Empresa Brasileira de Infraestrutura Aeroportuária (INFRAERO) – concedido a empresa privada exploradora de atividade econômica com fins lucrativos[9]

Cabe notar que situação diversa quando o imóvel é utilizado pela própria empresa estatal em caráter exclusiva e desempenha serviço de interesse público. Nesta hipótese já existe posicionamento do Supremo Tribunal Federal reconhecendo a imunidade tributária recíproca sobre a renda, os bens e o patrimônio da entidade:

> EMENTA: AGRAVO REGIMENTAL EM RECURSO EXTRAORDINÁRIO COM AGRAVO. IMUNIDADE RECÍPROCA. IPTU. SOCIEDADE DE ECONOMIA MISTA. PREENCHIMENTO DOS REQUISITOS. PRETENSÃO CUJO ACOLHIMENTO DEMANDARIA REEXAME DE FATOS E PROVAS. SÚMULA 279/STF. PRECE-DENTES. 1. O Supremo reconheceu a possibilidade de extensão da imunidade recíproca sobre a renda, os bens e o patrimônio de sociedade de economia mista que desempenha serviço de interesse público em caráter exclusivo. 2. A instância ordinária apontou preenchimento dos requisitos necessários para a incidência da imunidade tributária prevista no art. 150, VI, a, da Constituição Federal. O acolhimento da pretensão demandaria um novo exame do acervo fático-probatório. Incide, no caso, a Súmula 279/STF. 3. Agravo regimental a que se nega provimento. (ARE 861545 AgR, Relator(a): Min. ROBERTO BARROSO, Primeira Turma, julgado em 07/04/2015, PROCESSO ELETRÔNICO DJe-076 DIVULG 23-04-2015 PUBLIC 24-04-2015)

O art. 173, §2ª da Constituição Federal disciplina que "as empresas públicas e as sociedades de economia mista não poderão gozar de privilégios fiscais não extensivos às do setor privado". Contudo, a extensão da imunidade tributária para empresas públicas e sociedade de economia mistas tornou-se possível diante de situações onde estas empresas estatais estejam prestando um serviço público em regime obrigatório. Situação, por exemplo, que autorizou a extensão da imunidade tributária para sociedade de economia mista que esteja prestando serviços de saúde sem a finalidade de obtenção de lucro (RE 580.264, rel. min. Joaquim Barbosa - Tema 115).

Não significa que qualquer prestação de serviço público que autorizaria o reconhecimento da imunidade tributária, devendo haver o cumprimento de alguns pressupostos. No ACO 1460, a Companhia Catarinense de Águas e Saneamento (CASAN), sociedade de economia mista prestadora de serviço público de abastecimento de água e tratamento de esgoto, buscava a extensão da imunidade tributária recíproca. Neste julgamento, de Relatoria do Min. Dias Toffoli, a Corte firmou o entendimento de que é possível a extensão da imunidade tributária recíproca às sociedades de economia mista prestadoras de serviço público, observados os seguintes parâmetros:

> **a) a imunidade tributária recíproca se aplica apenas à propriedade, bens e serviços utilizados na satisfação dos objetivos institucionais imanentes do ente federado;**

---

9 RE 601720/RJ, rel. orig. Min. Edson Fachin, red. p/ o ac. Min. Marco Aurélio, julgamento em 19.4.2017.

b) atividades de exploração econômica, destinadas primordialmente a aumentar o patrimônio do Estado ou de particulares, devem ser submetidas à tributação, por apresentarem-se como manifestações de riqueza e deixarem a salvo a autonomia política; e

c) a desoneração não deve ter como efeito colateral relevante a quebra dos princípios da livre concorrência e do livre exercício de atividade profissional ou econômica lícita.

Foi exatamente sob o olhar do princípio da livre iniciativa em que o Supremo Tribunal Federal, apreciando o **Tema de Repercussão Geral 508**, fixou a seguinte tese: "*Sociedade de economia mista, cuja participação acionária é negociada em Bolsas de Valores, e que, inequivocamente, está voltada à remuneração do capital de seus controladores ou acionistas, não está abrangida pela regra de imunidade tributária prevista no art. 150, VI, 'a', da Constituição, unicamente em razão das atividades desempenhadas*".

Trata-se de do julgamento dos RE 594015 e 601720, nos quais a Corte Suprema reconheceu o abuso da tese da imunidade tributária, para afastá-la nas situações em que há evidente interesse lucrativo. O relator ministro Joaquim Barbosa e outros oito ministros assentaram entendimento resumido no seguinte parágrafo do voto condutor: "*Assim, sempre que um ente federado criar uma instrumentalidade estatal dotada de capacidade contributiva, capaz de acumular e de distribuir lucros, de contratar pelo regime geral das leis trabalhistas, faltarão as condições propícias ao desvirtuamento do respeito federativo à autonomia local, motivação primeira de todas as normas e precedentes relacionados à imunidade tributária recíproca*".

Isso significa que não é qualquer situação que envolva a prestação de serviço público que autorizaria o reconhecimento da imunidade tributária, devendo haver seu afastamento em situações em que a empresas estatais tenham o caráter lucrativo, como possuir ações negociadas na bolsa de valores. Neste caso, a finalidade lucrativa fica evidente, pois há distribuição de lucros a terceiros.

Em linhas gerais, são estas questões que mais fundamentaram a análise do aspecto material do IPTU no nível doutrinário e jurisprudencial nos últimos períodos.

2. ASPECTO TEMPORAL

O conceito de aspecto temporal da hipótese de incidência está relacionado ao momento em que se considera consumado o fato imponível. No caso do IPTU não é lógico entender que a propriedade ou posse de um imóvel possa ser somada durante um dado período de tempo, pois a mesma não é composta de porções que se acumulam até a formação de um todo. Ao contrário do que ocorre com o imposto de renda, o lançamento do IPTU não é cobrável em razão de ano-base, o que permite à legislação municipal, como faculta o CTN, estipular, por ficção jurídica, o momento deste período em que se dá a concretização da hipótese de incidência[10].

10. Cf. BARRETO, Aires F. Curso de Direito Tributário Municipal. São Paulo: Saraiva, 2009, p. 185.

Assim é o entendimento de Aires F. Barreto:

> O que opera, no caso, é a existência da propriedade, do domínio útil ou da posse do imóvel, na data considerada. Pouco importa que o lançamento seja válido por todo o ano, uma vez que sua mensuração se dá em razão do instante configurado em lei. A ficção jurídica é, na hipótese, abstrativa do superveniente[11].

Com isso, é permitido ao ente municipal definir discricionariamente o aspecto temporal do IPTU, ou seja, o momento em que considera ocorrido o fato gerador. Com base neste permissivo, em geral, os Municípios elegem 1º de janeiro de cada ano como aspecto temporal, exigindo o tributo com o envio de um carnê de cobrança aos contribuintes.

Existem casos específicos em que as legislações municipais podem regulamentar de acordo com sua peculiaridade, como a ocupação originária de imóveis recém construídos. Nestes casos, a incidência do IPTU independe de quaisquer exigências legais para efetiva ocupação do imóvel, demandando apenas que possuam condições de habitabilidade ou de utilização. Segundo Aires F. Barreto, poderia a municipalidade se embasar nos seguintes momentos para considerar concretizado o fato gerador do imposto municipal[12]:

- Concessão do auto de vistoria (habite-se);
- Conclusão das obras: quando independem do auto de vistoria (habite-se) ou que tenha sido requerido fora do prazo;
- Ocupação efetiva do prédio: caso ocorra antes da autorização legal[13].

Desta forma, como regra, o aspecto temporal do IPTU ocorrerá no 1º dia de cada ano, caso a legislação municipal não tenha disciplinado de forma diferente. Em caso de imóvel novo a legislação municipal deverá regulamentar a situação, devendo, no entanto, respeitar o momento em que o imóvel esteja apto à moradia.

Outro tema que é bastante turbulento dentro do tema aspecto temporal do IPTU é acerca da sua exigibilidade e o início do prazo prescricional. Já foi decidido pelo STJ que a Fazenda Pública dispõe de prazo quinquenal para constituição do crédito tributário, que na hipótese do IPTU pode ocorrer pelo mero envio do carnê ao endereço do contribuinte (Súmula n. 397/STJ). Se não houver a observação deste prazo, sujeita o crédito tributário à decadência. Assim, decidiu o Superior Tribunal de Justiça que por se tratar de lançamento de ofício, o prazo prescricional de cinco anos para que a Fazenda Pública realize a cobrança judicial de seu crédito tributário começa a fluir somente após o vencimento do prazo estabelecido pela lei local para o vencimento da exação:

> O termo inicial do prazo prescricional da cobrança judicial do Imposto Predial e Territorial Urbano - IPTU - inicia-se no dia seguinte à data estipulada

---

11. BARRETO, Aires F. Curso de Direito Tributário Municipal. São Paulo: Saraiva, 2009, p. 186.
12. Cf. BARRETO, Aires F. Curso de Direito Tributário Municipal. São Paulo: Saraiva, 2009, p. 192.
13. Previsão expressa no art. 56 do Código Tributário do Município do Rio de Janeiro.

para o vencimento da exação. (REsp 1.658.517-PA, Rel. Min. Napoleão Nunes Maia Filho, Primeira Seção, por unanimidade, julgado em 14/11/2018, DJe 21/11/2018 – Tema 980)

Em outras palavras, a pretensão executória surge, portanto, somente a partir do dia seguinte ao vencimento estabelecido no carnê encaminhado ao endereço do contribuinte ou da data de vencimento fixada em lei local e amplamente divulgada através de calendário de pagamento. E na hipótese do contribuinte dispor de duas (ou mais) datas diferentes para pagamento em parcela única, cada qual contando com um percentual de desconto diferente, considera-se como marco inicial do prazo prescricional o dia seguinte ao vencimento da 2ª cota única, data a partir da qual efetivamente haverá mora por parte do contribuinte.

3. ASPECTO ESPACIAL

O aspecto espacial pode ser entendido como o local em que o fato jurídico tributário vem a produzir os seus efeitos. No caso do IPTU, o art. 32 do Código Tributário Nacional segue a regra da territorialidade, delimitando a circunscrição territorial em "propriedade imobiliária localizada na zona urbana do Município".

Em respeito ao artigo 146, I, da CF, o Código Tributário Nacional estabeleceu aspectos de localização para que os entes municipais pudessem definir os seus perímetros urbanos, nos termos do seu artigo 32, § 1º:

> Art. 32... .
>
> § 1º Para os efeitos deste imposto, entende-se como zona urbana a definida em lei municipal; observado o requisito mínimo da existência de melhoramentos indicados em pelo menos 2 (dois) dos incisos seguintes, construídos ou mantidos pelo Poder Público:
>
> I – meio-fio ou calçamento, com canalização de águas pluviais;
>
> II – abastecimento de água;
>
> III – sistema de esgotos sanitários;
>
> IV – rede de iluminação pública, com ou sem posteamento para distribuição domiciliar;
>
> V – escola primária ou posto de saúde a uma distância máxima de 3 (três) quilômetros do imóvel considerado.

O critério estabelecido pelo Código Tributário Nacional é baseado na situação do bem, com a indicação de elementos fáticos que devem ser levados em conta pelo Município, no momento da definição da zona urbana. As áreas definidas como zonas urbanas devem, ao menos, ter 02 dos 05 elementos indicados pelo § 1º do dispositivo legal acima citado.

O concurso para Procurador de Ponta Grossa (2010) considerou como INCORRETA a afirmativa que dizia que o "*para cobrança do IPTU, considera-se como zona urbana a definida em lei complementar municipal, observada a existência de pelo menos um dos seguintes melhoramentos mantidos pelo público: meio-fio ou calçamento, com canalização de águas pluviais; abastecimento de água; sistema de esgotos sanitários ou rede de iluminação pública comportamento para distribuição domiciliar*". Pois tais delimitações são exaustivamente previstas no Código Tributário Nacional, não exigindo que a mesma matéria venha a ser tratada através de Lei Complementar Municipal.

O §2º do art. 32 do Código Tributário Nacional ainda prevê que a lei municipal pode considerar urbanas as áreas urbanizáveis, ou de expansão urbana, constantes de loteamentos aprovados pelos órgãos competentes, destinados à habitação, à indústria ou ao comércio, mesmo que localizados fora da zona urbana. Observa Aires F. Barreto que para configurar como áreas urbanizáveis ou de expansão urbana deve haver uma lei municipal em conjunto com a aprovação oficial do loteamento, sem isso a equiparação não será possível[14].

Acerca das áreas urbanizáveis ou de expansão urbana, a Primeira Seção do Superior Tribunal de Justiça aprovou a Súmula 626, não condicionando a cobrança do IPTU aos melhoramentos previstos no art. 32, §1º do CTN:

> SÚMULA N. 626: A incidência do IPTU sobre imóvel situado em área considerada pela lei local como urbanizável ou de expansão urbana não está condicionada à existência dos melhoramentos elencados no art. 32, § 1º, do CTN. (Primeira Seção, julgado em 12/12/2018, DJe 17/12/2018).

Com isso, é permitido ao legislador municipal incluir na incidência do IPTU as áreas urbanizáveis e de expansão urbana. Trata-se daquelas que, embora fora da zona urbana, sejam destinadas aos loteamentos habitacionais, com fins de instalação de indústrias ou comércio determinado. Esses loteamentos podem ser incluídos na incidência do IPTU por ação do legislador municipal, após a aprovação de órgãos públicos competentes (Prefeitura e IBAMA, conforme o caso).

Com a aprovação da súmula 626, tivemos a consolidação do entendimento no âmbito do Superior Tribunal de Justiça de que pode incidir IPTU sobre imóvel situado em área urbanizável ou de expansão urbana mesmo que **ainda não existam os melhoramentos previstos no art. 32, § 1º do CTN**. Em outras palavras, a cobrança do IPTU é válida, mesmo sem melhorias previstas, como meio-fio, abastecimento de água, sistema de esgoto e rede de iluminação, entre outros.

Em síntese, temos duas situações distintas no aspecto espacial do IPTU, que podem ser assim demonstradas:

ZONA URBANA	AREA DE ESPANSÃO URBANA OU URBANIZÁVEL
Exemplo: imóveis incluídos pelo plano diretor na zona urbana (centro, bairros, etc.)	Loteamentos, área industrial, etc.
Requisitos: Devem ter, no mínimo, dois dos seguintes "melhoramentos" construídos ou mantidos pelo Poder Público:	É dispensável obediência aos requisitos do art. Art. 32 §1º do CTN

14. Cf. BARRETO, Aires F. Curso de Direito Tributário Municipal. São Paulo: Saraiva, 2009, p. 205.

a) meio-fio ou calçamento, com canalização de águas pluviais; b) abastecimento de água; c) sistema de esgotos sanitários; d) rede de iluminação pública, com ou sem posteamento para distribuição domiciliar; e) escola primária ou posto de saúde a uma distância máxima de 3 (três) quilômetros do imóvel considerado.	É dispensável obediência aos requisitos do art. Art. 32 §1º do CTN

É certo que a área urbana é definida pela legislação de cada Município, a qual, por exclusão, acaba por delimitar a área rural. Ocorre que o Código Tributário Nacional, conforme se analisou, apenas estabelece um critério de localização, que se mostra insuficiente para resolver possíveis conflitos de competência tributária. Imagine a situação em que algum imóvel que, embora esteja dentro do perímetro urbano, conserve características de rural, configurando um aparente conflito entre o IPTU e o ITR.

Observe que o Estatuto da Terra (Lei 4504/64) em seu art. 4º define Imóvel Rural como *"o prédio rústico, de área contínua qualquer que seja a sua localização que se destina à exploração extrativa agrícola, pecuária ou agro-industrial".* Nesse sentido, o Decreto-Lei 57/1966, que regulamenta a incidência do ITR, prescreve em seu art. 15: *"O disposto no art. 32 da Lei 5.172, de 25 de outubro de 1966, não abrange o imóvel de que, comprovadamente, seja utilizado em exploração extrativa vegetal, agrícola, pecuária ou agroindustrial, incidindo assim, sobre o mesmo, o ITR e demais tributos com o mesmo cobrados".*

Em análise sistemática das legislações acima citadas, é possível aplicar um segundo critério de delimitação da incidência entre o IPTU e o ITR, de forma a definir que o imposto municipal não incidirá sobre os imóveis localizados em área urbana, quando estes tiverem comprovada destinação rural. Esse é o entendimento jurisprudencial predominante:

> A jurisprudência desta Corte Superior é no sentido de que incide o ITR e, não, o IPTU sobre imóveis nos quais são comprovadamente utilizados em exploração extrativa, vegetal, agrícola, pecuária ou agroindustrial, ainda que localizados em áreas consideradas urbanas por legislação municipal. No REsp 1112646/SP, Rel. Min. Herman Benjamin, Primeira Seção, DJe 28/08/2009, submetido ao Colegiado pelo regime da Lei nº 11.672/08 (Lei dos Recursos Repetitivos), que introduziu o art. 543-C do CPC, reafirmou-se o posicionamento acima exposto (STJ. AgRg no AREsp 80.947/ES, Rel. Ministro MAURO CAMPBELL MARQUES, SEGUNDA TURMA, julgado em 28/02/2012, DJe 08/03/2012)

Portanto, a incidência do IPTU estará restrita ao perímetro urbano, definido pela legislação municipal, desde que o imóvel não possua destinação rural, bem como as áreas urbanizáveis ou de expansão urbana, constantes em loteamentos aprovados pelos órgãos competentes.

4. ASPECTO SUBJETIVO

O sujeito ativo do IPTU é o Município da situação do imóvel, com exceção dos territórios federais sem divisão em Municípios, onde a União irá arrecadar o imposto, bem como o Distrito Federal que irá arrecadar tributos estaduais e municipais dentro de sua circunscrição (art. 147 da Constituição Federal).

Por outro lado, o sujeito passivo está definido no art. 34 do Código Tributário Nacional, o qual possibilita que seja eleito como contribuinte do IPTU, o proprietário do imóvel, o titular do seu domínio útil ou o seu possuidor a qualquer título. Frise-se, apesar do art. 34 do Código Tributário Nacional incluir o possuidor a qualquer título entre os contribuintes do IPTU, não é qualquer posse que autoriza a exigência do imposto: "*apenas aquelas hipóteses em que o possuidor se comporta como se legítimo proprietário do imóvel fosse. Assim, o locatário, o comodatário e outros que a estes se assemelham não são contribuintes do IPTU*"[15].

Enquanto o proprietário será aquela pessoa que conste no registro do imóvel, o titular do domínio útil é aquele que paga o chamado foro ao senhorio direto, isto é, quem detém direitos sobre imóvel sujeito ao instituto da enfiteuse. E o conceito de posse vem elencado no art. 1.196 do Código Civil, o qual disciplina que possuidor será aquele que tem de fato o exercício, pleno ou não, de algum dos poderes inerentes à propriedade. Neste mesmo raciocínio, a jurisprudência, ao apreciar a matéria, assentou que, "*em tese, o sujeito passivo do IPTU é o proprietário e não o possuidor, a qualquer título (...) Ocorre que, em certas circunstâncias, a posse tem configuração jurídica de título próprio, de investidura do seu titular como se proprietário fosse. É o caso do usufrutuário que, como todos sabemos, tem a obrigação de proteger a coisa como se detivesse o domínio*"[16].

Estão excluídas da figura de contribuinte do IPTU as pessoas que exerçam mera detenção do imóvel, como o locatário e o comodatário, uma vez que a posse, nestes casos, ocorre de maneira precária e transitória. Embora seja comum os contratos de locação transferir o encargo tributário para o locatário, tal previsão é irrelevante para a Fazenda Pública, por força do art. 123 do Código Tributário Nacional.

> Art. 123. Salvo disposições de lei em contrário, as convenções particulares, relativas à responsabilidade pelo pagamento de tributos, não podem ser opostas à Fazenda Pública, para modificar a definição legal do sujeito passivo das obrigações tributárias correspondentes.

Com isso, essa cláusula terá valor somente entre as partes contratantes, não tendo poder de alterar a responsabilidade tributária prevista pela lei municipal. Tanto é assim, que a 1ª turma do STJ julgou um caso que discutiu a responsabilidade pelo pagamento de IPTU, na hipótese do contrato de locação do imóvel disciplinar o cumprimento dessa obrigação pelo locatário. E, curiosamente, o locatário

---

15. COELHO, Sacha Calmon Navarro. Comentários à Constituição de 1988. Rio de Janeiro: Forense, 1990, p. 251.
16. STJ. AgRg no REsp 698.041/RJ, Rel. Ministro FRANCISCO FALCÃO, PRIMEIRA TURMA, julgado em 06.12.2005.

era o próprio município que, em cláusula contratual, se comprometeu a pagar o IPTU, porém, descumpriu. O resultado não poderia ser outro, o STJ manteve a responsabilidade tributária do proprietário do imóvel, em respeito art. 123 do CTN, o qual impede a transferência da responsabilidade tributária por convenção das partes (REsp 1.384.263).

No concurso para Procurador da Fazenda Nacional, a banca ESAF (2012), considerou como CORRETA a assertiva que afirmou que *"são contribuintes responsáveis pelo pagamento do IPTU tanto o promitente comprador do imóvel quanto o promitente vendedor, podendo ambos figurar conjuntamente no polo passivo em ações de cobrança do imposto".* Isso ocorre porque é permitido aos municípios, ainda, escolherem responsáveis tributários, sendo aqueles que, embora não estejam investidos de contribuinte, são identificados pela lei tributária para pagamento do tributo[17]. Por isso, a jurisprudência já decidiu ser possível eleger o promissário comprador como responsável solidário pelo pagamento de IPTU, uma vez possuir interesse comum sobre o direito de propriedade imobiliária:

> A jurisprudência desta Corte Superior é no sentido de que tanto o promitente comprador (possuidor a qualquer título) do imóvel quanto seu proprietário/promitente vendedor (aquele que tem a propriedade registrada no Registro de Imóveis) são contribuintes responsáveis pelo pagamento do IPTU (REsp 1.110.551/SP, 1ª Seção, Rel. Min. Mauro Campbell Marques, DJe de 18.6.2009 – recurso submetido à sistemática prevista no art. 543-C do CPC). 3. Agravo regimental não provido. (AgRg no AREsp 114.617/RS, Rel. Ministro MAURO CAMPBELL MARQUES, SEGUNDA TURMA, julgado em 08/05/2012, DJe 14/05/2012)

No caso de arrematação de imóvel em hasta pública, o arrematante levará o imóvel desembaraçado e livre de quaisquer ônus pelo preço da arrematação. Não arcará com nenhum débito tributário pendente do imóvel, sendo que o preço pago pela arrematação ficará como garantia da dívida, nos termos do art. 130, par. único, CTN:

> Art. 130. Os créditos tributários relativos a impostos cujo fato gerador seja a propriedade, o domínio útil ou a posse de bens imóveis, e bem assim os relativos a taxas pela prestação de serviços referentes a tais bens, ou a contribuições de melhoria, subrogam-se na pessoa dos respectivos adquirentes, salvo quando conste do título a prova de sua quitação.
>
> Parágrafo único. No caso de arrematação em hasta pública, a sub-rogação ocorre sobre o respectivo preço.

Neste caso, o art. 130 do CTN disciplina que no caso do fato gerador do IPTU ocorrer antes da alienação do imóvel a norma de responsabilidade por sucessão não afasta a sujeição passiva do alienante. O parágrafo único do art. 130 do CTN ajuda não só a compreender o alcance e sentido da sub-rogação do caput, cujo efeito tem caráter meramente aditivo e integrador do terceiro adquirente sem liberação do devedor primitivo, como reforça o regime jurídico específico do instituto tributário em relação à disciplina estabelecida no Direito Civil.

---

17. "Ao legislador municipal cabe eleger o sujeito passivo do tributo, contemplando qualquer das situações previstas no CTN" (STJ. REsp 475.078/SP, Rel. Min. Teori Albino Zavascki, DJ 27.9.2004).

Nesse sentido é o entendimento do Superior Tribunal de Justiça:

> A correta interpretação do art. 130 do CTN, combinada com a característica não excludente do parágrafo único, permite concluir que o objetivo do texto legal não é desresponsabilizar o alienante, mas responsabilizar o adquirente na mesma obrigação do devedor original. Trata-se de responsabilidade solidária, reforçativa e cumulativa sobre a dívida, em que o sucessor no imóvel adquirido se coloca ao lado do devedor primitivo, sem a liberação ou desoneração deste. (AgInt no AREsp 942.940/RJ, Rel. Ministro HERMAN BENJAMIN, SEGUNDA TURMA, julgado em 15/08/2017, DJe 12/09/2017)

Também existe um posicionamento interessante na jurisprudência de que na hipótese de desapropriação do imóvel, persiste a responsabilidade do proprietário, mesmo após o decreto expropriatório, enquanto não tenha sido deferida e efetivada a imissão provisória na posse. Somente com a imissão provisória da posse é que a responsabilidade tributária referente ao IPTU passará a ser da entidade expropriante, nos termos do entendimento do Superior Tribunal de Justiça:

> A simples declaração de utilidade pública, para fins de desapropriação, não retira do proprietário do imóvel o direito de usar, gozar e dispor do seu bem, podendo até aliená-lo. Enquanto não deferida e efetivada a imissão de posse provisória, o proprietário do imóvel continua responsável pelos impostos a ele relativos (STJ. REsp 239.687/SP, Primeira Turma, Rel. Min. Garcia Vieira, DJ de 20.3.2000).

Assim, cabe notar que o ente desapropriante não responde por tributos incidentes sobre o imóvel desapropriado nas hipóteses em que o período de ocorrência dos fatos geradores é anterior ao ato de aquisição originária da propriedade[18]. Se por um lado os artigos 130 e 131, I, do CTN, disciplinem que o comprador do imóvel se sub-roga nos direitos e obrigações que decorrem da aquisição, ou seja, se torna pessoalmente responsável pelos impostos referentes ao bem adquirido. Por outro, a desapropriação, de acordo com doutrina, é forma originária de aquisição da propriedade, ficando os eventuais credores sub-rogados no preço.

Como mencionado acima, em regra, o imposto será lançado em face do proprietário, ou seja, aquele proprietário que consta na matrícula do imóvel, conforme dispõe o art. 1245 do Código Civil[19]. Contudo, é possível identificar uma realidade fática diversa daquela definida na legislação, onde quem exerce efetivamente os direitos de propriedade com *animus domini* (usar e gozar) são posseiros.

Neste sentido, decisão interessante foi apreciada pelo Superior Tribunal de Justiça, na qual um Município tentou lançar IPTU sobre o credor fiduciário. Contudo, este Tribunal Superior não acatou a tese da Fazenda Pública Municipal, sob o entendimento de que a propriedade conferida ao credor fiduciário é despida dos poderes de domínio/propriedade (uso, gozo e disposição), sendo a posse indireta

---

18 REsp 1.668.058-ES, Rel. Min. Mauro Campbell Marques, por unanimidade, julgado em 8/6/2017, DJe 14/6/2017.

19. Art. 1.245. Transfere-se entre vivos a propriedade mediante o registro do título translativo no Registro de Imóveis.

por ele exercida desprovida de ânimo de domínio, considerando-se a inexistência do elemento volitivo: a vontade de ter o bem como se seu fosse:

> O credor fiduciário, antes da consolidação da propriedade e da imissão na posse no imóvel objeto da alienação fiduciária, não pode ser considerado sujeito passivo do IPTU, uma vez que não se enquadra em nenhuma das hipóteses previstas no art. 34 do CTN.
>
> Inicialmente, anote-se que, de acordo com o art. 25 da Lei n. 9.514/1997, a propriedade conferida ao credor fiduciário é resolúvel. Além disso, nos termos dos arts. 1.231 e 1.367 do Código Civil, essa não é plena e nunca o será.
>
> AREsp 1.796.224-SP, Rel. Min. Gurgel de Faria, Primeira Turma, por unanimidade, julgado em 16/11/2021.

Portanto, o art. 34 do Código Tributário Nacional permite incluir como contribuinte somente o proprietário, titular de domínio útil e possuidor a qualquer título.

PROPRIETÁRIO	TITULAR DOMÍNIO ÚTIL	POSSUIDOR
Registro Imobiliário	Enfiteuse	Detentor do direito de superfície (art. 1369 CC)
–	–	Usufrutuário
–	–	Qualquer posse que demonstre a existência de animus domini
–	–	Promitente comprador na posse do imóvel
***Desapropriação: proprietário deixa de ser contribuinte somente após imissão provisória ou definitiva de posse	–	***não engloba o locatário, administrador, comodatário ou mero detentor

4.1. Invasões de terras

Caso interessante de ser analisado é a respeito da invasão de propriedades urbanas e sua repercussão na obrigação tributária de pagar o IPTU. Em tese, a Fazenda Pública irá lançar o tributo em face do proprietário do imóvel invadido, uma vez que é este que consta no registro de imóveis. Contudo, relembra-se que o Código Civil define que proprietário é aquele que tem a faculdade de usar, gozar e dispor da coisa, e o direito de reavê-la.

A discussão se concentra no fato de que diante de uma invasão de propriedade, o proprietário deixará de usá-la e fruí-la, muitas vezes de dispô-la também, ou seja, a propriedade deixa de ser plena em razão do empecilho criado pelos invasores. Diante deste fato, a jurisprudência se manifestou no sentido de que aquele que estiver desprovido ilegalmente dos direitos sobre a sua propriedade e sem possibilidade de reavê-la, não pode se enquadrar como sujeito passivo dos tributos sobre propriedade:

PROCESSUAL CIVIL. ADMINISTRATIVO. TRIBUTÁRIO. EMBARGOS À EXECUÇÃO FISCAL. ART. 535, II, DO CPC. OMISSÃO. NÃO OCORRÊNCIA. IPTU. COBRANÇA. SUJEITO PASSIVO. PROPRIETÁRIO DO IMÓVEL. INVASÃO DA PROPRIEDADE POR TERCEIROS. DESAPROPRIAÇÃO. IMISSÃO NA POSSE PELO PODER PÚBLICO APÓS O FATO GERADOR. ARTIGO 34 DO CTN. EXAÇÃO INDEVIDA. POSSE DO MUNICÍPIO EXPROPRIANTE EXERCIDA ANTES DA AUTORIZAÇÃO JUDICIAL DE IMISSÃO PROVISÓRIA. LOTEAMENTO E BENFEITORIAS NA ÁREA. ANIMUS APROPRIANDI. Não se pode exigir do proprietário o pagamento do IPTU quando sofreu invasão de sua propriedade por terceiros, defendeu-se através dos meios jurídicos apropriados e foi expropriado pela municipalidade, sendo que esta, antes de receber a autorização judicial para imissão provisória, ingressou na área com o ânimo de desapropriante. (REsp 1111364/SP, Rel. Ministro BENEDITO GONÇALVES, PRIMEIRA TURMA, julgado em 25/08/2009, DJe 03/09/2009)

TRIBUTÁRIO. ITR. INCIDÊNCIA SOBRE IMÓVEL. INVASÃO DO MOVIMENTO "SEM TERRA". PERDA DO DOMÍNIO E DOS DIREITOS INERENTES À PROPRIEDADE. IMPOSSIBILIDADE DA SUBSISTÊNCIA DA EXAÇÃO TRIBUTÁRIA. PRINCÍPIO DA PROPORCIONALIDADE. RECURSO ESPECIAL NÃO PROVIDO. (...) A propriedade plena pressupõe o domínio, que se subdivide nos poderes de usar, gozar, dispor e reivindicar a coisa. Em que pese ser a propriedade um dos fatos geradores do ITR, essa propriedade não é plena quando o imóvel encontra-se invadido, pois o proprietário é tolhido das faculdades inerentes ao domínio sobre o imóvel. Com a invasão do movimento "sem terra", o direito da recorrida ficou tolhido de praticamente todos seus elementos: não há mais posse, possibilidade de uso ou fruição do bem; consequentemente, não havendo a exploração do imóvel, não há, a partir dele, qualquer tipo de geração de renda ou de benefícios para a proprietária. (REsp 1144982/PR, Rel. Ministro MAURO CAMPBELL MARQUES, SEGUNDA TURMA, julgado em 13/10/2009, DJe 15/10/2009)

Por isso, a invasão da propriedade provoca o esvaziamento dos direitos inerentes a ela, sendo que a ausência destes elementos impede a cobrança do IPTU do proprietário.

4.2. Terras da marinha

Outro ponto a ser analisado seria a respeito daqueles imóveis situados em locais ditos terras de marinha, dentro do perímetro urbano, haja vista que os ocupantes destas áreas são obrigados a pagar um valor anual, denominado de taxa de ocupação, para o Governo Federal (art. 20 VII da CF).

Segundo o Decreto-Lei 9760/46, que lista os bens da União, entende-se como terrenos de marinha, aquelas áreas que ocupam a faixa litorânea de 33 metros, medidos a partir da linha das áreas inundadas pela maré alta do ano de 1831. Para isso, estas áreas devem estar situadas no continente, na costa marítima e nas margens dos rios e lagoas, até onde se faça sentir a influência das marés ou que contornem as ilhas situadas em zona onde se faça sentir a influência das marés[20].

20. Convém lembrar que se estas áreas tenham o domínio sido transferido para Estados e/ou Municípios não se considera mais como terreno de marinha.

Considerando que o critério material do IPTU é o exercício da *"propriedade, domínio útil ou posse de bem imóvel por natureza ou acessão física"*, deve-se analisar se tais elementos compõem a posse sobre terrenos de marinha.

É possível classificar a posse de terrenos de marinha em dois regimes no DL 9760/46: aforamento (art. 99) e ocupação (art. 127). No primeiro caso, quando for aforamento, não há dúvidas que existe domínio útil, sendo possível eleger o particular como sujeito passivo do IPTU, eis que é um caso que se enquadra na antiga hipótese de enfiteuse[21]. A polêmica se concentra no fato do regime de ocupação, uma vez que o ocupante, regularmente autorizado pela Secretaria do Patrimônio da União (SPU), possui mera detenção do imóvel, sendo obrigado a pagar a taxa de ocupação.

Existem poucos posicionamentos jurisprudenciais e doutrinários a respeito, mas pela análise da legislação é possível perceber que os terrenos de propriedade da União não geram uma posse exclusiva para os particulares. Essa ocupação é uma forma de posse precária, sendo que a União pode retomar o imóvel a qualquer tempo mediante o pagamento de indenização das benfeitorias (art. 132 DL 9760/46) e insuscetível de haver usucapião (art. 191, Par. Único da CF). O que mostra não ser possível a identificação da existência de uma posse com *animus domini* dos ocupantes de terrenos de marinha.

Apesar da existência de alguns entendimentos jurisprudenciais no sentido de que os ocupantes de terrenos de marinha são sujeito passivo do IPTU[22], prevalece o entendimento do Supremo Tribunal Federal de que os ocupantes de terrenos da União não detêm a posse exclusiva, mas apenas a posse desdobrada decorrente do instituto jurídico que lhes outorgou o direito real de uso:

> EMENTA: AGRAVO REGIMENTAL NO RECURSO EXTRAORDINÁRIO. IPTU. IMÓVEL DE PROPRIEDADE DA UNIÃO. CONTRATO DE CONCESSÃO DE USO. POSSE PRECÁRIA. PÓLO PASSIVO DA OBRIGAÇÃO TRIBUTÁRIA. IMUNIDADE RECÍPROCA. ART. 150, VI, "A", DA CONSTITUIÇÃO DO BRASIL. IMPOSSIBILIDADE DA TRIBUTAÇÃO. 1. O Supremo Tribunal Federal, em caso análogo ao presente, o RE nº 451.152, Relator o Ministro Gilmar Mendes, DJ de 27.4.07, fixou entendimento no sentido da impossibilidade do detentor da posse precária e desdobrada, decorrente de contrato de concessão de uso, figurar no pólo passivo da obrigação tributária. Precedentes. 2. Impossibilidade de tributação, pela Municipalidade, dos terrenos de propriedade da União, em face da imunidade prevista no art. 150, VI, "a", da Constituição. (STF. RE 599417 AgR, Relator(a): Min. EROS GRAU, Segunda Turma, julgado em 29/09/2009)

Portanto, prevalece o entendimento de que a taxa de ocupação não possui natureza tributária[23], bem como, a utilização dos imóveis localizados em terreno de marinha pode ocorrer de duas formas: aforamento e ocupação. Somente haverá

21. BALEEIRO, Aliomar. Direito Tributário Brasileiro. Atualizada por Misabel Abreu Machado Derzi. 11. ed. Rio de janeiro: Forense, 2005. p. 244/246.
22. TJSC, Apelação Cível nº 2009.002353-1, de Barra Velha, rel. Des. Newton Trisotto, j. 11-08-2009.
23. TRF4, AC 0015478-55.2012.404.9999, Terceira Turma, Relatora Maria Lúcia Luz Leiria, D.E. 19/12/2012.

possibilidade de incidência de IPTU no primeiro caso, pois no segundo inexiste posse com *animus domini*.

4.3. Exigência do IPTU no caso de loteamento irregular

Conforme trabalhado acima, a hipótese de incidência do IPTU é o exercício do domínio sobre propriedade imóvel, ou seja, *"ser proprietário de bem imóvel"*. A este respeito, vale destacar que aquele que está na posse com *animus domini* de determinado bem não se excluem da mencionada materialidade.

Eduardo Sabbag leciona que o proprietário é aquele que tem domínio exclusivo do bem, com gozo jurídico, fruição e disposição do bem imóvel. Aquele que detém o domínio útil, utiliza um dos elementos de gozo jurídico da propriedade plena, como exemplo, o enfiteuta e o usufrutuário. E, por fim, a posse para fins de IPTU, refere-se ao possuidor que age como titular fosse do domínio útil, em posse caracterizada como *usucapione*[24].

Em certas horas se visualiza um aparente problema jurídico em se identificar *a priori* o sujeito passivo, eis que o proprietário não exerce a posse plena/direta. E, paralelamente, existe um exercício de posse, inicialmente irregular, mas que se consumou no tempo.

Nos casos em que a realidade fática é diversa daquela definida na legislação, pois quem exerce efetivamente os direitos de propriedade (usar 6s para fins de lançamento tributário:

> Art. 18. Para efeito de caracterização da unidade imobiliária, poderá ser considerada a situação de fato do bem imóvel abstraindo-se a descrição contida no respectivo título de propriedade.

Em outras palavras, a Fazenda Pública Municipal não está vinculada de maneira absoluta ao que dispõe na matrícula do imóvel, sendo permitido realizar o lançamento tributário com base em situação fática, desde que identificado, motivadamente, o fato gerador e o sujeito passivo do tributo. No caso da situação fática demonstrar a existência de unidades divididas (terrenos autônomos), ainda que dentro de uma mesma matrícula, é possível, juridicamente, haver lançamentos individualizados.

Em defesa do lançamento individualizado, leciona Aires F. Barreto:

> A regra é que a incidência não se subordine ao cumprimento de quaisquer exigências legais, regulamentares ou administrativas. Independe, outrossim, da efetiva ocupação do imóvel edificado, exigindo-se, apenas, possua condições de habitualidade ou de utilização para o exercício de quaisquer atividades[25].

Nestas situações considera-se que há um verdadeiro condomínio, ou seja, posse conjunta sem identificação jurídica dos proprietários individuais. Mas, diante de

---

24. Cf. SABBAG. Eduardo de Moraes. Elementos do Direito Tributário. 8ª ed. São Paulo: Editora Premier Máxima, 2007, p. 311/312.
25. BARRETO, Aires F. Curso de Direito Tributário Municipal. São Paulo: Saraiva, 2009, p. 241.

identificação *in loco* (fática), será possível que o Município realize o levantamento dos lotes e proceda o lançamento com base nos imóveis *pro diviso*.

O Tribunal de Justiça do Estado do Paraná já se manifestou acerca de uma situação de loteamento clandestino, onde não haviam lotes individualizados, o que reclama lançamento sem fracionamento:

> Não individualizados os lotes de loteamento clandestino, estando a área, portanto, ainda como uma fração única, é inviável pretender-se obter lançamento e cobrança de IPTU em relação a uma fração ideal. (TJPR - 18ª C.Cível - AC 294459-0 - Curitiba - Rel.: Rabello Filho - J. 25.01.2006)

O Tribunal de Justiça do Rio Grande do Sul já decidiu que, em regra, em caso de loteamento irregular, o proprietário será contribuinte do IPTU, exceto se houver posse ad usucapionem (animus definitivo):

> EXECUÇÃO FISCAL. IPTU. PROPRIEDADE. ILEGITIMIDADE PASSIVA. PRESCRIÇÃO. EXCESSO. 1. O proprietário, enquanto não regularizado o loteamento, responde pelo IPTU, salvo se comprovado que os adquirentes detêm posse 'ad usucapionem'. Hipótese em que esta prova não foi feita. (TJ-RS - Apelação Cível nº 70.004.228.706, 2a Câmara Cível, relatora Desa. Maria Isabel de Azevedo Souza, julgado em 29/05/2002).

Caso contrário, se a situação fática demonstrar que existem unidades divididas (terrenos autônomos), ainda que dentro de uma mesma matrícula, é possível, juridicamente, haver lançamentos individualizados. Por isso, entende-se que a Fazenda Pública Municipal não está vinculada de maneira absoluta ao que dispõe na matrícula do imóvel, sendo permitido realizar o lançamento tributário com base em situação fática, desde que identificado, motivadamente, o fato gerador e o sujeito passivo do tributo.

Inclusive, o Superior Tribunal de Justiça já decidiu ser desnecessária a prévia inscrição de unidades autônomas no registro de imóveis para a cobrança do IPTU individualizado:

> O fisco, verificando a divisão de imóvel preexistente em unidades autônomas, pode proceder às novas inscrições de IPTU, ainda que não haja prévio registro das novas unidades em cartório de imóveis. Conforme o art. 32 do CTN, o fato gerador do IPTU é a propriedade, o domínio útil ou a posse. O art. 34 do referido diploma, por sua vez, preconiza que o "contribuinte do imposto é o proprietário do imóvel, o titular do seu domínio útil, ou o seu possuidor a qualquer título". Observa-se, portanto, que é absolutamente dispensável o prévio registro imobiliário das novas unidades para proceder ao lançamento do IPTU individualizado. Basta a configuração da posse do bem imóvel para dar ensejo à exação. Assim, verificando-se a superveniência de unidades autônomas, é devida a cobrança do IPTU de forma individualizada, uma vez que é pacífico o entendimento de que os impostos reais - IPTU e ITBI, em especial - referem-se aos bens autonomamente considerados. Desse modo, seria incabível tratar diversos imóveis como universalidade para fins de tributação. Precedente citado: REsp 722.752-RJ, Segunda Turma, DJe 11/11/2009. REsp 1.347.693-RS, Rel. Min. Benedito Gonçalves, julgado em 11/4/2013.

Em outra oportunidade, o Superior Tribunal de Justiça analisou um caso em que envolvia a controvérsia acerca da incidência do IPTU sobre imóvel construído em condomínio irregular, sendo que neste caso o terreno era de propriedade de um ente público:

> *PROCESSUAL CIVIL E TRIBUTÁRIO. RECURSO ESPECIAL. ALÍNEA "C". AUSÊNCIA DE SIMILITUDE FÁTICA ENTRE O ACÓRDÃO RECORRIDO E O APONTADO COMO PARADIGMA. INCIDÊNCIA DO IPTU SOBRE CONDOMÍNIOS IRREGULARES.*
>
> É patente que o recorrente exerce alguns dos poderes inerentes à propriedade sobre o imóvel, já que exterioriza o seu ânimo de proprietário e, no plano fático dispõe do imóvel, ainda que por intermédio de contratos irregulares, realizados sem participação do real proprietário.
>
> Cumpre esclarecer em que pese no caso o poder fático que exerce sobre os bens públicos não seja qualificado no plano jurídico como posse suficientemente capaz para gerar a aquisição da propriedade por usucapião ou a garantir a proteção possessória em face dos entes públicos, os detentores de bens públicos se caracterizam como possuidores a qualquer título, para efeito de incidência do IPTU, devendo ser considerados sujeitos passivos já que patente o seu inequívoco ânimo de se apossar definitivamente dos imóveis ou deles dispor mediante contrato oneroso. 6. Recurso especial parcialmente conhecido, e nessa parte não provido. (REsp 1402217/DF, Rel. Ministro MAURO CAMPBELL MARQUES, SEGUNDA TURMA, julgado em 17/11/2015, DJe 24/11/2015)

Outro caso interessante julgado pelo Superior Tribunal de Justiça envolvia a posse de um imóvel público localizado em um condomínio irregular de Brasília. Prevaleceu o entendimento de que no caso o poder fático que exerce sobre os bens públicos não seja qualificado no plano jurídico como posse suficientemente capaz para gerar a aquisição da propriedade por usucapião ou a garantir a proteção possessória em face dos entes públicos, os detentores de bens públicos se caracterizam como possuidores a qualquer título, para efeito de incidência do IPTU:

> PROCESSUAL CIVIL E TRIBUTÁRIO. RECURSO ESPECIAL. ALÍNEA "C". AUSÊNCIA DE SIMILITUDE FÁTICA ENTRE O ACÓRDÃO RECORRIDO E O APONTADO COMO PARADIGMA. INCIDÊNCIA DO IPTU SOBRE CONDOMÍNIOS IRREGULARES.
>
> 1. A divergência jurisprudencial deve ser demonstrada segundo o disposto no arts. 541 do CPC e 255 do RISTJ, que exigem o cotejo analítico das teses dissidentes com a demonstração das circunstâncias que identifiquem ou assemelhem os casos confrontados.
>
> O desrespeito a esses requisitos legais e regimentais impede o conhecimento do Recurso Especial com base na alínea "c" do inciso III do art. 105 da Constituição Federal.
>
> 2. Cinge-se a controvérsia dos autos acerca da incidência do IPTU sobre imóvel construído em condomínio irregular (em terrenos públicos).
>
> 3. A luz do disposto nos artigos 32 e 34 do CTN são contribuintes do IPTU o proprietário do imóvel, titular do seu domínio útil ou o seu possuidor a qualquer título. O CTN não estabelece qualquer limitação ou restrição ao tipo de posse, para fins de incidência do fato gerador do IPTU, e nem ao seu possuidor, como contribuinte.

> 4. É patente que o recorrente exerce alguns dos poderes inerentes à propriedade sobre o imóvel, já que exterioriza o seu ânimo de proprietário e, no plano fático dispõe do imóvel, ainda que por intermédio de contratos irregulares, realizados sem participação do real proprietário.
>
> 5. Cumpre esclarecer em que pese no caso o poder fático que exerce sobre os bens públicos não seja qualificado no plano jurídico como posse suficientemente capaz para gerar a aquisição da propriedade por usucapião ou a garantir a proteção possessória em face dos entes públicos, os detentores de bens públicos se caracterizam como possuidores a qualquer título, para efeito de incidência do IPTU, devendo ser considerados sujeitos passivos já que patente o seu inequívoco ânimo de se apossar definitivamente dos imóveis ou deles dispor mediante contrato oneroso.
>
> 6. Recurso especial parcialmente conhecido, e nessa parte não provido. (REsp 1402217/DF, Rel. Ministro MAURO CAMPBELL MARQUES, SEGUNDA TURMA, julgado em 17/11/2015, DJe 24/11/2015)

Desta forma, o proprietário de um imóvel localizado em um condomínio irregular, ainda que sobre bem público, deverá pagar o IPTU. Ainda que os bens públicos não admitam a perpetuação da propriedade, através da usucapião, é inegável que no caso em tela, a posse foi exercida com *animus domini* para efeitos da tributação municipal.

4.4. Imunidades de terrenos baldios de Templos Religiosos e de Entidades Educacionais e Assistenciais

A Constituição de 1988instituiu a imunidade tributária dos templos de qualquer culto na alínea "b" do inciso VI do art. 150, disciplinando ser vedado aos entes públicos instituir impostos sobre o patrimônio, renda e serviços relacionados com suas finalidades essenciais. Também previu na alínea "c" do inciso VI do art. 150 a imunidade de entidades educacionais e de assistência social sem fins lucrativos.

Quanto a imunidade dos templos religiosos, o doutrinador Sacha Calmon Navarro Coelho defende uma linha teórica restritiva, assim leciona sobre a abrangência desta espécie de imunidade:

> O templo é o lugar destinado ao culto e hoje os templos e todas as religiões são comumente edifícios. Nada impede, porém, que o templo ande sobre barcos, caminhões e vagonetes, ou seja, em terreno não edificado. Onde que se oficie um culto, aí é o templo. Como no Brasil o Estado é laico, vale dizer, não tem religião oficial, todas as religiões devem ser respeitadas e protegidas, salvo para evitar abusos. Quando ocorre a tributação objetiva-se evitar que sob a capa da fé se pratiquem atos de comércio ou se tenha o objetivo de lucro, sem qualquer finalidade benemérita[26].

Por outro lado, Aliomar Baleeiro, influenciou a criação de uma segunda corrente doutrinária, seguindo uma linha mais liberal de interpretação extensiva, de

26. COELHO, Sacha Calmon Navarro. Manual de Direito Tributário. 2. ed. Rio de Janeiro: Forense, 2002, p. 151.

forma a identificar o templo de qualquer culto como todo conjunto de bens e atividades organizadas para o exercício do culto religioso:

> ...o templo não deve ser apenas a igreja, sinagoga ou edifício principal, onde se celebra a cerimônia pública, mas também a dependência acaso contígua, o convento, os anexos por força de compreensão, inclusive a casa ou residência especial, do pároco ou pastor, pertencente à comunidade religiosa, desde que não empregados em fins econômicos[27] (1998, p. 136).

Na mesma linha da segunda corrente doutrinária[28], o Supremo Tribunal Federal adotou a interpretação extensiva a fim de que a imunidade prevista no art. 150, VI, "b", CF deveria abranger não somente os prédios destinados aos cultos, mas também de imóveis de sua propriedade que se encontram alugados, desde que o valor seja aplicado em suas finalidades essenciais (RE nº 325.822-2/SP).

O Supremo Tribunal Federal fixou o entendimento de que a imunidade tributária dos templos de qualquer culto deveria ser afastada quando da existência de lotes vagos, terrenos, terras improdutivas e prédios comerciais pertencentes à entidade religiosa (Recurso Extraordinário nº 325.822/SP). Contudo, em vista da mutação constitucional, o Supremo Tribunal Federal mudou seu posicionamento, sendo que atualmente prevalece o entendimento que a imunidade tributária, prevista no art. 150, VI, "c", da CF/88, aplica-se aos bens imóveis, temporariamente ociosos, de propriedade das instituições de educação e de assistência social sem fins lucrativos que atendam aos requisitos legais:

> REPERCUSSÃO GERAL EM RE nº 767.332-MG
>
> RELATOR: MIN. GILMAR MENDES
>
> Recurso extraordinário. Repercussão geral. 2. Imunidade tributária. Instituições de educação e de assistência social, sem fins lucrativos, atendidos os requisitos da lei. 3. IPTU. Lote vago. Não incidência. 4. A imunidade tributária, prevista no art. 150, VI, c, da CF/88, aplica-se aos bens imóveis, temporariamente ociosos, de propriedade das instituições de educação e de assistência social sem fins lucrativos que atendam os requisitos legais. Precedentes. 5. Recurso não provido. Reafirmação de jurisprudência.

Neste caso, não cabe à entidade religiosa, educacional ou assistencial demonstrar que utiliza o bem de acordo com suas finalidades institucionais. Ao contrário, compete à Administração tributária demonstrar a eventual tredestinação do bem gravado pela imunidade:

> EMENTA: AGRAVO REGIMENTAL EM RECURSO EXTRAORDINÁRIO COM AGRAVO. IMUNIDADE TRIBUTÁRIA DE TEMPLOS RELIGIOSOS. IPTU. IMÓVEL VAGO. DESONERAÇÃO RECONHECIDA. O Supremo Tribunal Federal consolidou o entendimento de que não cabe à entidade religiosa demonstrar que utiliza o bem de

---

27. BALEEIRO, Aliomar. Limitações constitucionais ao poder de tributar. Rio de Janeiro: Forense, 1998, p. 136.
28. CARVALHO, Paulo de Barros. Curso de Direito Tributário. 13. ed. São Paulo: Saraiva, 2000, p. 185.

> acordo com suas finalidades institucionais. Ao contrário, compete à Administração tributária demonstrar a eventual tredestinação do bem gravado pela imunidade. Nos termos da jurisprudência da Corte, a imunidade tributária em questão alcança não somente imóveis alugados, mas também imóveis vagos. Agravo regimental a que se nega provimento. (ARE 800395 AgR, Relator(a): Min. ROBERTO BARROSO, Primeira Turma, julgado em 28/10/2014, PROCESSO ELETRÔNICO DJe-224 DIVULG 13-11-2014 PUBLIC 14-11-2014)

Portanto, o panorama atualmente existente é de que os imóveis, ainda que ociosos pertencentes a templos de qualquer culto, instituições de educação e de assistência social sem fins lucrativos, estarão beneficiados pela imunidade tributária. Somente não se aplicará a imunidade tributária no caso de que o benefício deste bem não esteja sendo aplicado nas suas finalidades essenciais, sendo que o ônus probatório pertence à Fazenda Pública.

4.5. Imunidades e sucessão tributária – caso da RFFSA

Ao se analisar o IPTU é essencial analisar a questão que envolve a extinção da Rede Ferroviária Federal S/A, uma vez que gerou uma polêmica significativa no âmbito jurisprudencial.

A Rede Ferroviária Federal S/A foi extinta em 22 de janeiro de 2007, por disposição da MP 353, convertida na Lei nº 11.483/07, sucedendo-lhe a União Federal nos direitos, obrigações e ações judiciais. Assim, todos os imóveis da extinta RFFSA foram transferidos para a União, juntamente com os débitos de IPTU.

O Tribunal Regional Federal da 4º Região manteve durante alguns anos o entendimento de que a simples incorporação da RFFSA pela União Federal teria o condão de extinguir o crédito tributário pela aplicação da imunidade tributária recíproca, ainda que o fato gerador tenha ocorrido em momento anterior ao evento.

Observe entendimento deste Tribunal:

> EMENTA: TRIBUTÁRIO. EMBARGOS À EXECUÇÃO FISCAL. RFFSA. SUCESSÃO TRIBUTÁRIA DA UNIÃO. IMUNIDADE RECÍPROCA. IPTU. SUB-ROGAÇÃO. 1. A Rede Ferroviária Federal S/A foi extinta em 22 de janeiro de 2007, por disposição da MP 353, convertida na Lei nº 11.483/07, sucedendo-lhe a União nos direitos, obrigações e ações judiciais. 2. Com a transferência da propriedade do imóvel, o IPTU sub-roga-se na pessoa do novo proprietário, nos termos do artigo 130 do CTN. Assim, como a União goza da imunidade recíproca prevista no artigo 150, VI, "a", da CF/88, é inexigível o IPTU sobre imóvel incorporado ao seu patrimônio, ainda que os fatos geradores sejam anteriores à ocorrência da sucessão tributária. (TRF4, AC 5036593-23.2012.404.7000, Segunda Turma, Relatora p/ Acórdão Luciane Amaral Corrêa Münch, D.E. 27/02/2014)
>
> EMENTA: EMBARGOS À EXECUÇÃO FISCAL. REDE FERROVIÁRIA FEDERAL – RFFSA. IPTU. IMUNIDADE RECÍPROCA. ART. 150, VI, "A", DA CF/88. 1. A Rede Ferroviária Federal S/A foi extinta em 22 de janeiro de 2007, por disposição da MP 353, convertida na Lei nº 11.483/07, sucedendo-lhe a União nos direitos, obrigações e ações judiciais. 2. A imunidade constitucional por reciprocidade (art. 150, VI, 'a', da Constituição Federal), torna inexigível o IPTU sobre o

> patrimônio que a União incorporou por força da extinção da Rede Ferroviária Federal, ainda que o fato gerador do imposto seja anterior à sucessão. (TRF4, AC 5013112-94.2013.404.7000, Segunda Turma, Relator p/ Acórdão Otávio Roberto Pamplona, D.E. 20/02/2014)

Em linhas gerais, este Tribunal Regional mantinha posicionamento de que a imunidade tributária, no que diz respeito ao IPTU, deveria ser aplicada de forma retroativa.

Contudo, discorda-se de tal entendimento, haja vista que a imunidade tributária não pode ser aplicada a ponto de beneficiar uma pessoa jurídica de direito privado (RFFSA). Seria um típico caso de sucessão tributária, onde a União Federal irá responder pelos débitos, em especial tributários, gerados pela empresa de sociedade de economia mista sucedida.

A doutrina tributária delimita adequadamente o instituto da sucessão tributária a fim de preservar a obrigação tributária originária antes do fato que desencadeou a sucessão, conforme palavras de Luciano Amaro:

> "A sucessão dá-se no plano da obrigação tributária, por modificação subjetiva passiva, Assim, o sucessor passa a ocupar a posição do antigo devedor, no estado em que a obrigação se encontrava na data do evento que motivou a sucessão"[29].

Neste sentido, por votação unânime, o Plenário do Supremo Tribunal Federal deu provimento ao Recurso Extraordinário n. 599176, no sentido de que não se aplica a imunidade tributária recíproca a débito de Imposto Predial e Territorial Urbano-IPTU devido pela extinta Rede Ferroviária Federal S/A (RFFSA). Eis o Acórdão do Supremo Tribunal Federal:

> EMENTA: CONSTITUCIONAL. TRIBUTÁRIO. IMUNIDADE TRIBUTÁRIA RECÍPROCA. INAPLICABILIDADE À RESPONSABILIDADE TRIBUTÁRIA POR SUCESSÃO. ART. 150, VI, A DA CONSTITUIÇÃO. A imunidade tributária recíproca não exonera o sucessor das obrigações tributárias relativas aos fatos jurídicos tributários ocorridos antes da sucessão (aplicação "retroativa" da imunidade tributária). Recurso Extraordinário ao qual se dá provimento. (RE 599176, Relator(a): Min. JOAQUIM BARBOSA, Tribunal Pleno, julgado em 05/06/2014)

A partir desta decisão, embora ausente de efeito vinculante e *erga omnes*, está sendo aplicado o presente entendimento aos casos semelhantes, atribuindo à União a responsabilidade por sucessão da empresa RFFSA nos termos da Lei 11.483/2007. Com isso, a partir da extinção da RFFSA, todo seu patrimônio passou a pertencer à União. Juntamente com créditos, a União Federal não poderá refutar os encargos/ônus, dentre eles o pagamento dos tributos que acompanham a empresa sucedida. É importante notar que a imunidade recíproca não terá força de afastar a responsabilidade tributária por sucessão, na hipótese em que o sujeito passivo era contribuinte regular do tributo devido na época do fato gerador.

29. AMARO, Luciano. Direito Tributário Brasileiro. 20 ed. São Paulo: Saraiva, 2014, p. 346.

Em linhas gerais, a regra constitucional da imunidade, por se destinar à proteção específica do ente federado, é inaplicável aos créditos tributários constituídos legitimamente contra pessoas jurídicas privadas, que na época eram passíveis de tributação. Uma vez extinta a Rede Ferroviária, seu patrimônio e suas responsabilidades foram transferidas à União Federal, que passou a responder pelos créditos tributários não pagos, com base no artigo 130 do Código Tributário Nacional.

Na fundamentação do Recurso Extraordinário 599176, o Ministro Relator Joaquim Barbosa assim se pronunciou:

> "Nesse contexto, a imunidade recíproca é inaplicável se a atividade ou entidade demonstrarem capacidade contributiva, se houver risco à livre iniciativa e às condições de justa concorrência, ou não estiver em jogo risco ao pleno exercício da autonomia política que a Constituição Federal confere aos entes federados"

Pondere-se ainda, segundo o eminente Ministro que:

> "a Constituição Federal é expressa ao excluir da imunidade o patrimônio, a renda, os serviços relacionados à exploração de atividades econômicas regidas pelas normas aplicáveis a empreendimentos privados, ou em que haja contraprestação no pagamento de preços ou tarifas pelo usuário".

Por tais razões, neste caso não haverá a aplicação da imunidade recíproca, mas sim da responsabilidade da União Federal por sucessão.

4.6. Incidência do IPTU sobre imóvel com restrição ambiental

Nota-se que o Imposto sobre a Propriedade Predial e Territorial Urbana - IPTU tem previsão constitucional no artigo 156, inciso I da Carta Magna como *"propriedade predial e territorial urbana"*.

Nesta feita, as denominadas Áreas de Preservação Permanente - APP, previstas no art. 3º, II da Lei 12651/2012 (Código Florestal), são identificas como:

> Art. 3º Para os efeitos desta Lei, entende-se por:
>
> ...
>
> II – Área de Preservação Permanente – APP: área protegida, coberta ou não por vegetação nativa, com a função ambiental de preservar os recursos hídricos, a paisagem, a estabilidade geológica e a biodiversidade, facilitar o fluxo gênico de fauna e flora, proteger o solo e assegurar o bem-estar das populações humanas;

Segundo art. 7º do Código florestal, a vegetação situada em Área de Preservação Permanente deverá ser mantida pelo proprietário da área, possuidor ou ocupante a qualquer título, pessoa física ou jurídica, de direito público ou privado. E, tendo ocorrido supressão de vegetação situada em Área de Preservação Permanente, o proprietário da área, possuidor ou ocupante a qualquer título é obrigado a promover a recomposição da vegetação, ressalvados os usos autorizados previstos nesta Lei.

É evidente que a APP é uma forma de limitação administrativa imposta às propriedades urbanas ou rurais, com o objetivo de preservação do meio ambiente.

Com base nisso, o Superior Tribunal de Justiça decidiu que incidirá o IPTU sobre imóvel com restrição de APP:

> TRIBUTÁRIO. IPTU. ÁREA DE PRESERVAÇÃO PERMANENTE CUMULADA COM A NOTA DE NON AEDIFICANDI. INCIDÊNCIA DO IMPOSTO.
>
> 1. Discute-se nos autos a incidência de IPTU sobre imóvel urbano declarado em parte como área de preservação permanente com nota non aedificandi.
>
> 2. Nos termos da jurisprudência do STJ, "A restrição à utilização da propriedade referente a área de preservação permanente em parte de imóvel urbano (loteamento) não afasta a incidência do Imposto Predial e Territorial Urbano, uma vez que o fato gerador da exação permanece íntegro, qual seja, a propriedade localizada na zona urbana do município. Cuida-se de um ônus a ser suportado, o que não gera o cerceamento total da disposição, utilização ou alienação da propriedade, como ocorre, por exemplo, nas desapropriações." (REsp 1128981/SP, Rel. Ministro BENEDITO GONÇALVES, PRIMEIRA TURMA, julgado em 18/03/2010, DJe 25/03/2010).
>
> 3. O fato de parte do imóvel ser considerada como área non aedificandi não afasta tal entendimento, pois não há perda da propriedade, apenas restrições de uso, a fim de viabilizar que a propriedade atenda à sua verdadeira função social. Logo, se o fato gerador do IPTU, conforme o disposto no art. 32 do CTN, é a propriedade de imóvel urbano, a simples limitação administrativa de proibição para construir não impede a sua configuração.
>
> 4. Não há lei que preveja isenção tributária para a situação dos autos, conforme a exigência dos arts. 150, § 6º, da Constituição Federal e 176 do CTN.
>
> Recurso especial provido.
>
> (REsp 1482184/RS, Rel. Ministro HUMBERTO MARTINS, SEGUNDA TURMA, julgado em 17/03/2015, DJe 24/03/2015)

Em linhas gerais, os argumentos seguidos pelo Superior Tribunal de Justiça são no sentido de que:

> a) a propriedade atingida por APP não gera cerceamento total da propriedade; e,
>
> b) se fosse o caso de isenção de IPTU nas referidas áreas, deveria haver previsão legal para tanto, conforme ocorre com o Imposto sobre Propriedade Territorial Rural (ITR).

Assim, entende-se que à luz da interpretação sistemática da regra matriz de incidência do IPTU definida na Constituição Federal, a APP não teria o condão de desnaturar a incidência do IPTU. O próprio art. 1228 do Código Civil, ao definir os direitos inerentes ao exercício da propriedade prevê a limitação administrativa como uma condicionante:

> Art. 1.228. O proprietário tem a faculdade de usar, gozar e dispor da coisa, e o direito de reavê-la do poder de quem quer que injustamente a possua ou detenha.

> § 1º O direito de propriedade deve ser exercido em consonância com as suas finalidades econômicas e sociais e de modo que sejam preservados, de conformidade com o estabelecido em lei especial, a flora, a fauna, as belezas naturais, o equilíbrio ecológico e o patrimônio histórico e artístico, bem como evitada a poluição do ar e das águas.

Desse modo, conclui-se pela possibilidade de incidência do IPTU sobre propriedade com limitações administrativas em razão de APP.

Situação diferente ocorre quando o imóvel recebe a qualificação como estação ecológica, onde há um limite integral do direito de propriedade, o que afasta a incidência do IPTU:

> A inclusão de imóvel em unidade de conservação ambiental caracteriza evidente limitação administrativa imposta pelo Estado ao particular. No caso, foi criada unidade de conservação qualificada como estação ecológica, cujo regime jurídico impõe ao poder público proteção integral da área, sendo considerado suas dimensões de domínio público, independentemente de futura desapropriação. Essa espécie de unidade de conservação retira do possuidor a faculdade de reivindicar o bem, uma vez que não há reivindicação de bem desapropriável, como institui o artigo 9º, § 1º, da Lei n. 9.985/2000; não permite o uso e o gozo do bem, pois se proíbe a utilização econômica do imóvel, conforme art. 9º, § 4º c/c o art. 28, da Lei n. 9.985/2000; e inviabiliza a disposição do bem pelo proprietário, porquanto não se dispõe de algo cujo domínio é público. Portanto, a limitação administrativa imposta pela Lei n. 9.985/2000 acarreta ao particular o esvaziamento completo dos atributos inerente à propriedade, retirando-lhe o domínio útil do imóvel, de modo que o aspecto subjetivo da hipótese de incidência do IPTU, disposto no artigo 34 do CTN, não se subsume à situação, razão pela qual não se prospera a incidência do referido tributo.
>
> (REsp 1.695.340-MG, Rel. Min. Mauro Campbell Marques, Segunda Turma, por unanimidade, julgado em 17/09/2019, DJe 24/09/2019)

A qualificação do imóvel em estação ecológica não se confunde a existência de Área de Preservação Permanente, anteriormente estudada. Note-se que neste caso há apenas uma restrição parcial ao direito de propriedade, o que condicionará o proprietário algumas limitações aos seus direitos de uso e gozo da coisa.

Por outro lado, a inclusão do imóvel em conservação ambiental denominada estação ecológica - com base na Lei 9985/2000 - irá implicar em um regime jurídico de proteção integral, limitando os direitos de uso, gozo, disposição e reaver a coisa. Em outras palavras, haverá o esvaziamento total dos direitos de propriedade, retirando por completo o domínio útil do imóvel, o que impedirá a incidência do IPTU.

4.7. Imunidade e Maçonaria

Neste ponto, investiga-se o alcance da previsão de imunidade tributária em favor de "templos de qualquer culto", expressamente disciplinada pelo art. 150, VI, *b* da CF/88:

> Art. 150. Sem prejuízo de outras garantias asseguradas ao contribuinte, é vedado à União, aos Estados, ao Distrito Federal e aos Municípios:
>
> ...
>
> VI – instituir impostos sobre:
>
> ...
>
> b) templos de qualquer culto;

Neste sentido, a imunidade deve estar relacionada ao fato de existir uma entidade religiosa ou atividade correlata a esta finalidade. Ou seja, todas as religiões deveriam ser tributariamente imunes, sendo que o Prof. Roque Antônio Carrazza assim leciona:

> Evidentemente, o Estado tolera todas as religiões que não ofendem a moral, nem os bons costumes, nem, tampouco, fazem perigar a segurança nacional. Há, no entanto, uma presunção no sentido de que a religião é legitima, presunção, esta, que só cederá passo diante de prova em contrário, a ser produzida pelo Poder Público. Graças a esta inteligência, tem-se aceito que também são templos a loja maçônica, o templo positivista e o centro espírita. Mesmo cultos com poucos adeptos têm direito à imunidade[30].

A Maçonaria é entendida como uma sociedade discreta composta por homens livres e de bons costumes, denominando-se mutuamente de irmãos, cultivando valores como a Liberdade, Fraternidade e a Igualdade.[31] Para ingressar e se tornar membro da maçonaria não basta a autoproclamação, sendo preciso um convite formal e apadrinhado por outro maçon. Os membros devem cumprir uma série de juramentos e obrigações, sejam elas esotéricas ou simbólicas, estando todos integrados em uma chamada loja.

Todavia, no julgamento do Recurso Extraordinário 562.351, da relatoria do ministro Ricardo Lewandowski, interposto pela Loja Maçônica Grande Oriente do Sul, situada em Porto Alegre/RS, com o objetivo de afastar cobranças de IPTU, os ministros da 1ª turma do Supremo, conheceram em parte do recurso, negando-lhe provimento. O entendimento que prevaleceu foi de que a maçonaria NÃO se enquadrava no conceito de qualquer culto:

> A maçonaria NÃO é considerada uma religião, razão pela qual não goza da imunidade religiosa prevista no art. 150, VI, b, da CF/88. /9STF. 1ª Turma. RE 562351/RS, rel. Min. Ricardo Lewandowski, 4/9/2012)

Em linhas gerais, prevalece o entendimento de que a maçonaria não é uma religião, mais uma filosofia de vida, com práticas próprias e simbólicas seguidas por um grupo de pessoas.

---

30 CARRAZZA, Antonio Roque. Curso de Direito Constitucional Tributário. 9. Ed. São Paulo: Malheiros. 1997. p. 399.

31 http://www.fraternidade.org.br/macom1.htm.

Cumpre observar que embora possa existir uma política interna de cooperação mútua e de prestação assistencial aos membros que venham a necessitar, este fato não é suficiente para enquadrar como religião nem mesmo atribui-lhe o caráter de assistência social, dado o condão privado e particular dos atos praticados.

4.8. Imunidade e cessão de imóveis públicos

Neste ponto, deve-se explorar o conceito de imunidade tributária recíproca (ART. 150, VI, a da CF), explicando os efeitos deste instituto constitucional quando da aplicação sobre a relação jurídica de direito obrigacional entre um particular e o Estado.

Sabe-se que a regra matriz de incidência do imposto sobre propriedade predial e territorial urbana – IPTU está delimitada pelo art. 156, I da Constituição Federal, o qual estabelece a competência dos Municípios *instituir impostos sobre a "propriedade predial e territorial urbana".*

A partir destes direitos que se poderá identificar o exercício de propriedade sobre determinado imóvel, de forma que somente haverá a transferência do imóvel com a sua transcrição no registro de imóveis, conforme prescreve o art. 1245 do Código Civil[32]. Pode-se dizer, portanto, que a terminologia propriedade, descrito no inciso I do art. 156 da Constituição Federal, deve ser interpretada de forma a englobar o domínio útil e a posse com *animus* definitivo[33].

O sujeito passivo do IPTU está definido no art. 34 do Código Tributário Nacional, o qual possibilita que seja eleito como contribuinte do IPTU, o proprietário do imóvel, o titular do seu domínio útil ou o seu possuidor a qualquer título. Frise-se, apesar do art. 34 do Código Tributário Nacional incluir o possuidor a qualquer título entre os contribuintes do IPTU, não é qualquer posse que autoriza a exigência do imposto: apenas aquele com *animus domini*.

Nesta linha de raciocínio, prevalecia o entendimento no âmbito do Superior Tribunal de Justiça de ser inexigível o IPTU sobre a posse decorrente de contrato de concessão de uso, uma vez que se trata de negócio jurídico bilateral de natureza pessoal. Definiu a jurisprudência que a posse exercida pelo cessionário, no contrato de concessão de uso, não exterioriza propriedade, nem permite considerar o cessionário como possuidor[34]. Por outro lado, no caso de concessão de direito real de uso de bem imóvel federal, o concessionário será o contribuinte do IPTU, não

32. Art. 1.245. Transfere-se entre vivos a propriedade mediante o registro do título translativo no Registro de Imóveis. § 1º Enquanto não se registrar o título translativo, o alienante continua a ser havido como dono do imóvel.
33. A jurisprudência do STJ é pacífica no sentido de que somente a posse com animus domini é apta a gerar a exação predial urbana, o que não ocorre com o condomínio, in casu, que apenas possui a qualidade de administrador de bens de terceiros. (REsp 1327539/DF, Rel. Ministro HUMBERTO MARTINS, SEGUNDA TURMA, julgado em 14/08/2012, DJe 20/08/2012).
34. STJ. AgRg no REsp 1337903/MG, Rel. Ministro CASTRO MEIRA, SEGUNDA TURMA, julgado em 09/10/2012.

se aplicando a imunidade tributária, conforme entendimento do Superior Tribunal de Justiça[35].

Contudo, o plenário do Supremo Tribunal Federal julgou dois Recursos Extraordinários, com repercussão geral, reconhecendo a constitucionalidade da cobrança do IPTU da Petrobras, relativo a terreno arrendado no porto de Santos, e de uma concessionária de veículos no Rio de Janeiro, ocupando terreno em contrato de concessão com a Infraero.

A decisão, tomada por maioria de votos, afastou a imunidade tributária recíproca para cobrança do IPTU de terreno público cedido a empresa privada ou de economia mista, com o fundamento de que a imunidade recíproca prevista na Carta Constitucional, não alcança imóveis públicos ocupados por empresas que exerçam atividade econômica com fins lucrativos.

Observe a comparação entre o entendimento do STJ e STF:

STJ	STF
TRIBUTÁRIO. IMÓVEL DE DOMÍNIO DA UNIÃO. CONCESSÃO DE USO. IPTU. NÃO INCIDÊNCIA. CESSIONÁRIO. POSSE SEM ANIMUS DOMINI. PRECEDENTES. 1. Nos termos da jurisprudência desta Corte, o bem imóvel de domínio da União, ocupado por cessionária de uso de área, não se sujeita a incidência de IPTU, haja vista que a posse, nessa situação, não é dotada de animus domini. 2. O cessionário do direito de uso não é contribuinte do IPTU, haja vista que é possuidor por relação de direito pessoal, não exercendo animus domini, sendo possuidor do imóvel como simples detentor de coisa alheia. 3. Precedentes: AgRg no Ag 1207082/RJ, Rel. Ministro Hamilton Carvalhido, Primeira Turma, DJe 14/04/2010; AgRg no Ag 1129472/SP, Rel. Ministra Denise Arruda, Primeira Turma, DJe 01/07/2009; AgRg no REsp 947267/RJ,	A imunidade recíproca, prevista no art. 150, VI, "b", da Constituição Federal (CF), não se estende a empresa privada arrendatária de imóvel público, quando seja ela exploradora de atividade econômica com fins lucrativos. Nessa hipótese é constitucional a cobrança do IPTU pelo Município. Esse o entendimento do Plenário, que, em conclusão de julgamento e por maioria, negou provimento a recurso extraordinário em que se discutia a possibilidade de reconhecimento de imunidade tributária recíproca a sociedade de economia mista ocupante de bem público. No caso, o Tribunal de Justiça do Estado de São Paulo considerou ser a Petróleo Brasileiro S.A. (PETROBRAS) parte legítima para figurar como devedora do Imposto Predial e Territorial Urbano (IPTU) incidente sobre imóvel localizado no Porto de Santos – v. Informativo 846.

35. A jurisprudência desta Corte firmou-se no sentido de que o contribuinte do IPTU é o possuidor no concernente a uma relação de direito real, inexistindo na concessão de uso, contrato bilateral que é, configuração do "animus dominis". Agravo regimental improvido. (AgRg no REsp 1121332/RJ, Rel. Ministro HUMBERTO MARTINS, SEGUNDA TURMA, julgado em 20/10/2009, DJe 29/10/2009.

STJ	STF
Rel. Ministro Francisco Falcão, Primeira Turma, DJ18/10/2007; REsp 681406/RJ, Rel. Ministro José Delgado, Primeira Turma, DJ 28/02/2005; AgRg no Ag 1243867/RJ, Rel. Ministro Humberto Martins, Segunda Turma, DJe 12/03/2010; AgRg no REsp 885.353/RJ, Rel. Ministro Mauro Campbell Marques, Segunda Turma, DJe 06/08/2009; REsp 933.699/RJ, Rel. Ministro Castro Meira, Segunda Turma, DJe 28/03/2008; REsp 325489/SP, Rel. Ministra Eliana Calmon, Segunda Turma, DJ 24/02/2003. 4. Agravo regimental a que se nega provimento. (AgRg no REsp 1034641/RJ, Rel. Ministro SÉRGIO KUKINA, PRIMEIRA TURMA, julgado em 22/10/2013, DJe 29/10/2013)	O Colegiado deliberou que a imunidade tributária recíproca de natureza subjetiva, que envolve pessoas jurídicas de direito público, não se estende para além das situações do art. 150, § 2º, da CF. Asseverou que tanto as sociedades de economia mista quanto as empresas públicas sujeitam-se ao regime jurídico próprio das empresas privadas, por força do art. 173, § 2º, da CF. Ressaltou que o fato de o imóvel pertencente à União ser utilizado para a persecução de interesse público não atrai a imunidade quanto ao IPTU, haja vista que a recorrente é sociedade de economia mista com capital social negociado na bolsa de valores, ou seja, é pessoa jurídica de direito privado com claro objetivo de auferir lucro.Anotou, tendo em conta a limitação imposta pelo § 3º do art. 150 da CF, que, se as pessoas jurídicas de direito público que exploram atividade econômica não gozam da imunidade, as de direito privado também não poderiam fazê-lo. Ademais, o reconhecimento da imunidade recíproca, no caso, implica violação ao princípio da livre concorrência estampado no art. 170 da CF, por conferir vantagem indevida a pessoa jurídica de direito privado, não existente para os concorrentes. Por fim, à luz dos arts. 32 e 34 do Código Tributário Nacional (CTN), no sentido de que a hipótese de incidência do IPTU abrange não só a propriedade, mas também o domínio útil e a posse do imóvel, e de que o contribuinte do IPTU é tanto o proprietário do imóvel como o titular do seu domínio útil, ou o seu possuidor a qualquer título, o Plenário concluiu não se poder falar em ausência de legitimidade da recorrente para figurar no polo passivo da relação jurídica tributária. RE 594015/DF, rel. Min. Marco Aurélio, julgamento em 6.4.2017. (RE-594015)

Assim ficou definida a decisão no Informativo 860 do STF:

> A imunidade recíproca, prevista no art. 150, VI, "b", da Constituição Federal (CF), não se estende a empresa privada arrendatária de imóvel público, quando seja ela exploradora de atividade econômica com fins lucrativos. Nessa hipótese é constitucional a cobrança do IPTU pelo Município.
>
> Esse o entendimento do Plenário, que, em conclusão de julgamento e por maioria, negou provimento a recurso extraordinário em que se discutia a possibilidade de reconhecimento de imunidade tributária recíproca a sociedade de economia mista ocupante de bem público. No caso, o Tribunal de Justiça do Estado de São Paulo considerou ser a Petróleo Brasileiro S.A. (PETROBRAS) parte legítima para figurar como devedora do Imposto Predial e Territorial Urbano (IPTU) incidente sobre imóvel localizado no Porto de Santos – v. Informativo 846.
>
> O Colegiado deliberou que a imunidade tributária recíproca de natureza subjetiva, que envolve pessoas jurídicas de direito público, não se estende para além das situações do art. 150, § 2º, da CF. Asseverou que tanto as sociedades de economia mista quanto as empresas públicas sujeitam-se ao regime jurídico próprio das empresas privadas, por força do art. 173, § 2º, da CF. Ressaltou que o fato de o imóvel pertencente à União ser utilizado para a persecução de interesse público não atrai a imunidade quanto ao IPTU, haja vista que a recorrente é sociedade de economia mista com capital social negociado na bolsa de valores, ou seja, é pessoa jurídica de direito privado com claro objetivo de auferir lucro. Anotou, tendo em conta a limitação imposta pelo § 3º do art. 150 da CF, que, se as pessoas jurídicas de direito público que exploram atividade econômica não gozam da imunidade, as de direito privado também não poderiam fazê-lo. Ademais, o reconhecimento da imunidade recíproca, no caso, implica violação ao princípio da livre concorrência estampado no art. 170 da CF, por conferir vantagem indevida a pessoa jurídica de direito privado, não existente para os concorrentes. Por fim, à luz dos arts. 32 e 34 do Código Tributário Nacional (CTN), no sentido de que a hipótese de incidência do IPTU abrange não só a propriedade, mas também o domínio útil e a posse do imóvel, e de que o contribuinte do IPTU é tanto o proprietário do imóvel como o titular do seu domínio útil, ou o seu possuidor a qualquer título, o Plenário concluiu não se poder falar em ausência de legitimidade da recorrente para figurar no polo passivo da relação jurídica tributária.
>
> O ministro Roberto Barroso, em voto-vista, afirmou que a imunidade recíproca das pessoas jurídicas de direito público foi criada pelo constituinte para proteção do pacto federativo, não havendo sentido estendê-la a empresa privada arrendatária de bem público que o utiliza para fins comerciais. Entender que os particulares que fazem uso dos imóveis públicos para exploração econômica lucrativa não devam pagar IPTU significaria colocá-los em vantagem concorrencial em relação às outras empresas. Anotou que os contratos firmados entre as empresas privadas e a Administração Pública conferem diversos direitos aos particulares. Asseverou que o bem é formalmente público, mas materialmente privado, uma vez que o particular tem quase todas as prerrogativas do proprietário, não havendo precariedade da posse. Nesses casos, está caracterizado o fato gerador do IPTU, e a sujeição passiva que permite ao Município de Santos efetuar a cobrança. Pontuou, ademais, que o Município,

por previsão legal, atribui responsabilidade tributária às empresas arrendatárias de bem. Por fim, concluiu que impossibilitar a cobrança de IPTU de particular que explora atividade econômica em imóvel público é perenizar situação extremamente prejudicial aos Municípios, ao pacto federativo e à ordem econômica, no que se refere à livre concorrência.

Para o ministro Luiz Fux, após o advento da CF/1988, considerada pós-positivista, dois princípios ou regras de supradireito assumiram relevo no direito tributário. Em primeiro lugar, o contribuinte não é considerado objeto de tributação, mas sujeito de direitos. Em segundo lugar, com a inserção dos princípios da isonomia e da capacidade contributiva, criou-se também uma regra de supradireito na análise das questões tributárias, a justiça fiscal. Considerou inaceitável, sob o ângulo da justiça fiscal, a possibilidade de quem explora atividade econômica não pagar o imposto devido ao Município. Ressaltou que a Corte interpretou a imunidade recíproca como verdadeira garantia institucional para preservação do sistema federativo, motivo pelo qual se assentou sua extensão apenas às empresas que, embora tenham personalidade jurídica de direito privado, qualifiquem-se tão somente como prestadoras de serviço público, sem intuito lucrativo. Indicou precedentes nesse sentido (1). Apontou também os critérios estabelecidos pelo STF para o reconhecimento da extensão da imunidade tributária: a) a imunidade é subjetiva e aplicável a propriedades, bens e serviços utilizados na satisfação dos objetivos institucionais imanentes ao ente federado, cuja tributação poderia colocar em risco a respectiva autonomia política, b) as atividades de exploração econômica destinadas a aumentar o patrimônio do Estado ou de particulares devem ser tributadas por representarem manifestação de riqueza, cuja tributação não afeta a autonomia política e revela capacidade contributiva, c) a tributação não deve ter como efeito colateral a quebra dos princípios da livre concorrência e do exercício da atividade profissional e econômica lícita.

Vencidos a ministra Carmen Lúcia (presidente) e os ministros Celso de Mello e Edson Fachin, que davam provimento ao recurso.

(1) ARE 638315/BA (DJE de 31.8.2011); RE 253394/SP (DJU de 11.4.2003); RE 265749/SP (DJU de 12.9.2003); RE 253.472/SP (DJE de 1º.2.2011). RE 594015/DF, rel. Min. Marco Aurélio, julgamento em 6.4.2017. (RE-594015)

Para fim de repercussão geral, o ministro Luís Roberto Barroso propôs a seguinte tese, que foi aprovada por maioria do plenário:

> "A imunidade recíproca não se estende a empresa privada arrendatária de imóvel público, quando seja ela exploradora de atividade econômica com fins lucrativos. Nessa hipótese, é constitucional a cobrança de IPTU pelo município."

Note-se que tínhamos o entendimento do Superior Tribunal de Justiça que estendia a imunidade recíproca para os casos de concessão do direito de uso de bens públicos à particulares. Este entendimento atualmente se encontra superado, à vista do entendimento proferido pelo Supremo Tribunal Federal, sendo de sua competência a definição de incidência da imunidade tributária.

Assim, temos o seguinte panorama:

	INCIDÊNCIA	SUJEITO PASSIVO
Concessão de direito real ou concessão de direito de uso de bem público por particular	INCIDE IPTU	PF OU PJ PARTICULAR
Concessão de direito real ou concessão de direito de uso de bem público por empresa pública ou Soc. Economia mista	INCIDE IPTU, CASO EXERÇA ATIVIDADE ECONÔMICA	EMPRESA PÚBLICA OU SOCIEDADE ECONOMIA MISTA
Concessão de direito real ou concessão de direito de uso de bem público por empresa pública ou Soc. Economia mista, PRESTADORES DE SERVIÇOS PÚBLICOS EM REGIME EXCLUSIVO	NÃO INCIDE IPTU (IMUNIDADE)	--

5. ASPECTO QUANTITATIVO

5.1. Base de cálculo

Segundo o art. 33 do Código Tributário Nacional a base de cálculo do IPTU é o valor venal do imóvel, sendo identificado como o preço real de venda, isto é, o valor que o imóvel alcançaria em condições de compra e venda no mercado.

Nestes termos, Kiyoshi Harada, afirma que o "*legislador constituinte empregou a palavra propriedade em sua acepção comum abarcando prédios, fazendas, terras, lotes, etc. com abstração de seu aspecto estritamente jurídico*"[36]. A determinação da base de cálculo deverá ocorrer por critérios técnicos prescritos em lei municipal, levando-se em consideração o terreno acrescido de suas edificações, excluindo os bens móveis mantidos no imóvel (inclusive móveis por acessão intelectual).

Inclusive, no concurso para Procurador do Município de Ponta Grossa (2010) foi considerada como CORRETA, quando se afirmou que *"na fixação da base de cálculo, não se considera o valor dos bens móveis mantidos, em caráter permanente ou temporário, no imóvel, para efeito de sua utilização, exploração, aformoseamento ou comodidade".*

Diante da impossibilidade de haver uma avaliação individual de cada imóvel urbano é comum os Municípios estabelecerem critérios genéricos para apuração do valor venal. Por isso que, na maioria das situações, o valor venal dos imóveis é definido na Planta Genérica de Valores, a qual determina o preço do metro quadrado por região. Então, a base de cálculo poderá variar em relação aos imóveis, uma vez que o valor do metro quadrado estará condicionado a uma série de situações definidas em lei municipal, como tipo de construção, localização, destinação, etc. Assim entende Aires F. Barreto:

36. HARADA, Kiyoshi. IPTU: doutrina e prática. São Paulo: Atlas, 2012, p. 95.

> (...) os Mapas devem resultar de métodos de trabalho que levem em consideração não apenas o crescimento natural da cidade, seguido da implementação de melhoramentos públicos, como as possibilidade de ocupação e uso do solo (aspecto estático e dinâmico) e o acompanhamento da mutação dos valores de mercado imobiliário[37].

Convém lembrar que o aumento da base de cálculo somente poderá ocorrer mediante lei, conforme entendimento sedimentado na Súmula 160 do STJ: *"É defeso ao município atualizar o IPTU, mediante decreto, em percentual superior ao índice oficial de correção monetária"*. Mas a mera aplicação de correção monetária aos valores venais pode ser feita via Decreto, a teor do disposto no § 2º, do artigo 97 do CTN, desde que não seja acima do índice oficial:

> Art. 97. Somente a lei pode estabelecer:
>
> ...
>
> § 2º Não constitui majoração de tributo, para os fins do disposto no inciso II deste artigo, a atualização do valor monetário da respectiva base de cálculo.

Entendimento que também prevalece no âmbito do Supremo Tribunal Federal:

> IPTU: majoração da base de cálculo e decreto
>
> É inconstitucional a majoração, sem edição de lei em sentido formal, do valor venal de imóveis para efeito de cobrança do IPTU, acima dos índices oficiais de correção monetária. Com base nessa orientação, o Plenário negou provimento a recurso extraordinário em que se discutia a legitimidade da majoração, por decreto, da base de cálculo acima de índice inflacionário, em razão de a lei municipal prever critérios gerais que seriam aplicados quando da avaliação dos imóveis. ... Afirmou-se que eles poderiam apenas atualizar, anualmente, o valor dos imóveis, com base nos índices anuais de inflação, haja vista não constituir aumento de tributo (CTN, art. 97, § 1º) e, portanto, não se submeter à reserva legal imposta pelo art. 150, I, da CF. O Min. Roberto Barroso, embora tivesse acompanhado a conclusão do relator no tocante ao desprovimento do recurso, fez ressalva quanto à generalização da tese adotada pela Corte. Salientou que o caso concreto não envolveria questão de reserva de lei, mas de preferência de lei, haja vista a existência da referida espécie normativa a tratar da matéria, que não poderia ser modificada por decreto (RE 648245/MG, rel. Min. Gilmar Mendes, 1º.8.2013)

Segundo o entendimento do Supremo Tribunal Federal, é inconstitucional decreto que estabelece os valores (avaliação individual) que servem de base de cálculo para exigir o IPTU sobre os imóveis, ainda que se trate de bem que surgiu após a lei que prevê a planta genérica de valores que servem de base para cálculo do imposto[38]:

> Essa Corte, no julgamento de feito com repercussão geral reconhecida, RE 648.245/MG, Rel. Min. Gilmar Mendes, reiterou seu entendimento no sentido

37. BARRETO, Aires F. Curso de Direito Tributário Municipal. São Paulo: Saraiva, 2009, p. 241.
38. ARE 820303 ED, Relator(a): Min. RICARDO LEWANDOWSKI, Segunda Turma, julgado em 09/09/2014, PROCESSO ELETRÔNICO DJe-181 DIVULG 17-09-2014 PUBLIC 18-09-2014.

> de que, com base no princípio da reserva legal (art. 150, I, da CF), somente por lei em sentido formal é possível instituir, alterar ou majorar a base de cálculo do IPTU, cabedo apenas sua atualização por meio de decreto, desde que em patamar inferior aos índices inflacionários oficiais de correção monetária. É inconstitucional decreto que, pela primeira vez, estabelece os valores (avaliação individual) que servem de base de cálculo para exigir o IPTU sobre os imóveis descritos nos autos, ainda que se trate de bem que surgiu após a a lei que prevê a planta genérica de valores que servem de base para cálculo do imposto. (ARE 820303 ED, Relator(a): Min. RICARDO LEWANDOWSKI, Segunda Turma, julgado em 09/09/2014, PROCESSO ELETRÔNICO DJe-181 DIVULG 17-09-2014 PUBLIC 18-09-2014)

A Planta Genérica de Valores é o documento ideal para definir a valorização imobiliária, fixando o valor venal com base em critérios técnicos de valoração, apuração e enquadramento dos imóveis. Leva em conta condições individuais do imóvel como seu tamanho, área construída, localização, infraestrutura existente, condição do solo, entre outros elementos. Estas informações são mantidas em um cadastro imobiliário municipal, onde constam os dados necessários sobre os imóveis, como a existência de edificações, área, tipo número de pavimentos, etc. A atualização do cadastro imobiliário é essencial para acompanhamento acerca da expansão urbana, por isso ela serve tanto para função fiscal quanto extrafiscal.

É obrigatória a publicação oficial da planta de valores imobiliários, sob pena de inviabilidade da cobrança do IPTU, tendo em vista conter dados indispensáveis à apuração da base de cálculo do imposto[39]. Contudo, o Superior Tribunal de Justiça decidiu pelo atendimento ao princípio da publicidade na hipótese, embora não veiculado no Diário Oficial, foi afixado no local de costume, o que, a toda evidência, permite o amplo acesso dos contribuintes a seu teor:

> TRIBUTÁRIO E PROCESSUAL CIVIL. AGRAVO REGIMENTAL NO AGRAVO EM RECURSO ESPECIAL. AUSÊNCIA DE VIOLAÇÃO AO ART. 535, DO CPC. IPTU. PUBLICAÇÃO OFICIAL DA LEI E DA PLANTA DE VALORES NA PREFEITURA. AUSÊNCIA DE IMPRENSA OFICIAL. QUESTÃO ATRELADA AO REEXAME DE PROVA. SÚMULA 7/STJ.
>
> 1. Não havendo no acórdão recorrido omissão, obscuridade ou contradição, não fica caracterizada ofensa ao art. 535 do CPC.
>
> 2. A jurisprudência do STJ firmou-se no sentido de que se o Município não possui órgão de imprensa oficial é válida a publicação das leis e dos atos administrativos municipais através da afixação dos seus termos na sede da prefeitura.
>
> 3. O reexame de matéria de prova é inviável em sede de recurso especial (Súmula 7/STJ).

---

39 PROCESSUAL CIVIL E TRIBUTÁRIO. IPTU. PLANTA GENÉRICA DE VALORES. PUBLICAÇÃO OFICIAL. NECESSIDADE. 1. A Planta Genérica de Valores, por conter dados indispensáveis à apuração da base de cálculo do IPTU, deve ser objeto de publicação oficial. A mera afixação da Planta de Valores no átrio da sede do município não supre a mencionada exigência. Precedentes do STJ. 2. Recurso Especial não provido. (REsp 1645832/SP, Rel. Ministro HERMAN BENJAMIN, SEGUNDA TURMA, julgado em 07/03/2017, DJe 19/04/2017).

4. Agravo regimental não provido.

(AgRg no AREsp 832.803/RS, Rel. Ministro MAURO CAMPBELL MARQUES, SEGUNDA TURMA, julgado em 01/03/2016, DJe 08/03/2016)

Foi objeto de pergunta no concurso para Magistratura do Acre (CESPE - 2012) e considerada como INCORRETA a afirmação de ser *"desnecessária a edição de lei para aprovar a pauta de valores dos imóveis do município, visto que, com o constante aumento das áreas habitadas, isso tornaria impraticável a arrecadação do tributo, bastando, portanto, a edição de decreto regulamentar para majorar ou atualizar a pauta".* Esta questão está incorreta, pois a majoração da base de cálculo, como já mencionado, deve ser feito por lei formal, sendo necessário obedecer ao princípio da anterioridade (exceto anterioridade nonagesimal).

Portanto, é dever da Administração Pública apurar o correto valor venal do imóvel, o que normalmente é feito através da elaboração da Planta Genérica de Valores, que acompanhará a valorização imobiliária. E a majoração da base de cálculo, como já mencionado, deve ser feito por lei formal, sendo necessário obedecer ao princípio da anterioridade (exceto anterioridade nonagesimal).

O delineado acima é as diretrizes que temos consolidados até o momento sobre o aspecto quantitativo do IPTU, mais especificamente sobre sua base de cálculo. Mas cabe mencionar que existem duas Repercussões Gerais reconhecidas pelo Supremo Tribunal Federal que serão relevantes para o tema deste tópico. O primeiro, a respeito do AI 764518 o STF irá analisar sobre a necessidade de lei em sentido formal para atualizar o valor venal dos imóveis. E no segundo caso, ARE 1245097, onde o STF analisará se viola o princípio da legalidade tributária lei que delega à esfera administrativa, para efeito de cobrança do IPTU, a avaliação individualizada de imóvel não previsto na lei que aprova a Planta Genérica de Valores, como os decorrentes de parcelamento do solo urbano e de inclusão de área, anteriormente rural:

> EMENTA: RECURSO. Extraordinário. Tributo. Imposto sobre Propriedade Territorial Urbana - IPTU. Majoração da base de Cálculo. Publicação de mapas de valores genéricos. Necessidade de lei em sentido formal. Repercussão geral reconhecida. Apresenta repercussão geral o recurso extraordinário que verse sobre a necessidade de lei em sentido formal para fins de atualização do valor venal de imóveis. (AI 764518 RG, Relator(a): Min. CEZAR PELUSO, julgado em 22/10/2009, DJe-022 DIVULG 04-02-2010 PUBLIC 05-02-2010 EMENT VOL-02388-11 PP-02273 LEXSTF v. 32, n. 375, 2010, p. 91-95)
>
> EMENTA Recurso extraordinário. Tributário. IPTU Princípio da legalidade tributária. Delegação de matéria à esfera administrativa. Avaliação individualizada de imóvel. Imóveis não previstos na lei que aprova Planta Genérica de Valores (PGV), como por exemplo os decorrentes de parcelamento do solo urbano ocorrido após à publicação da lei. Repercussão geral reconhecida. Possui repercussão geral a matéria consistente em saber se viola o princípio da legalidade tributária lei que delega à esfera administrativa, para efeito de cobrança do IPTU, a avaliação individualizada de imóvel não previsto na lei que aprova a Planta Genérica de Valores, como os decorrentes de parcelamento do solo urbano e de inclusão de área, anteriormente rural, em zona urbana após a edição da Planta Genérica de Valores. (ARE 1245097 RG, Relator(a): Min. MINISTRO PRESIDENTE, julgado em 09/04/2020, PROCESSO ELETRÔNICO DJe-102 DIVULG 27-04-2020 PUBLIC 28-04-2020)

Enfim, tais discussões somente sabermos após a conclusão do julgamento, que ocorrerá num futuro próximo.

5.2. Alíquota

As alíquotas são definidas através de lei municipal, sendo diferenciadas em relação à destinação do imóvel: comercial, residencial ou industrial. Também se diferencia em relação aos imóveis construídos (predial) e terrenos sem construção (territorial).

No caso do IPTU não existe limitação de alíquotas (máximas ou mínimas) na Constituição Federal, como ocorre com o ISSQN e ITCMD. Assim, o Município terá liberdade de estabelecer as alíquotas com o fim de estimular o desenvolvimento urbano, conforme diretrizes do Plano Diretor. Isso demonstra uma importância significativa do Plano Diretor, de maneira que ele *"deve buscar a asseguração do equilíbrio na concentração de atividades e a facilitação da ocupação, do uso do solo e de seu fracionamento de modo ordenado"*[40].

Antes da vigência da Emenda Constitucional nº 29/00 era possível implementar alíquotas progressivas de IPTU somente para atender art. 182, parágrafo 4º da Constituição Federal, ou seja, para buscar ao atendimento à função social da propriedade urbana[41]. Prevalecia o entendimento de que não poderia haver a progressividade do IPTU, pois sendo este imposto de natureza real, não há permissivo constitucional para levar em consideração a capacidade econômica do contribuinte.

Após a vigência da referida Emenda Constitucional, que alterou o parágrafo 1º do art. 156 da Constituição Federal, também será possível haver a aplicação de alíquotas progressivas para seguintes situações:

> Art. 156. Compete aos Municípios instituir impostos sobre:
>
> I – propriedade predial e territorial urbana;
>
> II – ...
>
> III – ....
>
> § 1º Sem prejuízo da progressividade no tempo a que se refere o artigo 182, § 4º, inciso II, o imposto previsto no inciso I poderá:
>
> I – ser progressivo em razão do valor do imóvel; e
>
> II – ter alíquotas diferentes de acordo com a localização e o uso do imóvel.

A partir deste momento passou a existir a autorização constitucional para o estabelecimento de alíquotas progressivas para o cumprimento de funções

40. BARRETO, Aires F. Curso de Direito Tributário Municipal. São Paulo: Saraiva, 2009, p. 275.
41. Art. 182....§ 4º – É facultado ao Poder Público municipal, mediante lei específica para área incluída no plano diretor, exigir, nos termos da lei federal, do proprietário do solo urbano não edificado, subutilizado ou não utilizado, que promova seu adequado aproveitamento, sob pena, sucessivamente, de: I – parcelamento ou edificação compulsórios; II – imposto sobre a propriedade predial e territorial urbana progressivo no tempo; III – desapropriação com pagamento mediante títulos da dívida pública de emissão previamente aprovada pelo Senado Federal, com prazo de resgate de até dez anos, em parcelas anuais, iguais e sucessivas, assegurados o valor real da indenização e os juros legais.

extrafiscais, levando em conta o valor, localização e uso do imóvel, além da estimulo ao cumprimento da função social da propriedade. Esta situação encontra guarida no art. 145, § 1º da Constituição Federal, o qual exige que os impostos, na medida do possível, devem respeitar a capacidade contributiva do contribuinte.

> Magistratura estadual do Rio Grande do Sul (TJ-RS – 2009) considerou como CORRETA, a afirmação de que no IPTU "são admitidas tanto a sua progressividade fiscal quanto a extrafiscal".
>
> PGM-Maceió – 2012 – considerou INCORRETA a seguinte assertiva: "O IPTU somente poderá ser progressivo em razão do valor do imóvel ou ter alíquotas diferentes de acordo com a localização e o uso do imóvel".

Apesar da jurisprudência tradicional não aceitar a aplicação das alíquotas progressivas aos impostos reais, como é o caso do IPTU, o Supremo Tribunal Federal declarou constitucional essa progressividade trazida pela EC 29/2000, sendo que a partir deste momento, além da progressividade-sanção, existe o instituto da progressividade como medida de isonomia tributária (Súmula 668 STF). Em síntese, entendeu esta Suprema Corte que, em face da EC 29/2000 é plenamente legítimo ao Município aplicar alíquotas progressivas ao IPTU, tal como prevista no § 1º do art. 156 da CF[42].

E por fim, a majoração das alíquotas do IPTU deve respeitar os princípios da legalidade, anterioridade e anterioridade nonagesimal (salvo fixação de sua base de cálculo), de modo que poderá ocorrer através de lei ordinária, com eficácia a partir do exercício seguinte e depois de decorridos noventa dias.

Diante desta forma de tributação progressiva, a banca da UFPR, no concurso para Magistratura estadual (UFPR – 2012 – TJ-PR), considerou CORRETA a questão que dizia ser *"inconstitucional a fixação de adicional progressivo do imposto predial e territorial urbano em função do número de imóveis do contribuinte"*.

Já decidiu o Segunda Turma do Supremo Tribunal de que uma vez declarada a inconstitucionalidade da progressividade da alíquota do IPTU antes da EC 29/2000 atinge todo o sistema, devendo o imposto ser calculado, não pela menor das alíquotas progressivas, mas na forma da legislação anterior, cuja eficácia se restabelece com o trânsito em julgado da decisão.

> "EMENTA: AGRAVO REGIMENTAL NO RECURSO EXTRAORDINÁRIO. IPTU. PORTO ALEGRE. PROGRESSIVIDADE DE ALÍQUOTAS. LEGISLAÇÃO ANTERIOR. APLICAÇÃO. 1. O Supremo declarou a inconstitucionalidade da Lei Complementar n. 7/73 do Município de Porto Alegre, na redação que lhe foi conferida pela Lei Complementar n. 212/89, vez que instituiu alíquotas progressivas em razão do valor venal do imóvel. 2. A declaração de inconstitucionalidade atinge o sistema da progressividade como um todo. 3. Aplica-se a legislação anterior [LC 7/73 em sua redação originária], dado que as alíquotas nela previstas não variam na medida em que se eleve o valor venal do imóvel. Agravo regimental a que se nega provimento (RE 390.684 – AgR, Relator o Minisro Eros Grau, Segunda Turma, DJ 1º.12.2006).

42. STF. RE 423768/SP. Rel. Min. Marco Aurélio. Julg. 1º.12.2010.

Ocorre que, em casos idênticos, a Primeira Turma do Supremo Tribunal concluiu ser inconstitucional a *"progressividade de alíquotas"* e não toda a previsão legal, adotando-se como parâmetro para cobrança do IPTU a alíquota mínima[43].

Face a divergência quanto à extensão e aos efeitos da declaração de inconstitucionalidade da progressividade da alíquota do IPTU, antes da Emenda Constitucional n. 29/2000, motivou à Suprema Corte **reconhecer** a existência de repercussão geral do Recurso Extraordinário n. 602.347/MG.

Posteriormente, o Supremo Tribunal Federal analisou e julgou o Recurso Extraordinário n. 602.347/MG, definindo que no caso de declaração de inconstitucionalidade da progressividade da alíquota do IPTU, antes da Emenda Constitucional n. 29/2000, deve-se aplicar a alíquota mínima:

> RECURSO EXTRAORDINÁRIO COM REPERCUSSÃO GERAL. DIREITO TRIBUTÁRIO. IMPOSTO TERRITORIAL PREDIAL URBANO – IPTU. PROGRESSIVIDADE DAS ALÍQUOTAS. INCONSTITUCIONALIDADE. EXIGIBILIDADE DO TRIBUTO. FATO GERADOR OCORRIDO EM PERÍODO ANTERIOR À EMENDA CONSTITUCIONAL 29/2000. ALÍQUOTA MÍNIMA. MENOR GRAVOSIDADE AO CONTRIBUINTE. PROPORCIONALIDADE DO CRITÉRIO QUANTITATIVO DA REGRA-MATRIZ DE INCIDÊNCIA TRIBUTÁRIA. **1. Tese de repercussão geral fixada: "Declarada inconstitucional a progressividade de alíquota tributária do Imposto Predial Territorial Urbano no que se refere à fato gerador ocorrido em período anterior ao advento da EC 29/2000, é devido o tributo calculado pela alíquota mínima correspondente, de acordo com a destinação do imóvel e a legislação municipal de instituição do tributo em vigor à época"**. 2. O Supremo Tribunal Federal possui entendimento sumulado no sentido de que "É inconstitucional a lei municipal que tenha estabelecido, antes da Emenda Constitucional 29/2000, alíquotas progressivas para o IPTU, salvo se destinada a assegurar o cumprimento da função social da propriedade urbana." Súmula 668 do STF. Precedente: AI-QO-RG 712.743, de relatoria da Ministra Ellen Gracie, Tribunal Pleno, DJe 8.5.2009. 3. É constitucional a cobrança de IPTU, referente a período anterior à Emenda Constitucional 29/2000, mesmo que a progressividade das alíquotas tenha sido declarada inconstitucional, em sede de representação de inconstitucionalidade em Tribunal de Justiça local. Função da alíquota na norma tributária. Teoria da divisibilidade das leis. Inconstitucionalidade parcial. 4. O IPTU é exigível com base na alíquota mínima prevista na lei municipal, de modo que o critério quantitativo da regra matriz de incidência tributária seja proporcional e o menos gravoso possível ao contribuinte. Precedentes. 5. Recurso extraordinário provido. (RE 602347, Relator(a): Min. EDSON FACHIN, Tribunal Pleno, julgado em 04/11/2015, ACÓRDÃO ELETRÔNICO REPERCUSSÃO GERAL – MÉRITO DJe-067 DIVULG 11-04-2016 PUBLIC 12-04-2016)

Com o julgamento do RE 602347, este tema já possui decisão consolidada no âmbito da Suprema Corte.

Mas é essencial que não se confunda o regime de progressividade de alíquotas com o estabelecimento de alíquotas diferenciadas com base no uso e localização

43. RE 378.221 – AgR/RS, Relator o Ministro Ricardo Lewandowski Primeira Turma, DJ 18.9.2009.

do imóvel. Embora os dois casos estejam previstos no mesmo dispositivo constitucional, o Supremo Tribunal Federal, manifestou-se pela possibilidade da instituição de alíquotas diferenciadas de IPTU com base na destinação e situação do imóvel (residencial ou comercial, edificado ou não edificado), em período anterior à edição da Emenda Constitucional nº 29/2000.

Entendeu-se que tal prática não se confunde com o estabelecimento de alíquotas progressivas, cuja constitucionalidade, em momento anterior à emenda constitucional, foi reconhecida apenas para assegurar o cumprimento da função social da propriedade. Deste modo, foi fixada a seguinte **Tese em sede de Repercussão Geral:** *"São constitucionais as leis municipais anteriores à Emenda Constitucional nº 29/2000, que instituíram alíquotas diferenciadas de IPTU para imóveis edificados e não edificados, residenciais e não residenciais"*. (RE 666156. Órgão julgador: Tribunal Pleno. Relator(a): Min. ROBERTO BARROSO. Julgamento: 11/05/2020. Publicação: 16/06/2020).

Isso significa que poderíamos ter alíquotas diferenciadas de IPTU para imóveis edificados, não edificados, residenciais e não residenciais em período anterior à EC 29/00, enquanto que o regime de progressividade de alíquotas neste mesmo período seria inconstitucional.

Para fins didáticos, poderíamos representar a diferença desta maneira:

Progressividade de alíquota	Alíquotas diferenciadas
Art. 156... §1º Sem prejuízo da progressividade no tempo a que se refere o art. 182, §4º, inciso II, o imposto previsto no inciso I poderá: I – ser progressivo em razão do valor do imóvel; e	Art. 156... ... §1º...: ... II – ter alíquotas diferentes de acordo com a localização e o uso do imóvel."
Extrafiscal (art. 182 § 4ª, II) e Fiscal (art. 156, §1º, I – valor imóvel)	Extrafiscal (uso e localização)
Súmula 668 STF: *"é inconstitucional a lei municipal que tenha estabelecido, antes da Emenda Constitucional 29/2000, alíquotas progressivas para o IPTU, salvo se destinada a assegurar o cumprimento da função social da propriedade"*	tese de Repercussão Geral RE 666.156: *"São constitucionais as leis municipais anteriores à Emenda Constitucional nº 29/2000, que instituíram alíquotas diferenciadas de IPTU para imóveis edificados e não edificados, residenciais e não residenciais".*
Lei municipal que estabelece alíquotas progressivas anterior a Emenda Constitucional 29/2000 é inconstitucional, salvo se destinada a assegurar o cumprimento da função social da propriedade	São constitucionais as leis municipais anteriores à Emenda Constitucional nº 29/2000, que instituíram alíquotas diferenciadas de IPTU para imóveis edificados e não edificados, residenciais e não residenciais

Então, para melhor entendimento, atualmente temos as seguintes formas de progressividade no IPTU:

5.3. Antes da Emenda Constitucional 29/2000

Dispositivo Legal	Forma	Finalidade
Art. 182. § 4º...II – CF/88	É facultado ao Poder Público municipal, mediante lei específica para área incluída no plano diretor, exigir, nos termos da lei federal, do proprietário do solo urbano não edificado, subutilizado ou não utilizado, que promova seu adequado aproveitamento, sob pena, sucessivamente, de...imposto sobre a propriedade predial e territorial urbana progressivo no tempo;	extrafiscal
Art. 156. §1 º...II – CF/88	ter alíquotas diferentes de acordo com a **localização** e o **uso** do imóvel.	extrafiscal/ fiscal

5.4. Após a Emenda Constitucional 29/2000

Dispositivo Legal	Forma	Finalidade
Art. 156... §º...I – CF/88	ser progressivo em razão do valor do imóvel	fiscal
Art. 156. §º...II – CF/88	ter alíquotas diferentes de acordo com a localização e o uso do imóvel.	extrafiscal/ fiscal
Art. 182.. § 4º...II – CF/88	É facultado ao Poder Público municipal, mediante lei específica para área incluída no plano diretor, exigir, nos termos da lei federal, do proprietário do solo urbano não edificado, subutilizado ou não utilizado, que promova seu adequado aproveitamento, sob pena, sucessivamente, de...imposto sobre a propriedade predial e territorial urbana progressivo no tempo;	extrafiscal

Isso, ao nosso ver, simboliza o reconhecimento e valorização do princípio da capacidade contributiva e, representa, além disso, a aplicação deste importante princípio constitucional tributário, irrestritamente a todos os tributos, sejam eles de caráter pessoal ou real.

6. INFORMAÇÕES COMPLEMENTARES

6.1. Lançamento

O IPTU é um típico imposto cobrado através de lançamento de ofício (art. 149, I do CTN), através do qual o Município liquida a obrigação tributária e promove a notificação do contribuinte e responsáveis.

Os dados e informações do imóvel são processados com base na Planta Genérica de Valores, realizando o lançamento com o envio do carnê ao contribuinte, sendo que a sua notificação é presumida[44], momento que se inicia a contagem do prazo prescricional:

> Súmula 397 do STJ: basta a remessa ao endereço do contribuinte do carnê de pagamento do IPTU para notificá-lo do lançamento tributário. A remessa ao endereço do contribuinte do carnê de pagamento do Imposto Predial e Territorial Urbano (IPTU) é suficiente para notificá-lo do lançamento tributário.

Encaminhado o carnê no endereço do contribuinte, cabe a este provar o não envio, pois é seu dever manter atualizado o endereço junto ao cadastro municipal.

Após realizado o lançamento, com a notificação do contribuinte (envio do carnê), será este considerado definitivo, podendo ser revisado somente nas causas previstas no art. 149 do Código Tributário Nacional, como desconhecimento de construção ou real metragem, necessidade de complementação, etc. Inclusive, no concurso para Procurador da Fazenda Nacional, a banca (ESAF - 2012 - PGFN) considerou INCORRETA a questão que dizia "não ser possível a revisão do lançamento de IPTU referente a imóvel cujo padrão de acabamento considerado era diferente da realidade, pois neste caso o lançamento complementar decorreria de um simples erro de fato, que não ensejaria a revisão da cobrança".

► ATENÇÃO:

O art. 149 do CTN autoriza somente a revisão de ofício do lançamento tributário no caso de erro de fato, que não depende de interpretação normativa para sua verificação.

No caso de erro de direito, por equívoco na valoração jurídica dos fatos, não será possível a revisão, como por exemplo, modificação dos critérios de cálculo (art. 146 CTN).

44. A notificação do lançamento do IPTU ocorre com o envio da correspondente guia de recolhimento do tributo para o endereço do imóvel do contribuinte, com as informações que lhe permitam, caso não concorde com a cobrança, impugná-la administrativa ou judicialmente. Para afastar tal presunção, cabe ao contribuinte comprovar o não recebimento da guia. (AgRg no AgRg no Ag 1392278/MG, Rel. Ministro HERMAN BENJAMIN, SEGUNDA TURMA, julgado em 23/10/2012, DJe 31/10/2012).

Desta maneira, o Superior Tribunal de Justiça, no julgamento do Recurso Especial 1.130.545/RJ, sob o rito do art. 543-C do CPC/1973, firmou o entendimento de que "a retificação de dados cadastrais do imóvel, após a constituição do crédito tributário, autoriza a revisão do lançamento pela autoridade administrativa (desde que não extinto o direito potestativo da Fazenda Pública pelo decurso do prazo decadencial), quando decorrer da apreciação de fato não conhecido por ocasião do lançamento anterior, ex vi do disposto no artigo 149, inciso VIII, do CTN" (Rel. Min. Luiz Fux, Primeira Seção, Dje 22.2.2011).

Outro ponto importante que o lançamento representa no ciclo de existência deste tributo municipal é a fixação do termo inicial do prazo prescricional. De modo que a 1ª Seção do Superior Tribunal de Justiça – através do julgamento do Resp 1.641.011 e Resp 1.658.517 – aprovou duas teses a respeito do lançamento do IPTU e seus efeitos tributários:

> (i) O termo inicial do prazo prescricional para a cobrança judicial do IPTU inicia-se no dia seguinte à data estipulada para o vencimento da exação.
>
> (ii) O parcelamento de ofício da dívida tributária não configura causa interruptiva da contagem da prescrição uma vez não tendo anuído o contribuinte.

6.2. Exceção ao bem de família

Segundo a lei 8009/90, é possível haver a constituição, como bem de família, de prédio residencial urbano ou rural destinado a domicílio familiar. Neste caso o imóvel será considerado impenhorável e não responderá por qualquer tipo de dívida civil, comercial, fiscal, previdenciária ou de outra natureza.

Contudo, o art. 3º desta lei, poderá haver a exceção da impenhorabilidade no seguinte caso: "*(...) IV – para cobrança de impostos, predial ou territorial, taxas e contribuições devidas em função do imóvel familiar;*"

Portanto, o único imóvel residencial da família pode ser penhorado quando a dívida que embasa a execução fiscal for de IPTU[45].

6.3. Repetição de indébito

Sempre que se constatar um pagamento indevido é possível haver o reconhecimento do direito de repetição de indébito em favor do sujeito passivo. Dispõe o art. 167 do Código Tributário Nacional que a restituição total ou parcial do tributo dá lugar à restituição, na mesma proporção, dos juros de mora e das penalidades pecuniárias, salvo os referentes a infrações de caráter formal não prejudicadas pela causa da restituição.

Ultrapassado entendimentos anteriores, a atual jurisprudência do Superior Tribunal de Justiça segue no sentido de que somente o proprietário possui legitimidade ativa para ingressar com ação de repetição de indébito de IPTU:

45. STJ. REsp 1100087/MG, Rel. Ministro LUIZ FUX, PRIMEIRA TURMA, julgado em 12/05/2009.

> DIREITO TRIBUTÁRIO. REPETIÇÃO DE INDÉBITO. IPTU. LEGITIMIDADE ATIVA. Apenas o proprietário do imóvel tem legitimidade ativa para propor ação de repetição de indébito de IPTU. A relação tributária estabelecida entre a Fazenda e o proprietário do imóvel (art. 34 do CTN) prevalece sobre qualquer estipulação contratual que determine que terceiro arcará com o pagamento de IPTU, pois a referida avença não é oponível à Fazenda. Segundo o art. 123 do CTN, convenções particulares relativas à responsabilidade pelo pagamento de tributos não modificam a definição legal do sujeito passivo das obrigações tributárias correspondentes. Precedente citado: AgRg no REsp 836.089-SP, DJe 26/4/2011. (STJ. AgRg no AgRg no AResp 143.631/RJ. Rel. Min. Benedito Gonçalves. julgado em 4/10/2012)

Portanto, respeitado prazo prescricional do art. 168 do Código Tributário Nacional, cabe exclusivamente ao proprietário a legitimidade ativa para buscar a restituição de pagamento indevido de IPTU.

7. QUADRO SINÓPTICO

Princípio da Legalidade	• Deve obedecer
Princípio da anterioridade	• Deve obedecer
Princípio da anterioridade nonagesimal	• Deve obedecer (exceto diante da alteração da base de cálculo)
Hipótese de incidência	• A propriedade, domínio útil ou a posse de bem imóvel por natureza ou acessão física, como definido na lei civil, localizado na zona urbana do município
Aspecto espacial	• Zona urbana do Município
Aspecto temporal	• Depende lei local, mas normalmente 1º janeiro de cada ano
Aspecto quantitativo (Base de cálculo e alíquota)	• Base de Cálculo: valor venal • Alíquota: depende lei local
Aspecto pessoal (sujeito ativo e passivo)	• Município que se localiza imóvel, exceto territórios federais • É o proprietário do imóvel, titular do domínio útil ou possuidor a qualquer título e/ou Responsáveis Tributários

8. SÚMULAS DO STF E DO STJ

8.1. Súmulas do STF

- Súmula Vinculante nº 52: Ainda quando alugado a terceiros, permanece imune ao IPTU o imóvel pertencente a qualquer das entidades referidas pelo art. 150, VI, "c", da Constituição Federal, desde que o valor dos aluguéis seja aplicado nas atividades para as quais tais entidades foram constituídas.
- Súmula nº 76: as sociedades de economia mista não estão protegidas pela imunidade fiscal do art. 31, v, "a", Constituição Federal.

- Súmula nº 539: é constitucional a lei do município que reduz o imposto predial urbano sobre imóvel ocupado pela residência do proprietário, que não possua outro.
- Súmula nº 583: promitente-comprador de imóvel residencial transcrito em nome de autarquia é contribuinte do imposto predial territorial urbano.
- Súmula nº 589: é inconstitucional a fixação de adicional progressivo do imposto predial e territorial urbano em função do número de imóveis do contribuinte.
- Súmula nº 668: é inconstitucional a lei municipal que tenha estabelecido, antes da emenda constitucional 29/2000, alíquotas progressivas para o IPTU, salvo se destinada a assegurar o cumprimento da função social da propriedade urbana.
- Súmula nº 724: Ainda quando alugado a terceiros, permanece imune ao IPTU o imóvel pertencente a qualquer das entidades referidas pelo art. 150, vi, c, da Constituição, desde que o valor dos aluguéis seja aplicado nas atividades essenciais de tais entidades.

8.2. Súmulas do STJ

- Súmula nº 160: é defeso, ao município, atualizar o IPTU, mediante decreto, em percentual superior ao índice oficial de correção monetária.
- Súmula nº 397: o contribuinte do IPTU é notificado do lançamento pelo envio do carnê ao seu endereço.
- Súmula nº 399: cabe à legislação municipal estabelecer o sujeito passivo do IPTU.
- Súmula 612: O certificado de entidade beneficente de assistência social (CEBAS), no prazo de sua validade, possui natureza declaratória para fins tributários, retroagindo seus efeitos à data em que demonstrado o cumprimento dos requisitos estabelecidos por lei complementar para a fruição da imunidade.
- Súmula 626-STJ: A incidência do IPTU sobre imóvel situado em área considerada pela lei local como urbanizável ou de expansão urbana não está condicionada à existência dos melhoramentos elencados no art. 32, § 1º, do CTN.

9. SÍNTESE DOS PRINCIPAIS ENTENDIMENTOS DO STJ SOBRE IPTU

- É legítima a cobrança do Imposto Predial Territorial Urbano – IPTU sobre imóveis situados em área de expansão urbana, ainda que não dotada dos melhoramentos previstos no art. 32, § 1º, do CTN.
- A imunidade recíproca não se estende a empresa privada arrendatária de imóvel público, quando seja ela exploradora de atividade econômica com fins lucrativos. Nessa hipótese, é constitucional a cobrança de IPTU pelo município. (RE 594015/DF)
- O contribuinte do IPTU é notificado do lançamento pelo envio do carnê ao seu endereço. (Súmula 397/STJ) (Tese julgada sob o rito do art. 543-C do CPC/73 – Tema 116)

- Cabe ao contribuinte comprovar a ausência de notificação do lançamento tributário pelo não recebimento do carnê de cobrança do IPTU. (Tese julgada sob o rito do art. 543-C do CPC/73 - Tema 248)
- Impossibilidade de majoração da base de cálculo do IPTU via decreto. (STF – RE 648245/MG)
- É defeso ao município atualizar o IPTU, mediante decreto, em percentual superior ao índice oficial de correção monetária. (Súmula 160/STJ)
- Nos tributos em que o lançamento se dá de ofício, como é o caso do IPTU, o prazo prescricional para se pleitear a repetição de indébito é de cinco anos, contados a partir da data em que se deu o pagamento do tributo, nos termos do art. 168, I, do CTN. (Tese julgada sob o rito do art. 543-C do CPC/73 - Tema 229)
- O locatário, por não ostentar a condição de contribuinte ou de responsável, não tem legitimidade ativa para litigar em ações de natureza tributária envolvendo o IPTU.
- O usufrutuário de imóvel urbano possui legitimidade ativa para questionar o IPTU.
- É possível a utilização da metragem do imóvel como base de cálculo da cobrança da taxa de coleta de lixo, pois não se confunde com a base de cálculo que se utiliza para o cálculo do IPTU.
- Não incide IPTU, mas ITR, sobre imóvel localizado na área urbana do Município, desde que comprovadamente utilizado em exploração extrativa, vegetal, agrícola, pecuária ou agroindustrial (art. 15 do DL 57/1966). (Tese julgada sob o rito do art. 543-C do CPC/73 - Tema 174)
- O ônus de provar que o imóvel não está afetado à destinação institucional da autarquia ou da fundação recai sobre o ente tributante que pretende afastar a imunidade.
- Ainda quando alugado a terceiros, permanece imune ao IPTU o imóvel pertencente a qualquer das entidades referidas pelo art. 150, VI, _c_, da Constituição Federal, desde que o valor dos aluguéis seja aplicado nas atividades para as quais tais entidades foram constituídas. (Súmula Vinculante n. 52)
- A arrematação em hasta pública exonera a reponsabilidade do adquirente pelo pagamento do IPTU, havendo a sub-rogação do crédito tributário sobre o preço pelo qual foi arrematado o bem (art. 130, parágrafo único, do CTN).
- A previsão expressa no edital acerca da existência de débitos de IPTU sobre o imóvel arrematado transfere ao arrematante a responsabilidade pela sua quitação, o que não acarreta ofensa ao parágrafo único do art. 130 do CTN.
- Cabe à legislação municipal estabelecer o sujeito passivo do IPTU. (Súmula 399/STJ) (Tese julgada sob o rito do art. 543-C do CPC/73 - Tema 122)
- O promitente comprador do imóvel e o proprietário/promitente vendedor são contribuintes responsáveis pelo pagamento do IPTU. (Tese julgada sob o rito do art. 543-C do CPC/73 - Tema 122)
- O valor venal do imóvel apurado para fins de IPTU não coincide, necessariamente, com aquele adotado para lançamento do ITBI.

- Cumpre esclarecer em que pese no caso o poder fático que exerce sobre os bens públicos não seja qualificado no plano jurídico como posse suficientemente capaz para gerar a aquisição da propriedade por usucapião ou a garantir a proteção possessória em face dos entes públicos, os detentores de bens públicos se caracterizam como possuidores a qualquer título, para efeito de incidência do IPTU, devendo ser considerados sujeitos passivos já que patente o seu inequívoco ânimo de se apossar definitivamente dos imóveis ou deles dispor mediante contrato oneroso. (REsp 1402217/DF)
- Obrigatoriedade da publicação oficial da planta de valores imobiliários para apuração da base de cálculo do IPTU. (STJ - Resp 1645832/SP)
- IPTU pode incidir sobre unidade autônomas preexistentes. (STJ - Resp. 1347693/RS)
- Incidência de IPTU sobre imóvel localizado em APP com restrição *non aedificandi*. (STJ - Resp 1482184/RS)
- Alienante do imóvel continua responsável pelos débitos tributários cujo fato gerador ocorrem antes da alienação. (STJ - AREsp 842940/RJ)
- Alienado bem onerado com tributos, o novo titular, não comprovando o recolhimento dos tributos imobiliários, torna-se responsável solidário pelos débitos, nos termos do art. 130 do CTN. (REsp 1319319/RS)
- O termo inicial do prazo prescricional da cobrança judicial do Imposto Predial e Territorial Urbano - IPTU - inicia-se no dia seguinte à data estipulada para o vencimento da exação. (REsp 1.658.517-PA, Rel. Min. Napoleão Nunes Maia Filho, Primeira Seção, por unanimidade, julgado em 14/11/2018, DJe 21/11/2018 - Tema 980)
- **Tese em sede de Repercussão Geral RE 666156:** São constitucionais leis que estabeleceram alíquotas diferenciadas do IPTU antes da EC 29/2000. Possibilidade da instituição de alíquotas diferenciadas de IPTU com base na destinação e situação do imóvel (residencial ou comercial, edificado ou não edificado), em período anterior à edição da Emenda Constitucional nº 29/2000.
- **Teses aprovadas**: (i) O termo inicial do prazo prescricional para a cobrança judicial do IPTU inicia-se no dia seguinte à data estipulada para o vencimento da exação. (ii) O parcelamento de ofício da dívida tributária não configura causa interruptiva da contagem da prescrição uma vez não tendo anuído o contribuinte. Processos: REsp 1.641.011 e REsp 1.658.517.
- A inclusão de imóvel em unidade de conservação ambiental caracteriza evidente limitação administrativa imposta pelo Estado ao particular..., de modo que o aspecto subjetivo da hipótese de incidência do IPTU, disposto no artigo 34 do CTN, não se subsume à situação, razão pela qual não se prospera a incidência do referido tributo. (REsp 1.695.340-MG, Rel. Min. Mauro Campbell Marques, Segunda Turma, por unanimidade, julgado em 17/09/2019, DJe 24/09/2019)
- IPTU deve ser pago por inventariante que ocupa imóvel de forma exclusiva - A 3ª turma do STJ decidiu que é de responsabilidade de uma viúva inventariante a responsabilidade do pagamento do IPTU e da taxa condominial de imóvel, objeto da herança. (REsp 1.704.528)

- **Tema de Repercussão Geral 884 (RE 928902/SP)**: Os bens e direitos que integram o patrimônio do fundo vinculado ao Programa de Arrendamento Residencial - PAR, criado pela Lei 10.188/2001, beneficiam-se da imunidade tributária prevista no art. 150, VI, "a", da Constituição Federal.
- **Tema de Repercussão Geral 508**, fixou a seguinte tese: "Sociedade de economia mista, cuja participação acionária é negociada em Bolsas de Valores, e que, inequivocamente, está voltada à remuneração do capital de seus controladores ou acionistas, não está abrangida pela regra de imunidade tributária prevista no art. 150, VI, 'a', da Constituição, unicamente em razão das atividades desempenhadas".
- **Tema de Repercussão Geral 523 - RE 666.156**: "São constitucionais as leis municipais anteriores à Emenda Constitucional nº 29/2000, que instituíram alíquotas diferenciadas de IPTU para imóveis edificados e não edificados, residenciais e não residenciais".
- "A imunidade recíproca não se estende a empresa privada arrendatária de imóvel público, quando seja ela exploradora de atividade econômica com fins lucrativos. Nessa hipótese, é constitucional a cobrança de IPTU pelo município." (RE 594015/DF, rel. Min. Marco Aurélio, julgamento em 6.4.2017)
- Como a hipótese referida ocasiona a desconstituição do contrato real de garantia, de modo a consolidar a propriedade plena do imóvel pactuado ao credor-fiduciário, retornará para este o domínio integral de todos os poderes inerentes ao direito real sobre o bem imóvel (artigo 1.225, inciso I, do Código Civil), caracterizando-se neste ínterim um ato de transmissão, a qualquer título, de um domínio de propriedade, que por igual sentido, acarretará a deflagração da hipótese de incidência do artigo 35, inciso I, do CTN, validando-se outrossim, a determinação contida no artigo 26, § 7º, da Lei n.º 9.514/97. (REsp 1844279/DF, Rel. Ministro MAURO CAMPBELL MARQUES, SEGUNDA TURMA, julgado em 05/05/2020, DJe 14/05/2020)
- A tese fixada foi a seguinte: "As entidades religiosas podem se caracterizar como instituições de assistência social a fim de se beneficiarem da imunidade tributária prevista no artigo 150, VI, c, da Constituição, que abrangerá não só os impostos sobre o seu patrimônio, renda e serviços, mas também os impostos sobre a importação de bens a serem utilizados na consecução de seus objetivos estatutários." Processo: RE 630.790
- Imunidade recíproca de sociedade de economia mista prestadora exclusiva de serviço público essencial - ACO 3410/SE: Resumo: Sociedade de economia mista estadual prestadora exclusiva do serviço público de abastecimento de água potável e coleta e tratamento de esgotos sanitários faz jus à imunidade tributária recíproca sobre impostos federais incidentes sobre patrimônio, renda e serviços. ACO 3410/SE, relator Min. Roberto Barroso, julgamento virtual finalizado em 20.4.2022 (quarta-feira), às 23:59

10. QUESTÕES OBJETIVAS

01. (2022 - VUNESP - Câmara de Orlândia-SP) Considere que o Município está exigindo a cobrança de Imposto Sobre a Propriedade Territorial Urbana (IPTU) de João, que é proprietário de imóvel histórico na Cidade de Orlândia. Os débitos são relativos aos exercícios de 2014 e 2015. Em função da sua importância para os munícipes, a autoridade competente pretende desapropriar o bem, no ano de 2016, momento em que expede o decreto expropriatório. Considerando que João não concorda com a perda do bem, o Município propõe ação de desapropriação e se imite na posse no ano de 2017. O processo transitou em julgado em sentido favorável ao Município no ano de 2018, exercício em que foi formalizada a inscrição da propriedade do bem em favor do Município. Considerando a situação hipotética e a jurisprudência do Superior Tribunal de Justiça, é correto afirmar:

a) por se tratar de bem imóvel e o Município ser o titular dos créditos tributários, a dívida deve ser extinta, pela confusão.

b) por se tratar de hipótese de aquisição originária da propriedade, a João caberá o pagamento dos débitos tributários relativos aos fatos geradores praticados antes da imissão provisória na posse.

c) considerando que a transferência da propriedade somente acontece com o registro da mudança da titularidade no cartório competente, é a partir desse momento que João deixará de ser o contribuinte do imposto.

d) os créditos tributários devidos por João se sub-rogam no preço da indenização devida em função da desapropriação.

e) a partir da expedição do decreto expropriatório, João perderá a propriedade do bem, assim como deixará de ser contribuinte do imposto.

02. (2022 - FAU – PGM Ponta Grossa – PR) No que tange ao Imposto sobre a Propriedade Predial e Territorial Urbana (IPTU), analise as assertivas e assinale a alternativa que aponta as CORRETAS:

I - O imposto é de competência dos Municípios, sobre a propriedade predial e territorial urbana tem como fato gerador a propriedade, o domínio útil ou a posse de bem imóvel por natureza ou por acessão física.

II - A base do cálculo do imposto é o valor venal do imóvel.

III - Contribuinte do imposto é o proprietário do imóvel, o titular do seu domínio útil, ou o seu possuidor a qualquer título.

a) Apenas I e II.

b) Apenas I e III.

c) Apenas II e III.

d) Apenas I.

e) I, II e III.

03. (2022 - INSTITUTO AOCP - MPE-MS) Provocado por inúmeras demandas judiciais entre contribuintes e municípios, em todo o país, o Superior Tribunal de Justiça delimitou, conceitualmente, sob o rito dos recursos repetitivos

(Tema 1113), a base de cálculo do Imposto sobre transmissão de bens imóveis – ITBI. Na Tese Firmada, o STJ aborda, inclusive, conceitos da base de cálculo do Imposto Predial e Territorial Urbano – IPTU – para definir que

a) as bases de cálculo do ITBI e do IPTU podem ser idênticas, desde que ambas sigam valores de referência de mercado preestabelecidos anualmente pelos municípios.

b) a base de cálculo do ITBI não poderá ser inferior à base de cálculo do IPTU, pois pressupõe-se que o valor de transmissão de um imóvel, em condições normais de mercado, não poderá ser inferior ao valor venal do imóvel utilizado pelo município para fins de lançamento do IPTU.

c) as bases de cálculo do ITBI e IPTU não poderão, em nenhuma hipótese, coincidirem, ainda que o contribuinte declare a transmissão de imóvel em valor idêntico ao de lançamento do IPTU pelo município.

d) o município não poderá arbitrar previamente a base de cálculo do ITBI com respaldo em valor de referência por ele estabelecido unilateralmente.

e) o valor da transação declarado pelo contribuinte não goza da presunção de que é condizente com o valor de mercado. Sendo assim, o valor declarado pelo contribuinte sempre que divergente do valor de referência do município deverá ser comprovado por laudo específico a cargo do contribuinte, mediante regular instauração de processo administrativo próprio.

04. (2022 - Prefeitura de Barreiras-BA - Agente de Tributos) No que se refere ao imposto sobre a propriedade predial e territorial urbana (IPTU), assinale a alternativa correta.

a) Trata-se de um imposto de competência dos estados que também pode incidir sobre imóveis localizados em áreas rurais.

b) Na determinação da base de cálculo do IPTU, leva-se em consideração o valor dos bens móveis mantidos em caráter permanente no imóvel.

c) O referido imposto pode ser progressivo em razão do valor do imóvel.

d) De acordo com a Constituição Federal de 1988 (CF), não é possível estabelecer alíquotas diferentes de IPTU em razão da localização e do uso do imóvel.

05. (2022 – IESES - Titular de Serviços de Notas e de Registros) Sobre o Imposto sobre a Propriedade Predial e Territorial Urbana, considerando as disposições contidas no Código Tributário Nacional, analise as sentenças abaixo e assinale a opção correta:

I. O contribuinte do imposto é o proprietário do imóvel ou o seu possuidor a qualquer título, excluído o titular do seu domínio útil.

II. A base do cálculo do imposto é o valor venal do imóvel.

III. Na determinação da base de cálculo, se considera o valor dos bens móveis mantidos, em caráter permanente ou temporário, no imóvel, para efeito de sua utilização, exploração, aformoseamento ou comodidade.

IV. O imposto, de competência dos Municípios, sobre a propriedade predial e territorial urbana, tem como fato gerador a propriedade, o domínio útil ou a posse de bem imóvel por natureza ou por acessão física, como definido na lei civil, localizado na zona urbana do Município.

a) Apenas as afirmativas I e III estão corretas.

b) Apenas as afirmativas II e III estão corretas.

c) Apenas as afirmativas II e IV estão corretas.

d) Todas as afirmativas estão corretas.

06. (CESPE – 2011 – TRF – 5ª REGIÃO – Juiz) A pessoa jurídica Beta possui débitos vencidos relativos ao IPTU correspondente aos exercícios de 2008 e 2009, cada um no valor de R$ 500,00. Sem discriminar o tributo a ser pago, Beta efetuou o recolhimento de R$ 500,00 perante a autoridade administrativa fiscal competente. Posteriormente, a devedora constatou erro na alíquota do IPTU.

Com base nessa situação hipotética, assinale a opção correta.

a) A empresa Beta pode pleitear a restituição parcial do tributo e a integral dos juros de mora e das penalidades pecuniárias aplicadas.

b) O prazo para que Beta pleiteie a restituição do tributo eventualmente pago a maior é de dois anos, contados da data da extinção do crédito tributário.

c) Caso Beta pleiteie a restituição do tributo, as infrações de caráter formal não prejudicadas pelo erro da alíquota aplicada ao IPTU não serão passíveis de restituição.

d) Pode a autoridade administrativa competente receber o recolhimento, imputando-o ao pagamento do IPTU relativo ao exercício de 2009.

e) Se Beta formular consulta para esclarecer determinado dispositivo da legislação tributária, não incidirão juros de mora sobre o principal até que tal pendência seja solucionada.

07. (CESPE – 2012 – MPE-RR – Promotor de Justiça) Preocupado com o alto índice de migração da população do município para a capital do estado, o Poder Executivo municipal revogou toda a legislação que instituía o IPTU. Em face dessa situação hipotética, assinale a opção correta.

a) O município poderia isentar da cobrança as pequenas glebas situadas em zonas rurais onde incidisse tributo sobre propriedade, dada a arrecadação do ITR.

b) Sendo do município a competência para instituir tributo, é legítimo que ele deixe de instituí-lo, não sendo o exercício dessa competência transferível a outra pessoa jurídica de direito público.

c) O município não poderia revogar a legislação referente ao IPTU, já que a competência para instituí-lo é do estado.

d) A União, por possuir competência residual, poderá instituir o IPTU, sempre que a sua instituição não seja exercida por quem tenha competência tributária.

e) O município poderia ter estabelecido progressividade do IPTU para os fins almejados, em vez de revogá-lo, porque este imposto não tem caráter extrafiscal

08. (CESPE – 2012 – DPE-RO – Defensor Público) O governo do estado X, preocupado com o aumento considerável de invasões de pessoas de baixo poder aquisitivo em terras públicas com o objetivo de fixar residência nessas terras, resolveu regularizar a situação e atribuiu propriedade aos ocupantes, registrando o título no registro de imóveis. Os municípios passaram a cobrar IPTU dos novos proprietários. Inconformados, os moradores das antigas invasões formalizaram abaixo-assinados e procuraram a DP para reclamar da exação, reclamando da inexistência de abastecimento de água, de canalização de águas e de esgotos sanitários, bem como de iluminação pública; esclareceram, ainda, que a escola pública mais próxima estava localizada a mais de três quilômetros de suas casas. Com base nessa situação hipotética, assinale a opção correta.

a) O município não poderia ter instituído o IPTU sem a garantia do cumprimento da função social da propriedade, devendo aplicar as alíquotas progressivamente no tempo.

b) O município poderia instituir o tributo, desde que presentes, pelo menos, duas das benfeitorias arroladas como inexistentes pelos moradores.

c) Dadas a natureza difusa da exação e a capacidade econômica dos novos contribuintes, deverá a DP ajuizar ação civil pública para obstar a cobrança do tributo.

d) A cobrança do imposto é legal, uma vez que o tributo tem como fato gerador a propriedade de bens imóveis.

e) Sendo o IPTU imposto de natureza pessoal, é ilegítima a sua cobrança de pessoas que não disponham de recurso para seu pagamento,

09. (CESPE – 2012 – TJ-AC – Juiz) Foi editada lei municipal criando IPTU e constava, anexa à lei, a pauta de valores dos imóveis do município. De acordo com essa lei, a secretaria de fazenda estava autorizada a atualizar, com base na valorização imobiliária, a pauta nos exercícios posteriores. Com base nessa situação hipotética, assinale a opção correta.

a) Ao Poder Executivo pode ser delegada a atualização do valor do imposto com base na correção monetária.

b) O município não poderia editar lei instituindo IPTU, uma vez que a CF já o fez, mostrando-se, por isso, indiferente o meio utilizado para a atualização da pauta de valores.

c) É desnecessária a edição de lei para aprovar a pauta de valores dos imóveis do município, visto que, com o constante aumento das áreas habitadas, isso tornaria impraticável a arrecadação do tributo, bastando, portanto, a edição de decreto regulamentar para majorar ou atualizar a pauta.

d) Tendo a pauta de valores tornado certo o objeto da tributação (imóvel) e sua base de cálculo (valor) no primeiro exercício, a atualização da pauta nos termos previstos poderá ser efetivada por meio de decreto.

e) A secretaria de fazenda pode passar a cobrar o imposto de novos imóveis não incluídos originalmente na pauta anexa à lei.

10. (Procurador – Ponta Grossa – 2010) Sobre o Imposto Municipal sobre a Propriedade Predial e Territorial Urbana, segundo o Código Tributário Nacional, assinale a INCORRETA:

a) O fato gerador do IPTU é a propriedade, o domínio útil ou a posse de bem imóvel por natureza ou por acessão física, como definido na lei civil, localizado na zona urbana do Município.

b) A base de cálculo do imposto é o valor venal do imóvel.

c) Para cobrança do IPTU, considera-se como zona urbana a definida em lei complementar municipal, observada a existência de pelo menos um dos seguintes melhoramentos mantidos pelo público: meio-fio ou calçamento, com canalização de águas pluviais; abastecimento de água; sistema de esgotos sanitários ou rede de iluminação pública comportamento para distribuição domiciliar.

d) Na fixação da base de cálculo, não se considera o valor dos bens móveis mantidos, em caráter permanente ou temporário, no imóvel, para efeito de sua utilização, exploração, aformoseamento ou comodidade.

11. (FCC/PGM/JoãoPessoa/Procurador/2012) Sobre os tributos municipais é correto afirmar que

a) a base de cálculo da contribuição de melhoria por obra pública Municipal é o valor venal do imóvel adjacente à obra.

b) a taxa de coleta de lixo domiciliar admite que sua base de cálculo corresponda à quantidade de moradores do imóvel atendido pelo serviço.

c) o Imposto sobre a Propriedade Predial e Territorial Urbana - IPTU e o Imposto sobre a Transmissão de Bens Imóveis por ato "inter vivos" a título oneroso - ITBI têm como base de cálculo o valor venal do bem.

d) o Imposto sobre Serviços de Qualquer Natureza - ISS, apesar de ser da competência municipal, é instituído por lei complementar.

e) os serviços de limpeza de vias e logradouros públicos e de segurança pública podem ser remunerados por taxa.

12. (FCC/TJ/GO/Juiz/2012) Um Município alterou sua legislação para instituir o IPTU progressivo em razão do valor venal do imóvel, criando uma tabela com alíquotas variando de 0,5% a 2,5%. Do mesmo modo instituiu também o ITBI progressivo em razão do valor venal do imóvel, com alíquotas variando de 1% a 5%. Nesse caso, a partir dos fatos apresentados e do entendimento do Supremo Tribunal Federal,

a) é constitucional a instituição tanto do IPTU como do ITBI progressivo em razão do valor venal do imóvel como forma de graduação dos impostos segundo a capacidade contributiva.

b) é inconstitucional a instituição de alíquotas progressivas para o IPTU e para o ITBI, pois ambos são impostos reais e, portanto, não podem ter alíquotas progressivas.

c) é inconstitucional a instituição de dois impostos municipais com mesma base de cálculo, qual seja, valor venal do imóvel, pois caracteriza bis in idem.

d) é constitucional apenas a instituição do IPTU progressivo em razão do valor venal do imóvel, por expressa autorização na Constituição Federal.

e) é constitucional apenas a instituição do ITBI progressivo em razão do valor venal do imóvel, por expressa autorização na Constituição Federal.

13. (FCC/TJ/GO/Juiz/2009) Dispõe o verbete nº 656 das Súmulas do STF que "é inconstitucional a lei que estabelece alíquotas progressivas para o imposto de transmissão "inter vivos" de bens imóveis – ITBI com base no valor venal do imóvel". Por sua vez, o verbete nº 668 das Súmulas do STF disciplina que "é inconstitucional a lei municipal que tenha estabelecido, antes da Emenda Constitucional nº 29/2000, alíquotas progressivas para o IPTU, salvo se destinada a assegurar o cumprimento da função social da propriedade urbana". Considerando estes dois verbetes que expressam o entendimento do STF e a disciplina constitucional das limitações constitucionais ao poder de tributar, é correto afirmar que

a) a progressividade de alíquotas viola o princípio da vedação ao confisco, na medida em que a alíquota vai aumentando gradativamente, independente da base de cálculo, levando em conta apenas critérios pessoais.
b) o STF entende ser possível a aplicação de alíquotas progressivas nos casos expressamente autorizados na Constituição Federal.
c) o STF só admite para o IPTU a progressividade de alíquotas no tempo, como instrumento da política urbana.
d) a progressividade de alíquotas viola o princípio da capacidade contributiva, razão pela qual só pode ser aplicada excepcionalmente.
e) na tributação extrafiscal é permitida a aplicação de alíquotas progressivas em razão da base de cálculo, como forma de estímulo ou desestímulo a determinados comportamentos.

14. (FCC/TCE/SP/Auditor/2013) A majoração da base de cálculo do IPVA e do IPTU é exceção, dentre outras, à regra da:

a) legalidade.
b) anterioridade nonagesimal.
c) anterioridade anual.
d) irretroatividade da lei tributária.
e) vedação ao confisco.

15. (FCC/TJ/GO/Juiz/2009) Tício adquiriu em 2002 um bem imóvel destinado à sua residência e de sua família, através de mútuo imobiliário junto à instituição bancária oficial. Como garantia de pagamento do mútuo, o imóvel foi gravado com uma hipoteca em favor da instituição bancária. Todavia, desde 2005, quando ficou desempregado, Tício não paga o IPTU e as prestações sobre o referido imóvel. O Município onde está localizado o imóvel ingressou com execução fiscal para cobrar o débito de IPTU e requer a penhora sobre o imóvel. Diante disto, é correto afirmar que o imóvel

a) não pode ser penhorado sem que antes se faça a habilitação da credora hipotecária nos autos da execução fiscal, a fim de que se estabeleça um concurso de credores entre o Município e a instituição bancária mutuante.
b) não pode ser penhorado por ser bem de família.
c) não pode ser penhorado em execução fiscal porque está gravado com uma hipoteca para garantir dívida anterior ao débito de IPTU.
d) pode ser penhorado em execução fiscal, porque os créditos tributários têm preferência sobre os créditos com garantia real, não valendo também como bem de família quando para garantir dívidas tributárias do próprio imóvel.

e) pode ser penhorado em execução fiscal, mas não pode ir à hasta pública sem que a credora hipotecária habilite seu crédito, para que possa ter resguardado seu direito a concurso de credores que se abrirá após a arrematação.

16. (FCC/Infraero/Advogado/2011) Considere:

I. ITCMD (Imposto sobre a transmissão causa mortis e doação de bens ou direitos).

II. ISS (Imposto sobre serviços de qualquer natureza).

III. ITBI (Imposto sobre a transmissão "inter vivos" de bens imóveis e direitos a eles relativos)

IV. IPVA (Imposto sobre a propriedade de veículos automotores)

V. IPI (Imposto sobre produtos industrializados)

Compete aos Estados e ao Distrito Federal instituir os impostos indicados APENAS em

a) II e III.

b) I e IV.

c) I.

d) II, III e V.

e) II.

17. (FCC/TJ/PE/Juiz/2011) Em nosso sistema tributário, os impostos designados residuais

a) podem ser instituídos por lei ordinária federal, desde que não sejam cumulativos e tenham fato gerador e base de cálculo inéditos.

b) podem ser instituídos pela União, Estados ou Municípios, desde que não sejam cumulativos e tenham fato gerador e base de cálculo inéditos.

c) podem ser instituídos por lei ordinária federal, desde que tenham fato gerador e base de cálculo inéditos.

d) são de competência privativa da União e só podem ser instituídos mediante lei complementar.

e) são instituídos para cobertura das despesas residuais orçamentárias.

18. (FCC/PGE/MT/Procurador/2011) Seria considerada incompatível com a Constituição da República, em matéria tributária, a

a) cobrança de pedágio pela utilização de vias intermunicipais conservadas pelo Poder Público estadual.

b) fixação da base de cálculo do imposto sobre a propriedade de veículos automotores em um exercício para cobrança no seguinte, antes de decorridos noventa dias da data em que haja sido publicada a lei respectiva.

c) cobrança de imposto municipal sobre serviços prestados por autarquia estadual que tenha por finalidade a prestação desses serviços.

d) concessão de incentivos fiscais pela União a determinados Estados da federação, ainda que com o fim de promover o equilíbrio do desenvolvimento socioeconômico entre as diferentes regiões do País.

e) instituição de impostos sobre o patrimônio ou a renda das instituições de ensino, ainda que com fins lucrativos.

19. (FCC/MPE/AP/Promotor/2012) Sobre a competência dos Municípios para instituir impostos é correto afirmar que

a) os Municípios têm competência para instituir e arrecadar o Imposto sobre a Propriedade Territorial Rural e o Imposto sobre a Propriedade Predial e Territorial Urbana.

b) tanto o Imposto de Transmissão de Bens por ato "inter vivos" como por ato causa mortis são de competência dos Municípios.

c) o Imposto sobre Serviços de Qualquer Natureza terá alíquota fixada por lei complementar, portanto todos os Municípios devem aplicar a mesma alíquota.

d) o Imposto sobre a Propriedade de Veículos Automotores é de competência do Município e sua receita é repartida com o Estado.

e) o Imposto sobre a Propriedade Predial e Territorial Urbana pode ter alíquotas progressivas em razão do valor venal do imóvel e seletivas, de acordo com a localização e o uso do imóvel.

20. (FCC/TJ/AP/Cartórios/2011) O tributo que tem por fato gerador o exercício regular do poder de polícia, como, por exemplo, a fiscalização dos serviços notariais e registrais, é denominado

a) imposto.

b) taxa.

c) contribuição de melhoria.

d) emolumento.

e) contribuição de interesse de categoria profissional ou econômica.

21. (PGM-Maringá/PUC-PR/2015) Em relação ao Imposto Predial e Territorial Urbano (IPTU), assinale a alternativa CORRETA

a) Incide o imposto sobre a propriedade predial e territorial urbana (IPTU) e não o imposto sobre a propriedade territorial rural (ITR) sobre imóveis comprovadamente utilizados para exploração extrativa, agrícola, pecuária ou agroindustrial, se estes estiverem localizados em áreas consideradas urbanas pela legislação municipal.

b) A atualização do valor venal do imóvel, pela correção monetária, constitui majoração da base de cálculo do IPTU, não podendo ser feita, por conseguinte, por ato do poder executivo, mas exclusivamente por lei.

c) A exigência de IPTU progressivo no tempo é faculdade do Poder Público municipal, ainda que o solo da propriedade urbana seja não edificado, subutilizado ou não utilizado.

d) Lei do município de Maringá/PR, promulgada e publicada em 01.12.2014, aumentou o valor venal de todos os imóveis localizados naquele município. O IPTU de Maringá de 2015 foi lançado e cobrado em janeiro de 2015, com base nos novos valores estipulados pela lei municipal. Tal lei, entretanto, é inconstitucional, por violar o princípio da anterioridade nonagesimal.

e) Os municípios poderão, validamente, estabelecer alíquotas progressivas do IPTU em razão da renda do proprietário do imóvel urbano, em atendimento ao princípio da capacidade contributiva e à função social da propriedade.

22. (PGM-SP/VUNESP/2014) Segundo determina a legislação do Município de São Paulo, em caso de descumprimento das condições e dos prazos estabelecidos para parcelamento, edificação ou utilização compulsórios, será aplicado sobre os imóveis notificados o Imposto sobre a Propriedade Predial e Territorial Urbana Progressivo no Tempo – IPTU Progressivo, mediante a majoração anual e consecutiva da alíquota pelo prazo de 5(cinco) anos, até o limite máximo de

a) 10%

b) 15%

c) 20%

d) 25%

e) 30%

23. (PGM-Curitiba/UFPR/2015) O Imposto sobre a Propriedade Predial e Territorial Urbana é tributo da competência dos Municípios. Em âmbito nacional, o IPTU é regido pelas normas constantes dos artigos 32 a 34 do Código Tributário Nacional. No Município de Curitiba, é a Lei Complementar Municipal nº40/2001 que dispõe sobre o IPTU. Sobre o assunto, assinale a alternativa correta.

a) No Município de Curitiba, não se considera edificado o imóvel cujo valor da construção não alcance a 20ª (vigésima) parte do valor venal do respectivo terreno, à exceção, dentre outras hipóteses previstas em lei, daquele de uso próprio, exclusivamente residencial, cujo terreno, nos termos da legislação específica, não seja divisível.

b) De acordo com jurisprudência dominante do Superior Tribunal de Justiça, admite-se a cobrança de IPTU junto ao proprietário nos casos em que o imóvel urbano tenha sido invadido por terceiros e o proprietário desapossado tenha tentado defender-se pelos meios jurídicos apropriados.

c) A posse decorrente de concessão de uso de bem público, nos termos de jurisprudência dominante do Superior Tribunal de Justiça, é passível de tributação pelo IPTU.

d) A propriedade de imóvel situado na zona urbana do Município de Curitiba será objeto de cobrança do IPTU ainda que destinada exclusivamente à exploração extrativa agrícola, pecuária ou agropecuária.

e) Não pode figurar na qualidade de sujeito passivo do IPTU o proprietário de imóvel urbano declarado de utilidade pública pela municipalidade para fins de desapropriação.

24. (Auditor/TCE-MG/2018) Considere a hipótese que foi sancionada e publicada em 23/12/2016 uma lei estadual aumentando a base de cálculo do imposto sobre a propriedade de veículo automotor (IPVA). O objetivo é de cobrar o IPVA reajustado já no ano de 2017, sendo certo que o fato gerador da obrigação se daria no dia 01/01/2017. No dia 26/12/2016, um

Decreto do município de Belo Horizonte/MG, assinado pelo prefeito, com a motivação de atualização, para o recolhimento no ano de 2017, acrescentou 15% sobre o valor do Imposto sobre a propriedade predial e territorial urbano (IPTU) exigido no ano de 2016. Cumpre ressaltar que o índice oficial de correção monetária no ano de 2016 previa percentual de 10%. O fato gerador do tributo também se dá no dia 01/01/2017. Diante desse caso hipotético e considerando o IPVA 2017 e IPTU 2017, assinale a alternativa CORRETA.

a) O IPVA não poderá ser cobrado no ano de 2017, tendo em vista a violação ao princípio da anterioridade nonagesimal.

b) O IPTU poderá ser cobrado no ano de 2017, uma vez que o Código Tributário Nacional admite a atualização do IPTU mediante Decreto.

c) O IPVA poderá ser cobrado no ano de 2017, e o IPTU não poderá ser cobrado no ano de 2017.

d) O IPVA e o IPTU não poderão ser cobrados no ano de 2017.

e) O IPTU não poderá ser cobrado, uma vez que não se respeitou o princípio da anterioridade do exercício financeiro.

25. (Auditor Fiscal/FGV/2018) Determinado Estado da Federação cedeu um imóvel de sua propriedade à pessoa jurídica de direito privado ABC, para que esta exerça atividade econômica com fins lucrativos, no local do imóvel. Em relação à cobrança de Imposto sobre Propriedade Predial e Territorial Urbana (IPTU) do imóvel, assinale a afirmativa correta.

a) É vedada a cobrança do IPTU do imóvel, tendo em vista a imunidade recíproca das pessoas de direito público, princípio garantidor da Federação e cláusula pétrea.

b) É vedada a cobrança do IPTU do imóvel, tendo em vista que o Estado é isento do pagamento do IPTU de imóveis de sua propriedade.

c) O IPTU é devido e o Estado, contribuinte do imposto, deve realizar o pagamento.

d) O IPTU não é devido, uma vez que o Estado não é sujeito passivo da exação.

e) O IPTU é devido e a pessoa jurídica de direito privado é a responsável tributária e quem deve realizar o pagamento.

26. (Procurador Municipal/VUNESP/2017) A Associação dos Familiares e Amigos dos Vulneráveis de Marília, instituição de assistência social sem fins lucrativos, possui dois imóveis na área urbana municipal. Em um deles funciona sua sede, onde são desenvolvidas as atividades da associação. O outro encontra-se alugado para terceiro, para fins comerciais. Sobre esse segundo imóvel,

a) incide IPTU, porquanto apenas o imóvel utilizado diretamente no desempenho das atividades assistenciais é alcançado pela imunidade subjetiva prevista na Constituição Federal.

b) incide IPTU, assim como sobre o primeiro imóvel, já que a imunidade constitucional para entidades assistenciais não abrange imposto sobre patrimônio.

c) incide IPTU, assim como sobre o primeiro imóvel, porque a imunidade constitucional para entidades é subjetiva e abrange aquelas que tenham finalidade de educação, além de partidos políticos, inclusive suas fundações, e entidades sindicais.

d) não incide IPTU, pois, ainda quando alugado a terceiros, imóvel pertencente a instituição de assistência social permanece imune ao IPTU, desde que o valor dos aluguéis seja aplicado nas atividades essenciais da entidade proprietária.

e) não incide IPTU, pois, ainda quando alugado a terceiros e independentemente da destinação do valor dos aluguéis, imóvel pertencente a instituição de assistência social permanece imune ao IPTU, já que a imunidade constitucional é, nessa hipótese, subjetiva.

27. (Analista Judiciário/FCC/2017) Em fevereiro do corrente ano, 2017, um Município nordestino efetuou o lançamento de ofício do IPTU, cujo fato gerador ocorreu no dia 1º de janeiro do mesmo exercício. O referido lançamento foi feito em nome do Sr. Aníbal de Oliveira, que, segundo informações constantes do cadastro municipal, seria o proprietário do referido imóvel, na data da ocorrência do fato gerador. Em março de 2017, depois de devidamente notificado do lançamento realizado, o Sr. Aníbal de Oliveira apresentou, tempestivamente, no órgão municipal competente, impugnação contra o lançamento efetuado, alegando que, em 15 de dezembro de 2016, havia formalizado a doação do referido imóvel a seu filho, Sérgio de Oliveira, e que, em razão disso, não seria devedor do crédito tributário referente ao IPTU 2017. A impugnação estava instruída com cópia da escritura de doação e de seu respectivo registro, ainda em 2016, no Cartório de Registro de Imóveis competente. O doador esclareceu, ainda, na referida impugnação, que o órgão municipal competente não foi comunicado, nem por ele, nem pelo donatário, da transmissão da propriedade do referido imóvel, pois a legislação local não os obrigava a prestar tal informação. Sérgio de Oliveira, a seu turno, foi corretamente identificado como contribuinte do ITCMD devido em razão da doação por ele recebida, e pagou crédito tributário devido. Considerando os dados acima, bem como as regras do Código Tributário Nacional e da Constituição Federal acerca do lançamento tributário, constata-se que

a) não poderá ser feito lançamento de IPTU contra Sérgio de Oliveira, em 2017, por ele já ter sido identificado, no ano anterior, como contribuinte do ITCMD incidente sobre a doação recebida.

b) o princípio constitucional da anterioridade nonagesimal (noventena) impede o lançamento e a cobrança do IPTU antes de transcorridos 90 (noventa) da ocorrência de fato gerador do ITBI ou do ITCMD.

c) o lançamento do IPTU, antes de decorrido um ano do lançamento do ITCMD, constitui bitributação, bem como violação do princípio do não confisco e da anterioridade nonagesimal (noventena).

d) o lançamento de ofício do IPTU poderá ser revisto pelo Município, ainda em 2017, pois, embora a doação tenha ocorrido antes de 1º de janeiro de 2017, a Fazenda Pública não teve conhecimento de tal fato antes de o contribuinte apresentar sua impugnação.

e) o lançamento de ofício do IPTU poderá ser revisto, mas por órgão competente do Estado em que se localiza o referido Município, em obediência ao princípio constitucional da duplicidade instâncias de lançamento, e desde que obedecido o prazo prescricional.

28. (PGM Niterói/FGV/2014) Lei federal introduz três inovações na legislação tributária, todas concernentes ao Imposto sobre a Propriedade Predial e Territorial Urbana (IPTU), esclarecendo que elas deverão ser obrigatoriamente observadas por todos os Municípios

I. fixa alíquota mínima do tributo;

II. estabelece hipóteses de isenção do tributo; e

III. fixa a data de recolhimento do tributo.

Assinale:

a) se somente são inválidas as inovações I e III.

b) se somente são inválidas as inovações II e III.

c) se somente é inválida apenas a inovação II.

d) se são inválidas as inovações I, II e III.

e) se somente é inválida apenas a inovação I

29. (PGM Niterói/FGV/2014) Com relação à disciplina constitucional do Imposto sobre a Propriedade Predial e Territorial Urbana (IPTU), assinale V para a afirmativa verdadeira e F para a falsa.

( ) Pode ser progressivo no tempo.

( ) Pode ser progressivo em razão do valor do imóvel.

( ) Pode ter alíquota diferente de acordo com a localização e o uso do imóvel.

As afirmativas são, respectivamente,

a) V, V e V.

b) F, V e V.

c) F, F e F.

d) V, F e F.

e) V, V e F.

30. (Procurador Câmara/IDECAN/2014) O Código Tributário Nacional (CTN) estabelece o IPTU como o imposto, de competência dos Municípios, sobre a propriedade predial e territorial urbana que tem como fato gerador a propriedade, o domínio útil ou a posse de bem imóvel ou natureza ou por acessão física, como definido na lei civil, localizado na zona urbana do Município. O referido código exige como requisito mínimo a existência de, pelo menos, dois melhoramentos elencados na norma para que se entenda a área como zona urbana. Assinale a alternativa que apresenta um melhoramento NÃO previsto no CTN.

a) Sistema de esgotos sanitários.

b) Meio-fio ou calçamento, com canalização de águas pluviais.

c) Rede de iluminação pública, com ou sem posteamento para distribuição domiciliar.

d) Escola primária a uma distância máxima de cinco quilômetros do imóvel considerado.

31. (2019 Banca: NC-UFPR Órgão: Prefeitura de Curitiba – PR Prova: NC-UFPR – 2019 – Prefeitura de Curitiba – PR – Procurador) Imposto sobre a propriedade predial e territorial urbana é, nos termos do artigo 156, I, da Constituição Federal, um tributo de competência dos Municípios. Levando em consideração os dados apresentados, identifique como verdadeiras (V) ou falsas (F) as seguintes afirmativas:

( ) A hipótese de incidência do Imposto sobre a Propriedade Predial e Territorial Urbana é apenas a propriedade de imóvel situado na zona urbana, tendo em vista que se fossem também hipóteses de incidência o domínio útil ou a posse de imóvel situado na zona urbana, haveria inovação infraconstitucional. Isso porque a Constituição expressamente prevê competir aos Municípios instituir imposto sobre a propriedade predial e territorial urbana.

( ) A base de cálculo do IPTU é o valor venal do imóvel, que será considerado o declarado pelo proprietário, pelo possuidor ou pelo detentor do domínio útil, casos em que se desconsiderará a avaliação, tomando-se como referência os valores unitários constantes da Planta Genérica de Valores Imobiliários e características do imóvel.

( ) O Poder Executivo lançará o IPTU para imóveis de utilização residencial, desde que com padrão simples de acabamento, conforme previsto em regulamento, com área total construída igual ou inferior a 70,00 m^2 (setenta metros quadrados) e cujo valor venal respectivo seja igual ou inferior a R$ 140.000,00 (cento e quarenta mil reais), e não lançará o IPTU em áreas objeto de regularização fundiária, processos de parcelamento do solo urbano promovidos pela Companhia de Habitação Popular de Curitiba (COHAB-CT) e aqueles em parceria com a iniciativa privada, nos 02 (dois) anos subsequentes à data de registro do projeto de Parcelamento de Solo Urbano junto à competente Circunscrição imobiliária.

( ) Entende-se como zona urbana a que apresentar os requisitos mínimos de melhoramentos, indicados em lei nacional, e também as áreas urbanizáveis ou de expansão urbana, constantes de loteamentos aprovados pela Prefeitura, destinados à habitação ou atividades econômicas.

Assinale a alternativa que apresenta a sequência correta, de cima para baixo.

a) V – F – V – V.

b) V – V – F – F.

c) V – V – V – V.

d) F – F – V – F.

e) F – F – F – V.

32. (2019 Banca: FAFIPA Órgão: Prefeitura de Foz do Iguaçu – PR Prova: FAFIPA – 2019 – Prefeitura de Foz do Iguaçu – PR – Procurador do Município Júnior) Quanto ao Imposto Sobre a Propriedade Predial e Territorial Urbana, previsto no Código Tributário Municipal, é CORRETO afirmar que:

a) Mensalmente, os serventuários da justiça enviarão ao cadastro imobiliário da repartição fazendária, cópias, relatórios, extratos ou comunicação dos atos relativos a imóveis, inclusive as de enfiteuse, anticrese, hipoteca, arrendamento ou locação, bem como das averbações, inscrições ou transcrições realizadas no mês anterior.
b) A incidência do imposto depende do cumprimento de exigências legais, regulamentares ou administrativas, sem prejuízo das penalidades cabíveis; da legitimidade dos títulos de aquisição da propriedade, do domínio útil ou da posse do bem imóvel; independentemente do resultado financeiro da exploração econômica do bem imóvel.
c) As declarações prestadas pelo contribuinte no ato da inscrição ou da atualização dos dados cadastrais de identificação do imóvel, vinculam o fisco, que poderá revê-las a qualquer época, desde que com prévia ressalva ou comunicação.
d) Ficam os responsáveis por loteamentos, construtoras e incorporadoras, obrigados a fornecer anualmente, ao órgão competente, relação dos lotes e bens alienados definitivamente ou mediante compromisso de compra e venda, mencionando o número do CPF e CNPJ e o endereço completo do comprador, bem como o número da inscrição imobiliária e o valor do contrato de venda, a fim de ser feita a anotação no Cadastro Imobiliário.
e) A base de cálculo do Imposto sobre Propriedade Predial e Territorial Urbana – IPTU – será atualizada anualmente, antes do término do exercício, devendo para tanto ser criada comissão da qual participarão, somente servidores do município.

33. (2019 Banca: VUNESP Órgão: Prefeitura de Valinhos – SP Prova: VUNESP – 2019 – Prefeitura de Valinhos – SP – Procurador) De acordo com o teor de Súmula do STJ, a incidência do IPTU (Imposto sobre a Propriedade Predial e Territorial Urbana) sobre imóvel situado em área considerada pela lei local como urbanizável ou de expansão urbana

a) condiciona-se ao requisito mínimo da existência de meio-fio, com canalização de águas pluviais, e abastecimento de água mantido pelo Poder Público.
b) depende da existência de rede de iluminação pública e sistema de esgotos sanitários construídos e mantidos pelo Poder Público.
c) não está condicionada à existência dos melhoramentos elencados pelo Código Tributário Nacional para fins do referido imposto.
d) depende da existência de pelo menos dois melhoramentos construídos e mantidos pelo Poder Público, tais como escola primária ou posto de saúde a uma distância máxima de três quilômetros do imóvel considerado.
e) condiciona-se à existência mínima de abastecimento de água e de sistema de esgotos sanitários, construídos e mantidos pelo Poder Público.

34. (2019 Banca: VUNESP Órgão: Prefeitura de Poá – SP Prova: VUNESP – 2019 – Prefeitura de Poá – SP – Procurador Jurídico) Em relação ao imposto sobre a propriedade predial e territorial urbana, é correto afirmar:

a) para os efeitos deste imposto, entende-se como zona urbana a definida em lei municipal, observado o requisito mínimo da existência de melhoramentos construídos ou mantidos pelo Poder Público, consistente em escola primária ou posto de saúde a uma distância máxima de 5 (cinco) quilômetros do imóvel considerado.

b) na determinação da base de cálculo, não se considera o valor dos bens móveis mantidos, em caráter permanente ou temporário, no imóvel, para efeito de sua utilização, exploração, aformoseamento ou comodidade.

c) poderá ser progressivo ou regressivo em razão da localização do imóvel e possuir alíquotas diferentes em função de seu valor.

d) cabe à lei complementar fixar as suas alíquotas máximas e mínimas e regular a forma e as condições como isenções, incentivos e benefícios fiscais serão concedidos e revogados, podendo ser atualizado, mediante decreto, em percentual superior ao índice oficial de correção monetária, desde que plenamente justificável.

e) seu lançamento será de ofício ou por declaração, dependendo do fato gerador e do agente passivo, admitindo-se a fixação de adicional progressivo, em função do número de imóveis do contribuinte.

35. (2019 Banca: FUNCERN Órgão: Prefeitura de Apodi – RN Prova: FUNCERN – 2019 – Prefeitura de Apodi – RN – Procurador) O imposto, de competência dos Municípios, sobre a propriedade predial e territorial urbana tem como fato gerador a propriedade, o domínio útil ou a posse de bem imóvel por natureza ou por acessão física, como definido na lei civil, localizado na zona urbana do Município. Sobre esse tributo é correto afirmar que

a) a base do cálculo do imposto é o valor estipulado pelo comprador do imóvel.

b) a base do cálculo do imposto é o valor venal do imóvel.

c) na determinação da sua base de cálculo, se considera o valor dos bens móveis mantidos, em caráter temporário, no imóvel.

d) na determinação da sua base de cálculo, se considera o valor dos bens móveis mantidos, em caráter permanente, no imóvel.

36. (2019 Banca: FCC Órgão: SEMEF Manaus – AM Prova: FCC – 2019 – SEMEF Manaus – AM – Técnico Fazendário) Em abril de 2018, Márcio adquiriu a propriedade de imóvel residencial, sendo que o IPTU referente aos exercícios de 2016, 2017 e 2018 não tinha sido pago. O título aquisitivo da referida propriedade não trazia prova da quitação do referido imposto, nem mencionava nada a este respeito. Considerando que o fato gerador do IPTU, no caso, ocorre no dia 1º de janeiro de cada exercício, e tendo em conta as normas do Código Tributário Nacional acerca da responsabilidade tributária, constata-se que

a) apenas o crédito tributário relativo ao IPTU devido em 2018 se sub-roga na pessoa de Márcio, tendo ocorrido a prescrição da responsabilidade em relação aos exercícios de 2016 e 2017, porque, entre as datas dos fatos geradores de 2016 e 2017 e a data da aquisição do imóvel por Márcio, transcorreram mais de 360 dias.

b) os créditos tributários relativos ao IPTU devido em 2016, 2017 e 2018 sub-rogam-se na pessoa de Márcio.

c) os créditos tributários relativos ao IPTU devido em 2016, 2017 e 2018 não se sub-rogam na pessoa de Márcio, porque o título aquisitivo da propriedade nada menciona a este respeito.

d) apenas o crédito tributário relativo ao IPTU devido em 2018 se sub-roga na pessoa de Márcio, tendo ocorrido a prescrição da responsabilidade em relação aos exercícios de 2016 e 2017, porque, entre as datas dos fatos geradores de 2016 e 2017 e a data da aquisição do imóvel por Márcio, transcorreram mais de 180 dias.

e) apenas os créditos tributários decorrentes de fatos geradores ocorridos após a data da aquisição do imóvel por Márcio é que se sub-rogarão na sua pessoa.

37. (2019 Banca: COPS-UEL Órgão: Prefeitura de Londrina – PR Prova: COPS-UEL – 2019 – Prefeitura de Londrina – PR – Procurador do Município) No âmbito da competência tributária municipal, pertinente à imposição dos impostos sobre a propriedade imobiliária urbana, mais precisamente do IPTU (Imposto Predial e Territorial Urbano), assinale a alternativa correta.

a) O Município deverá utilizar como base de cálculo o valor venal dos imóveis independentemente de previsão legal, podendo, neste caso, reajustar a base de cálculo em conformidade com os valores de mercado.

b) O Município deverá utilizar o valor da arrematação como base de cálculo do IPTU em caso de imóveis adquiridos por arrematação em hasta pública, independentemente dos valores previstos em lei.

c) O Município poderá alterar a base de cálculo do IPTU até o montante da inflação ocorrida no exercício anterior ao do lançamento, mediante decreto editado e publicado até o dia 31 de dezembro do exercício para entrar em vigência no exercício seguinte.

d) O Município poderá alterar a base de cálculo do IPTU até o montante da inflação ocorrida no período de um ano, através de decreto editado no mesmo exercício financeiro ao do lançamento.

e) O Município poderá alterar a base de cálculo do IPTU através de lei municipal editada e publicada no exercício corrente ao do lançamento.

Gabarito					
1	B	**14**	B	**27**	D
2	E	**15**	B	**28**	D
3	D	**16**	B	**29**	A
4	C	**17**	D	**30**	D
5	C	**18**	C	**31**	E
6	C	**19**	E	**32**	A
7	B	**20**	B	**33**	C
8	B	**21**	C	**34**	B
9	A	**22**	B	**35**	B
10	C	**23**	A	**36**	B
11	C	**24**	C	**37**	C
12	D	**25**	E		
13	B	**26**	D		

11. QUESTÕES DISSERTATIVAS

01. (PGM-SP 2014 – Questão dissertativa adaptada) Segundo determina a legislação do Município de São Paulo, em caso de descumprimento das condições e dos prazos estabelecidos para parcelamento, edificação ou utilização compulsórios, será aplicado sobre os imóveis notificados o Imposto sobre a Propriedade Predial e Territorial Urbana Progressivo no Tempo – IPTU Progressivo, mediante a majoração anual e consecutiva da alíquota pelo prazo de 5 (cinco) anos, possuindo algum limite máximo de alíquota?

► **Resposta:**

Sim, o art. 7º § 1º da Lei 10257/2001 (estatuto das cidades) dispõe que o valor da alíquota a ser aplicado a cada ano será fixado na lei específica e não excederá a duas vezes o valor referente ao ano anterior, respeitada a alíquota máxima de quinze por cento. Ademais, fica vedada a concessão de isenções ou de anistia relativas à tributação progressiva.

02. (TRF da 2ª Região– VII Concurso para Juiz Federal – 1ª Prova Escrita) Dê um exemplo de modificação de base de cálculo de imposto, mediante decreto, que não seja considerado pela jurisprudência como ofensa ao princípio da legalidade.

► **Resposta:**

A atualização monetária da base de cálculo do IPVA e do IPTU, nos termos do art. 97 §2º do Código Tributário Nacional.

03. (Fafipa/PGM/Cariacica/Procurador/2011) Descreva o posicionamento do Supremo Tribunal Federal sobre o IPTU progressivo antes da Emenda Constitucional 29/2000 e atualmente.

► **Resposta:**

Antes da vigência da Emenda Constitucional n. 29/00 era possível implementar alíquotas progressivas de IPTU somente para atender art. 182, parágrafo 4º da Constituição Federal, ou seja, para buscar ao atendimento à função social da propriedade urbana. Prevalecia o entendimento de que, à exceção do art. 182, parágrafo 4º da Constituição Federal, não poderia haver a progressividade do IPTU, pois sendo este imposto de natureza real, não há permissivo constitucional para levar em consideração a capacidade econômica do contribuinte.

Após a vigência da referida Emenda Constitucional, que alterou o parágrafo 1º do art. 156 da Constituição Federal, também será possível haver a aplicação de alíquotas progressivas em razão do valor do imóvel e alíquotas diferentes de acordo com a localização e o uso do imóvel.

A partir deste momento passou a existir a autorização constitucional para o estabelecimento de alíquotas progressivas para o cumprimento de funções extrafiscais, levando em conta o valor, localização e uso do imóvel, além da estimulo ao cumprimento da função social da propriedade. Esta situação encontra guarida no art. 145, § 1º da Constituição Federal, o qual exige que os impostos, na medida do possível, devem respeitar a capacidade contributiva do contribuinte.

O entendimento do Supremo Tribunal Federal está materializado na Súmula 668, que possui a seguinte redação: *"É inconstitucional a lei municipal que tenha estabelecido, antes da Emenda Constitucional 29/2000, alíquotas progressivas para o IPTU, salvo se destinada a assegurar o cumprimento da função social da propriedade urbana".*

De uma forma crítica, pode-se salientar que o princípio da capacidade contributiva, previsto no art. 145, §1º da Constituição Federal, disciplina que legislador ordinário dê preferência a tributação por meio de impostos pessoais, pois estes realizam melhor a justiça na tributação. E a aplicação da progressividade das alíquotas do IPTU com base no valor venal do imóvel reafirma o princípio da capacidade contributiva com precisão, uma vez que se presume que proprietários de imóveis de maior valor têm mais capacidade contributiva que os demais.

04. (FJG/PGM/Nova_Iguaçu/Procurador/2005) A União é proprietária de um bem imóvel desocupado localizado no Município de Nova Iguaçu. Por não pretender nele desenvolver qualquer atividade específica, a União celebra concessão de direito real de uso remunerada com um particular, que explora economicamente o bem. Pergunta-se se neste caso: (i) O Município pode cobrar IPTU da União? (ii) O Município pode cobrar IPTU do particular? (iii) Se o contrato fosse de concessão de uso haveria alguma diferença?

▶ Resposta:

O sujeito passivo do IPTU está definido no art. 34 do Código Tributário Nacional, o qual possibilita que seja eleito como contribuinte do IPTU, o proprietário do imóvel, o titular do seu domínio útil ou o seu possuidor a qualquer título. Frise-se, apesar do art. 34 do Código Tributário Nacional incluir o possuidor a qualquer título entre os contribuintes do IPTU, não é qualquer posse que autoriza a exigência do imposto: apenas aquele com *animus domini*.

Nestes termos, "*a posse deflui do conceito de possuidor, como sendo todo aquele que tem de fato o exercício, pleno ou não, de algum dos poderes inerentes à propriedade*"[46]

Prevalecia no âmbito do Superior Tribunal de Justiça o entendimento de ser inexigível o IPTU da cessionária de imóvel pertencente à União, quando a posse for decorrente de relação pessoal (sem animus domini), sendo que somente haveria a incidência do imposto no caso de concessão de direito real de uso de bem imóvel público. Contudo, os ministros do Supremo Tribunal Federal aprovaram a tese de repercussão geral relativa ao julgamento do Recurso Extraordinário 601720, afastando a imunidade tributária para cobrança de IPTU sobre terreno público cedido a empresa privada ou de economia mista.

Após isso, houve o julgamento do RE 594015 com o voto-vista do ministro Luís Roberto Barroso, acompanhando a posição do relator, ministro Marco Aurélio, onde prevaleceu o mesmo entendimento de que não faz sentido

46. PAULSEN, Leandro; MELO, José Eduardo Soares de. Impostos: federais, estaduais e municipais. Porto Alegre: Livraria do Advogado, 2011, p. 285.

estender a imunidade a empresa de direito privado arrendatária de bem público, e que o utiliza para fins comerciais.

Para fim de repercussão geral, o ministro Luís Roberto Barroso propôs a seguinte tese, que foi aprovada por maioria do plenário: "A imunidade recíproca não se estende a empresa privada arrendatária de imóvel público, quando seja ela exploradora de atividade econômica com fins lucrativos. Nessa hipótese, é constitucional a cobrança de IPTU pelo município."

05. Acerta do sistema constitucional e tributos municipais, responda:

- A declaração de utilidade pública, para fins de desapropriação, faz cessar a incidência do IPTU.
- A imunidade tributária das instituições de educação e de assistência social será afastada quando existir lotes vagos pertencentes a estas entidades.
- Em um processo de inventário, no caso de haver a chamada renúncia abdicativa de um determinada herdeiro, é possível se cogitar a incidência de ITBI ou ITCMD, dependendo da natureza da transmissão.
- O registro do compromisso de compra e venda do imóvel não configura o fato gerador do ITBI.

▶ **Resposta:**

Questão 5.1 – ERRADA

No caso de desapropriação o posicionamento da jurisprudência é de que persiste a responsabilidade do proprietário, mesmo após o decreto expropriatório, enquanto não tenha sido deferida e efetivada a imissão provisória na posse. Somente com a imissão provisória da posse é que a responsabilidade tributária referente ao IPTU passará a ser da entidade expropriante, nos termos do entendimento do Superior Tribunal de Justiça:

> A simples declaração de utilidade pública, para fins de desapropriação, não retira do proprietário do imóvel o direito de usar, gozar e dispor do seu bem, podendo até aliená-lo. Enquanto não deferida e efetivada a imissão de posse provisória, o proprietário do imóvel continua responsável pelos impostos a ele relativos (STJ. REsp 239.687/SP, Primeira Turma, Rel. Min. Garcia Vieira, DJ de 20.3.2000).

Questão 5.2 – ERRADA

A Constituição de 1988 instituiu a imunidade tributária das instituições de educação e de assistência social, disciplinando ser vedado aos entes públicos instituir impostos sobre o patrimônio, renda e serviços relacionados com suas finalidades essenciais.

Em uma determinada situação, o Supremo Tribunal Federal fixou o entendimento de que a imunidade tributária deveria ser afastada quando da existência de lotes vagos, terrenos, terras improdutivas e prédios comerciais pertencentes à entidade. Contudo, em vista da mutação constitucional, o Supremo Tribunal Federal mudou seu posicionamento, sendo que atualmente prevalece o entendimento que a imunidade tributária, prevista no art. 150, VI, "c", da

CF/88, aplica-se aos bens imóveis, temporariamente ociosos, de propriedade das instituições de educação e de assistência social sem fins lucrativos que atendam aos requisitos legais:

> REPERCUSSÃO GERAL EM RE nº 767.332-MG
>
> RELATOR: MIN. GILMAR MENDES
>
> Recurso extraordinário. Repercussão geral. 2. Imunidade tributária. Instituições de educação e de assistência social, sem fins lucrativos, atendidos os requisitos da lei. 3. IPTU. Lote vago. Não incidência. 4. A imunidade tributária, prevista no art. 150, VI, c, da CF/88, aplica-se aos bens imóveis, temporariamente ociosos, de propriedade das instituições de educação e de assistência social sem fins lucrativos que atendam os requisitos legais. Precedentes. 5. Recurso não provido. Reafirmação de jurisprudência.

Assim, conforme fundamentamos em nossa obra, *"não cabe à entidade religiosa, educacional ou assistencial demonstrar que utiliza o bem de acordo com suas finalidades institucionais. Ao contrário, compete à Administração tributária demonstrar a eventual tredestinação do bem gravado pela imunidade"*[47].

Questão 5.3 – ERRADA

O direito brasileiro adotou o princípio de *saizini*, através do qual, aberta a sucessão, a herança transmite-se, desde logo, aos herdeiros legítimos e testamentários (art. 1784 CC). É óbvio que somente com a aceitação da herança que se poderá considerar como definitivamente incorporada ao patrimônio do herdeiro. Por outro lado, é faculdade ao herdeiro renunciar à herança, ou seja, declara que não a aceita, desde que seja feita de maneira expressa, sendo que o herdeiro renunciante é considerado como se nunca tivesse herdado (1806 CC).

Esta renúncia poderá ser feita de duas formas: abdicativa – trata-se do efeito abandono de um direito em favor do monte ou dos demais herdeiros; e translativa – quando existe a figura da alienação.

No caso de renúncia abdicativa não haverá incidência tributária, pois não haverá transferência de titularidade.

Questão 5.4 – CERTA

Se a Constituição Federal de 1988 elegeu como aspecto material do ITBI "a transmissão de bens imóveis", o momento da ocorrência do fato gerador, somente poderá ser o instante em que a legislação civil considere como perfeita a transmissão de titularidade.

A partir desta premissa, pode-se notar que o aspecto temporal do ITBI está condicionado ao aperfeiçoamento da transmissão imobiliária, conforme disposto pelo Código Civil. E a concretização do fato jurídico tributário somente ocorrerá com o cumprimento dos requisitos legais, nos termos do art. 1.245 CC.

---

47. LUSTOZA, Helton Kramer. Et at. Tributos em Espécie. Salvador: JusPodivm, 2017, p. 885.

Em respeito a legislação privada, conforme prescreve o art. 110 do CTN, entende-se que o negócio jurídico, por si só, é insuficiente para transferir o domínio, sendo necessária, para completar o processo translativo, no caso de bens imóveis, a transcrição do título de transferência no respectivo Registro de Imóveis.

Neste sentido já decidiu e consolidou a jurisprudência no Superior Tribunal de Justiça:

> TRIBUTÁRIO. ITBI. FATO GERADOR. OCORRÊNCIA. REGISTRO DE TRANSMISSÃO DO BEM IMÓVEL. O fato gerador do imposto de transmissão (art. 35, I, do CTN) é a transferência da propriedade imobiliária, que somente se opera mediante registro do negócio jurídico no ofício competente. Precedentes do STJ. 3. Agravo Regimental não provido. (AgRg no AREsp 215.273/SP, Rel. Ministro HERMAN BENJAMIN, SEGUNDA TURMA, julgado em 02/10/2012, DJe 15/10/2012)

Desta forma, considera-se ocorrido o fato gerador do ITBI no momento do registro da escritura junto ao Registro de Imóveis e não o mero registro de compromisso de compra e venda, pois neste caso apenas existe uma expectativa de alienação.

06. Uma entidade de maçonaria adquiriu no ano de 2011 um imóvel na região norte da cidade, com o intuito de construir um local para encontros dos seus membros. Em 2012, contudo, descobriu-se que não poderia haver construção naquele local em razão de o imóvel estar em uma área com limitações administrativas, já que pertencia à determinada APP – Área de Preservação Permanente. Por conta disso, a entidade maçônica resolveu não pagar o IPTU de 2012 a 2015, quando, neste ano, conseguiu vender o imóvel para Santa Casa, entidade assistencial sem fins lucrativos, reconhecidamente imune pela Administração Pública Municipal. No início do ano de 2016, as duas entidades foram notificadas pela Prefeitura Municipal para pagar o IPTU pendente. Nessas circunstâncias, disserte, em até 20 linhas, sobre esta questão, abordando, fundamentadamente, os seguintes tópicos:

a) Aplicação da imunidade tributária em favor da entidade de maçonaria;

b) A incidência de IPTU sobre a área com limitações administrativas por conta de pertencer à APP;

c) A (im)possibilidade de cobrança do período de 2012 a 2015 de IPTU em caso de reconhecimento da imunidade tributária da Santa Casa.

▶ Resposta:

Primeiramente, a questão indaga o conhecimento do candidato acerca da previsão de imunidade tributária em favor de "templos de qualquer culto", expressamente disciplinada pelo art. 150, VI b da CF/88:

> Art. 150. Sem prejuízo de outras garantias asseguradas ao contribuinte, é vedado à União, aos Estados, ao Distrito Federal e aos Municípios:
>
> ...

VI – instituir impostos sobre:

...

b) templos de qualquer culto;

Neste sentido, a imunidade deve estar relacionada ao fato de existir uma entidade religiosa ou atividade correlata a esta finalidade. Ou seja, todas as religiões deveriam ser tributariamente imunes, sendo que o Prof. Roque Antônio Carrazza assim leciona:

> Evidentemente, o Estado tolera todas as religiões que não ofendem a moral, nem os bons costumes, nem, tampouco, fazem perigar a segurança nacional. Há, no entanto, uma presunção no sentido de que a religião é legitima, presunção, esta, que só cederá passo diante de prova em contrário, a ser produzida pelo Poder Público. Graças a esta inteligência, tem-se aceito que também são templos a loja maçônica, o templo positivista e o centro espírita. Mesmo cultos com poucos adeptos têm direito à imunidade[48].

Todavia, no julgamento do Recurso Extraordinário 562.351, da relatoria do ministro Ricardo Lewandowski, interposto pela Loja Maçônica Grande Oriente do Sul, situada em Porto Alegre/RS, com o objetivo de afastar cobranças de IPTU, os ministros da 1ª turma do Supremo, conheceram em parte do recurso, negando-lhe provimento. O entendimento que prevaleceu foi de que a maçonaria NÃO se enquadrava no conceito de qualquer culto:

> A maçonaria NÃO é considerada uma religião, razão pela qual não goza da imunidade religiosa prevista no art. 150, VI, b, da CF/88. /9STF. 1ª Turma. RE 562351/RS, rel. Min. Ricardo Lewandowski, 4/9/2012)

Cumpre observar que embora possa existir uma política interna de cooperação mútua e de prestação assistencial aos membros que venham a necessitar, este fato não é suficiente para enquadrar como religião nem mesmo atribui-lhe o caráter de assistência social, dado o condão privado e particular dos atos praticados.

Quanto ao segundo ponto, cabe-se notar que o Imposto sobre a Propriedade Predial e Territorial Urbana – IPTU tem previsão constitucional no artigo 156, inciso I da Carta Magna:

> Art. 156. Compete aos Municípios instituir impostos sobre
>
> I – propriedade predial e territorial urbana.

Por usa vez, o Código Tributário Nacional (CTN), em seu artigo 32, estabelece que o IPTU irá incidir sobre a propriedade, domínio útil ou a posse do imóvel, localizado na zona urbana do Município, tendo por base de cálculo o valor venal do imóvel. Com base na interpretação do CTN, basta o fato de

---

48 CARRAZZA, Antonio Roque. Curso de Direito Constitucional Tributário. 9. Ed. São Paulo: Malheiros. 1997. p. 399.

ser proprietário de bem imóvel em zona urbana para configurar a obrigação tributária.

Nesta feita, as denominadas Áreas de Preservação Permanente – APP, previstas no art. 3º, II da Lei 12651/2012 (Código Florestal), são identificas como:

> Art. 3º Para os efeitos desta Lei, entende-se por:
>
> ...
>
> II – Área de Preservação Permanente – APP: área protegida, coberta ou não por vegetação nativa, com a função ambiental de preservar os recursos hídricos, a paisagem, a estabilidade geológica e a biodiversidade, facilitar o fluxo gênico de fauna e flora, proteger o solo e assegurar o bem-estar das populações humanas;

Segundo art. 7º do Código florestal, a vegetação situada em Área de Preservação Permanente deverá ser mantida pelo proprietário da área, possuidor ou ocupante a qualquer título, pessoa física ou jurídica, de direito público ou privado. E, tendo ocorrido supressão de vegetação situada em Área de Preservação Permanente, o proprietário da área, possuidor ou ocupante a qualquer título é obrigado a promover a recomposição da vegetação, ressalvados os usos autorizados previstos nesta Lei.

É evidente que a APP é uma forma de limitação administrativa imposta às propriedades urbanas ou rurais, com o objetivo de preservação do meio ambiente.

Com base nisso, o Superior Tribunal de Justiça, no julgamento do Recurso Especial n. 1128981/SP, decidiu em 18/03/2010, na relatoria do Ministro Benedito Gonçalves, que **incidirá o IPTU sobre imóvel com restrição de APP**:

Ementa: PROCESSUAL CIVIL. TRIBUTÁRIO. RECURSO ESPECIAL. VIOLAÇAO DE DISPOSITIVOS CONSTITUCIONAIS. ANÁLISE. IMPOSSIBILIDADE. IPTU. LOTEAMENTO. INCIDÊNCIA SOBRE ÁREA DE IMÓVEL URBANO DENOMINADA ÁREA DE PRESERVAÇAO PERMANENTE. LEGALIDADE. RESTRIÇÃO À UTILIZAÇAO DE PARTE DO IMÓVEL QUE NAO DESNATURA A OCORRÊNCIA DO FATO GERADOR DO TRIBUTO. PROPRIEDADE. LIMITAÇAO DE NATUREZA RELATIVA. AUSÊNCIA DE LEI ISENTIVA. (...) ***A restrição à utilização da propriedade referente a área de preservação permanente em parte de imóvel urbano (loteamento) não afasta a incidência do Imposto Predial e Territorial Urbano****, uma vez que o fato gerador da exação permanece íntegro, qual seja, a propriedade localizada na zona urbana do município. Cuida-se de um ônus a ser suportado, o que não gera o cerceamento total da disposição, utilização ou alienação da propriedade, como ocorre, por exemplo, nas desapropriações. Aliás, no caso dos autos, a limitação não tem caráter absoluto, pois poderá haver exploração da área mediante prévia autorização da Secretaria do Meio Ambiente do município. 4. Na verdade, a limitação de fração da propriedade urbana por força do reconhecimento de área de preservação permanente, por si só, não conduz à violação do artigo 32 do CTN, que trata do fato gerador do tributo. O não pagamento da exação sobre certa fração da propriedade urbana é questão a ser dirimida também à luz da isenção e da base de cálculo do tributo, a exemplo do que se tem feito no tema envolvendo o ITR sobre áreas de preservação permanente, pois, para esta situação, por exemplo, há lei federal permitindo a exclusão de áreas da sua base de cálculo (artigo 10, 1º, II, a e b, da Lei 9.393/96).*

Em linhas gerais, os argumentos seguidos pelo Superior Tribunal de Justiça são no sentido de que:

> a) a propriedade atingida por APP não gera cerceamento total da propriedade; e,
>
> b) se fosse o caso de isenção de IPTU nas referidas áreas, deveria haver previsão legal para tanto, conforme ocorre com o Imposto sobre Propriedade Territorial Rural (ITR).

Assim, entende-se que à luz da interpretação sistemática da regra matriz de incidência do IPTU definida na Constituição Federal, a APP não teria o condão de desnaturar a incidência do IPTU. O próprio art. 1228 do Código Civil, ao definir os direitos inerentes ao exercício da propriedade prevê a limitação administrativa como uma condicionante:

> Art. 1.228. O proprietário tem a faculdade de usar, gozar e dispor da coisa, e o direito de reavê-la do poder de quem quer que injustamente a possua ou detenha.
>
> § 1º O direito de propriedade deve ser exercido em consonância com as suas finalidades econômicas e sociais e de modo que sejam preservados, de conformidade com o estabelecido em lei especial, a flora, a fauna, as belezas naturais, o equilíbrio ecológico e o patrimônio histórico e artístico, bem como evitada a poluição do ar e das águas.

Desse modo, conclui-se pela possibilidade de incidência do IPTU sobre propriedade com limitações administrativas em razão de APP.

E por fim, diante da não aplicação de imunidade de IPTU em favor da maçonaria, o período de 2012 a 2015 encontra-se em "aberto". E **o fato de haver a transferência da propriedade em 2015 para Santa Casa, entidade assistencial reconhecidamente imune pela Administração Pública Municipal, NÃO irá extinguir o crédito tributário.**

Neste caso, a Santa Casa irá figurar como responsável tributária do crédito anterior à alienação, nos termos do art. 130 do CTN:

> Art. 130. Os créditos tributários relativos a impostos cujo fato gerador seja a propriedade, o domínio útil ou a posse de bens imóveis, e bem assim os relativos a taxas pela prestação de serviços referentes a tais bens, ou a contribuições de melhoria, subrogam-se na pessoa dos respectivos adquirentes, salvo quando conste do título a prova de sua quitação.
>
> Parágrafo único. No caso de arrematação em hasta pública, a sub-rogação ocorre sobre o respectivo preço.

O Supremo Tribunal Federal, em caso semelhante, em que a Rede Ferroviária Federal S/A foi extinta em 22 de janeiro de 2007, por disposição da MP 353, convertida na Lei nº 11.483/07, sucedendo-lhe a União Federal nos direitos, obrigações e ações judiciais. Assim, todos os imóveis da extinta RFFSA foram transferidos para a União, juntamente com os débitos de IPTU.

Neste sentido, por votação unânime, o Plenário do Supremo Tribunal Federal deu provimento ao Recurso Extraordinário n. 599176, no sentido de que não se aplica a imunidade tributária recíproca a débito de Imposto Predial e Territorial Urbano-IPTU devido pela extinta Rede Ferroviária Federal S/A (RFFSA). Eis o Acórdão do Supremo Tribunal Federal:

> EMENTA: CONSTITUCIONAL. TRIBUTÁRIO. IMUNIDADE TRIBUTÁRIA RECÍPROCA. INAPLICABILIDADE À RESPONSABILIDADE TRIBUTÁRIA POR SUCESSÃO. ART. 150, VI, A DA CONSTITUIÇÃO. A imunidade tributária recíproca não exonera o sucessor das obrigações tributárias relativas aos fatos jurídicos tributários ocorridos antes da sucessão (aplicação "retroativa" da imunidade tributária). Recurso Extraordinário ao qual se dá provimento. (RE 599176, Relator(a): Min. JOAQUIM BARBOSA, Tribunal Pleno, julgado em 05/06/2014)

A partir desta decisão, embora ausente de efeito vinculante e *erga omnes*, está sendo aplicado o presente entendimento aos casos semelhantes, atribuindo-se à União a responsabilidade por sucessão da empresa RFFSA nos termos da Lei 11.483/2007. Com isso, a partir da extinção da RFFSA, todo seu patrimônio passou a pertencer à União. Juntamente com créditos, a União Federal não poderá refutar os encargos/ônus, dentre eles o pagamento dos tributos que acompanham a empresa sucedida.

É importante notar que a imunidade recíproca não terá força de afastar a responsabilidade tributária por sucessão, na hipótese em que o sujeito passivo era contribuinte regular do tributo devido na época do fato gerador.

Por tais razões, neste caso não haverá a aplicação da imunidade recíproca, mas sim da responsabilidade da Santa Casa por sucessão.

Espelho de correção:

Quesitos avaliados	*Nota*	*Comentários*
Aspectos microestruturais (adequação ao número de linhas, coesão, coerência, ortografia, morfossintaxe e propriedade vocabular); – 0,0 a 1,0;		
a) Maçonaria não se enquadra na hipótese de "templos de qualquer culto", portanto, não tem direito à imunidade tributária, segundo entendimento do STF; – 0,0 a 8,0;		
b) A restrição à utilização da propriedade referente a área de preservação permanente em parte de imóvel urbano (loteamento) não afasta a incidência do IPTU, segundo entendimento do STJ (REsp 1128981/SP). – 0,0 a 8,0;		

c) O período de 2012 a 2015, poderá ser cobrado da entidade imune como responsável tributária. O entendimento do STF, em caso semelhante, é de que haverá neste caso sucessão tributária nos termos do art. 130 do CTN (RE 599.176/PR). – 0,0 a 8,0;		
NOTA		

CAPÍTULO IV
IMPOSTO DE TRANSMISSÃO DE BENS "INTER VIVOS" – ITBI

1. ASPECTO MATERIAL

O Imposto sobre Transmissão de Bens Imóveis – ITBI passou a existir no direito brasileiro em 1809, sendo que na época era chamado de Imposto sobre Transmissão de Bens Imóveis.

Com a Constituição Federal de 1934 foi a primeira vez que houve uma diferenciação entre o Imposto sobre Transmissão "inter vivos" e o "causa mortis", ambos ficando sob competência dos Estados. Somente com a Emenda Constitucional nº 5/61 é que o Imposto de Transmissão de bens "inter vivos", passou a ser de competência dos Municípios, o que durou até a Emenda Constitucional nº 18/65, onde foram unificados novamente sob competência dos Estados.

Com a promulgação da Constituição de 1988 os Municípios passaram novamente a exercer a competência tributária sobre a transferência imobiliária inter vivos, possuindo como regra matriz de incidência a seguinte diretriz constitucional:

> Art. 156. Compete aos Municípios instituir impostos sobre:
>
> (...)
>
> II – transmissão "inter vivos", a qualquer título, por ato oneroso, de bens imóveis, por natureza ou acessão física, e de direitos reais sobre imóveis, exceto os de garantia, bem como cessão de direitos a sua aquisição;

A Ordem Constitucional estabelece como aspecto material do ITBI a transmissão intervivos de bens imóveis por ato oneroso. Também haverá incidência sobre a transmissão de direitos reais sobre imóveis, exceto os de garantia. Antonio José da costa entende que "*a expressão transmissão da ação significa, por sua vez, a transferência de direitos de ação atribuída a outrem, que não é seu titular originário, pela qual permite que, com legitimidade, venha a juízo exercitá-la, ou a continuar, se já proposta"*[1].

Existe uma previsão de imunidade no art. 184, § 5º da CF/88, onde consta que não incidirá impostos federais, estaduais e municipais sobre as operações de transferência de imóveis desapropriados para fins de reforma agrária. E o Supremo Tribunal Federal já delimitou esta regra de imunidade, decidindo que somente irá beneficiar o proprietário expropriado e não terceiros adquirentes de imóveis, estranho ao programa de reforma agrária:

> EMENTA: RECURSO EXTRAORDINÁRIO. CONSTITUCIONAL. ADMINISTRATIVO. DESAPROPRIAÇÃO. TÍTULO DA DÍVIDA AGRÁRIA. IMUNIDADE TRIBUTÁRIA. EXTENSÃO AO TERCEIRO POSSUIDOR. IMPOSSIBILIDADE. Terceiro adquirente de títulos da dívida agrária. Imunidade. Extensão. Impossibilidade. O benefício alcança tão-somente o expropriado. O terceiro adquirente, que com ele realiza ato mercantil, em negócio estranho à reforma agrária, não é destinatário da norma constitucional. (RE 169628, Relator(a): Min. MAURÍCIO CORRÊA, Segunda Turma, julgado em 28/09/1999, DJ 19-04-2002)

Assim, a incidência de tributo vai abarcar toda transmissão, a título oneroso, de propriedade imóvel, domínio útil, bem como direitos reais sobre estes, excluindo a sucessão *causa mortis e doação,* que está sob competência tributária estadual. Independe o tipo de negócio, venda e compra, permuta, desde que seja a título oneroso, haverá a incidência do ITBI.

Quando avaliado acerca do critério material, a banca Cespe (2009 – SEAD-SE – Procurador) considerou INCORRETA a seguinte afirmação: *"considere que Ana transfira a Beatriz, sua irmã, um de seus imóveis urbanos, por ato gratuito. Nessa hipótese, deve incidir o imposto sobre a transmissão de bens imóveis, de competência dos municípios".*

	Aspecto material	**Bens**	**Competência**
ITCMD	transmissão "causa mortis" e doação, de quaisquer bens ou direitos	Quaisquer bens e direitos	Estados e DF
ITBI	transmissão "inter vivos", a qualquer título, por ato oneroso, de bens imóveis...	Bens imóveis	Municípios, DF[3] e Territórios Federais[4]

Entende-se como bem imóvel o solo e tudo quanto se lhe incorporar natural ou artificialmente. E, por força do Código Civil, estende-se o conceito legal de imóvel aos direitos reais sobre imóveis e as ações que os asseguram, bem como ao direito à sucessão aberta (art. 80 CC).

É essencial compreender que o imposto também irá incidir sobre a transmissão dos direitos reais sobre os imóveis, especialmente aqueles previstos no art. 1125 do

---

1. COSTA, Antonio Jose da. A Regra-Matriz de Incidência do ITBI, Tese de Doutorado apresentada na PUC-SP, São Paulo, 1996, p. 63/66.

Código Civil, excetos os de garantia. Neste caso, poderá existir a transferência de direitos sobre imóveis através de compra e venda, uso, usufruto, servidão, direito do promitente comprador, direito de superfície, etc. Entretanto, tal incidência não poderá ocorrer, conforme acima mencionado, nos casos de anticrese, hipoteca e penhor[2].

Quanto a promessa de compra e venda, trata-se de contrato preliminar que atribui ao promitente comprador a expectativa de ser proprietário do imóvel, atribuindo o direito de obter transferência imobiliária no momento do pagamento do valor acordado. Considerando que o fato gerador do ITBI é o registro imobiliário da transmissão da propriedade do bem imóvel, a jurisprudência pátria possui posicionamento no sentido de que não incide ITBI sobre o registro da promessa de compra e venda imobiliária.[3]

Situação diversa ocorre quando há a cessão dos direitos de promessa de compra e venda, pois, por força do art. 1225, VII do Código Civil[4], o direito do promitente comprador é um direito real, sendo que sua cessão é passível de incidência do ITBI[5]. Com isso, a transferência de titularidade do direito sobre o contrato de compromisso de compra e venda gera obrigação de pagar o ITBI, não sob o fundamento de transmissão da propriedade, mas sim pela transferência de direitos reais sobre o imóvel.

Mas também poderá haver outros negócios jurídicos que podem desencadear a transferência de titularidade imobiliária, como a permuta, dação em pagamento, remição, arrematação, cessão de posse, cessão de direitos hereditários. Configurado como ato transmissão de propriedade sobre imóveis irá estar englobado pela hipótese de incidência do ITBI.

A aquisição de propriedade, segundo art. 1248 do Código Civil, também poderá ocorrer por acessão física, por formação de ilhas, aluvião, avulsão, abandono de álveo ou plantações ou construções. Em outras palavras, bem imóvel por acessão física ocorre quando o próprio homem incorpora permanentemente ao solo, como a semente lançada à terra, os edifícios e construções.

Situação analisada pelo Judiciário em que não ocorrerá a incidência do ITBI é no caso de dissolução de condomínio.

> PROCESSUAL CIVIL E TRIBUTÁRIO. OMISSÃO. NÃO-OCORRÊNCIA. ITBI.IMÓVEIS URBANOS EDIFICADOS. DISSOLUÇÃO DE CONDOMÍNIO. INCIDÊNCIA DO TRIBUTO. BASE DE CÁLCULO. PARCELA ADQUIRIDA AOS OUTROS CO-PROPRIE-

---

2. Nestes casos, haverá tão somente a utilização do imóvel como uma garantia de obrigação pessoal.
3. STJ - Resp 764808/MG - Relator(a) Luiz Fux - Primeira Turma - Julg. 15/03/2007; STF. RE 666096 AgR, Relator(a): Min. CÁRMEN LÚCIA, Segunda Turma, julgado em 30/10/2012.
4. Art. 1.225. São direitos reais:(...) VII - o direito do promitente comprador do imóvel.
   Art. 1.417. Mediante promessa de compra e venda, em que se não pactuou arrependimento, celebrada por instrumento público ou particular, e registrada no Cartório de Registro de Imóveis, adquire o promitente comprador direito real à aquisição do imóvel.
5. TJDF -APELAÇÃO CÍVEL 20040110279824APCDF - Órgão Julgador: 1ª Turma Cível - Relator: SILVANIO BARBOSA DOS SANTOS, Publicação no DJU: 02/08/2005 Pág.: 91.

TÁRIOS.1. Hipótese em que os quatro impetrantes (ora recorridos) eram co-proprietários de seis imóveis urbanos edificados. Os condôminos resolveram extinguir parcialmente a co-propriedade. Para isso, cada impetrante passou a ser único titular de um dos seis imóveis. Quanto aos dois bens restantes, manteve-se o condomínio. Discute-se a tributação municipal sobre essa operação.

2. O Tribunal de origem entendeu ter ocorrido simples dissolução de condomínio relativo a uma universalidade de bens, conforme o art. 631 do CC/1916. Assim, não teria havido transmissão de propriedade com relação à maior parte da operação. Se o indivíduo passou a ser proprietário de imóvel em valor idêntico à sua cota ideal no condomínio, não incidiria o ITBI.

4. No entanto, o art. 631 não incide na hipótese, pois se refere ao caso clássico de condomínio de bem divisível. Seria aplicável se os quatro impetrantes fossem co-proprietários de terreno rural ou de terreno urbano não-edificado. Nesse exemplo, no caso de desfazimento do condomínio, o imóvel poderia ser fracionado junto ao cartório de imóveis, observados os limites mínimos, requisitos e formalidades legais, resultando em quatro partes iguais. Cada um dos antigos co-proprietários seria o único titular de seu terreno (correspondente a 25% do original). Inexistiria transmissão onerosa de propriedade nessa situação fictícia e, portanto, incidência do tributo municipal.

5. Diferentemente, quando há condomínio de apartamento edilício, ou de um prédio urbano não-fracionado em unidades autônomas, é impossível a divisão do bem. É este o caso dos autos.

6. O registro imobiliário é individualizado, como o é a propriedade de apartamentos, nos termos da Lei de Registros Públicos (art. 176, § 1º, I, da Lei 6.015/1973).

7. Na situação inicial, antes do pacto de extinção parcial do condomínio, os quatro impetrantes eram co-proprietários de cada um dos imóveis, que devem ser considerados individualmente.

8. Com o acordo, cada um dos impetrantes passou a ser único proprietário de um dos seis imóveis. Ou seja, adquiriu dos outros co-proprietários 75% desse bem, pois já possuía 25%.

9. O ITBI deve incidir sobre a transmissão desses 75%. Isso porque a aquisição dessa parcela se deu por alienação onerosa: compra (pagamento em dinheiro) ou permuta (cessão de parcela de outros imóveis).

10. Esse raciocínio se aplica aos quatro imóveis que passaram a ser titulados por um único proprietário. Quanto aos outros dois bens, com relação aos quais o condomínio subsistiu, não há alienação onerosa nem, portanto, incidência do ITBI.

11. Os impetrantes adjudicaram cada um dos quatro imóveis a uma única pessoa, indenizando os demais (por pagamento ou permuta), nos termos do art. 632 do CC/1916. (REsp 722.752/RJ, Rel. Ministro HERMAN BENJAMIN, SEGUNDA TURMA, julgado em 05/03/2009, DJe 11/11/2009)

O entendimento jurisprudencial segue no sentido de que o desfazimento do condomínio de bem divisível, respeitado os limites de cada condômino, configura inexistência de transmissão onerosa de propriedade e, portanto, ausência de incidência deste tributo municipal. Por outro lado, no caso de condomínio de apartamento edilício, ou de um prédio urbano não fracionado em unidades autônomas, é impossível a divisão do bem, sendo que sua dissolução irá implicar em transmissão imobiliária.

1.1. Desapropriação e usucapião

Observa-se que a desapropriação se trata de um *"procedimento através do qual o Poder Público compulsoriamente desapossa alguém de uma propriedade e adquire, mediante indenização, fundado em interesse público"*[6]. Desta forma, tanto a doutrina quanto a jurisprudência definem a desapropriação como uma forma originária de aquisição de propriedade, pois independe de título ou da vontade do dono anterior. O ato desapropriatório materializa-se por meio de decreto do chefe do executivo, o qual declarará que o imóvel será de utilidade pública e de forma compulsória repassará a propriedade em favor do Estado ou de pessoa jurídica privada concessionária de serviço público.

Tal entendimento está amparado pela jurisprudência cediça do Supremo Tribunal Federal, sendo que na ocasião esta Corte entendeu que *"não há na desapropriação transferência da propriedade por qualquer negócio jurídico de Direito Privado. Não sucede, aí, venda do bem ao poder expropriante"*[7].

Portanto, de modo inequívoco a doutrina e jurisprudência são determinantes em defender que não haverá a incidência de ITBI sobre a transcrição de imóveis desapropriados.

O mesmo raciocínio é aplicado para o caso de usucapião de bem imóvel, não há transferência de propriedade, mas sim uma transmissão por via judicial, conforme entendimento jurisprudencial[8].

Com isso, na hipótese de aquisições originárias, como na usucapião e desapropriação, não haverá incidência do ITBI, uma vez que a transferência não é voluntária, mas sim imposta pelo poder público.

1.2. Separação consensual e excesso oneroso de partilha

A incidência do ITBI também poderá ocorrer no caso de divisão de patrimônio na separação judicial. Caso os bens sejam divididos na metade em favor de cada cônjuge não haverá incidência do imposto, uma vez não haver a transmissão da propriedade, mas apenas a partilha de bens que já pertenciam aos cônjuges.

Por outro lado, se na partilha, houver um acordo, de forma onerosa, em que um dos cônjuges fique com algum patrimônio imobiliário que corresponda a parte

---

6. MELLO, Celso Antonio Bandeira. Curso de direito administrativo. 17 ed. São Paulo: Malheiros, 2004, p. 759.
7. "(...)não há na desapropriação transferência da propriedade por qualquer negócio jurídico de Direito Privado. Não sucede, aí, venda do bem ao poder expropriante. Não se configura, outrossim, a noção de preço, como contraprestação pretendida pelo proprietário, modo privado" (STF - Reprinconst 1260-3 - DF - TP - j. 13-08-1987 - Rel. Min. Néri da Silveira - DJU 18-11-1988 - RT 639/186).
8. STJ. REsp 118.360/SP, Rel. Ministro VASCO DELLA GIUSTINA. TERCEIRA TURMA, julgado em 16/12/2010.

maior que a metade do quinhão, surge a questão de identificar a incidência do ITBI sobre a respectiva diferença.

Em outras palavras, quando partilhados os bens em partes ideais de 50% para cada cônjuge não há incidência do ITBI. Caso a divisão dos bens seja diferenciada no que tange ao patrimônio imobiliário, poderá haver a incidência do ITBI se não houver a caracterização de doação da parte que excedeu a meação na divisão dos bens imóveis. Neste sentido, Yussef Said Cahali leciona que *"a lei tributa a diferença recebida a mais em imóveis(...) Não importa que o outro cônjuge menos aquinhoado com bens imóveis tenha obtido compensação no valor dos móveis. Em havendo diferença, surge a exigência tributária"*[9].

Esse também é o entendimento jurisprudencial majoritário:

> Nada impede o casal de, ao fazer a partilha, atribuir a maioria dos bens a um deles. A circunstância de existirem bens móveis compensando a diferença é válida entre as partes interessadas, para efeito de equivalência da partilha. Perante o Fisco, no entanto, são considerados apenas os bens imóveis, passíveis de tributação (TJ-SP – Agravo de Instrumento nº 252.041-1 – São Paulo – rel. Toledo Silva – 4ª C Civ – j. 20.4.95).
>
> Quanto à incidência de ITBI na partilha de dissolução conjugal deve-se tomar em conta, tão somente, os bens imóveis localizados no Município, conforme art. 32, VII, a, da Lei Complementar Municipal 505/03. 2. Vale registrar que o art. 34, I da Lei Complementar Municipal 505/03 atribui à permuta presunção de onerosidade, quando, para efeitos fiscais, a equipara à compra e venda, e portanto, os bens comuns permutados não elidem a exigência fiscal. 3. Apenas quando não preservadas as meações que a transmissão dá-se a título gratuito, fazendo incidir o ITCMD. Preservadas as meações, a transmissão dá-se a título oneroso, fazendo incidir o ITBI. (TJPR – 3ª C.Cível – AC 499536-6 – Maringá – Rel.: Paulo Roberto Vasconcelos – Unânime – J. 14.10.2008)
>
> (...)Assim, a orientação majoritária seguida por este Tribunal (e acolhida pelo Tribunal Pleno) é no sentido de que a incidência do imposto municipal ou estadual, nos casos em que houver transmissão de bens em ação de separação judicial, depende da circunstância de haver ou não a preservação das meações... se houver a preservação, com existência de compensação, opera-se, então, a transmissão a título oneroso, dando azo, assim, à incidência do imposto de transmissão inter vivos (ITBI)(...)" (TJ-RS. Agravo de Instrumento Nº 70024797821, Sétima Câmara Cível, Tribunal de Justiça do RS, Relator: Ricardo Raupp Ruschel, Julgado em 01/07/2008)

Desta forma, haverá a incidência de ITBI sobre o valor que exceder ao respectivo quinhão na partilha de bens imóveis entre cônjuges, em razão de separação judicial, desde que este excesso se dê a título oneroso.

1.3. Renúncia à herança

O direito brasileiro adotou o princípio de *saisini*, através do qual, aberta a sucessão, a herança transmite-se, desde logo, aos herdeiros legítimos e testamentários

9. CAHALI, Yussef Said. Divórcio e Separação. São Paulo: RT, 2005, p. 153/154.

(art. 1784 CC). É óbvio que somente com a aceitação da herança que se poderá considerar como definitivamente incorporada ao patrimônio do herdeiro. Por outro lado, é faculdade ao herdeiro renunciar à herança, ou seja, declara que não a aceita, desde que seja feita de maneira expressa, sendo que o herdeiro renunciante é considerado como se nunca tivesse herdado (1806 CC).

Esta renúncia poderá ser feita de duas formas: abdicativa – trata-se do efeito abandono de um direito em favor do monte ou dos demais herdeiros; e translativa – quando existe a figura da alienação. Neste caso, apesar de revestir-se dos requisitos da renúncia, haverá a transmissão, título gratuito ou oneroso, dos bens do quinhão. Em linhas gerais é assim definida a diferença entre as duas formas de renúncia:

- *Abdicativa*: onde o herdeiro abre mão da parte que lhe cabe, retornando sua quota parte ao monte partível.
- *Translativa*: onde o herdeiro renuncia sua parcela em favor de pessoa determinada.

Em regra, o Imposto de Transmissão dos Bens Imóveis – ITBI não incidirá sobre a renúncia de herdeiros na sua parte na herança, exceto na forma translativa e se for feita a título oneroso. Esse é o entendimento do Superior Tribunal de Justiça:

> RENÚNCIA À HERANÇA – INEXISTÊNCIA DE DOAÇÃO OU ALIENAÇÃO – ITBI – FATO GERADOR – AUSÊNCIA DE IMPLEMENTO. A renúncia de todos os herdeiros da mesma classe, em favor do monte, não impede seus filhos de sucederem por direito próprio ou por cabeça. Homologada a renúncia, a herança não passa à viúva, e sim aos herdeiros remanescentes. Esta renúncia não configura doação ou alienação à viúva, não caracterizando o fato gerador do ITBI, que é a transmissão da propriedade ou do domínio útil de bens imóveis. Recurso provido. (REsp 36.076/MG, Rel. Ministro GARCIA VIEIRA, PRIMEIRA TURMA, julgado em 03/12/1998, DJ 29/03/1999, p. 76)

Desta forma, quando a renúncia ocorra de forma pura e simples, quando não haverá incidência tributária, pois não haverá transferência de titularidade. Por outro lado, ocorrendo a renúncia com efeitos translativos de forma onerosa, ocorrerá a cessão de direitos sobre imóveis, fato gerador do ITBI.

1.4. Anulação do negócio jurídico de transmissão imobiliária

Tradicionalmente, o Código Tributário Nacional não condiciona os efeitos tributários à validade do negócio jurídico que serviu de base para obrigação tributária. Isso porque o art. 118, I, do CTN dispõe que o fato gerador é interpretado "*abstraindo-se da validade jurídica dos atos efetivamente praticados pelos contribuintes, responsáveis, ou terceiros, bem como da natureza do seu objeto ou dos seus efeitos*".

Este dispositivo legal representa a aplicação do princípio do *non olet* e tem como escopo permitir a tributação das atividades ilícitas. Em outras palavras, é irrelevante, para a determinação da obrigação tributária, a validade jurídica dos atos efetivamente praticados pelos contribuintes. Basta que tenha havido a incidência tributária, com o enquadramento do fato ao aspecto material da hipótese abstratamente prevista em lei.

De tal sorte, se houver uma decisão judicial que anule negócio jurídico que foi base de incidência do ITBI, não sugeria qualquer direito de repetição dos valores pagos ao Município, uma vez que na época do recolhimento houve uma efetiva transmissão imobiliária. Com base neste entendimento tradicional, amparado por norma expressa da legislação tributária, o Superior Tribunal de Justiça tinha entendimento consolidado[10] Neste sentido, a pretensão de recuperação dos valores pagos a título de ITBI deveria se dar em ação indenizatória movida contra aquele que deu causa à anulação do negócio, e não contra a Fazenda do Município.

Contudo, no julgamento do Recurso Especial n. 1493162-DF, em 25/11/2014, a Segunda Turma do STJ julgou que diante da anulação do negócio jurídico que embasou recolhimento do ITBI, haverá a configuração do pagamento indevido, autorizando a repetição de indébito:

> PROCESSUAL CIVIL. TRIBUTÁRIO. AUSÊNCIA DE OMISSÃO. ART. 535, II, DO CPC. RESTITUIÇÃO DE INDÉBITO. DECLARAÇÃO DE NULIDADE DA COMPRA E VENDA DE IMÓVEL. DESFAZIMENTO DO FATO GERADOR. DEVOLUÇÃO. VALORES.
>
> IMPOSTO DE TRANSMISSÃO. ITBI.O art. 118, I, do CTN não pode ser interpretado de forma insulada, porquanto pode trazer sérias contradições aos demais dispositivos legais. O princípio do non olet, expresso no artigo citado, foi criado por Albert Hensel e Otmar Bühler e tem como escopo permitir a tributação das atividades ilícitas. Irrelevante, portanto, para a determinação do fato gerador, a validade jurídica dos atos efetivamente praticados pelos contribuintes.
>
> No caso sub judice, houve a declaração de nulidade do negócio jurídico de compra e venda de imóvel entabulado pelas partes, sem que houvesse dolo do recorrido, tendo-se desfeito o fato gerador do ITBI. Desse modo, nada mais justo que o restabelecimento do statu quo ante, para que não haja enriquecimento ilícito do Estado. Na hipótese dos autos trata da declaração de nulidade do próprio fato que gerou a exação, o que não originou benefício econômico para a parte. Recurso Especial não provido. (REsp 1493162/DF, Rel. Ministro HERMAN BENJAMIN, SEGUNDA TURMA, julgado em 25/11/2014, DJe 19/12/2014)

Nas edições passadas afirmamos que ainda era prematuro afirmar que o Superior Tribunal de Justiça inverteu seu entendimento. Primeiro porque se tratava de uma decisão proferida em uma das Turmas, e não pela Primeira Seção do Tribunal. Segundo, porque não se pode negar a validade e eficácia do art. 118, I, do CTN, bem como o posicionamento histórico da jurisprudência e doutrina majoritária.

Ocorre que em outubro de 2020, a Primeira Seção do Superior Tribunal de Justiça referendou o entendimento mais recente da segunda turma, de forma que consolidou o entendimento de que a nulidade de negócio jurídico de compra e venda de imóvel viabiliza a restituição do valor recolhido pelo contribuinte a título de ITBI:

---

10 REsp 1175640/MG, Rel. Ministro BENEDITO GONÇALVES, PRIMEIRA TURMA, julgado em 04/05/2010, DJe 11/05/2010.

> De acordo com os arts. 156, II da CF, e 35, I, II, e III do CTN, o fato gerador do ITBI ocorre, no seu aspecto material e temporal, com a efetiva transmissão, a qualquer título, da propriedade imobiliária, o que se perfectibiliza com a consumação do negócio jurídico hábil a transmitir a titularidade do bem, mediante o registro do título translativo no Cartório de Registro de Imóveis.
>
> Todavia, no caso verifica-se que o negócio jurídico que ensejou a transferência de propriedade do imóvel e, por conseguinte, a tributação pelo ITBI, não se concretizou em caráter definitivo devido à superveniente declaração de nulidade por força de sentença judicial transitada em julgado.
>
> Logo, não tendo havido a transmissão da propriedade, já que nulo o negócio jurídico de compra e venda de imóvel entabulado pelas partes, ausente fato gerador do imposto em apreço, sendo devida a restituição do correspondente valor recolhido pelo contribuinte a tal título.
>
> EREsp 1.493.162-DF, Rel. Min. Napoleão Nunes Maia Filho, Primeira Seção, por unanimidade, julgado em 14/10/2020, DJe 21/10/2020

Assim, agora sim podemos afirmar que no âmbito do Superior Tribunal de Justiça se encontra consolidado o entendimento de que a anulação do negócio que embasou a tributação do ITBI terá o condão de fazer desaparecer o fato gerador do tributo, e, via de consequência, gerar direito à repetição de indébito. No entendimento mais recente do Superior Tribunal de Justiça, ficou consignado que no caso de se manter os efeitos da incidência tributária, com base no art. 118, I, do CTN, poderão trazer sérias contradições aos demais dispositivos legais do ordenamento jurídico.

Luciano Amaro defende uma interpretação sistemática entre art. 118 e art. 116, de modo que apesar de reconhecer que a incidência do tributo independente da regularidade e licitude dos atos jurídicos, alerta para necessidade de se averiguar a identificação da ocorrência real do fato gerador:

> "... para incidência do tributo, não é relevante a regularidade jurídica dos atos, ou a licitude do seu objeto ou dos seus efeitos, nem é decisivo indagar dos efeitos reais dos fatos ocorridos.
>
> (...)
>
> Esse preceito deve ser conciliado com o art. 116, I. Se os efeitos de certo ato integrarem a definição legal do fato gerador, a ausência desses efeitos, no plano concreto, lega, logicamente, a reconhecer o não aperfeiçoamento do próprio fato gerador e, por via de consequência, a inexistência de obrigação tributária"[11].

Neste mesmo sentido, Francisco Ramos Mangieri se manifestou favorável à restituição deste pagamento sob a alegação de inexistência do fato imponível do ITBI na hipótese de posterior anulação do ato translativo imobiliária:

> "Não se deve esquecer que toda relação jurídica tributária vem amparada por um fato econômico relevante e que gera efeitos no mundo fenomênico. Pois bem, com a decretação de nulidade da compra e venda, as partes remontam

11. AMARO, Luciano. Direito Tributário Brasileiro. São Paulo: Saraiva, 2014, p. 301/303.

> ao status quo ante, como se nenhum negócio tivesse sido realizado. E não havendo contratação válida, não haverá, do mesmo modo, reflexos econômicos. O imposto, então, foi pago indevidamente e, portanto, deve ser restituído"[12].

Hugo de Brito Machado apresenta um entendimento interessante quando defende o direito à restituição, pois fundamenta que a anulação do negócio jurídico exclui a causa que motivou a cobrança do imposto:

> "Mesmo assim, o desfazimento do fato que configura a hipótese de incidência do imposto, sendo efetivo e desfazendo, assim, aquela realidade que deu causa à cobrança do tributo, faz nascer o direito à restituição deste"[13].

Desta forma, o entendimento sobre a interpretação conjunta dos arts. 116 e 118 do CTN demonstra ser o melhor caminho para a interpretação da obrigação tributária à vista da validade do negócio jurídico. No caso de anulação do negócio jurídico, tem-se que a transferência de riqueza que embasou a tributação, tendo sido anulada, impediria a incidência tributária, sob pena de ofensa aos princípios da justiça tributária e capacidade contributiva.

1.5. Incidência do ITBI na integralização no capital de pessoa jurídica

Além da previsão do aspecto material, a Constituição Federal criou a imunidade tributária para algumas situações, dentre elas, o art. 156, § 2º:

> Art. 156...
>
> § 2º – O imposto previsto no inciso II:
>
> I – não incide sobre a transmissão de bens ou direitos incorporados ao patrimônio de pessoa jurídica em realização de capital, nem sobre a transmissão de bens ou direitos decorrente de fusão, incorporação, cisão ou extinção de pessoa jurídica, salvo se, nesses casos, a atividade preponderante do adquirente for a compra e venda desses bens ou direitos, locação de bens imóveis ou arrendamento mercantil;
>
> II – compete ao Município da situação do bem.

Para Regina Helena Costa, a "*imunidade tributária, então, pode ser definida como a exoneração, fixada constitucionalmente, traduzida em norma expressa impeditiva de atribuição de competência tributária*"[14]. E a Carta Magna, ao mesmo tempo em que definiu a regra matriz do ITBI, também criou uma regra especifica de imunidade em que o imposto não incidirá sobre a transmissão dos bens ou direitos quando efetuada para sua incorporação e desincorporação de patrimônio de pessoa jurídica em pagamento de capital nela subscrito. Também não haverá incidência quando a transmissão de bens ou direitos for em decorrência de fusão, incorporação, cisão ou extinção de pessoa jurídica, salvo se, nesses casos, a atividade preponderante

---

12. MANGIERI, Francisco Ramos Mangieri e outros, ITBI. 1ª ed. Edipro, 2006, p. 166/167.
13. MACHADO, Hugo de Brito. Direito á restituição do ITBI em face do anulamento da venda do imóvel, publicado na Revista Dialética de Direito Tributário nº 183, dezembro/2010, p. 63/68.
14. COSTA, Regina Helena. Imunidades tributárias: teoria e análise da jurisprudência do STF. 2 ed. São Paulo: Malheiros, 2006, p. 52.

do adquirente for a compra e venda desses bens ou direitos, locação de bens imóveis ou arrendamento mercantil.

Observe-se que esta imunidade estará condicionada ao fato de que o adquirente não esteja como atividade preponderante a compra e venda, locação ou arrendamento mercantil de bens imóveis, sendo que o art. 37 do Código Tributário Nacional vem a definir os critérios para sua identificação:

> Art. 37. O disposto no artigo anterior não se aplica quando a pessoa jurídica adquirente tenha como atividade preponderante a venda ou locação de propriedade imobiliária ou a cessão de direitos relativos à sua aquisição.
>
> § 1º Considera-se caracterizada a atividade preponderante referida neste artigo quando mais de 50% (cinquenta por cento) da receita operacional da pessoa jurídica adquirente, nos 2 (dois) anos anteriores e nos 2 (dois) anos subsequentes à aquisição, decorrer de transações mencionadas neste artigo.
>
> § 2º Se a pessoa jurídica adquirente iniciar suas atividades após a aquisição, ou menos de 2 (dois) anos antes dela, apurar-se-á a preponderância referida no parágrafo anterior levando em conta os 3 (três) primeiros anos seguintes à data da aquisição.
>
> § 3º Verificada a preponderância referida neste artigo, tornar-se-á devido o imposto, nos termos da lei vigente à data da aquisição, sobre o valor do bem ou direito nessa data.
>
> § 4º O disposto neste artigo não se aplica à transmissão de bens ou direitos, quando realizada em conjunto com a da totalidade do patrimônio da pessoa jurídica alienante

A fiscalização municipal deverá identificar a atividade preponderante com base na receita operacional, como exige o art. 37 do CTN, para conferir a existência de imunidade do ITBI. É essencial compreender que receita operacional corresponde aos valores obtidos através da atividade principal da empresa[15], ou seja, se relaciona ao resultado das atividades que constituem o objeto social da sociedade.

No julgamento do Recurso Especial n. 448.527, o Ministro relator Luiz Fux observou, à vista do art. 37 do Código Tributário Nacional, que o ITBI não incide, em regra, quando o negócio jurídico se traduz ao pagamento de cota no patrimônio de pessoa jurídica, ou resulte de incorporação ou fusão de pessoa jurídica. Contudo, haverá a incidência se esta empresa atuar, preponderantemente, na venda ou locação de imóveis. Neste mesmo julgado, o Ministro Humberto Gomes de Barros defendeu que:

> "O tributo só incide, quando a pessoa jurídica tenha obtido mais da metade de sua receita operacional em negócios imobiliários. A regra é a não incidência; exceção, a incidência. Trocando em miúdos, pode-se dizer: não incide ITBI em transferência imobiliária realizada no intuito de integralizar capital de pessoa jurídica, salvo se a pessoa jurídica houver auferido – dois anos antes e dois anos depois do negócio – mais da metade de sua receita operacional.

15. NPC 14 Pronunciamento Instituto dos Auditores Independentes do Brasil – IBRACON nº 14 de 18/01/2001.

> Como se percebe, a incidência do tributo depende de uma circunstância positiva: a realização de negócios imobiliários, em valor superior à metade da renda operacional. Isto significa: Para dizer que o tributo incide, o Fisco deve ser provar que a circunstância geratriz da obrigação tributária realmente aconteceu".

Convém notar que a destinação do imóvel às finalidades essenciais da entidade deve ser pressuposta, sob pena de não haver imunidade para esse tributo. Caso já tenha sido deferido o *status* de imune ao contribuinte, as presunções sobre o enquadramento originalmente conferido ao imóvel devem militar a seu favor. O afastamento dessa imunidade só pode ocorrer mediante a constituição de prova em contrário produzida pela administração tributária[16].

No âmbito empresarial é comum que o capital social venha a ser integralizado por qualquer espécie de bens susceptíveis de avaliação pecuniária (art. 997, III, do CC), tais como dinheiro, crédito, móveis, imóveis e outros. E esta imunidade tributária tem como finalidade constitucional facilitar a capitalização e, assim, fomentar o desenvolvimento econômico nacional.

Quanto a isso não há polêmica, sendo o problema encontrado no fato de existir alguns posicionamentos divergentes quanto à aplicação restrita da imunidade do art. 156, § 2º, inciso I, da Carta Constitucional ao valor do imóvel suficiente à integralização do capital social. Em outras palavras, art. 36 do Código Tributário Nacional permitiria a aplicação da imunidade somente ao limite do capital subscrito, não admitindo a concessão de imunidade quanto ao valor total do imóvel incorporado, se excedente.

Em outras palavras, caberia à Fazenda Pública municipal averiguar e lançar o tributo sobre o valor dos bens imóveis e respectivos direitos incorporados de quantia superior ao valor nominal das cotas. Assim, a imunidade somente seria reconhecida ao valor dos imóveis necessários à integralização do capital social, incidindo o imposto municipal sobre o restante.

Outro entendimento parte-se no sentido de que o art. 156 da Carta Constitucional não limitou nem previu a aplicação restritiva da norma de imunidade em relação ao valor do bem realizado. Com a máxima de "*o que não proibido, é permitido*", ao empresário é assegurado o direito de subscrever capital em valor inferior ao bem que integraliza, sem, contudo, haver a tributação do valor excedente.

Apesar da previsão objetiva, a falta de delimitação mais precisa de seus limites e área de aplicação faz com que o fisco municipal questione a aplicação da regra de imunidade em sua plenitude. De modo que reconhece a imunidade sobre o valor integralizado (o valor da subscrição), e tributa-se a diferença entre este valor e o bem transferido.

Ao chegar no Supremo Tribunal Federal esta celeuma, através do Recurso Extraordinário n. 796.376, o plenário deste Tribunal entendeu haver repercussão geral na matéria:

---

16. ARE 759601 AgR-segundo, Relator(a): Min. DIAS TOFFOLI, Segunda Turma, julgado em 26/05/2015, PROCESSO ELETRÔNICO DJe-118 DIVULG 18-06-2015 PUBLIC 19-06-2015.

> IMPOSTO DE TRANSMISSÃO - ITBI - IMÓVEIS INTEGRALIZADOS AO CAPITAL DA EMPRESA - ARTIGO 156, § 2º, INCISO I, DA CONSTITUIÇÃO FEDERAL - ALCANCE - LIMITAÇÃO OBSERVADA NA ORIGEM - RECURSO EXTRAORDINÁRIO - REPERCUSSÃO GERAL CONFIGURADA. Possui repercussão geral a controvérsia alusiva ao alcance da imunidade quanto ao Imposto de Transmissão nos casos de imóveis integralizados ao capital social da empresa, cujo valor de avaliação ultrapasse o da cota realizada, considerado o preceito do artigo 156, § 2º, inciso I, da Carta Federal. (RE 796376 RG, Relator(a): Min. MARCO AURÉLIO, julgado em 05/03/2015, PROCESSO ELETRÔNICO DJe-055 DIVULG 19-03-2015 PUBLIC 20-03-2015)

Em 2020, pouco antes de fechar a edição deste livro, o Supremo tribunal Federal, em sessão virtual, decidiu o mérito do Recurso sobre a **Repercussão Geral 796 - RE 796.376**, fixando a seguinte tese: "*A imunidade em relação ITBI, prevista no inciso I do § 2º do art. 156 da Constituição Federal, não alcança o valor dos bens que exceder o limite do capital social a ser integralizado*".

Isso representa uma importante vitória para os Municípios, permitindo, neste caso, a tributação do valor de bens que exceder o limite do capital social integralizado. Nesta medida, deve-se ficar atendo, no momento desta integralização, além do exato valor de mercado do imóvel ou direito real sobre ele existente, também do valor correspondente ao capital social da pessoa jurídica destinatária. Certamente, a fiscalização Municipal terá um incremento em seu trabalho na fiscalização do ITBI, agora com segurança jurídica reafirmada pelo Supremo Tribunal Federal.

1.5.1. Imunidade tributária das **Holdings** *Patrimoniais e possíveis desvios de finalidade*

A denominação *Holding* surgiu no Brasil através da lei nº 6.404/76, conhecida como a Lei das Sociedades por Ações, que traz em seu art. 2º, § 3º, a definição como aquela que tem "por objetivo participar de outras sociedades".

Ocorre que atualmente a figura da *Holding* foi bem popularizada, sendo constituída com a finalidade de controlar o patrimônio dos sócios, tendo em vista a segurança patrimonial, a organização dos recursos, a economia tributária e a simplificação na sucessão hereditária.

A *Holding* não é um tipo societário, nada mais é do que a rotulação que a doutrina fornece de uma Pessoa Jurídica constituída com finalidades diversas, estando ligadas a atividades empresariais muitas vezes familiares. Tornou-se corriqueira a abertura de Empresas com a finalidade de administrar bens e possibilitar um planejamento sucessório.

Nestes casos, a *holding* é constituída com capital social incorporado através de bens e direitos, como bens móveis, imóveis, participações societárias, propriedade industrial, cotas de empresas e investimentos financeiros. É por isso, que este tipo de Pessoa Jurídica pode se mostrar uma boa alternativa para famílias que detenham um patrimônio significativamente alto, pois existem vários tipos de sociedade e regimes tributários que podem harmonizar e adequar os interesses e objetivos do grupo familiar.

Em geral, a *Holding* apresenta as seguintes vantagens:

- Redução de custos
- Blindagem patrimonial lícita
- Economia fiscal lícita
- Planejamento sucessório
- Fortalecimento do grupo empresarial
- Diminuir a visibilidade (exposição) do detentor

Além da economia tributária, que representa a principal razão da escolha na sua constituição, também podemos apontar a intenção de se proteger o patrimônio pessoal e familiar, pois, assim, concentraria o patrimônio para facilitar a administração dos bens. E, consequentemente, isso facilitaria o futuro processo de sucessão hereditária através de um planejamento sucessório resistente e gerando uma economia significativa no pagamento do ITCMD causa mortis. O planejamento sucessório permite a proteção do patrimônio que será transferido aos herdeiros, evitando riscos ao patrimônio da família que poderiam ser gerados através de casamentos, dívidas e prodigalidade dos familiares.

Em linhas gerais, a *Holding* é o procedimento mais eficaz a fim de evitar os conflitos que podem vir a ocorrer com a sucessão, além de gerar uma significativa economia na carga tributária incidente sobre os rendimentos, conforme o regime tributário optado pelo contribuinte.

Um outro grande incentivo que existe está na previsão do art. 156, §2º, I da Constituição Federal, ao estabelecer a imunidade tributária do ITBI sobre a operação que resultar da incorporação ao patrimônio de pessoa jurídica, estabelecendo os pressupostos de aplicação:

> Art. 156. Compete aos Municípios instituir impostos sobre:
>
> ...
>
> II – transmissão "inter vivos", a qualquer título, por ato oneroso, de bens imóveis, por natureza ou acessão física, e de direitos reais sobre imóveis, exceto os de garantia, bem como cessão de direitos a sua aquisição;
>
> ...
>
> § 2º O imposto previsto no inciso II:
>
> I – não incide sobre a transmissão de bens ou direitos incorporados ao patrimônio de pessoa jurídica em realização de capital, nem sobre a transmissão de bens ou direitos decorrente de fusão, incorporação, cisão ou extinção de pessoa jurídica, salvo se, nesses casos, a atividade preponderante do adquirente for a compra e venda desses bens ou direitos, locação de bens imóveis ou arrendamento mercantil;

O capital social representa o investimento realizado pelos sócios na sociedade, através de um montante específico (bens ou direitos) que permite a empresa realizar o seu objeto social. Assim, o capital social é um investimento e deve ser distribuído na sociedade, fazendo-se necessário seguir com a real subscrição e a integralização do capital.

Não haverá a incidência do ITBI quando o imóvel ingressa na pessoa jurídica para a integralização do capital social ou quando o imóvel é transmitido por motivo de fusão, incorporação, cisão ou extinção da pessoa jurídica.

É por isso que o constituinte preferiu abrir mão da tributação a fim de incentivar a incorporação ao patrimônio de pessoa jurídica com bens ou direitos, visando a realização de um capital social para o desenvolvimento de uma atividade econômica. (ARE 1127560. Relator(a): Min. Celso de Mello. Julgamento: 12/03/2019).

Está claro que a intenção do constituinte na concessão desta imunidade ocorre com o objetivo de que os imóveis sejam utilizados na atividade desempenhada pela pessoa jurídica. Assim, necessariamente, deverá existir um desenvolvimento de **atividade econômica pela pessoa jurídica, como forma de incentivo à livre iniciativa. Com este incentivo fiscal**, o constituinte imaginou fomentar o setor econômico, uma vez que as receitas incorporadas a cada pessoa jurídica acabam por incrementar o desenvolvimento econômico nacional, gerando empregos e outros benefícios para sociedade.

Na hipótese dos bens imóveis incorporados à pessoa jurídica não serem aplicados em benefício da sociedade, mas sim, desvirtuados, como, por exemplo, serem cedidos em **comodato a seus sócios**, então não há que se falar em aplicação da regra de imunidade, uma vez que não existiu o cumprimento do art. 156, II, § 2º, I, conjugado com os princípios da ordem econômica, previstos no art. 170 da Constituição Federal.

Foi neste sentido que decidiu o Tribunal de Justiça do Estado do Paraná:

> Com base nesses dispositivos, a empresa que almeja se beneficiar da imunidade tributária, em razão da incorporação de bens imóveis em realização de capital, **deve comprovar apenas que exerce atividade econômica**, uma vez que o objetivo do legislador constituinte originário, ao instituir a regra imunizante, foi o de estimular a capitalização e o crescimento das empresas e evitar que o ITBI se transformasse num estímulo contrário à formalização dos respectivos negócios.
>
> (TJPR – 3ª C.Cível – 0002606-12.2016.8.16.0004 – Curitiba – Rel.: Desembargador Jorge de Oliveira Vargas – J. 20.08.2019)

Em diversas oportunidades, os Tribunais Regionais têm retirado a aplicação da imunidade tributária do ITBI no caso das empresas que tiveram seu capital social integralizado por bens imóveis e, posteriormente, mantiveram-se **inativas ou sem receita. Neste sentido, também encontramos julgados no Tribunal de Justiça do Estado do Rio Grande do Sul, uma vez que manter a imunidade desprestigiaria o entendimento o princípio da livre iniciativa:**

> A intenção do Constituinte ao conceder a imunidade do ITBI (art. 156, inciso II, § 2º, inciso I, da CF) foi estimular as atividades empresariais e, assim, proporcionar o crescimento econômico-financeiro das pessoas jurídicas que não tem como atividade-fim a realização de negócios imobiliários. IV) Daí porque, no caso, não havendo atividade em exercício, demonstrada pela ausência de receita operacional, não seria razoável conceder imunidade à pessoa jurídica constituída sob formato de *holding* patrimonial, cujo intuito é apenas facilitar a administração dos bens tributados que compõem o patrimônio familiar,

> sem propósito negocial. APELO PROVIDO. REEXAME NECESSÁRIO JULGADO PREJUDICADO. UNÂNIME.(Apelação e Reexame Necessário, Nº 70070663059, Vigésima Segunda Câmara Cível, Tribunal de Justiça do RS, Relator: Francisco José Moesch, Julgado em: 26-01-2017)

Em nossa leitura, outra não pode ser a interpretação, sob pena de desvirtuamento do instituto da imunidade tributária. A concessão irrestrita da imunidade tributária, sem levar em conta a destinação dos bens incorporados, desvirtuaria o objetivo constitucional de facilitar a formação, a extinção e a modificação de empresas. Certamente, pensar ao contrário, ou seja, manter a imunidade para empresas inativas ou sem receita, será privilegiar aquele que não busca a realização da função social da sua atividade.

Deste modo, com base nestas interpretações, a sociedade que almeja conservar a imunidade tributária sobre a incorporação de seu capital social com bens imóveis, deverá comprovar que exerce atividade econômica, assim decidiu o Supremo Tribunal Federal:

> O art. 156, § 2º, inc. I, da CRFB excepciona as hipóteses de incidência do ITBI justamente para impulsionar a atividade financeira e econômica. Pela não incidência do imposto, fomenta-se o setor econômico e privilegia-se o interesse público, na medida em que as receitas incorporadas a cada pessoa jurídica acabam por incrementar o capital nacional. No caso concreto, conquanto a impetrante tenha concentrado seu patrimônio familiar através de uma personalidade jurídica, é incontroverso que ela não exerceu, desde a constituição, qualquer atividade. Assim, não se aplica a imunidade em apreço. SENTENÇA REFORMADA EM REEXAME NECESSÁRIO. UNÂNIME" O recurso busca fundamento no art. 102, III, a e c, da Constituição Federal. A parte recorrente alega violação ao art. 156, § 2º, I, da Carta. Sustenta que cumpriu com os requisitos constitucionais para fazer jus à imunidade e que não poderia o Tribunal presumir que a intenção da empresa não seria a integralização do capital
>
> (STF. ARE 1046395. Relator(a): Min. ROBERTO BARROSO. Julgamento: 29/05/2017. Publicação: 02/06/2017)

Está claro que as autoridades fiscais não podem aplicar presunções inadmissíveis, nem impor ao contribuinte dever probatório inexequível, mas devem acompanhar se as empresas (*holdings*) estão explorando alguma atividade econômica.

1.6. Dissolução de condomínios sobre imóveis indivisíveis

A situação da incidência do ITBI deve ser analisada frente a circunstância em que os proprietários decidissem dividir o imóvel e extinguir a propriedade compartilhada, buscando identificar o tipo de transmissão (onerosa ou gratuita), os proprietários dos bens, se a divisão apresentada tem como resultado final a extinção total ou parcial do condomínio e separar a quota-parte de cada proprietário sobre os imóveis localizados no município tributante.

Se no caso concreto, houve a identificação que na proposta de divisão houver a incorporação ao patrimônio de cada um dos condôminos – individualmente considerados – parte superior à que lhe competia anteriormente à divisão, haverá incidência tributária.

Neste caso, o ente municipal poderá exigir o ITBI da parcela excedente, amparado na onerosidade decorrente do pagamento pela quota maior recebida, assim é o entendimento do Superior Tribunal de Justiça:

> PROCESSUAL CIVIL E TRIBUTÁRIO. OMISSÃO. NÃO-OCORRÊNCIA. ITBI. IMÓVEIS URBANOS EDIFICADOS. DISSOLUÇÃO DE CONDOMÍNIO. INCIDÊNCIA DO TRIBUTO. BASE DE CÁLCULO. PARCELA ADQUIRIDA AOS OUTROS CO-PROPRIETÁRIOS.
>
> 1. Hipótese em que os quatro impetrantes (ora recorridos) eram co-proprietários de seis imóveis urbanos edificados. Os condôminos resolveram extinguir parcialmente a co-propriedade. Para isso, cada impetrante passou a ser único titular de um dos seis imóveis. Quanto aos dois bens restantes, manteve-se o condomínio. Discute-se a tributação municipal sobre essa operação.
>
> 2. O Tribunal de origem entendeu ter ocorrido simples dissolução de condomínio relativo a uma universalidade de bens, conforme o art. 631 do CC/1916. Assim, não teria havido transmissão de propriedade com relação à maior parte da operação. Se o indivíduo passou a ser proprietário de imóvel em valor idêntico à sua cota ideal no condomínio, não incidiria o ITBI.
>
> 3. Inexiste omissão no acórdão recorrido, que julgou a lide e fundamentou adequadamente seu acórdão.
>
> 4. No entanto, o art. 631 não incide na hipótese, pois se refere ao caso clássico de condomínio de bem divisível. Seria aplicável se os quatro impetrantes fossem co-proprietários de terreno rural ou de terreno urbano não-edificado. Nesse exemplo, no caso de desfazimento do condomínio, o imóvel poderia ser fracionado junto ao cartório de imóveis, observados os limites mínimos, requisitos e formalidades legais, resultando em quatro partes iguais. Cada um dos antigos co-proprietários seria o único titular de seu terreno (correspondente a 25% do original). Inexistiria transmissão onerosa de propriedade nessa situação fictícia e, portanto, incidência do tributo municipal.
>
> 5. Diferentemente, quando há condomínio de apartamento edilício, ou de um prédio urbano não-fracionado em unidades autônomas, é impossível a divisão do bem. É este o caso dos autos.
>
> 6. O registro imobiliário é individualizado, como o é a propriedade de apartamentos, nos termos da Lei de Registros Públicos (art. 176, § 1º, I, da Lei 6.015/1973).
>
> 7. Na situação inicial, antes do pacto de extinção parcial do condomínio, os quatro impetrantes eram co-proprietários de cada um dos imóveis, que devem ser considerados individualmente.
>
> 8. Com o acordo, cada um dos impetrantes passou a ser único proprietário de um dos seis imóveis. Ou seja, adquiriu dos outros co-proprietários 75% desse bem, pois já possuía 25%.
>
> 9. O ITBI deve incidir sobre a transmissão desses 75%. Isso porque a aquisição dessa parcela se deu por alienação onerosa: compra (pagamento em dinheiro) ou permuta (cessão de parcela de outros imóveis).
>
> 10. Esse raciocínio se aplica aos quatro imóveis que passaram a ser titulados por um único proprietário. Quanto aos outros dois bens, com relação aos quais o condomínio subsistiu, não há alienação onerosa nem, portanto, incidência do ITBI.

11. Os impetrantes adjudicaram cada um dos quatro imóveis a uma única pessoa, indenizando os demais (por pagamento ou permuta), nos termos do art. 632 do CC/1916.

12. É pacífico que os impostos reais (IPTU e ITBI, em especial) referem-se aos bens autonomamente considerados. Também por essa razão seria incabível tratar diversos imóveis como universalidade para fins de tributação.

13. Esse entendimento foi consolidado pelo egrégio STF na Súmula 589: "É inconstitucional a fixação de adicional progressivo do imposto predial e territorial urbano em função do número de imóveis do contribuinte".

14. A Suprema Corte impediu que os Municípios considerassem todos os imóveis de cada contribuinte como uma universalidade para fins de progressividade das alíquotas. Isso decorre do reconhecimento de que cada imóvel a ser tributado deve ser autonomamente considerado.

15. Se o Município não pode considerar o conjunto de imóveis uma universalidade, para cálculo do IPTU, seria inadmissível que o contribuinte possa fazê-lo com o intuito de pagar menos ITBI.

16. Recurso Especial provido.

(REsp 722.752/RJ, Rel. Ministro HERMAN BENJAMIN, SEGUNDA TURMA, julgado em 05/03/2009, DJe 11/11/2009)

Em linhas gerais, a situação demonstrou que se tratava de uma extinção parcial de condomínio, onde quatro pessoas eram coproprietários de cada um dos imóveis, que devem ser considerados individualmente. Mediante um negócio jurídico, cada um deles passou a ser único proprietário de um dos seis imóveis, adquirindo dos outros coproprietários 75% desse bem, pois já possuíam 25%.

Desta forma, o correto seria que o ITBI deva incidir sobre a transmissão desses 75%, uma vez que a aquisição dessa parcela se deu por alienação onerosa: compra (pagamento em dinheiro) ou permuta (cessão de parcela de outros imóveis). Este entendimento se aplicou aos quatro imóveis que passaram a ser titulados por um único proprietário. Quanto aos outros dois bens, com relação aos quais o condomínio subsistiu, não há alienação onerosa nem, portanto, incidência do ITBI.

2. ASPECTO TEMPORAL

Se a Constituição Federal de 1988 elegeu como aspecto material do ITBI "a transmissão de bens imóveis", o momento da ocorrência do fato gerador, somente poderá ser o instante em que a legislação civil considere como perfeita a transmissão de titularidade.

É comum que o imposto municipal seja exigido em momento anterior ao Registro do Imóvel, muitas vezes no momento da elaboração do contrato ou da escrituração da venda. Frente a esta situação fática, existem inúmeros juristas, ainda que de forma minoritária, que defendem que o contrato isoladamente transfere a propriedade imobiliária.

Acerca da transmissão de propriedade de imóveis é interessante notar as lições de Sílvio de Salvo Venosa:

> "Para o sistema francês, a transcrição no registro imobiliário não é constitutiva de direito real. O efeito translativo decorre do próprio contrato de compra e venda, doação, permuta etc. O contrato é, ao mesmo tempo, obrigação e fato gerador do direito real. Transfere-se a propriedade pelo simples consentimento. Quanto aos imóveis, existem nesse direito duas fases distintas: quando do contrato, a propriedade transfere-se, acarretando efeito entre as partes; com o registro imobiliário, o direito alcança o efeito erga omnes. O registro tem apenas o efeito de tornar o negócio público e oponível perante terceiros.
>
> (...)
>
> O Código alemão de 1896 instituiu a transferência de propriedade fundada no registro imobiliário. Pelo sistema alemão, há um exame prévio do título que serve de instrumento para a transferência da coisa, perante juízes de registro imobiliário. Essa modalidade exige cadastro rigoroso e confiável dos imóveis. Efetivado o registro nesse sistema. O ato assume caráter de negócio jurídico abstrato. Desvincula-se o negócio da causa anterior, seja ela contrato de compra e venda, doação, permuta etc. Destarte, o conteúdo do registro estabelece presunção absoluta de propriedade. A transcrição imobiliária é sua prova plena. O registro alemão concede publicidade formal ao tornar públicos os atos ali inscritos, permitindo a qualquer interessado deles tomar conhecimento. Também confere publicidade material ao ato registrado porque a ele atribuiu precipuamente eficácia. A inscrição exterioriza o ato e outorga-lhe eficácia erga omnes. Nosso ordenamento civil adota o sistema tedesco, com a mitigação necessária à realidade social. O registro imobiliário não poderia apresentar o mesmo caráter absoluto em razão de nossas deficiências estruturais"[17].

► REFLITA UM POUCO:

Dispõe o art. 116 do Código Tributário Nacional que se tratando de situação de fato, considera-se concretizado o fato gerador do imposto a partir do momento em que as circunstâncias materiais produziram seus efeitos. Por outro lado, sendo uma situação jurídica, considera-se ocorrido o fato gerador quando estiverem presentes os requisitos legais definidos naquela situação jurídica.

É evidente que o Código Civil brasileiro adotou o modelo alemão, onde se considera que o registro estabelece presunção absoluta de propriedade, fazendo sua prova plena. Pelas regras do Código Civil (art. 1245), a propriedade imóvel será transferida, entre vivos, mediante o registro do título translativo no Registro de Imóveis. Enquanto isso não ocorra, o alienante continua a ser havido como dono do imóvel. Em outras palavras, *"enquanto não levado a registro, enquanto não transcrito, o título aquisitivo da propriedade não produz efeitos de transmiti-la"*[18].

A partir desta premissa, pode-se notar que o aspecto temporal do ITBI está condicionado ao aperfeiçoamento da transmissão imobiliária, conforme disposto pelo Código Civil. E a concretização do fato jurídico tributário somente ocorrerá com o cumprimento dos requisitos legais, nos termos do art. 1245 CC.

---

17. VENOSA, Sílvio de Salvo. Direito Civil: direitos reais. São Paulo: Atlas, 2011, p. 185/186.
18. BARRETO, Aires F. Curso de Direito Tributário Municipal. São Paulo: Saraiva, 2009, p. 285.

Este é o entendimento de Hugo de Brito Machado:

> "É claro que a lei civil havia de definir o instante em que se deve considerar a transmissão consumada. Este momento é o da transcrição do título no Registro de Imóveis. Todavia, desde que as partes convencionaram a compra e venda, o tributo já pode ser recolhido, tendo em vista que os atos restantes constituem mera formalização, para efeitos civis"[19] .

Em respeito a legislação privada, conforme prescreve o art. 110 do CTN, entende-se que o negócio jurídico, por si só, é insuficiente para transferir o domínio, sendo necessária, para completar o processo translativo, no caso de bens imóveis, a transcrição do título de transferência no respectivo Registro de Imóveis.

Neste sentido já decidiu e consolidou a jurisprudência no Superior Tribunal de Justiça:

> *O fato gerador de ITBI é o registro no ofício competente da transmissão da propriedade do imóvel, mesmo no caso de cisão de empresa. (AREsp 1.760.009-SP, Rel. Min. Herman Benjamin, Segunda Turma, por unanimidade, julgado em 19/04/2022)*

O Supremo Tribunal Federal, ao analisar o caso, por maioria de votos, reafirmou a tese da não incidência do ITBI na cessão de direitos imobiliários. Essa tese foi firmada na decisão tomada no ARE 1294969, julgado sob a égide de repercussão geral analisando o Tema 1124: *"o fato gerador do Imposto sobre Transmissão Inter Vivos de Bens Imóveis (ITBI) somente ocorre com a efetiva transferência da propriedade imobiliária, que se dá mediante registro"*.

Ocorre que o Plenário Virtual do Supremo Tribunal Federal decidiu reanalisar a fixação de tese segundo a qual o fato gerador do imposto sobre transmissão *inter vivos* de bens imóveis (ITBI) somente ocorre com a efetiva transferência da propriedade imobiliária, mediante o registro. Ministro Dias Toffoli proferiu voto vencedor e acolheu embargos de declaração no caso. A Corte acolheu, segundo embargos de declaração ajuizados pelo município de São Paulo, que se insurgiu contra a tese fixada em fevereiro de 2021, sob repercussão geral.

Como resultado, o tema sobre a incidência do ITBI em cessão de direitos de compra e venda continua com repercussão geral reconhecida, mas não vale mais a reafirmação de jurisprudência. O processo será pautado em um futuro próximo.

Aguardemos o desfecho que ainda está pendente até o fechamento desta edição.

Na prática, o adquirente do imóvel está obrigado a providenciar o pagamento do ITBI antes da lavratura da matrícula. Isso porque a lei 8935/94 e 6015/73, as quais regulamentam os serviços notariais e de registro, impõe como dever dos Cartórios a fiscalização dos tributos incidentes sobre seus atos:

> Lei 8935/94 – Art. 30. São deveres dos notários e dos oficiais de registro:
>
> XI – fiscalizar o recolhimento dos impostos incidentes sobre os atos que devem praticar;

---

19. MACHADO, Hugo de Brito. Curso de Direito Tributário, 33ª ed. São Paulo: Malheiros. 2012. p. 410.

Lei 6015/73 - Art. 289. No exercício de suas funções, cumpre aos oficiais de registro fazer rigorosa fiscalização do pagamento dos impostos devidos por força dos atos que lhes forem apresentados em razão do ofício.

Considerando que o fato jurídico tributário apenas irá ocorrer posteriormente, o recolhimento antecipado exige com que a base de cálculo do imposto seja presumida. Marcelo Colombelli Mezzomocritica esta forma de recolhimento no sentido de que "*deve incidir o ITBI após o registro e não antes, como tem urdido a viciosa praxe de nossos Cartórios e Tribunais. Só a transmissão após o registro que constitui o direito frente ao sujeito passivo total. O direito real só se cria per se stante quando seu exercício é a fonte da publicidade indispensável*"[20].

Tais legislações, aparentemente, poderiam trazer contradições em torno do momento da ocorrência do fato gerador do ITBI: ato da celebração do instrumento (escritura) ou no registro desse instrumento. Ocorre que somente haverá transmissão imobiliária com o registro respectivo título, sendo assim, somente o registro imobiliário junto ao Registro de Imóveis poderia ser o aspecto temporal da hipótese de incidência do ITBI.

A exigência do pagamento do ITBI no momento da celebração da escritura pública é apenas uma forma de pagamento antecipado, exigido pelos Tabeliães para não serem eleitos como responsáveis pelo respectivo crédito tributário (art. 134, VI, CTN[21]). Contudo, ressalta-se que, enquanto não transcrito o título aquisitivo de propriedade não poderá reconhecer os efeitos da transmissão para efeito do imposto municipal.

Desta forma, considera-se ocorrido o fato gerador do ITBI no momento do registro da escritura junto ao Registro de Imóveis. E o prazo decadencial para lançar de ofício Imposto sobre Transmissão de Bens Imóveis não declarados e não pagos é de cinco anos contados do primeiro dia do exercício seguinte ao que o lançamento poderia ser efetuado, na forma do art. 173, I do CTN.

Caso interessante foi julgado pelo Superior Tribunal de Justiça em que se buscava averiguar se é devido ou não o recolhimento do ITBI por ocasião da consolidação da propriedade do imóvel em nome do credor fiduciário nos casos de inadimplemento pelo devedor fiduciante.

A questão jurídica discutida neste recurso busca um entendimento acerca da incidência de ITBI na execução do contrato de alienação fiduciária em razão do inadimplemento do devedor-fiduciante e consolidação da garantia real a favor do credor-fiduciante.

O Superior Tribunal de Justiça - apreciando o Recurso Especial 184.4279/DF - decidiu que o inadimplemento do contrato pelo devedor fiduciário ocasionará o

20. MEZZOMO, M.C. Breves apontamentos sobre a incidência do ITBI e IPTU. Disponível em:<http://www.ufsm.br/direito/artigos/tributario/ITBI-IPTU.htm>. Acesso em18/12/2008.

21. Art. 134. Nos casos de impossibilidade de exigência do cumprimento da obrigação principal pelo contribuinte, respondem solidariamente com este nos atos em que intervierem ou pelas omissões de que forem responsáveis:.. . VI - os tabeliães, escrivães e demais serventuários de ofício, pelos tributos devidos sobre os atos praticados por eles, ou perante eles, em razão do seu ofício.

retorno do bem imóvel em favor do credor, o que configura transmissão imobiliária para fins de ITBI:

> Deveras, este contrato de direito real se materializa com o registro do contrato fiduciário no Registro de Imóveis competente, cujo teor confere ao credor-fiduciário a propriedade resolúvel do imóvel pactuado, com o exercício da posse indireta desse bem, cabendo ao devedor-fiduciante, por sua vez, a posse direta, exercendo-a através de uma condição negocial resolutória, condicionado ao regular adimplemento das prestações pactuadas com o credor-fiduciário, nos termos do artigo 23 da Lei n.º 9.514/1997.
>
> Como a hipótese referida ocasiona a desconstituição do contrato real de garantia, de modo a consolidar a propriedade plena do imóvel pactuado ao credor-fiduciário, retornará para este o domínio integral de todos os poderes inerentes ao direito real sobre o bem imóvel (artigo 1.225, inciso I, do Código Civil), caracterizando-se neste ínterim um ato de transmissão, a qualquer título, de um domínio de propriedade, que por igual sentido, acarretará a deflagração da hipótese de incidência do artigo 35, inciso I, do CTN, validando-se outrossim, a determinação contida no artigo 26, § 7º, da Lei n.º 9.514/97.
>
> (REsp 1844279/DF, Rel. Ministro MAURO CAMPBELL MARQUES, SEGUNDA TURMA, julgado em 05/05/2020, DJe 14/05/2020)

3. ASPECTO ESPACIAL

O imposto deve ser recolhido no Município onde se localiza o imóvel objeto de transmissão (art. 156, §2º, I CF). Ao contrário do que ocorre com o IPTU e ITR, para o ITBI é irrelevante o imóvel ser rural ou urbano, os dois serão alcançados pelo imposto municipal.

4. ASPECTO SUBJETIVO

O sujeito ativo do ITBI é definido como o Município da situação do imóvel, com exceção para os territórios, situação em que a União irá arrecadar os impostos municipais, bem como o Distrito Federal que irá arrecadar tributos estaduais e municipais dentro de sua circunscrição (art. 147 da Constituição Federal).

O art. 42 do Código Tributário Nacional delega aos municípios a função de eleger os sujeitos passivos do imposto, que poderá atribuir a responsabilidade para o adquirente ou alienante imobiliário. Isso significa que o sujeito passivo da obrigação tributária pode ser escolhido discricionariamente pela lei municipal, uma vez que o art. 42 do Código Tributário Nacional deixou aberta essa possibilidade, ao consignar que o "contribuinte do imposto é qualquer das partes na operação tributada, como dispuser a lei".

5. ASPECTO QUANTITATIVO

5.1. Base de cálculo

De semelhante forma que ocorre com o IPTU, o art. 38 do Código Tributário Nacional elege como base de cálculo do ITBI o valor venal do imóvel.

Para um melhor entendimento acerca da base de cálculo do ITBI é necessário que se defina precisamente o que vem a ser valor venal, e, consequentemente, qual é o quantum a ser utilizado para fins de cálculo deste imposto. Pois, como diria o saudoso tributarista Alfredo Augusto Becker: "a *lei tributária não é um falcão real que do punho do Executivo alça voo para ir à caça do 'fato gerador'*"[22].

Descobre-se que o alcance da expressão valor venal, prevista no art. 38 do Código Tributário, é resultante de um ato negocial, no qual deu ensejo a transmissão de um imóvel ou do direito sobre ele.

Por isso, entende-se como valor venal o preço real de venda, isto é, é o valor que o imóvel alcançaria em condições de compra e venda no mercado no momento de sua alienação, não se levando em conta as construções realizadas posteriormente:

> STF – Súmula nº 110 – O imposto de transmissão "inter vivos" não incide sobre a construção, ou parte dela, realizada pelo adquirente, mas sobre o que tiver sido construído ao tempo da alienação do terreno.

Esse também é o entendimento do doutrinador Kiyoshi Harada, defendendo o valor venal do imóvel como sendo o "*preço alcançado nas operações de compra e venda à vista, consideradas as condições normais do mercado imobiliário*"[23].

Aires F. Barreto define que o "valor venal é o preço provável que o imóvel alcançará para compra e venda à vista, diante de mercado estável e quando comprador e vendedor têm plena consciência do potencial de uso e ocupação que o imóvel pode ser dado"[24]. Com efeito, a Fazenda Pública deve buscar a verdade material da base de cálculo do ITBI, não sendo obrigada a aceitar o valor declarado pelo contribuinte, quando este for notoriamente inferior ao de mercado.

O entendimento jurisprudencial é de que a base de cálculo do IPTU, por mais que utilize a mesma nomenclatura, não precisa coincidir com o ITBI, pois teriam formas de apuração diferentes:

> EXECUÇÃO FISCAL. ITBI. BASE DE CÁLCULO. VALOR VENAL DO IMÓVEL. IPTU. PLANTAS GENÉRICAS. APURAÇÃO DA BASE DE CÁLCULO POR ARBITRAMENTO. ART. 148 DO CTN. POSSIBILIDADE. 1. A forma de apuração da base de cálculo e a modalidade de lançamento do IPTU e do ITBI são diversas, não sendo possível vincular os valores, que em regra serão diferentes. 2. É possível, mediante processo administrativo, arbitrar a base de cálculo desde que presentes os pressupostos autorizativos do artigo 148 do CTN, como ocorreu na espécie. 3. Agravo regimental não provido. (STJ. AgRg no REsp 1226872/SP, Rel. Ministro CASTRO MEIRA, SEGUNDA TURMA, julgado em 27/03/2012, DJe 23/04/2012)

Neste sentido, o Município não está obrigado a aceitar o mesmo valor venal do imóvel para o cálculo do IPTU, podendo arbitrar o seu valor nos termos do art. 148 do CTN. Em linhas gerais, embora o ITBI e o IPTU tenham a mesma base

22. BECKER, Alfredo Augusto.Teoria Geral do Direito Tributário. São Paulo: Lejus, 1998, p. 115.
23. HARADA, Kiyoshi. Direito Financeiro e Tributário, 3ª ed., Atlas, São Paulo: 1998, p. 244.
24. BARRETO, Aires F. Curso de Direito Tributário Municipal. São Paulo: Saraiva, 2009, p. 295.

de cálculo (valor venal do imóvel) existe uma forma diferente de apuração desse valor, possibilitando a diferença numérica[25]. José Soares de Melo também identifica esta diferença entre valores do IPTU e ITBI quanto ao valor venal, lecionando da seguinte forma:

> "Não se pode ignorar que, apesar de se encontrarem adstritas ao Bem imóvel, trata-se de situações distintas (propriedade e alienação), razão pela qual a base imponível deve refletir o valor' da transação imobiliária, sob pena de violarem os superiores princípios da capacidade contributiva e da vedação de confisco"[26].

Tanto é assim que o Superior Tribunal de Justiça julgou, sob a sistemática de recurso repetitivo **TEMA 1113**, decidindo ser vedado a Fazenda Pública arbitrar previamente a base de cálculo do ITBI, devendo esperar a apresentação do valor do negócio pelo contribuinte:

> Para o fim preconizado no art. 1.039 do CPC/2015, firmam-se as seguintes teses:
>
> a) a base de cálculo do ITBI é o valor do imóvel transmitido em condições normais de mercado, não estando vinculada à base de cálculo do IPTU, que nem sequer pode ser utilizada como piso de tributação;
>
> b) o valor da transação declarado pelo contribuinte goza da presunção de que é condizente com o valor de mercado, que somente pode ser afastada pelo fisco mediante a regular instauração de processo administrativo próprio (art. 148 do CTN);
>
> c) o Município não pode arbitrar previamente a base de cálculo do ITBI com respaldo em valor de referência por ele estabelecido unilateralmente.
>
> (REsp n. 1.937.821/SP, relator Ministro Gurgel de Faria, Primeira Seção, julgado em 24/2/2022, DJe de 3/3/2022.)

Em importante precedente com eficácia vinculante, a 1ª Seção do STJ, no REsp 1.937.821, sob a relatoria do ministro Gurgel de Faria, examinou a temática da base de cálculo do IPTU e do ITBI, assim como a análise da legalidade da adoção de valor de referência fixado previamente pelo fisco como parâmetro para o cálculo do ITBI. Este julgamento foi uma resposta a condutas de algumas Fazendas Públicas Municipais que realizavam prévia e unilateralmente o lançamento de ofício do ITBI, desconsiderando por completo o contrato de compra e venda de imóvel com preço definido celebrado pelo contribuinte.

Diante do princípio da boa-fé, o preço declarado pelo contribuinte no negócio jurídico de compra e venda de imóvel presume-se verídico, salvo prova contundente em sentido contrário, o valor de mercado do imóvel comercializado para efeito de incidência de ITBI. Cabe notar que esta presunção não é absoluta, podendo ser afastada pelo fisco, se esse valor se revelar, manifestamente, incompatível com a realidade econômica, nos termos do art. 148 do CTN.

---

25. STJ. AgRg no AREsp 36.740/RS, Rel. Ministro HUMBERTO MARTINS, SEGUNDA TURMA, julgado em 25/10/2011.
26. PAULSEN, Leandro; MELO, José Eduardo Soares de. Impostos: federais, estaduais e municipais. Porto Alegre: Livraria do Advogado, 2011, p. 303.

Caso a Fazenda Pública Municipal discorde do valor apresentado pelo contribuinte como base de cálculo do ITBI é possível a estipulação do valor venal através de arbitramento das autoridades fiscais, desde que inexista parâmetro ou preço de venda. Isso significa que, em regra, o valor venal para fins de ITBI é o preço de negociação, sobre o qual o tributo será lançado. Mas diante de situações em que o valor apontado é inferior ao valor de mercado ou até mesmo do valor venal apurado no IPTU, poderá o Município arbitrar a base de cálculo por meio de procedimento administrativo fiscal, com posterior lançamento de ofício[27]:

> Por considerar a base de cálculo do ITBI o valor de mercado do imóvel objeto do negócio jurídico, este Tribunal pacificou orientação no sentido de que tal grandeza não se confunde, necessariamente, com a que serve de parâmetro para o cálculo do IPTU (EDcl no AREsp 424.555/SP, Rel. Ministro Og Fernandes, Segunda Turma, DJe 20/2/2014; AgRg nos EDcl no AREsp 346.220/RS, Rel. Ministro Sérgio Kukina, Primeira Turma, DJe 17/6/2014).

Acompanhando este entendimento Aires F. Barreto leciona o limite do arbitramento do fisco seria a aplicação da verdade real na investigação da efetiva base de cálculo do ITBI:

> Com efeito, sem sendo a base de cálculo o valor venal (valor de mercado) cabe ao Fisco a busca da verdade material, não aceitando a declaração do contribuinte de valor notoriamente inferior ao do mercado. Mas é preciso que se demonstre, cabalmente, que se tem valor flagrantemente inferior ao de mercado[28].

Caso a aquisição de imóvel ocorra por meio de hasta pública o valor venal, corresponde ao preço de arrematação. Convém lembrar que a arrematação, segundo Moacyr Amaral Santos, corresponde como um ato de expropriação pelo qual o Poder Judiciário irá transferir de maneira coativa, os bens penhorados, mediante o recebimento do respectivo pagamento[29].

Tanto é assim que no concurso de Procurador do Tribunal de Contas da Bahia, (CESPE – 2010) considerou CORRETA, a seguinte assertiva: *"caso uma pessoa adquira bem imóvel em hasta pública pelo valor de R$ 370.000,00, mas a avaliação judicial tenha atribuído a esse bem o valor de R$ 335.000,00, o cálculo do ITBI incidente sobre essa transação deverá de ser feito com base no valor alcançado na arrematação".*

Consistindo em transferência onerosa, a arrematação fornece dados objetivos e certos, como o destinatário e o valor da alienação, suficientes para fixar a base de cálculo do ITBI, sendo totalmente desnecessário e inadmissível o arbitramento de valores, conforme entendimento do Superior Tribunal de Justiça:

> *PROCESSUAL CIVIL. RECURSO ORDINÁRIO EM MANDADO DE SEGURANÇA. TRIBUTÁRIO. ITBI. ARREMATAÇÃO DE IMÓVEL. BASE DE CÁLCULO. VALOR ALCANÇADO NA HASTA PÚBLICA. PRECEDENTES. 1. A orientação das Turmas que integram a*

27. STJ. REsp 261.166/SP, Rel. Ministro JOSÉ DELGADO, PRIMEIRA TURMA, julgado em 12/09/2000.
28. BARRETO, Aires F. Curso de Direito Tributário Municipal. São Paulo: Saraiva, 2009, p. 295.
29. "o ato de transferência coacta dos bens penhorados, mediante o recebimento do respectivo preço em dinheiro, para satisfação do direito do credor" (Santos, Moacyr Amaral. Primeiras linhas de direito processual civil. Volume 3. 4ª edição. São Paulo: Saraiva, 1980-1981.

Primeira Seção/STJ firmou-se no sentido de que a arrematação corresponde à aquisição do bem alienado judicialmente, razão pela qual se deve considerar, como base de cálculo do ITBI, o valor alcançado na hasta pública. 2. Recurso ordinário não provido. (RMS 36.293/RS, Rel. Ministro MAURO CAMPBELL MARQUES, SEGUNDA TURMA, julgado em 04/10/2012, DJe 11/10/2012)

Convém esclarecer que o valor alcançado em hasta pública na arrematação não se confunde com o valor da avaliação judicial. A primeira situação nem sempre vai coincidir com a segunda, uma vez que é possível ter a venda de um imóvel abaixo do valor de avaliação desde que não configura preço vil.

A Súmula 470 do Supremo Tribunal Federal, aprovada em 1964, trata de uma situação bastante curiosa: *"O imposto de transmissão "inter vivos" não incide sobre a construção, ou parte dela, realizada, inequivocamente, pelo promitente comprador, mas sobre o valor do que tiver sido construído antes da promessa de venda"*. Isso é comum quando, por exemplo, empresas construtoras adquirem um terreno e nele constroem edifício antes de formalizar a respectiva transferência no registro de imóveis, mas após a formalização do contrato de promessa de compra em venda. Depois de construído o prédio, a construtora irá formalizar a transferência e buscam utilizar como base de cálculo do ITBI o valor somente do terreno. Contudo, o entendimento preconizado nesta Súmula 470 já se encontra superado, uma vez que o valor venal é aquele calculado com base no correto aspecto temporal do imposto, qual seja: transferência imobiliária (registro de imóveis) e não o contrato de promessa de compra e venda. Então não se deve tomar o momento da realização do contrato de compra e venda para definir a base de cálculo do imposto, mas sim a transferência do imóvel para considerar ou não as benfeitorias existentes.

Desta forma, diante da apresentação de documentos que não relatem o verdadeiro valor real de mercado do imóvel é permitido à Fazenda Pública promover o arbitramento da base de cálculo do ITBI, nos termos do art. 148 do CTN.

REGRA	• Valor venal do ITIB vai coincidir com o valor de negociação
EXCEÇÃO	• O valor venal será arbitrado quando houve discrepância com o valor de mercado ou com o valor venal do IPTU

5.2. Alíquota

As alíquotas são definidas através de lei municipal, sendo que o art. 39 do Código Tributário Nacional disciplina que a alíquota do imposto não excederá os limites fixados em resolução do Senado Federal, que distinguirá, para efeito de aplicação de alíquota mais baixa, as transmissões que atendam à política nacional de habitação.

É comum alguns municípios instituírem alíquotas progressivas, sendo aquela que varia de acordo com o valor de mercado do imóvel. Em decorrência disso, milhões de ações foram ajuizadas a fim de questionar esta forma de tributação, uma vez que não se admite a aplicação de alíquotas progressivas para impostos reais. O Supremo Tribunal Federal tem considerado a alíquota progressiva para o

ITBI inconstitucional, devendo a alíquota ser cobrada em valor fixo[30]. Tanto é assim que este entendimento foi matéria da Súmula 656 do Supremo Tribunal Federal:

> *Súmula 656 STF: É inconstitucional a lei que estabelece alíquotas progressivas para o imposto de transmissão inter vivos de bens imóveis – ITBI com base no valor venal do imóvel*

O entendimento que prevaleceu sobre longos anos era no sentido da inconstitucional das leis que criassem alíquotas progressivas para o imposto de transmissão inter vivos de bens imóveis - ITBI com base no valor venal do imóvel. Uma vez reconhecida a inconstitucionalidade do sistema de alíquotas progressivas do ITBI, deveria o imposto ser calculado, não pela menor das alíquotas progressivas, mas na forma da legislação anterior, devido o efeito repristinatório do controle de constitucionalidade[31].

Entretanto, no ano de 2013, o Plenário do Supremo Tribunal Federal, sob análise do Recurso Extraordinário nº 562045, a questão da progressividade na cobrança do Imposto sobre a Transmissão *Causa Mortis* e Doações (ITCMD) foi analisada à vista do princípio da capacidade contributiva. Nesta ocasião, prevaleceu o entendimento de que o sistema de progressividade dos impostos reais não é inconstitucional. Este entendimento demonstra a superação do posicionamento previsto na Súmula 656, repercutindo no entendimento acerca da progressividade do ITBI, sendo permitida a utilização de outras hipóteses de tributação progressiva de impostos reais, ainda que não previstas expressamente na Constituição Federal.

A situação atual é de que ainda se tem o posicionamento clássico da impossibilidade de aplicação de alíquotas progressivas ao ITBI, em razão de não ser possível analisar a capacidade contribuinte do sujeito passivo[32], conforme exposto na Sumula 656 do STF. Mas deve-se conhecer a tendência de mudança do entendimento da Suprema Corte, sinalizada no Recurso Extraordinário nº 562045, o qual demonstra um primeiro passo de superação, aplicando o princípio da capacidade contributiva também para os impostos reais, como no caso do ITBI.

Também cabe salientar que o aumento do tributo deve obedecer ao princípio da legalidade, anterioridade e anterioridade nonagesimal.

6. INFORMAÇÕES COMPLEMENTARES

O lançamento do ITBI, em regra, é realizado mediante declaração do contribuinte, podendo também ser feito de ofício. E o prazo decadencial para lançar de ofício Imposto sobre Transmissão de Bens Imóveis, não declarados e não pagos, é de cinco anos contados do primeiro dia do exercício seguinte ao que o lançamento poderia ser efetuado, na forma do art. 173, I do CTN[33].

---

30. STF. RE 700360 AgR, Relator(a): Min. CELSO DE MELLO, Segunda Turma, julgado em 16/10/2012.
31. STF. RE 220.240-1-SP. 1ª T. Rel. Min. Sepúlveda Pertence. DJU 26.05.2000.
32. Cf. BARRETO, Aires F. Curso de Direito Tributário Municipal. São Paulo: Saraiva, 2009, p. 300.
33. STJ. AgRg no Ag 1152810/SP, Rel. Ministra ELIANA CALMON, SEGUNDA TURMA, julgado em 06/10/2009.

7. QUADRO SINÓPTICO

Princípio da Legalidade	• Deve obedecer
Princípio da anterioridade	• Deve obedecer
Princípio da anterioridade nonagesimal	• Deve obedecer
Hipótese de incidência	• a transmissão, a qualquer título, da propriedade ou do domínio útil de bens imóveis por natureza ou por acessão física, como definidos na lei civil; • a transmissão, a qualquer título, de direitos reais sobre imóveis, exceto os direitos reais de garantia; • a cessão de direitos relativos às transmissões referidas nos incisos I e II.
Aspecto espacial	• Território municipal
Aspecto temporal	• Registro da transmissão
Aspecto quantitativo (Base de cálculo e alíquota)	• Base de Cálculo: valor venal • Alíquota: depende lei local
Aspecto pessoal (sujeito ativo e passivo)	• Município que se localiza imóvel, exceto territórios federais • Qualquer das partes envolvidas, conforme lei local

8. SÚMULAS DO STF E STJ

8.1. Súmulas do STF

- Súmula nº 656: É inconstitucional a lei que estabelece alíquotas progressivas para o imposto de transmissão inter vivos de bens imóveis – ITBI com base no valor venal do imóvel.
- Súmula nº 75: Sendo vendedora uma autarquia, a sua imunidade fiscal não compreende o imposto de transmissão "inter vivos", que é encargo do comprador.
- Súmula nº 110: O imposto de transmissão "inter vivos" não incide sobre a construção, ou parte dela, realizada pelo adquirente, mas sobre o que tiver sido construído ao tempo da alienação do terreno.
- Súmula nº 470: O imposto de transmissão "inter vivos" não incide sobre a construção, ou parte dela, realizada, inequivocamente, pelo promitente comprador, mas sobre o valor do que tiver sido construído antes da promessa de venda.

9. SÍNTESE DOS PRINCIPAIS ENTENDIMENTOS DO STJ SOBRE ITBI

- O fato gerador do Imposto sobre a Transmissão de Bens Imóveis – ITBI é a transmissão do domínio do bem, não incidindo o tributo sobre a promessa de compra e venda na medida em que se trata de contrato preliminar que poderá ou não se concretizar em contrato definitivo, este sim ensejador da cobrança do aludido tributo.
- O valor venal do imóvel apurado para fins de IPTU não coincide, necessariamente, com aquele adotado para lançamento do ITBI.
- O valor venal do imóvel para efeito de definição da base de cálculo do ITBI, no caso de alienação judicial, é o montante alcançado em hasta pública.
- A Base de cálculo do ITBI é o valor real da transação imobiliária, cabendo arbitramento fiscal.
- O fato gerador do ITBI ocorre apenas no momento do registro da transferência imobiliária.
- Cobrança de taxa de combate a incêndios por municípios é inconstitucional (RE 643247).
- Tese aprovada na Repercussão Geral 796 – RE 796.376: "A imunidade em relação ITBI, prevista no inciso I do § 2º do art. 156 da Constituição Federal, não alcança o valor dos bens que exceder o limite do capital social a ser integralizado".
- A nulidade de negócio jurídico de compra e venda de imóvel viabiliza a restituição do valor recolhido pelo contribuinte a título de ITBI (EREsp 1.493.162-DF, Rel. Min. Napoleão Nunes Maia Filho, Primeira Seção, por unanimidade, julgado em 14/10/2020, DJe 21/10/2020).
- Para o fim preconizado no art. 1.039 do CPC/2015, firmam-se as seguintes teses: a) a base de cálculo do ITBI é o valor do imóvel transmitido em condições normais de mercado, não estando vinculada à base de cálculo do IPTU, que nem sequer pode ser utilizada como piso de tributação; b) o valor da transação declarado pelo contribuinte goza da presunção de que é condizente com o valor de mercado, que somente pode ser afastada pelo fisco mediante a regular instauração de processo administrativo próprio (art. 148 do CTN); c) o Município não pode arbitrar previamente a base de cálculo do ITBI com respaldo em valor de referência por ele estabelecido unilateralmente. (REsp n. 1.937.821/SP, relator Ministro Gurgel de Faria, Primeira Seção, julgado em 24/2/2022, DJe de 3/3/2022.)

10. QUESTÕES OBJETIVAS

01. (2022 - VUNESP - Prefeitura de Sorocaba-SP) É correto afirmar a respeito do cálculo do Imposto sobre a Transmissão de Bens Imóveis (ITBI) nas operações de compra e venda, segundo a legislação tributária e jurisprudência nacionais, que:

a) o valor da transação declarado pelo contribuinte goza da presunção de que é condizente com o valor venal, que somente pode ser afastada pelo fisco mediante a regular instauração de execução fiscal.

b) a base de cálculo do ITBI é o valor do imóvel transmitido em condições normais de mercado, não estando vinculada à base de cálculo do IPTU, que sequer pode ser utilizada como piso de tributação.

c) o município pode arbitrar previamente a base de cálculo do ITBI com respaldo em valor de referência por ele estabelecido unilateralmente, a partir de prévias pesquisas mercadológicas por ele realizadas.

d) a base de cálculo do ITBI coincide com a base de cálculo do IPTU, a qual tem por referência planta genérica de valores apresentada pelo Poder Executivo para votação e deliberação pelo Poder Legislativo municipal.

e) o ITBI é imposto que comporta lançamento de ofício como regra geral, devendo ter como parâmetro as características médias do mercado imobiliário local, desconsideradas as características específicas do imóvel negociado, tais como benfeitorias e outras especificidades.

02. (2022 - CESPE/CEBRASPE – PGM Maringá-PR) O imposto sobre a transmissão inter vivos (ITBI) incide, conforme as regras constitucionais e o atual posicionamento do Supremo Tribunal Federal, sobre a

a) cessão de direitos relativos a compromisso de compra e venda de imóvel.

b) transmissão inter vivos não onerosa por doação de um imóvel.

c) transmissão da propriedade de imóveis incorporados ao patrimônio de pessoa jurídica em realização de capital.

d) transmissão da propriedade de imóveis decorrente de fusão, incorporação, cisão ou extinção de pessoa jurídica de natureza industrial.

e) transmissão inter vivos, a qualquer título, por ato oneroso, de direitos reais sobre imóveis por acessão física.

03. (2022 – FUNDATEC – PGM Porto Alegre – RS) Sobre o fato gerador tributário, analise as assertivas abaixo e assinale a alternativa correta.

I. Segundo recente precedente do Superior Tribunal de Justiça, ainda que o negócio jurídico que ensejou a transferência da propriedade de imóvel e, por conseguinte, a tributação pelo imposto sobre a transmissão, inter vivos, por ato oneroso, de bens imóveis (ITBI), não tenha se concretizado em caráter definitivo devido à superveniente declaração de nulidade do referido negócio jurídico, é incabível a restituição do tributo recolhido sobre a operação declarada nula.

II. Segundo os recentes precedentes do Supremo Tribunal Federal, o fato gerador presumido não é provisório, mas, isto sim, definitivo, não dando ensejo à restituição ou complementação do imposto pago, senão, no primeiro caso, na hipótese de sua não realização final.

III. O fato gerador considera-se ocorrido, tratando-se de situação jurídica submetida à condição resolutiva, desde o momento em que se completam as circunstâncias materiais necessárias à produção dos efeitos que são próprios do fato gerador.

a) Todas estão corretas.

b) Todas estão incorretas.

c) Apenas I está correta.

d) Apenas II está correta.

e) Apenas III está correta.

04. (2023 - FGV - SEFAZ-MG) João, proprietário de três imóveis, buscando contrair um empréstimo bancário, hipotecou um dos imóveis em favor do Banco 100% S/A, obtendo assim o empréstimo desejado.

Quanto ao segundo imóvel, realizou sua transferência ao patrimônio de pessoa jurídica de que é sócio, em realização de capital.

Quanto ao terceiro imóvel, em que reside, instituiu direito real de laje, a título gratuito, em favor de seu irmão José, para que este pudesse construir sua residência sobre a laje do imóvel em que João reside.

Diante desse cenário e das hipóteses de incidência do ITBI (Imposto sobre Transmissão de Bens Imóveis por Ato Inter Vivos) e do ITCD (Imposto sobre Transmissão Causa Mortis e Doação) previstas na Constituição Federal de 1988, assinale a afirmativa correta.

a) Sobre a constituição de hipoteca em favor do Banco 100% S/A não incide ITBI.

b) Sobre a instituição do direito de laje em favor de seu irmão José não incide ITCD

c) Sobre a instituição do direito de laje em favor de seu irmão José incide ITBI.

d) Sobre a transferência de imóvel para o patrimônio de pessoa jurídica de que João é sócio, em realização de capital, incide ITBI.

e) Sobre a transferência de imóvel para o patrimônio de pessoa jurídica de que João é sócio, em realização de capital, incide ITCD.

05. (2022 - CELEPAR-PR - Advogado Pleno) O ITBI é imposto municipal que incide sobre a transmissão, por ato oneroso, de bens imóveis inter vivos. No entanto, há municípios que não editaram lei para instituir o ITBI.

No caso para esses municípios, o imposto é objeto de

a) imunidade.

b) isenção.

c) não incidência.

d) alíquota zero.

e) anistia.

06. (FCC – 2012 – Procurador – Joao Pessoa-PB) Sobre os tributos municipais é correto afirmar que

a) a base de cálculo da contribuição de melhoria por obra pública Municipal é o valor venal do imóvel adjacente à obra.

b) a taxa de coleta de lixo domiciliar admite que sua base de cálculo corresponda à quantidade de moradores do imóvel atendido pelo serviço.

c) o Imposto sobre a Propriedade Predial e Territorial Urbana – IPTU e o Imposto sobre a Transmissão de Bens Imóveis por ato inter vivos a título oneroso – ITBI têm como base de cálculo o valor venal do bem.

d) o Imposto sobre Serviços de Qualquer Natureza – ISS, apesar de ser da competência municipal, é instituído por lei complementar.

e) os serviços de limpeza de vias e logradouros públicos e de segurança pública podem ser remunerados por taxa.

07. É correto afirmar:

a) A União pode instituir tributos sobre o patrimônio, renda ou serviços, de outros entes, sendo vedado apenas a tributação das autarquias e das fundações instituídas e mantidas pelo Poder Público, no que se refere ao patrimônio, à renda e aos serviços, vinculados a suas finalidades essenciais ou às delas decorrentes.

b) O STF tem entendido que a imunidade recíproca, aplicável à União, aos Estados, ao Distrito Federal e aos Municípios, é extensível à Empresa Brasileira de Correios e Telégrafos, ainda que esta seja empresa pública.

c) No ICMS, a compensação do que for devido em cada operação relativa à circulação de mercadorias ou prestação de serviços de transporte interestadual e intermunicipal e de comunicação com o montante cobrado nas anteriores pelo mesmo ou por outro Estado, em relação à energia elétrica, quando consumida no processo de industrialização, somente poderá ser feita a partir do ano de 2010.

d) Segundo a Constituição da República, em nenhum caso as alíquotas internas, nas operações relativas à circulação de mercadorias e nas prestações de serviços, poderão ser inferiores às previstas para as operações interestaduais.

e) Compete aos municípios instituir impostos sobre transmissão "inter vivos", a qualquer título, por ato oneroso, de bens imóveis, por natureza ou acessão física, e de direitos reais sobre imóveis, exceto os de garantia, bem como cessão de direitos a sua aquisição. Este tributo também incide sobre a transmissão de bens ou direitos incorporados ao patrimônio de pessoa jurídica em realização de capital, bem como, em todos os casos em que haja a transmissão de bens ou direitos decorrentes de fusão, incorporação, cisão ou extinção de pessoa jurídica.

08. (UNIUV, 2011) Assinale a alternativa incorreta:

a) Os Municípios podem instituir contribuição, na forma da legislação respectiva, para o custeio do serviço de iluminação pública, observados os critérios constitucionais;

b) Os Municípios têm competência instituir impostos sobre transmissão "inter vivos", a qualquer título, por ato oneroso, de bens imóveis, por natureza ou acessão física, e de direitos reais sobre imóveis, exceto os de garantia, bem como cessão de direitos a sua aquisição;

c) O imposto instituído sobre a transmissão "inter vivos", incide sobre a transmissão de bens ou direitos incorporados ao patrimônio de pessoa jurídica em realização de capital, desde que cobrado pelo Município em que a empresa presta serviço;

d) O Imposto sobre a Propriedade Predial e Territorial Urbana poderá ter alíquotas diferentes de acordo com a localização e o uso do imóvel;

e) Definir as alíquotas mínimas e máximas do Imposto sobre serviços de qualquer natureza e matéria para lei complementar;

09. (Exame OAB - FGV - 2005) - Assinale a alternativa falsa:

a) A competência para instituir impostos sobre a propriedade territorial rural é da União;

b) É vedado aos Estados, ao Distrito Federal e aos Municípios estabelecer diferença tributária entre bens e serviços, de qualquer natureza, em razão de sua procedência ou destino;

c) Compete aos Municípios instituir impostos sobre transmissão inter vivos, a qualquer título, por ato oneroso, de bens móveis e imóveis, por natureza ou acessão física, e de direitos reais sobre imóveis, exceto os de garantia, bem como cessão de direitos à sua aquisição;

d) O IPTU é imposto da competência dos Municípios;

e) O imposto de transmissão causa mortis e doação de quaisquer bens ou direitos relativamente a bens imóveis e respectivos direitos, compete ao Estado da situação do bem, ou ao Distrito Federal

10. (Defensoria/PA - 2009) - Lei que fixa nova base de cálculo e majora as alíquotas do IPTU e do ITBI municipal, publicada em novembro de 2008 tem eficácia

a) noventa dias a contar da publicação da nova lei para base de cálculo e alíquota do IPTU e do primeiro dia do exercício de 2009 para base de cálculo e alíquota do ITBI;

b) a partir do primeiro dia do exercício de 2009;

c) noventa dias a contar da publicação da nova lei para base de cálculo e alíquota do ITBI e do primeiro dia do exercício de 2009 para base de cálculo e alíquota do IPTU;

d) noventa dias a contar da publicação da nova lei;

e) a partir do primeiro dia do exercício de 2009 apenas para a nova base de cálculo do IPTU;

11. (SEFIN/SãoPaulo/Auditor/2012) Município Deixa pra Lá, não conseguindo, hipoteticamente, exercer sua competência constitucional tributária para instituir o ITBI no seu território, celebrou acordo com o Estado federado em que se localiza, para que esse Estado passasse a exercer, em seu lugar, a competência constitucional para instituir o referido imposto em seu território municipal e, ainda, para que exercesse as funções de fiscalizar e arrecadar esse tributo, recebendo, em contrapartida, um pagamento fixo anual, a título de "retribuição compensatória". Relativamente a essa situação, o Município Deixa pra Lá

a) pode delegar sua competência tributária e suas funções de arrecadar e de fiscalizar tributos a outra pessoa jurídica de direito público.

b) não pode delegar sua competência tributária a qualquer outra pessoa jurídica de direito público, embora possa delegar as funções de arrecadar e de fiscalizar tributos de sua competência tributária.

c) não pode delegar sua competência tributária, nem suas funções de fiscalizar tributos a qualquer outra pessoa jurídica de direito público, embora possa delegar suas funções de arrecadar tributos de sua competência tributária.

d) não pode delegar sua competência tributária, nem suas funções de arrecadar e de fiscalizar tributos de sua competência tributária a qualquer outra pessoa jurídica de direito público.

e) não pode delegar sua competência tributária, nem suas funções de arrecadar e de fiscalizar tributos de sua competência tributária a qualquer outra pessoa jurídica de direito público, mas pode delegar as funções de arrecadação às instituições bancárias públicas e privadas.

12. (SEFIN/SãoPaulo/Auditor/2012) Um município brasileiro, desconsiderando as regras de direito privado a respeito de transmissões onerosas e doações de bens e direitos, inseriu, na lei ordinária que instituiu o ITBI naquele município, uma regra jurídica que equiparava as doações de imóveis, feitas entre parentes em linha reta e entre parentes em linha colateral, até o terceiro grau, a transmissões onerosas e, com base nessa norma legal, passou a cobrar o ITBI sobre essas transmissões. Nesse caso, a norma municipal acima referida

a) não poderia ter sido criada pelo município, pois é competência dos Estados, e não dos municípios, legislar sobre o ITBI.

b) não poderia ter sido criada pelo município, pois ela fere norma geral de direito tributário que impede que a pessoa jurídica de direito público edite norma para alterar a definição, o conteúdo e o alcance de institutos, conceitos e formas de direito privado, utilizados, expressa ou implicitamente, pela Constituição Federal, para definir ou limitar competências tributárias.

c) poderia ter sido criada pelo município, pois é competência dos municípios legislar sobre o ITBI.

d) poderia ter sido criada pelo município, desde que o município firmasse convênio com o Estado no qual ele está localizado, transferindo a competência tributária do Estado para a competência tributária do município.

e) poderia ter sido criada pelo município, desde que o município firmasse convênio com o Estado no qual está localizado, transferindo a competência tributária do Estado para a do município e promovendo repartição de receita com o ente estadual, de modo que este recebesse em repasse a mesma importância que receberia se a operação tivesse sido tributada pelo ITCMD.

13. (TJ/GO/Juiz/2009) Dispõe o verbete nº 656 das Súmulas do STF que "é inconstitucional a lei que estabelece alíquotas progressivas para o imposto de transmissão "inter vivos" de bens imóveis – ITBI com base no valor venal do imóvel". Por sua vez, o verbete nº 668 das Súmulas do STF disciplina que "é inconstitucional a lei municipal que tenha estabelecido, antes da Emenda Constitucional nº 29/2000, alíquotas progressivas para o IPTU, salvo se destinada a assegurar o cumprimento da função social da propriedade urbana". Considerando estes dois verbetes que expressam o entendimento do STF e a disciplina constitucional das limitações constitucionais ao poder de tributar, é correto afirmar que

a) a progressividade de alíquotas viola o princípio da vedação ao confisco, na medida em que a alíquota vai aumentando gradativamente, independente da base de cálculo, levando em conta apenas critérios pessoais.

b) o STF entende ser possível a aplicação de alíquotas progressivas nos casos expressamente autorizados na Constituição Federal.

c) o STF só admite para o IPTU a progressividade de alíquotas no tempo, como instrumento da política urbana.

d) a progressividade de alíquotas viola o princípio da capacidade contributiva, razão pela qual só pode ser aplicada excepcionalmente.

e) na tributação extrafiscal é permitida a aplicação de alíquotas progressivas em razão da base de cálculo, como forma de estímulo ou desestímulo a determinados comportamentos.

14. (FCC/TJ/PE/Cartórios/Remoção/2013) Quando da realização de transmissão de bens imóveis e direitos a ele referentes com a finalidade de integralização de capital social pelo sócio de empresa haverá:

a) incidência de Imposto sobre Transmissão Causa Mortis e Doação – ITCMD, tal como acontece no caso de incorporação de empresa, relativamente aos bens imóveis.

b) isenção em relação ao Imposto sobre Transmissão de Bem Imóvel por ato entre vivos a título oneroso – ITBI, tal como acontece no caso de incorporação imobiliária

c) imunidade em relação ao Imposto sobre Transmissão de Bem Imóvel por ato entre vivos a título oneroso – ITBI, tal como acontece quando na transmissão de bens imóveis na incorporação, fusão, extinção e cisão de pessoa jurídica.

d) imunidade em relação ao Imposto sobre Transmissão Causa Mortis e Doação – ITCMD, tal como acontece no caso de Imposto sobre Transmissão de Bem Imóvel por ato entre vivos a título oneroso – ITBI no caso de cessão de direitos reais.

e) incidência de Imposto sobre Transmissão de Bem Imóvel por ato entre vivos a título oneroso – ITBI, tal como acontece no caso de incorporação imobiliária.

15. (FCC/TJ/PE/Cartórios/Remoção/2013) Quando do registro da promessa de compra e venda como forma de assegurar o direito real à aquisição do imóvel, deve o Oficial do Registro de Imóveis observar:

a) o recolhimento de taxa de fiscalização judiciária.

b) a incidência de Imposto sobre Transmissão Causa Mortis e Doação – ITCMD.

c) a incidência de Imposto sobre Transmissão de Bem Imóvel por ato entre vivos a título oneroso – ITBI.

d) a imunidade em relação ao Imposto sobre Transmissão Causa Mortis e Doação – ITCMD por previsão expressa no Código Tributário Nacional.

e) a não incidência de Imposto sobre Transmissão de Bem Imóvel por ato entre vivos a título oneroso – ITBI por não restar caracterizado o seu fato gerador.

16. (TJ/PE/Cartórios/Ingresso/2013) Relativamente aos aspectos da hipótese de incidência do IPTU, é correto afirmar que:

a) a base de cálculo é o valor venal do imóvel, que, por sua vez, também é a base de cálculo do Imposto sobre a Transmissão de Bens Imóveis por ato "inter vivos" a título oneroso – ITBI.

b) o aspecto temporal é observado quando do registro do título aquisitivo no Registro Imobiliário, quando se prova a propriedade.

c) o aspecto material é a propriedade de imóvel localizado na zona urbana do Município, excluídos os imóveis rurais e aqueles inseridos em área de expansão urbana constantes de loteamento em zona rural.

d) o enfiteuta é responsável tributário pelo Imposto Sobre a Propriedade Territorial Urbana – IPTU incidente sobre o imóvel sobre o qual exerce a enfiteuse.

e) não pode ter alíquotas progressivas em razão do valor venal do imóvel, assim como acontece também com o Imposto sobre a Transmissão de Bens Imóveis por ato "inter vivos" a título oneroso – ITBI, conforme posicionamento já sumulado pelo STJ.

17. (TJ/PE/Juiz/2013) Prefeito Municipal que entrou em exercício no dia primeiro de janeiro de 2013 baixou um decreto corrigindo monetariamente, conforme índice de correção lá indicado, a Planta Genérica de Valores utilizada para apuração da base de cálculo do Imposto sobre a Propriedade Predial e Territorial Urbana – IPTU e sobre o Imposto sobre a Transmissão de Bens Imóveis por ato "inter vivos" a título oneroso – ITBI. Fez constar o Prefeito que a vigência do decreto é imediata, a partir da data da publicação, já valendo para o exercício de 2013. Inconformados com esta medida, que acabou por majorar a base de cálculo do IPTU e do ITBI, alguns proprietários ingressaram em juízo questionando a constitucionalidade do decreto. Considerando-se os fatos relatados, é correto afirmar que esse decreto é

a) inconstitucional porque não atendeu às regras da anterioridade anual e nonagesimal, embora seja exceção à regra da legalidade.

b) constitucional porque majoração de base de cálculo de IPTU e ITBI é exceção às regras da legalidade e da anterioridade.

c) constitucional porque a correção monetária da base de cálculo não equivale a majoração, razão pela qual não se submete às regras da anterioridade e da legalidade.

d) inconstitucional porque não atendeu à regra da legalidade pois, apesar de se tratar de exceção à regra da anterioridade, deveria ter sido feito por lei.

e) inconstitucional porque não atendeu à regra da anterioridade nonagesimal, embora seja exceção à regra da legalidade.

18. (SEFIN/SãoPaulo/Auditor/2012) Município localizado no Estado de São Paulo concedeu, por meio de lei ordinária, isenção do ITBI para as transmissões imobiliárias, quando, cumulativamente, o adquirente do imóvel fosse pessoa natural, o valor venal do imóvel, no ano da transmissão, não excedesse R$ 50.000,00 e o referido imóvel tivesse mais de 20 anos de construção. Para poder fruir dessa isenção, o interessado, isto é, o adquirente do imóvel, deveria formular, por meio de requerimento escrito, o pedido de isenção do ITBI, juntando a documentação comprobatória do direito de usufruir o benefício legal. Um munícipe, interessado em usufruir do referido benefício, apresentou o referido requerimento, juntando: (i) cópia do carnê do IPTU, comprovando que o referido imóvel, no exercício anterior ao da transmissão, tinha valor venal equivalente a R$ 49.000,00; (ii) documentação comprobatória de que o imóvel tinha 19 anos de construção. (iii) documentos comprovando que ele, pessoa natural, é o adquirente desse imóvel. Em seu requerimento, explicou que o fato de o imóvel não ter mais de 20 anos não deveria impedir o deferimento do pedido de isenção, pois o imóvel estava "tão arruinado", que parecia ter 50 anos de construção. A autoridade municipal competente para apreciar o referido requerimento e reconhecer ou não a presença dos requisitos necessários para o reconhecimento da isenção deverá

a) deferir o pedido formulado pelo munícipe, por considerar satisfeitos todos os requisitos legais, pois o adquirente é pessoa natural, o valor da transação é inferior a R$ 50.000,00, conforme demonstra o carnê do IPTU referente ao lançamento feito no exercício anterior ao da transmissão do imóvel, e o estado de conservação do imóvel lhe dá a aparência de ter sido construído há mais de 20 anos.

b) deferir parcialmente o pedido formulado pelo munícipe e considerar satisfeitos apenas dois dos três requisitos legais, reconhecendo ao adquirente o direito de usufruir apenas 2/3 (dois terços) do valor do benefício isencional.

c) deferir o pedido formulado, interpretando teleologicamente a legislação, para reconhecer que a finalidade social da isenção deve nortear seu despacho, não se devendo valorizar em demasia requisitos formais, tais como a perfeita idade do imóvel ou a comprovação do seu valor venal do exercício em que houve a transmissão do bem.

d) deferir o pedido formulado, aplicando a interpretação analógica ao caso e reconhecendo que, se o imóvel aparenta estar "arruinado", ele tem, por analogia com imóveis no mesmo estado, mais de vinte anos, sendo, ademais, irrelevante, que o documento comprobatório do valor venal do imóvel seja do ano anterior ao da transmissão do bem.

e) indeferir o pedido formulado pelo munícipe, pois matéria relacionada com a outorga de isenção deve ser interpretada literalmente e, se o referido imóvel, não tem mais de 20 anos de construção, nem a prova de seu valor venal foi feita com carnê do IPTU do exercício em que se deu a transmissão do imóvel, não há como reconhecer que o interessado tenha satisfeito os requisitos legais para fruição do benefício isencional.

19. (MPE/CE/Promotor/2011) Sobre a imunidade, analise os itens a seguir:

I. As imunidades tributárias vêm fixadas na Constituição Federal ou em lei complementar federal.

II. As imunidades alcançam apenas os impostos.

III. O patrimônio, a renda e os serviços relacionados às finalidades essenciais dos templos de qualquer culto são imunes de impostos.

IV. A previsão de que o cidadão ficará isento de custas judiciais na ação popular é hipótese de imunidade de taxa.

V. As imunidades somente terão eficácia após regulamentação por lei complementar.

Está correto o que se afirma somente em

a) I e II.
b) III e IV.
c) IV e V.
d) I, II e III.
e) III, IV e V.

20. (PGM-Maringá/PUC-PR/2015) Com base na Constituição Federal, nas normas gerais de Direito Tributário e na jurisprudência sumulada do Superior Tribunal de Justiça (STJ) e do Supremo Tribunal Federal (STF), assinale a alternativa CORRETA

a) A alíquota da contribuição de intervenção no domínio econômico relativa às atividades de importação ou comercialização de petróleo e seus derivados, gás natural e seus derivados e álcool combustível (CIDE-combustíveis) poderá ser reduzida e restabelecida por ato do Poder Executivo, não se lhe aplicando o princípio da anterioridade genérica.
b) O ITBI (imposto sobre transmissão inter vivos de bens imóveis e de direitos reais sobre imóveis) incide na transmissão entre pessoas vivas, a qualquer título, gravando inclusive a doação não onerosa de bens imóveis, a permuta de bens imóveis, bem como a celebração do contrato de promessa de compra e venda de bem imóvel.
c) José, residente em Curitiba, vende para Antônio, residente em Ponta Grossa, imóvel urbano localizado em Londrina. O ITBI, nesse caso, é devido à Ponta Grossa, pois o sujeito ativo do imposto é o município onde se localiza o adquirente do imóvel.
d) Compete ao Senado Federal fixar a alíquota mínima do Imposto sobre Transmissão Causa Mortis e Doação (ITCMD), de quaisquer bens ou direitos, mediante resolução de iniciativa de um terço e aprovada pela maioria absoluta de seus membros.
e) Caio criou uma empresa do ramo imobiliário com o fim de locação e compra e venda de bens imóveis. Ao integralizar o capital, transferiu para sua empresa um imóvel onde será sua sede e no qual irá funcionar a respectiva atividade. Nesse caso, há imunidade do ITBI, já que a transferência do imóvel se deu em razão de incorporação ao patrimônio da pessoa jurídica em realização de capital.

21. (PGM-Curitiba/UFPR/2015) Doutrina mais autorizada define o Sistema Constitucional Tributário como "o conjunto ordenado das normas constitucionais que tratam da matéria tributária, matéria esta tomada como princípio de relação que as unifica" (ATALIBA, Geraldo. Sistema Constitucional Tributário, p. 8). No Sistema Constitucional Tributário Brasileiro, as normas que lhe conferem unidade e harmonia são as limitações constitucionais ao poder de tributar, compostas, principalmente, pelas normas de competência tributária, pelos princípios constitucionais tributários e pelas imunidades tributárias. Sobre o assunto, assinale a alternativa correta.

a) Para fins de cobrança de ITBI, é da instituição religiosa o ônus da prova de que o imóvel de sua propriedade está desvinculado de sua destinação institucional.

b) Sendo vendedora uma autarquia, a imunidade tributária recíproca compreende o ITBI.

c) De acordo com jurisprudência dominante do Supremo Tribunal Federal, possuem iniciativa para os projetos de lei que instituem isenções tributárias tanto o Chefe do Poder Executivo como os membros do Poder Legislativo.

d) A União pode definir, por medida provisória, os serviços de qualquer natureza passíveis de tributação pelo Imposto sobre Serviços de Qualquer Natureza (ISSQN).

e) Medida provisória que implique instituição ou majoração de taxa só produzirá efeitos no exercício financeiro seguinte se houver sido convertida em lei até o último dia daquele em que foi editada

22. (PGM-Curitiba/UFPR/2015) Nos termos da Constituição de 1988, compete aos Municípios instituir imposto sobre transmissão "intervivos", a qualquer título, por ato oneroso, de bens imóveis, por natureza ou acessão física, e de direitos reais sobre imóveis, exceto os de garantia, bem como cessão de direitos a sua aquisição. No âmbito municipal, o ITBI é regido pela Lei Complementar nº 40/2001. Sobre o ITBI, considere as afirmativas a seguir:

1. Nos casos de renúncia translativa da herança de herdeiro em favor de outro herdeiro, será devido o ITBI quando referida transferência for onerosa e tiver por objeto bem imóvel.

2. No Município de Curitiba, o valor venal do imóvel, base de cálculo do ITBI, será determinado pela Administração, mediante avaliação procedida por profissional habilitado, o qual observará, para tanto, as normas da Associação Brasileira de Normas Técnicas (ABNT) relativas à avaliação de imóveis.

3. Em caso de arrematação judicial, deve-se considerar como base de cálculo do ITBI o valor alcançado na hasta pública.

4. O ITBI não incide sobre a construção, ou parte dela, realizada pelo adquirente, mas sobre o que tiver sido construído ao tempo da alienação do terreno.

Assinale a alternativa correta.

a) Somente as afirmativas 1 e 4 são verdadeiras.

b) Somente as afirmativas 1, 2 e 3 são verdadeiras.

c) Somente as afirmativas 1, 2 e 4 são verdadeiras.

d) Somente as afirmativas 2, 3 e 4 são verdadeiras.

e) As afirmativas 1, 2, 3 e 4 são verdadeiras.

23. (TJ-RS/FAURGS/2015) O imposto sobre a transmissão inter vivos (ITIV/ITBI) não incide sobre a transmissão de bens ou direitos

a) incorporados ao patrimônio de pessoa jurídica em realização de capital, nos termos da Constituição Federal.

b) decorrentes de fusão, incorporação, cisão ou extinção de pessoa jurídica, salvo se, nesses casos, a atividade preponderante do adquirente for apenas a compra e venda desses bens ou direitos e alocação de bens imóveis.

c) decorrentes de fusão, incorporação, cisão ou extinção de pessoa jurídica, salvo se, nesses casos, a atividade preponderante do adquirente for apenas a compra e venda desses bens.

d) decorrentes de fusão, incorporação, cisão ou extinção de pessoa jurídica, salvo se, nesses casos, a atividade preponderante do adquirente for apenas a locação de bens imóveis.

24. (ManausPrev/FCC/2015) De acordo com a Constituição Federal, os Municípios têm competência tributária para instituir

a) o ITBI sobre as transmissões de bens imóveis, por compra e venda ou por doação.

b) o ISSQN sobre a prestação de serviço de transporte intermunicipal de carga.

c) a contribuição para o custeio do serviço de iluminação pública e a contribuição de melhoria.

d) o ITR, observadas as cláusulas de convênio específico com a União para esse fim.

e) o IR sobre os rendimentos auferidos pelos funcionários estatutários dos órgãos que compõem sua administração direta.

25. (Juiz – TJ_GO/FCC/2015) Sobre o ITBI é correto afirmar que

a) não incide sobre a promessa de compra e venda de bem imóvel.

b) incide sobre a transmissão, a qualquer título, da propriedade de bens imóveis, por natureza ou acessão física.

c) não incide sobre a cessão de direitos relativos à transmissão de bens imóveis por ato inter vivos, a título oneroso.

d) é um imposto de competência municipal e do Distrito Federal, sendo devido ao Município do domicílio do comprador, titular da respectiva capacidade contributiva.

e) não incide sobre a cessão de direitos reais de garantia sobre o bem imóvel.

26. (SEFAZ-PE/FCC/2015) Suponha que a empresa X, que explora atividade de arrendamento mercantil, incorporou a empresa Y, sendo-lhe transmitida a propriedade dos bens móveis e imóveis da segunda empresa. Nesse caso,

a) não incide ITBI, posto que a transmissão de bens ou direitos decorrentes de fusão, incorporação, cisão e extinção de pessoa jurídica é imune ao referido imposto

b) incide ITBI, pois o fato de a adquirente explorar atividade de arrendamento mercantil afasta a imunidade do mencionado tributo sobre a transmissão de bens de direitos decorrente de incorporação.

c) não incide ITBI, visto que a exação do referido imposto pressupõe a presença de pessoas físicas nos polos da relação jurídico-tributária, já recai sobre a transmissão inter vivos.

d) a responsabilidade tributária da empresa X abrange os tributos, não alcançando as multas, posto que a penalidade tem caráter pessoal e não pode ser transferida para quem não cometeu infração.

e) a responsabilidade tributária da empresa X abrange os tributos e a multa moratória, não incluindo as multas punitivas, por força do princípio de intransmissibilidade da sanção.

27. (TJ-MG/CONSULPLAN/2015) Sobre atos jurídicos contidos em uma escritura pública por meio da qual um pai doa ao filho recursos financeiros e ele, com esses recursos, compra um imóvel, no município de Belo Horizonte,

a) pode haver incidência de ITBI, mas não de ITCMD, já que os recursos financeiros são considerados bem móvel e, tal como ocorre com o ITBI, o ITCMD somente incide sobre transmissão de bens imóveis (esse, nos negócios gratuitos, a exemplo de doação; aquele, nos negócios onerosos, a exemplo de compra e venda).

b) incidirão ITBI e ITCMD, não sendo sequer possível que haja ato declaratório de isenção de algum desses impostos, vez que jamais se poderá vislumbrar ato de isenção quando o contribuinte for pessoa natural.

c) poderá incidir, tão-somente, ITCMD, vez que na compra e venda com recursos doados há uma sub-rogação do imóvel no lugar do dinheiro objeto de doação e, por conseguinte, a incidência de ITBI configuraria bis in idem, técnica de tributação vedada pela Constituição Federal.

d) incidirão ITBI (imposto de competência municipal ou do Distrito Federal) e ITCMD (imposto de competência estadual ou do Distrito Federal), salvo hipótese de isenção.

28. (TJ-MG/CONSULPLAN/2015) No negócio jurídico constituído por: 1. mútuo bancário para compra de imóvel, 2. compra e venda de imóvel com o produto do mútuo bancário e 3. alienação-fiduciária do imóvel em favor do banco mutuante (em garantia do mútuo), pode haver incidência de ITBI (art. 156, II da Constituição Federal), tendo como fato(s) gerador(es)

a) somente a compra e venda do imóvel e a alienação-fiduciária em garantia.

b) somente a compra e venda do imóvel.

c) o mútuo, a compra e venda do imóvel e a alienação-fiduciária em garantia.

d) somente a compra e venda do imóvel e o mútuo.

29. (TJ-DF/CESPE/2014) O senhor X celebrou, em 14/8/2013, com o senhor Y, contrato de compra e venda de propriedade rural devidamente registrado no cartório próprio, tendo sido estabelecida condição suspensiva de que, até 30/1/2014, o pomar em que haviam sido recentemente plantadas laranjeiras estivesse em fase inicial de formação de frutos. Em 14/9/2013, foi publicada lei por meio da qual a alíquota do ITBI, que era de 2% sobre o valor venal do imóvel, foi majorada para 4%. Tomando como base essa situação hipotética, assinale a opção correta.

a) Por se tratar de imposto, é aplicável ao caso apenas a anterioridade anual prevista no art. 150, III, "b", da CF, de modo que a majoração em questão já deveria incidir a partir de 1º/1/2014.

b) Por ter sido celebrado o negócio jurídico em 14/8/2013, a alíquota aplicável ao caso é a da lei anterior, ou seja, de 2%, visto que se trata de ato jurídico perfeito, não importando a lei eficaz no momento de implementação da condição.

c) Ainda que a condição tivesse sido realizada após 1.º/1/2014, a alíquota incidente seria de 2%, visto que a lei tributária se aplica imediatamente apenas aos fatos futuros.

d) Caso a condição ocorresse somente após 1.º/1/2014, a alíquota incidente seria de 4%, já que a lei tributária se aplica imediatamente tanto aos fatos pendentes quanto aos futuros.

e) Mesmo se tratando de imposto, aplica-se a anterioridade nonagesimal, o que faz que o aumento de alíquota, no caso descrito, possa surtir efeitos apenas depois de noventa dias da publicação da lei, de modo que a alíquota de 4% já poderia ter sido cobrada na segunda quinzena de dezembro de 2013.

30. (Câmara Sertãozinho/VUNESP/2014) O imposto sobre a transmissão inter vivos, a qualquer título, por ato oneroso, de bens imóveis e direitos a eles relativos (ITBI), não incide, dentre outras situações, sobre a transmissão de bens ou direitos incorporados ao patrimônio de pessoa jurídica em realização de capital. A referida não incidência se traduz em

a) modalidade de não exercício da competência tributária dos municípios, posto que seu exercício é facultativo.

b) modalidade de renúncia de receita tributária

c) hipótese de imunidade constitucionalmente prevista.

d) isenção a ser regulamentada por lei municipal.

e) remissão a ser regulamentada por lei municipal.

31. (Procurador de Fortaleza/CESPE/2017) Considerando os dispositivos do CTN e a jurisprudência do STJ em relação ao ato administrativo do lançamento e à atividade desenvolvida para a constituição do crédito tributário, julgue o próximo item.

– Não havendo prévia instauração de processo administrativo fiscal, será nulo o lançamento do imposto sobre transmissão de bens imóveis e de direitos a eles relativos no caso de existir divergência entre a base de cálculo declarada pelo contribuinte e o valor arbitrado pela administração tributária.

32. (Procurador/NUNESP/2016) A empresa Alfa atua no ramo de locação de veículos e incorporou um imóvel no valor de R$ 1.000.000,00 ao seu patrimônio em realização de capitais. Por conta dessa operação viu-se forçada a recolher aos cofres públicos o Imposto de Transmissão de Bens Imóveis – ITBI, pela alíquota de 4% sobre o valor do bem. Inconformada, a empresa ingressou com ação de repetição de indébito pela qual objetiva a repetição do valor que entende indevido. Essa ação é de ser julgada

a) procedente, visto que a hipótese é de imunidade do imposto.

b) procedente, visto que a hipótese é de exclusão do crédito tributário.

c) procedente, visto que a alíquota aplicada não tem previsão em Resolução do Senado Federal.

d) improcedente, visto que a atividade da empresa é de locação de bens.

e) improcedente, visto que a ação intentada não se presta a essa discussão.

33. (Técnico/IFN-MG/2016) Considerando os preceitos da Constituição Federal de 1988, analise as afirmativas a seguir sobre os tributos de competência dos municípios.

I. Os municípios podem cobrar imposto sobre a liquidação de bens móveis ou imóveis, ou de direitos sobre esses bens, de pessoas jurídicas que forem extintas, independentemente das atividades comerciais ou industriais por elas desenvolvidas.

II. Os municípios têm competência para instituir impostos sobre a transmissão "intervivos", por ato oneroso, de bens imóveis, por natureza ou acessão física, e de direitos reais sobre imóveis, exceto os de garantia, bem como cessão de direitos a sua aquisição.

III. O imposto sobre propriedade predial e territorial urbana pode ser progressivo em razão do valor do imóvel, pode ter alíquotas diferentes de acordo com a localização e o uso do imóvel e pode, ainda, ser progressivo no tempo se o imóvel edificado ou não for subutilizado ou não utilizado.

IV. Os municípios não podem cobrar imposto sobre a transmissão de bens ou direitos decorrente de incorporação de pessoa jurídica, salvo se a atividade preponderante do adquirente for a compra e venda desses bens ou direitos, locação de bens imóveis ou arrendamento mercantil.

A partir dessa análise, conclui-se que estão corretas as afirmativas:

a) I e II, apenas.

b) IIII e IV, apenas.

c) II e IV, apenas.

d) I e III, apenas.

34. (Auditor/ FCC/2016) Relativamente aos impostos de competência municipal, a Constituição Federal

a) estabelece que o IPTU, imposto sujeito à progressividade, incide sobre a propriedade de bens imóveis localizados nas zonas urbana e rural do ente municipal tributante.

b) e a Lei Complementar n° 116/03, interpretadas de modo conjunto, estabelecem que, na organização de festas e recepções do tipo buffet, o ISS incide tanto sobre a parte referente à prestação de serviços, como sobre o fornecimento de alimentação e bebidas, desde que, mediante a elaboração de um único contrato comercial, o mesmo contribuinte seja o prestador do serviço e o fornecedor da alimentação e das bebidas.

c) estabelece que o ITBI terá suas alíquotas máximas e mínimas fixadas em lei complementar.

d) e a Lei Complementar n° 116/03, interpretadas de modo conjunto, estabelecem que o ISS incide somente sobre a prestação de serviços, na hipótese de o tomador do serviço (cliente) contratar a empresa A para organizar a festa, e contratar a empresa B para fornecer alimentação e bebidas, ainda que ambas sejam empresas interdependentes.

e) estabelece que o ITBI incide sobre a transmissão de bens e direitos, a título oneroso, inclusive sobre a transmissão de direitos reais, como os direitos pignoratícios.

35. **(Advogado/BIO-RIO/2016)** A competência tributária é a aptidão constitucionalmente atribuída ao ente político para que este, com base na lei, crie o referido tributo. De acordo com a competência tributária municipal, é CORRETO afirmar:

a) O ITBI é um imposto municipal, que não incidirá sobre a propriedade adquirida por usucapião, já que somente os modos derivados de aquisição de propriedade têm interesse para o Fisco, quanto à tributação.

b) Supondo que João, domiciliado na cidade X, realize a venda de um imóvel situado na cidade do Rio de Janeiro para José, que é domiciliado na cidade Y. Nesse caso, o ITBI será devido ao município onde o contrato de compra e venda tiver sido assinado.

c) O IPTU também é um imposto de competência municipal, que possui como sujeito passivo apenas o proprietário do imóvel urbano. De acordo com a Constituição Federal, o IPTU e o ITBI são os impostos municipais que podem ser progressivos no tempo.

d) O prefeito do Município W pode atualizar o IPTU, mediante decreto, em percentual superior ao índice oficial de correção monetária, desde que respeite o princípio da anterioridade tributária.

36. **(Auditor/UECE/2016)** O imposto sobre a transmissão inter vivos de bens imóveis a qualquer título, por ato oneroso, desde que não compreendido na competência do Estado – ITBI –, é um imposto de competência do Município, que tem como fatos geradores:

I. a transmissão de bens imóveis, por natureza ou acessão física;

II. a transmissão de direitos reais sobre imóveis, exceto os de garantia;

III. a transmissão de bens imóveis por doação;

IV. a cessão de direitos relativos à transmissão de bens imóveis ou a transmissão de direitos reais sobre imóveis.

Estão corretas as complementações contidas em

a) I, II e III apenas.

b) III e IV apenas.

c) I, II, III e IV.

d) I, II e IV apenas.

37. **(Procurador Municipal/IOBV/2016)** Com relação ao Imposto Municipal sobre a Transmissão de Bens Imóveis – ITBI é correto arguir que este poderá ser exigido:

a) no ato que transfere por sucessão hereditária um bem imóvel.

b) nos casos de permuta ou de doação.

c) para a transferência de imóvel do sócio para a empresa quando em integralização de capital.

d) nas transferências de titularidade advindas de imóveis arrematados ou adjudicados judicialmente.

38. (Auditor/FGV/2016) Sobre o Imposto sobre Transmissão de Bens Imóveis (ITBI), analise as afirmativas a seguir.

I. Caso a transmissão do bem imóvel ocorra sem o pagamento do ITBI devido, os tabeliães e escrivães ficam solidariamente obrigados ao pagamento, relativamente aos atos por eles ou perante ele praticados, em razão do seu ofício.

II. O pagamento do ITBI poderá ser progressivo em razão do valor do imóvel, conforme autorização constitucional.

III. O ITBI incide sobre a transmissão de bens ou direitos incorporados ao patrimônio de pessoa jurídica em realização ou integralização de capital.

Assinale:

a) se somente a afirmativa I estiver correta.

b) se somente a afirmativa II estiver correta.

c) se somente as afirmativas I e III estiverem corretas.

d) se somente as afirmativas II e III estiverem corretas.

e) se todas as afirmativas estiverem corretas.

39. (Juiz/VUNESP/2015) Na Arguição de Inconstitucionalidade 0056693-19.2014, o Órgão Especial do Tribunal de Justiça do Estado de São Paulo, ao analisar legislação do Município de São Paulo, fixando a base de cálculo do Imposto sobre Transmissão de Bens Imóveis (ITBI), concluiu que

a) a base de cálculo do ITBI a ser considerada pelo contribuinte é aquela periodicamente apurada pelo órgão municipal competente.

b) compete ao contribuinte impugnar, caso discorde da cobrança, o valor indicado como base de cálculo do ITBI pela Municipalidade, presumido como correto.

c) é válido instituir como base de cálculo do ITBI o valor pelo qual o bem ou direito é negociado à vista.

d) o contribuinte deve recolher o ITBI e o IPTU adotando como base de cálculo o valor venal de referência.

40. (Juiz-DF/CESPE/2014) O senhor X celebrou, em 14/8/2013, com o senhor Y, contrato de compra e venda de propriedade rural devidamente registrado no cartório próprio, tendo sido estabelecida condição suspensiva de que, até 30/1/2014, o pomar em que haviam sido recentemente plantadas laranjeiras estivesse em fase inicial de formação de frutos. Em 14/9/2013, foi publicada lei por meio da qual a alíquota do ITBI, que era de 2% sobre o valor venal do imóvel, foi majorada para 4%. Tomando como base essa situação hipotética, assinale a opção correta.

a) Por se tratar de imposto, é aplicável ao caso apenas a anterioridade anual prevista no art. 150, III, "b", da CF, de modo que a majoração em questão já deveria incidir a partir de 1.º/1/2014.

b) Por ter sido celebrado o negócio jurídico em 14/8/2013, a alíquota aplicável ao caso é a da lei anterior, ou seja, de 2%, visto que se trata de ato jurídico perfeito, não importando a lei eficaz no momento de implementação da condição.

c) Ainda que a condição tivesse sido realizada após 1.º/1/2014, a alíquota incidente seria de 2%, visto que a lei tributária se aplica imediatamente apenas aos fatos futuros.

d) Caso a condição ocorresse somente após 1.º/1/2014, a alíquota incidente seria de 4%, já que a lei tributária se aplica imediatamente tanto aos fatos pendentes quanto aos futuros.

e) Mesmo se tratando de imposto, aplica-se a anterioridade nonagesimal, o que faz que o aumento de alíquota, no caso descrito, possa surtir efeitos apenas depois de noventa dias da publicação da lei, de modo que a alíquota de 4% já poderia ter sido cobrada na segunda quinzena de dezembro de 2013.

41. (2019 Banca: VUNESP Órgão: Câmara de Piracicaba – SP Prova: VUNESP – 2019 – Câmara de Piracicaba – SP – Advogado) Assinale a alternativa que se encontra de acordo com a Constituição Federal.

a) O imposto sobre a transmissão inter vivos, a qualquer título, por ato oneroso, de bens imóveis, por natureza ou acessão física, e de direitos reais sobre imóveis, exceto os de garantia, bem como cessão de direitos a sua aquisição terá suas alíquotas máximas fixadas pelo Senado Federal.

b) O imposto sobre a propriedade predial e territorial urbana não poderá ser progressivo em razão do valor do imóvel, mas terá alíquotas diferentes de acordo com a localização e o uso do imóvel.

c) O imposto sobre serviços de qualquer natureza poderá ser progressivo em razão do tipo de serviço prestado pelo contribuinte, hipótese em que a lei ordinária municipal deverá observar as alíquotas máximas e mínimas previstas na lei complementar.

d) O imposto sobre a transmissão causa mortis e doação de quaisquer bens ou direitos compete ao Estado onde se processar o inventário ou arrolamento, ou tiver domicílio o doador, ou ao Distrito Federal, relativamente a bens imóveis e respectivos direitos.

e) O imposto sobre serviços de qualquer natureza terá as suas alíquotas máximas e mínimas fixadas pela lei complementar.

42. (2019 Banca: VUNESP Órgão: Prefeitura de Poá – SP Prova: VUNESP – 2019 – Prefeitura de Poá – SP – Procurador Jurídico) Em matéria tributária dispõem as súmulas do Supremo Tribunal Federal e Superior Tribunal de Justiça:

a) é constitucional a lei que estabelece alíquotas progressivas para o imposto de transmissão inter vivos de bens imóveis – ITBI com base no valor venal do imóvel.

b) o imposto sobre serviços incide sobre os depósitos, tributos, juros e as comissões e taxas de desconto, cobrados pelos estabelecimentos bancários, bem como sobre as indenizações pagas pelas companhias seguradoras.

c) o ISS não incide sobre o valor dos serviços de assistência médica, incluindo-se neles as refeições, os medicamentos e as diárias hospitalares.

d) a prestação de serviço de composição gráfica, personalizada e sob encomenda, ainda que envolva fornecimento de mercadorias, não está sujeita ao ISS.

e) o ISS incide na operação de arrendamento mercantil de coisas móveis.

43. (2017 Banca: VUNESP Órgão: Câmara de Altinópolis – SP Prova: VUNESP – 2017 – Câmara de Altinópolis – SP – Procurador Jurídico) Determina a Constituição Federal que o Imposto sobre a Transmissão inter vivos, a qualquer título, por ato oneroso, de bens imóveis – ITBI não incide, dentre outras situações que prevê, sobre a transmissão de bens ou direitos incorporados ao patrimônio de pessoa jurídica em realização de capital. Está-se diante de uma

a) isenção diferida.
b) isenção constitucionalmente qualificada.
c) imunidade específica.
d) imunidade recíproca.
e) anistia.

GABARITO					
1	B	**16**	A	**30**	C
2	E	**17**	C	**31**	Certo
3	B	**18**	E	**32**	A
4	A	**19**	B	**33**	C
5	C	**20**	D	**34**	D
6	C	**20**	A	**35**	A
7	B	**21**	C	**36**	D
8	C	**22**	E	**37**	D
9	C	**23**	A	**38**	A
10	E	**24**	C	**39**	C
11	B	**25**	A	**40**	D
12	B	**26**	B	**41**	E
13	B	**27**	D	**42**	E
14	C	**28**	B	**43**	C
15	E	**29**	D		

11. QUESTÕES DISSERTATIVAS

01. (TJ/Minas Gerais – Concurso para Juiz – 2006) Caio e Mário celebraram contrato de compra e venda de imóvel, localizado no Município de Belo Horizonte, sendo lavrada, em 04 de outubro de 2000, a necessária escritura pública, que foi transcrita, em 18 de outubro de 2000, no Registro Imobiliário, consumando-se a transmissão da propriedade. Em seguida, no dia 26 de outubro de 2000, Caio, o vendedor do imóvel, pagou, nos termos da legislação tributária municipal, o ITBI (Imposto sobre a Transmissão onerosa de Bens Imóveis), muito embora a legislação municipal elencasse como contribuinte do ITBI o comprador do bem (Mário, na hipótese considerada), indicando o vendedor como responsável tributário solidário. Caio pagou o tributo porque, no contrato de compra e venda, foi-lhe imputado este ônus, bem como todos os ônus relativos à formalização do negócio (despesas cartoriais, remuneração do corretor, impostos e taxas, etc.). Naquela mesma data, 26 de outubro, Caio pagou a Taxa de Fiscalização Judiciária, exigida pelo Estado de Minas Gerais, pela fiscalização exercida pelo Poder Judiciário sobre os atos praticados pelos cartórios do chamado foro extrajudicial, incidente sobre a lavratura da escritura pública de compra e venda e sobre o posterior registro de tal escritura pública. Posteriormente, instaurou-se discussão entre os contratantes, na esfera cível, sendo anulada, por decisão judicial, transitada em julgado em fevereiro de 2005, a compra e venda mencionada. Caio, então vendedor, retomou a propriedade do imóvel, devolvendo o preço pago por Mário.

Em julho de 2005, Caio ainda propôs duas ações judiciais, visando receber de volta os tributos pagos. A primeira ação, proposta contra o Município de Belo Horizonte, relativa ao ITBI; a segunda ação, contra o Estado de Minas Gerais, relativa ao pagamento da Taxa de Fiscalização Judiciária. Em ambas, deduziu-se a mesma causa de pedir, qual seja, o desfazimento do negócio jurídico (compra e venda, com transmissão da propriedade), sendo descaracterizados os fatos geradores dos tributos pagos (ITBI e Taxa de Fiscalização).

Pergunta-se: As ações propostas devem ser julgadas procedentes, considerando a causa de pedir deduzida? Justifique sua resposta, indicando a solução correta para cada uma das ações propostas, caso ela seja diferente.

▶ Resposta[34]:

No caso do ITBI, o Código Tributário Nacional, em seu art. 118, I, não condiciona os efeitos tributários à validade do negócio jurídico que serviu de base para obrigação tributária. Este dispositivo legal representa a aplicação do princípio do *non olet* e tem como escopo permitir a tributação das atividades ilícitas, posicionamento clássico da doutrina e jurisprudência pátria, em especial do Superior Tribunal de Justiça e do Supremo Tribunal Federal.

Contudo, cabe mencionar que em julgamento do Recurso Especial n. 1493162-DF, em 25/11/2014, a Segunda Turma do STJ julgou que diante da anulação do negócio jurídico que embasou recolhimento do ITBI, haverá a configuração do pagamento indevido, autorizando a repetição de indébito.

E com o julgamento do EResp 1493.162/DF, o Superior Tribunal de Justiça consolidou o entendimento de que "a nulidade de negócio jurídico de compra e venda de imóvel viabiliza a restituição do valor recolhido pelo contribuinte a título de ITBI" (EREsp 1.493.162-DF, Rel. Min. Napoleão Nunes Maia Filho, Primeira Seção, por unanimidade, julgado em 14/10/2020, DJe 21/10/2020).

02. (PGM/Rio_de_Janeiro/Procurador/2011) A empresa Capivara Participações e Empreendimentos Ltda., ajuizou ação visando a anular lançamento do

34. Apesar da prova ter sido aplicada em 2006, a resposta sugerida levará em conta doutrina e jurisprudência atualizada.

imposto previsto no art. 156, caput, II, da Constituição Federal, incidente sobre aquisição de imóvel decorrente de incorporação em realização de capital, realizada quando da criação da sociedade, em 03 de dezembro de 2003. Sustentava a autora, em resumo: (1º) que a referida aquisição gozava de isenção tributária, nos termos do disposto no art. 156, § 2º, I, da Constituição Federal reconhecida por despacho da autoridade municipal competente, não podendo ser revogada retroativamente, sem ofensa ao direito adquirido; (2º) que o lançamento do tributo fora efetuado em 1º de dezembro de 2009, após transcorrido o prazo decadência; (3º) que, no período de apuração, sua atividade não fora preponderantemente de compra e venda de bens ou direitos, locação de imóveis ou arrendamento mercantil, pois não exercera quaisquer atividades, imobiliárias ou não; assim, uma vez que as leis que dispõem sobre isenções tributárias devam ser interpretadas restritivamente (CTN, art. 111, II), não se pode equiparar o não exercício de quaisquer atividades e o exercício das atividades que afastam o benefício fiscal. Que argumento você oporia à empresa, em contestação, como procurador do município?

▶ Resposta:

Inicialmente, deve-se notar que a premissa do contribuinte é falha, na medida em que não se trata de isenção, mas sim de imunidade tributária, disciplinada pelo art. 156, § 2º, I da CF/88.

Segundo a ordem constitucional, art. 156, § 2º, I, "*não incide sobre a transmissão de bens ou direitos incorporados ao patrimônio de pessoa jurídica em realização de capital, nem sobre a transmissão de bens ou direitos decorrentes de fusão, incorporação, cisão ou extinção de pessoa jurídica, salvo se, nesses casos, a atividade preponderante do adquirente for a compra e venda desses bens ou direitos, locação de bens imóveis ou arrendamento mercantil*". A Carta Magna, ao mesmo tempo em que definiu a regra matriz do ITBI, também criou uma regra especifica de imunidade em que o imposto não incidirá sobre a transmissão dos bens ou direitos quando efetuada para a incorporação e desincorporação de patrimônio de pessoa jurídica em pagamento de capital nela subscrito. Também não haverá incidência quando a transmissão de bens ou direitos decorrer de fusão, incorporação, cisão ou extinção de pessoa jurídica, salvo se, nesses casos, a atividade preponderante do adquirente for a compra e venda desses bens ou direitos, locação de bens imóveis ou arrendamento mercantil.

Observe-se que esta imunidade estará condicionada ao fato de que o adquirente não esteja como atividade preponderante a compra e venda, locação ou arrendamento mercantil de bens imóveis, sendo que o art. 37 do Código Tributário Nacional vem a definir os critérios para sua identificação.

Ocorre que o contribuinte relatou que a transmissão do imóvel se originou de "aquisição de imóvel decorrente de incorporação", o que está fora da previsão da imunidade tributária. Uma situação é haver a incorporação do capital de empresa ou resgate do bem pela extinção da pessoa jurídica. Outra situação, bem diferente, seria a transferência do imóvel, por ato oneroso, originário de incorporação, que foi relatado no presente caso.

Quanto ao segundo argumento, o contribuinte alegou que "*o lançamento do tributo fora efetuado em 1º de dezembro de 2009, após transcorrido o prazo decadência*". Apesar da questão não apontar a data da venda do imóvel, a mesma não pode ser confundida com a data da incorporação do capital social. O prazo decadencial tem início quando ocorrer o fato gerador do tributo, ou seja, do registro imobiliário (aspecto espacial). E por fim, não prevalece o posicionamento do contribuinte ao fundamentar pela aplicação do art. 111, II do CTN, uma vez que no caso em tela não se trata de isenção, mas sim de imunidade tributária.

Portanto, no caso em tela ficou evidente que a transmissão imobiliária não se trata de incorporação e desincorporação de patrimônio de pessoa jurídica em pagamento de capital nela subscrito, o que permite a tributação pelo ITBI.

03. Carlos Silva irá casar com Júlia Roberts em 2017 e, por isso, resolveu comprar um imóvel residencial no Município de São Luís, onde ela reside. Após algum tempo procurando, Carlos Silva firmou um Contrato de Compromisso de Compra e Venda de um imóvel situado na Av. dos Holandeses, pelo valor de R$ 1.000.000,00 (um milhão de reais), que seria pago por meio de um sinal de R$ 100.000,00 (cem mil reais) e o restante em 9 parcelas do mesmo valor.

A pedido de Júlia, Carlos solicitou o registro do referido compromisso no 5º Cartório de Registro de Imóveis do Município de São Luís. Porém, foi apresentada exigência cartorial para o pagamento do Imposto de Transmissão de Bens Imóveis, correspondente a 2% sobre o valor total do contrato, com base nos arts 205 a 213 da Consolidação das Leis Tributárias do Município – CLTM (Decreto nº 33.144, de 28.12.2007), pois se trata de direito real sobre imóvel.

Na condição de Advogado Público e conhecedor do entendimento do STJ e STF, discorra, em até 20 linhas, sobre os seguintes tópicos: O aspecto material do tributo e a incidência do tributo sobre o compromisso de compra e venda; Base de cálculo do ITBI e (im)possibilidade de o Fisco municipal recusar aquela atribuída pelo particular.

▶ Resposta:

a) Aspecto material e contrato de promessa de compra e venda:

Nesta questão, o candidato deveria demonstrar seu conhecimento sobre a natureza jurídica do contrato preliminar de compra e venda, devendo abordar que essa forma contratual seria insuficiente para transferir, por si só, a titularidade sobre bem imóvel. Para isso, o candidato deveria conhecer o teor do art. 1.245 do Código Civil e o atual posicionamento do Superior Tribunal de Justiça sobre o assunto.

Se a Constituição Federal de 1988 elegeu como critério material do ITBI "a transmissão de bens imóveis", o momento da ocorrência do fato gerador, somente poderá ser o instante em que a legislação civil considere como perfeita a transmissão de titularidade.

Pelas regras do Código Civil (art. 1.245), a propriedade imóvel será transferida, entre vivos, mediante o registro do título translativo no Registro de Imóveis. Enquanto isso não ocorra, o alienante continua a ser havido como dono do imóvel. Em outras palavras, "*enquanto não levado a registro, enquanto não transcrito, o título aquisitivo da propriedade não produz efeitos de transmiti-la"*[35].

Assim no entendimento do Superior Tribunal de Justiça sobre o assunto, tem-se como pacifico que o fato gerador do IBTI somente ocorre com o registro da transmissão do imóvel, não se confundindo este momento com a mera averbação do compromisso de compra e venda:

> "O fato gerador do ITBI é o registro imobiliário da transmissão da propriedade do bem imóvel motivo pelo qual não incide referida exação sobre o registro imobiliário de escritura de resilição de promessa de compra e venda, contrato preliminar que poderá ou não se concretizar em contrato definitivo. (STJ - REsp 764808/MG - Relator(a) Luiz Fux - Primeira Turma - Julg. 15/03/2007)

Não se pode olvidar que o STF, quando do julgamento da Representação nº 1.211-5/RJ, decidiu no mesmo sentido, sendo a ementa lavrada com o seguinte teor:

> "Imposto sobre a transmissão de bens imóveis e de direitos a eles relativos. Fato gerador. O compromisso de compra e venda e a promessa de cessão de direitos aquisitivos, dada a sua natureza de contratos preliminares no direito privado brasileiro, não constituem meios idôneos à transmissão, pelo registro, do domínio sobre o imóvel, sendo, portanto, inconstitucional a norma que os erige em fato gerador do imposto sobre a transmissão de bens imóveis e de direitos a eles relativos".

Convém notar que o negócio jurídico, por si só, é insuficiente para transferir o domínio, sendo necessária, para completar o processo translativo, no caso de bens imóveis, a transcrição do título de transferência no respectivo Registro de Imóveis.

É essencial compreender que o imposto também irá incidir sobre a transmissão dos direitos reais sobre os imóveis, especialmente aqueles previstos no art. 1.125 do Código Civil, excetos os de garantia. Neste caso, poderá existir a transferência de direitos sobre imóveis através de compra e venda, uso, usufruto, servidão, direito do promitente comprador, direito de superfície, etc. Entretanto, tal incidência não poderá ocorrer, conforme acima mencionado, nos casos de anticrese, hipoteca e penhor[36].

Quanto a promessa de compra e venda, trata-se de contrato preliminar que atribui ao promitente comprador a expectativa de ser proprietário do imóvel, atribuindo o direito de obter transferência imobiliária no momento do pagamento do valor acordado. Considerando que o fato gerador do ITBI é o registro imobiliário da transmissão da propriedade do bem imóvel, a jurisprudência pátria possui posicionamento no sentido de que NÃO incide ITBI sobre o registro da promessa de compra e venda imobiliária.[37]

---

35. BARRETO, Aires F. Curso de Direito Tributário Municipal. São Paulo: Saraiva, 2009, p. 285.
36. Nestes casos, haverá tão somente a utilização do imóvel como uma garantia de obrigação pessoal.
37. STJ - Resp 764808/MG - Relator(a) Luiz Fux - Primeira Turma - Julg. 15/03/2007; STF. RE 666096 AgR, Relator(a): Min. CÁRMEN LÚCIA, Segunda Turma, julgado em 30/10/2012.

Situação diversa ocorre quando há a *cessão* dos direitos de promessa de compra e venda, pois, por força do art. 1.225, VII do Código Civil[38], o direito do promitente comprador é um direito real, sendo que sua cessão é passível de incidência do ITBI[39]. Com isso, a transferência de titularidade do direito sobre o contrato de compromisso de compra e venda gera obrigação de pagar o ITBI, não sob o fundamento de transmissão da propriedade, mas sim pela transferência de direitos reais sobre o imóvel.

Mas também poderá haver outros negócios jurídicos que podem desencadear a transferência de titularidade imobiliária, como a permuta, dação em pagamento, remição, arrematação, cessão de posse, cessão de direitos hereditários. Configurado como ato transmissão de propriedade sobre imóveis irá estar englobado pela hipótese de incidência do ITBI.

A aquisição de propriedade, segundo art. 1248 do Código Civil, também poderá ocorrer por acessão física, por formação de ilhas, aluvião, avulsão, abandono de álveo ou plantações ou construções. Em outras palavras, bem imóvel por acessão física ocorre quando o próprio homem incorpora permanentemente ao solo, como a semente lançada à terra, os edifícios e construções.

Na prática, é exigido do adquirente do imóvel providenciar o pagamento do ITBI antes da lavratura da matrícula. Isso porque a lei 8.935/94 e 6.015/73, as quais regulamentam os serviços notariais e de registro, impõe como dever dos Cartórios a fiscalização dos tributos incidentes sobre seus atos:

> Lei 8935/94 – Art. 30. São deveres dos notários e dos oficiais de registro:
>
> XI – fiscalizar o recolhimento dos impostos incidentes sobre os atos que devem praticar;
>
> Lei 6015/73 – Art. 289. No exercício de suas funções, cumpre aos oficiais de registro fazer rigorosa fiscalização do pagamento dos impostos devidos por força dos atos que lhes forem apresentados em razão do ofício.

Tais legislações, aparentemente, poderiam trazer contradições em torno do momento da ocorrência do fato gerador do ITBI: ato da celebração do instrumento (escritura) ou no registro desse instrumento.

Desta forma, considera-se ocorrido o fato gerador do ITBI somente no momento do registro da escritura junto ao Registro de Imóveis e não do registro da promessa de compra e venda.

b) Arbitramento da base de cálculo:

De semelhante forma que ocorre com o IPTU, o art. 38 do Código Tributário Nacional elegeu como base de cálculo do ITBI o valor venal do imóvel. Descobre-se que o alcance da expressão valor venal, prevista no art. 38 do

---

38. Art. 1.225. São direitos reais:(...) VII – o direito do promitente comprador do imóvel;
Art. 1.417. Mediante promessa de compra e venda, em que se não pactuou arrependimento, celebrada por instrumento público ou particular, e registrada no Cartório de Registro de Imóveis, adquire o promitente comprador direito real à aquisição do imóvel.

39. TJDF –APELAÇÃO CÍVEL 20040110279824APCDF – Órgão Julgador: 1ª Turma Cível – Relator: SILVANIO BARBOSA DOS SANTOS, Publicação no DJU: 02/08/2005 Pág.: 91.

Código Tributário, é resultante de um ato negocial, no qual deu ensejo a transmissão de um imóvel ou do direito sobre ele.

Por isso, entende-se como valor venal o preço real de venda, isto é, é o valor que o imóvel alcançaria em condições de compra e venda no mercado no momento de sua alienação, não se levando em conta as construções realizadas posteriormente:

> Súmula 110 do STF: O imposto de transmissão "inter vivos" NÃO incide sobre a construção, ou parte dela, realizada pelo adquirente, mas sobre o que tiver sido construído ao tempo da alienação do terreno.

Aires F. Barreto define que o "valor venal é o preço provável que o imóvel alcançará para compra e venda à vista, diante de mercado estável e quando comprador e vendedor têm plena consciência do potencial de uso e ocupação que o imóvel pode ser dado"[40]. Com efeito, a Fazenda Pública deve buscar a verdade material da base de cálculo do ITBI, não sendo obrigada a aceitar o valor declarado pelo contribuinte, quando este for notoriamente inferior ao de mercado.

Caso a Fazenda Pública Municipal discorde do valor apresentado pelo contribuinte como base de cálculo do ITBI é possível a estipulação do valor venal através de arbitramento das autoridades fiscais, desde que inexista parâmetro ou preço de venda.

A base legal do arbitramento é o art. 148 do CTN:

> Art. 148. Quando o cálculo do tributo tenha por base, ou tome em consideração, o valor ou o preço de bens, direitos, serviços ou atos jurídicos, a autoridade lançadora, mediante processo regular, arbitrará aquele valor ou preço, sempre que sejam omissos ou não mereçam fé as declarações ou os esclarecimentos prestados, ou os documentos expedidos pelo sujeito passivo ou pelo terceiro legalmente obrigado, ressalvada, em caso de contestação, avaliação contraditória, administrativa ou judicial.

Isso significa que, em regra, o valor venal para fins de ITBI é o preço de negociação, sobre o qual o tributo será lançado. Mas diante de situações em que o valor apontado é inferior ao valor de mercado ou até mesmo do valor venal apurado no IPTU, poderá o Município arbitrar a base de cálculo por meio de procedimento administrativo fiscal, com posterior lançamento de ofício[41]:

> Por considerar a base de cálculo do ITBI o valor de mercado do imóvel objeto do negócio jurídico, este Tribunal pacificou orientação no sentido de que tal grandeza não se confunde, necessariamente, com a que serve de parâmetro para o cálculo do IPTU (EDcl no AREsp 424.555/SP, Rel. Ministro Og Fernandes, Segunda Turma, DJe 20/2/2014; AgRg nos EDcl no AREsp 346.220/RS, Rel. Ministro Sérgio Kukina, Primeira Turma, DJe 17/6/2014).

---

40. BARRETO, Aires F. Curso de Direito Tributário Municipal. São Paulo: Saraiva, 2009, p. 295.
41. STJ. REsp 261.166/SP, Rel. Ministro JOSÉ DELGADO, PRIMEIRA TURMA, julgado em 12/09/2000.

Desta forma, diante da apresentação de documentos que não relatem o verdadeiro valor real de mercado do imóvel é permitido à Fazenda Pública promover o arbitramento da base de cálculo do ITBI, nos termos do art. 148 do CTN.

04. Caio Souza e Fafá em 2017, após longos anos juntos, resolveram encerrar o casamento através da separação judicial. Durante a constância do casamento, o casal adquiriu três apartamentos no Prédio Gaivotas na cidade de Fortaleza, cada um deles avaliado pelas partes em R$ 150.000,00, sendo os únicos bens a serem partilhados. Na separação judicial ficou definido que 02 apartamentos ficariam para Fafa e 01 apartamento para Caio, sendo que Fafa entregará um veículo para Caio em forma de compensação. Apresentado os documentos perante as autoridades fiscais municipais, houve o lançamento tributário de ITBI sobre o valor dos três imóveis, arbitrando-se, como base de cálculo do imposto, o valor de R$ 200.000,00 para cada um. Levando em conta que o casamento era pelo regime de comunhão parcial de bens, responda: a) descreva a incidência e base de cálculo do ITBI sobre a partilha na separação judicial; b) é possível haver o arbitramento da base de cálculo pela autoridade fiscal? c) na hipótese de haver a anulação judicial desta partilha, como se aplicaria o prazo prescricional de possível repetição de indébito?

▶ Resposta:

a) Aspecto material sobre excesso na separação judicial

Nesta questão, o candidato deveria demonstrar seu conhecimento sobre a incidência do ITBI sobre o excesso de partilha na separação judicial.

Se a Constituição Federal de 1988 elegeu como critério material do ITBI "a transmissão de bens imóveis", o momento da ocorrência do fato gerador, somente poderá ser o instante em que a legislação civil considere como perfeita a transmissão de titularidade. Assim, durante o casamento, os bens do casal permanecem em estado de indivisão, pertencendo em conjunto aos cônjuges. Com a dissolução por separação judicial ou divórcio direto, essa comunhão é rompida e o patrimônio é dividido pela metade (meação).

É importante entender que partilha representando a meação dos cônjuges separados não é uma modalidade de aquisição de propriedade, pois esta já preexistia, na medida em que o patrimônio, durante o casamento, era comum.

Desta maneira, a eventual incidência do ITCMD ou ITBI surge quando fica estipulado na partilha uma diferença de quotas, de modo que o quinhão de um dos cônjuges seja superior ao do outro. Com a identificação de bens cujo valor total ultrapasse os limites de sua meação, sem que efetue a reposição da diferença, irá haver a incidência do tributo sobre o valor excedente. Tanto o ITBI quanto o ITCMD possuem em comum a transmissão como fato gerador, sendo eles diferenciados no que se refere à forma de transferência, se onerosa ou não e que o imposto municipal incidirá somente sobre bens imóveis.

Quanto a esta situação não há divergência na doutrina e na jurisprudência, sendo este entendimento materializado na Súmula 116 do Supremo Tribunal Federal: *"Em desquite ou inventário, é legítima a cobrança do chamado imposto de reposição, quando houver desigualdade nos valores partilhados".*

É importante o candidato analisar sob que condição houve a adjudicação da parte que supera a meação. Se ela ocorrer através de qualquer outra forma de compensação por parte do cônjuge que recebeu o bem de valor superior, entende-se que a transmissão ocorreu de forma onerosa, devendo incidir o ITBI sobre o excesso da meação. E no caso do excesso ter sido transferido por mera liberalidade do outro cônjuge, haverá a doação, devendo assim, neste caso o ITCMD. Neste sentido, Yussef Said Cahali leciona que *"a lei tributa a diferença recebida a mais em imóveis. (...) Não importa que o outro cônjuge menos aquinhoado com bens imóveis tenha obtido compensação no valor dos móveis. Em havendo diferença, surge a exigência tributária"*[42].

Esse também é o entendimento jurisprudencial majoritário:

> Nada impede o casal de, ao fazer a partilha, atribuir a maioria dos bens a um deles. A circunstância de existirem bens móveis compensando a diferença é válida entre as partes interessadas, para efeito de equivalência da partilha. Perante o Fisco, no entanto, são considerados apenas os bens imóveis, passíveis de tributação (TJ-SP - Agravo de Instrumento nº 252.041-1 - São Paulo - rel. Toledo Silva - 4ª C Civ - j. 20.4.95).
>
> Quanto à incidência de ITBI na partilha de dissolução conjugal deve-se tomar em conta, tão somente, os bens imóveis localizados no Município, conforme art. 32, VII, a, da Lei Complementar Municipal 505/03. 2. Vale registrar que o art. 34, I da Lei Complementar Municipal 505/03 atribui à permuta presunção de onerosidade, quando, para efeitos fiscais, a equipara à compra e venda, e portanto, os bens comuns permutados não elidem a exigência fiscal. 3. Apenas quando não preservadas as meações que a transmissão dá-se a título gratuito, fazendo incidir o ITCMD. Preservadas as meações, a transmissão dá-se a título oneroso, fazendo incidir o ITBI. (TJPR - 3ª C.Cível - AC 499536-6 - Maringá - Rel.: Paulo Roberto Vasconcelos - Unânime - J. 14.10.2008)
>
> (...)Assim, a orientação majoritária seguida por este Tribunal (e acolhida pelo Tribunal Pleno) é no sentido de que a incidência do imposto municipal ou estadual, nos casos em que houver transmissão de bens em ação de separação judicial, depende da circunstância de haver ou não a preservação das meações... se houver a preservação, com existência de compensação, opera-se, então, a transmissão a título oneroso, dando azo, assim, à incidência do imposto de transmissão inter vivos (ITBI)(...)" (TJ-RS. Agravo de Instrumento Nº 70024797821, Sétima Câmara Cível, Tribunal de Justiça do RS, Relator: Ricardo Raupp Ruschel, Julgado em 01/07/2008)

No caso em tela, deverá haver a incidência do ITBI, em razão da compensação onerosa do excesso da meação. A Base de Cálculo do imposto será somente o excesso da meação, ou seja:

- R$ 75.000 na avaliação das partes (meação R$ 225.000,00 - 3 apt /2 cônjuges) ou

42. CAHALI, Yussef Said. Divórcio e Separação. São Paulo: RT, 2005, p. 153/154.

- R$ 100.000 na avaliação do fisco (meação R$ 300.000,00 - 3 apt /2 cônjuges)

Portanto, a incidência do ITBI está justificada em razão da ocorrência do excesso da meação, sendo a Base de cálculo está restrita ao exato valor deste excesso, 4uma vez que o restante compõe a meação. A compensação foi realizada por veículo não pertencente ao acervo do casal, por isso nem se cogita a possibilidade de compensação interna da meação.

b) Arbitramento da base de cálculo

De semelhante forma que ocorre com o IPTU, o art. 38 do Código Tributário Nacional elegeu como base de cálculo do ITBI o valor venal do imóvel. Descobre-se que o alcance da expressão valor venal, prevista no art. 38 do Código Tributário, é resultante de um ato negocial, no qual deu ensejo a transmissão de um imóvel ou do direito sobre ele.

Por isso, entende-se como valor venal o preço real de venda, isto é, é o valor que o imóvel alcançaria em condições de compra e venda no mercado no momento de sua alienação, não se levando em conta as construções realizadas posteriormente:

> STF - Súmula nº 110 - O imposto de transmissão "inter vivos" não incide sobre a construção, ou parte dela, realizada pelo adquirente, mas sobre o que tiver sido construído ao tempo da alienação do terreno.

Caso a Fazenda Pública Municipal discorde do valor apresentado pelo contribuinte como base de cálculo do ITBI **é possível a estipulação do valor venal através de arbitramento das autoridades fiscais**, desde que inexista parâmetro ou preço de venda.

A base legal do arbitramento é o art. 148 do CTN:

> Art. 148. Quando o cálculo do tributo tenha por base, ou tome em consideração, o valor ou o preço de bens, direitos, serviços ou atos jurídicos, a autoridade lançadora, mediante processo regular, arbitrará aquele valor ou preço, sempre que sejam omissos ou não mereçam fé as declarações ou os esclarecimentos prestados, ou os documentos expedidos pelo sujeito passivo ou pelo terceiro legalmente obrigado, ressalvada, em caso de contestação, avaliação contraditória, administrativa ou judicial.

Isso significa que, em regra, o valor venal para fins de ITBI é o preço de negociação, sobre o qual o tributo será lançado. **Mas diante de situações em que o valor apontado é inferior ao valor de mercado ou até mesmo do valor venal apurado no IPTU, poderá o Município arbitrar a base de cálculo por meio de procedimento administrativo fiscal**, com posterior lançamento de ofício[43]:

> Por considerar a base de cálculo do ITBI o valor de mercado do imóvel objeto do negócio jurídico, este Tribunal pacificou orientação

43. STJ. REsp 261.166/SP, Rel. Ministro JOSÉ DELGADO, PRIMEIRA TURMA, julgado em 12/09/2000.

no sentido de que tal grandeza não se confunde, necessariamente, com a que serve de parâmetro para o cálculo do IPTU (EDcl no AREsp 424.555/SP, Rel. Ministro Og Fernandes, Segunda Turma, DJe 20/2/2014; AgRg nos EDcl no AREsp 346.220/RS, Rel. Ministro Sérgio Kukina, Primeira Turma, DJe 17/6/2014).

Desta forma, diante da apresentação de documentos que não relatem o verdadeiro valor real de mercado do imóvel é permitido à Fazenda Pública promover o arbitramento da base de cálculo do ITBI, nos termos do art. 148 do CTN.

REGRA	Valor venal do ITIB vai coincidir com o valor de negociação
EXCEÇÃO	O valor venal será arbitrado quando houve discrepância com o valor de mercado ou com o valor venal do IPTU

c) Anulação do negócio jurídico e efeitos no ITBI

Tradicionalmente, o Código Tributário Nacional não condiciona os efeitos tributários à validade do negócio jurídico que serviu de base para obrigação tributária. Isso porque o art. 118, I, do CTN dispõe que o fato gerador é interpretado "*abstraindo-se da validade jurídica dos atos efetivamente praticados pelos contribuintes, responsáveis, ou terceiros, bem como da natureza do seu objeto ou dos seus efeitos*".

Este dispositivo legal representa a aplicação do princípio do *non olet* e tem como escopo permitir a tributação das atividades ilícitas. Em outras palavras, é irrelevante, para a determinação da obrigação tributária, a validade jurídica dos atos efetivamente praticados pelos contribuintes. Basta que tenha havido a incidência tributária, com o enquadramento do fato ao aspecto material da hipótese abstratamente prevista em lei.

De tal sorte, se houver uma decisão judicial que anule negócio jurídico que foi base de incidência do ITBI, não sugeria qualquer direito de repetição dos valores pagos ao Município, uma vez que na época do recolhimento houve uma efetiva transmissão imobiliária.

► ATENÇÃO:

Contudo, no julgamento do Recurso Especial n. 1493162-DF, em 25/11/2014, a Segunda Turma do STJ julgou que diante da anulação do negócio jurídico que embasou recolhimento do ITBI, haverá a configuração do pagamento indevido, autorizando a repetição de indébito:

> PROCESSUAL CIVIL. TRIBUTÁRIO. AUSÊNCIA DE OMISSÃO. ART. 535, II, DO CPC. RESTITUIÇÃO DE INDÉBITO. DECLARAÇÃO DE NULIDADE DA COMPRA E VENDA DE IMÓVEL. DESFAZIMENTO DO FATO GERADOR. DEVOLUÇÃO. VALORES.
>
> IMPOSTO DE TRANSMISSÃO. ITBI.O art. 118, I, do CTN não pode ser interpretado de forma insulada, porquanto pode trazer sérias contradições aos demais dispositivos legais. O princípio do *non olet*, expresso

> no artigo citado, foi criado por Albert Hensel e Otmar Bühler e tem como escopo permitir a tributação das atividades ilícitas. Irrelevante, portanto, para a determinação do fato gerador, a validade jurídica dos atos efetivamente praticados pelos contribuintes.
>
> No caso *sub judice*, houve a declaração de nulidade do negócio jurídico de compra e venda de imóvel entabulado pelas partes, sem que houvesse dolo do recorrido, tendo-se desfeito o fato gerador do ITBI. Desse modo, nada mais justo que o restabelecimento do *statu quo* ante, para que não haja enriquecimento ilícito do Estado. Na hipótese dos autos trata da declaração de nulidade do próprio fato que gerou a exação, o que não originou benefício econômico para a parte. Recurso Especial não provido. (REsp 1493162/DF, Rel. Ministro HERMAN BENJAMIN, SEGUNDA TURMA, julgado em 25/11/2014, DJe 19/12/2014)

E com o julgamentodo EResp 1493.162/DF, o Superior Tribunal de Justiça consolidou o entendimento de que "a nulidade de negócio jurídico de compra e venda de imóvel viabiliza a restituição do valor recolhido pelo contribuinte a título de ITBI" (EREsp 1.493.162-DF, Rel. Min. Napoleão Nunes Maia Filho, Primeira Seção, por unanimidade, julgado em 14/10/2020, DJe 21/10/2020).

Luciano Amaro já defendia uma interpretação sistemática entre art. 118 e art. 116, de modo que apesar de reconhecer que a incidência do tributo independente da regularidade e licitude dos atos jurídicos, alerta para necessidade de se averiguar a identificação da ocorrência real do fato gerador:

> "... para incidência do tributo, não é relevante a regularidade jurídica dos atos, ou a licitude do seu objeto ou dos seus efeitos, nem é decisivo indagar dos efeitos reais dos fatos ocorridos.
>
> (...)
>
> Esse preceito deve ser conciliado com o art. 116, I. Se os efeitos de certo ato integrarem a definição legal do fato gerador, a ausência desses efeitos, no plano concreto, lega, logicamente, a reconhecer o não aperfeiçoamento do próprio fato gerador e, por via de consequência, a inexistência de obrigação tributária"[44].

No entendimento mais recente do Superior Tribunal de Justiça, ficou consignado que no caso de se manter os efeitos da incidência tributária, com base no art. 118, I, do CTN, poderão trazer sérias contradições aos demais dispositivos legais do ordenamento jurídico.

Eis os dois dispositivos legais analisados:

> **Art. 116.** Salvo disposição de lei em contrário, considera-se ocorrido o fato gerador e existentes os seus efeitos:
>
> I – tratando-se de situação de fato, desde o momento em que o se verifiquem as circunstâncias materiais necessárias a que produza os efeitos que normalmente lhe são próprios;
>
> II – tratando-se de situação jurídica, desde o momento em que esteja definitivamente constituída, nos termos de direito aplicável.

44. AMARO, Luciano. Direito Tributário Brasileiro. São Paulo: Saraiva, 2014, p. 301/303.

Art. 118. A definição legal do fato gerador é interpretada abstraindo-se:

I - da validade jurídica dos atos efetivamente praticados pelos contribuintes, responsáveis, ou terceiros, bem como da natureza do seu objeto ou dos seus efeitos;

II - dos efeitos dos fatos efetivamente ocorridos.

Hugo de Brito Machado apresenta um entendimento interessante quando defende o direito à restituição, pois fundamenta que a anulação do negócio jurídico exclui a causa que motivou a cobrança do imposto:

"Mesmo assim, o desfazimento do fato que configura a hipótese de incidência do imposto, sendo efetivo e desfazendo, assim, aquela realidade que deu causa à cobrança do tributo, faz nascer o direito à restituição deste"[45].

Portanto, **diante deste entendimento do Superior Tribunal de Justiça, haverá o direito à repetição de indébito frente a anulação do negócio jurídico** que embasou a tributação.

O prazo prescricional terá seu início a partir do trânsito em julgado da ação que anulou o negócio. Este é o entendimento do Superior Tribunal de Justiça:

TRIBUTÁRIO. RECURSO ESPECIAL. ITCMD. DOAÇÃO. REPETIÇÃO DE INDÉBITO. PRESCRIÇÃO. TERMO INICIAL. DECISÃO JUDICIAL ANULATÓRIA DO ACORDO JUDICIAL QUE ENSEJOU O RECOLHIMENTO. ART. 165, II, DO CTN.

1. Recurso especial no qual se discute o termo inicial da prescrição para a ação de repetição de indébito de imposto sobre a transmissão de bem imóvel mediante doação (ITCMD). No presente caso, o contribuinte, em face de acordo de separação judicial, prometeu doar a nu-propriedade de bem imóvel às filhas, e, para isso, recolheu, em 29/12/98, o imposto de transmissão correspondente. Todavia, em face de ação proposta pela ex-esposa, a aludida promessa de doação foi declarada ineficaz, por decisão transitada em julgado em 8/8/02 (com consequente registro imobiliário do bem em nome da ex-esposa), o que motivou o recorrente a pedir a repetição de indébito administrativamente em 17/11/06, a qual foi negada em 30/7/07, dando ensejo a presente demanda judicial, ajuizada em 15/8/07.

2. O fato gerador do imposto de transmissão (art. 35, I, do CTN) é a transferência da propriedade imobiliária, que somente se opera mediante o registro do negócio jurídico junto ao ofício competente.

Nesse sentido, acerca do ITBI, já decidiu o STJ: REsp 771.781/SP, Rel. Min. Eliana Calmon, Segunda Turma, DJ 29/06/07; AgRg no AgRg no REsp 764.808/MG, Rel. Min. Luiz Fux, Primeira Turma, DJ 12/04/07.

3. O recolhimento do ITCMD, via de regra, ocorre antes da realização do fato gerador, porquanto o prévio pagamento do imposto é,

45. MACHADO, Hugo de Brito. Direito á restituição do ITBI em face do anulamento da venda do imóvel, publicado na Revista Dialética de Direito Tributário nº 183, dezembro/2010, p. 63/68.

> normalmente, exigido como condição para o registro da transmissão do domínio. Assim, no presente caso, não é possível afirmar que o pagamento antecipado pelo contribuinte, ao tempo de seu recolhimento, foi indevido, porquanto realizado para satisfazer requisito indispensável para o cumprimento da promessa de doação declarada em acordo de separação judicial.
>
> 4. Considerando, portanto, que é devido o recolhimento antecipado do ITCMD para fins de consecução do fato gerador, não se mostra possível a aplicação do art. 168, I, do CTN, porquanto esse dispositivo dispõe sobre o direito de ação para reaver tributo não devido.
>
> 5. Deve, portanto, na espécie, ser prestigiado o entendimento adotado pelo acórdão a quo, no sentido de que o direito de ação para o contribuinte reaver a exação recolhida nasceu (actio nata) com o trânsito em julgado da decisão judicial do juízo de família (de anulação do acordo de promessa de doação) e o consequente registro imobiliário (em nome exclusivo da ex-esposa) que impediram a realização do negócio jurídico prometido, na medida em que, somente a partir desse momento restou configurado o indébito tributário (lato sensu) pelo não aproveitamento do imposto recolhido.
>
> Aplica-se, in casu, por analogia, o disposto no art. 168, II, do CTN.
>
> 6. Recurso especial não provido.
>
> (REsp 1236816/DF, Rel. Ministro BENEDITO GONÇALVES, PRIMEIRA TURMA, julgado em 15/03/2012, DJe 22/03/2012)

Desta forma, deveria o candidato, neste ponto, salientar a polêmica, mas prevalecendo o entendimento mais recente da possibilidade da restituição diante da anulação judicial de negócio jurídico que embasou o recolhimento do ITBI, bem como apontando o início do prazo de prescricional (art. 168 CTN) a partir do trânsito em julgado desta ação judicial de efeito anulatório.

Espelho de correção:

Quesitos avaliados	*Nota*	*Comentários*
Aspectos microestruturais (adequação ao número de linhas, coesão, coerência, ortografia, morfossintaxe e propriedade vocabular); – 0,0 a 1,0;		
a) incidência do ITBI sobre o excesso da meação – Base de cálculo R$ 75.000,00 na avaliação partes ou R$ 100.00,00 caso da avaliação do fisco – 0,0 a 5,0;		
b) A Base de Cálculo é o valor venal (art. 38 CTN), entendido o valor de mercado ou de venda. Possibilidade da Fazenda Pública arbitrar a base de cálculo do ITBI, nos termos do art. 148 CTN (STJ)– 0,0 a 5,0;		

Quesitos avaliados	*Nota*	*Comentários*
c) I – STJ julgou que diante da anulação do negócio jurídico que embasou recolhimento do ITBI, haverá a configuração do pagamento indevido, autorizando a repetição de indébito II – análise conjunta do art. 116 e 118 do CTN; II – Prazo prescricional do art. 168 CTN iniciará a partir do trânsito em julgado da anão anulatório do negócio jurídico (STJ) – 0,0 a 5,0;		
NOTA		

CAPÍTULO V
CONTRIBUIÇÃO DE ILUMINAÇÃO PÚBLICA – COSIP

Sumário • 1. Aspecto material; 2. Aspecto temporal; 3. Aspecto espacial; 4. Aspecto subjetivo; 5. Aspecto quantitativo; 5.1. Base de cálculo; 5.2. Alíquota; 6. Informações complementares; 6.1. Taxas municipais – Diferenciação com a COSIP; 7. Quadro sinóptico; 8. Questões de concursos públicos.

1. ASPECTO MATERIAL

A Contribuição de Iluminação Pública foi inserida na Constituição Federal por meio da Emenda Constitucional n. 39/2002, que acrescentou o art. 149-A, criando essa nova competência tributária dos Municípios e Distrito Federal.

Isso ocorreu após reiteradas decisões do Judiciário, em especial do Supremo Tribunal Federal, que declararam a inconstitucionalidade da cobrança de iluminação pública através de taxa. O entendimento que prevaleceu foi de que o serviço de iluminação pública não pode ser remunerado mediante taxa, por ser um serviço indivisível e inespecífico, sendo que este entendimento foi sedimentado na Súmula 670 do STJ que possui o seguinte teor: "*o serviço de iluminação pública não pode ser remunerado mediante taxa*".

Após os representantes dos Municípios começarem a pressionar o Congresso Nacional para conseguir um aumento orçamentário, foi aprovada a Emenda Constitucional nº 39, editando a seguinte redação do art. 149-A:

> Art. 149-A Os Municípios e o Distrito Federal poderão instituir contribuição, na forma das respectivas leis, para o custeio do serviço de iluminação pública, observado o disposto no art. 150, I e III.
>
> Parágrafo único. É facultada a cobrança da contribuição a que se refere o caput, na fatura de consumo de energia elétrica.

Este dispositivo constitucional não criou a contribuição, mas possibilitou a instituição da COSIP pelos Municípios e Distrito Federal. Cabe a estes entes federativos, através de lei ordinária local, instituir o tributo, refletindo a imagem desenhada na lei, em obediência aos princípios e regras constitucionais que identifiquem as limitações ao poder de tributar.

Apesar de não haver consenso na doutrina, o Supremo Tribunal Federal considerou a COSIP um novo tributo, atestando sua constitucionalidade e sua subordinação aos princípios constitucionais tributários:

> Lei que restringe os contribuintes da COSIP aos consumidores de energia elétrica do município não ofende o princípio da isonomia, ante a impossibilidade de se identificar e tributar todos os beneficiários do serviço de iluminação pública. II – A progressividade da alíquota, que resulta do rateio do custo da iluminação pública entre os consumidores de energia elétrica, não afronta o princípio da capacidade contributiva. III – Tributo de caráter sui generis, que não se confunde com um imposto, porque sua receita se destina a finalidade específica, nem com uma taxa, por não exigir a contraprestação individualizada de um serviço ao contribuinte. IV – Exação que, ademais, se amolda aos princípios da razoabilidade e da proporcionalidade. V – Recurso extraordinário conhecido e improvido. (RE 573675, Relator(a): Min. RICARDO LEWANDOWSKI, Tribunal Pleno, julgado em 25/03/2009)

Com base no art. 149-A da Constituição Federal é possível identificar como aspecto material da COSIP é a prestação do serviço de iluminação pública[1]. Por isso, para cobrança da COSIP é essencial que o consumo da iluminação pública esteja efetivamente disponibilizada aos usuários, assim leciona Roque Antonio Carraza:

> A nosso ver, a exação em tela só será devida se for efetivamente prestado o serviço de iluminação pública no território da pessoa política competente, ou, quando pouco, se esta estiver em condições materiais de ali prestá-lo, assim que o produto da arrecadação vier a ter a seus cofres públicos[2].

Nestes termos, com base no posicionamento do Supremo Tribunal Federal, poder-se-ia fixar as seguintes sínteses a respeito da COSIP:

- A eleição somente dos consumidores de energia elétrica como contribuintes não ofende o princípio da isonomia;
- A utilização de alíquotas progressivas, por meio de rateio entre os consumidores, não ofende o princípio da capacidade contributiva;
- É um tributo *sui generis* – portanto, não é imposto nem taxa;
- Não ofende o princípio da razoabilidade e proporcionalidade;
- Por não ser imposto, dispensa lei nacional para padronizar a base de cálculo, alíquota e sujeito passivo.

Portanto, a iluminação pública é um serviço que não pode ser custeado através de taxa, uma vez que apresenta sua natureza como geral e indivisível. E a contribuição de iluminação pública foi uma forma encontrada pelo Legislativo para, diferenciar dos padrões dos art. 149 e 195 da Constituição Federal, e criar um novo tributo.

---

1. ALVES, Anna Emilia Cordelli. Da contribuição para o custeio da iluminação pública. Revista Dialética de Direito Tributário, São Paulo, nº 97, p. 20, out 2003.
2. CARRAZZA, Roque Antonio. Curso de direito constitucional tributário. 20. ed. São Paulo: Malheiros, 2004, p. 583.

2. ASPECTO TEMPORAL

O aspecto temporal se refere ao momento da ocorrência do fato descrito na lei, que irá depender da regulamentação definida em lei local. Em geral, os Municípios têm regulamentado o aspecto temporal da COSIP de forma mensal para ser pago juntamente com a fatura de energia elétrica.

3. ASPECTO ESPACIAL

O aspecto espacial da Constituição de Iluminação Pública será o local de ocorrência do fato jurídico tributário, respeitada a limitação territorial do Município ou Distrito Federal.

4. ASPECTO SUBJETIVO

Enquanto sujeito ativo consta o Município ou Distrito Federal, ou seja, é o titular legitimado para exigir o cumprimento da obrigação tributária.

Já o sujeito passivo, como contribuinte, será a pessoa que reside ou exerce alguma atividade profissional no local que ocorre a prestação de serviços de iluminação pública. No julgando do RE 573675, o Supremo Tribunal Federal definiu ser possível a lei local eleger como contribuintes da COSIP os consumidores residenciais e não residenciais de energia elétrica, podendo estar situados na área urbana ou rural[3].

5. ASPECTO QUANTITATIVO

5.1. Base de cálculo

Como não existem normas gerais acerca do aspecto quantitativo da COSIP, sua base de cálculo pode variar nas leis municipais. Em alguns casos haverá a instituição de base de cálculo fixa, em outras, uma porcentagem calculada sobre o consumo de energia elétrica.

5.2. Alíquota

As alíquotas são definidas através de lei municipal, sendo que o aumento do tributo deve obedecer ao princípio da legalidade, anterioridade e anterioridade nonagesimal.

6. INFORMAÇÕES COMPLEMENTARES

Tendo em vista que art. 149-A da Constituição Federal permite a cobrança da COSIP no carnê de consumo de energia elétrica, entende-se o lançamento será de ofício.

---

3. RE 573675, Relator(a): Min. RICARDO LEWANDOWSKI, Tribunal Pleno, julgado em 25/03/2009.

6.1. Taxas municipais – Diferenciação com a COSIP

Primeiramente, há um entendimento consolidado de que a COSIP é uma espécie tributária diferente da taxa.

Neste tópico apenas iremos apontar algumas decisões interessantes sobre as taxas municipais, em complemento as condições gerais trabalhadas na Parte I da obra.

Na definição do Código Tributário Nacional, as taxas cobradas pela União, pelos Estados, pelo Distrito Federal ou pelos Municípios, no âmbito de suas respectivas atribuições, têm como fato gerador o exercício regular do poder de polícia ou a utilização efetiva ou potencial, de serviço público específico e divisível, prestado ao contribuinte ou posto à sua disposição (CTN, art. 77, *caput*).

Os conceitos legais da taxa – entendidos como requisitos legais – estão descritas no art. 79 do Código Tributário Nacional:

> Art. 79. Os serviços públicos a que se refere o artigo 77 consideram-se:
>
> I – utilizados pelo contribuinte:
>
> a) efetivamente, quando por ele usufruídos a qualquer título;
>
> b) potencialmente, quando, sendo de utilização compulsória, sejam postos à sua disposição mediante atividade administrativa em efetivo funcionamento;
>
> II – específicos, quando possam ser destacados em unidades autônomas de intervenção, de utilidade, ou de necessidades públicas;
>
> III – divisíveis, quando suscetíveis de utilização, separadamente, por parte de cada um dos seus usuários.

Ao contrário do que acontece com os impostos, as taxas têm por fato gerador uma prestação estatal, seja uma atividade de polícia administrativa, seja um serviço específico e divisível. São, portanto, tributos vinculados, sendo que o pagamento da taxa possui natureza claramente remuneratória.

Nestes termos, pode-se dizer que o fato gerador do tributo em tela que exige do Fisco Municipal a demonstração de que efetivamente ocorreu o procedimento de fiscalização, e não simplesmente a imputação arbitraria do pagamento do tributo. Assim, o professor Geraldo Ataliba defendeu que o serviço fiscalizador exige dos agentes públicos a realização de *"exames, vistorias, perícias, verificações, avaliações cálculos, estimativas, confrontos e outros trabalhos como condição ou preparo do ato propriamente de polícia, consistente em autorizar, licenciar, homologar, permitir ou negar, denegar, proibir etc"*[4].

É consolidada a jurisprudência quanto ao pressuposto da atuação estatal devidamente comprovada:

> "TRIBUTÁRIO. TAXAS DE FISCALIZAÇÃO, DE LOCALIZAÇÃO, INSTALAÇÃO E FUNCIONAMENTO. ILEGITIMIDADE. PRECEDENTES DO STF E DO STJ. Consolidada

4. ATALIBA, Geraldo. In: CARRAZA, Roque Antonio. Curso de Direito Constitucional Brasileiro. São Paulo: Malheiros, 2005. p. 504.

a jurisprudência do STJ e do excelso, no sentido de que, sem a devida materialização do poder de polícia e a contraprestação de serviços, é ilegítima a cobrança de taxas, pelo município, como as de renovação de localização, instalação e funcionamento. Precedentes e Súmula 157/STJ. Recurso provido, sem discrepância". (STJ, 1ª Turma, Resp 0135394/SP, rel. Min. Demócrito Reinaldo, j. 02.10.1997, DJU 10.11.1997, p. 57.717) (sem grifo no original)

De acordo com premissas constitucionais e levando em conta a sua natureza jurídica, a taxa deve representar a contraprestação pelos serviços, específicos e divisíveis, prestados pela Administração Pública em favor de seus administrados, não podendo ter como elemento definidor critérios que não dizem respeito ao custo desta atividade estatal. Ou seja, o valor pecuniário da taxa deve ser capaz de mensurar a atuação estatal, já que a base imponível deve guardar estreita relação ao fato gerador do tributo. Vislumbra-se, portanto, que os tributos vinculados apresentam por característica precípua retribuir ao Estado os dispêndios ocorridos conforme sua atuação, logo possuem o atributo da retributividade.

Por força disto, e a fim de se manter vigente o princípio da retributividade, deve haver uma razoável equivalência entre o custo do serviço estatal e o valor da taxa exigida. Nesse sentido Célio Armando Janczeski, faz a seguinte ressalva:

> "Fundamental, nesse contexto, quando da edição de taxa, esteja munida de informes técnico-econômicos, onde se demonstre a previsível cobertura dos custos da atuação estatal, a fim de que não exceda de uma razoável equivalência entre o produto e o custo global do serviço vinculado."[5] (sem grifo no original)

Como síntese, aponta-se as principais decisões do Supremo Tribunal Federal e Superior Tribunal de Justiça sobre o tema:

TAXAS DECLARADAS CONSTITUCIONAIS	**TAXAS DECLARADAS INCONSTITUCIONAIS**
SÚMULA VINCULANTE 19: A taxa cobrada exclusivamente em razão dos serviços públicos de coleta, remoção e tratamento ou destinação de lixo ou resíduos provenientes de imóveis não viola o artigo 145, II, da Constituição Federal.	Esta Corte fixou entendimento no sentido da invalidade da remuneração do serviço universal e indivisível de limpeza de logradouros públicos por meio de taxa. (RE 540951 AgR, Relator(a): Min. JOAQUIM BARBOSA, Segunda Turma, julgado em 28/08/2012)
TAXA DE COMBATE A SINISTROS – CONSTITUCIONALIDADE. O Tribunal, no julgamento do Recurso Extraordinário nº 206.777/SP, da relatoria do ministro Ilmar Galvão, concluiu pela constitucionalidade da Taxa de Combate a Sinistros. (AI 510583 AgR, Relator(a): Min. MARCO AURÉLIO, Primeira Turma, julgado em 07/05/2013)	Taxa de Segurança Pública. É inconstitucional a taxa que tenha por fato gerador a prestação de serviço de segurança pública, ainda que requisitada por particular. Serviço Público indivisível e não específico. (RE 536639 AgR, Relator(a): Min. CEZAR PELUSO, Segunda Turma, julgado em 07/08/2012)

5. JANCZESKI, Célio Armando. *Das taxas: aspectos jurídicos e caracterização*. Curitiba: Juruá, 2000, p. 35.

TAXAS DECLARADAS CONSTITUCIONAIS	TAXAS DECLARADAS INCONSTITUCIONAIS
A Turma decidiu que é legítimo a Secretaria do Patrimônio da União (SPU) cobrar a taxa de ocupação de imóveis situados na faixa de marinha, independentemente da regularidade ou não da ocupação por particulares, conforme o art. 127 do DL n. 9.760/1946. (REsp 968.241-RS, Rel. Min. Eliana Calmon, julgado em 15/9/2009).	Pacífica é a jurisprudência do Supremo Tribunal Federal no sentido de ser inconstitucional a remuneração de serviço de iluminação pública por meio de taxa. 3. Agravo regimental não provido. (AI 588248 AgR, Relator(a): Min. DIAS TOFFOLI, Primeira Turma, julgado em 14/02/2012)

7. QUADRO SINÓPTICO

Princípio da Legalidade	• Deve obedecer
Princípio da anterioridade	• Deve obedecer
Princípio da anterioridade nonagesimal	• Deve obedecer
Hipótese de incidência	• a prestação do serviço de iluminação pública
Aspecto espacial	• Território municipal
Aspecto temporal	• A definir pela lei local
Aspecto quantitativo (Base de cálculo e alíquota)	• Base de Cálculo: fixa ou variável conforme consumo • Alíquota: depende lei local
Aspecto pessoal (sujeito ativo e passivo)	• Município e Distrito Federal • Consumidor da prestação de serviço de iluminação pública

8. QUESTÕES DE CONCURSOS PÚBLICOS

01. (CESPE – 2009 – SEAD-SE – Procurador) Além dos impostos, a Constituição Federal permite à União cobrar as chamadas contribuições sociais. Entretanto, não é permitido à União cobrar contribuição

a) sobre o lucro das empresas.

b) destinada à iluminação pública.

c) sobre o faturamento das empresas.

d) sobre a receita de concursos de prognósticos

02. (FCC – 1998 – São Paulo – Inspetor Fiscal) Assinale a alternativa que corresponde a serviços gerais ou "uti universi" prestados pela Administração Pública.

a) Fornecimento de água.

b) Telefonia.

c) Iluminação pública.

d) Fornecimento de energia elétrica.

e) Fornecimento de gás.

03. (FCC- Procurador PI- 2005) A contribuição para custeio da iluminação pública, recém introduzida em nosso sistema tributário

a) tem natureza extra-fiscal

b) equipara-se às taxas

c) é uma contribuição que somente pode ser instituída pelos Municípios

d) é uma contribuição que pode ser instituída por quaisquer dos entes políticos

e) é uma contribuição sui generis que pode ser instituída pelos Municípios ou Distrito Federal

04. (Técnico de Controle Externo – Tribunal de Contas Estadual – TCE) Constituição Federal atribui exclusivamente à União a competência para criar

a) contribuição social, contribuição de melhoria e impostos sobre serviços de qualquer natureza.

b) contribuição de melhoria, contribuição previdenciária e contribuição para o custeio do serviço de iluminação pública.

c) impostos, taxas e contribuição de melhoria.

d) contribuições de melhoria e parafiscais, empréstimo compulsório e taxas.

e) empréstimo compulsório, contribuição de intervenção no domínio econômico e contribuição de interesse das categorias profissionais ou econômicas.

05. (OAB 2009/3 – CESPE) A contribuição para o custeio do serviço de iluminação pública pode

a) ser instituída pelos estados e pelo DF.

b) ter alíquotas máximas e mínimas fixadas pelo Senado Federal.

c) ser cobrada no mesmo exercício financeiro em que seja publicada a lei que a instituir.

d) ser cobrada na fatura de consumo de energia elétrica.

06. Relativamente à Contribuição para Custeio do Serviço de Iluminação Pública, assinale a alternativa incorreta:

a) Incide sobre os imóveis, edificados ou não, localizados em logradouros alcançados pelos serviços de Iluminação Pública.

b) É cobrada na fatura de consumo de energia elétrica.

c) São isentas da CCIP as economias residenciais cujo consumo de energia elétrica seja igual ou inferior a 80 KWH.

d) O lançamento e a arrecadação na CCIP se dá juntamente com o IPTU

e) É devida pelo proprietário, o titular do domínio útil ou o possuidor de imóvel, edificado ou não, situado em logradouro alcançado pelos serviços de Iluminação Pública.

07. (TJ/AL - Juiz Estadual - Janeiro/2007 - FCC) Um Prefeito Municipal, diante de manifestações adversas da Câmara Municipal, deixou de instituir no Município a Contribuição para o Custeio da Iluminação Pública – CIP. A medida, em tese,

a) merece aplausos, pois contribui para redução da nossa carga tributária, uma das mais elevadas do mundo.

b) merece aplausos, pois a cobrança da referida contribuição é manifestamente inconstitucional.

c) implica em responsabilidade na gestão fiscal, nos termos da Lei de Responsabilidade Fiscal, e pode ser combatida via ação popular, por qualquer um do povo, por ser lesiva ao patrimônio público.

d) comporta a propositura de ação declaratória de constitucionalidade para tornar efetiva a instituição e cobrança do tributo.

e) implica em responsabilidade na gestão fiscal, nos termos da Lei de Responsabilidade Fiscal, mas não tem o condão de ensejar o impeachment do Prefeito.

08. (ESAF - 2010 - SMF-RJ - Agente de Fazenda) A Constituição Federal permite aos municípios a instituição e a cobrança, na forma das respectivas leis, de tributo destinado ao custeio do serviço de iluminação pública. Sobre este, é correto afirmar que:

a) os municípios somente poderão instituir tal tributo sob a forma de contribuição, que observará as garantias da anterioridade e da legalidade.

b) sua instituição deverá ser feita por meio de lei municipal, sem, contudo, a necessidade da observância do princípio da anterioridade.

c) em face de sua finalidade específica, que é o custeio do serviço de iluminação pública, sua natureza jurídica será de taxa.

d) a lei municipal que criar o referido tributo poderá delegar ao Prefeito, por meio de decreto, a competência para a fixação de critérios para o seu cálculo, tais como suas alíquotas e base de cálculo.

e) O referido tributo será, obrigatoriamente, cobrado na fatura de consumo de energia elétrica do contribuinte.

09. (FCC - TCE/CE - Procurador de Contas - Dezembro/2006) De acordo com previsão expressa da Constituição da República, os Municípios e o Distrito Federal poderão instituir, para o custeio do serviço de iluminação pública,

a) contribuição, observados os princípios da legalidade e anterioridade, quando de sua instituição ou aumento.

b) taxa, facultada sua cobrança na fatura de consumo de energia elétrica.

c) contribuição de melhoria, desde que preenchidos os requisitos previstos em lei complementar federal para tanto.

d) imposto, vinculada a aplicação dos recursos à manutenção do serviço em questão.

e) empréstimo compulsório, cuja cobrança ficará a cargo da concessionária do serviço de energia elétrica.

10. (2006/FCC) Em relação às taxas, o nosso ordenamento jurídico, expressamente, dispõe:

a) as taxas poderão ter base de cálculo própria de impostos

b) a União, os Municípios e o Distrito Federal poderão instituir taxa para o custeio do serviço de iluminação pública

c) os créditos tributários relativos a impostos incidentes sobre a propriedade e a taxas pela prestação de serviços referentes a tal propriedade sub-rogam-se na pessoa dos respectivos adquirentes

d) as taxas têm como fato gerador a utilização efetiva ou potencial do poder de polícia ou o exercício regular do serviço público específico e indivisível

e) ao se referir à imunidade recíproca, a Constituição Federal veda à União, aos Estados, ao Distrito Federal e aos Municípios instituir taxas e impostos uns dos outros

11. (Procurador Autárquico/FCC/2015) De acordo com a Constituição Federal, os Municípios têm competência tributária para instituir

a) o ITBI sobre as transmissões de bens imóveis, por compra e venda ou por doação.

b) o ISSQN sobre a prestação de serviço de transporte intermunicipal de carga.

c) a contribuição para o custeio do serviço de iluminação pública e a contribuição de melhoria.

d) o ITR, observadas as cláusulas de convênio específico com a União para esse fim.

e) o IR sobre os rendimentos auferidos pelos funcionários estatutários dos órgãos que compõem sua administração direta

12. (Procurador da República/PGR/2015) Assinale, dentre as opções abaixo, aquela considerada correta:

a) A imunidade do IPTU deferida as autarquias goza da presunção de que os imóveis se destinam aos seus fins institucionais;

b) A contribuição destinada ao custeio do serviço de iluminação pública consiste num tributo que, embora sui generis, confunde-se com um imposto pelo seu caráter impositivo;

c) A contribuição destinada ao custeio do serviço de iluminação pública caracteriza-se como taxa eis que presente a exigibilidade da contraprestação de um serviço ao contribuinte;

d) Em nenhuma hipótese incide o ICMS sobre operações de importação de mercadorias, sob o regime de arrendamento mercantil internacional.

13. (TJ-MG/Consulplan/2015) Sobre o Sistema Tributário Nacional, é INCORRETA a assertiva:

a) As limitações constitucionais ao poder de tributar devem ser reguladas por meio de lei complementar.

b) Ofende o princípio da legalidade a atualização monetária da base de cálculo do tributo por meio de decreto.

c) É defeso ao Estado e ao Distrito Federal a instituição de contribuição de intervenção no domínio econômico.

d) Os Municípios e o Distrito Federal não podem instituir taxa para remunerar o serviço de iluminação pública.

14. (MPE-RS/Consulplan/2014) Assinale a alternativa que apresenta uma afirmação INCORRETA:

a) Os Municípios e o Distrito Federal poderão instituir contribuição, na forma das respectivas leis, para o custeio do serviço de iluminação pública, observado o disposto no artigo 150, incisos I e III, da Constituição Federal, sendo facultada sua cobrança na fatura de consumo de energia elétrica.

b) A lei poderá exigir que a prova da quitação de determinado tributo, quando exigível, seja feita por certidão negativa, expedida à vista de requerimento do interessado, sendo que produzirá os mesmos efeitos que a negativa a certidão de que conste a existência de créditos não vencidos, em curso de cobrança executiva em que tenha sido efetivada a penhora ou cuja exigibilidade esteja suspensa.

c) Consoante entendimento já pacificado pelo Supremo Tribunal Federal, o Imposto sobre Operações Relativas à Circulação de Mercadorias e sobre Prestações de Serviços de Transporte Interestadual e Intermunicipal e de Comunicação incide sobre alienação de salvados de sinistro pelas seguradoras.

d) A Fazenda Pública da União e as dos Estados, do Distrito Federal e dos Municípios prestar-se-ão mutuamente assistência para a fiscalização dos tributos respectivos e permuta de informações, na forma estabelecida, em caráter geral ou específico, por lei ou convênio, podendo a Fazenda Pública da União, ainda, na forma estabelecida em tratados, acordos ou convênios, permutar informações com Estados estrangeiros no interesse da arrecadação e da fiscalização de tributos.

e) A taxa cobrada exclusivamente em razão dos serviços públicos de coleta, remoção e tratamento ou destinação de lixo ou resíduos provenientes de imóveis, não viola o artigo 145, inciso II, da Constituição Federal, na esteira do entendimento assentado pela Corte Suprema.

15. (Assessor Jurídico TCE-PI/FCC/2014) Um determinado município brasileiro, criado a partir do desmembramento territorial de outro município, depois de promover suas primeiras eleições municipais e eleger seus vereadores, reuniu-se em sessão na Câmara de Vereadores recém-criada, para deliberar a respeito dos principais assuntos de interesse do município. Como não poderia deixar de ser, as discussões preponderantes envolveram a instituição dos tributos de sua competência.

I. O vereador "A" elaborou quatro projetos de lei ordinária, instituindo, respectivamente, o ISSQN, o ITBI, o ITCMD e o IPTU.

II. O vereador "B" elaborou projeto de lei ordinária, instituindo a contribuição para custeio do serviço de iluminação pública.

III. O vereador "C" elaborou projeto de lei ordinária, instituindo contribuição de melhoria, decorrente de obra pública que, embora não tenha acarretado a valorização dos imóveis de uma determinada região do município, aumentou extraordinariamente a clientela dos comerciantes dessa região, chegando a triplicar o faturamento dessas empresas.

IV. O vereador "D" elaborou projeto de lei ordinária, instituindo empréstimo compulsório com a finalidade de realizar investimento público de caráter urgente e de relevante interesse municipal, sem observância do princípio da anterioridade.

V. O vereador "E" elaborou projeto de lei ordinária, instituindo contribuição a ser cobrada dos servidores do município recém-criado, com a finalidade de custear, em benefício desses servidores, o regime previdenciário para titulares de cargos efetivos, com alíquota igual à da contribuição dos servidores titulares de cargos efetivos da União.

Com base nas informações acima, e com fundamento na interpretação conjunta dos dispositivos da Constituição Federal e do Código Tributário Nacional, é correto afirmar que

a) os quatro projetos de lei apresentados pelo vereador "A" poderão ser convertidos em lei, pois todos aqueles impostos são de competência municipal, mas o projeto de lei do vereador "B" não poderá, porque o custeio de serviço de iluminação pública deve ser feito mediante a instituição de taxa de competência estadual.

b) o projeto de lei apresentado pelo vereador "C" poderá ser convertido em lei, porque a atividade comercial do seu estabelecimento foi valorizada em decorrência da obra pública, enquanto o projeto de lei do vereador "D" só poderá ser convertido em lei, se for observado o princípio da anterioridade.

c) o projeto de lei apresentado pelo vereador "E" poderá ser convertido em lei, porque essa contribuição pode efetivamente ser instituída pelos municípios, mas o projeto de lei do vereador "A", que institui o ITCMD, não poderá, porque esse imposto não é de competência municipal.

d) o projeto de lei apresentado pelo vereador "B" poderá ser convertido em lei, porque os municípios têm competência para instituir essa contribuição, mas o projeto de lei apresentado pelo vereador "C" não poderá ser convertido em lei, porque a contribuição de melhoria, diferentemente das demais contribuições previstas na Constituição Federal, deve ser instituída por decreto.

e) o projeto de lei apresentado pelo vereador "D" só poderia ser convertido em lei, se ele houvesse apresentado projeto de lei complementar e observado o princípio da anterioridade, enquanto que o projeto de lei apresentado pelo vereador "E" só poderia ser convertido em lei, se a alíquota da contribuição a ser criada fosse inferior à alíquota da contribuição dos servidores federais.

Gabarito					
1	B	**6**	B	**11**	C
2	C	**7**	C	**12**	A
3	E	**8**	A	**13**	B
4	E	**9**	A	**14**	C
5	D	**10**	C	**15**	C

LEI COMPLEMENTAR 116/2006 ANOTADA

Art. 1º O Imposto Sobre Serviços de Qualquer Natureza, de competência dos Municípios e do Distrito Federal, tem como fato gerador a prestação de serviços constantes da lista anexa, ainda que esses não se constituam como atividade preponderante do prestador.

§ 1º O imposto incide também sobre o serviço proveniente do exterior do País ou cuja prestação se tenha iniciado no exterior do País.

§ 2º Ressalvadas as exceções expressas na lista anexa, os serviços nela mencionados não ficam sujeitos ao Imposto Sobre Operações Relativas à Circulação de Mercadorias e Prestações de Serviços de Transporte Interestadual e Intermunicipal e de Comunicação - ICMS, ainda que sua prestação envolva fornecimento de mercadorias.

§ 3º O imposto de que trata esta Lei Complementar incide ainda sobre os serviços prestados mediante a utilização de bens e serviços públicos explorados economicamente mediante autorização, permissão ou concessão, com o pagamento de tarifa, preço ou pedágio pelo usuário final do serviço.

§ 4º A incidência do imposto não depende da denominação dada ao serviço prestado.

- **Previsão constitucional.** "Como vemos, o constituinte estabeleceu, de modo peremptório, alguns enunciados que necessariamente deverão compor as normas jurídicas instituidoras dos tributos. Estes enunciados formam o domínio mínimo necessário, ponto de partida inafastável do processos de criação, in abstracto, dos tributos" (CARRAZZA, Roque Antonio. A tributação na Constituição, o princípio da autonomia municipal e o imposto sobre serviços de qualquer natureza (ISS). Questões conexas. In. SANTI, Eurico Marcos Diniz de (coord.). Curso de Direito tributário e finanças públicas. São Paulo: Saraiva, 2008, p. 784)

- **Serviços definidos em lei complementar.** "A expressão definidos em lei complementar não autoriza que seja conceituado como serviço aquilo que efetivamente não o é. Indigitada prática subverte a hierarquia do sistema positivo brasileiro, pois o constituinte traçou o quadro dentro do qual os municípios podem mover-se..." (CARVALHO, Paulo de Barros. Não-incidência do ISS sobre atividades de franquia (franchising). RET 56/65, jul-ago/07)

- **Autonomia municipal.** "Segundo a Constituição, os Municípios ficam limitados a tributar, pelo ISS, somente os serviços definidos em lei complementar. A atual Lei Complementar n. 116, de 31 de julho de 2003, é que disciplina normas gerais em matéria desse imposto e elabora lista anexa que define os serviços passíveis de tributação. A partir dessa limitação é que muitos assumem, em nome da autonomia municipal, que esta lista é apenas exemplificativa e não taxativa, pois os Municípios não podem ter sua competência tributária restrita pela lei complementar, advinda do Poder legislativo federal" (SANTI, Eurico Marcos Diniz de (coord.). Curso de Direito tributário e finanças públicas. São Paulo: saraiva, 2008, p. 770)

- **Aspecto material do ISSQN.** "Restam, então, as obrigações de prestação positiva. E, dentro delas, as obrigações de fazer, pois elas é que podem produzir uma prestação de esforço pessoal, caracterizadora de serviço tributável por via do ISS. As obrigações de dar não conduzem a um serviço prestado. A prestação do esforço caracterizadora do serviço é qualificável juridicamente como execução de uma obrigação de fazer" (JUSTEN FILHO, Marçal. O imposto sobre Serviços na Constituição. São Paulo: Revista dos Tribunais, 1985, p. 90) NESTE MESMO SENTIDO: "Em face dessas considerações, parece forçoso concluir que serviço tributável é o desempenho de atividade economicamente apreciável, tendente a produzir uma utilidade para outrem, desenvolvida sob regime de direito privado, mas sem subordinação, com fito de remuneração". (BARRETO, Aires F. Curso de Direito Tributário municipal. São Paulo: Saraiva, 2009, p. 318)

- **Natureza jurídica do fato gerador do ISSQN.** "Prestar serviço, para o sistema do direito posto, é um conceito jurídico, ou seja, é uma relação jurídica. Não é sobre o evento, acontecimento do mundo fenomênico, que a norma do ISS incide, mas é sobre a relação jurídica que nasce de um acordo, de um contrato de prestação de serviços. Pois não basta uma pessoa, física ou jurídica, começar a prestar serviço a outra sem o consentimento, pacto ou ajuste. Dessa forma, é necessário um acordo, um contrato (verbal ou escrito), uma relação entre pessoas, físicas ou jurídicas, para fazer nascer a prestação de serviços" (DÁCOMO, Natália de Nardi. Hipótese de Incidência do ISS. São Paulo: Noeses, 2006, p. 29)

- **Conceito da prestação de serviço.** "A prestação de serviços vem englobar o trabalho avulso feito por pessoa física ou jurídica (geralmente microempresa) e o trabalho dos profissionais liberais. Os serviços prestados por grandes empresas, cujo objeto é de caráter técnico ou atinge grande público, são regulados por legislação especial e pelo direito empresarial" (LOPEZ, Teresa Ancona. Comentários ao Código Civil: parte especial. São Paulo: Saraiva, 2000, p. 191) NESTE SENTIDO: "...cabe destacar o fato d que se trata de atividade: a) revestida de conteúdo econômico, pois os serviços destituídos de tal conteúdo não são signos-presuntivos de capacidade econômica e, portanto, não podem se sujeitar à tributação; b) prestada sem que haja subordinação, uma vez que o serviço subordinado caracteriza prestação trabalhista, que não está sujeita à incidência de ISS; c) não compreendida na competência tributária de outras esferas do governo, pois caso fosse abrangida pela competência tributária dos Estados ou da União, haveria bitributação, que, em princípio, é vedada pela Constituição". (VELLOSO, Andrei Pitten. Constituição Tributária Interpretada. São Paulo: Atlas, 2007, p. 309)

- **Código de Defesa do Consumidor. Art. 3º ....** § 2º Serviço é qualquer atividade fornecida no mercado de consumo, mediante remuneração, inclusive as de natureza bancária, financeira, de crédito e securitária, salvo as decorrentes das relações de caráter trabalhista.

- **Fato Gerador e independência da contraprestação.** "Impede destacar, por fim, que o objeto da tributação é a prestação de serviço e não o recebimento da contraprestação pelo prestador. Por isso, se a prestação for ulterior à vigência da regra-matriz aplicável, revelar-se-á legítima a cobrança do tributo mesmo antes do pagamento do preço, sem que nisso se vislumbre ofensa à irretroatividade e tampouco à capacidade contributiva". (VELLOSO, Andrei Pitten. Constituição Tributária Interpretada. São Paulo: Atlas, 2007, p. 310)

- **Diferença entre obrigação de dar e fazer.** "A prestação, na obrigação de dar, consiste na entrega de um objeto, sem que se tenha de fazê-lo previamente, e, na de fazer, na realização de um ato ou confecção de uma coisa, para depois entregá-la ao credor". (DINIZ, Maria Helena. Curso de direito civil brasileiro. 2 vol. São Paulo: Saraiva, 2002. p. 100)

- **Súmula Vinculante n. 31** – É inconstitucional a incidência do imposto sobre serviços de qualquer natureza – ISS sobre operações de locação de bens móveis. **No mesmo sentido o STJ:** AgRg no AREsp 720222/RJ, Rel. Ministro HERMAN BENJAMIN, SEGUNDA TURMA, Julgado em 05/04/2016, DJE 31/05/2016. REsp 1183210/RJ, Rel. Ministro ARNALDO ESTEVES LIMA, PRIMEIRA TURMA, Julgado em 07/02/2013, DJE 20/02/2013.

- **Dicotomia entre obrigação de fazer e obrigação e de dar.** "A caracterização do que pode ser tido como serviço conta com duas linhas de interpretação muito claras: a primeira, a clássica teoria da obrigação de fazer, segundo a qual serviço e apenas aquela obrigação contratual que corresponda a um esforço imaterial; a segunda, a tese desenvolvida por alguns hodiernamente pela qual serviço é toda atividade remunerada, posta ao mercado de consumo, que esteja descrita na lista de serviços, ainda que em seu contexto se verifique uma obrigação de dar (interpretação do art 3º do Código de Defesa do Consumidor c/c entendimento jurisprudencial contido no Recurso Extraordinário nº 592.905)" (BERGAMINI, Adolpho. Curso de ISS. São Paulo: Editora Revista dos Tribunais, 2017, pag. 60 e 61)

- **Obrigação de fazer.** O ISS na sua configuração constitucional incide sobre uma prestação de serviço, cujo conceito pressuposto pela Carta Magna eclipsa ad substantia obligatio in faciendo, inconfundível com a denominada obrigação de dar. Outrossim, a Constituição utiliza os conceitos de direito no seu sentido próprio, com que implícita a norma do artigo 110, do CTN, que interdita a alteração da categorização dos institutos. Consectariamente, qualificar como serviço a atividade que não ostenta essa categoria jurídica implica em violação bifronte ao preceito constitucional, porquanto o texto maior a utiliza não só no sentido próprio, como também o faz para o fim de repartição tributária-constitucional (RE 116121/SP). (...) A dicção constitucional, como evidente, não autoriza que a lei complementar inclua no seu bojo atividade que não represente serviço e, a fortiori, obrigação de fazer, porque a isso corresponderia franquear a modificação de competência tributária por lei complementar, com violação do pacto federativo, inalterável sequer pelo poder constituinte, posto blindado por cláusula pétrea. O conceito pressuposto pela Constituição Federal de serviço e de obrigação de fazer corresponde aquele emprestado pela teoria geral do direito, segundo o qual o objeto da prestação é uma conduta do obrigado, que em nada se assemelha ao dare, cujo antecedente necessário é o repasse a outrem de um bem preexistente, a qualquer título, consoante a homogeneidade da doutrina nacional e alienígena, quer de Direito Privado, quer de Direito Público. (AgRg no REsp 953.840/RJ, Rel. Ministro LUIZ FUX, PRIMEIRA TURMA, julgado em 20/08/2009, DJe 14/09/2009)

- **Relação jurídica complexa nas locações de bens móveis.** "O Supremo Tribunal Federal já se manifestou sobre o tema, afirmando que "a Súmula Vinculante 31, que assenta a inconstitucionalidade da incidência do Imposto sobre Serviços de Qualquer Natureza – ISS nas operações de locação de bens móveis, somente pode ser aplicada em relações contratuais complexas se a locação de bens móveis estiver claramente segmentada da prestação de serviços, seja no que diz com o seu objeto, seja no que concerne ao valor específico da contrapartida financeira" Rcl 14.290/ AgR/DF, Rel. Ministra Rosa Weber, Tribunal Pleno, DJe 20/6/2014" (REsp 1631000/ ES, Rel. Ministro OG FERNANDES, SEGUNDA TURMA, julgado em 28/11/2017, DJe 05/12/2017)

- **Caracterização do aspecto material do ISSQN.** "Pois não basta uma pessoa, física ou jurídica, começar a prestar serviço a outra sem o seu consentimento, pacto ou ajuste. Dessa forma, é necessário um acordo, um contrato (verbal ou escrito), uma relação entre pessoas, física ou jurídica, para fazer nascer a prestação de serviços" (DÁCOMO, Natália de Nardi. **Hipótese de Incidência do ISS**. São Paulo: Noeses, 2006, p. 29)
  - **No mesmo sentido:** "Primeiramente cabe notar que o Imposto sobre Serviços de Qualquer Natureza irá incidir sobre a relação jurídica de prestar serviço, o qual deve ser interpretado como um conceito jurídico e não apenas como acontecimento fático." (LUSTOZA, Helton Kramer. Et al. **Tributos em Espécie**. 4º ed. Salvador: JusPodivm, 2017, p. 805)
- **Correntes doutrinárias a respeito do aspecto material.** Existem duas correntes que buscam explicar a obrigação tributária derivada do aspecto "prestar serviço". A primeira, denominada de "econômica", onde prevalece o entendimento de que bastava a circulação de bens imateriais ou matérias para o nascimento da obrigação tributária, enquanto que a segunda trabalha com o critério jurídico.
  - **Critério econômico:** "O que interessa, no conceito de serviço, é a existência de transferência onerosa, por parte de uma pessoa a outra, de bem imaterial que se acha na etapa da movimentação econômica. Prestam-se serviços quando se raliza prestação dependente de contrato de transporte, de agência, de depósito, de locação, de bens moveis, etc" (MARTINS, Sergio Pinto. Manual de Imposto sobre Serviços. São Paulo: Atlas, 2004. p. 42)
  - **Critério jurídico:** "O cerne da materialidade da Hipótese de incidência do imposto em comento não se circunscreve a 'serviço', mas a uma 'prestação de serviço', compreendendo um negócio (jurídico) pertinente a uma obrigação de fazer, de conformidade com os postulados e diretrizes do direito privado" (MELO, José Eduardo Soares de. ISS – Aspectos Teóricos e Práticos. 5. ed. São Paulo: Dialética, 2008, p. 37). **No mesmo sentido:** "Este conceito é suficientemente lato, de modo a albergar toda e qualquer prestação de utilidade, tanto material (uma obra de engenharia), quanto imaterial (serviços prestados por profissionais liberais), que consista na execução de uma obrigação de fazer". Mesmo quando a prestação de serviços concretiza-se em utilidades materiais, o fazer haverá de prevalecer sob o dar" (BOTTALLO, Eduardo Domingos. Notas sobre o ISS e a Lei Complementar n.116/2003. In. O ISS e a LC 116. Coord. Valdir de Oliveira Rocha. São Paulo: Dialética, 2003, P.79) **No mesmo sentido**: "Não é de bom alvitre considerar que o conceito de serviços é econômico. Para o Direito, o conceito de serviço só pode ser extraído do sistema jurídico. De nenhuma valia pode ter a alegação de que o ISS incide sobre a 'venda' de serviço, porque este é um conceito econômico. Serviço não se vende; serviço presta-se; faz-se. O conceito de serviço tributável pode (e deve) ser buscado na própria Constituição, interpretada sistematicamente" (BARRETO, Aires F. Curso de Direito Tributário municipal. São Paulo: Saraiva, 2009, p. 317)

⊙ **Critério jurídico da obrigação tributária do ISSQN. Prestações de serviços derivadas de uma obrigação de fazer. STF.** TRIBUTO – FIGURINO CONSTITUCIONAL. A supremacia da Carta Federal é conducente a glosar-se a cobrança de tributo discrepante daqueles nela previstos. IMPOSTO SOBRE SERVIÇOS – CONTRATO DE LOCAÇÃO. A terminologia constitucional do Imposto sobre Serviços revela o objeto da tributação. Conflita com a Lei Maior dispositivo que imponha o tributo considerado contrato de locação de bem móvel. Em Direito, os institutos, as expressões e os vocábulos têm sentido próprio, descabendo confundir a locação de serviços com a de móveis, práticas diversas regidas pelo Código Civil, cujas definições são de observância inafastável – artigo 110 do Código Tributário Nacional. (RE 116121, Relator(a): Min. OCTAVIO GALLOTTI, Relator(a) p/ Acórdão: Min. MARCO AU-RÉLIO, Tribunal Pleno, julgado em 11/10/2000, DJ 25-05-2001 PP-00017 EMENT VOL-02032-04 PP-00669)

▶ **Conceito econômico de serviço** – STF. "É certo que, nos debates travados ao exame da Proposta de Súmula Vinculante 35, que resultou na SV 31, suscitada dúvida no Plenário desta Corte quanto à situação em que a locação de bens móveis está associada à prestação de serviços, tendo-se concluído pela exclusão do termo "dissociadas da prestação de serviços", uma vez não analisada a questão relativa aos contratos mistos. (...) 6. Em relações contratuais complexas ou mistas, apenas há falar em descumprimento da Súmula Vinculante 31 quando a locação de bem móvel esteja evidentemente dissociada da prestação de serviços, seja em relação ao objeto, seja no tocante ao valor detalhado da contraprestação financeira. (...) Não há falar, pois, em contrariedade à Súmula Vinculante 31, que não contempla contratos mistos – locação de bens móveis acompanhado de prestação de serviço. Verifica-se da sentença trazido pelo reclamante que, ao analisar o caso concreto, entendeu o Juízo de origem que as atividades prestadas não são apartadas, visto que, além da locação dos aparelhos de audiovisual, são disponibilizados os operadores, na prestação de serviço (...) (Rcl 28.324, rel. min. Rosa Weber, dec. monocrática, j. 25-5-2018, DJE 107 de 30-5-2018)

▶ **Superação do conceito meramente jurídico de serviço – Voto do ministro roberto Barroso.** "Na linha dos julgados mais recentes sobre o tema, penso que o conceito de serviço para os fins do art. 156, III, da Constituição, não deve ser entendido exclusivamente à luz da legislação de direito civil, muito menos como mera obrigação de fazer em contraposição a uma obrigação de dar, como pretende o recorrente. Em verdade, o conceito de serviço disposto na Constituição é mais amplo do que o descrito na legislação civil e busca abranger as múltiplas e complexas atividades econômicas existentes no mercado. Isso ocorre em razão de dois motivos. Em primeiro lugar, o texto constitucional delimita como fato gerador do tributo "serviços de qualquer natureza". Há, portanto, uma clara intenção de inserir uma ampla gama de serviços, levando à necessária extensão da competência tributária. A amplitude semântica do termo "qualquer natureza" parece denotar a intenção do constituinte de incluir todas as atividades empresariais cujos produtos tenham características semelhantes a serviços e que não estejam englobadas no conceito de serviço de comunicação e serviço de transporte interestadual ou intermunicipal (tributáveis pelo ICMS, nos termos do art. 155, II, CF/88) ou serviços financeiros e securitários (tributáveis pelo IOF, nos termos do art. 153, V, CF/88). Em outras palavras, excetuando as atividades em que o constituinte determinou a incidência de ICMS ou IOF, todas as demais que envolvam a prestação de uma utilidade com elementos de um serviço devem ser tributadas pelo ISS. Em segundo lugar, o perfil constitucional do conceito de serviço é necessariamente intermediado por uma definição legal. Vale dizer: a Constituição determinou que os contornos jurídicos do serviço de qualquer natureza deveriam ser delimitados por lei complementar específica. Ao definir o conceito de serviço, a Lei Complementar nº 116/2003 inclui em sua lista: (i) atividades tradicionalmente entendidas como prestação de serviços (e.g.: assessoria, consultoria, planejamento, guarda e vigilância); (ii) atividades que passam a categoria de serviço para fins de incidência do tributo, pois, caso contrário, ficariam imunes de qualquer tributo; e (iii) operações mistas, em que se afirma a prevalência do serviço para fins de tributação (e.g.: reparação, conservação e reforma de edifícios; execução de empreitada e subempreitada; conserto, reparo e manutenção e máquinas, veículos e equipamentos). Portanto, em razão desses dois motivos, não há como interpretar a regra de competência do ISSQN de maneira a conduzir a resultado tão restritivo quanto o que pretende o recorrente, por meio de uma mera dicotomia entre obrigação de fazer e obrigação de dar. Fica evidente que a definição de serviço disposta na Constituição buscou englobar todas as complexas relações econômicas atualmente existentes no mercado, de modo a impedir que determinadas atividades simplesmente ficassem imunes a qualquer tipo de tributação (RE 651.703/PA)

- **Efetividade do serviço.** "Só surge a obrigação tributária de recolher ISS ao Município diante de fato concretamente ocorrido. O imposto de que se cuida não pode incidir sobre serviço potencial". (BARRETO, Aires F. Curso de Direito Tributário municipal. São Paulo: Saraiva, 2009, p. 322)
- **Habitualidade.** "Requisito inafastável da incidência do ISS é que a prestação se dê de modo reiterado. Não basta a ocorrência do fato prestar serviço. É necessário, ainda, que a prestação se verifique com habitualidade. Prestação esporádica, acidental, episódica, sem reiteração, não expressa a realização da materialidade da hipótese de incidência do ISS". (BARRETO, Aires F. Curso de Direito Tributário municipal. São Paulo: Saraiva, 2009, p. 322)
- **Habilitação do prestador.** "É absolutamente irrelevante para efeitos do ISS, se o prestador possui habilitação para os serviços que presta. Importa a atuação concretamente ocorrida, e noção a sua regularidade". (BARRETO, Aires F. Curso de Direito Tributário municipal. São Paulo: Saraiva, 2009, p. 142)
- **Finalidade lucrativa.** "Correto é afirmar que a incidência do ISS pressupõe, inafastavelmente, remuneração e, em alguns casos, a perseguição ao fim lucrativo. Inversamente, não pode haver exigência do imposto quando não houver preço, por se tratar de serviço gracioso, altruístico, desinteressado". (BARRETO, Aires F. Curso de Direito Tributário municipal. São Paulo: Saraiva, 2009, p. 324) Neste sentido: "O contrato é especialmente importante porque, sendo o direito tributário um direito de superposição (artigos 109 e 110 do CTN) e, por outro lado, sendo o contrato verdadeira fonte de obrigações jurídicas no âmbito do direito civil, então é ele (o contrato) que deve servir de realidade jurídica a incidência tributária". (BERGAMINI, Adolpho. Curso de ISS. São Paulo: Editora Revista dos Tribunais, 2017, pag. 60)
- **Requisitos para caracterização de prestação de serviço para fins de ISSQN.** "Algumas advertências adicionais, para válida exigência do ISS são necessárias: a) o ISS não pode incidir sobre serviço potencial: a obrigação tributária só surge diante

de fato concretamente ocorrido; b) é irrelevante que o prestador do serviço possua habilitação para os serviços que presta; c) para fins de incidência do imposto, é necessário que a prestação se dê com a reiteração, habitualidade; d) é irrelevante, para fins de ISS, que o prestador tenha a finalidade lucrativa, ou que não tenha obtido lucro, basta que se trate de fato com conteúdo econômico" (BARRETO, Aires F. Imposto sobre serviços. In. Curso de direito Tributário e Finanças Públicas. Eurico Marcos Diniz de Santi (org.), São Paulo: Saraiva, 2008, p. 1004).

▶ **Atividade fim x atividade meio.** "Não se pode decompor a atividade-fim para sujeitar ao ISS as várias ações-meio que a possibilitam. Não é possível, porque ilegal e inconstitucional, pretender tributar atividades-meio, separando-as do fim perseguido, para considera-las separadamente, isoladamente, como se cada uma delas correspondesse a um serviço autônomo, independente." (BARRETO, Aires F. Imposto sobre serviços. In. Curso de direito Tributário e Finanças Públicas. Eurico Marcos Diniz de Santi (org.), São Paulo: Saraiva, 2008, p. 1002)

⊙ **Apelação cível e reexame necessário - Mandado de segurança. 2. ISSQN - Atividade prestada pela empresa - Locação de bens móveis e projetos de criação de stands - Atividades meio da empresa que não estão sujeitas ao iss por não comporem o "preço do serviço" - Inconstitucionalidade da incidência de ISS sobre locação de bens móveis - Súmula vinculante 31 do STF. 3. Negado provimento ao recurso de apelação e sentença mantida em reexame necessário. Súmula Vinculante 31 do STF:** "É inconstitucional a incidência do Imposto sobre Serviços de Qualquer Natureza - ISS sobre operações de locação de bens móveis." (TJPR - 3ª C.Cível - ACR - 1698942-5 - Pinhais - Rel.: Denise Hammerschmidt - Unânime - J. 07.11.2017)

⊙ **Apelação - Ação Declaratória de Incidência Tributária cumulada com Obrigação de Fazer - ISSQN - Contrato de execução de serviço na rede de distribuição de energia - Atividades acessórias complementares as de manutenção e de serviços de instalação de postes e cabos para posterior distribuição da energia, serviço de elaboração de um projeto de eletricidade, entre outros, enquadrados no subitem 7.02 da lista anexa à Lei Complementar nº. 116/03, e no subitem 7.02 da Lei Complementar nº. 108/03 - Sentença de improcedência - Pretensão ao reconhecimento da incidência do ISS nos serviços prestados pela empresa apelada - Impossibilidade de tributação - Imunidade - Art. 155, §3º da CF - Serviços correlatos não previstos pela Lei Complementar n. 1160/03 - Taxatividade da lista de serviços - Sentença mantida - Recurso não provido.** (TJSP; Apelação 1012163-75.2014.8.26.0625; Relator (a): Cláudio Marques; Órgão Julgador: 14ª Câmara de Direito Público; Foro de Taubaté - Vara da Fazenda Pública; Data do Julgamento: 22/02/2018; Data de Registro: 27/02/2018)

▶ **Serviço imaterial.** "Todo tipo de serviço seja material ou imaterial pode ser objeto do contrato. Serviço material se opõe àquele que nasce da criação do intelecto ou espírito humano, que vem a ser o serviço imaterial. Dessa forma, o serviço prestado por um técnico de computação ou por um encanador é imaterial, pois é feito pela inteligência, como também o do escritor" (LOPEZ, Teresa Ancona. Comentários ao Código Civil: parte especial. São Paulo: Saraiva, 2000, p. 203)

▶ **Resultado da prestação de serviços.** "O trabalho às vezes é predominantemente imaterial (do advogado, professor, cantor, et alii), na maioria das vezes, porém, a prestação dos serviços se concretiza em bens materiais. O que é fundamental é que o fazer haverá de prevalecer sobre o dar" (BALEEIRO, Aliomar. Direito tributário brasileiro. 11 ed. atualizada por Misabel Machado Derzi. Rio de Janeiro: Forense, 1999, p. 37) NESSE SENTIDO "o ISS, e bem assim qualquer outro imposto, só pode alcançar o fato concretamente ocorrido no mundo fenomênico, e nunca aquele que está por ocorrer, ainda que a probabilidade dessa ocorrência seja presumível. Relativamente ao ISS, é preciso atentar, ainda, para a circunstância de que se trata de um imposto sobre fatos e não sobre contratos" (BARRETO, Aires F. Curso de Direito Tributário Municipal. São Paulo: Saraiva, 2009. p. 322)

⊙ **Doutrina civilista: Obrigação de dar:** "a prestação, na obrigação de dar, consiste na entrega de um objeto, sem que se tenha de fazê-lo previamente, e, na de fazer, na realização de um ato ou confecção de uma coisa, para depois entregá-la ao credor" (DINIZ, Maria Helena. Curso de direito civil brasileiro. 2 vol. São Paulo: Saraiva, 2002. p. 100)

⊙ **Súmula Vinculante nº 31:** É inconstitucional a incidência do imposto sobre serviços de qualquer natureza – ISS sobre operações de locação de bens móveis.

▶ **Resultado do serviço.** Outra diferença em relação ao ICMS e IPI é que o ISSQN incide sobre o fato de prestar serviço, independente do resultado. Não interessa para esta tributação se o resultado da obrigação de fazer resultou um bem material ou imaterial, pois o núcleo deste tributo não é o produto e sim na operação. Em decorrência disso, prevaleceu o entendimento de que somente estão passiveis de incidência do ISSQN os serviços incluídos na lista prevista na Lei Complementar nº 116/2003, os quais devem ser repetidos nas leis municipais. (LUSTOZA, Helton Kramer. Et al. *Tributos em Espécie.* 4º ed. Salvador: JusPodivm, 2017, p. 807)

▶ **Relação jurídica de "prestar serviço".** "É essencial diferenciar neste momento a relação jurídica de "prestar serviço" da repercussão econômica de "prestar serviço". Como afirmado logo acima, somente o primeiro caso terá o condão de autorizar o nascimento da obrigação tributária do ISSQN, na medida em que é o evento descrito na norma constitucional." (LUSTOZA, Helton Kramer. Et al. Tributos em Espécie. 4 ed. Salvador: JusPodivm, 2017, p. 805)

⊙ **Não incide ISS sobre o serviço de provedor de acesso à internet, por ausência de previsão legal.** AgRg no AREsp 642560/PR, Rel. Ministro HERMAN BENJAMIN, SEGUNDA TURMA, Julgado em 17/03/2015, DJE 06/04/2015; AgRg no AREsp 431924/PR, Rel. Ministra ELIANA CALMON, SEGUNDA TURMA, Julgado em 10/12/2013, DJE 18/12/2013.

⊙ **Produção de embalagens plásticas.** Apelação cível – Embargos à execução fiscal – Questão que diz respeito à incidência de ISSQN sobre produção de embalagens plásticas. Recurso do município – Alegação de incidência do imposto ante a impressão gráfica realizada no produto sob encomenda – Não incidência – Atividade cível nº 1.551.825-7 fl. 2 desenvolvida pela empresa tem caráter de comercialização e industrialização – Decreto lei nº 406/68 – Precedentes do STF e STJ que afastam a cobrança – Atividade que se sujeita à cobrança de ICMS – Recurso conhecido e desprovido. Apelação adesiva – Recurso da embargante. Majoração dos honorários advocatícios sucumbenciais. Aplicação do artigo 20, § 4º, do Código de Processo Civil de 1973 vigente à época. Valor fixado que não remunera adequadamente o trabalho realizado – Majoração necessária considerando, precipuamente, a natureza e a importância da causa e o tempo de trabalho exigido do causídico. Precedentes desta Corte. Aplicação de ofício de termo inicial e índice relativos aos juros e correção monetária omissa na r. sentença. – Recurso conhecido e provido. Cível nº 1.551.825-7 fl. 3 (TJPR – 2ª C. Cível – AC – 1551825-7 – Curitiba – Rel.: Angela Maria Machado Costa – Unânime – J. 01.08.2017).

⊙ **Imunidade tributária aplicada aos Correios e SESC.** "Recurso extraordinário com repercussão geral. 2. Imunidade recíproca. Empresa Brasileira de Correios e Telégrafos. 3. Distinção, para fins de tratamento normativo, entre empresas públicas prestadoras de serviço público e empresas públicas exploradoras de atividade. Precedentes. 4. Exercício simultâneo de atividades em regime de exclusividade e em concorrência com a iniciativa privada. Irrelevância. Existência de peculiaridades no serviço postal. Incidência da imunidade prevista no art. 150, VI, "a", da Constituição Federal. 5. Recurso extraordinário conhecido e provido. (RE 601392, Relator(a): Min. Joaquim Barbosa, Relator(a) p/ Acórdão: Min. Gilmar Mendes, Tribunal Pleno, julgado em 28/02/2013, Acórdão Eletrônico Repercussão Geral – Mérito DJe-105 divulg 04-06-2013 public 05-06-2013)". **No mesmo sentido**: "Ementa: Processual civil. Agravo regimental. Constitucional. Tributário. Imunidade entidade beneficente de educação. SESC. Aplicabilidade. 1. As entidades privadas de serviço social e de formação profissional vinculadas ao sistema sindical, como o Serviço Social do Comércio – SESC, são imunes à tributação por impostos (art. 150, VI, c da Constituição). 2. À luz da plena vinculação da atividade administrativa da constituição do crédito tributário, eventual e hipotético desvio de finalidade na aplicação do bem não pode ser pura e simplesmente pressuposta. Agravo regimental ao qual se nega provimento. (AI 409806 AgR, Relator(a): Min. Joaquim Barbosa, Segunda Turma, julgado em 06/04/2010, DJe-081 divulg 06-05-2010 public 07-05-2010 Ement vol-02400-05 PP-00936 LEXSTF v. 32, n. 377, 2010, p. 37-42).

⊙ **Imunidade sobre atividade desempenhada pela Casa da Moeda do Brasil – CMB.** Prevaleceu o entendimento no Supremo Tribunal Federal de que a imunidade recíproca alcança a atividade pública posteriormente delegada no que atine a confecção de bilhetes magnéticos, pela Casa da Moeda (RE 610517/RJ – DJe de 17.6.2013).

⊙ **Não incidência sobre serviço de afretamento de embarcação.** "Segundo entendimento consolidado nesta Corte Superior, é ilegítima a incidência do ISS em relação ao afretamento de embarcação. (AgInt no REsp 1386783/RJ, Rel. Ministro NAPOLEÃO NUNES MAIA FILHO, PRIMEIRA TURMA, julgado em 12/12/2017, DJe 18/12/2017)

⊙ **Imunidade – prestadora de serviço público.** "Apelação. Ação anulatória julgada procedente. ISS sobre atividades relativas a energia elétrica. Sentença que reconheceu a inexigibilidade da cobrança, em razão da imunidade constitucional sobre serviços relacionados ao fornecimento de energia elétrica. Pretensão à reforma. Desacolhimento. Atividades desempenhadas por concessionária de serviço público de energia elétrica. Impossibilidade de tributação, diante da imunidade prevista no artigo 155, § 3º, da CF. Serviços autuados que constituem atividade-meio e estão abrangidos pela regra imunizadora. Precedentes do TJSP e do TJMG. Sentença mantida. Recursos voluntário e oficial não providos, com fixação de honorários recursais na forma do artigo 85, § 11, do NCPC" (TJSP; Apelação 1041926-34.2016.8.26.0114; Relator (a): Ricardo Chimenti; Órgão Julgador: 18ª Câmara de Direito Público; Foro de Campinas – 1ª

Vara da Fazenda Pública; Data do Julgamento: 01/03/2018; Data de Registro: 06/03/2018)

- **Imunidade tributária de jornais e revistas.** RE 91662 / SP – Relator(a): Min. Decio Miranda – Julgamento: 04/11/1980 – Órgão Julgador: Segunda Turma – Publicação: DJ 28-11-1980 PG-10102 EMENT VOL-01194-04 PG-00969 RTJ VOL-00098-03 PG-00802 – Ementa. Tributário. Imposto sobre serviços. Não incide sobre anúncios e publicidade em jornal. Precedente: RE 87.049, Pleno de 13.04.78, RTJ 87/608.
    - **Leitura do STF: EMENTA: TRIBUTÁRIO. ENCARTES DE PROPAGANDA DISTRIBUÍDOS COM JORNAIS E PERIÓDICOS. ISS. ART. 150, VI, d, DA CONSTITUIÇÃO.** Veículo publicitário que, em face de sua natureza propagandística, de exclusiva índole comercial, não pode ser considerado como destinado à cultura e à educação, razão pela qual não está abrangido pela imunidade de impostos prevista no dispositivo constitucional sob referência, a qual, ademais, não se estenderia, de qualquer forma, às empresas por eles responsáveis, no que concerne à renda bruta auferida pelo serviço prestado e ao lucro líquido obtido. Recurso não conhecido. (RE 213094, Relator(a): Min. ILMAR GALVÃO, Primeira Turma, julgado em 22/06/1999, DJ 15-10-1999 PP-00023 EMENT VOL-01967-03 PP-00446 RTJ VOL-00171-01 PP-00336) Em outras palavras: "A razão disso é porque, em tais situações, fica evidente que o veículo publicitário não pode ser considerado como destinado à cultura e à educação, mas sim, como uma prestação de serviço de publicidade comercial" (LUSTOZA, Helton Kramer. Et al. Tributos em Espécie. 4 ed. Salvador: JusPodivm, 2017, p. 830)
    - **Inaplicabilidade de Imunidade na composição gráfica de revistas.** As prestadoras de serviços de composição gráfica, que realizam serviços por encomenda de empresas jornalísticas ou editoras de livros, não estão abrangidas pela imunidade tributária prevista no art. 150, VI, d, da CF. Frisou que, no ponto, os serviços de composição gráfica realizados por empresas contratadas para realizar esses trabalhos, seriam meros prestadores de serviço e, por isso, a eles não se aplicaria a imunidade tributária. Vencido o Ministro Eros Grau, que dava provimento ao recurso. RE 434826 AgR/MG, rel. orig. Min. Cezar Peluso, red. p/ o acórdão Min. Celso de Mello, 19.11.2013. (RE-434826)
- **Súmula vinculante 57:** A imunidade tributária constante do art. 150, VI, d, da CF/88 aplica-se à importação e comercialização, no mercado interno, do livro eletrônico (e-book) e dos suportes exclusivamente utilizados para fixá-los, como leitores de livros eletrônicos (e-readers), ainda que possuam funcionalidades acessórias.
- **Legislação local.** Isso mostra que o legislador complementar deverá estabelecer a regulamentação nacional do ISSQN, garantindo a aplicação de maneira equânime das diretrizes constitucionais, bem como excluir de sua incidência exportações de serviços para o exterior (lembre-se que este é um caso de isenção e não imunidade). E por fim, cumpre aos Municípios e Distrito Federal, dentro de sua competência, editar normais locais, para detalharem a aplicação da hipótese de incidência e demais normas para arrecadação do tributo, dentro de suas peculiaridades, sempre em consonância com a Constituição Federal e Legislação Complementar (LUSTOZA, Helton Kramer. Et al. **Tributos em Espécie.** 4ª ed. Salvador: JusPodivm, 2017, p. 804).
- **Aspecto temporal do ISSQN.** "A prestação potencial de serviço é inidônea a ensejar o nascimento do ISS. O tributo nasce de fato 'prestar serviços'. Somente o serviço efetivamente prestado – não o potencial – abre espaço à tributação de que ora estamos cogitando. Em síntese, como aguisadamente nota Xavier de Abuquerque,

o fazer há de ser concreto e efetivo, não meramente potencial. Enquanto não se positivar, no mundo real, dito também fenomênico, a prestação efetiva do serviço, não se verificará o fato imponível do tributo em tela. (...) O ISS não incide sobre a relação jurídica cujo objeto seja a prestação de serviços. Incide, sim, sobre a prestação do serviço propriamente dita. Em outros falares, seu fato imponível não ocorre quando da celebração do contrato de prestação de serviços, mas, sim, quando o serviço é efetivamente prestado" (CARRAZZA, roque Antonio. A tributação na Constituição, o princípio da autonomia municipal e o imposto sobre serviços de qualquer natureza (ISS). Questões conexas. In. SANTI, Eurico Marcos Diniz de (coord.). Curso de Direito tributário e finanças públicas. São Paulo: saraiva, 2008, p. 793) NESTE MESMO SENTIDO: "O ISS é imposto que se classifica entre os exigíveis em virtude da ocorrência de uma situação de fato: prestar serviço. Sai ocorrência, destarte, só pode se dar, pois, no momento em que se perfaz a prestação do serviço" (BARRETO, Aires F. Imposto sobre serviços. In. Curso de direito Tributário e Finanças Públicas. Eurico Marcos Diniz de Santi (org.), São Paulo: Saraiva, 2008, p. 1005). **Neste mesmo sentido:** "Em essência, se o aspecto material é a prestação de serviço, o aspecto temporal só pode ser um único: o momento em que há prestação de serviço. Se é eleito, como critério temporal, um momento temporal diverso, o único resultado seria o de que a tributação não mais teria por hipótese, no aspecto material, a prestação de serviço, mas aquele a situação que se verifica no momento localizado a partir do critério temporal" (JUSTEN FILHO, Marçal. O Imposto sobre Serviços na Constituição. São Paulo: Revista dos Tribunais, 1985. p. 138)

- **Aspecto temporal de serviços fracionáveis.** "Para não incorrer em equívocos, a precisa determinação do momento de ocorrência do fato imponível exige se observe se o serviço é de prestação fracionável, ou não. O fracionamento pode consistir em etapas, fases ou trechos ou, ainda, em períodos de tempo. Nesses casos, o fato conceder-se-á ocorrido tão logo esteja completada uma das frações em que a prestação se dividir" (BARRETO, Aires F. Imposto sobre serviços. In. Curso de direito Tributário e Finanças Públicas. Eurico Marcos Diniz de Santi (org.), São Paulo: Saraiva, 2008, p. 1005) NESTE MESMO SENTIDO: "É preciso examinar, com cautela, a natureza da atividade desenvolvida. Impõem-se verificar se o serviço, por suas características ou especificidades, admite uma execução parcelada. Se for possível essa partição, o ISS será devido quando, concluída certa etapa ou fração, o trecho for objeto de medição, cuja precisão seja aceita pelo tomador (...) Exemplo típico se dá com o serviço de ensino, que, nada obstante contratado para o ano letivo, pode ser desdobrável a cada mês" (BARRETO, Aires F. Curso de Direito Tributário municipal. São Paulo: Saraiva, 2009, p. 333)

- **Aspecto temporal para o legislador ordinário.** "A liberdade do legislador ordinário fixar o momento da ocorrência do fato gerador fica limitada por outro elemento ou aspecto da hipótese de incidência, que é o elemento material. Ou seja, antes de existente a materialidade do fato imponível, não há tributo devido e, pois não há que se falar em elemento temporal" (OLIVEIRA, Ricardo Mariz de. O momento da ocorrência do fato gerador e as cobranças antecipadas de tributos. Boletim IOB. n. 03/90)

- **Aspecto temporal é atividade material de prestar serviço.** "Com efeito, o ISS é devido pelo fato de prestar serviço e não pelo negócio jurídico de que decorre a prestação. O que releva considerar não é a causa jurídica, mas a atividade material em que consiste o serviço. Serviço é fato, nada obstante sua compreensão possa ser iluminada pelo contrato. Só há prestação de serviço tributável dentro de um contexto contratual"(BARRETO, Aires F. Curso de Direito Tributário municipal. São Paulo: Saraiva, 2009, p. 332)

- **Aspecto temporal e regulamentação.** "Aquele correspondente ao tempo, ao exato momento da linha do tempo no qual considerar-se-á ocorrido o fato jurídico tributário; no caso do ISS, a prestação do serviço no tempo. Mas não se pode desconsiderar que o legislador pode, se assim o desejar, limitar o tempo para a ocorrência do fato jurídico tributário, mais especificamente, estabelecer determinados períodos de tempo dentro dos quais o fato deva ocorrer para que seja relevante para o Direito tributário; no caso do ISS, a limitação o tempo para a prestação do serviço" (BAPTISTA, Marcelo Caron. A norma tributária do Imposto sobre Serviços - ISS ênfase no consequente normativo. In. Curso de direito Tributário e Finanças Públicas. Eurico Marcos Diniz de Santi (org.), São Paulo: Saraiva, 2008, p. 1029)

  - **Aspecto temporal e o resultado.** "...o ISS é imposto sobre o fazer, sobre a prestação, e não sobre o resultado (produto) da prestação. Mesmo quando a obrigação é de resultado (como é o caso da pintura de um quadro ou de construção civil por empreitada), o tributo incide sobre o fazer, sobre a confecção, e não sobre o resultado, que é apenas o momento delimitador do aspecto temporal da hipótese de incidência, verificável no átimo em que se conclui o serviço, no instante em que se completa o fato tributário". (BARRETO, Aires F. Curso de Direito Tributário municipal. São Paulo: Saraiva, 2009, p. 321)

- **Aspecto temporal. Momento em que há prestação de serviço.** "Não é o momento da celebração do contrato que conta para a incidência, mas o da prestação dos serviços ao dono da obra." (STF - Ag. Reg. Bem. Decl. AI 84.008/DF - Rel. Min. Décio Miranda - 2ª T. j. 11.12.81)".

- **Aplicação do art. 1º, §2º da LC 116/2003.** "Esse dispositivo é compatível com o art. 155, §2º, IX, b, da Constituição, que trata especificamente das operações mistas, estabelecendo que o ICMS incidirá sobre o valor total da operação, quando mercadorias forem fornecidas com serviços não compreendidos na competência tributária dos Municípios". (PAULSEN, Leandro. Curso de Direito Tributário completo. Porto Alegre: Livraria do Advogado, 2015, p. 342)

- **Lançamento com erro de fato.** "A Administração Tributária tem o poder/dever de revisar de ofício o lançamento quando se comprove erro de fato quanto a qualquer elemento definido na legislação tributária como sendo de declaração obrigatória (art. 145, III, c/c art. 149, IV, do CTN). A este poder/dever corresponde o direito do contribuinte de retificar e ver retificada pelo Fisco a informação fornecida com erro de fato, quando dessa retificação resultar a redução do tributo devido. Caso em que a Administração Tributária Municipal, ao invés de corrigir o erro de ofício, ou a pedido do administrado, como era o seu dever, optou pela lavratura de cinco autos de infração eivados de nulidade, o que forçou o contribuinte a confessar o débito e pedir parcelamento diante da necessidade premente de obtenção de certidão negativa. Situação em que o vício contido nos autos de infração (erro de fato) foi transportado para a confissão de débitos feita por ocasião do pedido de parcelamento, ocasionando a invalidade da confissão. A confissão da dívida não inibe o questionamento judicial da obrigação tributária, no que se refere aos seus aspectos jurídicos. Quanto aos aspectos fáticos sobre os quais incide a norma tributária, a regra é que não se pode rever judicialmente a confissão de dívida efetuada com o escopo de obter parcelamento de débitos tributários. No entanto, como na situação presente, a matéria de fato constante de confissão de dívida pode ser invalidada quando ocorre defeito causador de nulidade do ato jurídico Acórdão submetido ao regime do art. 543-C, do CPC, e da Resolução STJ n. 8/2008". (REsp 1133027/SP, Rel. Ministro LUIZ FUX, Rel. p/ Acórdão Ministro MAURO CAMPBELL MARQUES, PRIMEIRA SEÇÃO, julgado em 13/10/2010, DJe 16/03/2011)

▶ **Isenção x remissão para efeitos de repetição de indébito.** "Quanto à restituição de valores pagos a título de ISSQN, discutiu-se, à luz do CTN, o sentido e o alcance dos institutos da remissão e isenção constantes de lei municipal. É certo que o pagamento de tributo de que é isento o contribuinte dá ensejo à repetição do indébito. Porém, isso não é permitido quando há o pagamento de tributo que é sujeito posteriormente a uma norma remissiva (arts. 156, I e IV, e 175, I, do CTN). A lei tributária que trata da isenção deve ser interpretada literalmente (art. 111, II, do CTN). A exação em questão (ISSQN em serviços de indústria cinematográfica) era devida ao tempo do pagamento, pois, como já dito, só depois foi objeto de remissão. Dessa forma, o caso dos autos não é um dos elencados no art. 165 do CTN que permitem a restituição do tributo". (REsp 1.113.366-RJ, Rel. Min. Mauro Campbell Marques, julgado em 23/6/2009)

Art. 2º O imposto não incide sobre:

I – as exportações de serviços para o exterior do País;

II – a prestação de serviços em relação de emprego, dos trabalhadores avulsos, dos diretores e membros de conselho consultivo ou de conselho fiscal de sociedades e fundações, bem como dos sócios-gerentes e dos gerentes-delegados;

III – o valor intermediado no mercado de títulos e valores mobiliários, o valor dos depósitos bancários, o principal, juros e acréscimos moratórios relativos a operações de crédito realizadas por instituições financeiras.

Parágrafo único. Não se enquadram no disposto no inciso I os serviços desenvolvidos no Brasil, cujo resultado aqui se verifique, ainda que o pagamento seja feito por residente no exterior.

▶ **Identificação do serviço.** "O serviço sobre o qual pode incidir o imposto em exame é o colocado in commercium (no mundo dos negócios), sendo submetido, em sua prestação ao regime de direito privado, que se caracteriza pela autonomia das vontades e pela igualdade das partes contratantes. Portanto, nos termos da constituição, a hipótese de incidência do ISS só pode ser a prestação, a terceiro, de uma utilidade, com conteúdo econômico, sob regime de direito privado, desde que não trabalhista" (CARRAZZA, roque Antonio. A tributação na Constituição, o princípio da autonomia municipal e o imposto sobre serviços de qualquer natureza (ISS). Questões conexas. In. SANTI, Eurico Marcos Diniz de (coord.). Curso de Direito tributário e finanças públicas. São Paulo: saraiva, 2008, p. 791) Neste mesmo sentido: "o cerne da materialidade da hipótese de incidência do imposto em comento não se circunscreve a "serviço", mas a uma "prestação de serviço", compreendendo um negócio (jurídico) pertinente a uma obrigação de "fazer", de conformidade com os postulados e diretrizes do direito privado" (MELO, José Eduardo Soares de. ISS – Aspectos Teóricos e Práticos. 5. ed. São Paulo: Dialética, 2008, p. 37)

▶ **Fato gerador do ISSQN.** "O ISS, e bem assim qualquer outro imposto, só pode alcançar o fato concretamente ocorrido no mundo fenomênico, e nunca aquele que está por ocorrer, ainda que a probabilidade dessa ocorrência seja presumível.

Relativamente ao ISS, é preciso atentar, ainda, para a circunstância de que se trata de um imposto sobre fatos e não sobre contratos" (BARRETO, Aires F. Curso de Direito Tributário Municipal. São Paulo: Saraiva, 2009. p. 322)

- **ISSQN x ICMS.** "Assim, ressalvados os serviços constitucionalmente colocados sobre o campo de incidência do ICMS, qualquer serviço pode ser tributado pelos Municípios, desde que definido em lei complementar. O tributo possui nítida finalidade fiscal, constituindo-se em importante fonte de recursos para o desempenho da atividade financeira dos Municípios" (ALEXANDRE, Ricardo. Direito Tributário. Salvador: JusPodivm, 2017, p. 756)

  - **ISSQN x ICMS. Operações mistas. Incide ISSQN, desde que esteja expressamente previsto na listagem anexa ao DL n. 406/1968 e à LC n. 116/2003. (AgRg no AREsp 791067/DF, Rel. Ministro Herman Benjamin, Segunda Turma, Julgado em 18/02/2016, DJE 19/05/2016); REsp 1307824/SP, Rel. Ministro Mauro Campbell Marques, Segunda Turma, Julgado em 27/10/2015,DJE 09/11/2015).** "Consequentemente, o ISS incidirá tão-somente sobre serviços de qualquer natureza que estejam relacionados na lei complementar, ao passo que o ICMS, além dos serviços de transporte, interestadual e intermunicipal, e de comunicações, terá por objeto operações relativas a circulação de mercadorias, ainda que as mercadorias sejam acompanhadas de prestação de serviço, salvo quando o serviço esteja relacionado em lei complementar como sujeito a ISS" (STF, RE 144795-8). No mesmo sentido: "Segundo decorre do sistema normativo específico (art. 1 S5, li, § 2º, IX, b e 156, III da CF, art. 2º, IV da LC 87 /96 e art. 1 º, § 2º da LC 116/03), a delimitação dos campos de competência tributária entre Estados e Municípios, relativamente à incidência de ICMS e de ISSQN, está submetida aos seguintes critérios: (a) sobre operações de circulação de mercadoria e sobre serviços de transporte interestadual e internacional e de comunicações incide ICMS; (b) sobre operações de prestação de serviços, compreendidos na lista de que trata a LC 116/03, incide ISSQN; e (c) sobre operações mistas, assim entendidas as que agregam mercadorias e serviços, incide o ISSQN sempre que o serviço agregado estiver compreendido na lista de que trata a LC 116/03 e incide ICMS sempre que o serviço agregado não estiver previsto na referida lista. Precedentes de ambas as Turmas do STF. 2. Os serviços farmacêuticos constam do item 4.07 da lista anexa à LC 116/03 como serviços sujeitos à incidência do ISSQN. Assim, a partir da vigência dessa Lei, o fornecimento de medicamentos manipulados por farmácias, por constituir operação mista que agrega necessária e substancialmente a prestação de um típico serviço farmacêutico, não está sujeito ao ICMS, mas a ISSQN. (REsp 881035 / RS, Relator Ministro Teori Albino Zavascki, Primeira Turma, Data do Julgamento: 06/03/2008); Repercussão geral reconhecida no Supremo Tribunal Federal (RE 605552, 01/04/2011 - Tema 379).

  - **ISSQN X ICMS - Serviço de substituição de pneus.** "O Superior Tribunal de Justiça possui firme entendimento de que "o critério adotado por esta Corte para definir os limites entre os campos de competência tributária de Estados e Municípios relativamente ao ICMS e ISSQN, seguindo orientação traçada no Supremo Tribunal Federal, é o de que nas operações mistas há que se verificar a atividade da empresa, se esta estiver sujeita à lista do ISSQN, o imposto a ser pago é o ISSQN [...]" Tratanto-se de atividade mista desenvolvida pela recorrente e havendo a subsunção do serviço prestado à lista anexa (item 69), forçoso reconhecer a incidência na espécie do imposto municipal" (REsp 1550422/SP,

Rel. Ministro OG FERNANDES, SEGUNDA TURMA, julgado em 05/10/2017, DJe 11/10/2017)

⊙ **Serviço de PAGER.** "A Turma negou provimento ao recurso e reiterou o entendimento de que, na prestação do serviço de pager ou rádio-chamada, incide o ICMS e não o ISSQN" (REsp 1.088.913-SP, Rel. Min. Luiz Fux, julgado em 16/4/2009)

⊙ **Transporte interestadual.** "O Tribunal de origem, soberano na análise das circunstâncias fáticas e probatórias da causa, interpretou o art. 1º, § 2º, da Lei Complementar n. 116/03, c/c o subitem 26.01 da Lista de Serviços a partir de argumentos de natureza eminentemente fática, e concluiu que a atividade de transporte interestadual e intermunicipal de valores se sobrepõe à prestação dos serviços a ele inerentes ou dele decorrentes, dando-se assim a incidência do ICMS" (REsp 1658325/SP, Rel. Ministro HERMAN BENJAMIN, SEGUNDA TURMA, julgado em 27/04/2017, DJe 30/06/2017)

⊙ **Medicamentos manipulados.** Tese Repercussão Geral 379 no RE 605.552 "No tocante às farmácias de manipulação, incide o ISS sobre as operações envolvendo o preparo e o fornecimento de medicamentos encomendados para posterior entrega aos fregueses, em caráter pessoal, para consumo; incide o ICMS sobre os medicamentos de prateleira por elas produzidos, ofertados ao público consumidor".

⊙ **ICMS x IPI x ISSQN.** "O aspecto material da hipótese de incidência do ISS não se confunde com a materialidade do IPI e do ICMS. Isto porque: (i) excetuando as prestações de serviços de comunicação e de transporte interestadual e intermunicipal, o ICMS incide sobre operação mercantil (circulação de mercadoria), que se traduz numa "obrigação de dar" (artigo 155, II, da CF/88), na qual o interesse do credor encarta, preponderantemente, a entrega de um bem, pouco importando a atividade desenvolvida pelo devedor para proceder à tradição; e (ii) na tributação pelo IPI, a obrigação tributária consiste num "dar um produto industrializado" pelo próprio realizador da operação jurídica. "Embora este, anteriormente, tenha produzido um bem, consistente em seu esforço pessoal, sua obrigação consiste na entrega desse bem, no oferecimento de algo corpóreo, materializado, e que não decorra de encomenda específica do adquirente" (José Eduardo Soares de Melo, in "ICMS – Teoria e Prática", 8ª Ed., Ed. Dialética, São Paulo, 2005, pág. 65). Deveras, o ISS, na sua configuração constitucional, incide sobre uma prestação de serviço, cujo conceito pressuposto pela Carta Magna eclipsa ad substantia obligatio in faciendo, inconfundível com a denominada obrigação de dar. Desta sorte, o núcleo do critério material da regra matriz de incidência do ISS é a prestação de serviço, vale dizer: conduta humana consistente em desenvolver um esforço em favor de terceiro, visando a adimplir uma "obrigação de fazer" (o fim buscado pelo credor é o aproveitamento do serviço contratado). (REsp 888.852/ES, Rel. Ministro LUIZ FUX, PRIMEIRA TURMA, julgado em 04/11/2008, DJe 01/12/2008)

► **ISSQN x IPI.** "Embora o IPI e o ISS impliquem um fazer, a atividade de industrialização compreende a produção ou beneficiamento de bens em massa, repetidos, sendo distinta de serviço, por possuir individualidade" (MELO, José Eduardo Soares de; PAULSEN, Leandro. Impostos federais, estaduais e municipais. 6 ed. Porto Alegre: Livraria do Advogado, 2011, p. 306)

⊙ **A atividade de fornecimento de elevadores, que envolve a produção sob encomenda e a instalação no edifício, encerra, precipuamente, uma obra de engenharia que complementa o serviço de construção civil, não se enquadrando no conceito de montagem industrial, para fins de incidência do IPI.** (REsp 1231669/RS, Rel. Ministro BENEDITO GONÇALVES, PRIMEIRA TURMA, julgado em 07/11/2013, DJe 16/05/2014)

▶ **Exportação de serviço no entendimento do STJ.** Na acepção semântica, "resultado" é consequência, efeito, seguimento. Assim, para que haja efetiva exportação do serviço desenvolvido no Brasil, ele não poderá aqui ter consequências ou produzir efeitos. A contrário senso, os efeitos decorrentes dos serviços exportados devem-se produzir em qualquer outro País. É necessário, pois, ter-se em mente que os verdadeiros resultados do serviço prestado, os objetivos da contratação e da prestação. O trabalho desenvolvido pela recorrente não configura exportação de serviço, pois o objetivo da contratação, o resultado, que é o efetivo conserto do equipamento, é totalmente concluído no nosso território (STJ. REsp 831124/RJ. Rel. José Delgado. Primeira Turma. Julg. 12/12/2006)

- **Crítica (ênfase na prestação x ênfase no resultado):** "A interpretação estanque dos dois enunciados pode levar mesmo à conclusão de que há uma ênfase na prestação e outra ênfase no resultado (produto). Não obstante, se assim for, não há como negar que estamos diante de suas materialidades distintas, e já que a constituição Federal não outorgou carta em branco aos entes federados, cumpre esclarecer qual das duas está sob seu resguardo e qual a que nela não encontra amparo devendo, portanto, ser rechaçada, posto que inconstitucional. Pensamos não ser esta a melhor forma de se interpretar o referido dispositivo. Importar significa trazer de fora, trazer o exterior do país. Diz-se importado aquilo que ingressa pelas fronteiras geográficas do território brasileiro" (AMARAL, Gustavo da Silva. ISS – Materialidade de sua incidência. In. Curso de Especialização em Direito Tributário. Coord. Eurico Marcos Diniz de Santi. Forense: rio de Janeiro, 2009, p. 496)
- **Decisão administrativa.** Solução de Consulta SF/DEJUG nº 14, de 26 de março de 2012: ISS. Subitem 10.02 da Lista de Serviços da Lei nº 13.701/2003. Observância à restrição imposta no parágrafo único do art. 2º da Lei Complementar nº 116/2003. Não é possível caracterizar a exportação de serviços apenas pelo fato de a fonte pagadora encontrar-se no exterior. A ocorrência de resultado em território nacional impede a caracterização como exportação de serviços e há tributação pelo ISS.
- **Pressupostos para configurar exportação.** "Entende-se "resultado" equivalente a "efeito", ou seja, se este, de algum modo, for produzido no Brasil não se tratará de exportação de serviço. Para caracterizar a exportação deve haver efetiva destinação do serviço ao exterior, isto é, imprescindível que o efeito do serviço executado seja produzido no exterior." (LUSTOZA, Helton Kramer. Et al. Tributos em Espécie. 4 ed. Salvador: JusPodivm, 2017, p. 811)

▶ **Serviços provenientes do exterior.** "Em outras palavras, a prestação de '... serviço proveniente do exterior...' só faz sentido na acepção de alguém encomendar, de pessoa situada no exterior, uma prestação cujo serviço (resultado) seja um bem material ou imaterial, cujo suporte físico seja remetido para o tomador localizado no Brasil. (...) Sobre a hipótese de que a '... serviço proveniente do exterior...' trata-se de algo completamente irrelevante. Se a prestação-fim ocorrer no Brasil, será tributada pelo ISS, e será sujeito ativo o ente em cujo território ela for verificada" (BAPTISTA, Marcelo Caron. A norma tributária do Imposto sobre Serviços – ISS ênfase no consequente normativo. In. Curso de direito Tributário e Finanças Públicas. Eurico Marcos Diniz de Santi (org.), São Paulo: Saraiva, 2008, p. 1036)

▶ **Exportação de Serviço - voto do ministro Teori Zavascki no Resp 831.124/RJ:** "...não se pode confundir resultado da prestação de serviço com conclusão do serviço. Não há dúvida nenhuma que o serviço é iniciado e concluído aqui. Não há dúvida nenhuma que o teste na turbina faz parte do serviço. O fato de ser testado aqui foi o fundamento adotado pelo juiz de Primeiro Grau e pelo Tribunal para dizer que o teste é o resultado. Mas essa conclusão não é correta: o teste faz parte do serviço e o serviço é concluído depois do teste. Depois disso, a turbina é enviada ao tomador do serviço, que a instala no avião, quando então, se verificará o resultado serviço. O resultado, para mim, não pode se confundir com conclusão do serviço. Portanto, serviço é concluído no País, mas o resultado é verificado no exterior, após a turbina ser instalada no avião"

▶ **Não configuração da exportação do serviço.** "Com efeito, para que haja efetiva exportação do serviço desenvolvido no Brasil, ele não poderá aqui ter consequências ou produzir efeitos. Logo, no caso em tela, verificando que as atividades desenvolvidas pelo recorrente não configuram exportação de serviço, resta inquestionável a incidência do ISSQN, consoante a incidência do disposto no parágrafo único, do art. 2º, da LC 116/03: "Não se enquadram no disposto no inciso I os serviços desenvolvidos no Brasil, cujo resultado aqui se verifique, ainda que o pagamento seja feito por residente no exterior." 6. Agravo interno não provido. (AgInt no AREsp 1446639/SP, Rel. Ministro MAURO CAMPBELL MARQUES, SEGUNDA TURMA, julgado em 19/09/2019, DJe 24/09/2019)

▶ **Agenciamento marítimo não caracteriza exportação de serviço.** "Afirmou o Tribunal de origem que a atividade de "agenciamento marítimo" encontra-se elencada na Lista Anexa da LC n. 106/2003 (itens 10.06 e 20.01) como objeto de tributação do ISSQN e que, na espécie, não incide o benefício fiscal constante do art. 2º, I, daquela norma complementar, tendo em vista não ser o caso de serviço prestado no exterior. (AgInt no REsp 1343046/PR, Rel. Ministro OG FERNANDES, SEGUNDA TURMA, julgado em 17/10/2017, DJe 20/10/2017)

▶ **Conceito de exportação de serviço.** "Somente se admite falar em '...exportação de serviços...' no sentido de remessa, para o exterior, de bens que pertençam o resultado de uma prestação, como no caso de um Compact Disc (CD) contendo um programa de computador desenvolvido no Brasil. No entanto, em casos que tais, a prestação-fim, dando-se apenas com o recebimento do bem pelo tomador do serviço, irá ocorrer fora dos limites espaciais da validade da lei..." (BAPTISTA, Marcelo Caron. A norma tributária do Imposto sobre Serviços – ISS ênfase no consequente normativo. In. Curso de direito Tributário e Finanças Públicas. Eurico Marcos Diniz de Santi (org.), São Paulo: Saraiva, 2008, p. 1037)

▶ **Requisito para caracterização de exportação serviço.** "... incide ISS sobre o serviço que tenha sido iniciado no exterior, mas se tenha findado ou ultimado no país. Deveras, já havíamos visto, precedentemente, que pouco importa onde o serviço é iniciado; o que deve ser tomado em conta para a definição do 'onde' é o momento em que se reputa concluído o serviço; e este, por óbvio, ocorre no interior do País" (BARRETO, Aires F. Curso de Direito Tributário municipal. São Paulo: Saraiva, 2009, p. 361)

- **Reparos navais.** É legítima a incidência do ISSQN nas prestações de serviços de reparos navais em embarcações de bandeira estrangeira em águas marítimas no território nacional. REsp 1.805.226-SP, Rel. Min. Sérgio Kukina, Primeira Turma, por unanimidade julgado em 09/11/2021, DJe 19/11/2021.

- **Teoria da Fruição.** "Em arremate, concluiu o Superior Tribunal de Justiça que, no caso específico de projetos de engenharia, poderá restar configurada a exportação de serviços quando, do seu teor, bem como dos termos do ato negocial (exame dos contratos e *invoices*), for possível extrair a intenção de sua execução em território estrangeiro. Dir-se-á, até com muita razão, que o Superior Tribunal de Justiça pautou seu novo entendimento na chamada "teoria da fruição", contudo, também é muito razoável dizer que o foco para exame da exportação de serviços mudou" (GALEOTE, Murilo; BOARETO, Roberta Callijão. Um novo entendimento do STJ sobre a exportação de serviços. Disponível na Internet: Revista Consultor Jurídico, 15 de dezembro de 2016, 8h33). **Em sentido contrário:** Inaplicabilidade do critério da utilidade para identificar a exportação do serviço: "A incidência do ISS vinculado a importância de serviços pela sua utilidade pode ser examinada a partir do debate em torno da não incidência do ISS sobre exportação de serviços. Afinal, a tomada do critério da utilidade do serviço esta estreita e umbilicalmente ligada ao resultado do serviço, para que estão o tomador possa utilizá-lo (...) Disso e lícito concluir que, segundo a premissa do STJ, o resultado de um serviço não é a sua utilidade, isto e, onde o resultado do serviço será útil ao tomador de serviço, e sim a finalização do contrato celebrado com o prestador, onde a extinção natural das obrigações contratuais será verificada." (BERGAMINI, Adolpho. Curso de ISS. São Paulo: Editora Revista dos Tribunais, 2017, pag. 65/67)

  - **Entendimento do STJ.** "À luz do parágrafo único do art. 2º da LC n. 116/2003, a remessa de projetos de engenharia ao exterior poderá configurar exportação quando se puder extrair do seu teor, bem como dos termos do ato negocial, puder-se extrair a intenção de sua execução no território estrangeiro. Hipótese em que se deve manter o acórdão a quo, porquanto o Tribunal consignou que as provas dos autos revelaram a finalidade de execução do projeto em obras que só poderiam ser executadas na França ("elaboração das Plantas de execução do muro cilíndrico de proteção do reservatório de gás liquefeito de petróleo naval TK1, a ser construído na cidade de Gonfreville - LOrcert, França e ao dimensionamento dos blocos de estacas do edifício principal do centro cultural, Centre Pompidou a ser construído na cidade de Metz, França e a modelagem em elementos finitos da fachada principal de dito centro)". (AREsp 587.403/RS, Rel. Ministro GURGEL DE FARIA, PRIMEIRA TURMA, julgado em 18/10/2016, DJe 24/11/2016)

  - **Serviços importados devem produzir efeitos no exterior. Teoria do resultado:** "Na acepção semântica, "resultado" é consequência, efeito, seguimento. Assim, para que haja efetiva exportação do serviço desenvolvido no Brasil, ele não poderá aqui ter consequências ou produzir efeitos. A contrário senso, os efeitos decorrentes dos serviços exportados devem-se produzir em qualquer outro País. É necessário, pois, ter-se em mente que os verdadeiros resultados do serviço prestado, os objetivos da contratação e da prestação. O trabalho desenvolvido pela recorrente não configura exportação de serviço, pois o objetivo da contratação, o resultado, que é o efetivo conserto do equipamento, é totalmente concluído no nosso território. É inquestionável a incidência do ISS no presente caso, tendo incidência o disposto no parágrafo único, do art.

2º, da LC 116/03: "Não se enquadram no disposto no inciso I os serviços desenvolvidos no Brasil, cujo resultado aqui se verifique, ainda que o pagamento seja feito por residente no exterior." 8. Recurso especial parcialmente conhecido e não-provido". (REsp 831.124/RJ, Rel. Ministro JOSÉ DELGADO, PRIMEIRA TURMA, julgado em 15/08/2006, DJ 25/09/2006, p. 239). **No mesmo sentido:** "O corolário lógico da ressalva feita no parágrafo único do artigo 2º da LC 116, no que tange ao 'resultado', é a de precaução do legislador de evitar a evasão fiscal. Isto é, visou evitar que empresas se utilizassem de brechas na lei para o aproveitamento de resultado do serviço no Brasil sem que houvesse a incidência do imposto, por exemplo, usando empresa internacional como suposta tomadora do serviço ou usando capital externo para pagar serviços que seriam fruídos em território brasileiro (TJ/SP, Apelação n.º 0038110-26.2011.8.26.0053)". "O resultado do serviço ocorre no local em que a execução do serviço é concluída, e não no local onde o beneficiário frui os efeitos imediatos buscados pelo tomador ao contratar o prestador" (Recurso 2014-0.170.102-3, 4ª Câmara do CMT/SP). "EXPORTAÇÃO DE SERVIÇOS. EXAME DA NATUREZA ESPECÍFICA DO CONTRATO. SERVIÇOS PRESTADOS NO BRASIL. RESULTADO NO TERRITÓRIO BRASILEIRO. AUMENTO DA CARTEIRA NO EXTERIOR É APENAS CONSEQUÊNCIA MEDIATA" (Recurso 2013-0.361.796-6, 1ª Câmara do CMT/SP).

⊙ **TJ-SP – teoria do resultado:** "Ação Declaratória. ISS. Pretensão de isenção tributária. Exportação de Serviços. Sentença de improcedência do pedido. Pretensão à reforma. Desacolhimento. Serviço de logística especial. Empresa que atua no transporte de bens para sua utilização em eventos sediados no território brasileiro. Resultado dos serviços que são verificados no Brasil, já que, essencialmente, o tomador se beneficia de sua execução por ocasião da realização do evento. Necessário retorno dos bens ao exterior que constitui mera consequência necessária à sua finalidade. Isenção não configurada. Aplicação do artigo 2º, parágrafo único da LC 116/03. Circunstância que torna o Município réu competente para exigir o ISS sobre os serviços prestados em seu território. Majoração dos honorários sucumbenciais nos termos do art. 85, § 11, do CPC/2015 e do Enunciado administrativo n. 7 do C. STJ. Sentença mantida. Recurso não provido. (TJSP; Apelação 1048422-05.2015.8.26.0053; Relator (a): Ricardo Chimenti; Órgão Julgador: 18ª Câmara de Direito Público; Foro Central – Fazenda Pública/Acidentes – 14ª Vara de Fazenda Pública; Data do Julgamento: 02/02/2017; Data de Registro: 13/02/2017) **Neste sentido:** Tributário – Apelação – Ação anulatória – ISS – Exportação de serviços – Município de São Paulo. Produção de provas – O Magistrado é o destinatário final das provas, cabendo a ele decidir sobre a necessidade ou não da produção de provas, podendo dispensá-la caso entenda desnecessária, nos termos do artigo 131 do Código de Processo Civil de 1973 e do artigo 370 do Código de Processo Civil de 2015 – Precedentes do C. Superior Tribunal de Justiça e desta C. Câmara – No caso dos autos, a matéria não demanda perícia – Elementos existentes nos autos que se mostram suficientes para a análise da matéria impugnada. ISS SOBRE EXPORTAÇÕES DE SERVIÇOS PARA O EXTERIOR – Pretensão do reconhecimento da não incidência de ISS sobre exportação de serviços, nos termos do artigo 2º, inciso I da Lei Complementar Federal nº. 116/2003 – Impossibilidade – Serviços prestados pela autora que se enquadram no item 10.02 da lista de serviços da Lei Complementar Federal nº. 116/2003 e da Lei Complementar Municipal nº. 13.701/2003 (Agenciamento, corretagem ou intermediação de títulos em geral, valores mobiliários e contratos quaisquer) - Documentos juntados aos autos que não demonstram que o resultado dos serviços prestados se verifica no exterior - Presunção de legitimidade e veracidade dos autos de infração não elidida - Serviços que são desenvolvidos no Brasil e cujo resultado ocorre no território nacional - Incidência de ISS - Inteligência do artigo 2º, parágrafo único da LC 116/2003. ISS SOBRE CONTAS DE "RENDAS DE GARANTIAS PRESTADAS" - Receitas sujeitas à incidência do ISS - Tributação com base no item 15.08 da lista anexa à Lei Complementar nº 116/03, reproduzido na Lei Municipal nº 13.701/03 - Constitucionalidade da Lei Municipal já reconhecida pelo C. Órgão Especial desta Corte no julgamento da Arguição de Inconstitucionalidade nº 994.05.027265-7 - Precedentes desta C. Câmara - Hipótese de incidência do ISS configurada. MULTA - Fixação em 50% do valor do tributo cobrado - Caráter confiscatório não configurado - Precedentes do C. Supremo Tribunal Federal e desse E. Tribunal de Justiça. DECADÊNCIA - Inocorrência - Hipótese em que o recolhimento do tributo por parte do contribuinte, ainda que parcial, não restou comprovado - Lançamento de ofício - Aplicação do disposto no artigo 173, inciso I do Código Tributário Nacional - Inaplicabilidade do artigo 150, §4º do CTN - Precedentes do Superior Tribunal de Justiça e desse E. Tribunal de Justiça - Prazo decadencial que se inicia no primeiro dia do exercício seguinte àquele em que o lançamento poderia ter sido efetuado - Direito exercido dentro do prazo legal. CORREÇÃO MONETÁRIA - Artigo 1º, caput, da Lei Municipal nº 10.734/1989 - Atualização pelo Índice de Preços ao Consumidor Amplo - IPCA - Possibilidade - "A correção monetária não é um plus, mas simples manutenção do valor de compra pela variação de um índice de preços que reflete o acréscimo (inflação) ou decréscimo (deflação) dos preços no mercado" - Doutrina - Precedente do Superior Tribunal de Justiça - Possibilidade de correção monetária pelo IPCA - Precedentes dessa C. Câmara. JUROS MORATÓRIOS - Artigo 1º, §3º da Lei Municipal nº 10.734/1989 - Juros moratórios calculados à razão de 1% (um por cento) ao mês, sobre o montante do débito devidamente corrigido - Os juros de mora atuam como uma indenização pela falta do pagamento no prazo - Indenização que ocorre pela privação do capital nos cofres públicos, devendo o contribuinte indenizar o Estado pela falta na data aprazada - Juros que deverão ser calculados conforme os artigos 406 do Código Civil e 161, §1º do Código Tributário Nacional - No julgamento da Arguição de Inconstitucionalidade nº. 0170909-61.2012.8.26.0000, o C. Órgão Especial desse E. Tribunal de Justiça já se manifestou pela possibilidade de aplicação de taxa de juros diversa da fixada pela União, desde que a taxa de juros adotada não exceda aquela prevista para a cobrança de tributos federais - No âmbito federal, os tributos não pagos nos prazos previstos na legislação tributária serão acrescidos de juros de mora equivalentes à taxa referencial do Sistema Especial de Liquidação e de Custódia - SELIC (artigo 13 da Lei Federal nº 9.065/1995 c.c. artigo 84, inciso I da Lei Federal nº. 8.981/1995) - No caso dos autos, além de a autora não demonstrar que a cobrança dos juros na forma prevista na Lei Municipal revelou-se excedente ao fixado pela União, ônus que lhe competia, verifica-se que a Taxa Selic encontra-se neste momento no patamar de 13% (treze por cento) ao ano, enquanto que a cobrança de juros na forma estabelecida pela legislação municipal equivale a 12% (doze por cento) ao ano, sendo inferior, portanto, à taxa utilizada pela União - Recurso do Município de São Paulo provido - Sentença reformada neste ponto. SUCUMBÊNCIA - Ante o provimento do recurso do Município de São Paulo, a ação é julgada improcedente, devendo a autora responder pelos ônus de sucumbência, inclusive pelo pagamento da verba honorária, nos termos do artigo 85 do Código de Processo Civil de 2015 - Inaplicabilidade das disposições previstas no CPC/73 quanto à sucumbência, uma vez que a sentença foi publicada já na égide do novo diploma processual - Aplicação da regra prevista no artigo 1.046 do Novo Código de Processo Civil. HONORÁRIOS ADVOCATÍCIOS - Fixação nos termos do artigo 85, §3º, do Código de Processo Civil de 2015 - Observância aos critérios estabelecidos nos incisos I a IV do § 2º do referido artigo - Aplicação do percentual mínimo, considerando as particularidades do caso - Percentual que deverá incidir sobre o valor do proveito econômico (correspondente ao valor da causa), que, atualizado, equivale a aproximadamente R$ 8.567.680,37 - Proveito econômico que corresponde a aproximadamente 10.873 salários-mínimos - Valor da causa que ultrapassa 200 salários mínimos - Necessidade de se observar o artigo 85, §§3º e 5º do Código de Processo Civil de 2015 - Percentual de 10% para o valor até 200 salários-mínimos, 8% para o proveito econômico obtido acima de 200 até 2.000 salários-mínimos e 5% para o valor remanescente - Verba honorária que corresponde a aproximadamente R$ 478.816,00. HONORÁRIOS RECURSAIS - Majoração nos termos do artigo 85, §11 do Código de Processo Civil de 2015 - POSSIBILIDADE - Observância ao disposto nos §§ 2º a 6º do artigo 85, bem como aos limites estabelecidos nos §§ 2º e 3º do respectivo artigo - Majoração em 1% (um por cento) com relação à verba honorária já fixada - Honorários que passam a corresponder a aproximadamente R$ 483.604,00. Sentença parcialmente reformada - Recurso da autora desprovido - Recurso do Município de São Paulo provido. (TJSP; Apelação / Reexame Necessário 1035373-91.2015.8.26.0053; Relator (a): Eurípedes Faim; Órgão Julgador: 15ª Câmara de Direito Público; Foro Central - Fazenda Pública/Acidentes - 8ª Vara de Fazenda Pública; Data do Julgamento: 09/02/2017; Data de Registro: 10/02/2017)

⊙ **TJ-RS - Teoria do resultado:** Agravo de instrumento. Direito tributário. ISS. Mandado de segurança. Conserto de aeronaves. Empresa no exterior. Exportação de serviços não caracterizada. Serviço executado dentro do território nacional. Aplicação do art. 2º, parágrafo único, da Lei nº LC 116/03. A Lei Complementar 116/03 estabelece como condição para que haja exportação de serviços desenvolvidos no Brasil que o resultado da atividade contratada não se verifique dentro do nosso País, sendo de suma importância, por conseguinte, a compreensão do termo "resultado" como disposto no parágrafo único do art. 2º do referido diploma. Na acepção semântica, "resultado" é consequência, efeito, seguimento. Assim, para que haja efetiva exportação do serviço desenvolvido no Brasil, ele não poderá aqui ter consequências ou produzir efeitos. A contrário senso, os efeitos decorrentes dos serviços exportados devem-se produzir em qualquer outro País. É necessário, pois, ter-se em mente que os verdadeiros resultados do serviço prestado, os objetivos da contratação e da prestação. O trabalho desenvolvido pela recorrente não configura exportação de serviço, pois o objetivo da contratação, o resultado, que é o efetivo conserto do equipamento, é totalmente concluído no nosso território. Inquestionável, pois, a incidência do ISS no presente caso, tendo incidência o disposto no parágrafo único, do art. 2º, da LC 116/03: "Não se enquadram no disposto no inciso I os serviços desenvolvidos no Brasil, cujo resultado aqui se verifique, ainda que o pagamento seja feito por residente no exterior." Negaram provimento ao agravo de instrumento. Unânime. (Agravo de Instrumento Nº 70073916314, Segunda Câmara Cível, Tribunal de Justiça do RS, Relator: Laura Louzada Jaccottet, Julgado em 27/09/2017) **Neste sentido:** O termo "resultado" contido no parágrafo único do art. 2º da Lei Complementar nº 116/03 deve ser interpretado como "utilidade", "repercussão" ou "possibilidade de fruição" do serviço, não bastando apenas que este seja prestado a empresa com sede no exterior para aplicação da regra de isenção contida no inciso I daquele dispositivo. Quando o serviço fornecido for útil de qualquer forma à empresa tomadora dentro do território nacional, podendo ela, de algum modo aqui usufruir dos resultados, não se aplica a regra de isenção contida naquele dispositivo, incidindo o ISSQN de acordo com as alíquotas previstas no município à respectiva atividade. Caso em que a autora presta serviços a empresas estrangeiras e também a governos de outros países, desenvolvendo atividade de análise e inspeção de cargas, com expedição de "Certificados de Inspeção e Análise" em inglês, para que seus clientes no exterior possam tomar medidas gerenciais e operacionais, inclusive deliberar se importam ou não as mercadorias averiguadas. O serviço em tela possui repercussão na importação das cargas, com resultado verificado no território nacional. O serviço de análise de cargas é prestado em Rio Grande pela empresa, onde tem início e fim, apenas com posterior remessa de relatório ao exterior, o que afasta a hipótese de incidência do regramento excludente em debate. APELAÇÃO DESPROVIDA. (Apelação Cível Nº 70058712357, Vigésima Primeira Câmara Cível, Tribunal de Justiça do RS, Relator: Almir Porto da Rocha Filho, Julgado em 15/10/2014)

- **Em sentido contrário. Teoria da fruição:** "À luz do parágrafo único do art. 2º da LC n. 116/2003, a remessa de projetos de engenharia ao exterior poderá configurar exportação quando se puder extrair do seu teor, bem como dos termos do ato negocial, puder-se extrair a intenção de sua execução no território estrangeiro" (STJ. AgREsp 587.403/RS. Rel. Gurgel de Faria. Primeira Turma. 24/11/2016). "Exportação de Serviços de pesquisa para empresas do mesmo grupo econômico localizadas no exterior. Resultado que deve ser entendido como 'fruição', com o aproveitamento ou efeito do serviço (proveito econômico) exclusivamente no exterior, tomando-se por base o objeto do contrato e a finalidade do serviço para o tomador (aspecto subjetivo). Hipótese de isenção configurada" (TJ/SP, Apelação 0038110-26.2011.8.26.0053). "Exportação de serviços. Projetos de Engenharia Civil. Resultados Verificados no Exterior. Tendo os resultados dos serviços prestados pela parte autora sido verificados no exterior – mais precisamente na França – não incide o Imposto sobre serviços" (TJ/RS, Apelação Cível n.º 70043779941). "Serviços de Licenciamento e Cessão de Direito de Uso de Software. Incidência de ISS Prevista na Lista de Serviços. Afastamento da incidência por se tratar de exportação de serviço. Sociedades empresárias beneficiadas dos serviços somente no exterior (México, Espanha e Malta). Resultado no exterior".
- **TJ-RS – Teoria da fruição:** Se a prestadora brasileira está prestando serviços de assessoria de comércio ao exterior, pois o resultado da atividade ocorre naquele país, trata-se de exportação de serviço. No caso, é a empresa localizada no estrangeiro que aufere a utilidade do serviço, pois é ela que obtém as informações sobre a produção, sobre os modelos e, ao importar as peças, usufrui da logística dentro do Brasil, atividade esta que é desenvolvida pela autora da ação. Por conseguinte, trata-se de hipótese de não incidência do ISS (Apelação

Cível Nº 70050862630, Primeira Câmara Cível, Tribunal de Justiça do RS, Relator: Carlos Roberto Lofego Canibal, Julgado em 12/12/2012)

- **Gestão de fundos de investimentos:** O simples fato de os fundos de investimentos serem domiciliados nos Estados Unidos e nas Bahamas não implica presunção juris et de jure de que lá também se operaram os resultados do serviço de gestão de fundos de investimentos, sobretudo diante das alegações da autoridade fiscal no sentido de que inexiste presença física das empresas ou de seus acionistas no exterior, apenas endereço postal compartilhado por várias empresas. (Agravo de Instrumento Nº 70073218513, Vigésima Segunda Câmara Cível, Tribunal de Justiça do RS, Relator: Marilene Bonzanini, Julgado em 29/06/2017)

- **A só confecção do projeto de engenharia, à luz dos arts. 109, 113, 114, 116, I, do CTN, é fato gerador do ISSQN, e sua posterior remessa ao contratante estrangeiro não induz, por si só, à conclusão de que se está exportando serviço.** À luz do parágrafo único do art. 2º da LC n. 116/2003, a remessa de projetos de engenharia ao exterior poderá configurar exportação quando se puder extrair do seu teor, bem como dos termos do ato negocial, puder-se extrair a intenção de sua execução no território estrangeiro. (AREsp 587.403/RS, Rel. Ministro Gurgel de Faria, Primeira Turma, julgado em 18/10/2016, DJe 24/11/2016)

  ⊙ **TJ-RS:** APELAÇÃO. DIREITO TRIBUTÁRIO. ISSQN. AÇÃO DECLARATÓRIA. EXPORTAÇÃO DE SERVIÇOS. PROJETOS ARQUITETÔNICOS E DE ENGENHARIA CIVIL. RESULTADOS VERIFICADOS NO EXTERIOR. NÃO INCIDÊNCIA. SENTENÇA DE PROCEDÊNCIA MANTIDA. RECURSO DESPROVIDO. (Apelação Cível Nº 70036259679, Vigésima Segunda Câmara Cível, Tribunal de Justiça do RS, Relator: Maria Claudia Cachapuz, Julgado em 30/07/2015)

- **Serviços de design de embalagens:** Apelação - Ação de rito ordinário - ISS de 2010 a 2012 - Município de São Paulo - Serviços de design de embalagens - Conclusão pericial de que o resultado do serviço ocorreu no exterior e em benefício a tomador lá estabelecido - Ausência de fato gerador de ISS, pois caracterizada a exportação de serviço (art. 2º, I, LC 116/03) - RECURSO IMPROVIDO. (TJSP; Apelação / Reexame Necessário 1049534-09.2015.8.26.0053; Relator (a): Rodrigues de Aguiar; Órgão Julgador: 15ª Câmara de Direito Público; Foro Central - Fazenda Pública/ Acidentes - 8ª Vara de Fazenda Pública; Data do Julgamento: 01/11/2017; Data de Registro: 01/11/2017)

- **Administração de fundos de investimentos:** Ação anulatória de débito fiscal cumulada com declaração de inexistência de relação jurídico tributária e de repetição de indébito - ISSQN - Exercícios de 2008 a 2010 - Administração de Fundos de Investimento - Exportação de serviço - Inocorrência - Clientes situados no exterior, mas o resultado (rendimento da atividade) ocorre no Brasil - Inaplicabilidade do art. 2º, inciso I, da LC nº 116/03 - Ao contrário do que pretende a autora da demanda, os resultados da sua prestação de serviço não ocorrem no exterior, pois o rendimento dos capitais investidos se dá em território nacional, mediante compulsório registro no Banco Central do Brasil para posterior remessa em favor dos tomadores (investidores estrangeiros) - Cabimento de multa por infração a obrigação acessória que não guarda qualquer vínculo com a multa de mora pelo não recolhimento da obrigação principal - Multa de 50% que não implica em caráter de confisco - Legalidade da adoção do IPCA para a atualização monetária do débito tributário que, por não implicar em "plus", não resulta em método supostamente composto com o acréscimo dos juros de mora de 1% ao mês - Sentença que julgou improcedente o pedido mantida, afastada a preliminar de nulidade - Recurso improvido. (TJSP; Apelação 1024208-13.2016.8.26.0053; Relator (a): Rezende Silveira; Órgão Julgador: 15ª Câmara de Direito Público; Foro Central - Fazenda Pública/Acidentes - 11ª Vara de Fazenda Pública; Data do Julgamento: 28/09/2017; Data de Registro: 24/10/2017)

- **Pesquisa e desenvolvimento de remédios:** Apelação - Anulatória com pedido de tutela de urgência - ISSQN - Exercício de 2009 - Município de São Paulo - Exportação de serviços - Serviços de pesquisa e desenvolvimento de medicamentos para empresas do mesmo grupo econômico localizadas no exterior - Pretensão de declaração de inexistência de relação jurídico-tributária - Hipótese de prestação de serviços para a empresa do mesmo grupo econômico, detentora da patente e localizada no exterior - Atividade cujo resultado não se verifica no Brasil, ante a cessão dos resultados da pesquisa exclusivamente para a tomadora dos serviços - Inteligência do art. 156, § 3º, II, da CF e art. 2º, inciso I da LC 116/03 - Sentença que julgou improcedente o pedido reformada - Recurso provido. (TJSP; Apelação 1021365-75.2016.8.26.0053; Relator (a): Rezende Silveira; Órgão Julgador: 15ª Câmara de Direito Público; Foro Central - Fazenda Pública/Acidentes - 3ª Vara de Fazenda Pública; Data do Julgamento: 28/09/2017; Data de Registro: 29/09/2017).

Art. 3º O serviço considera-se prestado, e o imposto, devido, no local do estabelecimento prestador ou, na falta do estabelecimento, no local do domicílio do prestador, exceto nas hipóteses previstas nos incisos I a XXV, quando o imposto será devido no local: (Redação dada pela Lei Complementar nº 157, de 2016)

I - do estabelecimento do tomador ou intermediário do serviço ou, na falta de estabelecimento, onde ele estiver domiciliado, na hipótese do § 1º do art. 1º desta Lei Complementar;

II - da instalação dos andaimes, palcos, coberturas e outras estruturas, no caso dos serviços descritos no subitem 3.05 da lista anexa;

III - da execução da obra, no caso dos serviços descritos no subitem 7.02 e 7.19 da lista anexa;

IV - da demolição, no caso dos serviços descritos no subitem 7.04 da lista anexa;

V - das edificações em geral, estradas, pontes, portos e congêneres, no caso dos serviços descritos no subitem 7.05 da lista anexa;

VI - da execução da varrição, coleta, remoção, incineração, tratamento, reciclagem, separação e destinação final de lixo, rejeitos e outros resíduos quaisquer, no caso dos serviços descritos no subitem 7.09 da lista anexa;

VII - da execução da limpeza, manutenção e conservação de vias e logradouros públicos, imóveis, chaminés, piscinas, parques, jardins e congêneres, no caso dos serviços descritos no subitem 7.10 da lista anexa;

VIII - da execução da decoração e jardinagem, do corte e poda de árvores, no caso dos serviços descritos no subitem 7.11 da lista anexa;

IX - do controle e tratamento do efluente de qualquer natureza e de agentes físicos, químicos e biológicos, no caso dos serviços descritos no subitem 7.12 da lista anexa;

X - (VETADO)

XI - (VETADO)

XII – do florestamento, reflorestamento, semeadura, adubação, reparação de solo, plantio, silagem, colheita, corte, descascamento de árvores, silvicultura, exploração florestal e serviços congêneres indissociáveis da formação, manutenção e colheita de florestas para quaisquer fins e por quaisquer meios; (Redação dada pela Lei Complementar nº 157, de 2016)

XIII – da execução dos serviços de escoramento, contenção de encostas e congêneres, no caso dos serviços descritos no subitem 7.17 da lista anexa;

XIV – da limpeza e dragagem, no caso dos serviços descritos no subitem 7.18 da lista anexa;

XV – onde o bem estiver guardado ou estacionado, no caso dos serviços descritos no subitem 11.01 da lista anexa;

XVI – dos bens, dos semoventes ou do domicílio das pessoas vigiados, segurados ou monitorados, no caso dos serviços descritos no subitem 11.02 da lista anexa; (Redação dada pela Lei Complementar nº 157, de 2016)

XVII – do armazenamento, depósito, carga, descarga, arrumação e guarda do bem, no caso dos serviços descritos no subitem 11.04 da lista anexa;

XVIII – da execução dos serviços de diversão, lazer, entretenimento e congêneres, no caso dos serviços descritos nos subitens do item 12, exceto o 12.13, da lista anexa;

XIX – do Município onde está sendo executado o transporte, no caso dos serviços descritos pelo subitem 16.01 da lista anexa;

XIX – do Município onde está sendo executado o transporte, no caso dos serviços descritos pelo item 16 da lista anexa; (Redação dada pela Lei Complementar nº 157, de 2016)

XX – do estabelecimento do tomador da mão-de-obra ou, na falta de estabelecimento, onde ele estiver domiciliado, no caso dos serviços descritos pelo subitem 17.05 da lista anexa;

XXI – da feira, exposição, congresso ou congênere a que se referir o planejamento, organização e administração, no caso dos serviços descritos pelo subitem 17.10 da lista anexa;

XXII – do porto, aeroporto, ferroporto, terminal rodoviário, ferroviário ou metroviário, no caso dos serviços descritos pelo item 20 da lista anexa.

XXIII – do domicílio do tomador dos serviços dos subitens 4.22, 4.23 e 5.09; (Incluído pela Lei Complementar nº 157, de 2016)

XXIV – do domicílio do tomador do serviço no caso dos serviços prestados pelas administradoras de cartão de crédito ou débito e demais descritos no subitem 15.01; (Incluído pela Lei Complementar nº 157, de 2016)

XXV – do domicílio do tomador do serviço do subitem 15.09. (Redação dada pela Lei Complementar nº 175, de 2020)

§ 1º No caso dos serviços a que se refere o subitem 3.04 da lista anexa, considera-se ocorrido o fato gerador e devido o imposto em cada Município em cujo território haja extensão de ferrovia, rodovia, postes, cabos, dutos e condutos de qualquer natureza, objetos de locação, sublocação, arrendamento, direito de passagem ou permissão de uso, compartilhado ou não.

§ 2º No caso dos serviços a que se refere o subitem 22.01 da lista anexa, considera-se ocorrido o fato gerador e devido o imposto em cada Município em cujo território haja extensão de rodovia explorada.

§ 3º Considera-se ocorrido o fato gerador do imposto no local do estabelecimento prestador nos serviços executados em águas marítimas, excetuados os serviços descritos no subitem 20.01.

§ 4º Na hipótese de descumprimento do disposto no caput ou no § 1º, ambos do art. 8º-A desta Lei Complementar, o imposto será devido no local do estabelecimento do tomador ou intermediário do serviço ou, na falta de estabelecimento, onde ele estiver domiciliado. (Incluído pela Lei Complementar nº 157, de 2016)

§ 5º Ressalvadas as exceções e especificações estabelecidas nos §§ 6º a 12 deste artigo, considera-se tomador dos serviços referidos nos incisos XXIII, XXIV e XXV do caput deste artigo o contratante do serviço e, no caso de negócio jurídico que envolva estipulação em favor de unidade da pessoa jurídica contratante, a unidade em favor da qual o serviço foi estipulado, sendo irrelevantes para caracterizá-la as denominações de sede, filial, agência, posto de atendimento, sucursal, escritório de representação ou contato ou quaisquer outras que venham a ser utilizadas. (Incluído pela Lei Complementar nº 175, de 2020)

§ 6º No caso dos serviços de planos de saúde ou de medicina e congêneres, referidos nos subitens 4.22 e 4.23 da lista de serviços anexa a esta Lei Complementar, o tomador do serviço é a pessoa física beneficiária vinculada à operadora por meio de convênio ou contrato de plano de saúde individual, familiar, coletivo empresarial ou coletivo por adesão. (Incluído pela Lei Complementar nº 175, de 2020)

§ 7º Nos casos em que houver dependentes vinculados ao titular do plano, será considerado apenas o domicílio do titular para fins do disposto no § 6º deste artigo. (Incluído pela Lei Complementar nº 175, de 2020)

§ 8º No caso dos serviços de administração de cartão de crédito ou débito e congêneres, referidos no subitem 15.01 da lista de serviços anexa a esta Lei Complementar, prestados diretamente aos portadores de cartões de crédito ou débito e congêneres, o tomador é o primeiro titular do cartão. (Incluído pela Lei Complementar nº 175, de 2020)

§ 9º O local do estabelecimento credenciado é considerado o domicílio do tomador dos demais serviços referidos no subitem 15.01 da lista de serviços anexa a esta Lei Complementar relativos às transferências realizadas por meio de cartão de crédito ou débito, ou a eles conexos, que sejam prestados ao tomador, direta ou indiretamente, por: (Incluído pela Lei Complementar nº 175, de 2020)

I – bandeiras; (Incluído pela Lei Complementar nº 175, de 2020)

II – credenciadoras; ou (Incluído pela Lei Complementar nº 175, de 2020)

III – emissoras de cartões de crédito e débito. (Incluído pela Lei Complementar nº 175, de 2020)

§ 10. No caso dos serviços de administração de carteira de valores mobiliários e dos serviços de administração e gestão de fundos e clubes de investimento, referidos no subitem 15.01 da lista de serviços anexa a esta Lei Complementar, o tomador é o cotista. (Incluído pela Lei Complementar nº 175, de 2020)

§ 11. No caso dos serviços de administração de consórcios, o tomador de serviço é o consorciado. (Incluído pela Lei Complementar nº 175, de 2020)

§ 12. No caso dos serviços de arrendamento mercantil, o tomador do serviço é o arrendatário, pessoa física ou a unidade beneficiária da pessoa jurídica, domiciliado no País, e, no caso de arrendatário não domiciliado no País, o tomador é o beneficiário do serviço no País. (Incluído pela Lei Complementar nº 175, de 2020)

► **Atividade meio x atividade fim.** "Não é possível, porque ilegal e inconstitucional, pretender tributar atividade-meio, separando-as do fim perseguido, para considera-las separadamente, isoladamente, como se cada uma delas correspondesse a um serviço autônomo, independente. Isso seria uma aberração jurídica, além de constituir-se em desconsideração à hipótese de incidência desse imposto" (BARRETO, Aires F. Imposto sobre Serviços. In. SANTI, Eurico Marcos Diniz de (coord.). Curso de Direito tributário e finanças públicas. São Paulo: saraiva, 2008, p. 1002) **Neste mesmo sentido**: "É impossível, juridicamente, desmembrar as inúmeras atividades-meio necessárias à prestação de serviços, considerando-as, isoladamente, como se fossem serviços parciais, isolados, autônomos, para fins de incidência do ISS" (BARRETO, Aires F. Curso de Direito Tributário municipal. São Paulo: Saraiva, 2009, p. 358).

⊙ **Entrega de botijões de gás:** "Nessa ação discute-se se a entrega direta de botijões de gás liquefeito de petróleo nos domicílios dos clientes pela própria empresa concessionária constitui prestação de serviço tributável pelo ISSQN, ou se isso configura apenas atividade-meio da distribuição de produto sujeita ao ICMS, uma vez que há um adicional para essa entrega domiciliar. A Turma proveu o REsp da empresa, entendendo que a atividade principal é distribuição de gás, operação sujeita ao ICMS na modalidade de "substituição tributária". Outrossim, o transporte de botijões em veículo próprio para entrega domiciliar não pode ser considerado como prestação de serviço, embora seja uma comodidade oferecida aos clientes e gere custos, o que justifica o acréscimo cobrado" (REsp 616.041-MA, Rel. Min. José Delgado, julgado em 3/8/2004)

⊙ **Serviços bancários:** APELAÇÃO CÍVEL. EMBARGOS À EXECUÇÃO FISCAL. ISSQN. INCIDÊNCIA SOBRE SERVIÇOS BANCÁRIOS. ATIVIDADE FIM. CDA. NULIDADE. É nula a CDA, bem como o correspondente auto de infração, que não especifica com clareza a origem e a natureza da dívida, limitando-se a apontar o valor total para cada competência, nele incluídas todas as operações sobre as quais incidentes o ISS, em afronta aos artigos 202, parágrafo único, CTN e 2º, §§ 5º e 6º, LEF, a impossibilitar defesa do executado. Apelação da parte embargante provida, prejudicada à análise da apelação do município e da remessa necessária. (Apelação Cível Nº 70075569467, Vigésima Primeira Câmara Cível, Tribunal de Justiça do RS, Relator: Marcelo Bandeira Pereira, Julgado em 06/12/2017)

► **Critérios para identificar atividade meio.** "É preciso discernir, concretamente, essas situações: a) as atividades desenvolvidas como requisito ou condição para a produção de outra utilidade qualquer são ações-meio; b) essas mesmas ações ou atividades, todavia, consistirão no fim ou objeto, quando, em si mesmas, isoladamente consideradas, refletirem elas próprias, a utilidade colocada à disposição de outrem" (BARRETO, Aires F. Curso de Direito Tributário municipal. São Paulo: Saraiva, 2009, p. 355)

► **Aspecto espacial.** "Se o fato tributável só ocorre no momento da consumação do serviço, ou seja, no átimo da produção dos efeitos que lhe são próprios, é imperioso entender que o Município competente para exigir o tributo é o do lugar onde foram eles concluídos, executados, consumados. Ou, em outras palavras, que o ISS é devido no local da prestação do serviço, a despeito de nele não estar situado o chamado estabelecimento do prestador" (BARRETO, Aires F. Imposto sobre serviços. In. Curso de direito Tributário e Finanças Públicas. Eurico Marcos Diniz de Santi (org.), São Paulo: Saraiva, 2008, p. 1006) **Neste mesmo sentido:** "E não vislumbramos outro alternativa cientificamente verdadeira que não aquela que impõe como o local da prestação o exato local em que realizada a prestação-fim do serviço. É nesse local que ocorre o fato jurídico tributário do ISS e, pois, é ele que define qual a pessoa política competente para cobrar o ISS, de acordo com a divisão territorial vigente no Brasil e, de consequência, salvo disposição em lei em contrário, aponta o sujeito ativo da relação jurídico tributária a ser instaurada" (BAPTISTA, Marcelo Caron. A norma tributária do Imposto sobre Serviços - ISS ênfase no consequente normativo. In. Curso de direito Tributário e Finanças Públicas. Eurico Marcos Diniz de Santi (org.), São Paulo: Saraiva, 2008, p. 1030)

- **Aspecto espacial do ISSQN.** "se o arquétipo é a prestação de serviço, o aspecto espacial só pode ser reduzido ao local onde se efetua a prestação" (ATALIBA, Geraldo; BARRETO, Aires F. ISS - Construção civil - Pseudo-serviço e prestação de serviço - Estabelecimento prestador - Local da prestação. In. Revista de Direito Tributário, nº 40, abril/junho, 1987, p. 93/94) **Neste mesmo sentido:** "bem de ver que, como os demais, também o aspecto espacial da hipótese de incidência é implicitamente extraível do Texto Constitucional. Se o arquétipo é a prestação de serviço, o aspecto espacial só pode ser reduzido ao local onde se efetua a prestação. O único critério prestigiado pela Constituição é o de considerar devido o ISS no local da prestação, ou seja, onde se consumar o fato tributário, ou, em outras palavras, onde se produzirem os resultados da prestação de serviço"(BARRETO, Aires F. Curso de Direito Tributário municipal. São Paulo: Saraiva, 2009, p. 345)

- **Atual entendimento do STJ.** "De acordo com os artigos 3º e 4º da Lei Complementar nº 116/03, conclui-se que a municipalidade competente para realizar a cobrança do ISS é a do local do estabelecimento prestador dos serviços, considerando-se como tal a localidade em que há uma unidade econômica ou profissional, isto é, onde a atividade é desenvolvida, independentemente de sua denominação". (REsp 1195844/DF - Ministro Relator Mauro Campbell Marques - DJ 15/03/2011).

    - **Município competente é o do local do estabelecimento do prestador**. "De acordo com os artigos 3º e 4º da Lei Complementar nº 116/03, conclui-se que a municipalidade competente para realizar a cobrança do ISS é a do local do estabelecimento prestador dos serviços, considerando-se como tal a localidade em que há uma unidade econômica ou profissional, isto é, onde a atividade é desenvolvida, independentemente de sua denominação". (REsp 1195844/DF - Ministro Relator Mauro Campbell Marques - DJ 15/03/2011). **No mesmo sentido:** Solução de Consulta SF/DEJUG nº 45, de 14 de agosto de 2013. ISS. Subitem 17.01 da Lista de Serviços do art. 1º da Lei nº 13.701, de 24 de dezembro de 2003. Código de serviço 03115 do Anexo 1 da Instrução Normativa SF/SUREM nº 8, de 18 de julho de 2011. "Local de incidência do ISS. Serviços de assessoria e consultoria prestados por empresa estabelecida no Município de São Paulo a tomador estabelecido fora do Município de São Paulo. ISS devido no Município de São Paulo".

    - **TJ-SP**. APELAÇÃO - AÇÃO DE CONSIGNAÇÃO EM PAGAMENTO - ISSQN - Dúvida sobre o município competente para recolhimento do ISSQN - Empresa sediada em São Paulo - Empresa prestadora de serviços médicos - Serviço prestado ao Município de Guarujá - Competência do município onde está localizado o estabelecimento prestador - Fora das hipóteses excepcionais previstas nos incisos I a XXII do art. 3º daquele Diploma Legal, prevalece a regra geral contida no "caput" da Lei Complementar nº 116/03 que estabelece a competência do município em que se situa o estabelecimento prestador - Entendimento firmado em sede do Recurso Especial nº 1.117.121/SP, sob regime do art. 543-C do CPC - Inexistência, ademais, de escritório, filial ou sucursal, ainda que provisória no local onde prestado o serviço - Sentença reformada - Recurso provido. (TJSP; Apelação/Reexame Necessário 1026177-97.2015.8.26.0053; Relator (a): Rezende Silveira; Órgão Julgador: 15ª Câmara de Direito Público; Foro Central - Fazenda Pública/Acidentes - 13ª Vara de Fazenda Pública; Data do Julgamento: 21/03/2018; Data de Registro: 21/03/2018)

⊙ **TJ-RS:** APELAÇÃO CÍVEL. DIREITO TRIBUTÁRIO. EMBARGOS À EXECUÇÃO FISCAL. ISS. ARRENDAMENTO MERCANTIL. INCIDÊNCIA DO TRIBUTO. COMPETÊNCIA. MUNICÍPIO DA SEDE DO ESTABELECIMENTO PRESTADOR. A competência para a cobrança do imposto de ISS é a do Município onde se localiza a sede da empresa, unidade econômico-profissional presumivelmente responsável pela deliberação quanto à viabilidade do acerto e, portanto, onde o negócio resta efetivamente perfectibilizado. REsp nº 1.060.210/SC, julgado em recurso repetitivo, nos termos do art. 543-C do CPC. APELAÇÃO PARCIALMENTE DESPROVIDA. (Apelação Cível Nº 70074267436, Primeira Câmara Cível, Tribunal de Justiça do RS, Relator: Newton Luís Medeiros Fabrício, Julgado em 13/09/2017)

⊙ **Serviços de engenharia consultiva na construção civil.** (...) o ISSQN incidente sobre os serviços de engenharia consultiva necessária à realização da obra na construção civil, obedecendo se à unidade da obra, deve ser recolhido no local da construção. Não importa se o contrato tenha estabelecido o valor total da obra sem discriminar onde seria cada etapa, porque o fato relevante a ser considerado é o local onde será realizada a obra(...). Mesmo estabeleça o contrato diversas etapas da obra de construção, muitas das quais realizadas fora da obra e em município diverso, onde esteja a sede da prestadora, considera-se a obra como uma universalidade, sem divisão das etapas de execução para efeito de recolhimento do ISS. (STJ - REsp 1.117.121-SP, Rel. Min. Eliana Calmon, julgado em 14/10/2009.) NESSE SENTIDO: "O Superior Tribunal de Justiça possui entendimento consolidado de que, nos casos de construção civil, o ISSQN é devido no local da prestação do serviço, antes ou depois da Lei Complementar n. 116/2003. Precedentes: REsp 1.117.121/SP, Rel. Ministra Eliana Calmon, Primeira Seção, DJe 29/10/2009; AgRg no AREsp 237.256/SC, Rel. Ministro Herman Benjamin, Segunda Turma, DJe 18/4/2017. (REsp 1349601/BA, Rel. Ministro OG FERNANDES, SEGUNDA TURMA, julgado em 19/09/2017, DJe 25/09/2017).

⊙ **Aspecto espacial. A partir da vigência da LC n. 116/03, a competência tributária ativa para a cobrança do ISSQN recai sobre o município em que o serviço é efetivamente realizado, desde que, no local, haja unidade econômica ou profissional do estabelecimento prestador.** AgRg no REsp 1576490/SP, Rel. Ministro Herman Benjamin, Segunda Turma, Julgado em 10/05/2016, DJE 24/05/2016; AgInt no REsp 1502963/SC, Rel. Ministra Regina Helena Costa, Primeira Turma, Julgado em 26/04/2016, DJE 12/05/2016; AgRg no AREsp 560961/MG, Rel. Ministra Assusete Magalhães, Segunda Turma, Julgado em 15/03/2016, DJE 17/03/2016; AgRg no REsp 1143574/ES, Rel. Ministro Sérgio Kukina, Primeira Turma, Julgado em 01/03/2016, DJE 08/03/2016. **Em sentido contrário, sendo o ISSQN devido no local onde ocorreu o fato gerador:** "Dessa forma, aplicando-se a recente orientação jurisprudencial deste Tribunal Superior firmada nos autos do REsp 1.060.210/SC, tem-se que inexiste relação jurídico-tributária apta a legitimar a instituição e cobrança do ISS pelo

Município de Belo Horizonte, uma vez que, sob a vigência da LC n. 116/2003, o município competente corresponde àquele onde a hipótese incidência do ISSQN se materializou, qual seja o local da ocorrência do fato gerador." (AgRg no Resp 1.390.900, Segunda Turma, 20.05.2014, DJe 20/05/2014). **Nesse sentido:** "Na vigência do revogado art. 12, a, do Decreto-lei 406/68, a competência tributária para a cobrança do ISS era do Município em que localizada a sede do estabelecimento prestador do serviço, ou, na falta deste, do domicílio do contribuinte. Com a superveniência da Lei Complementar 116/2003, nos termos dos seus arts. 3º, caput, e 4º, o tributo passou a ser devido ao Município em que prestado o serviço, desde que ali haja um estabelecimento do contribuinte que configure uma unidade econômica ou profissional, sendo irrelevante a denominação de sede, filial, agência, posto de atendimento, sucursal, escritório ou contato. Esse é o entendimento consolidado, em sede de recurso especial representativo de controvérsia repetitiva, no tocante à incidência de ISS sobre o serviço de leasing mercantil (REsp 1.060.210/SC, Rel. Ministro NAPOLEÃO NUNES MAIA FILHO, PRIMEIRA SEÇÃO, DJe de 05/03/2013), o qual, todavia, é extensível aos demais serviços sujeitos à incidência do tributo". (AgInt no AREsp 1060065/SP, Rel. Ministra ASSUSETE MAGALHÃES, SEGUNDA TURMA, julgado em 15/08/2017, DJe 24/08/2017)

- **Serviço não constante nos incisos I a XXII. Local de pagamento na sede do estabelecimento prestador.** "Os serviços não objeto das excludentes listadas nos incisos I a XXII do art. 3º da Lei Complementar nº 116/2003 têm como local de pagamento a sede do estabelecimento prestador. Recurso voluntário improvido. Decisão unânime". CCM/RJ, RV nº 13.686, Rel. Conselheiro Roberto Lira, Acórdão 15.424, julgado em 19 de abril de 2016. **No mesmo sentido**: "(...) Conforme a regra estampada no art. 3º, "caput", da Lei Complementar nº 116/2003, e salvo as exceções consignadas nos incisos I a XXII do mesmo enunciado normativo, é o ISSQN devido ao Município onde se acha situado o estabelecimento prestador, assim considerado a unidade econômico-profissional dotada de toda a infraestrutura física, administrativa e técnica, bem como do pessoal necessário à administração e prestação dos serviços contratado. Em razão das robustas e irrefutáveis provas carreadas aos autos, restou devidamente caracterizada a prestação de serviços enquadráveis nos subitens 17.01 e 17.20 da citada Lista de Serviços, e não de serviços enquadráveis no subitem 7.02 – execução, por administração, empreitada ou sub-empreitada, de obras de construção civil, hidráulica ou elétrica e de outras obras semelhantes – como pretendido pela Contribuinte. No caso, diante da ausência de evidências sobre a existência de qualquer estabelecimento em outros municípios, e do correto enquadramento do serviço desempenhado pela Recorrente, subordinado à mencionada regra geral de incidência, o município de Belo Horizonte, local da sede do estabelecimento prestador, é quem detém a competência tributária para exigir o ISSQN incidente sobre a prestação dos serviços contratados. CART/BH, 3ª Câmara, Rel. Alfredo Bento, Acórdão 9.921, 23/06/2015.
- **Dessa forma, aplicando-se a orientação jurisprudencial deste Tribunal Superior firmada nos autos do REsp 1.060.210/SC, tem-se que inexiste relação jurídico-tributária apta a legitimar a instituição e cobrança do ISS pelo Município de Belo Horizonte, uma vez que, sob a vigência da LC n. 116/2003, o município competente corresponde àquele onde a hipótese incidência do ISSQN se materializou, qual seja o local da ocorrência do**

fato gerador. (AgInt no REsp 1571638/MG, Rel. Ministro OG FERNANDES, SEGUNDA TURMA, julgado em 07/02/2017, DJe 14/02/2017)

- **Construção civil - TJ-SP.** "MANDADO DE SEGURANÇA – ISS em serviços de Construção Civil. Discussão sobre a emissão de nota fiscal eletrônica (se ela deve ser emitida em face da Prefeitura de São Paulo ou de Cubatão), não havendo discussão sobre o tributo dever ser recolhido no local da prestação ou no estabelecimento prestador. Recolhimento que se dá no Município em que é realizada a obra. Inteligência do art. 3º, da LC 116/2003. Precedentes do E. STJ e desta C. Corte. Insurgência da impetrante contra a resistência da municipalidade de Cubatão em fornecer as guias de pagamento do Tributo, impondo a exigência que as notas sejam lançadas em face daquele Município. Impetrante que possui matriz em São Paulo e não possui filial em Cubatão, cidade na qual apenas há o canteiro de obras. Possibilidade de emissão da nota fiscal em São Paulo, com observação de que o recolhimento se dá em favor do Município em que localizada a obra. Não há comando legal hábil a exigir a criação de filial em cada cidade em que for realizada prestação de serviço de construção civil. Nos termos do art. 25, da Lei 12.016/2009, das Súmulas nº 512 do STF e 105 do STJ não há que se falar em condenação em honorários advocatícios, pois se trata de mandado de segurança. Recurso provido somente quanto a este ponto. Recurso voluntário parcialmente provido. Reexame necessário parcialmente provido. (TJSP; Apelação 3006242-84.2013.8.26.0157; Relator (a): Flora Maria Nesi Tossi Silva; Órgão Julgador: 13ª Câmara de Direito Público; Foro de Cubatão – 3ª Vara; Data do Julgamento: 29/11/2017; Data de Registro: 04/12/2017).
- **Construção civil - TJ-RS.** Ementa: Apelação cível. Direito tributário. ISS. Ação declaratória. Duplicidade de exação. Competência tributária municipal. Definição do sujeito ativo. 1. Conforme entendimento sedimentado pelo STJ fixado sob a sistemática dos recursos repetitivos, REsp 1060210/SC, o art. 12 do Decreto-Lei 406/68, com eficácia reconhecida de lei complementar, posteriormente revogado pela LC 116/2003, estipulou que, à exceção dos casos de construção civil e de exploração de rodovias, o local da prestação do serviço é o do estabelecimento prestador. 2. Cuidando-se de fato gerador ocorrido na vigência da LC 116/2003 e não se tratando de serviços de construção civil ou das exceções previstas nos incisos I a XXII do art. 3º do referido diploma, correta a decisão que, na linha do repetitivo mencionado, adotou o critério "do local do estabelecimento prestador do serviço", esse definido na própria lei complementar, em seu artigo 4º. 3. Caso dos autos em que a prestação de serviços ocorre em cidade diversa (Arroio do Meio) do local em que a empresa prestadora está sediada (Santa Cruz do Sul). Entidade empresária que apenas atua na captação de clientela para atendimento centralizado em seu estabelecimento-sede, pertencendo a legitimação para atuar como sujeito ativo ao Município em que está estabelecida, pois é o local em que se dá a efetiva prestação dos serviços. 4. O diploma legal em referência, dispondo sobre serviços de qualquer natureza, estabelece nos incisos de seu artigo 3º as exceções à regra que define ser o imposto devido ao ente em que localizado o estabelecimento prestador ou, na falta do estabelecimento, no local do domicílio do prestador. Rol em que não se identifica a atividade exercida pela sociedade empresária autora, fazendo incidir, pois, a regra geral acima mencionada. APELAÇÃO DESPROVIDA, UNÂNIME. (Apelação Cível Nº 70075995720, Segunda Câmara Cível, Tribunal de Justiça do RS, Relator: Ricardo Torres Hermann, Julgado em 20/02/2018)

- **Construção civil - STJ.** A competência para o recolhimento do ISS nas hipóteses de construção civil é do município onde a obra foi realizada, independentemente do serviço ter sido prestado antes ou após a edição da LC 116/03. (Tese julgada sob o rito do art. 543-C do CPC/73 - Tema 198)

- **Estabelecimento na prestação de serviço de *leasing*.** "As grandes empresas de crédito do País estão sediadas ordinariamente em grandes centros financeiros de notável dinamismo, onde centralizam os poderes decisórios e estipulam as cláusulas contratuais e operacionais para todas suas agências e dependências. Fazem a análise do crédito e elaboram o contrato, além de providenciarem a aprovação do financiamento e a consequente liberação do valor financeiro para a aquisição do objeto arrendado, núcleo da operação. Pode-se afirmar que é no local onde se toma essa decisão que se realiza, se completa, que se perfectibiliza o negócio. Após a vigência da LC 116.2003, assim, é neste local que ocorre a efetiva prestação do serviço para fins de delimitação do sujeito ativo apto a exigir ISS sobre operações de arrendamento mercantil. (...) No caso dos autos, o fato gerador originário da ação executiva refere-se a período em que vigente a DL 406/68. A própria sentença afirmou que a ora recorrente possui sede na cidade de Osasco/SP e não se discutiu a existência de qualquer fraude relacionada a esse estabelecimento; assim, o Município de Tubarão não é competente para a cobrança do ISS incidente sobre as operações realizadas pela empresa Potenza Leasing S.A. Arrendamento Mercantil, devendo ser dado provimento aos Embargos do Devedor, com a inversão dos ônus sucumbenciais. Recurso Especial parcialmente provido para definir que: (a) incide ISSQN sobre operações de arrendamento mercantil financeiro; (b) o sujeito ativo da relação tributária, na vigência do DL 406/68, é o Município da sede do estabelecimento prestador (art. 12); (c) a partir da LC 116/03, é aquele onde o serviço é efetivamente prestado, onde a relação é perfectibilizada, assim entendido o local onde se comprove haver unidade econômica ou profissional da instituição financeira com poderes decisórios suficientes à concessão e aprovação do financiamento - núcleo da operação de leasing financeiro e fato gerador do tributo; (d) prejudicada a análise da alegada violação ao art. 148 do CTN; (e) no caso concreto, julgar procedentes os Embargos do Devedor, com a inversão dos ônus sucumbenciais, ante o reconhecimento da ilegitimidade ativa do Município de Tubarão/SC para a cobrança do ISS. Acórdão submetido ao procedimento do art. 543-C do CPC e da Resolução 8/STJ. (REsp 1060210/SC, Rel. Ministro Napoleão Nunes Maia Filho, Primeira Seção, julgado em 28/11/2012, DJe 05/03/2013).

  - **TJ-PR.** "O Supremo Tribunal Federal, no julgamento do RE nº 592.905/SC, firmou o entendimento de que incide ISS sobre as operações de arrendamento mercantil. 3. O juízo de retratação deve ser exercido, a fim de que a decisão do Tribunal de Justiça passe a seguir a tese firmada pelo Supremo Tribunal Federal. Juízo de retratação exercido para reconhecer a constitucionalidade da incidência do ISS sobre as operações de arrendamento mercantil. Tributo incidente sobre operações de arrendamento mercantil realizadas na vigência da Lei Complementar nº 116/03. Sujeito ativo. Local onde a operação é efetivamente perfectibilizada, assim considerado o estabelecimento com poderes decisórios efetivos. REsp nº 1.060.210/SC, do Superior Tribunal de Justiça, submetido ao rito previsto no art. 543-C do Código de Processo Civil de 1973, vigente à época. Prosseguimento do julgamento do recurso de apelação interposto pela instituição financeira autora, que deve ser provido. 1. Como consequência do exercício do juízo de retratação para afastar a tese acolhida no acórdão contra o qual fora interposto o recurso especial, o julgamento do recurso de apelação deve prosseguir, até para que a segunda tese posta no recurso da instituição financeira – incompetência do município para cobrança do ISS – seja examinada, pois, caso contrário, o recurso de apelação não terá sido julgado em sua totalidade. 2. O Superior Tribunal de Justiça, quando do julgamento do Recurso Especial nº 1.060.210/SC, afetado como repetitivo para os fins do art. 543-C do Código de Processo Civil de 1973, fixou as seguintes teses a respeito do Imposto Sobre Serviço de Qualquer Natureza (ISSQN): a) incide ISSQN sobre operações de arrendamento mercantil financeiro; b) o sujeito ativo da relação tributária, na vigência do DL 406/68, é o Município da sede do estabelecimento prestador (art. 12); c) a partir da LC 116/03, é aquele onde o serviço é efetivamente prestado, vale dizer onde a relação é perfectibilizada, assim entendido o local onde se comprove haver unidade econômica ou profissional da instituição financeira com poderes decisórios suficientes à concessão e aprovação do financiamento – núcleo da operação de leasing financeiro e fato gerador do tributo. 3. O município ora recorrido, por não ser o local onde está sediada a unidade administrativa com poderes decisórios suficientes para a aprovação da concretização dos contratos de arrendamento mercantil, não detém competência para cobrar o ISS incidente sobre as operações de leasing concretizadas pela instituição financeira apelante. JUÍZO DE RETRATAÇÃO EXERCIDO. RECURSO DE APELAÇÃO PROVIDO. (TJPR – 3ª C.Cível – AC – 609946-9 – Telêmaco Borba – Rel.: Eduardo Sarrão – Unânime – J. 28.11.2017)

- **TJ-SP:** "Apelação – Embargos à Execução Fiscal – ISS/Multa – Exercício de 2010 – Arrendamento Mercantil (Leasing) – Competência para cobrança do ISS. Município em que estiver localizada a unidade empresarial que detém poder decisório quanto ao principal elemento do negócio jurídico. Aplicação da Lei Complementar n. 116/03. Precedentes do STJ. Redução da verba honorária – Possibilidade – Inteligência do artigo 85 do Código de Processo Civil. Recurso parcialmente provido. (TJSP; Apelação 0001440-57.2012.8.26.0019; Relator (a): Cláudio Marques; Órgão Julgador: 14ª Câmara de Direito Público; Foro de Americana – SAF – Setor de Anexo Fiscal; Data do Julgamento: 22/02/2018; Data de Registro: 27/02/2018).

- **Limites de interpretação ao conceito de estabelecimento.** "Dizer que o artigo 4º da Lei Complementar n. 116/2003 admite que o estabelecimento prestador possa ser todo e qualquer estabelecimento da pessoa jurídica, que não atenda os preceitos do artigo 1.142 do código Civil, seria negar vigência ao artigo 110 do código Tributário Nacional, cujas disposições são claras ao prescrever que os conceitos de direito privado devem ser respeitados à aplicação da legislação tributária" (BERGAMINI, Adolpho. Curso de ISS. São Paulo: Editora Revista dos Tribunais, 2017, p. 133)

- **Estabelecimento na prestação de serviços de análise clínica.** "DIREITO TRIBUTÁRIO. COMPETÊNCIA PARA EXIGIR ISS INCIDENTE SOBRE A PRESTAÇÃO DE SERVIÇO DE ANÁLISE CLÍNICA. É competente para cobrar o ISS incidente sobre a prestação de serviço de análise clínica (item 4.02 da lista anexa à LC 116/2003) o município no qual foi feita a contratação do serviço, a coleta do material biológico e a entrega do respectivo laudo, ainda que a análise do material coletado tenha sido realizada em unidade localizada em outro município, devendo-se incidir o imposto sobre a totalidade do preço pago pelo serviço..." (REsp 1.439.753-PE, Rel. Min. Arnaldo Esteves Lima, Rel. para acórdão Min. Benedito Gonçalves, julgado em 6/11/2014, DJe 12/12/2014) Em seu voto, o Relator Min. Arnaldo Esteves Lima, fundamentou que há caracterização de uma unidade econômica no Município que se promoveu a coleta do sangue pelo fato que neste local ocorreu a relação jurídica da prestação do serviço: "Diante disso, verifica-se, no caso em análise, que a empresa contribuinte, a despeito de manter seu laboratório em determinado município, estabeleceu unidade econômica e profissional em outra municipalidade com escopo de disponibilizar os seus serviços de análises clínicas para as pessoas dessa localidade. Esse tipo de estabelecimento constituiu unidade econômica porque é lá onde usualmente contrata-se o serviço, providencia-se o pagamento e encerra-se a avença, com a entrega do laudo técnico solicitado pelo consumidor".

- **Para fins de definição do lugar do fato gerador do ISS e do município competente para exigí-lo, a Primeira Seção, em sede de recurso especial repetitivo (REsp 1.060.210/SC, Rel. Min. Napoleão Nunes Maia Filho, DJe 05/03/2013), entendeu que o local da prestação do serviço é o do estabelecimento prestador (art. 12 do DL 408/68 e 3º da LC 116/03).** No caso dos autos, é cediço que a CESGRANRIO, prestadora dos serviços relativos à realização do ENADE, contratados pelo INEP, não está estabelecida no território do recorrente, mas, sim, na cidade do Rio de Janeiro, o que denota a incompetência do Distrito Federal para exigir o imposto em questão. (AgRg no AREsp 150.904/DF, Rel. Ministro BENEDITO GONÇALVES, PRIMEIRA TURMA, julgado em 21/03/2013, DJe 02/04/2013)

- **Serviço de aplicação de lama asfáltica.** A autuação foi mantida administrativamente porque o Fisco considerou que os serviços de aplicação de lama asfáltica, recapeamento e recuperação de estradas não configuravam serviços de construção civil e, por isso, seria devido o ISS ao Município do estabelecimento prestador. (REsp 591.829/MG, Rel. Ministra ELIANA CALMON, SEGUNDA TURMA, julgado em 10/10/2006, DJ 26/10/2006, p. 277)

- **Serviço de informática.** Pela análise detida dos autos, verifica-se que o fato gerador é a prestação de serviços de informática (comércio de produtos novos e usados de informática, prestação de serviços na área de informática e locação de equipamentos de informática), ocorrido sob a égide da Lei Complementar 116/2003, que passou a competência para o local da sede do prestador do serviço, com exceções previstas nos incisos I a XXII do art. 3º do normativo federal em comento. 3. No caso, constata-se ainda que tais serviços, desenvolvidos pela empresa, não figuram entre as exceções contidas no art. 3º da LC 116/2003, o que significa dizer que a eles seria aplicável a regra geral de competência territorial para a cobrança do ISS, ou seja, o imposto considera-se devido no local do estabelecimento do prestador. (AgRg nos EDcl no AREsp 392.416/MS, Rel. Ministro HERMAN BENJAMIN, SEGUNDA TURMA, julgado em 10/03/2015, DJe 06/04/2015)

- **Serviço de saúde.** No caso, considerando que o serviço prestado não se enquadra em nenhuma das exceções previstas na lei e tendo em vista que a recorrente não comprova a existência de estabelecimento comercial no município em que é prestado o serviço, o ISS é devido no município de sua sede, ou seja, Santa Maria. SENTENÇA DE IMPROCEDÊNCIA MANTIDA. RECURSO INOMINADO DESPROVIDO. UNÂNIME. (Recurso Cível Nº 71006551865, Primeira Turma Recursal Provisória Fazenda Pública, Turmas Recursais, Relator: Ana Lúcia Haertel Miglioranza, Julgado em 03/10/2017)

- **Consultoria ambiental.** Tratando-se de serviço de consultoria ambiental, não constituindo, pois, quaisquer das exceções previstas no referido art. 3º, tem-se concretizado o fato gerador do imposto no local do estabelecimento prestador, e não no da efetiva prestação dos serviços, como aduz a agravante. A prestação de serviços de consultoria está prevista na lista anexa à Lei Complementar nº 116/2003, conforme se depreende da redação do subitem 17.01, submetendo-se, portanto, à norma prevista no caput. Natureza do contrato de consultoria que torna dificultosa a verificação do local onde se perfectibiliza o serviço prestado, justificando-se, também por esse motivo, a escolha feita pelo legislador em contemplá-lo na regra geral. (Apelação Cível Nº 70069806453, Segunda Câmara Cível, Tribunal de Justiça do RS, Relator: Laura Louzada Jaccottet, Julgado em 28/09/2016)

Art. 4º Considera-se estabelecimento prestador o local onde o contribuinte desenvolva a atividade de prestar serviços, de modo permanente ou temporário, e que configure unidade econômica ou profissional, sendo irrelevantes para caracterizá-lo as denominações de sede, filial, agência, posto de atendimento, sucursal, escritório de representação ou contato ou quaisquer outras que venham a ser utilizadas.

▶ **Estabelecimento no Código Civil.** "Art. 1.142. Considera-se estabelecimento todo complexo de bens organizado, para exercício da empresa, por empresário, ou por sociedade empresária".

▶ **Interpretação acerca dos elementos do estabelecimento.** "Pouco importa se a contabilidade ou organização de determinada empresa seja feita de forma centralizada ou não, será relevante a identificação de poderes parciais de representação daquela prestação de serviço. Isso torna necessário identificar a origem da prestação do serviço, de forma a comprovar que ela ocorreu naquela estrutura empresarial de forma autônoma." (LUSTOZA, Helton Kramer. El al. Tributos em Espécie. 4 ed. Salvador: JusPodivm, 2017, p. 837)

▶ **Estabelecimento para efeitos de ISSQN.** "Estabelecimento é o complexo de meios idôneos, materiais ou imateriais, pelos quais o prestador do serviço explora determinada atividade (...) Estabelecimento prestador, por sua vez, é qualquer local em que, concretamente, se exercite a função de prestar serviço. O pote do estabelecimento, a dimensão dos poderes administrativos, a existência de subordinação, sendo elementos irrelevantes para a caracterização de estabelecimento, também o são para a tipificação de estabelecimento prestador" (BARRETO, Aires F. Curso de Direito Tributário municipal. São Paulo: Saraiva, 2009, p. 348)

⊙ **Estabelecimento para fins de ISSQN. Unidade econômica.** "De acordo com os artigos 3º e 4º da Lei Complementar nº 116/03, conclui-se que a municipalidade competente para realizar a cobrança do ISS é a do local do estabelecimento prestador dos serviços, considerando-se como tal a localidade em que há uma unidade econômica ou profissional, isto é, onde a atividade é desenvolvida, independentemente de sua denominação. 2. Ocorre que, no presente caso, o Tribunal a quo, em seu voto revisor, considerou que os serviços de informática foram prestados na sede da instituição financeira, localizada em Brasília, sendo disponibilizados técnicos residentes para a manutenção da solução durante o período, caracterizando uma unidade econômica ou profissional no âmbito do Distrito Federal, o que legitima esse ente estatal para a cobrança o ISS" (STJ. Resp. 1195.844/DF. Rel. Mauro Campbell Marques. Julg. 01/03/2011). **No mesmo sentido:** "Assim, pouco importa se a contabilidade ou organização de determinada empresa seja feita de forma centralizada ou não, será relevante a identificação de poderes parciais de representação daquela prestação de serviço". (STJ. REsp. 1160253/MG. Rel. Castro Meira. 10/08/10).

⊙ **TJ-RS.** O texto do caput do art. 3º da LC n. 116/03 é expresso no sentido de que o ISS será devido no local do estabelecimento prestado. Considera-se prestado o serviço no local do estabelecimento prestador, esse entendido como o local onde constatado o exercício da atividade-fim do prestador, isto é, da reunião dos atos necessários para concretizá-la. Hipótese dos autos que os serviços de assistência jurídica, legislativa, orçamentária, contábil e administrativa embora sejam prestados em inúmeros municípios, é no local onde a empresa possui sua sede que há concentração do poder decisório dos seus atos de gerência, recaindo sobre esse o poder de tributar o ISS sobre as atividades. RECURSO DESPROVIDO. (Apelação Cível Nº 70072405467, Vigésima Segunda Câmara Cível, Tribunal de Justiça do RS, Relator: Denise Oliveira Cezar, Julgado em 25/05/2017)

- **Estabelecimento prestador do serviço.** "Como estabelecimento, deve-se entender o local de negócios do contribuinte, seu estabelecimento empresarial, que, ainda que de modo temporário, preste, a partir dele, os serviços aos quais se propõe a prestar. Muito por isso, é necessário que lá existam funcionários com qualificação técnica para prestar serviços, bem como aparato operacional, gerencial e organizacional, administração e gestão mínimas com poder de decisão necessários à execução do serviço. Em atenção ao art. 4º da LC 116/2003, todo esse aparato pode ser reduzido, mas é necessário que haja algum aparato, ainda que mínimo, para que se configure o estabelecimento do prestador". (BERGAMINI, Adolpho. Curso de ISS. São Paulo: Editora Revista dos Tribunais, 2017, p. 133)

- **Unidades econômicas.** "Não deixam de ser estabelecimentos quaisquer unidades econômicas, quer sejam sucursais ou agências, pelo fato de ser maior ou menor a extensão dos poderes de diretor ou do administrador, sejam eles suprimidos ou autorizados pela sucursal, no caso de agência, ou da matriz, no caso de sucursais. A diferença é sutil de grau e não de natureza"(BARRETO, Aires F. Curso de Direito Tributário municipal. São Paulo: Saraiva, 2009, p. 348)

- **Requisitos para identificação do estabelecimento.** "a) a manutenção, nesse lugar, de pessoal, material, máquinas, instrumentos e equipamentos necessários à execução dos serviços; b) a existência de estrutura gerencial, organizacional e administrativa compatível com as atividades desenvolvidas; c) ter havido, ali, inscrição na Prefeitura do Município e nos órgãos previdenciários; d) informação desse local como domicílio fiscal, para efeitos de outros tributos; e) divulgação do endereço desse lugar em impressos, formulários, correspondências ou nas contas de telefone, de energia elétrica, de água, ou gás, em nome do prestador" (BARRETO, Aires Fernandino. ISS na Constituição e na lei. São Paulo: Dialética, 2003. p. 265)

- **Requisitos para identificação do estabelecimento descrito pela LC 116/2003.** "O modelo de estabelecimento prestador posto no exemplo acima satisfaz os requisitos necessários para que ele (o estabelecimento) seja considerado como contribuinte de ISS, porquanto lá será verificada a existência de: (i) infraestrutura para a prestação de serviços; (ii) funcionários contratados; (iii) funcionários com poder de decisão, ainda que mínimo, para gerenciar a própria prestação de serviços". (BERGAMINI, Adolpho. Curso de ISS. São Paulo: Editora Revista dos Tribunais, 2017, p. 134)

▶ **Poder decisório de gestão EMBARGOS À EXECUÇÃO. ISS. LEASING. COMPETÊNCIA.** O Município competente para exigir o pagamento do ISS relativo à prestação dos serviços de leasing é o do "local onde se comprove haver unidade econômica ou profissional da instituição financeira com poderes decisórios suficientes à concessão e aprovação do financiamento". Resp 1060210. Art. 543-C do CPC. Recurso da autora provido. Recurso do Réu Prejudicado. Voto vencido (Apelação Cível Nº 70032658775, Vigésima Segunda Câmara Cível, Tribunal de Justiça do RS, Relator: Maria Isabel de Azevedo Souza, Julgado em 30/10/2013) Neste sentido: TRIBUTÁRIO. AGRAVO REGIMENTAL NOS EMBARGOS DE DECLARAÇÃO NO AGRAVO DE INSTRUMENTO. EMBARGOS À EXECUÇÃO FISCAL. ISS. ARRENDAMENTO MERCANTIL. MUNICÍPIO COMPETENTE. LOCAL DO SERVIÇO. ESTABELECIMENTO PRESTADOR ONDE CONCEDIDO O FINANCIAMENTO. ENTENDIMENTO FIRMADO PELO RITO DO ART. 543-C DO CPC (RESP 1.060.210/SC). 1. A Primeira Seção, em sede de recurso especial representativo de controvérsia (REsp 1.060.210/SC, Rel. Min. Napoleão Nunes Maia Filho), decidiu que "o sujeito ativo da relação tributária, na vigência do DL 406/68, é o Município da sede do estabelecimento prestador (art. 12)" e "a partir da LC 116/03, é aquele onde o serviço é efetivamente prestado, onde a relação é perfectibilizada, assim entendido o local onde se comprove haver unidade econômica ou profissional da instituição financeira com poderes decisórios suficientes à concessão e aprovação do financiamento – núcleo da operação de leasing financeiro e fato gerador do tributo". 2. No caso dos autos, o acórdão recorrido registrou, expressamente, que o estabelecimento da embargada situa-se em Poá/SP, sem mencionar eventual fraude a esse respeito nem tampouco a existência de qualquer outra unidade econômica ou profissional da arrendadora no município recorrido que tivesse poderes decisórios acerca da concessão de financiamento. 3. Agravo regimental não provido. (AgRg nos EDcl no Ag 1384284/MS, Rel. Ministro BENEDITO GONÇALVES, PRIMEIRA TURMA, julgado em 03/04/2014, DJe 09/04/2014) Neste sentido: "o estabelecimento prestador não será um singelo depósito de materiais ou a existência de um imóvel, sendo necessária a organização unificada em uma unidade econômica indispensável à prestação do serviço. O local onde se situar tal organização (de fato, não por ficção formal ou declaração de fachada do contribuinte), atrairá o âmbito de validade territorial da lei municipal respectiva" (MELO, José Soares de, ISS – Aspectos Teóricos e Práticos. São Paulo: Dialética, 2008. p. 195) Neste sentido: "Estabelecimento prestador do serviço é o complexo de coisas, como unidade econômica, que configure um núcleo habitual do exercício da atividade, supondo administração e gerência mínima, apta à execução do serviço. Tanto pode ser a sede, matriz, filial, sucursal, ou agência, sendo irrelevante a denominação do estabelecimento e a centralização ou não da escrita da pessoa. O local onde se situa cada unidade econômica – assim entendido aquele do estabelecimento prestador de serviço – atrairá a incidência da norma municipal respectiva". (DERZI, Misabel Abreu Machado. O aspecto espacial do imposto municipal sobre serviços de qualquer natureza. In: TÔRRES, Heleno Taveira (Org.). ISS na lei complementar nº 116/2003 e na constituição. Barueri: Manole, 2004. p. 78)

▶ **Serviços prestados por terceiros na Bacia de Santos**. Hipótese em que o mar territorial, a plataforma continental e a zona econômica exclusiva integram os territórios dos Municípios – Precedente do STF – Existência, ademais, de unidade econômica no local da prestação dos serviços, à luz do que estatui o art. 4º da LC 116/03 – Competência do Município de Santos caracterizada – Recurso da autora não provido. ISS - Exercício de 2009 - Município de Santos - Ação anulatória julgada improcedente - Serviços prestados por terceiros na Bacia de Santos - Afastada a cobrança com relação aos AII's de nº 827 e de nº 824 (afretamento por tempo) - Precedente do STJ - Mantida a incidência do imposto quanto aos demais contratos - Serviços do item 7.21 da lista da LC 116/2003 - Recurso da autora parcialmente provido. (TJSP; Apelação 1011989-27.2015.8.26.0562; Relator (a): Erbetta Filho; Órgão Julgador: 15ª Câmara de Direito Público; Foro de Santos - 3ª Vara da Fazenda Pública; Data do Julgamento: 01/03/2018; Data de Registro: 16/03/2018)

- **Ambiente virtual.** "Trata-se de uma nova realidade - site - cuja participação é bem variada, pois pode consistir num elemento de mera difusão de serviços e bens; como no recebimento de solicitações pelos possíveis clientes; e, ainda, na efetiva aceitação do pedido, emissão de ordens de pagamento e concretização dos negócios (como é o caso do site inteligente). A diversificada utilização e a flexibilidade de seu desempenho, por si só, não permitem caracterizar o site como um estabelecimento, para todos os efeitos tributários, pois pode ser considerado como mero escritório administrativo, distinto do local da efetiva prestação de serviços" (MELO, José Eduardo Soares de; PAULSEN, Leandro. Impostos federais, estaduais e municipais. 6 ed. Porto Alegre: Livraria do Advogado, 2011, p. 330)

- **Estabelecimento hospitalar.** "O art. 15, § 1º, III, "a", da Lei nº 9.249/95, que diminui a base de cálculo e resulta em menor valor a recolher de pessoas jurídicas que desenvolvem atividades hospitalares, deve ser interpretado restritivamente, para abranger, além dos próprios hospitais, apenas os estabelecimentos que dispõem de "estrutura material e de pessoal destinada a atender a internação de pacientes" (REsp 786.569/RS, Primeira Seção, Rel. Min. Teori Albino Zavascki, DJU de 30.10.06). Não se enquadram no conceito de entidade hospitalar os estabelecimentos que não apresentam organização e estrutura compatíveis com a de um hospital e, por conseguinte, não arcam com custos mais onerosos, capazes de reduzir a capacidade econômica e justificar a obtenção do benefício fiscal". (REsp 889.860/RS, Rel. Ministro CASTRO MEIRA, SEGUNDA TURMA, julgado em 22/05/2007, DJ 01/06/2007, p. 368)

- **Estabelecimento nos serviços de informática.** Assim, o imposto somente será devido no domicílio do prestador se no local onde o serviço for prestado não houver estabelecimento do prestador (sede, filial, agência, posto de atendimento, sucursal, escritório de representação); c) nas hipóteses previstas nos incisos I a XXII, acima transcritos, mesmo que não haja local do estabelecimento prestador, ou local do domicílio do prestador, o imposto será devido nos locais indicados nas regras de exceção". Orientação adotada no julgamento do RESP 1.117.121/SP, no regime do art. 543-C do CPC. No caso dos autos, a empresa não possui unidade autônoma (filial, agência, sucursal, etc.) fora do Município de Campo Grande, onde instalada sua sede, razão pela qual a própria agravante esclarece que os serviços foram prestados mediante deslocamento de recursos humanos e materiais do seu estabelecimento para as outras praças. Essa informação é corroborada pelas notas fiscais de prestação de serviços, onde consta que o prestador é o estabelecimento sediado no Município de Campo Grande (se houvesse unidade autônoma, a nota fiscal de prestação de serviços indicaria a respectiva inscrição no CNPJ e o endereço da filial ou sucursal). Dessa forma, inexistindo estabelecimento/unidade autônoma nas diversas municipalidades em que os serviços de informática são prestados (mediante deslocamento de recursos humanos e materiais), o ISS é devido ao Município de Campo Grande. (AgRg no AREsp 299489 / MS - Relator Ministro Herman Benjamin - Segunda Turma - Julgamento 08/04/2014)

⊙ **Serviço de informática. Unidade econômica.** De acordo com os artigos 3º e 4º da Lei Complementar nº 116/03, conclui-se que a municipalidade competente para realizar a cobrança do ISS é a do local do estabelecimento prestador dos serviços, considerando-se como tal a localidade em que há uma unidade econômica ou profissional, isto é, onde a atividade é desenvolvida, independentemente de sua denominação. Ocorre que, no presente caso, o Tribunal a quo, em seu voto revisor, considerou que os serviços de informática foram prestados na sede da instituição financeira, localizada em Brasília, sendo disponibilizados técnicos residentes para a manutenção da solução durante o período, caracterizando uma unidade econômica ou profissional no âmbito do Distrito Federal, o que legitima esse ente estatal para a cobrança o ISS. (REsp 1195844/DF, Rel. Ministro MAURO CAMPBELL MARQUES, SEGUNDA TURMA, julgado em 01/03/2011, DJe 15/03/2011)

⊙ **TJ-SP.** Tributário - Apelação - ISS - Local de recolhimento - Município de São Carlos - Serviços de elaboração de programas de computador - No regime da Lei Complementar nº 116/2003, a competência para cobrança de ISS é do local do estabelecimento do prestador do serviço - Precedentes do STJ e desta C. Câmara - Estabelecimento prestador que se situa no Município de São Paulo - Incompetência tributária ativa do Município de São Carlos - Sentença mantida - Recurso desprovido. (TJSP; Apelação 1017345-88.2015.8.26.0566; Relator (a): Eurípedes Faim; Órgão Julgador: 15ª Câmara de Direito Público; Foro de São Carlos - Vara da Fazenda Pública; Data do Julgamento: 01/03/2018; Data de Registro: 16/03/2018)

► **Serviço do consultoria em engenharia.** Apelação cível - Ação Anulatória - ISSQN dos exercícios de 2004 a 2008 - Serviços de consultoria em engenharia - Alegação de incompetência do Município de São Paulo - Documentos que comprovam o estabelecimento de unidade econômica ou profissional na Bahia - Inteligência do art. 4º da LC 116/03 - Tributação afastada - Sentença mantida. Recursos improvidos. (TJSP; Apelação / Reexame Necessário 0020762-92.2011.8.26.0053; Relator (a): Eutálio Porto; Órgão Julgador: 15ª Câmara de Direito Público; Foro Central - Fazenda Pública/Acidentes - 13ª Vara de Fazenda Pública; Data do Julgamento: 14/12/2017; Data de Registro: 19/12/2017)

► **Planos de saúde.** Apelação. Embargos à Execução Fiscal. ISS. Pessoa jurídica que realiza operação de planos de assistência à saúde. Hipótese de incidência prevista nos itens 4.22 e 4.23 da Lista Anexa à LC 116/03. Incidência do imposto reconhecida pelo Pleno do STF no julgamento do RE 651.703/PR (Tema 581). Competência tributária - existência de unidade econômica que presta serviços no Município apelado, sendo irrelevante o local da sede. Base de cálculo - taxa de administração, excluindo-se valores repassados aos profissionais credenciados. Multa, juros e correção monetária de acordo com a legislação municipal. Ausência de qualquer vício capaz de macular o crédito regularmente constituído. Sentença mantida. Recurso NÃO PROVIDO. (TJSP; Apelação 0001747-35.2013.8.26.0614; Relator (a): Henrique Harris Júnior; Órgão Julgador: 14ª Câmara de Direito Público; Foro de Tambaú - Vara Única; Data do Julgamento: 19/10/2017; Data de Registro: 24/10/2017)

► **Planos de saúde - Tese Repercussão Geral no RE 651.703:** "As operadoras de planos de saúde realizam prestação de serviço sujeito ao Imposto sobre Serviços de Qualquer Natureza previsto no artigo 156, inciso III da Constituição Federal".

Art. 5º Contribuinte é o prestador do serviço.

- **Sujeito ativo do ISS e o pedágio.** "Portanto, a prestação de serviço remunerada por pedágio – que pensamos tratar-se de conservação –, reforma, ampliação, melhoramento, assistência médica e mecânica – ficará sujeita à incidência do ISS quando se der em regime de concessão, permissão ou autorização" (BAPTISTA, Marcelo Caron. A norma tributária do Imposto sobre Serviços – ISS ênfase no consequente normativo. In. Curso de direito Tributário e Finanças Públicas. Eurico Marcos Diniz de Santi (org.), São Paulo: Saraiva, 2008, p. 1034)
- **Conceito de tomador do serviço.** "O tomador do serviço é sujeito essencial à figura da prestação de serviços. Não se pode cogitar de prestação de serviços onde não houver destinatário. Sempre que houver prestação, alguém prestará outro. Para que se cogite de prestação de serviços, forçoso que alguém seja produtor e outrem, o consumidor. Quando houver subordinação do prestador, configura-se relação de emprego, contrato de trabalho (ou relação institucional de serviço público). Essa situação é excluída do conceito de serviço tributável, embora se integre no conceito amplo e genérico de serviço" (BARRETO, Aires F. Imposto sobre Serviços. In. SANTI, Eurico Marcos Diniz de (coord.). Curso de Direito tributário e finanças públicas. São Paulo: Saraiva, 2008, p. 1000)
- **Conceito jurídico de prestação de serviços.** "A partir dessas linhas gerais, e lícito assumir que os devedores de prestações de serviços são aqueles que se obrigam a realizar um ato, um esforço imaterial (intelectual ou não) em favor do credor que, em contrapartida ao esforço realizado, deve remunerar o prestador de serviços na forma avençada em contrato" (BERGAMINI, Adolpho. Curso de ISS. São Paulo: Editora Revista dos Tribunais, 2017, pag. 46)

Art. 6º Os Municípios e o Distrito Federal, mediante lei, poderão atribuir de modo expresso a responsabilidade pelo crédito tributário a terceira pessoa, vinculada ao fato gerador da respectiva obrigação, excluindo a responsabilidade do contribuinte ou atribuindo-a a este em caráter supletivo do cumprimento total ou parcial da referida obrigação, inclusive no que se refere à multa e aos acréscimos legais.

§ 1º Os responsáveis a que se refere este artigo estão obrigados ao recolhimento integral do imposto devido, multa e acréscimos legais, independentemente de ter sido efetuada sua retenção na fonte.

§ 2º Sem prejuízo do disposto no caput e no § 1º deste artigo, são responsáveis: (Vide Lei Complementar nº 123, de 2006).

I – o tomador ou intermediário de serviço proveniente do exterior do País ou cuja prestação se tenha iniciado no exterior do País;

II – a pessoa jurídica, ainda que imune ou isenta, tomadora ou intermediária dos serviços descritos nos subitens 3.05, 7.02, 7.04, 7.05, 7.09, 7.10, 7.12, 7.14, 7.15, 7.16, 7.17, 7.19, 11.02, 17.05 e 17.10 da lista anexa.

III – a pessoa jurídica tomadora ou intermediária de serviços, ainda que imune ou isenta, na hipótese prevista no § 4º do art. 3º desta Lei Complementar. (Incluído pela Lei Complementar nº 157, de 2016)

IV – as pessoas referidas nos incisos II ou III do § 9º do art. 3º desta Lei Complementar, pelo imposto devido pelas pessoas a que se refere o inciso I do mesmo parágrafo, em decorrência dos serviços prestados na forma do subitem 15.01 da lista de serviços anexa a esta Lei Complementar. (Incluído pela Lei Complementar nº 175, de 2020)

§ 3º (Revogado). (Redação dada pela Lei Complementar nº 175, de 2020)

§ 4º No caso dos serviços prestados pelas administradoras de cartão de crédito e débito, descritos no subitem 15.01, os terminais eletrônicos ou as máquinas das operações efetivadas deverão ser registrados no local do domicílio do tomador do serviço. (Incluído pela Lei Complementar nº 157, de 2016)

- **Responsabilidade tributária - Retenção.** "Em síntese, não há amparo no sistema para a instituição, pelo Município, de responsabilidade por retenção do ISS na fonte, em relação a tomadores de serviços nele localizados, cuja prestação tenha ocorrido em Município diverso (muito embora os seus prestadores estejam estabelecidos naquele) ou em relação a serviços ali prestados, estando seus tomadores localizados fora desse Município" (BARRETO,Aires F. Imposto sobre serviços. In. Curso de direito Tributário e Finanças Públicas. Eurico Marcos Diniz de Santi (org.), São Paulo: Saraiva, 2008, p. 1009).

- **Substituição tributária no ISS.** "Três são, no nosso pensar, as exigências básica que o sistema jurídico impõe para a instituição de substituição tributária: a) observância ao princípio da estrita legalidade; b) aplicar ao substituto o regime jurídico tributário que caberia ao substituído; c) o substituto deve estar vinculado à realização do fato jurídico tributário do substituído" (BAPTISTA, Marcelo Caron. A norma tributária do Imposto sobre Serviços - ISS ênfase no consequente normativo. In. Curso de direito Tributário e Finanças Públicas. Eurico Marcos Diniz de Santi (org.), São Paulo: Saraiva, 2008, p. 1041/1042)

- **Substituição tributária no ISS.** Apelação cível - Embargos à execução fiscal - ISSQN de janeiro de 2003 a janeiro de 2004 - Sentença que acolheu os embargos à execução fiscal reconhecendo a imunidade do SESI - Não cabimento. 1) Imunidade que não se estende a imposto sobre serviços tomados de terceiros e não se aplica às hipóteses de responsabilidade ou substituição tributária, conforme entendimento do C. STF - Substituição tributária expressamente prevista em Lei Municipal - Inteligência do art. 128 do CTN - Inocorrência de ofensa aos princípios da anterioridade anual e nonagesimal. 2) Alegação de nulidade do processo administrativo e da CDA afastada. 3) ISS cobrado com base no Decreto-lei nº 406/68 - Competência do Município onde ocorreu o fato gerador - Relativização do art. 12, "a", do Decreto-lei nº 406/68 - Sentença reformada - Recurso provido. (TJSP; Apelação 0017992-29.2010.8.26.0032; Relator (a): Eutálio Porto; Órgão Julgador: 15ª Câmara de Direito Público; Foro de Araçatuba - Vara da Fazenda Pública; Data do Julgamento: 01/03/2018; Data de Registro: 06/03/2018)

- **Responsabilidade tributária depende de lei complementar nacional e lei local.** "Nessa linha de raciocínio, o dever de reter o imposto, por parte de tomadores de serviços tributáveis pelo ISS, está condicionado à prévia previsão em lei complementar específica. Somente assim pode ser válida a instituição pelos Municípios, de retenção do ISS na fonte. A lei municipal, de per si, é insuficiente para a criação de responsabilidade por retenção". (BARRETO, Aires F. Curso de Direito Tributário municipal. São Paulo: Saraiva, 2009, p. 148)

- **Conflito de competência em matéria de responsabilidade.** "Não há amparo no sistema para a instituição, pelo Município, de responsabilidade por retenção do ISS na fonte, em relação a tomadores de serviços nele localizados, cuja prestação tenha ocorrido em Município diverso (muito embora os seus prestadores estejam estabelecidos naquele), ou em relação a serviços ali prestados estando seus tomadores localizados fora desse Município". (BARRETO, Aires F. Curso de Direito Tributário municipal. São Paulo: Saraiva, 2009, p. 154)

- **Responsável tributário x substituto tributário.** "Independente das numerosas posições a respeito dessa questão, entendemos que o responsável tributário é pessoa completamente distinta do sujeito passivo e, por decorrência, diferente, também do substituto" (BAPTISTA, Marcelo Caron. A norma tributária do Imposto sobre Serviços – ISS ênfase no consequente normativo. In. Curso de direito Tributário e Finanças Públicas. Eurico Marcos Diniz de Santi (org.), São Paulo: Saraiva, 2008, p. 1043)

- **Contribuinte de direito x contribuinte de fato no ISSQN.** "TRIBUTÁRIO. RECURSO ESPECIAL REPRESENTATIVO DE CONTROVÉRSIA. ART. 543-C DO CPC E RESOLUÇÃO STJ N. 8/2008. PRESTADOR DE SERVIÇO. PIS E COFINS. INCLUSÃO DO ISSQN NO CONCEITO DE RECEITA OU FATURAMENTO. POSSIBILIDADE. INEXISTÊNCIA DE VIOLAÇÃO DOS ARTS. 109 E 110 DO CTN.(...) Admitir essa tese seria o mesmo que considerar o consumidor como sujeito passivo de direito do tributo (contribuinte de direito) e a sociedade empresária, por sua vez, apenas uma simples espécie de "substituto tributário", cuja responsabilidade consistiria unicamente em recolher aos cofres públicos a exação devida por terceiro, no caso o consumidor. Não é isso que se tem sob o ponto de vista jurídico, pois o consumidor não é contribuinte (sujeito passivo de direito da relação jurídico-tributária). O consumidor acaba suportando o valor do tributo em razão de uma política do sistema tributário nacional que permite a repercussão do ônus tributário ao beneficiário do serviço, e não porque aquele (consumidor) figura no polo passivo da relação jurídico-tributária como sujeito passivo de direito. A hipótese dos autos não se confunde com aquela em que se tem a chamada responsabilidade tributária por substituição, em que determinada entidade, por força de lei, figura no polo passivo de uma relação jurídico-tributária obrigacional, cuja prestação (o dever) consiste em reter o tributo devido pelo substituído para, posteriormente, repassar a quantia correspondente aos cofres públicos. Se fosse essa a hipótese (substituição tributária), é certo que a quantia recebida pelo contribuinte do PIS e da COFINS a título de ISSQN não integraria o conceito de faturamento. No mesmo sentido se o ônus referente ao ISSQN não fosse transferido ao consumidor do serviço. Nesse caso, não haveria dúvida de que o valor referente ao ISSQN não corresponderia a receita ou faturamento, já que faticamente suportado pelo contribuinte de direito, qual seja, o prestador do serviço. Inexistência, portanto, de ofensa aos arts. 109 e 110 do CTN, na medida em que a consideração do valor correspondente ao ISSQN na base de cálculo do PIS e da COFINS não desnatura a definição de receita ou faturamento para fins de incidência de referidas contribuições. (REsp 1330737/SP, Rel. Ministro OG FERNANDES, PRIMEIRA SEÇÃO, julgado em 10/06/2015, DJe 14/04/2016)

- **Previsão do §2º do art. 6º da LC 116/2003.** "...entendemos tratar-se não de regra de responsabilidade mas de substituição tributária, pois, ante a ausência de qualquer explicação, não diz respeito a responsabilidade de terceiro para a hipótese de não-pagamento do ISS pelo prestador do serviço. Ao contrário, prescreve imputação ao tomador ou intermediário do dever de pagar o imposto desde o momento da ocorrência do fato jurídico tributário" (BAPTISTA, Marcelo Caron. A norma tributária do Imposto sobre Serviços – ISS ênfase no consequente normativo. In. Curso de direito Tributário e Finanças Públicas. Eurico Marcos Diniz de Santi (org.), São Paulo: Saraiva, 2008, p. 1046)

- **Responsabilidade tributária.** "...não poderá o município deixar de colher o prestador do serviço, como sujeito passivo do ISS, para, discricionária e arbitrariamente, eleger outra pessoa, por simples comodidade ou por qualquer outro motivo da espécie, como facilidade de arrecadar (...) É a pessoa que tem sua capacidade contributiva (art. 145, §1º) revelada pela produção ou realização do fato tributável, do fato signo presuntivo de riqueza que deve – ex vi Constituição – ser onerado". (BARRETO, Aires F. Curso de Direito Tributário municipal. São Paulo: Saraiva, 2009, p. 139)

▶ **Limites ao legislador municipal.** "O limite do legislador assume, assim, caracteres de nitidez: há uma relação jurídica pertinente, relativa ao fato descrito na hipótese de incidência? Quando a resposta for afirmativa, pode o legislador nomear todas as pessoas que se encontrem nessas condições, para o fim de colocá-las, erigi-las como sujeitos passivos indiretos. Negativa a resposta, vedado estará ao legislador escolher quaisquer pessoas despidas de vínculo com o destinatário legal tributário". (BARRETO, Aires F. Curso de Direito Tributário municipal. São Paulo: Saraiva, 2009, p. 142) **Neste mesmo sentido:** "Desse modo, os limites que o legislador, em face da Constituição, deve respeitar para a criação de responsabilidade decorrem de o responsável assim considerado: a) ser partícipe do ato, do negócio jurídico, ou, especificamente, do fato prestação de serviço, e; b) manter com o contribuinte uma relação de administração". (BARRETO, Aires F. Curso de Direito Tributário municipal. São Paulo: Saraiva, 2009, p. 143/144)

▶ **Necessidade de previsão legal.** "A obediência ao princípio da estrita legalidade exige a existência de lei prevendo expressamente a responsabilidade tributária do ISS. Somente lei ordinária específica (lei do Município competente) pode prever (após eleição dos responsáveis) retenção do imposto na fonte". (BARRETO, Aires F. Curso de Direito Tributário municipal. São Paulo: Saraiva, 2009, p. 145)

Art. 7º A base de cálculo do imposto é o preço do serviço.

§ 1º Quando os serviços descritos pelo subitem 3.04 da lista anexa forem prestados no território de mais de um Município, a base de cálculo será proporcional, conforme o caso, à extensão da ferrovia, rodovia, dutos e condutos de qualquer natureza, cabos de qualquer natureza, ou ao número de postes, existentes em cada Município.

§ 2º Não se incluem na base de cálculo do Imposto Sobre Serviços de Qualquer Natureza:

I – o valor dos materiais fornecidos pelo prestador dos serviços previstos nos itens 7.02 e 7.05 da lista de serviços anexa a esta Lei Complementar;

II – (VETADO)

§ 3º (VETADO)

▶ **ISS como tributo cumulativo.** "O ISS não é um tributo não cumulativo. Pelo contrário, e essencialmente cumulativo, o que quer dizer que, em uma determinada cadeia de serviços, ele se agregará ao custo do serviço apurado pelo prestador que adquiriu um serviço para dar cabo de sua própria prestação. Isso acontecerá ao longo de todas as etapas da referida cadeia de serviços, ate o consumidor final". (BERGAMINI, Adolpho. Curso de ISS. São Paulo: Editora Revista dos Tribunais, 2017, pag. 33)

⊙ **ISSQN e repetição de indébito. ISSQN como tributo direto ou indireto, a depender do caso concreto.** "(...) O ISS é espécie tributária que admite a sua dicotomização como tributo direto ou indireto, consoante o caso concreto. 2. A pretensão repetitória de valores indevidamente recolhidos a título de ISS incidente sobre a locação de bens móveis (cilindros, máquinas e equipamentos utilizados para acondicionamento dos gases vendidos), hipótese em que o tributo assume natureza indireta, reclama da parte autora a prova da não repercussão, ou, na hipótese de ter a mesma transferido o encargo a terceiro, de estar autorizada por este a recebê-los, o que não ocorreu in casu, consoante dessume-se do seguinte excerto da sentença, in verbis: "Com efeito, embora pudesse o autor ter efetuado a prova necessária, que lhe foi facultada, deixou de demonstrar que absorveu o impacto financeiro decorrente do pagamento indevido do ISS sobre a operação de locação de móveis, ou que está autorizado a demandar em nome de quem o fez. Omitiu prova de que tenha deixado de repassar o encargo aos seus clientes ou que tenha autorização destes para buscar a repetição, conforme exigência expressa inscrita no art. 166 do CTN." (REsp 1131476/RS, Rel. Ministro LUIZ FUX, PRIMEIRA SEÇÃO, julgado em 09/12/2009, DJe 01/02/2010). **No mesmo sentido**: AgRg no REsp 1225188/PR, Rel. Ministro SÉRGIO KUKINA, PRIMEIRA TURMA, Julgado em 10/11/2015,DJE 23/11/2015; AgRg no AREsp 159508/PR, Rel. Ministra ASSUSETE MAGALHÃES, SEGUNDA TURMA, Julgado em 27/10/2015,DJE 20/11/2015; EDcl nos EDcl nos EDcl no AgRg no AREsp 404249/SC, Rel. Ministro MAURO CAMPBELL MARQUES, SEGUNDA TURMA, Julgado em 03/06/2014,DJE 09/06/2014; AgRg nos EDcl no REsp 1094268/RJ, Rel. Ministro NAPOLEÃO NUNES MAIA FILHO, PRIMEIRA TURMA, Julgado em 12/11/2013,DJE 09/12/2013; AgRg no AREsp 398896/PR, Rel. Ministro HERMAN BENJAMIN, SEGUNDA TURMA, Julgado em 22/10/2013,DJE 05/12/2013; REsp 1131476/RS, Rel. Ministro LUIZ FUX, PRIMEIRA SEÇÃO, Julgado em 09/12/2009,DJE 01/02/2010. TRIBUTÁRIO E PROCESSUAL CIVIL. VIOLAÇÃO DO ART. 535 DO CPC/1973 "Cinge-se a controvérsia a definir se a recorrente encontra-se legitimada a pedir a repetição do indébito tributário do ISS, nos termos do art. 166 do CTN. O STJ pacificou entendimento, em recurso repetitivo, de que o ISS pode ser caracterizado como tributo direto ou indireto. Nessa última hipótese, a legitimidade para pleitear a repetição do indébito depende de prova de que o sujeito passivo tributário assumiu o encargo financeiro ou, no caso de tê-lo transferido a terceiro, de que se encontra por este expressamente autorizado a recebê-la (art. 166 do CTN) (REsp 1.131.476/RS, Rel. Ministro Luiz Fux, Primeira Seção, DJe 1º/2/2010)" (REsp 1661530/SP, Rel. Ministro HERMAN BENJAMIN, SEGUNDA TURMA, julgado em 18/04/2017, DJe 02/05/2017)

- **Arbitramento no ISSQN.** "...no caso do ISS, o arbitramento válido supõe: a) a categórica comprovação que teria havido prestação de serviços no tempo e espaço considerados; b) a demonstração de que todos os dados, elementos ou valores informados pelo contribuinte são omissos ou não merecem fé; c) a comprovação de que o contribuinte foi recalcitrante, negando-se a atender as solicitações do Fisco; d) que a autoridade administrativa explicite, clara e minudentemente, os critérios – que haverão de ser pertinentes – utilizados para proceder ao arbitramento; e) o cabal esclarecimento do porque dos valores arbitrados, quantitativamente". (BARRETO, Aires F. Curso de Direito Tributário municipal. São Paulo: Saraiva, 2009, p. 157)

- **Pauta fiscal.** AGRAVO DE INSTRUMENTO – Ação declaratória de inexigibilidade de débito fiscal – ISS – Construção civil – Cálculo com base em pauta fiscal – Ilegalidade – Hipótese excepcional não contemplada – Infração ao art. 7º da LC nº 116/03 – RECURSO PROVIDO. (TJSP; Agravo de Instrumento 2132903-72.2017.8.26.0000; Relator (a): Henrique Harris Júnior; Órgão Julgador: 14ª Câmara de Direito Público; Foro de Campinas – 2ª. Vara da Fazenda Pública; Data do Julgamento: 22/02/2018; Data de Registro: 02/03/2018)

- **Valores gastos com a prestação do serviço.** "Mesmo sendo certo que não se pode confundir preço da prestação (base de cálculo do ISS) com preço do serviço (preço da prestação + valores gastos com a prestação), há que se levar em consideração os casos em que o prestador cobra do tomador um valor global pela sua atividade, sem distinguir o que se refere ao preço da mão de obra e o que se refere a outros gastos por ele incorridos" (BAPTISTA, Marcelo Caron. A norma tributária do Imposto sobre Serviços - ISS ênfase no consequente normativo. In. Curso de direito Tributário e Finanças Públicas. Eurico Marcos Diniz de Santi (org.), São Paulo: Saraiva, 2008, p. 1048)

- ⊙ **Reembolso de despesas dos clientes adiantado pelo prestador de serviço. Não integra base de cálculo do ISSQN.** "Não integram a base de cálculo do imposto os reembolsos de despesas dos clientes, adiantados pelo prestador do serviço, tais como os valores constantes de Notas Fiscais de Serviços prestados por terceiros, emitidas em nome dos clientes. CCM/RJ, RV nº 1.682, Rel. Conselheira Lucia Rosa, Acórdão 7.475, julgado em 10 de outubro de 2002.

- ⊙ **Despesas necessárias à prestação de serviço não relativas à atividade-fim do prestador. Exclusão da base de cálculo do ISSQN.** Consoante a jurisprudência do Superior Tribunal de Justiça as despesas necessárias à prestação de serviço que não importem na atividade-fim do prestador são excluídas da base de cálculo do tributo. Precedentes. Hipótese em que o transportador efetua despesas em nome dos tomadores do serviço, que serão posteriormente reembolsadas. Dedução da base de cálculo do ISS (AgRg no AREsp 90.001/SP, Rel. Ministra ASSUSETE MAGALHÃES, SEGUNDA TURMA, julgado em 28/04/2015, DJe 08/05/2015).

- ⊙ **Despesas de viagem, alimentação dos empregados.** A base de cálculo do ISS é o preço do serviço, consoante disposto no art. 9º, caput, do Decreto-Lei nº 406/68. Destarte, o preço do serviço é a contraprestação que o tomador ou usuário do serviço deve pagar diretamente ao prestador, vale dizer, o valor a que o prestador faz jus, pelos serviços que presta. Consectariamente, as despesas realizadas com viagens, alimentação e estada de funcionários, para prestação do serviço em localidade diversa do estabelecimento do prestador, ostentam natureza indenizatória em virtude do repasse ao contratante para posterior reembolso, não integrando a remuneração pelo serviço prestado, porquanto não realizadas em favor de quem as efetuou. É cediço na jurisprudência da Corte que somente os gastos com a própria atividade são objeto de tributação pelo ISS, não podendo ser deduzidos para a apuração do resultado, sob pena de o preço do serviço deixar de ser a receita bruta a ele correspondente. Outrossim, não podem ser considerados como referidos valores os recebidos de outrem para adimplir obrigações (não do prestador) de terceiro, cujo negócio é por aquele administrado, sob pena de não se distinguir o conceito de despesa com o de custo da prestação do serviço, e de valores pertencentes a terceiros. (REsp 788.594/MG, Rel. Ministro LUIZ FUX, PRIMEIRA TURMA, julgado em 06/02/2007, DJ 08/03/2007, p. 167)

▶ **Prestação de serviço para empresa do mesmo grupo econômico e nos contratos 'cost-sharing'.** "Embora as sociedades agrupadas mantenham distintas personalidades jurídicas, tanto para fins societários como tributários, o fato é que a colaboração entre elas é marcante, restando dúvida quanto à incidência do ISS em relação a atividades desenvolvidas por uma em benefício da outra" (BAPTISTA, Marcelo Caron. A norma tributária do Imposto sobre Serviços - ISS ênfase no consequente normativo. In. Curso de direito Tributário e Finanças Públicas. Eurico Marcos Diniz de Santi (org.), São Paulo: Saraiva, 2008, p. 1050)

Neste mesmo sentido: "A mera recuperação de custos e despesas entre empresas de um mesmo grupo econômico, sem qualquer adição de margem de lucro, não se sujeita à incidência do ISS" (GALHARDO, Luciana Rosanova. Rateio de despesas no direito tributário. São Paulo: Quartier Latins, 2004, p. 150)

- **Cálculo do ISS por dentro.** "Mas, a despeito de a regra do cálculo por dentro não estar expressamente prevista no corpo da LC 116/2003, fato é que a metodologia se aplica ao imposto de todo e qualquer município, mesmo aqueles que não contam com disposições semelhantes àquelas do mencionado artigo 14, §4º da Lei Paulistana 13.701/03" (BERGAMINI, Adolpho. Curso de ISS. São Paulo: Editora Revista dos Tribunais, 2017, p. 156)

- **Cálculo do ISS e o ICMS.** "A Constituição Federal de 1988 somente veda expressamente a inclusão de um imposto na base de cálculo de um outro no art. 155, §2º, XI, ao tratar do ICMS, quanto estabelece que este tributo: "XI – não compreenderá, em sua base de cálculo, o montante do imposto sobre produtos industrializados, quando a operação, realizada entre contribuintes e relativa a produto destinado à industrialização ou à comercialização, configure fato gerador dos dois impostos". A contrario sensu é permitida a incidência de tributo sobre tributo nos casos diversos daquele estabelecido na exceção, já tendo sido reconhecida jurisprudencialmente, entre outros casos, a incidência: 2.1. Do ICMS sobre o próprio ICMS: repercussão geral no RE n. 582.461 / SP, STF, Tribunal Pleno, Rel. Min. Gilmar Mendes, julgado em 18.05.2011. (...) Desse modo, o ordenamento jurídico pátrio comporta, em regra, a incidência de tributos sobre o valor a ser pago a título de outros tributos ou do mesmo tributo. Ou seja, é legítima a incidência de tributo sobre tributo ou imposto sobre imposto, salvo determinação constitucional ou legal expressa em sentido contrário, não havendo aí qualquer violação, a priori, ao princípio da capacidade contributiva. Consoante o disposto no art. 12 e §1º, do Decreto-Lei n. 1.598/77, o ISSQN e o ICMS devidos pela empresa prestadora de serviços na condição de contribuinte de direito fazem parte de sua receita bruta e, quando dela excluídos, a nova rubrica que se tem é a receita líquida." (REsp 1144469/PR, Rel. Ministro Napoleão Nunes Maia Filho, Rel. p/ Acórdão Ministro Mauro Campbell Marques, Primeira Seção, julgado em 10/08/2016, DJe 02/12/2016)

- **Descontos concedidos pelo prestador.** "O desconto, em tal hipótese, equipara-se a uma doação do prestador ao tomador que não pode afetar o conteúdo econômico daquele fato tributário que já foi consolidado pelo Direito" (BAPTISTA, Marcelo Caron. A norma tributária do Imposto sobre Serviços – ISS ênfase no consequente normativo. In. Curso de direito Tributário e Finanças Públicas. Eurico Marcos Diniz de Santi (org.), São Paulo: Saraiva, 2008, p. 1055)

  - **Descontos incondicionais não compõem a base de cálculo do ISSQN.** "Descontos no preço do serviço que forem feitos de forma incondicionada, sem qualquer condição, serão válidos. O preço do serviço será, portanto, o valor cobrado já com o desconto. Se não for comprovado que a dedução foi incondicionada, mas decorreu de uma certa condição, o fisco poderá cobrar a diferença do ISS. (MARTINS, Sérgio Pinto, Manual do Imposto sobre Serviços; 7ª edição, São Paulo, Atlas, 2006, p. 82 e 83). Recurso especial conhecido e parcialmente provido para reconhecer que os descontos incondicionados concedidos em nota fiscal não integram a base de cálculo do ISS." (REsp 7015165/BA, Rel. Ministra Denise Arruda, Primeira Turma, julgado em 17/11/2009, *DJe* 09/12/2009). **No mesmo sentido:** Solução de consulta SF/DEJUG nº 27, de 22 de maio de 2013. ISS. Valores concedidos a título de bolsa de estudo – PROUNI. Descontos Incondicionais. Dedução da base de cálculo.

- **Inconstitucionalidade o ISS fixo.** "Destaque-se, por fim, talvez a maior das inconstitucionalidades em exame, a ofensa ao princípio da igualdade e ao decorrente princípio da isonomia tributária (...) na medida em que privilegia um rol limitado de prestadores de serviços, sem qualquer justificativa juridicamente relevante..." (BAPTISTA, Marcelo Caron. A norma tributária do Imposto sobre Serviços – ISS ênfase no consequente normativo. In. Curso de direito Tributário e Finanças Públicas. Eurico Marcos Diniz de Santi (org.), São Paulo: Saraiva, 2008, p. 1061)

- **Diferença de receita e ingresso.** "Considerando que a base de cálculo do ISS é o preço do serviço, assim entendida a receita bruta a ele correspondente, para que não se incorra em erro é preciso explicitar o que vem a ser receita. (...) as receitas são entradas que modificam o patrimônio da empresa, incrementando-o. Os ingressos envolvem tanto as receitas quanto as somas pertencentes a terceiros (valores que integram o patrimônio de outrem); são aqueles valores que não importam modificação no patrimônio de quem os recebe, porém, mero trânsito para posterior entrega a quem pertencerem" (BARRETO, Aires F. Curso de Direito Tributário municipal. São Paulo: Saraiva, 2009, p. 369/370)

  - **ISSQN integra o conceito de receita bruta, de modo que não pode ser dedutível da base de cálculo do PIS e da COFINS.** (REsp 1.330.737 – SP, Primeira Seção, Rel. Min. Og Fernandes, julgado em 10.06.2015).

- **Valores que não se incluem no preço do serviço.** "Examinando a questão do prisma positivo, tem-se que a base de cálculo do ISS é o preço do serviço, nele (preço) incluído tudo o que for pago pelo tomador (destinatário utente, usuário) ao prestador, desde que provenha da prestação de serviços. (...) vista de ângulo negativo, tem-se que a base de cálculo do ISS não pode incluir valores a) que decorram de negócios outros, inconfundíveis com a prestação de serviços e, b) que, embora relacionados com a prestação de serviços, não expressam, eles mesmos, receitas do prestador" (BARRETO, Aires F. Curso de Direito Tributário municipal. São Paulo: Saraiva, 2009, p. 380)

- **base de cálculo do serviço de software.** "O preço do serviço (base de cálculo) será sempre e tão só o valor percebido a título de cessão de uso, sem incluir o valor da produção. O preço do serviço será apenas o valor estipulado para a cessão. Nada mais. Incluir qualquer outra importância implica tributar a produção (que é intributável) e não a cessão de direitos de uso. Registre-se, ao final, que as importâncias relativas à produção, ainda que ingressem no caixa do cedente, representam ingressos financeiros, valores pertencentes a terceiros (ao produtor do software) e, não receita do prestador (distribuidor da cessão de direitos)" (BARRETO, Aires F. Curso de Direito Tributário municipal. São Paulo: Saraiva, 2009, p. 397)

- **Base de cálculo do serviço de cessão de mão de obra temporária.** "Não hipótese específica, os valores correspondentes à paga de salários e de encargos sociais dos trabalhadores temporários, são receitas destes e não da empresa prestadora. Incluir tais valores (salários e encargos) na base de cálculo do ISS é ferir a capacidade contributiva e onerar valores não relacionados ao fato gerador da obrigação tributária do imposto municipal" (MORAES, Bernardo Ribeiro de. ISSQN – Fornecimento de mão-de-obra temporária – base de cálculo. Revista Dialética de Direito Tributário, n. 60, set. 2000, p. 35)

- **Súmula 524 do STJ:** "No tocante à base de cálculo, o ISSQN incide apenas sobre a taxa de agenciamento quando o serviço prestado por sociedade empresária de trabalho temporário for de intermediação, devendo, entretanto, englobar também os valores dos salários e encargos sociais dos trabalhadores por ela contratados nas hipóteses de fornecimento de mão de obra". **No mesmo sentido:** "As empresas agenciadoras de mão-de-obra temporária devem recolher ISS tão somente sobre o preço da taxa de comissão, quando se trata de mera intermediação. Precedentes. 3. Agravo regimental não provido" (AgRg no AREsp 25.600/DF, Rel. Ministro CASTRO MEIRA, SEGUNDA TURMA, julgado em 12/06/2012).
- **Entendimento consolidado no STJ:** "A base de cálculo do ISS é o preço do serviço, consoante disposto no artigo 9º, caput, do Decreto-Lei 406/68. As empresas de mão-de-obra temporária podem encartar-se em duas situações, em razão da natureza dos serviços prestados: (i) como intermediária entre o contratante da mão-de-obra e o terceiro que é colocado no mercado de trabalho; (ii) como prestadora do próprio serviço, utilizando de empregados a ela vinculados mediante contrato de trabalho. A intermediação implica o preço do serviço que é a comissão, base de cálculo do fato gerador consistente nessas "intermediações". O ISS incide, nessa hipótese, apenas sobre a taxa de agenciamento, que é o preço do serviço pago ao agenciador, sua comissão e sua receita, excluídas as importâncias voltadas para o pagamento dos salários e encargos sociais dos trabalhadores. Distinção de valores pertencentes a terceiros (os empregados) e despesas com a prestação. Distinção necessária entre receita e entrada para fins financeiro-tributários A exclusão da despesa consistente na remuneração de empregados e respectivos encargos da base de cálculo do ISS, impõe perquirir a natureza das atividades desenvolvidas pela empresa prestadora de serviços. Isto porque as empresas agenciadoras de mão-de-obra, em que o agenciador atua para o encontro das partes, quais sejam, o contratante da mão-de-obra e o trabalhador, que é recrutado pela prestadora na estrita medida das necessidades dos clientes, dos serviços que a eles prestam, e ainda, segundo as especificações deles recebidas, caracterizam-se pelo exercício de intermediação, sendo essa a sua atividade-fim. Acórdão submetido ao regime do art. 543-C do CPC e da Resolução STJ 08/2008. (REsp 1138205/PR, Rel. Ministro LUIZ FUX, PRIMEIRA SEÇÃO, julgado em 09/12/2009, DJe 01/02/2010) **Nesse sentido:** "Quanto à incidência de ISSQN na intermediação de mão de obra, cabe destacar que a orientação deste Tribunal Superior a respeito de tema análogo ao dos autos, firmada sob o rito dos recursos repetitivos, é no sentido de que ora tal tributo deve incidir somente sobre a taxa de administração, ora sobre referido valor, acrescido do valor da mão de obra (REsp 1.138.205/PR, Rel. Ministro Luiz Fux, Primeira Seção, DJe 1º/2/2010). Nesse precedente, ficou assentado que "as empresas de mão de obra temporária podem encartar-se em duas situações, em razão da natureza dos serviços prestados: (i) como intermediária entre o contratante da mão de obra e o terceiro que é colocado no mercado de trabalho; (ii) como prestadora do próprio serviço, utilizando de empregados a ela vinculados mediante contrato de trabalho". Na primeira situação, o ISS incide "apenas sobre a taxa de agenciamento, que é o preço do serviço pago ao agenciador, sua comissão e sua receita, excluídas as importâncias voltadas para o pagamento dos salários e encargos sociais dos trabalhadores". Na segunda situação, "se a atividade de prestação de serviço de mão de obra temporária é prestada

através de pessoal contratado pelas empresas de recrutamento, resta afastada a figura da intermediação, considerando-se a mão de obra empregada na prestação do serviço contratado como custo do serviço, despesa não dedutível da base de cálculo do ISS". Consoante consignado naquele recurso especial repetitivo, para "o enquadramento legal tributário faz mister o exame das circunstâncias fáticas do trabalho prestado, delineadas pela instância ordinária, para que se possa concluir pela forma de tributação". (REsp 1386402/ES, Rel. Ministro OG FERNANDES, SEGUNDA TURMA, julgado em 03/08/2017, DJe 09/08/2017)

- **Base de cálculo do leasing.** "Exigir o ISS sobre o valor do bem objeto do arrendamento mercantil é pretender que o ISS posa incidir sobre bens objeto de mercancia. É evidente que, no caso, não se tem material. Fosse bem material, poder-se-ia entender caber ISS. Mas, no caso, não se há falar em material, mas em bem objeto de compra e venda, vale dizer, de uma das modalidades de incidência do ICMS" (BARRETO, Aires F. Curso de Direito Tributário municipal. São Paulo: Saraiva, 2009, p. 402/403)

- **Base de cálculo de planos de saúde.** "Em suma, é induvidosa a não-inclusão na base de cálculo do ISS do valor dos pagamentos efetuados a terceiros prestadores de serviços, tais como, além de outros, hospitais, médicos, odontólogos, laboratórios de análises, de patologia, de eletricidade médica. Ambulatórios, prontos-socorros, casas de saúde e de recuperação, bancos de sangue, de pele, de olhos" (BARRETO, Aires F. Curso de Direito Tributário municipal. São Paulo: Saraiva, 2009, p. 409)

  - **Plano de saúde. Base de cálculo é preço pago pelos consumidores, excluindo os repasses feitos pela contribuinte aos demais prestadores de serviços de saúde.** "(...) A Segunda Turma ratificou jurisprudência de que a base de cálculo do ISS sobre planos de saúde é o preço pago pelos consumidores, diminuído dos repasses feitos pela contribuinte aos demais prestadores de serviços de saúde (hospitais, clínicas, laboratórios, médicos etc.). STJ. REsp 1237312/SP, Rel. Ministro HERMAN BENJAMIN, SEGUNDA TURMA, julgado em 20/1 0/2011, DJe 24/10/2011. **No mesmo sentido**: "ISSQN - Revisão do lançamento - TVF/AITI - Sociedade civil sem fins lucrativos - Administração e manutenção de planos assistenciais à saúde - Base de cálculo - Dedução dos valores repassados aos médicos, hospitais, clínicas e congêneres indevidamente incluídos x ocorrência do bis in idem - Reforma parcial da decisão recorrida". CART/BH, 3ª Câmara, Rel. Rafhael Frattari, Acórdão 8.422, 11/07/2009. **No mesmo sentido**: "Por tal razão, o valor repassado aos profissionais credenciados deve ser excluído da base de cálculo do tributo devido pela empresa gestora" (STJ - AgRg no AREsp 218.161/MG, Rel. Ministro BENEDITO GONÇALVES, PRIMEIRA TURMA, julgado em 15/08/2013, DJe 26/08/2013)

- **Base de cálculo da construção civil.** "Se a prestação de serviço é só uma, se o fato é um só, a base também haverá de ser uma, ainda que seja vários os prestadores de serviços. Em decorrência, tributada ou não, as subempreitadas, quaisquer que sejam não podem integrar a base de cálculo dos que assumiram a empreitada" (BARRETO, Aires F. Curso de Direito Tributário municipal. São Paulo: Saraiva, 2009, p. 413)

  - **O custo dos materiais empregados na construção civil pode ser deduzido da base de cálculo do Imposto sobre Serviços.** Na forma da jurisprudência, "Após o julgamento do RE nº 603.497, MG, a jurisprudência do Tribunal passou a seguir o entendimento do Supremo Tribunal Federal quanto à legalidade da dedução do custo dos materiais empregados na construção civil da base de cálculo do imposto sobre serviços, incluído o serviço de concretagem. Agravo regimental desprovido (AgRg no AREsp 409.812/ES, Rel. Ministro Ari Pargendler, Primeira Turma, DJe 11/04/2014). Precedentes: AgRg no REsp 1.370.927/MG, Rel. Ministro Arnaldo Esteves Lima, Primeira Turma, DJe 12/09/2013; EDcl no AgRg no REsp 1.189.255/RS, Rel. Ministro Napoleão Nunes Maia Filho, Primeira Turma, DJe 05/11/2013; AgRg no REsp 1.360.375/ES, Rel. Ministro Herman Benjamin, Segunda Turma, DJe 13/09/2013" (STJ, AgRg no AREsp 520.626/MG, Rel. Ministro Sérgio Kukina, Primeira Turma, DJe de 13/08/2014). AgRg no AREsp 664012/RJ, Rel. Ministra Assusete Magalhães, Segunda Turma, Julgado em 10/03/2016, DJE 17/03/2016. **No mesmo sentido:** "Nos contratos de construção firmados antes do "habite-se" a base de cálculo do imposto é o preço da construção deduzindo-se, proporcionalmente, o valor dos materiais aplicados. Recurso voluntário improvido. Decisão unânime". CCM/RJ, RV nº 11.096, Rel. Conselheira Vera Lúcia, Acórdão 11.685, julgado em 23 de setembro de 2010.

- **Neste mesmo sentido:** ISS – Município de Votuporanga – Ação declaratória de nulidade de lançamento tributário julgada procedente – Serviços de construção civil – Possibilidade da dedução da base de cálculo do valor dos materiais empregados na prestação de serviços de concretagem – Art. 7º, § 2º, I da LC 116/2003 – Precedente do STF em repercussão geral admitindo o desconto – Recurso não provido. (TJSP; Apelação 0005932-29.2014.8.26.0664; Relator (a): Erbetta Filho; Órgão Julgador: 15ª Câmara de Direito Público; Foro de Votuporanga – 5ª Vara Cível; Data do Julgamento: 15/03/2018; Data de Registro: 19/03/2018)

- **Em sentido contrário:** "A jurisprudência uniforme desta Corte é no sentido de que a base de cálculo do ISS é o custo integral do serviço, não sendo admitida a subtração dos valores correspondentes aos materiais utilizados e às subempreitadas" (Resp 926.339/SP, Rel. Min. Eliana Calmon, Segunda Turma, DJU de 11.05.07). "Não é dedutível da base de cálculo do ISS o fornecimento de materiais de terceiros, em conformidade com o que estabeleceu a Lei nº 2.080/1993. Recurso voluntário improvido. Decisão unânime. CCM/RJ, RV nº 9.926, Rel. Conselheiro Roberto Lira, Acórdão 10.835, julgado em 10 de março de 2009.

- **Não incidência do ICMS sobre os materiais utilizados na obra:** "As empresas de construção civil (em regra, contribuintes do ISS), ao adquirirem, em outros Estados, materiais a serem empregados como insumos nas obras que executam, não podem ser compelidas ao recolhimento de diferencial de alíquota de ICMS cobrada pelo Estado destinatário (...) É que as empresas de construção civil, quando adquirem bens necessários ao desenvolvimento de sua atividade-fim, não são contribuintes do ICMS. Consequentemente, "há de se qualificar a construção civil como atividade de pertinência exclusiva a serviços, pelo que 'as pessoas (naturais ou jurídicas) que promoverem a sua execução sujeitar-se-ão exclusivamente à incidência de ISS, em razão de que quaisquer bens necessários a essa atividade (como máquinas, equipamentos, ativo fixo, materiais, peças, etc.) não devem ser tipificados como mercadorias sujeitas a tributo estadual' (José Eduardo Soares de Melo, in 'Construção Civil – ISS ou ICMS?', in RDT 69, pg. 253, Malheiros)." (EREsp 149.946/MS). Recurso especial desprovido. Acórdão submetido ao regime do artigo 543-C, do CPC, e da Resolução STJ 08/2008. (REsp 1135489/AL, Rel. Ministro LUIZ FUX, PRIMEIRA SEÇÃO, julgado em 09/12/2009, DJe 01/02/2010)

- **Prestação do serviço com aplicação de materiais.** "O que quer dizer o dispositivo é que, regra geral, na hipótese de prestação de serviços com fornecimento de mercadorias, as receitas respectivas, auferidas pelo prestador, serão integralmente tributadas pelo ISS, inclusive os valores das mercadorias embutidas no preço do serviço prestado. As exceções a essa regra deverão constar expressamente da lista de serviços e, nesses casos, os valores das mercadorias serão tributados pelo ICMS, enquanto os valores relativos aos serviços, pelo ISS". (BERGAMINI, Adolpho. Curso de ISS. São Paulo: Editora Revista dos Tribunais, 2017, pag. 77)

- **Administração de imóveis.** "os valores pertinentes a alugueres, tributos e despesas de condomínio não podem ser calculados no computo do imposto". (MELO, José Eduardo Soares de; PAULSEN, Leandro. Impostos federais, estaduais e municipais. 6 ed. Porto Alegre: Livraria do Advogado, 2011, p. 340)

- **Advogados. Tese aprovada no Tema 918 de repercussão geral:** "É inconstitucional lei municipal que estabelece impeditivos à submissão de sociedades profissionais de advogados ao regime de tributação fixa em bases anuais na forma estabelecida por lei nacional." (RE 940769 - Tema 918)

- **Veto do inciso II, §2º do art. 7º.** "Inválido, destarte, ou pelo menos inócuo, o veto que apôs o Presidente da República ao inciso II do § 2º do art. 7º do projeto de lei submetido a sanção presidencial, tendo em vista que, com ou sem ele, quando se estiver diante dos exemplos formulados acima, a dedução se impõe, pena de afronta à Constituição e à própria estrutura do imposto" (BARRETO, Aires F. Curso de Direito Tributário municipal. São Paulo: Saraiva, 2009, p. 412)

- **Requisitos para caracterização do trabalho pessoal.** "Sintetizando, pois, o exposto, são quatro os requisitos de trabalho se subsumam na classe eleita para a tributação prevista no §3º do art. 9º, Decreto-Lei n. 406/68, que prevê a utilização de base de cálculo diversa do preço do serviço. É inafastável que: a) o serviço seja prestado em nome da sociedade, sob a forma de trabalho pessoal do próprio contribuinte; b) os sócios estejam (todos) devidamente habilitados para o exercício da mesma profissão (sociedades uniprofissionais) ou de profissões afins; c) a habilitação profissional dos integrantes da sociedade seja diretamente relacionada com o objeto da sociedade; d) a sociedade seja formada apenas por pessoas físicas" (BARRETO, Aires F. Curso de Direito Tributário municipal. São Paulo: Saraiva, 2009, p. 441)

- **Tema de Repercussão Geral 247:** *"O art. 9º, § 2º, do DL nº 406/1968 foi recepcionado pela ordem jurídica inaugurada pela Constituição de 1988".*

- **Não se enquadram como requisitos para caracterização do trabalho pessoal.** "Não podem prevalecer critérios outros que, equivocadamente, têm sido utilizados para desqualificar uma sociedade de profissionais. Não há que levar em conta a) o número de profissionais que integram a sociedade; b) a posição majoritária de um ou de alguns sócios; c) o fato de a sociedade possuir marca, logotipo ou nome fantasia; d) a circunstância de constituir-se de conformidade com a regulação das sociedades limitadas ou de distribuir lucros" (BARRETO, Aires F. Curso de Direito Tributário municipal. São Paulo: Saraiva, 2009, p. 441/442) **Neste mesmo sentido:** "Em outras palavras. A sociedade constituída por sócios de profissões legalmente regulamentadas, mesmo que sob a modalidade jurídica de sociedade limitada, não pode perder sua condição de sociedade uniprofissional, assim com alega a Fiscalização Municipal, ou seja, o critério distintivo entre a sociedade de profissionais e empresas é o da habilitação profissional, ausente esta, configurado estará o caráter empresarial". (BERGAMINI, Adolpho. Curso de ISS. São Paulo: Editora Revista dos Tribunais, 2017, pág. 180).

- **O benefício da alíquota fixa do Imposto sobre Serviços estabelecida no art. 9º, §§ 1º e 3º, do DL n. 406/68 somente é concedido às sociedades uni ou pluripessoais integradas por profissionais que atuam com responsabilidade pessoal e sem caráter empresarial.** "(...) A orientação da Primeira Seção/STJ pacificou-se no sentido de que o tratamento privilegiado previsto no art. 9º, §§ 1º e 3º, do Decreto-Lei 406/68 somente é aplicável às sociedades uniprofissionais que tenham por objeto a prestação de serviço especializado, com responsabilidade pessoal dos sócios e sem caráter empresarial. (AgInt no AREsp 860593/SE, Rel. Ministro MAURO CAMPBELL MARQUES, SEGUNDA TURMA, Julgado em 02/06/2016, DJE 08/06/2016). No mesmo sentido: A tributação fixa do ISS não alcança as sociedades constituídas sob a forma de responsabilidade limitada, em razão do caráter empresarial de que se reveste este tipo societário. "(...) 2. A tributação fixa do ISS, prevista no art. 9º, § 3º, do DL 406/1968, somente se aplica quando houver responsabilidade pessoal dos sócios e inexistir caráter empresarial na atividade realizada. 3. Na sociedade limitada, a responsabilidade de cada sócio é restrita ao valor de suas quotas (art. 1.052 do CC), o que afasta o benefício da tributação fixa. Precedentes do STJ. (EDcl no AREsp 773758/SP, Rel. Ministro HERMAN BENJAMIN, SEGUNDA TURMA, Julgado em 01/03/2016, DJE 19/05/2016). Repercussão geral reconhecida no Supremo Tribunal Federal sobre o regime de tributação fixa do ISSQN e as sociedades profissionais de advogados (RE 940769 – Tema 918).
- **Sociedades puramente empresariais.** Desta forma, ressalvado os modelos puramente empresariais, como ocorre com as espécies de sociedades anônimas e comandita por ações, não é relevante para a concessão do regime tributário diferenciado a espécie empresarial adotada pela pessoa jurídica, pois como no caso concreto ora analisado, pode haver sociedades limitadas que não são empresárias, conforme preveem expressamente os artigos 982 e 983 do Código Civil (EAREsp 31.084/MS, Rel. Ministro NAPOLEÃO NUNES MAIA FILHO, Rel. p/ Acórdão Ministro MAURO CAMPBELL MARQUES, PRIMEIRA SEÇÃO, julgado em 24/03/2021, DJe 08/04/2021).
- **Irrelevância do tipo societário escolhido pela sociedade uniprofissional como condição para o seu enquadramento no ISS-Fixo (STJ).** "O inafastável O cerne da questão reside na caracterização da embargante como sociedade civil de profissionais, o que lhe permitiria gozar da alíquota fixa do ISSQN, nos moldes do artigo 9º, § 3º, do Decreto-lei 406/1968. No caso em tela, trata-se de sociedade simples limitada, em que o objeto social é a prestação de serviços médicos desenvolvidos diretamente pelos sócios que compõem o quadro societário (fls. 347/348, e-STJ), cuja responsabilidade pessoal é regida pelo Código de Ética Médica. Circunscrito a estes parâmetros fáticos sobreditos, assevera-se que a fruição do direito a tributação privilegiada do ISSQN depende, basicamente, da análise da atividade efetivamente exercida pela sociedade, para saber se ela se enquadra dentre aquelas elencadas no § 3º do art. 9º do Decreto-lei n. 406/1968 (itens 1, 4, 8, 25, 52, 88, 89, 90, 92 da lista anexa à LC n. 56/1987), bem como se perquirir se a atividade intelectual, científica, literária ou artística desempenhada pela pessoa jurídica não constitua elemento de empresa, ou melhor, nos termos do artigo 966 do Código Civil, que os fatores de produção, circulação e de organização empresarial não se sobreponham à

atuação profissional e direta dos sócios na condução do objeto social da empresa, sendo irrelevante para essa finalidade o fato de a pessoa jurídica ter se constituído sob a forma de responsabilidade limitada. Desta forma, ressalvado os modelos puramente empresariais, como ocorre com as espécies de sociedades anônimas e comandita por ações, não é relevante para a concessão do regime tributário diferenciado a espécie empresarial adotada pela pessoa jurídica, pois como no caso concreto ora analisado, pode haver sociedades limitadas que não são empresárias, conforme preveem expressamente os artigos 982 e 983 do Código Civil. 5. Embargos de Divergência providos. (EAREsp 31.084/MS, Rel. Ministro NAPOLEÃO NUNES MAIA FILHO, Rel. p/ Acórdão Ministro MAURO CAMPBELL MARQUES, PRIMEIRA SEÇÃO, julgado em 24/03/2021, DJe 08/04/2021)

► **Critério para trabalho pessoal.** "O inafastável é, tão só, que para objeto social concorram, diretamente, profissionais habilitados a esse mister. Se um sócio é contador contabilista, mas ambos prestam serviços contábeis, não se pode excluir a sociedade do tratamento diferenciado. O mesmo ocorre na sociedade integrada por engenheiros e arquitetos, desde que o objeto social seja a elaboração de projetos, na medida em que ambos são competentes para o exercício desse mister." (BARRETO, Aires F. Curso de Direito Tributário Municipal. São Paulo: Saraiva, 2012, p. 45).

⊙ **As sociedades simples constituídas sob a forma societária limitada fazem jus ao benefício da tributação por alíquota fixa desde que os seus sócios prestem serviços de forma pessoal e sem caráter empresarial.** "(...) "A forma societária limitada não é o elemento axial ou decisivo para se definir o sistema de tributação do ISS, porquanto, na verdade, o ponto nodal para esta definição é a circunstância, acolhida no acórdão, que as profissionais [...] exercem direta e pessoalmente a prestação dos serviços". (AgRg no AREsp 519.194/AM, Rel. p/ Acórdão Ministra REGINA HELENA COSTA, DJe 13/08/2015.) 3. No caso dos autos, não obstante a agravante ser uma sociedade limitada, o Tribunal de origem assentou que se ela dedica, precipuamente, à exploração do ofício intelectual de seus sócios, de forma pessoal, sem caráter empresarial, razão pela qual é cabível o benefício da tributação por alíquota fixa do Imposto sobre Serviços de Qualquer Natureza (ISSQN). (AgRg no AREsp 792878/SP, Rel. Ministro HUMBERTO MARTINS, SEGUNDA TURMA, Julgado em 03/12/2015, DJE 14/12/2015). **Neste sentido:** "(...) a jurisprudência do STJ é pacífica em firmar que a tributação privilegiada do ISS exige que a sociedade uni ou pluriprofissional preste serviço em caráter personalíssimo sem intuito empresarial. Somente seria possível reconhecer a benesse fiscal se a sociedade tiver por objeto a prestação de serviço especializado, com responsabilidade pessoal dos sócios e sem caráter empresarial" (REsp 1703408/SP, Rel. Ministro HERMAN BENJAMIN, SEGUNDA TURMA, julgado em 07/12/2017, DJe 19/12/2017) **Nesse sentido:** "No âmbito do Superior Tribunal de Justiça, o entendimento firmado por ambas as Turmas que compõem a 1a. Seção é que o benefício da alíquota fixa do ISS somente é devido às sociedades uni ou pluriprofissional que prestam serviço em caráter personalíssimo sem intuito empresarial" (AgInt no AgInt no AREsp 923.685/SP, Rel. Ministro NAPOLEÃO NUNES MAIA FILHO, PRIMEIRA TURMA, julgado em 21/03/2017, DJe 31/03/2017)

⊙ **O exercício de atividade diversa da habilitação profissional dos sócios descaracteriza a condição de uniprofissionalidade da sociedade.** Recurso

Voluntário improvido. Decisão unânime. CCM/RJ, RV nº 4.737, Acórdão 6.415, Rel. Conselheiro Ricardo Garcia, julgado em 18/05/2000.

- **Sociedade que partilha os lucros apurados na proporção da participação de cada sócio no capital social. Não configuração de sociedade uniprofissional. Tributação sobre o preço do serviço.** "Não se considera sociedade uniprofissional, sujeitando-se à tributação calculada sobre o preço de seus serviços, aquela que partilha os lucros apurados, na proporção da participação de cada sócio, no capital social, e não em função do trabalho pessoalmente e prestado por cada um deles. Recurso voluntário improvido. Decisão unânime". CCM/RJ, RV nº 14.374, Rel. Conselheiro Fernando da Costa, Acórdão 14.374, julgado em 09 de julho de 2015.
- **A sociedade de médicos, constituída sob a forma de responsabilidade limitada, pode se submeter à tributação pelo ISSQN, em valor fixo, conforme previsão do § 3º do art. 9º do DL n. 406/1968.** (AgInt no REsp 1417214/RS, Rel. Ministro GURGEL DE FARIA, PRIMEIRA TURMA, julgado em 02/05/2017, DJe 16/06/2017)

- **Inconstitucionalidade legislação que estabeleça critérios (doutrina minoritária).** "... A lei não distinguiu os profissionais que devem atuar na sociedade. Não o pode fazer o intérprete. A lei não estabeleceu categorias ou tipo de sociedade. Não é consentido ao fisco fazê-lo. Efetivamente, onde, na lei, quer nacional, quer municipal, a referência à homogeneidade dos sócios ou seus empregados?" (ATALIBA, Geraldo. Tributação de sociedades profissionais pelo Imposto sobre Serviços. Revista de Direito Público, n. 28)
- **Serviços compartilhados (cost sharing).** "O objetivo da adoção de centros de custos ou serviços compartilhados é o de obter redução de gastos e economias de escala, através da padronização de procedimentos com a melhoria de controle de demais benefícios decorrentes da especialização de funções" (GALHARDO, Luciana Rosanova. Rateio de despesas no direito tributário. São Paulo: Quartier Latin, 2004, p. 24) **Neste mesmo sentido:** "Conforme já afirmado alhures, o contrato celebrado entre empresas de um mesmo grupo com a finalidade de ratear despesas entre si não configura prestação de serviços, afinal, o que se busca não é uma remuneração ou margem de lucro a partir dessa atividade, mas sim uma organização empresarial com vistas à maximização de resultados propiciado pela redução da estrutura administrativa do grupo econômico" (BERGAMINI, Adolpho. Curso de ISS. São Paulo: Editora Revista dos Tribunais, 2017, p. 165)
- **Base de cálculo do ISS – conceito de receita do serviço.** "(a receita) só pode ser decorrente de negócio jurídico acobertado por contrato, escrito ou verbal, ou seja, o ato de auferir receita deve provir do exercício de atividade empresarial, da remuneração de esforço (...) deve representar disponibilidade nova de recursos, proveniente de fonte externa pelo exercício de atividade econômica" (MINATEL, José Antonio. Conteúdo do conceito de receita. São Paulo: MP, 2005, p. 91)
- **Base de cálculo do ISS – serviço de recuperação asfáltica.** Repetição de indébito – ISSQN – Demanda visando a restituição dos valores pagos a maior, uma vez que o Município de Itaberá não deduziu da base de cálculo do ISSQN os materiais empregados na prestação de serviço de recuperação asfáltica, em razão do contrato firmado com o DER – Cabimento – Possibilidade de dedução da base de cálculo do ISS dos materiais empregados na construção civil constatada – Inteligência do

art. 7º, § 2º, I, da LC 116/2003 - Entendimento pacificado nos Tribunais Superiores - Restituição devida - Sentença mantida - Recurso desprovido. (TJSP; Apelação 0000046-91.2014.8.26.0262; Relator (a): Wanderley José Federighi; Órgão Julgador: 18ª Câmara de Direito Público; Foro de Itaberá - Vara Única; Data do Julgamento: 01/03/2018; Data de Registro: 07/03/2018)

- **Dedução de materiais e locação de bens moveis.** AÇÃO ANULATÓRIA- Demanda visando à anulação de auto de infração lavrado, por não se deduzir da base de cálculo do ISS os valores referentes à locação de máquinas e equipamentos, bem como aos materiais utilizados pelo prestador de serviço contratado pelo condomínio autor - Cabimento - Possibilidade de dedução da base de cálculo do ISS dos materiais empregados na construção civil constatada, bem como a locação de bens móveis e equipamentos - Inteligência do art. 7º, § 2º, I, da LC 116/2003 - Entendimento pacificado nos Tribunais Superiores - Lei Municipal que limitou a dedução do valor dos materiais a percentual de 50% (cinquenta por cento) - Descabimento - Lei municipal não pode prevalecer sobre a LC 116/03, que, sendo lei complementar federal, é o diploma competente para dispor sobre normas gerais tributárias, inclusive sobre a base de cálculo (art. 146, III, "a" da CF/88) - Sentença mantida - Recursos desprovidos. (TJSP; Apelação / Reexame Necessário 3000350-52.2013.8.26.0075; Relator (a): Wanderley José Federighi; Órgão Julgador: 18ª Câmara de Direito Público; Foro de Bertioga - 2ª Vara - Foro Distrital de Bertioga; Data do Julgamento: 01/03/2018; Data de Registro: 07/03/2018)

Art. 8º As alíquotas máximas do Imposto Sobre Serviços de Qualquer Natureza são as seguintes:

I - (VETADO)

II - demais serviços, 5% (cinco por cento).

- **Alíquotas máximas**. "Sobre o tema podemos suscitar duas questões. A primeira delas relacionada com as alíquotas máximas, a saber, se aquelas legislações municipais que traziam alíquotas superiores ao percentual de 5% teriam de expedir nova lei ou, automaticamente, perdem a sua eficácia, na parte que excedam o 5%" (HOFFMANN, Susy Gomes. O Imposto de Serviços de Qualquer Natureza. In. Curso de Especialização em Direito Tributário. Coord. Eurico Marcos Diniz de Santi. Forense: rio de Janeiro, 2009, p. 534)

- **Isenção criada por lei local**. "Apesar de terem sido invocados dispositivos legais, o fundamento central da controvérsia é de cunho eminentemente amparado em legislação local, a saber, a Lei Municipal 3.089/1990. O Tribunal de origem entendeu que a situação dos autos versa sobre isenção condicionada e que o art. 5º da lei municipal de Itapetininga previu de forma clara a necessidade de requerimento para renovação anual do incentivo fiscal. (REsp 1701966/SP, Rel. Ministro HERMAN BENJAMIN, SEGUNDA TURMA, julgado em 21/11/2017, DJe 19/12/2017)

- **TJ-RS**. Recurso inominado. Primeira turma recursal da Fazenda Pública. Tributário. Município de Cachoerinha. Sociedade simples. ISSQN. Alíquota fixa. Sentença de procedência mantida por seus próprios fundamentos. 1) A competência do Município para instituir o ISS respeitará a regra do art. 9º, § 3º, do DL 406/68, recepcionada pela CF/88 e não revogada expressamente pela Lei Complementar nº 116/03. Em assim sendo, não pode lei municipal sobrepor-se a ela. 2) o ISS será calculado em relação a cada profissional habilitado. É que, tratando-se de sociedades de profissionais de contabilidade que prestam serviços nos itens constantes no § 3º do art.

9º do Decreto-Lei nº 406/68, estas fazem jus a uma base de cálculo diferenciada. 3) Efetivamente o Município afronta esse dispositivo, já que estabelecia que o ISS devido pela sociedade seria pago variavelmente em razão de entender o não preenchimento dos requisitos para a benesse pela Lei Municipal. Ocorre que o próprio ente municipal reconhece que a parte requerente atende os requisitos, conforme julgamento do recurso administrativo 4) Precedente jurisprudencial. RECURSO INOMINADO DESPROVIDO. UNÂNIME. (Recurso Cível Nº 71006651616, Turma Recursal da Fazenda Pública, Turmas Recursais, Relator: Thais Coutinho de Oliveira, Julgado em 29/06/2017)

Art. 8º-A. A alíquota mínima do Imposto sobre Serviços de Qualquer Natureza é de 2% (dois por cento). (Incluído pela Lei Complementar nº 157, de 2016)

§ 1º O imposto não será objeto de concessão de isenções, incentivos ou benefícios tributários ou financeiros, inclusive de redução de base de cálculo ou de crédito presumido ou outorgado, ou sob qualquer outra forma que resulte, direta ou indiretamente, em carga tributária menor que a decorrente da aplicação da alíquota mínima estabelecida no caput, exceto para os serviços a que se referem os subitens 7.02, 7.05 e 16.01 da lista anexa a esta Lei Complementar. (Incluído pela Lei Complementar nº 157, de 2016)

§ 2º É nula a lei ou o ato do Município ou do Distrito Federal que não respeite as disposições relativas à alíquota mínima previstas neste artigo no caso de serviço prestado a tomador ou intermediário localizado em Município diverso daquele onde está localizado o prestador do serviço. (Incluído pela Lei Complementar nº 157, de 2016)

§ 3º A nulidade a que se refere o § 2º deste artigo gera, para o prestador do serviço, perante o Município ou o Distrito Federal que não respeitar as disposições deste artigo, o direito à restituição do valor efetivamente pago do Imposto sobre Serviços de Qualquer Natureza calculado sob a égide da lei nula. (Incluído pela Lei Complementar nº 157, de 2016)

► **Alíquota mínima.** "Para reforçar o caráter impositivo da proibição, a Lei Complementar 157/2016 acresceu o art. 10-A à Lei 8429/1992, tipificando como ato de improbidade administrativa qualquer ação ou omissão para conceder, aplicar ou manter benefício financeiro ou tributário contrário ao que dispõem o caput e o §1º do art. 8º-A da Lei complementar 116/2003" (ALEXANDRE, Ricardo. Direito Tributário. Salvador: JusPodivm, 2017, p.761)

► **Inconstitucionalidade na limitação de alíquota mínima.** "Ao contrário do que ocorre com a alíquota máxima, a mínima, segundo pensamos, é flagrantemente inconstitucional, por várias razões" (BAPTISTA, Marcelo Caron. A norma tributária do Imposto sobre Serviços – ISS ênfase no consequente normativo. In. Curso de direito Tributário e Finanças Públicas. Eurico Marcos Diniz de Santi (org.), São Paulo: Saraiva, 2008, p. 1058) **Neste mesmo sentido:** "parece, a todos os títulos, que se tem aí afronta ao magno princípio da autonomia municipal. Quem é competente para instituir também o é para isentar, reduzir, incentivar" (BARRETO, Aires F. Curso de Direito Tributário municipal. São Paulo: Saraiva, 2009, p. 452)

⊙ **Lei municipal que exclua valores da base de cálculo fora das hipóteses previstas em lei complementar. Medida fiscal que resulte indiretamente na redução da alíquota mínima do ISSQN. Inconstitucionalidade reconhecida.** É inconstitucional lei municipal que veicule exclusão de valores da base de cálculo do ISSQN fora das hipóteses previstas em lei complementar nacional. Também é incompatível com o texto constitucional medida fiscal que resulte indiretamente na redução da alíquota mínima estabelecida pelo art. 88 do ADCT, a partir da redução da carga tributária incidente sobre a prestação de serviço na territorialidade do ente tributante. STF. Plenário. ADPF 190/SP, Rel. Min. Edson Fachin, julgado em 29/09/2016 (Info 841).

- **Constitucionalidade da alíquota mínima.** "A nosso ver, a indicação de alíquotas mínimas não viola o Princípio da Autonomia Municipal, porque não impede que o legislador municipal exerça a sua competência tributária, apenas impõe as alíquotas mínimas e máximas" (HOFFMANN, Susy Gomes. O Imposto de Serviços de Qualquer Natureza. In. Curso de Especialização em Direito Tributário. Coord. Eurico Marcos Diniz de Santi. Forense: rio de Janeiro, 2009, p. 534)

- **Comentários sobre a LC 157/2016.** Em 30 de dezembro de 2016 foi publicada a Lei complementar 157, a qual trouxe substanciais alterações na regulamentação do ISSQN no âmbito nacional. Um dos principais objetivos visados foi de ajustar a legislação referente ao tributo à atual realidade social e evitar a continuidade da guerra fiscal entre municípios. Em linhas gerais, a nova legislação complementar visou penalizar o administrador público que mantiver ou conceder benefícios fiscais contrários às regras legais, bem como o próprio Município na hipótese do serviço ser prestado ao tomador localizado em cidade diversa. Assim, se determinado ente municipal reduzir ilegalmente a alíquota para aquém da mínima em relação a serviço prestado exclusivamente em seu território, causando um prejuízo apenas para si, a sanção ficará restrita ao administrador público. Caso o serviço for prestado ao tomador localizado em outro município, extrapolando os seus limites territoriais, existirá uma segunda sanção direcionada ao ente público municipal criador deste incentivo fiscal, que terá o dever de restituir integralmente o tributo pago pelo contribuinte, sem prejuízo da aplicação da pena de improbidade administrativa.

  Isso quer dizer que além de ser considerada nula a lei ou o ato do município que não respeite as disposições acima mencionadas, também configurará como ato de improbidade administrativa qualquer ação ou omissão de autoridade administrativa que conceder, aplicar ou manter benefício financeiro ou tributário contrário ao que dispõe o art. 8º-A da LC 116/2003.

  Assim, cabe mencionar que o art. 10-A da Lei 8429/92 deixa bastante clara a possibilidade de responsabilização de autoridades públicas tanto por ação quanto por omissão, não restringindo a penalização somente ao chefe do Poder Executivo. Notem que o art. 1º da Lei 8429/92 disciplina que o sujeito ativo da improbidade administrativa pode ser "qualquer agente público, servidor ou não, contra a administração direta, indireta ou fundacional de qualquer dos Poderes da União, dos Estados, do Distrito Federal, dos Municípios, de Território, de empresa incorporada ao patrimônio público ou de entidade para cuja criação ou custeio o erário haja concorrido ou concorra com mais de cinquenta por cento do patrimônio ou da receita anual, serão punidos na forma desta lei".

  - ⊙ **Aventada revogação do ISS fixo pela LC 157/2016. Recomendação de eliminação das normas municipais que ainda o contemplem.** "(Pode-se concluir (...) e diante da possibilidade jurídica de ordem constitucional e processual para superação do precedente do STF sobre o tema (RE 236.604 e seguintes), caso levada eventual discussão ao Poder Judiciário (...) permitem e recomendam a eliminação das normas municipais que ainda contemplam com a cobrança do ISSQN como tributo fixo, privilegiando as sociedade uniprofissionais apontadas no §3º do art. 9º do Decreto-Lei n. 406/68, bem como os profissionais autônomos apontados pelo §1º do referido dispositivo. Interpretação diversa e aplicação das normas ainda existentes, que signifique a continuidade da cobrança de valor fixo a título de ISSQN dos referidos contribuintes, poderá sujeitar agentes públicos, de diversos níveis da Administração Municipal, às graves sanções previstas na Lei Complementar n. 157/2016". PARECER ABRASF/AJUR/004/2017. Ementa: Análise dos efeitos dos preceitos contidos na Lei Complementar n. 157/2016, que determinaram a adoção da alíquota mínima de 2% (dois por cento) para os serviços tributados pelo ISSQN (Imposto sobre Serviços de Qualquer Natureza), em relação à tributação por valores fixos, estabelecida em favor de autônomos e sociedades uniprofissionais, a partir dos parágrafos 1º e 3º do art. 9º do Decreto-Lei n. 406/68.

Art. 9º Esta Lei Complementar entra em vigor na data de sua publicação.

Art. 10. Ficam revogados os arts. 8º, 10, 11 e 12 do Decreto-Lei nº 406, de 31 de dezembro de 1968; os incisos III, IV, V e VII do art. 3º do Decreto-Lei nº 834, de 8 de setembro de 1969; a Lei Complementar nº 22, de 9 de dezembro de 1974; a Lei nº 7.192, de 5 de junho de 1984; a Lei Complementar nº 56, de 15 de dezembro de 1987; e a Lei Complementar nº 100, de 22 de dezembro de 1999.

▶ **Limites ao legislador complementar.** "Ministro Eros Grau proferida em seu voto vencedor no Recurso Extraordinário nº 592.905, segundo as quais 'a lei complementar não define o que é serviço, apenas o declara, para os fins do inciso III do artigo 156 da Constituição. Não o inventa, simplesmente descobre o que é serviço para os efeitos do inciso III do artigo 156 da Constituição". (BERGAMINI, Adolpho. Curso de ISS. São Paulo: Editora Revista dos Tribunais, 2017, pag. 56)

LISTA DE SERVIÇOS ANEXA À LEI COMPLEMENTAR Nº 116, DE 31 DE JULHO DE 2003

▶ **Interpretação da lista de serviços.** "Também a lista não pode criar serviços tributáveis por analogia equiparação, ficção ou presunção. Tampouco considerar serviços, para fins de ISS, fato regidos pelo direito público" (CARRAZZA, Roque Antônio. A tributação na Constituição, o princípio da autonomia municipal e o imposto sobre serviços de qualquer natureza (ISS). Questões conexas. In. SANTI, Eurico Marcos Diniz de (coord.). Curso de Direito tributário e finanças públicas. São Paulo: Saraiva, 2008, p. 795). A listagem de serviços que constituem fatos geradores do Imposto Sobre Serviços de Qualquer Natureza – ISSQN (anexa ao Decreto-Lei 406/1968 e à Lei Complementar 116/2003) comporta interpretação extensiva para abarcar os serviços congêneres àqueles previstos taxativamente. (Tema 132)

▶ **STJ** – A jurisprudência do STJ se firmou no sentido de que é taxativa a lista anexa ao Decreto-Lei nº 406/1968, comportando interpretação extensiva, a fim de abarcar serviços correlatos àqueles previstos expressamente, uma vez que, se assim não fosse, ter-se-ia, pela simples mudança de nomenclatura de um serviço, a incidência ou não do ISS. (STJ. EREsp 916.785/MG, Rel. Min. Humberto Martins, Primeira Seção, Julgado em 23.04.2008)

⊙ No mesmo sentido: AgRg no AREsp 527624/PR, Rel. Ministro Benedito Gonçalves, Primeira Turma, Julgado em 12/04/2016, DJE 18/04/2016; AgRg no REsp 1245503/MG, Rel. Ministro Napoleão Nunes Maia Filho, Primeira Turma,

Julgado em 10/03/2016,DJE 01/04/2016; AgRg no AREsp 707778/SP, Rel. Ministra Assusete Magalhães, Segunda Turma, Julgado em 08/03/2016, DJE 17/03/2016; AgRg no AREsp 832556/RS, Rel. Ministro Mauro Campbell Marques, Segunda Turma, Julgado em 15/03/2016, DJE 17/03/2016; AgRg no REsp 1217612/MG, Rel. Ministro Sérgio Kukina, Primeira Turma, Julgado em 16/02/2016, DJE 22/02/2016; AgRg no REsp 1464576/SP, Rel. Ministro Humberto Martins, Segunda Turma, Julgado em 27/10/2015, DJE 09/11/2015.

- **STF – Tema Repercussão Geral 296** – "É taxativa a lista de serviços sujeitos ao ISS a que se refere o art. 156, III, da Constituição Federal, admitindo-se, contudo, a incidência do tributo sobre as atividades inerentes aos serviços elencados em lei em razão da interpretação extensiva". (RE 784439, 07/10/2014 – Tema 296).

- **TJ-PR – Apelação cível. Embargos a execução. ISS. Serviços bancários. Agravo retido. Julgamento antecipado da lide. Art. 330, inc. I, do Código de Processo Civil de 1973. Desnecessidade de realização de prova pericial. Prova documental suficiente para a resolução da lide. Magistrado destinatário da prova. Art. 130 do Código de Processo Civil de 1973. Ausência de ofensa ao contraditório e à ampla defesa. Apelação cível. Imposto sobre serviços de qualquer natureza (ISSQN).** Hipóteses de incidência. Lista anexa à Lei Complementar nº 116/2003. Rol taxativo. Interpretação extensiva para abranger serviços congêneres. Possibilidade. Precedentes do Superior Tribunal de Justiça, inclusive em sede de recurso especial representativo de controvérsia (REsp 1.111.234/PR). Diversidade de nomenclaturas utilizadas pelas diferentes instituições financeiras para denominar os serviços bancários prestados. Circunstância que não pode servir de óbice à incidência tributária. Súmula nº 424 do Superior Tribunal de Justiça. Tarifas de adiantamento a depositantes, tributos municipais (convênio recebimento tributo), interbancária, operações ativas e emissão de cartão magnético e fornecimento de cheque. Serviços previstos nos subitens 15.05, 15.08, 15.10, 15.14 E 15.17 da lista anexa à Lei Complementar nº 116/2003. Serviços sujeitos à incidência do ISS. Honorários advocatícios. Pleito de redução para um por cento (1%) do valor da causa. Impossibilidade. Montante que seria considerado aviltante. Manutenção do valor fixado na sentença (R$ 3.000,00). Atendimento dos critérios previstos no art. 20, §§ 3º E 4º, do Código de Processo Civil de 1973, vigente à época da prolação da sentença. Agravo retido desprovido. Recurso de apelação desprovido. (TJPR – 3ª C. Cível – AC – 1715064-2 – Curitiba – Rel.: Eduardo Sarrão – Unânime – J. 21.11.2017)

- **Interpretação "extensiva" da lista de serviços.** "De feito, a interpretação extensiva do item listado um conteúdo que vai além da formulação literal, mas permanece dentro do preceito que está sendo considerado. Noutras palavras, permite que o item incida sobre casos que, embora não expressamente referidos, encontram-se implícitos no âmbito da validade da norma" (CARRAZZA, roque Antonio. A tributação na Constituição, o princípio da autonomia municipal e o imposto sobre serviços de qualquer natureza (ISS). Questões conexas. In. SANTI, Eurico Marcos Diniz de (coord.). Curso de Direito tributário e finanças públicas. São Paulo: saraiva, 2008, p. 799)

- **Limites à lista de serviços.** "A lei complementar tem de se cingir a definir (conceituar) ou a sugerir, mediante lista, atividades que, indubitavelmente, configurem serviço. Será inconstitucional toda e qualquer legislação que pretenda ampliar o conceito de serviço constitucionalmente posto, para atingir quaisquer outros fatos. Não pode a lei complementar definir como serviço o que serviço não é, nem mesmo a pretexto de atender à clausula final do art. 156, III. É que, se a Constituição é rígida, não pode ser modificada por lei complementar. Esta não pode definir como serviço o que dele for diverso" (BARRETO, Aires F. Imposto sobre Serviços. In. SANTI, Eurico Marcos Diniz de (coord.). Curso de Direito tributário e finanças públicas. São Paulo: saraiva, 2008, p. 1000)

- **Interpretação da lista de serviços na leitura do STJ.** A jurisprudência do STJ se firmou no sentido de que é taxativa a lista anexa ao Decreto-Lei nº 406/1968, comportando interpretação extensiva, a fim de abarcar serviços correlatos àqueles previstos expressamente, uma vez que, se assim não fosse, ter-se-ia, pela simples mudança de nomenclatura de um serviço, a incidência ou não do ISS. (STJ. EREsp 916.785/MG, Rel. Min. Humberto Martins, Primeira Seção, Julgado em 23.04.2008)

  - **Interpretação extensiva proibida. Enquadramento de serviço após veto presidencial.** "TRIBUTÁRIO. IMPOSTO SOBRE SERVIÇOS DE QUALQUER NATUREZA. PRODUÇÃO DE VÍDEOS POR ENCOMENDA. VETO PRESIDENCIAL. INTERPRETAÇÃO EXTENSIVA. PROIBIÇÃO. 1. O item 13.03 da lista anexa à LC n. 116/2003 não autoriza a tributação pelo ISSQN do serviço de produção de filmes/vídeos por encomenda, porquanto essa atividade não se equipara aos serviços de cinematografia. 2. Não é adequada a interpretação extensiva de item da referida lista, tendo em vista a existência de veto presidencial ao item 13.01, referente especificamente à "produção, gravação, edição, legendagem e distribuição de filmes, videotapes, discos, fitas cassete, compact disc, digital video disc e congêneres", de modo que não mais é adequado o raciocínio segundo o qual a encomenda do serviço de produção de vídeos atrairia a incidência do ISSQN (em vez do ICMS). 3. Ressalvada a situação em que o próprio veto é objeto de questionamento judicial, haveria atuação indevida do Poder Judiciário caso se decidisse pela incidência tributária em hipótese vetada pelo Presidente da República. 4. Caso em que o Tribunal de Justiça procedeu à interpretação extensiva de dispositivo que não a permite, porquanto, vetada a hipótese de incidência, o enquadramento do serviço correlato em outro item equivaleria à derrubada do veto, competência exclusiva do Congresso Nacional, o qual, caso assim entendesse, deveria ter agido em tempo próprio. (...)" (STJ. AgInt no REsp 1.627.818-DF (2016/0250557-8), Rel. Min. Gurgel de Faria, DJE 06/04/2017).

- **Taxatividade da lista de serviços.** "Os serviços que não estiverem arrolados na lei complementar do ISS, embora permaneçam na competência municipal, não poderão ser objeto de tributação pelos Municípios, por falta de um pressuposto específico: a previsão em lei complementar". (VELLOSO, Andrei Pitten. Constituição Tributária Interpretada. São Paulo: Atlas, 2007, p. 310) NESTE MESMO SENTIDO: "Os serviços arrolados na lista da Lc 116/03 e que constem também da lei municipal instituidora do serviço dão ensejo à cobrança do ISS, ainda que o serviço não seja a atividade preponderante do prestador". (PAULSEN, Leandro. Curso de Direito Tributário completo. Porto Alegre: Livraria do Advogado, 2015, p. 342)

- **Utilidade da Lista anexa.** "O Imposto sobre Serviços de Qualquer Natureza – ISSQN não incide sobre a cessão de direito autoral, porquanto não se trata de hipótese contemplada na lista anexa à Lei Complementar 116/03. A interpretação extensiva é admitida pela jurisprudência quando a lei complementar preconiza a hipótese de incidência do ISS sobre serviços congêneres, correlatos, àqueles expressamente previstos na lista anexa, independentemente da denominação dada pelo contribuinte. Se o serviço prestado, não se encontra ali contemplado, não constitui fato gerador do tributo e, por conseguinte, não há falar em interpretação extensiva. É natureza do serviço prestado que determina a incidência do tributo. O direito de uso, em sua acepção ampla, tem sua disciplina no Código Civil, regime jurídico absolutamente distinto. Não se confunde com o direito autoral, regulado por lei específica, qual seja, a Lei 9.610/98. Inexiste correlação entre ambos. Nesse contexto, não há falar que a cessão de direito autoral é congênere à de direito de uso, hábil a constituir fato gerador do Imposto sobre Serviços de Qualquer Natureza - ISSQN. A tentativa de aproximar a cessão de direitos autorais da locação de bem móvel, a fim de viabilizar a tributação, além de incabível pelas mesmas razões expostas em relação ao direito de uso, é absolutamente despropositada, tendo em vista a não incidência do ISSQN na hipótese, nos termos do enunciado da Súmula Vinculante 31/STF, que dispõe: "É inconstitucional a incidência do Imposto sobre Serviços de Qualquer Natureza - ISS sobre operações de locação de bens móveis". (REsp 1183210/RJ, Rel. Ministro ARNALDO ESTEVES LIMA, PRIMEIRA TURMA, julgado em 07/02/2013, DJe 20/02/2013)

- **Alcance da lista de serviços.** "A lista é, pois, taxativa. Ela determina tudo o que os Municípios podem tributa, especificando quais serviços hão de sofrer incidência do ISS, conforme jurisprudência pacifica de nossas mais elevadas Cortes, ou seja, prescreve, denotativamente, o que deve ser entendido se entendido "por serviço", para efeitos tributários. E assim que a lei complementar defini os fatos geradores do ISS (...) Assim, embora a lista de serviços seja efetivamente taxativa, é necessário que sua interpretação seja extensiva. Isso para que, no plano concreto, seja possível aos Fiscos Municipais identificar a real natureza de determinado serviço prestado pelo contribuinte, ao invés de se prender a nomenclatura dada a ele em contrato." (BERGAMINI, Adolpho. Curso de ISS. São Paulo: Editora Revista dos Tribunais, 2017, pag. 57/58)

- **Vocábulo "congêneres".** "Ora, a utilização do vocábulo congênere na lista de serviços veiculada pela Lei complementar n. 116/203 pressupõe a existência de classe (propriedade), o que confirma o entendimento de que alista é descritora dos critérios de identificação de um fato, ou seja, é conotativa" (DÁCOMO, Natália de Nardi. Hipótese de Incidência do ISS. São Paulo: Noeses, 2006, p. 42)

1 – Serviços de informática e congêneres.

1.01 – Análise e desenvolvimento de sistemas.

1.02 – Programação.

1.03 – Processamento de dados e congêneres.

1.04 – Elaboração de programas de computadores, inclusive de jogos eletrônicos.

1.03 – Processamento, armazenamento ou hospedagem de dados, textos, imagens, vídeos, páginas eletrônicas, aplicativos e sistemas de informação, entre outros formatos, e congêneres. (Redação dada pela Lei Complementar nº 157, de 2016)

1.04 – Elaboração de programas de computadores, inclusive de jogos eletrônicos, independentemente da arquitetura construtiva da máquina em que o programa será executado, incluindo tablets, smartphones e congêneres. (Redação dada pela Lei Complementar nº 157, de 2016)

1.05 – Licenciamento ou cessão de direito de uso de programas de computação.

1.06 – Assessoria e consultoria em informática.

1.07 - Suporte técnico em informática, inclusive instalação, configuração e manutenção de programas de computação e bancos de dados.

1.08 - Planejamento, confecção, manutenção e atualização de páginas eletrônicas.

1.09 - Disponibilização, sem cessão definitiva, de conteúdos de áudio, vídeo, imagem e texto por meio da internet, respeitada a imunidade de livros, jornais e periódicos (exceto a distribuição de conteúdos pelas prestadoras de Serviço de Acesso Condicionado, de que trata a Lei nº 12.485, de 12 de setembro de 2011, sujeita ao ICMS). (Incluído pela Lei Complementar nº 157, de 2016)

- **Conceito legal de programa de computador**. "Art. 1º Programa de computador é a expressão de um conjunto organizado de instruções em linguagem natural ou codificada, contida em suporte físico de qualquer natureza, de emprego necessário em máquinas automáticas de tratamento da informação, dispositivos, instrumentos ou equipamentos periféricos, baseados em técnica digital ou análoga, para fazê-los funcionar de modo e para fins determinados." (Lei 9609/1998)
- **Conceito de software.** "Software é um fruto do espírito criativo humano assim como qualquer obra artística ou científica. Consiste em uma sequência de algoritmos destinado a fazer um computador realizar determinadas tarefas". (GOLÇALVES, Renato Lacerda de Lima. A tributação do software no Brasil. Dissertação de mestrado apresentada na Pontifícia Católica de São Paulo, 2003, p. 217)
- **Repercussão geral julgada.** A tradicional distinção entre software de prateleira (padronizado) e por encomenda (personalizado) não é mais suficiente para a definição da competência para tributação dos negócios jurídicos que envolvam programas de computador em suas diversas modalidades. ... É certo, ademais, que, conforme a Lei nº 9.609/98, o uso de programa de computador no País é objeto de contrato de licença. 5. Associa-se a isso a noção de que software é produto do engenho humano, é criação intelectual. (ADI 1945, Relator(a): CÁRMEN LÚCIA, Relator(a) p/ Acórdão: DIAS TOFFOLI, Tribunal Pleno, julgado em 24/02/2021, PROCESSO ELETRÔNICO DJe-096 DIVULG 19-05-2021 PUBLIC 20-05-2021)
- **Espécies de serviços de informática.** "Serviços de informática é a relação jurídica cujo objeto cujo objeto é composto pelo tratamento, armazenamento e processamento da informação, ou seja, projeto, execução, instalação e operação de dados mediante o uso de computadores e outros equipamentos de processamento de dados" (DÁCOMO, Natália de Nardi. Hipótese de Incidência do ISS. São Paulo: Noeses, 2006, p. 51)
- **Software como prestação de serviço.** "O desenvolvimento de software sob encomenda e a adaptação correspondem a uma prestação de serviços, tributada pelo ISS, desde que o programador não seja o titular dos direitos autorais do software desenvolvido ou adaptado" (HOFFMANN, Susy Gomes. O Imposto sobre serviços de qualquer natureza. In. Curso de Especialização em Direito Tributário. Coord. Eurico Marcos Diniz de Santi. Forense: rio de Janeiro, 2009, p. 512)
- **Caracterização do Netflix e Spotify como serviços.** "Também se pode dizer que as atividades do Netflix e Spotify, apesar de conterem indeléveis características de obrigação de dar, também devem ser consideradas prestações de serviços, na medida em que estas plataformas organizam vídeos e músicas, respectivamente, e provêm uma série de atividades que, no conjunto, caracterizam um serviço. Nesse

raciocínio há uma prestação de serviço que antecede a obrigação de dar esta "prestação" antecedente não pode ser simplesmente ignorada para dispensa de tributação". (BERGAMINI, Adolpho. Curso de ISS. São Paulo: Editora Revista dos Tribunais, 2017, pag. 55 e 56)

- **Serviços de streaming - inclusão pela LC 157/2016.** "Também se pode dizer que as atividades das empresas do setor (como Netflix e Spotify), apesar de conterem indeléveis características de obrigação de dar, também devem ser consideradas prestações de serviços na medida em que esta plataforma organiza música e vídeos, bem como provem uma série de atividades que, no conjunto, caracterizam um serviço. Nesse raciocínio, haveria uma prestação de serviço que antecede a obrigação de dar essa "prestação" antecedente não pode ser simplesmente ignorada para dispensa de tributação". (BERGAMINI, Adolpho. Curso de ISS. São Paulo: Editora Revista dos Tribunais, 2017, pag. 55)

- **Serviço imaterial.** "Todo tipo de serviço seja material ou imaterial pode ser objeto do contrato. Serviço material se opõe àquele que nasce da criação do intelecto ou espírito humano, que vem a ser o serviço imaterial. Dessa forma, o serviço prestado por um técnico de computação ou por um encanador é imaterial, pois é feito pela inteligência, como também o do escritor" (LOPEZ, Teresa Ancona. Comentários ao Código Civil: parte especial. São Paulo: Saraiva, 2000, p. 203)

- **Serviços de informática na leitura do STJ.** 1. Segundo decorre do sistema normativo específico (art. 155, II, § 2º, IX, b e 156, III da CF, art. 2º, IV da LC 87/96 e art. 1º, § 2º da LC 116/03), a delimitação dos campos de competência tributária entre Estados e Municípios, relativamente à incidência de ICMS e de ISSQN, está submetida aos seguintes critérios: (a) sobre operações de circulação de mercadoria e sobre serviços de transporte interestadual e internacional e de comunicações incide ICMS; (b) sobre operações de prestação de serviços, compreendidos na lista de que trata a LC 116/03, incide ISSQN; e (c) sobre operações mistas, assim entendidas as que agregam mercadorias e serviços, incide o ISSQN sempre que o serviço agregado estiver compreendido na lista de que trata a LC 116/03 e incide ICMS sempre que o serviço agregado não estiver previsto na referida lista. Precedentes de ambas as Turmas do STF. 2. Os serviços farmacêuticos constam do item 4.07 da lista anexa à LC 116/03 como serviços sujeitos à incidência do ISSQN. Assim, a partir da vigência dessa Lei, o fornecimento de medicamentos manipulados por farmácias, por constituir operação mista que agrega necessária e substancialmente a prestação de um típico serviço farmacêutico, não está sujeito ao ICMS, mas a ISSQN. 3. Recurso provido." (REsp 881035/RS, Relator Ministro Teori Albino Zavascki, Primeira Turma, Data do Julgamento: 06/03/2008). NESTE MESMO SENTIDO: Os programas de computador desenvolvidos para clientes, de forma personalizada, geram incidência de tributo do ISS. Diferentemente, se o programa é criado e vendido de forma impessoal para clientes que os compra como uma mercadoria qualquer, esta venda é gravada com o ICMS (REsp 216.967/SP, 2ª Turma do Superior Tribunal de Justiça, relatora ministra Eliana Calmon, DJ de 22/04/01, p. 185).

- **ICMS x ISS.** "Na linha do Judiciário, a tipificação tributária condiciona-se ao específico negócio jurídico realizado, ou seja, programa standard (produto acabado) - ICMS, ou programa por encomenda, ou adaptado ao tomador dos serviços - ISS". (MELO, José Eduardo Soares de; PAULSEN, Leandro. Impostos federais, estaduais e municipais. 6 ed. Porto Alegre: Livraria do Advogado, 2011, p. 312) **Neste mesmo sentido:** "Neste caso, estar-se-ia diante e um serviço, inclusive tributável pelo

ISS. Já os segundos, de prateleira, podem ser adquiridos e utilizados por qualquer pessoa, independentemente de serem físicas ou jurídicas, do ramo econômico de cada qual ou mesmo de suas particularidades operacionais. Nesses casos em que os softwares são produzidos em escala industrial e obedecem a uma padronização, estar-se-á diante de uma mercadoria cuja comercialização é tributada pelo imposto próprio agravar operações mercantis – o ICMS" (BERGAMINI, Adolpho. Curso de ISS. São Paulo: Editora Revista dos Tribunais, 2017, pag. 82)

- **Licenciamento ou cessão de direito de uso de programas de computação.** "O licenciamento ou a cessão de direito de uso de programas de computação são normas individuais e concretas que introduzem no ordenamento as relação jurídicas. O objeto dos contratos (licenciamento ou cessão de direito de uso) será o uso da obra intelectual, ou seja, do trabalho produzido por uma ou mais pessoas. O programa de computador não é mercadoria, por definição legal. A relação jurídica é o uso da obra intelectual, ou seja, o uso do trabalho" (DÁCOMO, Natália de Nardi. Hipótese de Incidência do ISS. São Paulo: Noeses, 2006, p. 54)
- **Base de cálculo.** "É claro que, pela própria descrição dessas atividades, a princípio que se tributa pelo item 1.04 são os valores recebidos pela confecção dos programas de computadores, propriamente falando, não dos royalties auferidos pelo licenciamento do uso desses softwares, que estão no item 1.05" (BERGAMINI, Adolpho. Curso de ISS. São Paulo: Editora Revista dos Tribunais, 2017, pag. 81)
- **Base de cálculo do serviço de software.** "O preço do serviço (base de cálculo) será sempre e tão só o valor percebido a título de cessão de uso, sem incluir o valor da produção. O preço do serviço será apenas o valor estipulado para a cessão. Nada mais. Incluir qualquer outra importância implica tributar a produção (que é intributável) e não a cessão de direitos de uso. Registre-se, ao final, que as importâncias relativas à produção, ainda que ingressem no caixa do cedente, representam ingressos financeiros, valores pertencentes a terceiros (ao produtor do software) e, não receita do prestador (distribuidor da cessão de direitos)" (BARRETO, Aires F. Curso de Direito Tributário municipal. São Paulo: Saraiva, 2009, p. 397)
  - **Serviços de informática e de consultoria em informática não se confunde com os de engenharia consultiva**. "Os serviços de informática e os de consultoria em informática, tributados à alíquota de 5%, não se confundem com os de engenharia consultiva, que têm que estar ligados a obras hidráulicas, de construção civil ou semelhantes, conforme definição do fato gerador previsto no inciso XXXII do art. 8º da Lei n.º 691/84. Recurso improvido. Decisão unânime" (CCM/RJ, Acórdão 7.309, Rel. Lucia Rosa, julgado em 09/05/2002).
  - **Consultoria em T.I. ISSQN devido no local onde se encontra o centro de atividades da empresa prestadora.** "ISS – ESTABELECIMENTO PRESTADOR – O imposto sobre serviços de consultoria técnica, treinamento e desenvolvimento de soluções é devido no Município em que esteja localizado o centro de atividades da empresa prestadora dos serviços tributados e onde mantiver filial configurada como unidade econômica e profissional na prestação dos referidos serviços. Aplicação da Lei Complementar nº 116/2003, artigos 3º e 4º. Recurso voluntário improvido. Decisão unânime. CCM/RJ, RV nº 14.475. Acórdão nº 14.662/2014). **No mesmo sentido**: "O local de pagamento do tributo é aquele onde se situa o estabelecimento plenamente capacitado e aparelhado para a execução do serviço. Aplicação do disposto no art. 12, alínea "a", do Decreto-lei nº 406/68, e do art. 3º da Lei Complementar nº 116/2003, ambos combinados

com o inciso I, do art. 42, da Lei nº 691/84. Recurso voluntário improvido. Decisão unânime. RV nº 11.745. Acórdão nº 15.732/2016). "INEXISTÊNCIA DE ESTABELECIMENTO NOS LOCAIS DE PRESTAÇÃO DOS SERVIÇOS – COMPETÊNCIA TRIBUTÁRIA – REGRA GERAL – ART. 3º DA LC Nº 116/03 – MANUTENÇÃO DA MULTA APLICADA – INCOMPETÊNCIA DO ÓRGÃO DE JULGAMENTO ADMINISTRATIVO DE NEGAR VIGÊNCIA À LEGISLAÇÃO TRIBUTÁRIA – RECURSO VOLUNTÁRIO DESPROVIDO. Salvo as exceções expressamente consignadas na legislação, o ISSQN é devido ao município onde se acha situado o estabelecimento prestador, caracterizado pela presença de infraestrutura física, administrativa e técnica apropriadas, conforme regra geral fixada no artigo 3º da Lei Complementar nº 116/03. No caso, diante da inexistência de qualquer comprovação nos autos de que a Recorrente efetivamente tenha constituído estabelecimento nos locais de prestação dos serviços, do regular enquadramento nos subitens do item 1.00 da Lista de Serviços anexa à LC nº 116/2003, e pelo fato de que a atividade desempenhada pela Recorrente está subordinada à regra geral de incidência, o município de Belo Horizonte, local da sede do estabelecimento prestador, é competente para exigir os valores referentes ao ISSQN não recolhido (...) Recurso voluntário improvido. CART/BH, 2ª Câmara, Acórdão nº 10.074, 07/05/2016.

⊙ **Incidência de ISSQN sobre serviço de licenciamento ou cessão de uso de programas de computador e de suporte técnico. Não configura locação de bens móveis.** "Os serviços de licenciamento ou cessão de uso de programas de computador e de suporte técnico em informática sujeitam-se ao ISS, nos termos dos subitens 1.05 e 1.07 da Lista. Recurso voluntário improvido. Decisão unânime. RV nº 16.274. Acórdão 15.490, julgado em 16 de junho de 2016). **No mesmo sentido**: Instrução Normativa SMF-RJ nº 15, de 12/01/2012).

▶ Decisões de tribunais locais:

⊙ **Serviço de informática. ISSQN devido no local da sede da empresa prestadora.** Declaração de inexistência de relação jurídico-tributária – Repetição de indébito – ISS – SERVIÇO DE INFORMÁTICA. PRESCRIÇÃO – A ação de repetição de indébito deve ser proposta em cinco anos da data do pagamento do tributo – Posicionamento firmado pelo STJ em recurso representativo da controvérsia REsp. n. 1.269.570-MG – Crédito retido em dezembro de 2006, tendo sido proposta a ação em janeiro de 2012 – Prescrição do crédito referente a tal período reconhecida. ISSQN – Local da ocorrência do fato gerador – Sede da empresa prestadora – Tendo o fato gerador ocorrido na vigência da LC 116/03, considera-se prestado o serviço no local da sede da empresa prestadora, sendo esta a regra geral – Prestação de serviço de informática que não se enquadra em qualquer das exceções legais – Sede da empresa localizada no Município de Barueri, o que afasta a competência ativa do Município de São Paulo para a cobrança do tributo. Tributo indireto – Preço do serviço – Prova da repercussão financeira – Sendo a prova dos autos contundente no sentido de que a empresa prestadora não repassou o valor do tributo à tomadora, tem a autora legitimidade para pleitear a repetição do indébito tributário. Sentença de improcedência reformada. Recurso parcialmente provido. (TJ-SP – APL: 00005147120128260053 SP 0000514-71.2012.8.26.0053, Relator: Leonel Costa, Data de Julgamento: 25/06/2015, 2ª Câmara Extraordinária de Direito Público, Data de Publicação: 25/06/2015). No mesmo sentido: ISS – Serviço de informática -- Município competente para a cobrança do tributo: local onde se situa a sede ou filial da empresa - Ausência de comprovação de prestação do serviço em local diverso ao da sede do estabelecimento - Entendimento pacificado pelo STJ no julgamento do REsp 1.117.121/SP, pelo rito previsto no art. 543-C, CPC -- Sentença mantida. Recurso não provido. (TJ-SP - APL: 10067917420148260099 SP 1006791-74.2014.8.26.0099, Relator: Fortes Muniz, Data de Julgamento: 15/09/2016, 15ª Câmara de Direito Público, Data de Publicação: 05/10/2016). Direito tributário. Ação declaratória e de consignação em pagamento. Julgamento simultâneo. Princípio da singularidade recursal. Imposto sobre serviços - ISS. Serviços de assessoria e consultoria de informática. Competência para recolhimento. Local da prestação do serviço. LC 116/03. Local do estabelecimento do prestador de serviços. Correção monetária e juros moratórios. 1 - Tratando-se de julgamento simultâneo de ações conexas, em que se profere uma única sentença, não se conhece do recurso reproduzido em duplicidade, em atenção ao princípio da singularidade. 2 - Conforme se extrai da Lei Complementar 116/03, em regra, considera-se prestado o serviço e devido o ISS no município do local do estabelecimento do prestador. A exceção, que toma o município da prestação do serviço como sujeito ativo para a exigibilidade do tributo, foi tratada nas hipóteses dos incisos I a XXV. 3 - Neste cenário, à luz do disposto na aludida Lei Complementar, tem-se que o Superior Tribunal de Justiça, "reafirmou o entendimento segundo o qual, na ocorrência do fato gerador sob a égide da LC 116/2003, à exceção de serviços de construção civil, o ISSQN é devido ao Município do local da sede do prestador de serviço. (AgRg no REsp 1280592/MG, Rel. Ministro HERMAN BENJAMIN, SEGUNDA TURMA, julgado em 01/03/2012, DJe 12/04/2012). 4 - Nesse diapasão, verifica-se que não há elementos probatórios que denotem a existência de uma unidade econômica ou profissional da pessoa jurídica prestadora dos serviços no Distrito Federal para que ocorra a exação do ISS, de modo que o imposto relativo aos serviços de assessoria e consultoria de informática prestados pela apelada deve ser recolhido no local em que está situado o estabelecimento da empresa prestadora, no caso, o município do Rio de Janeiro, evitando-se que ocorra a bitributação da empresa ora apelada. 5 - Sobre os tributos de competência do Distrito Federal, deve ser aplicado o INPC como índice de correção monetária, a partir do pagamento realizado indevidamente (súmula 43 do STJ), conforme preconiza a Lei Complementar Distrital LC 435/2001. Por conseguinte, os juros moratórios incidem a partir do trânsito em julgado da sentença, nos termos da súmula 188 do Superior Tribunal de Justiça. 6 - Apelação apresentada nos autos da ação de consignação em pagamento (Processo 2014.01.1.199750-2) não conhecida. 7 - Apelação interposta nos autos da ação declaratória (Processo 2013.01.1.091250-2) conhecida e parcialmente provida. (TJ-DF 20140111997502 DF 0052715-08.2014.8.07.0018, Relator: GILBERTO PEREIRA DE OLIVEIRA, Data de Julgamento: 31/05/2017, 3ª Turma Cível, Data de Publicação: Publicado no DJE: 08/06/2017. Pág.: 277/286). Em sentido contrário: Apelação Cível. Direito Tributário. Imposto sobre Serviços de qualquer Natureza (ISS). Prestação de serviço. Informática. Cobrança pelo município onde os serviços foram prestados. Multa por descumprimento da notificação. Além de a CDA gozar de presunção de liquidez e certeza, o tributo está sendo corretamente cobrado pelo Município onde os serviços foram prestados e não onde está a sede do tomador. Está correta a multa aplicada ao débito tributário, que não tem caráter de confisco, mas, sim, de mera penalidade com o objetivo de combater a sonegação e coibir a inadimplência. Na forma do art. 557, caput, do CPC, nego seguimento ao recurso. (TJ-RJ - APL: 992262120108190002 RJ 0099226-21.2010.8.19.0002, Relator: DES. Cherubin Helcias Schwartz, Data de Julgamento: 13/02/2012, Décima Segunda Câmara Cível). Tributário. ISS. Mandado de Segurança. Prestação de serviços de suporte técnico, manutenção e outros serviços de informática em local situado fora dos limites territoriais do Município onde sediada a empresa prestadora. Competência tributária, no caso, do Distrito Federal, onde efetivamente prestados os serviços. Recurso provido. (TJ-SP - APL: 5022020108260282 SP 0000502-20.2010.8.26.0282, Relator: Mourão Neto, Data de Julgamento: 16/02/2012, 18ª Câmara de Direito Público, Data de Publicação: 02/03/2012).

⊙ **Cessão de direito de uso de software. Incidência ISSQN. Não se trata de locação.** Constitucional e tributário. Mandado de segurança preventivo. Imposto sobre serviço de qualquer natureza - ISS. Fato gerador. Cessão ou licença de direito de uso de software. Prestação de serviços. Atividades enquadradas tanto no item 1.05 da lista de serviços anexa à Lei Complementar nº 116/03 como no item 1.05 da lista de serviços anexa ao Decreto nº 25.508/05. Incidência do ISS. Inconstitucionalidade ou ilegalidade. Informação. Segurança denegada. Sentença mantida. 1. Guardando subserviência ao regramento fixado no art. 156, III, do Texto Supremo, a Lei Complementar nº 116/2003 previra expressamente a incidência do Imposto Sobre Serviços de Qualquer Natureza. ISS sobre serviços de qualquer natureza não compreendidos no art. 155, II, da Constituição Federal, que pauta os serviços passíveis de tributação pelo ICMS (transporte interestadual e intermunicipal e de comunicação), compreendendo o alcance da exação o licenciamento ou cessão de direito de uso de programas de computação (item 1.05 da lista anexa à LC 116/2003). 2. A cessão de direitos sobre o uso de softwares desenvolvidos por empresa especializada para atendimento a demandas específicas dos destinatários é passível de ser tributada pelo ISS, porquanto, apesar de o negócio jurídico que o veicula ter sido denominado de cessão de direitos, há nítida prestação de serviços pela cedente, consubstanciados no projeto e desenvolvimento do programa de computador para atendimento das peculiares necessidades dos clientes/cessionários, ensejando a germinação do fato gerador da exação. 3. Encartando a cessão, mediante remuneração, dos direitos de uso de softwares prestação de serviços e havendo previsão legal da sua subsunção como fato gerador do ISS tanto na Lei Complementar nº 116/03 quanto, na seara local, no Decreto Distrital nº 25.508/05, a constituição e cobrança da exação pelo Distrito Federal, como corolário da atribuição da competência tributária que lhe fora atribuída pela Constituição Federal, não padecem de inconstitucionalidade ou ilegalidade, sobretudo porque não há, no sistema constitucional tributário, qualquer imunidade sobre tal atividade, nem submissão dela a imposto diverso. 4. Enquanto na locação entendeu-se que não pode ser alvo da exação a título de imposto sobre serviços por não envolver qualquer prestação de serviço, na cessão de direitos de uso de software o objeto da tributação não é a cessão, pura e simples, do direito de uso, mas o serviço a ela inerente, qual seja, a atividade (o fazer) de desenvolvimento de sistemas para uso por terceiros, que tanto pode ser objeto de cessão de direito de uso como de compra e venda e se fosse comercializada como produtos comercializados no mercado em geral, para consumidores não individualizados caso em que se poderia falar em operação de circulação de mercadoria, passível de ser tributada pelo ICMS, não podendo as atividades, portanto, serem tratadas como similares fossem, donde não há que se falar em aplicação do mesmo direito. 5. Apelação conhecida e desprovida. Unânime. (TJ-DF - APC: 20130110053566 DF 0000292-08.2013.8.07.0018, Relator: TEÓFILO CAETANO, Data de Julgamento: 26/11/2014, 1ª Turma Cível, Data de Publicação: Publicado no DJE: 11/12/2014 Pág.: 129). **No mesmo sentido**: Apelação Mandado de segurança - Imposto sobre serviços de qualquer natureza - Empresa que explora a venda e locação de programas para computador ('software') Provas carreadas pela parte das quais não decorre o direito invocado Análise de mérito - Comercialização por meio de contrato de cessão ou licença de direito de uso de software - Prestação de serviços - Atividades enquadradas no item 1.05 da Lista de Serviços anexa à LC nº 116/03 - Incidência de ISSQN. A exploração de programas de computador, mediante contratos de licença ou de cessão sujeita-se à incidência do ISS - Precedentes do C. STJ e desta E. Corte - Recurso desprovido. (TJ-SP - APL: 00510075220128260053 SP 0051007-52.2012.8.26.0053, Relator: Roberto Martins de Souza, Data de Julgamento: 28/08/2014, 18ª Câmara de Direito Público, Data de Publicação: 03/09/2014). AGRAVO INTERNO TRIBUTÁRIO ISS Município de São Paulo Cessão de uso de software Incidência Possibilidade Apelação Confronto com a jurisprudência de tribunal superior Art. 557 do Código de Processo Civil Possibilidade: Não demonstrada qualquer inconsistência no fundamento da decisão, baseada na jurisprudência dominante de tribunal superior, é manifestamente infundada a irresignação do agravante. Ementa da decisão: TRIBUTÁRIO ISS Município de São Paulo Cessão de uso de software Incidência Possibilidade: A atividade de cessão de direito de uso de software estava sujeita ao ISS mesmo antes da Lei Complementar 116/2003, como vem afirmando copiosa jurisprudência dos tribunais superiores. (TJ-SP - AGR: 91106306320068826 SP 9110630-63.2006.8.26.0000, Relator: Teresa Ramos Marques, Data de Julgamento: 19/12/2011, 10ª Câmara de Direito Público, Data de Publicação: 19/12/2011)

- ⊙ **Software individualizado. Incidência de ISS. Software "de prateleira". Incidência ICMS**. APELAÇÃO MANDADO DE SEGURANÇA ISS SERVIÇO DE SOFTWARE FEITO SOB ENCOMENDA PARA CLIENTE DETERMINADO. Prestação de serviço de software individualizado/personalizado, com clientela específica, sobre o qual recai ISS. A situação dos autos não pode ser confundida com prestação de serviço genérica e sobre a qual recairia ICMS. O serviço prestado pela recorrente envolve manutenção e controle de programa de computador que somente está disponível para os tabelionatos, mediante cessão de uso. Sentença mantida. Recurso não provido. (TJ-SP - APL: 01500292420078260000 SP 0150029-24.2007.8.26.0000, Relator: José Luiz Germano, Data de Julgamento: 22/07/2014, 1ª Câmara Extraordinária de Direito Público, Data de Publicação: 30/07/2014). **No mesmo sentido:** APELAÇÃO CÍVEL E REEXAME NECESSÁRIO. AÇÃO DECLARATÓRIA. DIREITO TRIBUTÁRIO. ISSQN. NÃO INCIDÊNCIA SOBRE A VENDA DE SOFTWARES PADRONIZADOS E NÃO CUSTOMIZÁVEIS ("SOFTWARES DE PRATELEIRA"). CARACTERIZAÇÃO DE CIRCULAÇÃO DE MERCADORIA. HONORÁRIOS ADVOCATÍCIOS. As operações de venda dos chamados "softwares de prateleira" (off the shelf), produtos não customizáveis e desenvolvidos em larga escala, estão sujeitas à incidência de ICMS, por representar circulação de mercadoria, e não serviço. Incide ISSQN apenas nas hipóteses de concessão de licença ou cessão de direito de uso de softwares produzidos de forma personalizada, conforme demanda do cliente. Precedentes do STF e desta Corte. A prova contida nos autos, especialmente a pericial, deixa claro que os softwares em discussão não são personalizáveis, não incluindo o preço dos produtos manutenção e suporte técnico. Estes são contratados à parte, com emissão de notas fiscais específicas e recolhimento de ISS para tais serviços. Caracterizada a circulação de mercadorias e não a prestação de serviços, não incide sobre as operações em debate ISSQN. HONORÁRIOS. Reduzida a verba honorária, considerando-se as peculiaridades do caso. APELAÇÃO DESPROVIDA. SENTENÇA REFORMADA EM PARTE EM REEXAME NECESSÁRIO. (Apelação e Reexame Necessário Nº 70064546971, Vigésima Primeira Câmara Cível, Tribunal de Justiça do RS, Relator: Almir Porto da Rocha Filho, Julgado em 20/05/2015). (TJ-RS - REEX: 70064546971 RS, Relator: Almir Porto da Rocha Filho, Data de Julgamento: 20/05/2015, Vigésima Primeira Câmara Cível, Data de Publicação: Diário da Justiça do dia 25/05/2015).

2 – Serviços de pesquisas e desenvolvimento de qualquer natureza.

2.01 – Serviços de pesquisas e desenvolvimento de qualquer natureza.

► **Serviços de desenvolvimento.** "A pesquisa e o desenvolvimento podem ser caracterizados como o conjunto de atividades visando a introdução de inovações técnicas no processo produtivo,(novos produtos, métodos de produção, materiais etc.), abrangendo desde a concepção inicial até os testes de sua utilização efetiva. Nesse caso, cabe relembrar a distinção processo/produto. O ato de pesquisar e desenvolver é o processo; o produto é a pesquisa. Mas, para a pesquisa (produto físico) existir, é necessário o processo de produção. O processo é pressuposto lógico da existência do produto" (DÁCOMO, Natália de Nardi. Hipótese de Incidência do ISS. São Paulo: Noeses, 2006, p. 62/63)

3 – Serviços prestados mediante locação, cessão de direito de uso e congêneres.

3.01 – (VETADO)

3.02 – Cessão de direito de uso de marcas e de sinais de propaganda.

3.03 – Exploração de salões de festas, centro de convenções, escritórios virtuais, stands, quadras esportivas, estádios, ginásios, auditórios, casas de espetáculos, parques de diversões, canchas e congêneres, para realização de eventos ou negócios de qualquer natureza.

3.04 – Locação, sublocação, arrendamento, direito de passagem ou permissão de uso, compartilhado ou não, de ferrovia, rodovia, postes, cabos, dutos e condutos de qualquer natureza.

3.05 – Cessão de andaimes, palcos, coberturas e outras estruturas de uso temporário.

► **Cessão de direito:** "Na mesma situação, encontram-se as cessões de direito, onerosas ou gratuitas, temporárias ou definitivas, porque não constituem serviços. Na realidade, significam mera autorização para que terceiros utilizem os direitos do titular originário". (MELO, José Eduardo Soares de; PAULSEN, Leandro. Impostos federais, estaduais e municipais. 6 ed. Porto Alegre: Livraria do Advogado, 2011, p. 313)

► **Lei 9279/1996:** "Art. 123. Para os efeitos desta Lei, considera-se: I – marca de produto ou serviço: aquela usada para distinguir produto ou serviço de outro idêntico, semelhante ou afim, de origem diversa; II – marca de certificação: aquela usada para atestar a conformidade de um produto ou serviço com determinadas normas ou especificações técnicas, notadamente quanto à qualidade, natureza, material utilizado e metodologia empregada; e III – marca coletiva: aquela usada para identificar produtos ou serviços provindos de membros de uma determinada entidade.

- **Cessão de direitos de uso de marca.** "A cessão de direito de uso de marcas e de sinais de propaganda é a norma individual e concreta que introduz no ordenamento a relação jurídica de prestação de serviço entendida como o uso do trabalho intelectual (serviço) por outrem" (DÁCOMO, Natália de Nardi. Hipótese de Incidência do ISS. São Paulo: Noeses, 2006, p. 65)

- **Código Civil:** "Art. 565. Na locação de coisas, uma das partes se obriga a ceder à outra, por tempo determinado ou não, o uso e gozo de coisa não fungível, mediante certa retribuição".

- **Conceito jurídico de cessão.** "A cessão, empréstimo de coisa móvel, por si só, não faz nascer o fato jurídico tributário, pois é uma simples locação. Mas se a relação jurídica compreender a montagem, a manutenção e o empréstimo dos objetos para compor as estruturas, não há simples locação, mas verdadeira prestação de serviços consubstanciada no trabalho humano intelectual e material" (DÁCOMO, Natália de Nardi. Hipótese de Incidência do ISS. São Paulo: Noeses, 2006, p. 68)

- **Cessão de direito de marca e o entendimento do STF.** "Essas circunstâncias afastam a incidência da súmula vinculante 31 sobre o caso, uma vez que a cessão do direito de uso de marca não pode se considerada locação de bem móvel, mas serviço autônomo especificamente previsto na Lei Complementar 116/2003." (STF, Segunda Turma, Rcl 8.623 AgR, Rel. Min. Gil-mar Mendes, DJe 10/03/2012).

- **Exploração de salão de festas.** Exploração e ação de gerir um negócio, administrar, dirigir, portanto, não se trata simplesmente de aluguel do imóvel, pois inclui conservação, manutenção, limpeza, pagamento dos impostos, ou seja, organização de trabalho humano e de elementos materiais e imateriais para uma destinação específica do local. Observe-se que o preço do serviço incluirá o aluguel como um dos itens do custo. (DÁCOMO, Natália de Nardi. Hipótese de Incidência do ISS. São Paulo: Noeses, 2006, pág. 66);

- **Conceito de locação.** Destacamos, mais uma vez, que para o direito posto, na locação de coisas, uma das partes se obriga a ceder a outra, por tempo determinado ou não, o uso e gozo de coisa não fungível, mediante certa retribuição. Vemos que as definições acima não refletem uma prestação de serviço, mas apenas uso de coisa (locação), uma vez que não há ação ou efeito de servir, propiciar, dar, conceder, dispensar, dar de si algo em forma de atividade, execução de um trabalho intelectual ou de obra material**"** (DÁCOMO, Natália de Nardi. Hipótese de Incidência do ISS. São Paulo: Noeses, 2006, pag. 66/67)

- **Locação e efeitos tributários.** A cessão, empréstimo de coisa móvel, por si só, não faz nascer o fato jurídico tributário, pois e uma simples locação. Mas se a relação jurídica compreender a montagem a manutenção e o empréstimo dos objetos para compor as estruturas, não há simples locação, mas verdadeira prestação de serviços consubstanciada no trabalho humano intelectual e material. **(**DÁCOMO, Natália de Nardi. Hipótese de Incidência do ISS. São Paulo: Noeses, 2006, pag. 68)

- **Inconstitucionalidade da incidência do ISSQN sobre a locação.** "Nota-se, então, que nos contratos de locação não há nenhuma prestação de serviço. Ha sim, como definido no próprio artigo 565 do novo Código Civil uma cessão do direito de uso, mas não serviço. A cessão do direito de uso e absolutamente inconfundível com a atividade de prestar serviços, que revela sempre uma atuação de alguém em favor de outrem, realizando um esforço destinado a proporcionar certa utilidade para o beneficiado. Destarte, como a cessão de direito de uso não se caracteriza como prestação de serviço, não soçobra, dúvidas de que o Congresso Nacional, ao autorizar os Municípios a tributar referidos contratos, incorreu em inconstitucionalidade" (CHIESA, Clesio. Inconstitucionalidade da Lc 116/2003. In. Torres, Heleno Taveira (coord.) Imposto sobre serviços – ISS: na Lei complementar n. 116/03 e na constituição. São Paulo: Manole, 2004, p. 337)

► **Inconstitucionalidade da incidência do ISSQN sobre a locação e a repetição de indébito.** "O ISS é espécie tributária que admite a sua dicotomização como tributo direto ou indireto, consoante o caso concreto. A pretensão repetitória de valores indevidamente recolhidos a título de ISS incidente sobre a locação de bens móveis (cilindros, máquinas e equipamentos utilizados para acondicionamento dos gases vendidos), hipótese em que o tributo assume natureza indireta, reclama da parte autora a prova da não repercussão, ou, na hipótese de ter a mesma transferido o encargo a terceiro, de estar autorizada por este a recebê-los, o que não ocorreu in casu, consoante dessume-se do seguinte excerto da sentença, in verbis: "Com efeito, embora pudesse o autor ter efetuado a prova necessária, que lhe foi facultada, deixou de demonstrar que absorveu o impacto financeiro decorrente do pagamento indevido do ISS sobre a operação de locação de móveis, ou que está autorizado a demandar em nome de quem o fez. Omitiu prova de que tenha deixado de repassar o encargo aos seus clientes ou que tenha autorização destes para buscar a repetição, conforme exigência expressa inscrita no art. 166 do CTN." Recurso especial desprovido. Acórdão submetido ao regime do art. 543-C do CPC e da Resolução STJ 08/2008. (REsp 1131476/RS, Rel. Ministro LUIZ FUX, PRIMEIRA SEÇÃO, julgado em 09/12/2009, DJe 01/02/2010)

► **Locação x prestação.** "Nota-se, então, que nos contratos de locação não há nenhuma prestação de serviços. Há, sim, como definido no próprio artigo 565 do novo Código Civil uma cessão do direito de uso, mas não serviço. A cessão de direito de uso é absolutamente inconfundível com a atividade de prestar serviços, que revela sempre uma atuação de alguém em favor de outrem, realizando um esforço destinado a proporcionar certa utilidade para o beneficiado. Destarte, como a cessão de direito de uso não se caracteriza como prestação de serviço, não soçobram dúvidas de que o congresso Nacional, ao autorizar os Municípios a tributar referidos contratos, incorreu em inconstitucionalidade" (CHIESA, Clésio. Inconstitucionalidade da LC 116/2003. In. TORRES, Heleno Taveira, coord.). Imposto sobre Serviços na LC 116/2003 e na Constituição. São Paulo: Manole, 2004, p. 337)

► **Resultado da prestação de serviços.** "O trabalho às vezes é predominantemente imaterial (do advogado, professor, cantor, et alii), na maioria das vezes, porém, a prestação dos serviços se concretiza em bens materiais. O que é fundamental é que o fazer haverá de prevalecer sobre o dar" (BALEEIRO, Aliomar. Direito tributário brasileiro. 11 ed. atualizada por Misabel Machado Derzi. Rio de Janeiro: Forense, 1999, p. 37) Neste mesmo sentido: "o ISS, e bem assim qualquer outro imposto, só pode alcançar o fato concretamente ocorrido no mundo fenomênico, e nunca aquele que está por ocorrer, ainda que a probabilidade dessa ocorrência seja presumível. Relativamente ao ISS, é preciso atentar, ainda, para a circunstância de que se trata de um imposto sobre fatos e não sobre contratos" (BARRETO, Aires F. Curso de Direito Tributário Municipal. São Paulo: Saraiva, 2009. p. 322)

- **Produção de shows. ISSQN devido no local do estabelecimento prestador.** "O ISS pela prestação de serviços relativo à produção de shows, capitulado no art. 8º, inciso 12, item 12.13, é devido o pagamento no local do estabelecimento prestador. Recurso voluntário improvido. CCM/RJ, RV nº 16.837, Rel. Conselheiro Roberto Lira, Acórdão 15.479, julgado em 09 de junho de 2016.

- **Inconstitucionalidade material do serviço 3.02.** Incidente de inconstitucionalidade do item 3.02 da lista anexa à Lei Complementar 116/2003 e Lei Municipal nº 3482/2003 de igrejinha que determinam incidência de ISS sobre cessão de direito de uso de marcas e de sinais de propaganda. Inconstitucionalidade material por violação ao artigo 8º da Constituição do Estado e ao artigo 156, III, da Constituição Federal. Há inconstitucionalidade material nos itens 3.02 da Lista anexa à Lei Complementar 116/2003 e da Lei Municipal n.º 3.482/2003, que determinam a incidência de ISS em caso de cessão de direito de uso de marcas e de sinais de propaganda, por violação ao artigo 8º da Constituição do Estado e ao artigo 156, III, da Constituição Federal. Incidente julgado procedente. Unânime. (Incidente de Inconstitucionalidade Nº 70029311743, Tribunal Pleno, Tribunal de Justiça do RS, Relator: Carlos Eduardo Zietlow Duro, Julgado em 18/05/2009) (TJ-RS – IIN: 70029311743 RS, Relator: Carlos Eduardo Zietlow Duro, Data de Julgamento: 18/05/2009, Tribunal Pleno, Data de Publicação: Diário da Justiça do dia 09/09/2009). **No mesmo sentido:** INCIDENTE DE INCONSTITUCIONALIDADE. CESSÃO DE DIREITO DE USO DE MARCA. NÃO CONFIGURAÇÃO COMO SERVIÇO. NÃO INCIDÊNCIA DE ISSQN. – Não é possível a tributação por ISSQN em caso de cessão de direito de uso de marca, vez que tal negócio não envolve obrigação de fazer, inexistindo prestação de serviço. (TJ-PE – Arguição de Inconstitucionalidade: 24371620068170370 PE 0014780-82.2009.8.17.0000, Relator: Leopoldo de Arruda Raposo, Data de Julgamento: 14/03/2011, Corte Especial, Data de Publicação: 73/2011).

- **Constitucionalidade. Incidência ISSQN. Item 3.03.** Decisão: Acordam os Desembargadores do Órgão Especial do Tribunal de Justiça do Estado do Paraná, por maioria de votos, em julgar improcedente o presente incidente, declarando-se a constitucionalidade com interpretação conforme à Constituição ao item 3.03 da Lista de Serviços Anexa à Lei Complementar nº 116, de 31 de julho de 2003. EMENTA: Incidente de declaração de inconstitucionalidade. Direito tributário. Imposto sobre serviço de qualquer natureza. Art. 156, inciso III, da CF. Incidência do imposto na locação de serviços prestados mediante exploração de salões de festas, centro de convenções, escritórios virtuais, stands, quadras esportivas, estádios, ginásios, auditórios, casas de espetáculos, parques de diversões, canchas e congêneres, para realização de eventos ou negócios de qualquer natureza. Item 3.03 da lista anexa da Lei Complementar nº 116/2003. Compatibilidade da norma, desde que excluído da base de cálculo do imposto o valor relativo à locação do imóvel. Súmula vinculante nº 31 do STF. Incidente conhecido e julgado improcedente com interpretação conforme à Constituição Federal. I – Relatório. (TJPR – Órgão Especial – IDI – 1085086-5/01 – Curitiba – Rel.: Ruy Cunha Sobrinho – Rel. Desig. p/ o Acórdão: Luiz Osorio Moraes Panza – Por maioria – J. 30.03.2015) (TJ-PR – Arguição de Inconstitucionalidade: 1085086501 PR 1085086-5/01 (Acórdão), Relator: Luiz Osorio Moraes Panza, Data de Julgamento: 30/03/2015, Órgão Especial, Data de Publicação: DJ: 1608 17/07/2015).

- **Exploração de salões de festas. Incidência ISSQN. Não configura locação de bem móvel.** Apelação. Ação anulatória de débito fiscal julgada improcedente ao argumento de que a locação de salão para convenções, eventos e festas se enquadra no item 3.03 da Lei Complementar Municipal n. 224/08. Prova suficiente de que as atividades da autora não se resumem à simples locação de bem móvel ou imóvel, mas sim caracterizam a prestação de serviço tipificada no item 3.03 da lista anexa à Lei Complementar Federal n. 106/2003 e à Lei Complementar Municipal n. 224/2008. Recurso não provido. (TJ-SP – APL: 00282962320128260451 SP 0028296-23.2012.8.26.0451, Relator: Ricardo Chimenti, Data de Julgamento: 28/08/2014, 18ª Câmara de Direito Público, Data de Publicação: 02/09/2014).

- **Locação de trajes para festas. Não incidência do ISSQN. Locação de bem móvel.** Não incide ISS sobre locação de bens móveis, conforme inconstitucionalidade declarada pelo E. STF. Vencida a Fazenda Pública, os honorários advocatícios devem ser fixados deforma equitativa – art. 20, § 4", do CPC.RECURSOS IMPROV1DOS. (TJ--SP – APL: 9062931712009826 SP 9062931-71.2009.8.26.0000, Relator: Carlos Giarusso Santos, Data de Julgamento: 30/06/2011, 18ª Câmara de Direito Público, Data de Publicação: 11/07/2011).

- **Exploração de salões de festas. ISSQN devido no local do estabelecimento prestador.** No regime da Lei Complementar 116/2003, a competência para cobrança de ISS é do local do estabelecimento do prestador do serviço – Precedentes do STJ e desta C. Câmara – Autora que alterou a sede do Município de Osasco para o Município de Vargem Grande Paulista – Elementos dos autos que evidenciam que tal alteração implicou também a mudança do local do estabelecimento prestador – Imposto devido ao Município de Vargem Grande Paulista. (TJ-SP – APL: 10140642520158260405 SP 1014064-25.2015.8.26.0405, Relator: Eurípedes Faim, Data de Julgamento: 24/01/2017, 15ª Câmara de Direito Público, Data de Publicação: 24/01/2017).

- **Cessão de andaimes. Não configura locação de móvel. Inaplicabilidade da súmula vinculante nº 31.** Apelação cível – Mandado de Segurança – ISS – Município de São Paulo – Impetrante alega que não presta serviços, limitando-se à locação de bens móveis – Atividade da impetrante que expressamente encontra-se discriminada como tributável na Lista de serviços anexa à LC 116/03 (item 3.05 – cessão de andaimes, palcos, coberturas e outras estruturas de uso temporário) – Documentação carreada aos autos dá conta de que não se trata de locação de bens móveis pura e simples – Prestação de serviços de montagem com mão de obra especializada – Inaplicabilidade, in casu, da Súmula Vinculante nº 31 – Precedentes do STJ e desta 15ª Câmara de Direito Público – Sentença mantida – Recurso não provido. (TJ-SP – APL: 00381850220108260053 SP 0038185-02.2010.8.26.0053, Relator: Raul De Felice, Data de Julgamento: 01/12/2015, 15ª Câmara de Direito Público, Data de Publicação: 10/12/2015). **Em sentido contrário:** Direito Tributário. Mandado de Segurança. Locação de andaimes, palco, cobertura e outras estruturas de uso temporário. Pretensão de reconhecimento de inexistência de hipótese de incidência. Sentença de procedência. Recurso. Manutenção. Não incide o ISS sobre locação de bens móveis. Aplicação da Súmula Vinculante nº 31: "É inconstitucional a incidência do Imposto sobre Serviços de Qualquer Natureza – ISS sobre operações de locação de bens móveis". Precedente: "Direito Tributário. Incidência ISSQN. Cessão de andaimes, palco, cobertura e outras estruturas de uso temporário. Subitem 3.05 da Lei Complementar 116/2003. Mandado de Segurança. Liminar indeferida por demandar análise mais apurada, incompatível com o exame na apreciação do pedido liminar. A cessão consiste em obrigação de dar, e não de fazer. Não se qualificando como serviço a ser tributado pelo Município. A aplicação da Súmula Vinculante 31 – É inconstitucional a incidência do Imposto sobre

Serviços de Qualquer Natureza – ISS sobre operações de locação de bens móveis. Precedente: 0152296-68.2001.8.19.0001 (2003.001.03930) APELAÇÃO – 1ª Ementa – DES. NAGIB SLAIBI Julgamento: 20/05/2003 – SEXTA CÂMARA CÍVEL I.S.S. BEM MÓVEL. CONTRATO DE LOCAÇÃO. NAO INCIDÊNCIA. REFORMA DA DECISÃO. ACÓRDÃO Direito Tributário. Locação de andaimes. Incidência do ISS. Item 79 da lista anexa ao Decreto Lei nº 406/68 Inconstitucionalidade. Fato gerador do ISS. Bens móveis. Inconstitucionalidade. Precedente. Supremo Tribunal Federal. TRIBUTO – FIGURINO CONSTITUCIONAL. A supremacia da Carta Federal é conducente a glosar-se a cobrança de tributo discrepante daqueles nela previstos. IMPOSTO SOBRE SERVIÇOS CONTRATO DE LOCAÇÃO. A terminologia constitucional do Imposto sobre Serviços revela o objeto da tributação. Conflita com a Lei Maior dispositivo que imponha o tributo considerado contrato de locação de bem móvel. Em Direito, os institutos, as expressões e os vocábulos têm sentido próprio, descabendo confundir a locação de serviços com a de móveis, práticas diversas regidas pelo Código Civil, cujas definições são de observância inafastável – artigo 110 do Código Tributário Nacional (STF Tribunal Pleno, RE nº 116.121/SP, Min. Celso Mello) Provimento do recurso. Presença dos requisitos autorizadores da concessão de liminar. Provimento do recurso." (0016655-62.2011.8.19.0000 – AGRAVO DE INSTRUMENTO DES. NAGIB SLAIBI – Julgamento: 10/05/2011 – SEXTA CÂMARA CÍVEL) Desprovimento do recurso. (TJ-RJ – REEX: 00061519120118190001 RJ 0006151-91.2011.8.19.0001, Relator: DES. NAGIB SLAIBI FILHO, Data de Julgamento: 17/09/2014, SEXTA CÂMARA CÍVEL, Data de Publicação: 23/09/2014 00:00).

4 – Serviços de saúde, assistência médica e congêneres.

4.01 – Medicina e biomedicina.

4.02 – Análises clínicas, patologia, eletricidade médica, radioterapia, quimioterapia, ultrassonografia, ressonância magnética, radiologia, tomografia e congêneres.

4.03 – Hospitais, clínicas, laboratórios, sanatórios, manicômios, casas de saúde, prontos-socorros, ambulatórios e congêneres.

4.04 – Instrumentação cirúrgica.

4.05 – Acupuntura.

4.06 – Enfermagem, inclusive serviços auxiliares.

4.07 – Serviços farmacêuticos.

4.08 – Terapia ocupacional, fisioterapia e fonoaudiologia.

4.09 – Terapias de qualquer espécie destinadas ao tratamento físico, orgânico e mental.

4.10 – Nutrição.

4.11 – Obstetrícia.

4.12 – Odontologia.

4.13 – Ortóptica.

4.14 – Próteses sob encomenda.

4.15 – Psicanálise.

4.16 – Psicologia.

4.17 – Casas de repouso e de recuperação, creches, asilos e congêneres.

4.18 – Inseminação artificial, fertilização in vitro e congêneres.

4.19 – Bancos de sangue, leite, pele, olhos, óvulos, sêmen e congêneres.

4.20 - Coleta de sangue, leite, tecidos, sêmen, órgãos e materiais biológicos de qualquer espécie.

4.21 - Unidade de atendimento, assistência ou tratamento móvel e congêneres.

4.22 - Planos de medicina de grupo ou individual e convênios para prestação de assistência médica, hospitalar, odontológica e congêneres.

4.23 - Outros planos de saúde que se cumpram através de serviços de terceiros contratados, credenciados, cooperados ou apenas pagos pelo operador do plano mediante indicação do beneficiário.

- **Serviço de assistência médica.** "A assistência médica significa ato ou efeito de proteger, de amparar, de auxiliar; socorro médico. Atividade de medicina visa curar, medicar, tratar pacientes e clientes de doenças com a terapêutica, por meio de consultas, diagnostico, atendimentos e cirurgia; compreende também a implementação e coordenação de programas de saúde, perícias, auditorias, sindicâncias médicas etc. Análise clínica e o conjunto de exames laboratoriais executados sobre amostras de material colhido do organismo (sangue, urinam fezes, tecido etc.) para fins diagnósticos" (DÁCOMO, Natália de Nardi. Hipótese de Incidência do ISS. São Paulo: Noeses, 2006, pag.71/72)

- **Súmula 274 do STJ:** *"O ISS incide sobre o valor dos serviços de assistência médica, incluindo-se neles as refeições, os medicamentos e as diárias hospitalares".*

- **Serviço hospitalar.** "Serviços de hospitais são aqueles que compreendem os meios que possibilitam o diagnóstico, o tratamento, o curativo, a medicação, e internação, a alimentação e a higiene dos doentes". (DÁCOMO, Natália de Nardi. Hipótese de Incidência do ISS. São Paulo: Noeses, 2006, pag. 74)

- **Conceito doutrinário.** "Serviços de hospitais são os prestados por estabelecimentos devidamente aparelhados, destinados a recolher os enfermos ou acidentados, para diagnóstico, assistência, tratamento e internação de pessoas, mediante paga. Os hospitais, também conhecidos como nosocômios, prestam serviços de assistência médica às pessoas naturais, através de profissionais e técnicos especializados. Tratam da vigilância, alimentação e higiene dos doentes internados além de ministrarem curativos e medicamentos" (DE MORAES, Bernardo Ribeiro, Doutrina e Prática do Imposto sobre Serviços, Ed. RT, São Paulo, 1978, pág. 181).

- **Base de cálculo do serviço hospitalar.** "Nos demais serviços que compreendam aplicação, emprego ou utilização de bens materiais etc. não se cogita da exigência de ICMS. É o caso dos hospitais que ministram medicamentos, dependem de material cirúrgico; e dos hotéis que fornecem alimentação incluída na diária" (MELO, José Eduardo Soares de; PAULSEN, Leandro. Impostos federais, estaduais e municipais. 6 ed. Porto Alegre: Livraria do Advogado, 2011, p. 310)

- **Farmácia de manipulação.** "A manipulação de medicamentos por farmácias, em razão de constituir operação mista que agrega necessária e substancialmente a prestação e um típico serviço farmacêutico, está sujeito ao ISS". (MELO, José Eduardo Soares de; PAULSEN, Leandro. Impostos federais, estaduais e municipais. 6 ed. Porto Alegre: Livraria do Advogado, 2011, p. 313)

- **STF: incidência sobre farmácias de manipulação - Tese Repercussão Geral 379 no RE 605.552** "No tocante às farmácias de manipulação, incide o ISS sobre as operações envolvendo o preparo e o fornecimento de medicamentos encomendados para posterior entrega aos fregueses, em caráter pessoal, para consumo; incide o ICMS sobre os medicamentos de prateleira por elas produzidos, ofertados ao público consumidor".

- **Planos de saúde.** "No caso do item 4.22 há a atividade do plano de saúde que contém a disponibilidade de hospitais, consultas, exames clínicos e laboratoriais, sendo que a empresa responsável pelo plano de saúde, na verdade, administra uma carteira de clientes para uma rede de médicos, hospitais e serviços correlatos... Entendemos que a atividade que poderia ser objeto da tributação do ISS seria a da administração do plano de saúde, e tal assertiva tem influência direta na base de cálculo do tributo, daí a necessidade de apurar a atividade que é efetivamente passível de tributação" (HOFFMANN, Susy Gomes. O Imposto sobre serviços de qualquer natureza. In. Curso de Especialização em Direito Tributário. Coord. Eurico Marcos Diniz de Santi. Forense: rio de Janeiro, 2009, p. 513)

- **Tese Repercussão Geral no RE 651.703:** "As operadoras de planos de saúde realizam prestação de serviço sujeito ao Imposto sobre Serviços de Qualquer Natureza previsto no artigo 156, inciso III da Constituição Federal".

- **Regulamento do serviço de enfermagem.** "Artigo 11 da lei n 7498/86: Art. 11. O Enfermeiro exerce todas as atividades de enfermagem, cabendo-lhe: I – privativamente: a) direção do órgão de enfermagem integrante da estrutura básica da instituição de saúde, pública e privada, e chefia de serviço e de unidade de enfermagem; b) organização e direção dos serviços de enfermagem e de suas atividades técnicas e auxiliares nas empresas prestadoras desses serviços; c) planejamento, organização, coordenação, execução e avaliação dos serviços da assistência de enfermagem; h) consultoria, auditoria e emissão de parecer sobre matéria de enfermagem; i) consulta de enfermagem; j) prescrição da assistência de enfermagem; l) cuidados diretos de enfermagem a pacientes graves com risco de vida; m) cuidados de enfermagem de maior complexidade técnica e que exijam conhecimentos de base científica e capacidade de tomar decisões imediatas; II – como integrante da equipe de saúde: a) participação no planejamento, execução e avaliação da programação de saúde; b) participação na elaboração, execução e avaliação dos planos assistenciais de saúde; c) prescrição de medicamentos estabelecidos em programas de saúde pública e em rotina aprovada pela instituição de saúde; d) participação em projetos de construção ou reforma de unidades de internação; e) prevenção e controle sistemático da infecção hospitalar e de doenças transmissíveis em geral; f) prevenção e controle sistemático de danos que possam ser causados à clientela durante a assistência de enfermagem; g) assistência de enfermagem à gestante, parturiente e puérpera; h) acompanhamento da evolução e do trabalho de parto; i) execução do parto sem distocia; j) educação visando à melhoria de saúde da população. Parágrafo único. As profissionais referidas no inciso II do art. 6º desta lei incumbe, ainda: a) assistência à parturiente e ao parto normal; b) identificação das distocias obstétricas e tomada de providências até a chegada do médico; c) realização de episiotomia e episiorrafia e aplicação de anestesia local, quando necessária.

- **Serviço farmacêutico.** "O serviço farmacêutico e relativo a desenvolvimento, produção, manipulação, preparo, conservação, controle, armazenamento, distribuição, e transporte de medicamentos, cosméticos, alimentos especiais, imunobiológicos e insumos correlatos. A atividade também compreende a pesquisa sobre os efeitos de substâncias nos seres vivos" (DÁCOMO, Natália de Nardi. Hipótese de Incidência do ISS. São Paulo: Noeses, 2006, pag. 78)

- **Manipulação de fórmulas magistrais. Configuração de serviço farmacêutico. Incidência ISSQN.** "(...) exercício da profissão de farmacêutico, regulamentado pelo Decreto nº 85.878/81, compreende a manipulação de fórmulas magistrais e a Lei Federal nº 5.991/73 conceitua farmácia como o estabelecimento de manipulação de fórmulas magistrais e oficinais. Desse modo, não restam dúvidas que a atividade desenvolvida pela Recorrente, manipulação de fórmulas magistrais, caracteriza prestação de serviços farmacêuticos, prevista no subitem 4.07 da Lista de Serviços anexa à LC nº 116/2003, sujeitando-se, assim, à incidência do ISSQN". CART/BH, 2ª Câmara, Rel. Carlos Augusto, Acórdão 9.504, 16/02/2013. **Nesse mesmo sentido:** AgRg no REsp nº 1158069/PE, Rel. Ministro Benedito Gonçalves (1ª Turma, julgado em 20/04/2010, DJe 03/065/2010); o REsp nº 975105/RS, Rel. Ministro Herman Benjamin (2ª Turma, julgado em 16/10/2008, DJe 09/03/2009); o REsp nº 881035/RS, Rel. Ministro Teori Albino Zavascki (1ª Turma, julgado em 06/03/2008, DJe 26/03/2008).

- **Serviço de odontologia Lei 5081/1966.** "Art. 6º Compete ao cirurgião-dentista: I - praticar todos os atos pertinentes a Odontologia, decorrentes de conhecimentos adquiridos em curso regular ou em cursos de pós-graduação; II - prescrever e aplicar especialidades farmacêuticas de uso interno e externo, indicadas em Odontologia; III - atestar, no setor de sua atividade profissional, estados mórbidos e outros, inclusive, para justificação de faltas ao emprego. IV - proceder à perícia odontolegal em fôro civil, criminal, trabalhista e em sede administrativa; V - aplicar anestesia local e truncular; VI - empregar a analgesia e a hipnose, desde que comprovadamente habilitado, quando constituírem meios eficazes para o tratamento; VII - manter, anexo ao consultório, laboratório de prótese, aparelhagem e instalação adequadas para pesquisas e análises clínicas, relacionadas com os casos específicos de sua especialidade, bem como aparelhos de Raios X, para diagnóstico, e aparelhagem de fisioterapia; VIII - prescrever e aplicar medicação de urgência no caso de acidentes graves que comprometam a vida e a saúde do paciente; IX - utilizar, no exercício da função de perito-odontólogo, em casos de necropsia, as vias de acesso do pescoço e da cabeça".

- **Coleta de material.** "Trata-se de serviço de colher ou recolher amostras para estudo, analise, exame. O serviço de análise clínica passa a ser fracionado. A coleta e um serviço; o exame, estudo, analise, outro. Caso um laboratório venha a colher o material no Município A e proceder à análise no Município B, teremos duas relações de serviços distintas: o serviço de coleta sendo devido no Município A; o de análise no Município B". (DÁCOMO, Natália de Nardi. Hipótese de Incidência do ISS. São Paulo: Noeses, 2006, pag. 89)

- **Cobrança de ISSQN** sobre a prestação de serviços de análise clínica é devida no Município em que foi feita a contratação do serviço, a coleta do material biológico e a entrega do respectivo laudo, ainda que a análise do material coletado tenha sido realizada em unidade localizada em outro Município, devendo-se incidir o imposto sobre a totalidade do preço pago pelo serviço. (STJ. 1ª Turma. REsp 1.439.753-PE, Rel. Min. Arnaldo Esteves Uma, Rel. para acórdão Min. Benedito Gonçalves, julgado em 6/11/2014 - (Informativo 555). **No mesmo sentido:** AgInt REsp 1.634.445/MG, Segunda Turma, rel. Min. Og Fernandes, julgado em 13.06.2017, publicado no DJe de 21.06.2017.

- **Atividade meio x atividade fim.** "Somente podem ser tomadas, para compreensão do ISS, as atividades entendidas como fim, correspondentes à prestação de um serviço integralmente considerado em cada item. Não se pode decompor em serviço porque previsto, em sua integralidade, no respectivo item específico da lista da lei municipal nas várias ações-meio que o integram, para pretender tributá-las separadamente, isoladamente, como se cada uma delas correspondesse a um serviço autônomo, independente. Isso seria uma aberração jurídica, além de construir-se em desconsideração à hipótese de incidência do ISS" (BARRETO, Aires. Curso de Direito Tributário Municipal. 2. ed. São Paulo: Saraiva, 2012. p. 375.)

- **Regulamento dos planos de saúde – Lei 9.656/1998.** "Art. 1º Submetem-se às disposições desta Lei as pessoas jurídicas de direito privado que operam planos de assistência à saúde, sem prejuízo do cumprimento da legislação específica que rege a sua atividade, adotando-se, para fins de aplicação das normas aqui estabelecidas, as seguintes definições: (Redação dada pela Medida Provisória nº 2.177-44, de 2001) I – Plano Privado de Assistência à Saúde: prestação continuada de serviços ou cobertura de custos assistenciais a preço pré ou pós estabelecido, por prazo indeterminado, com a finalidade de garantir, sem limite financeiro, a assistência à saúde, pela faculdade de acesso e atendimento por profissionais ou serviços de saúde, livremente escolhidos, integrantes ou não de rede credenciada, contratada ou referenciada, visando a assistência médica, hospitalar e odontológica, a ser paga integral ou parcialmente às expensas da operadora contratada, mediante reembolso ou pagamento direto ao prestador, por conta e ordem do consumidor; (Incluído pela Medida Provisória nº 2.177-44, de 2001) II – Operadora de Plano de Assistência à Saúde: pessoa jurídica constituída sob a modalidade de sociedade civil ou comercial, cooperativa, ou entidade de autogestão, que opere produto, serviço ou contrato de que trata o inciso I deste artigo; (Incluído pela Medida Provisória nº 2.177-44, de 2001) III – Carteira: o conjunto de contratos de cobertura de custos assistenciais ou de serviços de assistência à saúde em qualquer das modalidades de que tratam o inciso I e o § 1º deste artigo, com todos os direitos e obrigações nele contidos. (Incluído pela Medida Provisória nº 2.177-44, de 2001)

- **Classificação dos serviços de planos de saúde.** "Assim, podemos estabelecer três tipos de operadoras de planos de assistência à saúde: as seguradoras (operadoras de seguro privados de assistência à saúde), as empresas de planos de saúde (operadoras de planos privados de assistência à saúde) e as entidades de autogestão (entidades ou empresas que mantêm sistemas de assistência à saúde pela modalidade de autogestão)" (DÁCOMO, Natália de Nardi. Hipótese de Incidência do ISS. São Paulo: Noeses, 2006, pag. 90)

- **Operadoras de planos privados de assistência à saúde. Serviço sujeito a ISS.** As operadoras de planos privados de assistência à saúde (plano de saúde e seguro-saúde) realizam prestação de serviço sujeita ao Imposto Sobre Serviços de Qualquer Natureza – ISSQN, previsto no art. 156, III, da CF/88. STF. Plenário. RE 651703/PR, Rel. Min. Luiz Fux, julgado em 29/09/2016 **(repercussão geral)** (Info 841).

- **STF e Planos de Saúde – Tese Repercussão Geral no RE 651.703:** "As operadoras de planos de saúde realizam prestação de serviço sujeito ao Imposto sobre Serviços de Qualquer Natureza previsto no artigo 156, inciso III da Constituição Federal".

- **Base de cálculo de planos de saúde** "Em suma, é induvidosa a não-inclusão na base de cálculo do ISS do valor dos pagamentos efetuados a terceiros prestadores de serviços, tais como, além de outros, hospitais, médicos, odontólogos, laboratórios de análises, de patologia, de eletricidade médica. Ambulatórios, prontos-socorros, casas de saúde e de recuperação, bancos de sangue, de pele, de olhos" (BARRETO, Aires F. Curso de Direito Tributário municipal. São Paulo: Saraiva, 2009, p. 409)

- **Contrato de seguro-saúde. A base de cálculo é a comissão e não o valor bruto entregue a empresa que intermedia a transação.** "A base de cálculo do ISS incidente sobre as operações decorrentes de contrato de seguro-saúde não abrange o valor bruto entregue à empresa que intermedeia a transação, mas, sim, a comissão, vale dizer: a receita auferida sobre a diferença entre o valor recebido pelo contratante e o que é repassado para os terceiros efetivamente prestadores dos serviços" (STJ - AgRg no Ag 1288850/ES, Rel. Ministro HAMILTON CARVALHIDO, PRIMEIRA TURMA, julgado em 19/10/2010, DJe 06/12/2010).

- **Cooperativa - Lei 5764/1971.** *"Art. 3º Celebram contrato de sociedade cooperativa as pessoas que reciprocamente se obrigam a contribuir com bens ou serviços para o exercício de uma atividade econômica, de proveito comum, sem objetivo de lucro. Art. 79. Denominam-se atos cooperativos os praticados entre as cooperativas e seus associados, entre estes e aquelas e pelas cooperativas entre si quando associados, para a consecução dos objetivos sociais. Parágrafo único. O ato cooperativo não implica operação de mercado, nem contrato de compra e venda de produto ou mercadoria".*

- **Atos cooperativos.** "Os atos não cooperados, aqueles que envolvem o público externo, isto e, não participante da cooperativa, e que demandam serviços fornecidos por esta por meio de seus cooperados, estão sujeitos ao pagamento do Imposto Sobre Serviços, conforme determina o artigo 87 da Lei n 5764/71" (DÁCOMO, Natália de Nardi. Hipótese de Incidência do ISS. São Paulo: Noeses, 2006, pag. 95)

  - **Cooperativa. Não incidência de ISSQN sobre atos cooperativos.** "Não incide o ISS sobre as atividades próprias de cooperativa. Por outro lado, as atividades de natureza empresarial, decorrentes de relação jurídica negocial, estão sujeitas à incidência do tributo porque não se qualificam como atos cooperativos". Precedentes. Agravo regimental improvido. (AgRg no REsp 1172458/RJ, Rel. Ministro CESAR ASFOR ROCHA, SEGUNDA TURMA, julgado em 29/05/2012, DJe 05/06/2012).

  - **Cooperativa. Incidência de ISSQN sobre atos não cooperados.** "(...) o ISS não incide sobre os atos praticados pelas cooperativas médicas consistentes no exercício de atividades em prol dos associados que prestam serviços médicos a terceiros (atos cooperados). Os atos não-cooperados, aqueles decorrentes de relação jurídica negocial advinda da venda de planos de saúde a terceiros, sujeitam-se à incidência do ISS, tendo como base de cálculo, tão-somente, a receita advinda da cobrança da taxa de administração. Isso porque a receita tributável não abrange o valor pago ou reembolsado aos cooperados, haja vista não constituir parte do patrimônio da cooperativa (art. 79 da Lei nº 5.764/1971, e os arts. 86 e 87 do mesmo diploma legal". (STJ. REsp 875.388-SP, Rel. Min. Luiz Fux, julgado em 2110/2007). **No mesmo sentido**: A prestação de serviço a terceiros, efetuada pelas cooperativas, configura fato gerador do ISS, sujeitando-as ao tributo. Recurso Voluntário improvido. Decisão unânime. CCM/RJ, RV nº 5.553, Rel. Conselheira Lucia Rosa, Acórdão 7.185, julgado em 26/03/2002.

- **Inconstitucionalidade. Inclusão em lei municipal do serviço de optometria. Violação de competência privativa da União.** Ação Direta de Inconstitucionalidade. Lei 9.444, de 12 de dezembro de 2012) do Município de Santo André. Norma que insere a optometria no quadro dos serviços de saúde, assistência médica e congêneres tributados pelo ISS - Imposto sobre serviços. Projeto de lei de autoria de Vereador. Causa de pedir aberta. Possibilidade de reconhecimento da inconstitucionalidade por fundamento não apontado na petição inicial. Inconstitucionalidade material. Usurpação de competência privativa da União (art. 156, III, da Constituição da República). Afronta ao princípio federativo. Ofensa aos artigos lo e 144 da Constituição Estadual. Procedência da ação. (TJ-SP - ADI: 00650399020138260000 SP 0065039-90.2013.8.26.0000, Relator: Kioitsi Chicuta, Data de Julgamento: 14/08/2013, Órgão Especial, Data de Publicação: 21/08/2013).

- **Serviço médico-hospitalar. Incidência ISSQN. Plano de saúde. Base de cálculo é o preço pago pelos consumidores, excluindo os repasses feitos pelo contribuinte aos demais prestadores de serviços de saúde.** Tributário. ISS. Serviço médico-hospitalar. Contribuinte. Operadora de planos de saúde. Hipótese de incidência prevista no art. 1º e itens 4.22 e 4.23 da lista de serviços contida na LC 116/03. Exação devida. É pacífica a jurisprudência da Corte Superior no sentido de que "A atividade de Planos de medicina de grupo ou individual e convênios para prestação de assistência médica, hospitalar, odontológica e congêneres e outros planos de saúde que se cumprem através de serviços de terceiros contratados, credenciados, cooperados ou apenas pagos pelo operador do plano, mediante indicação do beneficiário é fato gerador do Imposto sobre Serviços de Qualquer Natureza - ISSQN (itens 4.22 e 4.23 da Lista de Serviços Anexa à LC 116/2003)" (REsp n. 1108861/PB, rel. Minª. Eliana Calmon, Segunda Turma, j. 18.8.09). Base de cálculo. Dedução do preço pago pelos consumidores/conveniados deduzido dos valores repassados pela operadora aos demais prestadores de saúde. "A jurisprudência desta Corte Superior é no sentido de que, nos serviços de plano de saúde, a base de cálculo do ISS é o valor líquido recebido, ou seja, o valor bruto pago pelo associado deduzidos os pagamentos efetuados aos profissionais credenciados, pois, em relação aos serviços prestados por esses profissionais, há a incidência do tributo, de modo que a nova incidência sobre o valor destinado a remunerar tais serviços caracteriza-se como dupla incidência do ISS sobre o preço pago por um mesmo serviço. Assim, o valor repassado aos profissionais credenciados deve ser excluído da base de cálculo do tributo devido pela empresa gestora. Precedentes: AgRg no Ag 1.288.850/ES, 1ª Turma Rel. Ministro Hamilton Carvalhido, DJe 6.12.2010; REsp 783.022/MG, 1ª Turma, Rel. Ministra Denise Arruda, DJe 16.3.2009; REsp 1.041.127/RS, 1ª Turma, Rel. Min. Luiz Fux, DJe 17.12.2008; EDcl no REsp 227.293/RJ, 1ª Turma, Rel. p/ acórdão Ministro Francisco Falcão, DJ de 19.9.2005. 2. Recurso especial não provido" (REsp n. 1137234/RS, rel. Min. M [...] (TJ-SC - AC: 20120844849 SC 2012.084484-9 (Acórdão), Relator: Francisco Oliveira Neto, Data de Julgamento: 24/06/2013, Segunda Câmara de Direito Público Julgado). **Neste mesmo sentido - TJ/PR:** Apelação cível - Ação anulatória de débito fiscal - Incidência de imposto sobre serviços de qualquer natureza (ISSQN) em relação as atividades desempenhadas por representantes comerciais - Pedido julgado parcialmente procedente - Recurso - Alegação de que a base de cálculo do ISS incide sobre o serviço efetivamente prestado às operadoras de plano de saúde - Acolhimento - Inexistência de tributação sobre o montante repassado a terceiros - Exegese dos julgados do Colendo Superior Tribunal de Justiça - Decisão reformada. A jurisprudência do Colendo Superior Tribunal de Justiça sedimentou-se no sentido de que a base de cálculo do ISS é o preço do serviço prestado, não sendo possível incluir nesse valor os repasses a terceiros, que efetivamente desempenharam a atividade empresarial. O ISS é recolhido pelo contribuinte com fundamento nos serviços efetivamente prestados em razão das negociações de plano de saúde em que atuou, descontando as comissões transferidas a terceiros, e não, em relação ao valor total recebido ante a atividade fornecida pelas operadoras de saúde, sob pena de se incorrer em bitributação, que é vedado pelo nosso ordenamento jurídico, já que a mesma base de cálculo sofre a incidência do mesmo tributo, que deverá ser adimplido pelo respectivo sujeito passivo do imposto, qual seja, aquele que realmente prestou os serviços contratados Recurso provido. (TJ-PR – AC: 6280959 PR 0628095-9, Relator: Idevan Lopes, Data de Julgamento: 08/06/2010, 1ª Câmara Cível, Data de Publicação: DJ: 422).

- **Cooperativa de trabalho médico. Operadora de plano de saúde. Não incidência de ISSQN. Incidência apenas em caso de serviços prestados a não associados.** Direito tributário. Ação anulatória. ISS. Plano de saúde (UNIMED). Ato cooperativo e ato negocial. Distinção para fins de incidência do imposto. Incide ISS sobre valores recebidos pelas cooperativas médicas de terceiros, não associados, que adquirem seus planos de saúde, tratando-se de ato negocial. Sobre os atos cooperativos praticados entre as cooperativas e seus associados, na forma do art. 79 e parágrafo único, da Lei nº 5.764/71, não incide ISS. Precedentes do TJRGS e STJ. ISS. Competência. Legitimidade para a cobrança. Município. Local do fato gerador. Critério definidor. Ônus. (TJ-RS – REEX: 70049420771 RS, Relator: Carlos Eduardo Zietlow Duro, Data de Julgamento: 28/06/2012, Vigésima Segunda Câmara Cível, Data de Publicação: Diário da Justiça do dia 04/07/2012). **Neste mesmo sentido TJ/SP:** Apelação. ISS. Ação declaratória. UNIMED – Cooperativa de trabalho médico operadora de plano de assistência à saúde ISSQN. Inexigibilidade. Consoante entendimento do E. Órgão Especial deste Tribunal, a atividade desempenhada por cooperativa de trabalho médico que atua como operadora de plano de assistência à saúde (art. 1º, II, da Lei nº 9.656/98) não configura prestação de serviços, sendo, portanto, inexigível o ISSQN sobre o valor cobrado em razão do respectivo contrato. Atos negociais e serviços prestados a não-associados. Incidência normal do imposto. Valores repassados aos médicos à título de honorários. Exclusão da base de cálculo. Bitributação vedada. RECURSO PARCIALMENTE PROVIDO (TJ-SP – APL: 90004550220078260506 SP 9000455-02.2007.8.26.0506, Relator: José Luiz Germano, Data de Julgamento: 08/08/2013, 14ª Câmara de Direito Público, Data de Publicação: 13/08/2013).

- **Laboratório de análises clínicas. Caráter empresarial. Inaplicabilidade do ISSQN fixo.** Mandado de segurança – ISS Laboratório de Análises Clínicas Pretendido o recolhimento do tributo em valor fixo anual, conforme disposição prevista no art. 9º, § 3º do Decreto-Lei nº 406/68, que disciplina a cobrança do ISS sobre serviços prestados por sociedades uniprofissionais – Caráter empresarial não afastado Ausência de violação de direito líquido e certo – Sentença que denegou a segurança confirmada Recurso improvido. (TJ-SP – APL: 9214974612007826 SP 9214974-61.2007.8.26.0000, Relator: Rezende Silveira, Data de Julgamento: 01/03/2012, 15ª Câmara de Direito Público, Data de Publicação: 03/03/2012).

- **Cobrança de ISSQN sobre a prestação de serviços de análise clínica é devida no Município em que foi feita a contratação do serviço, a coleta do material biológico e a entrega do respectivo laudo, ainda que a análise do material coletado tenha sido realizada em unidade localizada em outro Município, devendo-se incidir o imposto sobre a totalidade do preço pago pelo serviço.** (STJ. 1ª Turma. REsp 1.439.753-PE, Rel. Min. Arnaldo Esteves Uma, Rel. para acórdão Min. Benedito Gonçalves, julgado em 6/11/2014 – (Informativo 555).

- **Manipulação de medicamentos. Serviço farmacêutico. Incide ISSQN. Não incide ICMS.** Apelação cível. ICMS. ISSQN. Serviços farmacêuticos. Manipulação de medicamentos. Serviços constantes no item 4.07 da Lista anexa à Lei Complementar nº 116/2003. Apelo improvido. 1. A solução da controvérsia consiste em definir se o fornecimento de medicamentos manipulados sofre a incidência do ICMS ou se, ao contrário, consubstancia hipótese de incidência do ISSQN. 2. A jurisprudência do Superior Tribunal de Justiça firmou entendimento no sentido de que o fornecimento de medicamentos manipulados, está sujeito a ISSQN, e não a ICMS, tendo em vista que é atividade equiparada aos "serviços farmacêuticos", expressamente previstos no item 4.07 da lista anexa à Lei Complementar nº 116/2003. 3. Apelo improvido, à unanimidade. (TJ-PE - APL: 1893336 PE, Relator: Francisco José dos Anjos Bandeira de Mello, Data de Julgamento: 26/09/2013, 2ª Câmara de Direito Público, Data de Publicação: 03/10/2013). **No mesmo sentido:** TJ/SP Apelação - Ação declaratória - ICMS - Farmácia de manipulação - Tributação pelo ISSQN - A atividade de manipulação de fórmulas sob encomenda configura serviço, sujeitando-se à tributação exclusiva pelo ISSQN - Serviços farmacêuticos - Item 4.07 da Lista anexa à Lei Complementar nº 116/2003 - Tributação pelo ICMS afastada - Entendimento jurisprudencial do STJ e deste Tribunal de Justiça - Condenação da Fazenda nas verbas de sucumbência - Juros - Incidência somente em caso de atraso no pagamento do precatório ou RPV, respeitado o prazo previsto no art. 100, da Constituição Federal - Precedentes jurisprudenciais - Sentença parcialmente reformada - Reexame necessário e recurso voluntário da Fazenda do Estado parcialmente providos. (TJ-SP - APL: 10009059220148260132 SP 1000905-92.2014.8.26.0132, Relator: Ponte Neto, Data de Julgamento: 17/02/2016, 8ª Câmara de Direito Público, Data de Publicação: 17/02/2016).

- **Fornecimento de alimentação especial em hospital. Incide ISSQN.** Hospital. Prestação de serviços de nutrição e fornecimento de alimentação especial. ISS. Pregão Procedimento licitatório Contratação Objeto "Prestação de serviços de alimentação e nutrição". ISSQN Incidência Preponderância dos serviços de nutrição Local Hospital: Incide ISSQN sobre a prestação de serviço de nutrição aliado ao fornecimento de alimentação especial a pacientes e servidores de hospital, por não se resumir ao mero fornecimento de alimentação e bebidas. Recurso não provido. (TJ-SP - APL: 9071086052005826 SP 9071086-05.2005.8.26.0000, Relator: Osvaldo Palotti Junior, Data de Julgamento: 01/09/2011, 14ª Câmara de Direito Público, Data de Publicação: 14/09/2011).

5 - Serviços de medicina e assistência veterinária e congêneres.

5.01 - Medicina veterinária e zootecnia.

5.02 - Hospitais, clínicas, ambulatórios, prontos-socorros e congêneres, na área veterinária.

5.03 - Laboratórios de análise na área veterinária.

5.04 - Inseminação artificial, fertilização in vitro e congêneres.

5.05 - Bancos de sangue e de órgãos e congêneres.

5.06 - Coleta de sangue, leite, tecidos, sêmen, órgãos e materiais biológicos de qualquer espécie.

5.07 - Unidade de atendimento, assistência ou tratamento móvel e congêneres.

5.08 - Guarda, tratamento, amestramento, embelezamento, alojamento e congêneres.

5.09 - Planos de atendimento e assistência médico-veterinária.

▶ **Venda de embriões bovinos inseminados. Não incidência de ISSQN. Atividade--meio.** Consistindo a atividade do contribuinte na venda de embriões bovinos inseminados em novilhas receptoras (barrigas de aluguel), é impossível a cobrança do ISSQN, na medida em que, nessa hipótese, a prestação de serviços de fertilização in vitro e inseminação artificial (item 5 subitem 5.04 da lista anexa à LC 116/03), constitui mera etapa intermediária (atividade-meio/obrigação acessória) para o exercício da obrigação principal (circulação de mercadoria), inexistindo, portanto, o fato gerador da respectiva obrigação tributária. RECURSO PROVIDO. (TJ-SP - APL: 00002604620098260363 SP 0000260-46.2009.8.26.0363, Relator: Carlos Giarusso Santos, Data de Julgamento: 25/07/2013, 18ª Câmara de Direito Público, Data de Publicação: 29/07/2013).

6 – Serviços de cuidados pessoais, estética, atividades físicas e congêneres.

6.01 – Barbearia, cabeleireiros, manicuros, pedicuros e congêneres.

6.02 – Esteticistas, tratamento de pele, depilação e congêneres.

6.03 – Banhos, duchas, sauna, massagens e congêneres.

6.04 – Ginástica, dança, esportes, natação, artes marciais e demais atividades físicas.

6.05 – Centros de emagrecimento, spa e congêneres.

6.06 – Aplicação de tatuagens, piercings e congêneres. (Incluído pela Lei Complementar nº 157, de 2016)

▶ **Serviços de estética.** "São serviços de estética e cuidados pessoais, dentre outros: a) cortar, pentear, aplicar produtos com a finalidade de ondular, alisar, ou colorir os cabelos; b) cuidar da beleza das mãos e dos pés; c) realizar depilação; d) realizar tratamento de pele; e) fazer maquiagens sociais e para caracterizações (maquiagem artística); f) realizar massagens estéticas com produtos e ou aparelhagem". (DÁCOMO, Natália de Nardi. Hipótese de Incidência do ISS. São Paulo: Noeses, 2006, pag. 110)

7 – Serviços relativos a engenharia, arquitetura, geologia, urbanismo, construção civil, manutenção, limpeza, meio ambiente, saneamento e congêneres.

7.01 – Engenharia, agronomia, agrimensura, arquitetura, geologia, urbanismo, paisagismo e congêneres.

7.02 – Execução, por administração, empreitada ou subempreitada, de obras de construção civil, hidráulica ou elétrica e de outras obras semelhantes, inclusive sondagem, perfuração de poços, escavação, drenagem e irrigação, terraplanagem, pavimentação, concretagem e a instalação e montagem de produtos, peças e equipamentos (exceto o fornecimento de mercadorias produzidas pelo prestador de serviços fora do local da prestação dos serviços, que fica sujeito ao ICMS).

7.03 – Elaboração de planos diretores, estudos de viabilidade, estudos organizacionais e outros, relacionados com obras e serviços de engenharia; elaboração de anteprojetos, projetos básicos e projetos executivos para trabalhos de engenharia.

7.04 – Demolição.

7.05 – Reparação, conservação e reforma de edifícios, estradas, pontes, portos e congêneres (exceto o fornecimento de mercadorias produzidas pelo prestador dos serviços, fora do local da prestação dos serviços, que fica sujeito ao ICMS).

7.06 – Colocação e instalação de tapetes, carpetes, assoalhos, cortinas, revestimentos de parede, vidros, divisórias, placas de gesso e congêneres, com material fornecido pelo tomador do serviço.

7.07 – Recuperação, raspagem, polimento e lustração de pisos e congêneres.

7.08 – Calafetação.

7.09 – Varrição, coleta, remoção, incineração, tratamento, reciclagem, separação e destinação final de lixo, rejeitos e outros resíduos quaisquer.

7.10 – Limpeza, manutenção e conservação de vias e logradouros públicos, imóveis, chaminés, piscinas, parques, jardins e congêneres.

7.11 – Decoração e jardinagem, inclusive corte e poda de árvores.

7.12 – Controle e tratamento de efluentes de qualquer natureza e de agentes físicos, químicos e biológicos.

7.13 – Dedetização, desinfecção, desinsetização, imunização, higienização, desratização, pulverização e congêneres.

7.14 – (VETADO)

7.15 – (VETADO)

7.16 – Florestamento, reflorestamento, semeadura, adubação e congêneres.

7.16 – Florestamento, reflorestamento, semeadura, adubação, reparação de solo, plantio, silagem, colheita, corte e descascamento de árvores, silvicultura, exploração florestal e dos serviços congêneres indissociáveis da formação, manutenção e colheita de florestas, para quaisquer fins e por quaisquer meios. (Redação dada pela Lei Complementar nº 157, de 2016)

7.17 – Escoramento, contenção de encostas e serviços congêneres.

7.18 – Limpeza e dragagem de rios, portos, canais, baías, lagos, lagoas, represas, açudes e congêneres.

7.19 – Acompanhamento e fiscalização da execução de obras de engenharia, arquitetura e urbanismo.

7.20 – Aerofotogrametria (inclusive interpretação), cartografia, mapeamento, levantamentos topográficos, batimétricos, geográficos, geodésicos, geológicos, geofísicos e congêneres.

7.21 – Pesquisa, perfuração, cimentação, mergulho, perfilagem, concretação, testemunhagem, pescaria, estimulação e outros serviços relacionados com a exploração e explotação de petróleo, gás natural e de outros recursos minerais.

7.22 – Nucleação e bombardeamento de nuvens e congêneres.

- **Aspecto temporal e resultado.** "...o ISS é imposto sobre o fazer, sobre a prestação, e não sobre o resultado (produto) da prestação. Mesmo quando a obrigação é de resultado (como é o caso da pintura de um quadro ou de construção civil por empreitada), o tributo incide sobre o fazer, sobre a confecção, e não sobre o resultado, que é apenas o momento delimitador do aspecto temporal da hipótese de incidência, verificável no átimo em que se conclui o serviço, no instante em que se completa o fato tributário". (BARRETO, Aires F. Curso de Direito Tributário municipal. São Paulo: Saraiva, 2009, p. 321)

- **Súmula 167 do STJ.** "O fornecimento de concreto, por empreitada, para construção civil, preparado no trajeto até a obra em betoneiras acopladas a caminhões, é prestação de serviço, sujeitando-se apenas à incidência do ISS".

- **Serviços de engenharia.** "Os serviços de engenharia envolvem a elaboração de projetos, planejamento, orçamento, contratação de profissionais para execução de obras, empreendimentos, maquinários, equipamentos. A atividade engloba, ainda, a coordenação e manutenção dessas operações, o controle da qualidade dos suprimentos e dos serviços comprados e executados, bem como a elaboração de normas, a documentação e consultoria técnica". (DÁCOMO, Natália de Nardi. Hipótese de Incidência do ISS. São Paulo: Noeses, 2006, pag. 114)

    ⊙ **Engenharia consultiva. Recolhimento no local da unidade da obra.** (...) o ISSQN incidente sobre os serviços de engenharia consultiva necessária à realização da obra na construção civil, obedecendo se à unidade da obra, deve ser recolhido no local da construção. Não importa se o contrato tenha estabelecido o valor total da obra sem discriminar onde seria cada etapa, porque o fato relevante a ser considerado é o local onde será realizada a obra (...). (STJ - Resp 1.117.121-SP, Rei. Min. Eliana Calmon, julgado em 14/10/2009)

- **Serviços de arquitetura.** "Os serviços de arquitetura pressupõem a elaboração de planos e projetos em todas as suas etapas, definindo materiais, acabamentos, técnicas, metodologias, analisando dados, fiscalizando e executando obras e serviços, prestando serviços de consultoria e assessoramento". (DÁCOMO, Natália de Nardi. Hipótese de Incidência do ISS. São Paulo: Noeses, 2006, pag. 115)

- **Empreitada.** "No contrato de construção por empreitada o empreiteiro obriga-se a fazer a obra, sem subordinação, assumindo os encargos trabalhistas, materiais, tributários etc.; o dono da obra tem o direito de recebê-la concluída, nas condições convencionadas. A receita tributável será a receita bruta, deduzidos os materiais adquiridos de terceiros, e fornecidos pelo contratado (empreiteiro) e/ou subempreitado já tributado pelo ISS. Serão dedutíveis da base de cálculo do ISS os materiais adquiridos de terceiros e fornecidos pelo contratado que se incorporarem, diretamente a obra, perdendo sua identidade física no ato da agregação ao imóvel" (DÁCOMO, Natália de Nardi. Hipótese de Incidência do ISS. São Paulo: Noeses, 2006, pag. 120)

- **Engenharia x construção civil.** "a) atividade técnica, ligada ao exercício técnico da profissão do engenheiro. Nesta hipótese, o engenheiro atua como planejador, fazendo estudos, cálculos, elaboração de especificação técnica, layout, projetos fiscalização de execução de obras etc. O engenheiro ou arquiteto que se limita a projetar, planejar, ou a fiscalizar, limita-se a exercer a uma atividade técnica, ao exercício da profissão liberal; b) a atividade econômica ligada a execução da obram ao empreendimento econômico da construção. Nesta hipótese, a pessoa preocupa-se com a exploração econômica da obra. Nada impede que uma mesma pessoa (engenheiro) exerça as duas atividades: a profissão liberal, fazendo projetos etc.; e a econômica, executando materialmente a obra". (MORAES, Bernardo Ribeiro de. Doutrina e prática do Imposto sobre Serviços. São Paulo: Dialética, 2003, pág. 229)

- **Instalação e montagem de ar condicionado central é equiparada à atividade de construção civil.** "A atividade de instalação e montagem de ar condicionado central é equiparada à atividade de construção civil, consoante se colhe do voto condutor do acórdão recorrido, estando incluída no item 32 da lista de serviços anexa ao decreto-lei nº 406/68, razão pela qual não incide o ICMS. 2. 'A montagem e a instalação de ar condicionado central é incluída no item 32 da lista de serviços anexa ao decreto-lei nº 406/68' (REsp 122202 / MG; Rel. Min. GARCIA VIEIRA, DJ de 22.02.1999)". **No mesmo sentido**: AgRg no REsp nº 804.427-DF, rel. o Min. Luiz

Fux, STJ - Primeira Turma; j. 10/04/2007, DJ 03/05/2007). "Serviços de construção civil - Serviços de instalação de equipamentos - Distinção fundamental - Instalação e montagem de sistemas de ar condicionado central - Obra de construção civil - Magistério da doutrina - Precedente da jurisprudência do Superior Tribunal de Justiça. Consistem os serviços de construção civil em agregar ao solo ou edificação quaisquer equipamentos fornecidos pelo prestador, fazendo-os incorporar definitivamente a imóvel de propriedade do contratante, de tal modo que a ulterior remoção do equipamento venha a causar-lhe irremediável destruição da própria substância, impossibilitando, outrossim, em quaisquer casos, sua ulterior reutilização noutros locais. O ato de inserir tais equipamentos ao solo ou ao corpo da edificação provoca-lhes desde logo a mutação da natureza jurídica originária, transmudando-os de bens móveis para bens imóveis por acessão física, "ex vi" do disposto nos arts. 79, 81, 82 e 84 do Código Civil brasileiro. Outrossim, devem os serviços de engenharia ser precedidos de aprovação do respectivo projeto junto ao órgão fiscalizador competente, sendo eles também em regra executados por profissionais engenheiros legalmente habilitados (...) CART/BH, 3ª Câmara, Acórdão nº 9.955, Rel. Alfredo Bento, 02/07/2016.

- **Acompanhamento e fiscalização de obras de engenharia. ISSQN devido no local da execução da obra.** "Acompanhamento e fiscalização de obras de engenharia - Imposto devido no local da execução da obra - Mantida a decisão de primeira instância em reexame necessário. Deve-se excluir do lançamento os serviços anteriormente classificados no item 14.02 da Lista de Serviços anexa à Lei Municipal nº 8.725/03, tendo em vista que tais serviços, na verdade, enquadram-se melhor no item 7.19 (acompanhamento e fiscalização de obras de engenharia) e, nesse caso, o imposto é devido no local da execução da obra, nos termos do art. 3º, inciso III, da mencionada Lei Complementar nº 116/03". CART/BH, 2ª Câmara, Rel. Fernando Guedes, Acórdão 9.304, 09/06/2012.

- **Incorporação Direta.** "A incorporação imobiliária direta, com a construção realizada pelo incorporador em terreno próprio, por sua conta e risco, não implica incidência do ISS..." (MELO, José Eduardo Soares de; PAULSEN, Leandro. Impostos federais, estaduais e municipais. 6 ed. Porto Alegre: Livraria do Advogado, 2011, p. 308)

  - **Não há incidência do ISSQN na incorporação direta:** "Na incorporação direta (art. 41 da Lei n. 4.591/1964), o incorporador não presta serviço (de construção civil) ao adquirente, mas para si próprio, pois constrói em seu terreno, por sua conta e risco, com o objetivo final de vender as unidades autônomas por preço "global" (cota de terreno e construção). Assim, não há como incidir o ISSQN nessa modalidade de incorporação" (REsp 1.166.039-RN, Rel. Min. Castro Meira, julgado em 1º/6/2010).

  - **Não há responsabilidade de pagamento do ISSQN pelo contratante de obras e serviços de construção civil quando há identificação dos construtores e empreiteiros:** "ISS - CONSTRUÇÃO CIVIL - RESPONSABILIDADE O contratante de obras e serviços de construção civil não é responsável pelo pagamento do imposto devido pelos prestadores de serviços que identificar. Inteligência do artigo 14, inciso IV, da Lei nº 691/84. Recurso de Ofício improvido. Decisão unânime". CCM/RJ, Recurso *Ex Officio* nº 2.415, Rel. Conselheiro Claudio Victor, Acórdão 9.751, julgado em 12 de julho de 2007. **No mesmo sentido:** "A falta de identificação dos construtores, conforme previsão legal, acarreta na responsabilização do tomador do serviço pelo imposto não recolhido sobre a obra de construção civil. Aplicação do art. 14, incisos IV e IX da Lei nº 691/84. Recurso voluntário improvido. Decisão unânime". CCM/RJ, RV nº 15.602, Rel. Conselheiro Alfredo Lopes, Acórdão 15.290, julgado em 10 de dezembro de 2015.

⊙ **Incorporadora que constrói em terreno próprio - sociedade de conta em participação:** "EMENTA: Apelação cível e reexame necessário. Tributário. ISS-QN. Incorporação imobiliária. Contrato particular de constituição de sociedade em conta de participação. Incorporadora que constrói em terreno próprio. Inexistência de prestação de serviços a terceiros. Caso de serviço prestado pela sócia ostensiva em nome da sociedade e para a sociedade. Fato gerador da hipótese de incidência não verificado. Afastamento do ISS. Precedentes STJ e TJPR. Sentença mantida por seus próprios fundamentos. Contrarrazões. Requerimento para reformar a sentença para aceitar e deferir a caução idônea apresentada. Matéria não acolhida pela necessidade de recurso próprio. Impossibilidade de reconvenção recursal ante a vedação da reformatio in pejus. Recurso conhecido e não provido. Sentença mantida em sede de reexame necessário". (TJPR - 3ª C.Cível - ACR - 1666165-1 - São José dos Pinhais - Rel.: José Sebastião Fagundes Cunha - Unânime - J. 31.10.2017)

▶ **Código Civil.** "Art. 610. O empreiteiro de uma obra pode contribuir para ela só com seu trabalho ou com ele e os materiais".

▶ **Parecer sobre banheiros pré-moldados.** "(...) Os banheiros em análise, apesar de construídos fora do local da obra, têm dimensões e características técnicas (tais como tubulação, energia, iluminação) que apenas permitem a sua incorporação ao imóvel para o qual foram projetados. Um hotel, por exemplo, é inteiramente construído por uma construtora. Os quartos, corredores, salas, elevadores, etc., tudo é feito no local da obra. Os banheiros, contudo, são construídos pela Consulente, em regime de empreitada, com os respectivos terminais de energia elétrica, água e esgoto. Terminada a construção dos banheiros, estes são transportados até o local da obra e nesta são incorporados. São feitas as conexões de água, luz e esgoto e definitivamente o banheiro torna-se parte indissociável do imóvel para o qual foi projetado. Em vista disso, é inteiramente impossível o aproveitamento desses banheiros em outra obra. Tanto é assim que o contrato celebrado entre a consulente e os tomadores de seus serviços prevê a hipótese de embargo da obra, devendo a consulente ser indenizada no montante equivalente às unidades produzidas e em fase de produção, ao custo dos materiais importados para aplicação no projeto do contrato, ao valor do custo de projeto das unidades ainda não produzidas etc. Essa indenização decorre do fato de que referidos banheiros não têm qualquer valor econômico senão para o tomador do serviço. Não podem, por isso, serem vendidos ou revendidos, mas tão somente utiliza-dos na obra para a qual foram projetados. Não são, inequivocamente, mercadorias. (...) Os banheiros, porque construídos por empreitada e destinados exclusivamente a integrar determinado imóvel, único ao qual suas dimensões, design e demais especificações atendem, não são mercadorias. Sua produção configura serviço de construção civil, submetendo-se à incidência do ISS. A entrega e o auxílio na fixação do banheiro à obra fazem parte do contrato de empreitada, consubstanciando a parte final da execução do serviço na construção civil. Não há circulação de mercadoria, não se podendo cogitar, por conseguinte, de incidência de ICMS. (...)" (Fonte: http://www.fiscosoft.com.br/main_index.php?home=home_artigos&m=_&nx_=&viewid=136101)

▶ **Prestação do serviço com aplicação de materiais.** "O que quer dizer o dispositivo é que, regra geral, na hipótese de prestação de serviços com fornecimento de mercadorias, as receitas respectivas, auferidas pelo prestador, serão integralmente tributadas pelo ISS, inclusive os valores das mercadorias embutidas no preço do serviço prestado. As exceções a essa regra deverão constar expressamente da lista de serviços e, nesses casos, os valores das mercadorias serão tributados pelo ICMS, enquanto os valores relativos aos serviços, pelo ISS". (BERGAMINI, Adolpho. Curso de ISS. São Paulo: Editora Revista dos Tribunais, 2017, pag. 77) **Nesse sentido**: "os materiais empregados na prestação de serviços são, com frequência, elementos imprescindíveis à sua conclusão, não se qualificando necessariamente como mercadorias, por não serem bens destinados ao comércio" (VELLOSO, Andrei Pitten. *Constituição Tributária Comentada*. São Paulo: Atlas, 2007. p. 311)

- **Base de cálculo na construção civil:** "Mas, se a posição agora e ampliar esses materiais para todo e qualquer bem que for direcionado ao canteiro de obra (mesmo os adquiridos de terceiro), então se estará colocando a construtora como contribuinte de ICMS também nessas situações, tanto assim que, segundo a novel jurisprudência, todo e qualquer bem há de ser deduzido da base de cálculo do ISS (não serão tributados pelo ISS, e sim pelo ICMS)". (BERGAMINI, Adolpho. Curso de ISS. São Paulo: Editora Revista dos Tribunais, 2017, pag. 122) **Nesse sentido**: "Se a prestação de serviço é só uma, se o fato é um só, a base também haverá de ser uma, ainda que seja vários os prestadores de serviços. Em decorrência, tributada ou não, as subempreitadas, quaisquer que sejam não podem integrar a base de cálculo dos que assumiram a empreitada" (BARRETO, Aires F. Curso de Direito Tributário municipal. São Paulo: Saraiva, 2009, p. 413)

- **Base de cálculo na construção civil - materiais empregados na obra.** "A terminologia "materiais fornecidos", previsto no art. 7º da LC nº 116/2003 não chega ao ponto de englobar materiais utilizados indiretamente na obra. Por isso, acredita-se que o abatimento de valores da base de cálculo deve ser realizado com cautela, pois deverá haver a efetiva comprovação de que os materiais foram devidamente aplicados na obra, independente de serem adquiridos ou produzidos pelo prestador" (LUSTOZA, Helton Kramer. Et al. Tributos em Espécie. 4º ed. Salvador: JusPodivm, 2017, p. 824)

  - ⊙ **Não é cabível a dedução, da base de cálculo do ISS, o valor dos materiais empregados na prestação de serviço de concretagem da construção civil (entendimento minoritário).** Considerando tratar-se de serviços enquadrados no inciso XXXII, do art. 8º da Lei nº 691/84, sujeitando-se apenas à incidência do ISS, nos termos do art. 9º da mesma lei, a base de cálculo do imposto é o preço do serviço, sem dedução dos elementos que compõem o produto final – concreto, ainda que a preparação do mesmo seja iniciada fora do local de execução da obra. Recurso voluntário improvido. Decisão unânime". CCM/RJ, RV nº 7.139, Rel. Conselheira Lucia Rosa, Acórdão 10.625, julgado em 23 de outubro de 2008. **No mesmo sentido:** CCM/RJ, RV nº 10.364, Rel. Conselheiro Fernando Costa, Acórdão 10.780, julgado em 03 de fevereiro de 2009.

  - ⊙ **Empreitadas e subempreitadas não são mais dedutíveis da base de cálculo dos serviços previstos nos subitens 7.02 e 7.05 (corrente minoritária).** "A partir da entrada em vigor da Lei Complementar nº 116/2003 e da Lei Municipal nº 3.691/2003, as empreitadas ou subempreitadas não são mais dedutíveis da base de cálculo dos serviços previstos nos subitens 7.02 e 7.05 da lista de serviços do art. 8º do Código Tributário Municipal". CCM/RJ, RV nº 15.091, Rel. Conselheiro Abel Mendes, Acórdão 15.905, julgado em 22 de junho de 2017. **No mesmo sentido:** "A jurisprudência uniforme desta Corte é no sentido de que a base de cálculo do ISS é o custo integral do serviço, não sendo admitida a subtração dos valores correspondentes aos materiais utilizados e às subempreitadas" (Resp 926.339/SP, Rel. Min. Eliana Calmon, Segunda Turma, DJU de 11.05.07)". "Vigente a nova ordem constitucional com o advento da Magna Carta em outubro/88, e em especial atenção ao disposto nos artigos 150, § 6º; 155, III e artigo 34, §§ 3º, 4º e 5º do ADCT, cujas prescrições tornam sem efeito o § 2º do artigo 9º e o artigo 11 do Decreto-lei nº 406/68, a base de cálculo do imposto para os serviços enquadrados nos itens da Lista de Serviços relativos a "construção civil" passou a ser o preço do serviço vedadas quaisquer deduções, isenções ou benefícios fiscais que não expressamente autorizados em lei específica emanada legitimamente do respectivo Poder tributante. Nestes termos, pois, legítimas as novas disposições introduzidas pela Lei nº 5.839/90 que suprimiu, da legislação municipal, a autorização para dedução de subempreitadas, ao dar nova redação ao artigo 48 da Lei nº 5.641/89, porquanto editada em consonância com as normas constitucionais". CART/BH, 1ª Câmara, Rel. Valter Lúcio, Acórdão 8.045, 14/04/2007. **Em sentido contrário (corrente majoritária):** "Tributário. ISSQN. Construção civil. Base de cálculo. Dedução de valores referentes aos materiais empregados. Possibilidade. Precedentes da Suprema Corte. 1. O Supremo Tribunal Federal, no RE 603.497/MG interposto contra acórdão desta Corte, reconheceu a repercussão geral da questão posta a julgamento, nos temos do art. 543-B do CPC, e exarou decisão publicada em 16.9.2010, reformando o acórdão recorrido, com o seguinte teor: "Esta Corte firmou o entendimento no sentido da possibilidade da dedução da base de cálculo do ISS dos materiais empregados na construção civil. Precedentes." 2. A base de cálculo do ISS restou analisada pelo Supremo Tribunal Federal no julgamento acima, portanto, revejo o entendimento anterior, a fim de realinhar-me à orientação fixada pela Corte Suprema para reconhecer a possibilidade de dedução da base de cálculo do ISS dos materiais empregados na construção civil. 3. Como o agravante não trouxe argumento capaz de infirmar a decisão que deseja ver modificada, esta deve ser mantida por seus próprios fundamentos. Agravo regimental improvido" (AgRg no AgRg no Resp 1228175/MG, Rel. Min. Humberto Martins, Segunda turma. Julgado em 23-08-2011, DJe 01/09/2011).

- **Base de cálculo do serviço de concretagem.** "A Turma reiterou seu entendimento de que o custo total do serviço de concretagem é a base de cálculo do ISSQN, não sendo possível a dedução do valor dos materiais utilizados na produção do concreto pela prestadora dos serviços. Sujeita-se essa empresa à tributação exclusiva do referido imposto, conforme a Súm. n. 167-STJ" (REsp 1.190.335-MG, Rel. Min. Eliana Calmon, julgado em 5/8/2010).

- **Possibilidade de dedução dos materiais da base de cálculo (entendimento majoritário).** "É pacífico o entendimento no Superior Tribunal de Justiça quanto à legalidade da dedução do custo dos materiais empregados na construção civil da base de cálculo do ISSQN. (AgInt no AREsp 686.607/MG, Rel. Ministra REGINA HELENA COSTA, PRIMEIRA TURMA, julgado em 21/03/2017, DJe 31/03/2017) **Nesse sentido**: "O Supremo Tribunal Federal, por ocasião do julgamento do RE 603.497/MG, sob a sistemática do art. 543-B do CPC, firmou posicionamento de que, mesmo após a entrada em vigor da Lei Complementar 116/2003, é legítima a dedução da base de cálculo do ISS do material empregado na construção civil, e, no julgamento do RE 599.582/RJ, reconheceu que essa orientação também é aplicável aos materiais utilizados nas subempreitadas" (AgRg no REsp 1425580/SP, Rel. Ministro NAPOLEÃO NUNES MAIA FILHO, PRIMEIRA TURMA, julgado em 09/03/2017, DJe 20/03/2017).

- **Necessidade de prova dos materiais para haver a dedução da base de cálculo.** "O Supremo Tribunal Federal, por ocasião do julgamento do RE 603.497/MG, sob a sistemática do art. 543-B do CPC, firmou posicionamento de que, mesmo após a entrada em vigor da Lei Complementar 116/2003, é legítima a dedução da base de cálculo do ISS do material empregado na construção civil, e, no julgamento do RE 599.582/RJ, reconheceu que essa orientação também é aplicável aos materiais utilizados nas subempreitadas. No entanto, não é possível aplicar tal entendimento ao caso dos autos. O Tribunal de origem, soberano na análise das circunstâncias fáticas e probatórias da causa, concluiu não ser possível descontar da base de cálculo do ISSQN o valor correspondente aos materiais utilizados, tendo em vista que a recorrente não fez prova de quais tenham sido utilizados, adquiridos ou produzidos e empregados na execução da obra. (REsp 1678847/MS, Rel. Ministro HERMAN BENJAMIN, SEGUNDA TURMA, julgado em 21/09/2017, DJe 09/10/2017).

- **As empresas de construção civil não estão obrigadas a pagar ICMS sobre mercadorias adquiridas como insumos em operações interestaduais** (Tema 261 Recursos Repetitivos do STJ) **Neste mesmo sentido:** "As empresas de construção civil (em regra, contribuintes do ISS), ao adquirirem, em outros Estados, materiais a serem empregados como insumos nas obras que executam, não podem ser compelidas ao recolhimento de diferencial de alíquota de ICMS cobrada pelo Estado destinatário (Precedentes do Supremo Tribunal Federal: RE 579.084 AgR, Rel. Ministra Cármen Lúcia, Primeira Turma, julgado em 26.05.2009, DJe-118 Divulg 25.06.2009 public 26.06.2009) É que as empresas de construção civil, quando adquirem bens necessários ao desenvolvimento de sua atividade-fim, não são contribuintes do ICMS. Consequentemente, "há de se qualificar a construção civil como atividade de pertinência exclusiva a serviços, pelo que 'as pessoas (naturais ou jurídicas) que promoverem a sua execução sujeitar-se-ão exclusivamente à incidência de ISS, em razão de que quaisquer bens necessários a essa atividade (como máquinas, equipamentos, ativo fixo, materiais, peças, etc.) não devem ser tipificados como mercadorias sujeitas a tributo estadual' (José Eduardo Soares de Melo, in 'Construção Civil - ISS ou ICMS?', in RDT 69, pg. 253, Malheiros)." (EREsp 149.946/MS). (REsp 1135489/ AL, Rel. Ministro Luiz Fux, Primeira Seção, julgado em 09/12/2009, DJe 01/02/2010)

- **Engenharia consultiva. ISSQN devido no local do estabelecimento prestador de serviços.** Apelação tributo municipal ISSQN ação anulatória serviços de engenharia consultiva projetos de arquitetura local da prestação dos serviços sede da prestadora competência tributária definida pelo artigo 12, a, do DL nº 406/68. Sentença reformada em parte. A competência para a cobrança do ISSQN sobre os serviços técnicos especializados enquadrados como de engenharia consultiva, ressalvado as visitas e acompanhamento da obra, é do local do estabelecimento do prestador de serviços, a teor do que estabelece o art. 12, a, do DL nº 406/68. Dou provimento parcial ao recurso. (TJ-SP - APL: 9185490062004826 SP 9185490-06.2004.8.26.0000, Relator: Luiz Felipe Nogueira Junior, Data de Julgamento: 30/08/2011, 16ª Câmara de Direito Público, Data de Publicação: 02/09/2011). **Em sentido contrário: TJ/PR:** Apelação cível e reexame necessário - Mandado de segurança - Cabimento - Serviços de engenharia consultiva, afetos à construção civil, e realizados nos respectivos canteiros de obra - ISS devido à municipalidade do local do empreendimento, onde efetivamente foi desenvolvida a atividade do contribuinte - Desprovimento do recurso voluntário - Correção de erro material da sentença em reexame. Conforme precedente do STJ, decidido em sede de recurso repetitivo: "...seja sob a égide do DL 406/68, seja ao advento da Lei Complementar 116/2003, o ISS incidente sobre os serviços de engenharia consultiva, obedecendo-se à unidade da obra de construção, deve ser recolhido no local da construção...". (STJ. REsp. 1.117.121/SP. Relatora: Minª.Eliana Calmon. 1ª. Seção. D.J.: 29/10/2009). (TJ-PR - CJ: 9889383 PR 988938-3 (Acórdão), Relator: Antônio Renato Strapasson, Data de Julgamento: 23/04/2013, 2ª Câmara Cível, Data de Publicação: DJ: 1090 01/05/2013).

8 - Serviços de educação, ensino, orientação pedagógica e educacional, instrução, treinamento e avaliação pessoal de qualquer grau ou natureza.

8.01 - Ensino regular pré-escolar, fundamental, médio e superior.

8.02 - Instrução, treinamento, orientação pedagógica e educacional, avaliação de conhecimentos de qualquer natureza.

▶ **Serviços de educação.** "O serviço de educação consiste na aplicação dos métodos. A educação abrange os processos formativos que se desenvolvem na vida familiar, na convivência humana, no trabalho, nas instituições de ensino e pesquisa, nos movimentos sociais e organizações da sociedade civil e nas manifestações culturais. Ensino quer significar transferência de conhecimento, de informação es. De caráter geral, na maioria das vezes em local destinado a esse fim (escola, oficina etc.); instrução." (DÁCOMO, Natália de Nardi. Hipótese de Incidência do ISS. São Paulo: Noeses, 2006, pag. 138)

▶ **Orientação pedagógica.** "A orientação pedagógica e o educacional prescreve a maneira de tratar a educação dos jovens, para assegurar a formação e o desenvolvimento físico, intelectual e moral de ser humano. Instrução pessoal de qualquer grau ou natureza significa ação ou efeito de transmitir conhecimento ou formar determinada habilidade; ensino; treinamento. Treinamento é a ação ou o efeito de treinar, tornar hábil, destro, capaz, por meio de instrução, disciplina ou exercício; habilitar; adestrar." (DÁCOMO, Natália de Nardi. Hipótese de Incidência do ISS. São Paulo: Noeses, 2006, pag. 139)

▶ **Prestador do serviço de educação:** "Embora o ensino seja dever precípuo do Estado (Emenda Constitucional nº 1 se 1969, art. 176), a lista de serviços submete-o aos ISS, abrangendo apenas o ensino ministrado pelo professor autônomo ou pelos estabelecimentos particulares de ensino". (MORAES, Bernardo Ribeiro de. Doutrina e prática do Imposto sobre Serviços. São Paulo: Dialética, 2003, pág. 351).

⊙ **Turismo. Transporte interestadual e intermunicipal como atividade-meio. Incidência ISSQN e não de ICMS.** Embargos de declaração em agravo de instrumento. Contudo novamente verifiquei nos documentos juntados aos autos, que a agravada desenvolve a atividade com o fim de turismo e não o transporte interestadual e intermunicipal de pessoas, podendo assim dizer que o transporte é apenas o meio necessário para se atingir a finalidade da empresa. Constatei ainda que a atividade de transporte intermunicipal e interestadual de passageiros, constitui uma exigência realizada pela Agencia Nacional de Transportes Terrestres (ANTT), uma vez que para se desenvolver a atividade do turismo em todo o território nacional, ainda que como atividade, é necessário que a agravada atravesse fronteiras municipais e estaduais a fim de conduzir seus turistas no roteiro de viagem programado. Assim é inquestionável o fato da atividade de turismo desempenhada pela agravada ser passiva de tributação pelo ISS. Embargos de declaração conhecido e improvido. Decisão unânime. (TJ-PA - AI: 201130272771 PA, Relator: Marneide Trindade Pereira Merabet, Data de Julgamento: 17/06/2013, 1ª Câmara Cível Isolada, Data de Publicação: 01/07/2013).

9 - Serviços relativos a hospedagem, turismo, viagens e congêneres.

9.01 - Hospedagem de qualquer natureza em hotéis, apart-service condominiais, flat, apart-hotéis, hotéis residência, residence-service, suite service, hotelaria marítima, motéis, pensões e congêneres; ocupação por temporada com fornecimento de serviço (o valor da alimentação e gorjeta, quando incluído no preço da diária, fica sujeito ao Imposto Sobre Serviços).

9.02 - Agenciamento, organização, promoção, intermediação e execução de programas de turismo, passeios, viagens, excursões, hospedagens e congêneres.

9.03 - Guias de turismo.

- **Serviço de hotelaria:** "A atividade compreende a organização de local, equipamentos e pessoal; e um conjunto de prestações diversas que se inter-relacionam, cuja finalidade, dar hospedagem, não consiste apenas na locação de bem imóvel, mas engloba um conjunto organizado de tarefas. São características desse serviço os seguintes itens: locação de um espaço em bem imóvel, para fins de alojamento, incluindo o uso de moveis, (cama, mesa, armário, TV, frigobar etc.), café da manhã, alimentos, roupa de cama, toalhas, telefone, limpeza geral, arrumação do quarto etc" (DÁCOMO, Natália de Nardi. Hipótese de Incidência do ISS. São Paulo: Noeses, 2006, pag. 142).
- **Exclusão da base de cálculo do ISS. Gorjetas destinadas exclusivamente à remuneração dos empregados**. "As gorjetas pagas, ainda que compulsoriamente, pelos hóspedes e destinadas diretamente à remuneração dos empregados do prestador do serviço, são excluídas da tributação do ISS, exceto quando são retiradas do montante recebido a este título para fazer face a compromissos diversos deste, mesmo que decorrentes dele. (Inteligência do art. 149 do Decreto nº 10.514/91, Regulamento do ISS). Recurso voluntário improvido". CCM/RJ, RV nº 16.985, Rel. Conselheiro Roberto Lira, Acórdão 15.999, julgado em 05 de outubro de 2017.
- **Base de cálculo do serviço de hospedagem**. "O art. 23 da Lei n. 1.771/2008 estabelece que "se consideram meios de hospedagem os empreendimentos ou estabelecimentos, independentemente de sua forma de constituição, destinados a prestar serviços de alojamento temporário, ofertados em unidades de frequência individual e de uso exclusivo do hóspede, bem como outros serviços necessários aos usuários, denominados de serviços de hospedagem, mediante adoção de instrumento contratual, tácito ou expresso, e cobrança de diária". Denota-se, portanto, que o serviço de hospedagem inclui todos os serviços colocados à disposição dos hospedes/usuários, inclusive o serviço de lavanderia. Precedentes: AgRg no AREsp 165.619/SC, Rel. Ministro Castro Meira, Segunda Turma, DJe 5/3/2013; REsp 1.135.221/SC, Rel. Ministro Mauro Campbell Marques, Segunda Turma, DJe 2/12/2010. Agravo interno a que se nega provimento. (AgInt no REsp 1630561/MA, Rel. Ministro OG FERNANDES, SEGUNDA TURMA, julgado em 17/10/2017, DJe 20/10/2017).
- **Conceito de apart-service.** "Apart-service condominiais são organizados em forma de condomínio; dispõem de unidades habitacionais do tipo apartamento-residência

(com sala, quarto, cozinha e banheiro) – e oferecem serviços de alimentação parcial, correspondendo o aluguel básico a um misto de residência e hotel. Flat, palavra inglesa. O dicionário manda ver apartamento, sendo este um conjunto privativo, composto de dormitório e banheiro, em hotéis, casas residenciais, hospitais etc. Apart-hotel e o prédio de apartamentos com serviços de hotelaria, tais como refeitório, lavanderia etc. O hotel-residência e dotado de sala e quarto, cozinha completa, inclusive com louca e cristais" (DÁCOMO, Natália de Nardi. Hipótese de Incidência do ISS. São Paulo: Noeses, 2006, pág. 144).

- **Serviço de hospedagem.** "A atividade onerada pelo ISS não é a locação de bem imóvel em si, mas de espaço em bem imóvel com a finalidade única de dar hospedagem. O que o tributo alcança e a atividade de hospedagem, o *esercizio di alberghi* como e definido em alguns países. Não se onera, portanto, a locação de espaço, mas a hospedagem, contrato misto complexo e inominado no direito brasileiro". (MORAES, Bernardo Ribeiro de. Doutrina e prática do Imposto sobre Serviços. São Paulo: Dialética, 2003, pág. 340).

- **Conceito de suíte-service.** "suíte-service é um conceito moderno de alojamento num estabelecimento hoteleiro, no qual todas as dependências para acomodação são constituídas por suítes, que são (...) acomodação formada no mínimo por quarto e banheiro (as vezes têm também uma sala ou saleta). Motel e o hotel, localizado na beira das estradas de grande movimento, que aluga quartos ou apartamentos e tem relativa infraestrutura como estacionamento para carros, restaurante etc.; estabelecimento que aluga quartos para encontros amorosos; hotel de alta rotatividade" (DÁCOMO, Natália de Nardi. Hipótese de Incidência do ISS. São Paulo: Noeses, 2006, pag. 145).

- **Locação de apart-hotel pelo proprietário da unidade. Não incide ISSQN**. Tributário. ISS. Locação de unidade situada em apart-hotel. Ausência de prestação de serviços de hotelaria. Não configuração de fato tributável. I – A hipótese dos autos é de imóvel situado em apart-hotel que foi confiado a imobiliária, para que, em nome do proprietário, o cedesse em locação, entendendo o recorrente que sobre essa relação locatícia incide o ISS, porquanto aos locatários ocupantes são oferecidos serviços típicos de hospedagem em hotéis. II – O proprietário do imóvel e a imobiliária que o representa não são responsáveis pelo ISS referente aos serviços prestados pela administradora das unidades de apart-hotel, porquanto aqueles encerram simples relação de locação com os ocupantes do imóvel, sendo imperiosa a anulação do auto de infração lavrado pelo recorrente. III – Recurso especial improvido. (STJ – REsp: 457499 DF 2002/0102816-7, Relator: Ministro Francisco Falcão, Data de Julgamento: 06/12/2005, T1 – PRIMEIRA TURMA, Data de Publicação: DJ 13.02.2006 p. 662RDDT vol. 127 p. 189).

- **Serviços de hotelaria. Base de cálculo do ISSQN. Preço total do serviço.** Processual civil e tributário. Inexistência de violação do art. 535 do CPC. Mandado de segurança. ISS. Serviços de hotelaria. Incidência. 1. O acórdão recorrido analisou todas as questões necessárias ao desate da controvérsia, só que de forma contrária aos interesses da parte. Logo, não padece de vícios de omissão, contradição ou obscuridade, a justificar sua anulação por esta Corte. Tese de violação do art. 535 do CPC repelida. 2. Todas as parcelas que integram o preço do serviço de hotelaria compõem a base de cálculo do ISS. Logo, não há falar em exclusão do valor relativo à hospedagem, uma vez que expressamente constante da lista de serviços anexa à LC n. 116/2003. Precedente: EDcl no REsp 885.014/RS, Rel. Ministra Eliana

Calmon, Segunda Turma, DJe de 17.11.2009. 3. Recurso especial não provido. (STJ - REsp: 1135221 SC 2009/0068706-0, Relator: Ministro MAURO CAMPBELL MARQUES, Data de Julgamento: 23/11/2010, T2 - SEGUNDA TURMA, Data de Publicação: DJe 02/12/2010).

- **Base de cálculo do agenciamento.** "O ISSQN incide apenas sobre a taxa de agenciamento quando o serviço prestado por sociedade empresária de trabalho temporário for de intermediação, devendo, entretanto, englobar também os valores dos salários e encargos sociais dos trabalhadores por ela contratados nas hipóteses de fornecimento de mão de obra". (Tese julgada sob o rito do art. 543-C do CPC/73 - Tema 403)

> 10 - Serviços de intermediação e congêneres.
>
> 10.01 - Agenciamento, corretagem ou intermediação de câmbio, de seguros, de cartões de crédito, de planos de saúde e de planos de previdência privada.
>
> 10.02 - Agenciamento, corretagem ou intermediação de títulos em geral, valores mobiliários e contratos quaisquer.
>
> 10.03 - Agenciamento, corretagem ou intermediação de direitos de propriedade industrial, artística ou literária.
>
> 10.04 - Agenciamento, corretagem ou intermediação de contratos de arrendamento mercantil (leasing), de franquia (franchising) e de faturização (factoring).
>
> 10.05 - Agenciamento, corretagem ou intermediação de bens móveis ou imóveis, não abrangidos em outros itens ou subitens, inclusive aqueles realizados no âmbito de Bolsas de Mercadorias e Futuros, por quaisquer meios.
>
> 10.06 - Agenciamento marítimo.
>
> 10.07 - Agenciamento de notícias.
>
> 10.08 - Agenciamento de publicidade e propaganda, inclusive o agenciamento de veiculação por quaisquer meios.
>
> 10.09 - Representação de qualquer natureza, inclusive comercial.
>
> 10.10 - Distribuição de bens de terceiros.

- **Serviço de corretagem.** "Pelo contrato de corretagem, uma pessoa, não ligada a outra em virtude de mandato, de prestação de serviços ou por qualquer relação de dependência, obriga-se a obter para a segunda um ou mais negócios, conforme as instruções recebidas. (DÁCOMO, Natália de Nardi. Hipótese de Incidência do ISS. São Paulo: Noeses, 2006, pag. 151).

- **Oscilações no serviço de factoring.** "...fora pontificado que a intermediação financeira de recursos, dentre as quais a aquisição de direitos creditórios é operação tipicamente bancária, nada tendo a ver com atividade de factoring" (MELO, José Eduardo Soares de; PAULSEN, Leandro. Impostos federais, estaduais e municipais. 6 ed. Porto Alegre: Livraria do Advogado, 2011, p. 321).

- **Serviço de representação comercial.** "Exerce a representação comercial autônoma a pessoa jurídica ou a pessoa física, sem relação de emprego, que desempenha, em caráter não eventual por conta de uma ou mais pessoas, a mediação para a realização de negócios mercantis, agenciando propostas ou não atos relacionados com a execução dos negócios. (DÁCOMO, Natália de Nardi. Hipótese de Incidência do ISS. São Paulo: Noeses, 2006, pag. 158).

► **Conceito de intermediação.** "Intermediação e o ato ou efeito existir de permeio, situar-se ente; por de permeio; entremear, intercalar, servir de mediador em negócios de turismo, passeios, viagens, excursões, hospedagens. (DÁCOMO, Natália de Nardi. Hipótese de Incidência do ISS. São Paulo: Noeses, 2006, pag. 146)

Com efeito, a exclusiva discussão acerca da incidência de ISS sobre a veiculação de materiais de propaganda e publicidade comporta análise, pois não demanda revolvimento de fatos e provas. Nesse sentido: AgRg no REsp 1404324/RS, Rel. Ministro Mauro Campbell Marques, Segunda Turma, DJe 03/09/2015 In casu, observa-se que os serviços de "veiculação e divulgação de textos, desenhos e, outros materiais de propaganda e publicidade, por qualquer meio" constavam do item 17.07, o qual foi vetado pelo Presidente da República. Logo, em consonância com a orientação do STJ, não incide ISS sobre as atividades previstas no citado item. (EDcl no AgRg no AREsp 791.067/DF, Rel. Ministro HERMAN BENJAMIN, SEGUNDA TURMA, julgado em 02/08/2016, DJe 08/09/2016)

► **Representação comercial.** Apelação cível. Remessa necessária. Direito tributário. Embargos à execução ISSQN. Alíquota. Representação comercial. Honorários recursais. 1. Na hipótese dos autos está comprovado que o contrato entabulado entre a empresa apelada e empresa NETCOMM COMÉRCIO E SERVIÇO LTDA é de representação comercial, segundo disciplina o artigo 1º da Lei n. 4886/85, estando a última devidamente registrada no Conselho da Categoria, tendo poderes para conclusão do negócio jurídico, em nome da empresa contratante. 2. Não se trata, pois, de mero agenciamento. Logo, correto o recolhimento do tributo consoante alíquota de 2%. 3. Remessa Necessária. Sentença mantida em remessa necessária. 4. Honorários recursais. Majoração, na forma do artigo 85, § 11, do atual CPC e do Enunciado Administrativo nº 07 do STJ. Apelação desprovida. Sentença mantida em remessa necessária. (Apelação e Reexame Necessário Nº 70076460351, Segunda Câmara Cível, Tribunal de Justiça do RS, Relator: Ricardo Torres Hermann, Julgado em 20/02/2018)

► **Serviço postal e telemático prestados por empresas franqueadas. Não configura agenciamento, corretagem e intermediação de contratos de franquia**. Apelação. Embargos à Execução Fiscal ISSQN Serviços postais e telemáticos Agência franqueada Serviços anteriores à LC 116/2003 Não incidência Agenciamento, corretagem e intermediação de contratos de franquia inconfundíveis com os serviços postais e telemáticos da agência franqueada Embargos à execução rejeitados Apelação e reexame necessário desprovidos. Serviços postais e telemáticos prestados por empresas franqueadas, que não se confundem com os de agenciamento, corretagem e intermediação de contratos de franquia, anteriores à LC 116/2003, não sofrem incidência do ISSQN, por falta de previsão na lista de serviços. (TJ-SP – APL: 9155057872002826 SP 9155057-87.2002.8.26.0000, Relator: Vicente de Abreu Amadei, Data de Julgamento: 26/07/2011, 1ª Câmara de Direito Público, Data de Publicação: 29/07/2011).

► **Agenciamento marítimo e intermediação de contratos de transporte marítimo. Incidência ISSQN após advento da LC 116/2003**. Tributário. ISSQN. Agenciamento marítimo e agenciamento, corretagem ou intermediação no afretamento de navios. Ilegalidade da exigência. Análise de violação a dispositivos constitucionais: descabimento. 1. Descabe ao STJ, em sede de recurso especial, analisar possível ofensa a dispositivos constitucionais. 2. No agenciamento marítimo ou de navios, a empresa de agenciamento atua em nome do armador (responsável pelo navio) e contrata os serviços portuários de que necessitam esses navios em águas brasileiras, provendo-lhes todas as necessidades. Essas funções não estão abrangidas pelos serviços especificados no item 50 da Lista de Serviços anexa ao Decreto-lei 406/68. Precedentes desta Corte (REsp 271.676/RS e REsp 246.082/RJ). 3. Impossibilidade de enquadrar o agenciamento marítimo no mencionado item através de interpretação extensiva porque os serviços previstos na lista não possuem natureza análoga aos serviços questionados. 4. Indevida a cobrança do ISS sobre agenciamento marítimo até o advento da LC 116/2003, quando foi expressamente incluído o serviço no item 10.06. 5. Nos termos do art. 2º da Lei 9.432/97, o contrato de afretamento de navios pode-se dar em três modalidades: a) afretamento a casco nu: contrato em virtude do qual o afretador tem a posse, o uso e o controle da embarcação, por tempo determinado, incluindo o direito de designar o comandante e a tripulação; b) afretamento por tempo: contrato em virtude do qual o afretador recebe a embarcação armada e tripulada, ou parte dela, para operá-la por tempo determinado; c) afretamento por viagem: contrato em virtude do qual o fretador se obriga a colocar o todo ou parte de uma embarcação, com tripulação, à disposição do afretador para efetuar transporte em uma ou mais viagens. 6. Os contratos de afretamento a casco nu, por natureza, assemelham-se aos contratos de locação e os navios, por força do art. 82 do Código Civil/1916, são considerados bens móveis. Assim, aplicável em tese o item 79 da Lista de Serviços anexa ao Decreto-lei 406/68 (com a redação dada pela LC 56/87), que prevê a incidência de ISS sobre a locação de bens móveis. 7. Entretanto, o STF, no julgamento do RE 116.121-3/SP, declarou incidentalmente a inconstitucionalidade da exigência, restando assentado que a cobrança do ISS sobre locação de bem móvel contraria a Lei Maior e desvirtua institutos de Direito Civil. 8. Os contratos de afretamento por tempo ou por viagem são complexos, não podem ser desmembrados para efeitos fiscais e não são passíveis de tributação pelo ISS porquanto a específica atividade (Precedentes desta Corte) de afretamento não consta da lista anexa ao DL 406/68. Portanto, igualmente não tributável o agenciamento, a corretagem ou a intermediação no afretamento de navios. 9. Recurso especial conhecido em parte e, nessa parte, provido para conceder a segurança. (STJ – REsp: 792444 RJ 2005/0178205-4, Relator: Ministra ELIANA CALMON, Data de Julgamento: 06/09/2007, T2 – SEGUNDA TURMA, Data de Publicação: DJ 26.09.2007 p. 207).

- **Publicidade em camisas de futebol. Não configura agenciamento de publicidade, propaganda ou veiculação. Descabida interpretação extensiva.** Apelação. Ação anulatória de débito fiscal. ISS. Serviço de agenciamento de publicidade e propaganda. Não ocorrência. Serviço de veiculação de marca. Ausência de previsão na lista anexa à LC 116/03. Veto presidencial. Não incidência do ISS. Precedente do STF. 1. A celebração de contrato entre sociedades empresárias, destinadas à veiculação de publicidade nas camisas dos clubes de futebol do Estado da Bahia, não caracteriza serviço de agenciamento de publicidade, propaganda ou veiculação, previsto no item 10.08, da lista anexa à LC 116/03, para fins de incidência do ISS, caso a cessão do direito à exploração comercial dos espaços nos uniformes, pelas equipes, decorra de contrato oneroso, caracterizado pelo pagamento de quantia certa por temporada pela empresa de publicidade, sem previsão de repasse de parte dos lucros obtidos aos times. 2. A hipótese caracteriza veiculação de marca, serviço que poderia ser enquadrado no item 17.07 da lista anexa à LC 116/2003, se o dispositivo não houvesse sido vetado pelo Presidente da República. 3. Não é possível conferir interpretação extensiva ao item 10.08, da lista anexa, para forçar o enquadramento do serviço de veiculação da marca no conceito de agenciamento de publicidade e propaganda, sob pena de violação ao princípio da legalidade tributária. Precedente do STF. Apelo improvido. Sentença mantida. (Classe: Apelação, Número do Processo: 0520110-86.2016.8.05.0001, Relator (a): Rosita Falcão de Almeida Maia, Terceira Câmara Cível, Publicado em: 22/11/2017) (TJ-BA - APL: 05201108620168050001, Relator: Rosita Falcão de Almeida Maia, Terceira Câmara Cível, Data de Publicação: 22/11/2017).

► **Busdoors. Afixação de painéis ou adesivos em vidros traseiros dos ônibus. Intermediação entre agência de publicidade e proprietários dos veículos. Incide ISSQN.** Tributário. Processual civil. Agravo regimental no agravo em recurso especial. ISS. Prestação de serviço de intermediação entre agências de propaganda ou de publicidade. Agravo não provido. 1. Segundo o Tribunal de origem, a agravante presta serviços de intermediação entre as agências de propaganda ou de publicidade - que as elaboram ou criam - e os proprietários dos veículos de divulgação, a fim de que nos vidros traseiros dos ônibus urbanos sejam afixados painéis ou adesivos, denominados busdoors. A prestação desse serviço de agenciamento constitui fato gerador do ISS, porquanto expressamente constante do Item 10.08 da Lista Anexa à Lei Complementar 118/03. 2. Agravo regimental não provido. (STJ - AgRg no AREsp: 271717 DF 2012/0265872-3, Relator: Ministro Arnaldo Esteves Lima, Data de Julgamento: 15/08/2013, T1 - Primeira Turma, Data de Publicação: DJe 27/08/2013).

► **Franquia. Contrato celebrado pela EBCT e as agências de correios. Necessidade de verificação das cláusulas contratuais para enquadramento na lista de ISSQN.** Tributário. ISS. Empresa franqueada que presta serviços postais e telemáticos. Não-incidência. 1. É pacífico no STJ que os serviços prestados por empresas franqueadas que realizam atividades postais e telemáticas não são tributados pelo ISS. Precedentes (RESP 403.799-MG, DJ de 26.04.2004, Rel. Min. Franciulli Netto; RESP 189.225-RJ, DJ de 03.06.2002, Rel. Min. Peçanha Martins; AGA 436.886-MG, DJ de 28.10.2002, Rel. Min. Garcia Vieira). 2. Entretanto, in casu, impõe-se a aferição da natureza do contrato, em face da sua atipicidade. Nessas hipóteses a C. 1ª Turma externou entendimento segundo o qual "A verificação da natureza dos contratos celebrados pela EBCT e as agências de correios (se franquia empresarial, representação comercial ou agenciamento) para efeitos de incidência do ISS, enseja a análise apurada de suas cláusulas, providência inviável no âmbito do recurso especial, conforme dispõe a Súmula 05/STJ." (AGRESP 442.225-PR, DJ de 30.08.2004, Rel. Min. Teori Zavascki). 3. Recurso Especial não conhecido (STJ - REsp: 631814 PR 2004/0018952-3, Relator: Ministro LUIZ FUX, Data de Julgamento: 09/11/2004, T1 - PRIMEIRA TURMA, Data de Publicação: DJ 13.12.2004 p. 240).

11 - Serviços de guarda, estacionamento, armazenamento, vigilância e congêneres.

11.01 - Guarda e estacionamento de veículos terrestres automotores, de aeronaves e de embarcações.

11.02 - Vigilância, segurança ou monitoramento de bens e pessoas.

11.02 - Vigilância, segurança ou monitoramento de bens, pessoas e semoventes. (Redação dada pela Lei Complementar nº 157, de 2016)

11.03 - Escolta, inclusive de veículos e cargas.

11.04 - Armazenamento, depósito, carga, descarga, arrumação e guarda de bens de qualquer espécie.

► **Franquia. Tese aprovada no RE 603.136:** "É constitucional a incidência de Imposto sobre Serviços de Qualquer Natureza (ISS) sobre contratos de franquia (franchising) (itens 10.04 e 17.08 da lista de serviços prevista no Anexo da Lei Complementar 116/03)."

- **Serviços de vigilância ou monitoramento.** "Ocorre que a exigência de ICMS e descabida. Primeiro porque a utilização de faixas de frequência não tem como finalidade servir comunicação a um usuário final, mas sim identificar onde se encontra o bem e/ ou pessoa monitorada. Ou seja, a utilização dessas faixas se caracteriza como atividade-meio, não como atividade-fim. Segundo, porque, ainda que comunicação fosse (o que aqui e admitido apenas por hipótese), esses serviços são tributados pelo ISS em função de expressa disposição do item 11.02 da lista de serviços anexa a LC 116/2003, que, conforme seção 2.6, tem justamente a função de dirimir conflitos de competência". (BERGAMINI, Adolpho. Curso de ISS. São Paulo: Editora Revista dos Tribunais, 2017, pag. 89/90).

- **Serviços de armazenamento.** "O serviço de armazenamento tem pôr fim a guarda e conservação de mercadorias e, no caso dos armazéns-gerais, a emissão de títulos especiais que as representem" (DÁCOMO, Natália de Nardi. Hipótese de Incidência do ISS. São Paulo: Noeses, 2006, pag. 162).

- **Serviço de estacionamento. Shopping Center. Gratuidade não impede cobrança do ISSQN. Contrapartida monetária indireta.** Agravo interno. Decisão monocrática que negou seguimento ao recurso de agravo de instrumento. Mandado de segurança. Indeferimento da liminar. ISS. Estacionamento de veículos em "shopping center". Alegação de gratuidade do serviço. Ausência dos requisitos legais. Manutenção da decisão monocrática. 1- Não se encontra presente, em cognição sumaríssima, o requisito da fumaça do bom direito a autorizar a concessão da medida liminar pleiteada. Autos de infração que fundamentam a cobrança do ISS no fato de que a gratuidade do serviço de estacionamento, a determinados clientes, disfarçaria contraprestação no volume de compras realizadas. Nesse sentido, destaque-se posição doutrinária de que a contrapartida monetária, ainda que de forma indireta, embasa a cobrança pelo serviço prestado. 2- Decisão do juízo singular que não é teratológica ou contrária à prova dos autos. Aplicação analógica da súmula 59 do E.TJ/RJ. – DESPROVIMENTO DO RECURSO. (TJ-RJ – AI: 200900230407 RJ 2009.002.30407, Relator: DES. CARLOS SANTOS DE OLIVEIRA, Data de Julgamento: 08/09/2009, Nona Câmara Cível, Data de Publicação: 24/09/2009).

- **Serviço de vigilância. ISSQN devido no local do estabelecimento do prestador de serviço.** Tributário Apelação cível Ação anulatória ISS Competência do município de Curitiba Aplicação da primeira parte do "caput" do artigo 3º da LC 116/2003 Local do estabelecimento do prestador do serviço Enquadramento no subitem 14.01 da lista anexa atividade da autora que não se caracteriza como serviço de segurança ou vigilância previsto no subitem 11.02 da lista anexa Improcedência da ação Inversão do ônus de sucumbência. Recurso provido. Na cobrança do ISS a regra geral é que o Município tributante seja aquele em que há o estabelecimento do prestador, no caso, o Município de Curitiba. A atividade da recorrida é a manutenção de equipamento de segurança e não a efetiva segurança e vigilância. Não estando o serviço prestado pela autora excepcionado nos incisos do artigo 3º da LC 116/2003, não há que se falar em competência do Município onde é prestado o serviço (São José dos Pinhais). Com o provimento do apelo e a consequente improcedência da ação, é de se inverter o ônus de sucumbência. (TJ-PR 8779846 PR 877984-6 (Acórdão), Relator: Silvio Dias, Data de Julgamento: 15/05/2012, 2ª Câmara Cível).

▶ **Serviço de segurança de bens ou pessoas e escolta mediante transporte e entrega. Transporte como atividade-meio. Incidência de ISSQN e não de ICMS.** Tributário. Anulatória de débito fiscal. ISS. Cabimento. Serviços de transporte e entrega de bens e valores, vigilância e segurança de bens ou pessoas, escolta, inclusive de veículos e cargas. Transporte interestadual ou intermunicipal apenas como atividade- meio. Impossibilidade de incidência de ICMS. Recurso provido. Sentença alterada também em sede de reexame necessário. No caso em apreço, o transporte é mera atividade-meio para se alcançar o fim, que é a coleta, entrega, remessa de bens e valores (ou seja, ida ao estabelecimento, proteção e cuidado do bem, guarda em seu estabelecimento e futura entrega ao destino final). Outro serviço efetuado pelo apelado é o de abastecimento de caixas eletrônicos. O transporte aqui é, novamente, um meio para se alcançar o fim, que é o de abastecer e esvaziar os caixas eletrônicos. (TJ-PR – CJ: 9170605 PR 917060-5 (Acórdão), Relator: Paulo Habith, Data de Julgamento: 20/11/2012, 3ª Câmara Cível, Data de Publicação: DJ: 995 null).

12 – Serviços de diversões, lazer, entretenimento e congêneres.

12.01 – Espetáculos teatrais.

12.02 – Exibições cinematográficas.

12.03 – Espetáculos circenses.

12.04 – Programas de auditório.

12.05 – Parques de diversões, centros de lazer e congêneres.

12.06 – Boates, taxi-dancing e congêneres.

12.07 – Shows, ballet, danças, desfiles, bailes, óperas, concertos, recitais, festivais e congêneres.

12.08 – Feiras, exposições, congressos e congêneres.

12.09 – Bilhares, boliches e diversões eletrônicas ou não.

12.10 – Corridas e competições de animais.

12.11 – Competições esportivas ou de destreza física ou intelectual, com ou sem a participação do espectador.

12.12 – Execução de música.

12.13 – Produção, mediante ou sem encomenda prévia, de eventos, espetáculos, entrevistas, shows, ballet, danças, desfiles, bailes, teatros, óperas, concertos, recitais, festivais e congêneres.

12.14 – Fornecimento de música para ambientes fechados ou não, mediante transmissão por qualquer processo.

12.15 – Desfiles de blocos carnavalescos ou folclóricos, trios elétricos e congêneres.

12.16 – Exibição de filmes, entrevistas, musicais, espetáculos, shows, concertos, desfiles, óperas, competições esportivas, de destreza intelectual ou congêneres.

12.17 – Recreação e animação, inclusive em festas e eventos de qualquer natureza.

▶ **Serviços de diversão.** "As presentes atividades dizem respeito a distração, prazer, passatempo agradável, espetáculo, que podem realizar-se por meio de exibições, cinemas, circos, teatros, demonstração de ginástica, música, jogos, competições, exposições, bailes, festas folclóricas etc. (DÁCOMO, Natália de Nardi. Hipótese de Incidência do ISS. São Paulo: Noeses, 2006, pag. 167)

- **Planejamento e organização de congresso. Incidência de ISSQN**. "Os serviços de planejamento, organização e administração de feiras, exposições e congressos, inclusive a cessão de uso de stands, sujeitam-se ao ISS, nos termos do inciso XLI do art. 8º do CTMRJ". CCM/RJ, RV nº 8.363, Rel. Conselheiro Alfredo Lopes, Acórdão 15.332, julgado em 28 de janeiro de 2016.

- **Serviço de exibição de filmes. Base de cálculo é o valor integral do preço pago pelo usuário. Sem deduções**. Tributário. ISS. Exibição de filmes cinematográficos. Base de cálculo. Preço do serviço. Totalidade do valor cobrado (ingresso). Parcela paga ao produtor. Abatimento. Inviabilidade. 1. A base de cálculo do ISS incidente sobre os serviços de exibição cinematográfica é o valor integral do ingresso pago pelo usuário, sendo inviável o abatimento da quantia a ser repassada à produtora, à mingua de previsão legal específica. 2. "Os preços pagos pelo consumidor (ingressos), cujo somatório equivale ao faturamento bruto da contribuinte, correspondem, portanto, à base de cálculo do tributo municipal." (REsp 1.139.610/ SC, Rel. Min. Herman Benjamin, 2ª Turma, DJe 04/03/2010). 3. Agravo regimental não provido. (STJ - AgRg no REsp: 1139727 SC 2009/0089591-2, Relator: Ministro CASTRO MEIRA, Data de Julgamento: 05/10/2010, T2 - SEGUNDA TURMA, Data de Publicação: DJe 19/10/2010).

> 13 - Serviços relativos a fonografia, fotografia, cinematografia e reprografia.
>
> 13.01 - (VETADO)
>
> 13.02 - Fonografia ou gravação de sons, inclusive trucagem, dublagem, mixagem e congêneres.
>
> 13.03 - Fotografia e cinematografia, inclusive revelação, ampliação, cópia, reprodução, trucagem e congêneres.
>
> 13.04 - Reprografia, microfilmagem e digitalização.
>
> 13.05 - Composição gráfica, fotocomposição, clicheria, zincografia, litografia, fotolitografia.
>
> 13.05 - Composição gráfica, inclusive confecção de impressos gráficos, fotocomposição, clicheria, zincografia, litografia e fotolitografia, exceto se destinados a posterior operação de comercialização ou industrialização, ainda que incorporados, de qualquer forma, a outra mercadoria que deva ser objeto de posterior circulação, tais como bulas, rótulos, etiquetas, caixas, cartuchos, embalagens e manuais técnicos e de instrução, quando ficarão sujeitos ao ICMS. (Redação dada pela Lei Complementar nº 157, de 2016)

- **Critérios para diferenciar ICMS/IPI e ISS na industrialização item 13.05**. "Em outras palavras, o critério adotado pelo STJ, que passa pelo exame de atividade-meio e atividade-fim, em nada ajuda no entendimento da resolução do conflito de competências. Parece mais adequado que o raciocínio siga outro rumo. Segundo nossa posição, o que caracteriza a incidência do ICMS/IPI ou ISS sobre determinado serviço e o fim a que ele (o serviço) se destina, de modo que o serviço tributável: (i) pelo ISS, se for prestado diretamente ao consumidor ou usuário fina; e (ii) pelo ICMS e IPI, se for prestado no bojo de uma cadeia de industrialização/ comercialização e, portanto, integrar o custo de determinado produto que, por sua vez, será ao final tributado pelo ICMS e IPI". (BERGAMINI, Adolpho. Curso de ISS. São Paulo: Editora Revista dos Tribunais, 2017, pag. 105).

- **Serviços de processamento**. "Observe que essas são atividades de processamento que permitem manipular, reproduzir, reduzir e digitalizar livros, jornais, processos, filmes etc. Composição gráfica e a montagem de material tipográfico para fins de impressão" (DÁCOMO, Natália de Nardi. Hipótese de Incidência do ISS. São Paulo: Noeses, 2006, pag. 182).

- **Produção de cartões telefônicos.** "A Corte local consignou que "a impressão gráfica, realizada no processo final de produção dos cartões telefônicos, não é fator preponderante para gerar interesse em sua aquisição", uma vez que o adquirente, seu consumidor final, visa ter acesso ao uso do serviço de telefonia, independentemente do que ele traz impresso. Por estes termos, não incide ISSQN". (AgInt no AREsp 1069196/SP, Rel. Ministro Mauro Campbell Marques, Segunda Turma, julgado em 13/06/2017, DJe 21/06/2017).

- **Beneficiamento do mármore.** "A recorrida foi contratada por uma sociedade empresária para prestar serviços relacionados ao corte, recorte e polimento de granito e mármore. Assim, vê-se que a mercadoria pertencia à contratante, que a entregou exclusivamente para seu beneficiamento, e que o trabalho executado representa a atividade-fim da recorrida, pois, uma vez concluído, extinta está a relação obrigacional entre os contratantes. Daí esse serviço (prestado sob encomenda) estar sujeito à incidência do ISSQN, por amoldar-se ao item 14.05 do anexo à LC n. 116/2003" (REsp 959.258-ES, Rel. Min. Herman Benjamim, julgado em 23/6/2009).

- **Decisão Administrativa - Receita Estadual São Paulo.** "EMENTA: ICMS - Fabricação por encomenda de produtos de comunicação visual - Placas, painéis, luminosos e totens. I. A atividade de fabricação por encomenda de produtos de material publicitário para comunicação visual, como painéis, placas, luminosos e totens, efetuada pela indústria gráfica é considerada industrialização na modalidade transformação e, portanto, está sujeita ao ICMS. Observe-se, por fim, que a fabricação de mercadorias por encomenda, segundo especificações requeridas pelo comprador, é modalidade de industrialização inerente ao processo de produção de diversos setores da indústria, cujos produtos são fabricados com diferentes graus de personalização, decorrentes de necessidades específicas dos clientes encomendantes. O fato de um produto ser fabricado de forma personalizada, por encomenda do usuário final, não transforma a atividade de industrialização em serviço. O produto, ainda que personalizado, continua sendo fundamentalmente mercadoria, objeto de uma obrigação de dar/entregar. Desse modo, a saída de produto resultante de industrialização está sujeita ao ICMS, com base no inciso I do artigo 12 da Lei Complementar 87/96, que prevê a ocorrência do fato gerador do imposto na 'saída de mercadoria de estabelecimento de contribuinte, ainda que para outro estabelecimento do mesmo titular'. Em suma, não obstante o disposto nos subitens 17.06 e 24.01 [e 13.05] da Lista de Serviços anexa à Lei Complementar nº 116/03, este órgão consultivo entende que, no caso confecção de painéis, placas, letreiros e outras mercadorias destinadas à sinalização visual em que é realizada atividade de industrialização, na modalidade transformação, nos termos do item 13 acima, prevalece a obrigação de entregar um produto em relação a prestar um serviço, ocorrendo, por ocasião da circulação da mercadoria, portanto, hipótese de incidência do ICMS, nos termos do inciso II do artigo 155 da Constituição Federal de 1988. Sendo assim, em resposta à indagação formulada na consulta, informa-se que a atividade exercida pela Consulente de fabricação por encomenda de produtos de comunicação visual é atividade industrial, na modalidade transformação, e, portanto, sujeita à incidência apenas do ICMS." (SEFAZ/SP - RESPOSTA À CONSULTA TRIBUTÁRIA 3843/2014, de 26 de Setembro de 2014).

- **Entendimento do STF sobre industrialização por encomenda.** "Até o julgamento final e com eficácia apenas para o futuro (ex nunc), concede-se medida cautelar para interpretar o art. 1º, caput e § 2º, da Lei Complementar 116/2003 e o subitem 13.05 da lista de serviços anexa, para reconhecer que o ISS não incide sobre operações de industrialização por encomenda de embalagens, destinadas à integração ou utilização direta em processo subsequente de industrialização ou de circulação de mercadoria. Presentes os requisitos constitucionais e legais, incidirá o ICMS". (ADI 4389 MC, Relator(a): Min. Joaquim Barbosa, Tribunal Pleno, julgado em 13/04/2011) **Nesse sentido:** Ementa: Agravo regimental no recurso extraordinário com agravo. Tributário. Controvérsia quanto à incidência do ICMS ou do ISSQN. Fabricação de embalagens. Composição gráfica. Materiais empregados no processo produtivo de mercadorias. Incidência do ICMS. Possibilidade de julgamento imediato dos feitos que versem sobre a mesma controvérsia decidida pelo plenário em juízo precário. Agravo regimental desprovido. (ARE 916725 AgR, Relator(a): Min. LUIZ FUX, Primeira Turma, julgado em 16/02/2016, PROCESSO ELETRÔNICO DJe-039 DIVULG 01-03-2016 PUBLIC 02-03-2016) **Nesse sentido:** Ementa: Agravo regimental em recurso extraordinário com agravo. Industrialização por encomenda. Etapa intermediária da cadeia de produção. Emissão de notas fiscais atestadas pela origem. Inocorrência da materialidade atribuída ao ISSQN. Nas hipóteses de conflito entre os fatos imponíveis do ICMS e do ISS, não se pode desconsiderar o papel da atividade exercida no contexto de todo o ciclo produtivo. Sob tal perspectiva, cabe ao intérprete perquirir se o sujeito passivo presta um serviço marcado por um talento humano específico e voltado ao destinatário final, ou desempenha atividade essencialmente industrial, que constitui apenas mais uma etapa dentro da cadeia de circulação. Perfilhando esta diretriz, não é possível fazer incidir o ISS nas hipóteses em que a atividade exercida sobre o bem constitui mera etapa intermediária do processo produtivo. (ARE 839976 AgR, Relator(a): Min. ROBERTO BARROSO, Primeira Turma, julgado em 10/02/2015, ACÓRDÃO ELETRÔNICO DJe-047 DIVULG 11-03-2015 PUBLIC 12-03-2015).

- **Voto do ministro Joaquim Barbosa no julgamento do ARE 839976.** "Não há como equiparar a produção gráfica personalizada e encomendada para uso pontual, pessoal ou empresarial, e a produção personalizada e encomendada para fazer parte de complexo processo produtivo destinado a por bens em comércio."

- **Entendimento do STJ sobre industrialização por encomenda.** "Verifica-se que, no caso dos autos, deve incidir o ISS porquanto, trata-se de serviços personalizados feitos em conformidade com o interesse exclusivo do cliente, distintos dos serviços destinados ao público em geral. Nesta esteira, impende salientar que não interessa se haverá comercialização do produto no futuro, pois isso não é o traço distintivo da incidência do imposto como quer fazer crer o agravante. O que há de aferir é atividade-fim do prestador do serviço, "tendo em vista que, uma vez concluída, extingue o dever jurídico obrigacional que integra a relação jurídica instaurada entre o 'prestador' (responsável pelo serviço encomendado) e o 'tomador' (encomendante): a empresa que procede ao corte, recorte e polimento de granito ou mármore, de propriedade de terceiro, encerra sua atividade com a devolução, ao encomendante, do produto beneficiado." (REsp 888.852/ES, Rel. Min. Luiz Fux, Primeira Turma, julgado em 4.11.2008 Dje de 1º.12/2008) Agravo regimental parcialmente provido, apenas para reconhecer a tempestividade do recurso especial.[1] **Neste mesmo sentido:** "segundo decorre do sistema normativo específico (art. 155, II, § 2º, IX, b

1. STJ. AgRg no AREsp 328.624/ES, Rel. Ministro Humberto Martins, Segunda Turma, julgado em 17/09/2013, DJe 25/09/2013.

e 156, III da CF, art. 2º, IV, da LC 87/96 e art. 1º, § 2º, da LC 116/03), a delimitação dos campos de competência tributária entre Estados e Municípios, relativamente à incidência de ICMS e de ISSQN, está submetida aos seguintes critérios: (a) sobre operações de circulação de mercadoria e sobre serviços de transporte interestadual e internacional e de comunicações incide ICMS; (b) sobre operações de prestação de serviços compreendidos na lista de que trata a LC 116/03 (que sucedeu ao DL 406/68), incide ISSQN; e (c) sobre operações mistas, assim entendidas as que agregam mercadorias e serviços, incide o ISSQN sempre que o serviço agregado estiver compreendido na lista de que trata a LC 116/03 e incide ICMS sempre que o serviço agregado não estiver previsto na referida lista. As operações de composição gráfica, como no caso de impressos personalizados e sob encomenda, são de natureza mista, sendo que os serviços a elas agregados estão incluídos na Lista Anexa ao Decreto-Lei 406/68 (item 77) e à LC 116/03 (item 13.05). Consequentemente, tais operações estão sujeitas à incidência de ISSQN (e não de ICMS). Confirma-se o entendimento da Súmula 156/STJ: "A prestação de serviço de composição gráfica, personalizada e sob encomenda, ainda que envolva fornecimento de mercadorias, está sujeita, apenas, ao ISS." Precedentes de ambas as Turmas da 1ª Seção. Recurso especial provido. Recurso sujeito ao regime do art. 543-C do CPC e da Resolução STJ 08/08. (REsp 1092206/SP, Rel. Ministro Teori Albino Zavascki, Primeira Seção, julgado em 11/03/2009, DJe 23/03/2009).

- **Repercussão Geral reconhecido pelo STF no RE 882461/MG.** Ementa: Recurso extraordinário. Tributário. ISSQN. Incidência. Industrialização por encomenda. Subitem 14.5 da lista anexa à Lei complementar nº 116/2003. Multa fiscal moratória. Limites. Vedação ao efeito confiscatório. Matéria constitucional. Questões relevantes dos pontos de vista econômico e jurídico. Transcendência de interesses. Repercussão geral reconhecida. (RE 882461 RG, Relator(a): Min. Luiz Fux, julgado em 21/05/2015, Processo eletrônico DJe-112 Divulg 11-06-2015 Public 12-06-2015).

- **Composição gráfica após LC 157/2016.** "Nesses termos, a partir da LC 157/2016, se os produtos dos serviços de composição gráfica, impressos, fotocomposição, clicheria, zincografia, litografia e fotolitografia forem destinados a posterior comercialização ou industrialização, estarão sujeitos ao ICMS". (BERGAMINI, Adolpho. Curso de ISS. São Paulo: Editora Revista dos Tribunais, 2017, pag. 98).

- **Súmula 156 do STJ.** "A prestação de serviço de composição gráfica, personalizada e sob encomenda, ainda que envolva fornecimento de mercadorias, está sujeita, apenas, ao ISS".

- **Serviços de editoração eletrônica devem ser considerados como atividade de composição gráfica.** "ISSQN - Tipicidade tributária - Dimensão factual - Abertura semântica - Historicidade da interpretação jurídica - Serviços de editoração eletrônica - Enquadramento no item 77 da lista de serviços anexa à antiga Lei nº 5.641/89. A tipicidade tributária é vetor hermenêutico dos mais proeminentes em nosso sistema constitucional, e sua fiel observância condição de possibilidade para a exigência legítima de quaisquer tributos. No plano de sua facticidade normativa, deve obrigatoriamente resultar de um adequado grau de correspondência entre o fato que se pretende gravar com a tributação e a regra-matriz de incidência abstratamente prevista em lei. Inteligência da CRFB, art. 150, I, e art. 146, III, a e b; c/c o CTN, art. 97, I e III; art. 113, § 1º, e art. 114. - A abertura semântica dos vocábulos e expressões linguísticas há de ser criteriosamente reconhecida pelos intérpretes/aplicadores do Direito, às luzes da significação vigorante no exato momento histórico em que os respectivos enunciados normativos reclamam a sua aplicação. Com efeito, a adequada exegese a ser conferida ao item 77 da listagem anexa à antiga Lei nº 5.641/89 – diploma promulgado, no âmbito desta municipalidade, sob o regime jurídico do velho Decreto-lei nº 406/68 – deve considerar necessariamente o "novo" sentido que a expressão "composição gráfica" veio a assumir com a evolução tecnológica desencadeada pela informática. – Ipso facto, devem ser considerados como atividade de composição gráfica, para fins de enquadramento no item 77 da lista anexa à Lei Municipal nº 5.641/89, os serviços de editoração eletrônica consubstanciados na elaboração de livros, jornais, periódicos, boletins, folders, encartes e impressos em geral (...)". Recurso Improvido. CART/BH,3ª Turma, Rel. Alfredo Bento, Acórdão 8.524, 19/09/2009.

- **Imunidade tributária.** "Esta situação vai repercutir na impossibilidade de tributação pelo ISSQN das atividades que envolvam serviços de fonogramas e videofonogramas musicais produzidos no Brasil contendo obras musicais ou literomusicais de autores brasileiros e/ou obras em geral interpretadas por artistas brasileiros bem como os suportes materiais ou arquivos digitais que os contenham. A exceção seria no caso da replicação industrial de mídias ópticas de leitura a laser, ou seja, o processo industrial de multiplicação da matriz do CD ou DVD em cópias idênticas" (LUSTOZA, Helton Kramer. Et al. *Tributos em Espécie.* 4º ed. Salvador: JusPodivm, 2017, p. 832)

- **ISSQN não incide sobre a produção de vídeo por encomenda. Atividade de cinematrografia não equivale à produção de filmes ou vídeos por encomenda.** "Tributário. Imposto sobre serviços de qualquer natureza. Produção de vídeos por encomenda. Veto presidencial. Interpretação extensiva. Proibição. 1. O item 13.03 da lista anexa à LC n. 116/2003 não autoriza a tributação pelo ISSQN do serviço de produção de filmes/vídeos por encomenda, porquanto essa atividade não se equipara aos serviços de cinematografia. 2. Não é adequada a interpretação extensiva de item da referida lista, tendo em vista a existência de veto presidencial ao item 13.01, referente especificamente à "produção, gravação, edição, legendagem e distribuição de filmes, videotapes, discos, fitas cassete, compact disc, digital video disc e congêneres", de modo que não mais é adequado o raciocínio segundo o qual a encomenda do serviço de produção de vídeos atrairia a incidência do ISSQN (em vez do ICMS). 3. Ressalvada a situação em que o próprio veto é objeto de questionamento judicial, haveria atuação indevida do Poder Judiciário caso se decidisse pela incidência tributária em hipótese vetada pelo Presidente da República. (...)" (STJ. AgInt no REsp 1.627.818-DF (2016/0250557-8), Rel. Min. Gurgel de Faria, DJE 06/04/2017).

- **A Corte local consignou que "a impressão gráfica, realizada no processo final de produção dos cartões telefônicos, não é fator preponderante para gerar interesse em sua aquisição", uma vez que o adquirente, seu consumidor final, visa ter acesso ao uso do serviço de telefonia, independentemente do que ele traz impresso."** (AgInt no AREsp 1069196/SP, Rel. Ministro MAURO CAMPBELL MARQUES, SEGUNDA TURMA, julgado em 13/06/2017, DJe 21/06/2017)

- **O item 13.03 da lista anexa à LC n. 116/2003 não autoriza a tributação pelo ISSQN do serviço de produção de filmes/vídeos por encomenda, porquanto essa atividade não se equipara aos serviços de cinematografia.** (AgInt no REsp 1627818/DF, Rel. Ministro GURGEL DE FARIA, PRIMEIRA TURMA, julgado em 28/03/2017, DJe 06/04/2017).

14 – Serviços relativos a bens de terceiros.

14.01 – Lubrificação, limpeza, lustração, revisão, carga e recarga, conserto, restauração, blindagem, manutenção e conservação de máquinas, veículos, aparelhos, equipamentos, motores, elevadores ou de qualquer objeto (exceto peças e partes empregadas, que ficam sujeitas ao ICMS).

14.02 – Assistência técnica.

14.03 – Recondicionamento de motores (exceto peças e partes empregadas, que ficam sujeitas ao ICMS).

14.04 – Recauchutagem ou regeneração de pneus.

14.05 – Restauração, recondicionamento, acondicionamento, pintura, beneficiamento, lavagem, secagem, tingimento, galvanoplastia, anodização, corte, recorte, polimento, plastificação e congêneres, de objetos quaisquer.

14.05 – Restauração, recondicionamento, acondicionamento, pintura, beneficiamento, lavagem, secagem, tingimento, galvanoplastia, anodização, corte, recorte, plastificação, costura, acabamento, polimento e congêneres de objetos quaisquer. (Redação dada pela Lei Complementar nº 157, de 2016)

14.06 – Instalação e montagem de aparelhos, máquinas e equipamentos, inclusive montagem industrial, prestados ao usuário final, exclusivamente com material por ele fornecido.

14.07 – Colocação de molduras e congêneres.

14.08 – Encadernação, gravação e douração de livros, revistas e congêneres.

14.09 – Alfaiataria e costura, quando o material for fornecido pelo usuário final, exceto aviamento.

14.10 – Tinturaria e lavanderia.

14.11 – Tapeçaria e reforma de estofamentos em geral.

14.12 – Funilaria e lanternagem.

14.13 – Carpintaria e serralheria.

14.14 – Guincho intramunicipal, guindaste e içamento. (Redação dada pela Lei Complementar nº 157, de 2016)

- **Conceito de industrialização por encomenda.** "...industrialização por encomenda constitui atividade fim do prestador do aludido serviço, tendo em vista que, uma vez concluída, extingue o dever jurídico obrigacional que integra a relação jurídico instaurada entre o prestador (responsável pelo serviço encomendado) e tomador (encomendante); a empresa que procede ao corte, recorte e polimento de granito e mármore, encerra sua atividade com a devolução, ao encomendante, do produto beneficiado". (MELO, José Eduardo Soares de; PAULSEN, Leandro. Impostos federais, estaduais e municipais. 6 ed. Porto Alegre: Livraria do Advogado, 2011, p. 314)

- **Instalação e montagem de aparelhos.** "Ora, se num primeiro contrato da empresa compradora adquire o equipamento, num segundo momento poderá solicitar a sua montagem alegando que o material (equipamento) é dela (pois já foi objeto de um contrato de compra e venda anterior) e, portanto, é ela fornecedora do material e daí, nos termos do item 14.06, a atividade será tributada pelo ISS" (HOFFMANN, Susy Gomes. O Imposto sobre serviços de qualquer natureza. In. Curso de Especialização em Direito Tributário. Coord. Eurico Marcos Diniz de Santi. Forense: rio de Janeiro, 2009, p. 514)

- **Serviços relativos a bens de terceiros.** "Serviços relativos a bens de terceiros correspondem a atividade humana (trabalho) com o objeto cuja titularidade pertence a uma pessoa jurídica diferente da do executor do serviço. Dessa forma, o imposto em questão não incide sobre serviços que fazem parte da industrialização ou comercialização do produto". (DÁCOMO, Natália de Nardi. Hipótese de Incidência do ISS. São Paulo: Noeses, 2006, pag.185)

- **Instalação de assistência técnica.** "Assistência técnica é o serviço de auxiliar realizado por pessoa com habilidade específica para fazê-lo. Tais indivíduos fabricam, reparam, realizam manutenção e instalam peças e equipamentos, segundo normas de qualidade e segurança. A assistência técnica também inclui a transmissão de conhecimentos tecnológicos e materiais. Os serviços de assessoria técnica englobam os métodos, a assistência, a informação sobre processos de produção controle de matérias - primas etc. Redirecionar significa o ato ou efeito de recondicionar; recuperação da condição original" (DÁCOMO, Natália de Nardi. Hipótese de Incidência do ISS. São Paulo: Noeses, 2006, pag.188)

- **ISSQN x ICMS.** "Assim, ressalvados os serviços constitucionalmente colocados sobre o campo de incidência do ICMS, qualquer serviço pode ser tributado pelos Municípios, desde que definido em lei complementar. O tributo possui nítida finalidade fiscal, constituindo-se em importante fonte de recursos para o desempenho da atividade financeira dos Municípios" (ALEXANDRE, Ricardo. Direito Tributário. Salvador: JusPodivm, 2017, p.756)

- **ISSQN x IPI.** "Embora o IPI e o ISS impliquem um fazer, a atividade de industrialização compreende a produção ou beneficiamento de bens em massa, repetidos, sendo distinta de serviço, por possuir individualidade" (MELO, José Eduardo Soares de; PAULSEN, Leandro. Impostos federais, estaduais e municipais. 6 ed. Porto Alegre: Livraria do Advogado, 2011, p. 306)

- **Decisão Administrativa - Receita Federal do Brasil.** "Diante do exposto, conclui-se que o fato de serviços constarem da lista anexa ao Decreto-Lei nº 406, de 31 de dezembro de 1968, ou à Lei Complementar nº 116, de 31 de julho de 2003, é irrelevante para determinar a não incidência do IPI, caso tais serviços se caracterizem como operações de industrialização". (RFB - Parecer Normativo COSIT 18/2013.)

- **Decisão Administrativa - CARF.** "ATIVIDADE MISTA. ATIVIDADE DE INDUSTRIALIZAÇÃO DE ARTIGOS IMPRESSOS PERSONALIZADOS CUMULADA COM A PRESTAÇÃO DE SERVIÇOS GRÁFICOS. INCIDÊNCIA DO IPI SOBRE A SAÍDA DOS ARTIGOS E DO ISS SOBRE OS SERVIÇOS PRESTADOS. POSSIBILIDADE. A incidência do ISS sobre a prestação de serviços gráficos não exclui a incidência do IPI sobre a saída dos artigos impressos produzidos pelo estabelecimento, mediante operações de industrialização de transformação ou beneficiamento. ESTABELECIMENTO INDUSTRIAL GRÁFICO. ARTIGOS IMPRESSOS E CARTÕES MAGNÉTICOS PERSONALIZADOS. DESTINAÇÃO DO PRODUTO PARA USO PRÓPRIO. INCIDÊNCIA DO IPI. POSSIBILIDADE. É legítima a incidência do IPI na saída estabelecimento industrial gráfico de artigos impressos personalizados, incluindo cartões de PVC, com ou sem tarja magnética, dotados ou não de circuito eletrônico integrado ("microchip"), independentemente da destinação ser para uso próprio ou utilização na atividade operacional do encomendante, uma vez que a destinação final do produto é irrelevante para a definição da incidência do tributo em questão. Ademais, o fato de o produto não ser recolocado em circulação comercial ou produtiva não conduz à conclusão de que o IPI, nesta hipótese, seja indevido, pois tal conclusão equivaleria a conceder isenção de tributo, ao arrepio de lei específica, o que é expressamente vedado pelo art. 150, § 7º, da CF/1988. Recurso Voluntário Negado.". (CARF – Processo: 13896.722236/2011-76 – Relator José Fernandes do Nascimento – Data Sessão 27/01/2016)

- **Incide ISS sobre o serviço de montagem de pneus, ainda que a sociedade empresária também forneça os pneus utilizados na montagem.** (STJ 2ª Turma. REsp 1.307.824-SP, Rel. Min. Mauro Campbell Marques, julgado em 27/10/2015) – Informativo 573.

- **Nesse contexto, na presente hipótese, a execução de serviços de troca/substituição dos pneus vendidos pela recorrente, apesar de não encontrar previsão expressa no item 14.01 da Lista Anexa à LC 116/03, dela deve constar por força de interpretação extensiva, pois o serviço de montagem de pneus é correlato à atividade de manutenção e conservação de veículos.** (REsp 1680712/SP, Rel. Ministro HERMAN BENJAMIN, SEGUNDA TURMA, julgado em 21/09/2017, DJe 09/10/2017).

15 – Serviços relacionados ao setor bancário ou financeiro, inclusive aqueles prestados por instituições financeiras autorizadas a funcionar pela União ou por quem de direito.

15.01 – Administração de fundos quaisquer, de consórcio, de cartão de crédito ou débito e congêneres, de carteira de clientes, de cheques pré-datados e congêneres.

15.02 – Abertura de contas em geral, inclusive conta-corrente, conta de investimentos e aplicação e caderneta de poupança, no País e no exterior, bem como a manutenção das referidas contas ativas e inativas.

15.03 – Locação e manutenção de cofres particulares, de terminais eletrônicos, de terminais de atendimento e de bens e equipamentos em geral.

15.04 – Fornecimento ou emissão de atestados em geral, inclusive atestado de idoneidade, atestado de capacidade financeira e congêneres.

15.05 – Cadastro, elaboração de ficha cadastral, renovação cadastral e congêneres, inclusão ou exclusão no Cadastro de Emitentes de Cheques sem Fundos – CCF ou em quaisquer outros bancos cadastrais.

15.06 – Emissão, reemissão e fornecimento de avisos, comprovantes e documentos em geral; abono de firmas; coleta e entrega de documentos, bens e valores; comunicação com outra agência ou com a administração central; licenciamento eletrônico de veículos; transferência de veículos; agenciamento fiduciário ou depositário; devolução de bens em custódia.

15.07 – Acesso, movimentação, atendimento e consulta a contas em geral, por qualquer meio ou processo, inclusive por telefone, fac-símile, internet e telex, acesso a terminais de atendimento, inclusive vinte e quatro horas; acesso a outro banco e a rede compartilhada; fornecimento de saldo, extrato e demais informações relativas a contas em geral, por qualquer meio ou processo.

15.08 – Emissão, reemissão, alteração, cessão, substituição, cancelamento e registro de contrato de crédito; estudo, análise e avaliação de operações de crédito; emissão, concessão, alteração ou contratação de aval, fiança, anuência e congêneres; serviços relativos a abertura de crédito, para quaisquer fins.

15.09 – Arrendamento mercantil (leasing) de quaisquer bens, inclusive cessão de direitos e obrigações, substituição de garantia, alteração, cancelamento e registro de contrato, e demais serviços relacionados ao arrendamento mercantil (leasing).

15.10 - Serviços relacionados a cobranças, recebimentos ou pagamentos em geral, de títulos quaisquer, de contas ou carnês, de câmbio, de tributos e por conta de terceiros, inclusive os efetuados por meio eletrônico, automático ou por máquinas de atendimento; fornecimento de posição de cobrança, recebimento ou pagamento; emissão de carnês, fichas de compensação, impressos e documentos em geral.

15.11 - Devolução de títulos, protesto de títulos, sustação de protesto, manutenção de títulos, reapresentação de títulos, e demais serviços a eles relacionados.

15.12 - Custódia em geral, inclusive de títulos e valores mobiliários.

15.13 - Serviços relacionados a operações de câmbio em geral, edição, alteração, prorrogação, cancelamento e baixa de contrato de câmbio; emissão de registro de exportação ou de crédito; cobrança ou depósito no exterior; emissão, fornecimento e cancelamento de cheques de viagem; fornecimento, transferência, cancelamento e demais serviços relativos a carta de crédito de importação, exportação e garantias recebidas; envio e recebimento de mensagens em geral relacionadas a operações de câmbio.

15.14 - Fornecimento, emissão, reemissão, renovação e manutenção de cartão magnético, cartão de crédito, cartão de débito, cartão salário e congêneres.

15.15 - Compensação de cheques e títulos quaisquer; serviços relacionados a depósito, inclusive depósito identificado, a saque de contas quaisquer, por qualquer meio ou processo, inclusive em terminais eletrônicos e de atendimento.

15.16 - Emissão, reemissão, liquidação, alteração, cancelamento e baixa de ordens de pagamento, ordens de crédito e similares, por qualquer meio ou processo; serviços relacionados à transferência de valores, dados, fundos, pagamentos e similares, inclusive entre contas em geral.

15.17 - Emissão, fornecimento, devolução, sustação, cancelamento e oposição de cheques quaisquer, avulso ou por talão.

15.18 - Serviços relacionados a crédito imobiliário, avaliação e vistoria de imóvel ou obra, análise técnica e jurídica, emissão, reemissão, alteração, transferência e renegociação de contrato, emissão e reemissão do termo de quitação e demais serviços relacionados a crédito imobiliário.

- **Serviços bancários.** "Enfim, na gama dos serviços relativos ao setor bancário, a análise do enquadramento das atividades enunciadas no quadro das obrigações de fazer gera controvérsias, pois muitas das atividades citadas são complexas, e terão de sofre análise criteriosa para a indicação de seu enquadramento como prestação de serviços, o que, em muitos casos, acreditamos que não acontecerá" (HOFFMANN, Susy Gomes. O Imposto sobre serviços de qualquer natureza. In. Curso de Especialização em Direito Tributário. Coord. Eurico Marcos Diniz de Santi. Forense: rio de Janeiro, 2009, p. 514)
- **Súmula 424 do STJ**. "É legítima a incidência de ISS sobre os serviços bancários congêneres da lista anexa ao DL n. 406/1968 e à LC n. 56/1987".
- **Súmula 588 do STF**. "O imposto sobre serviços não incide sobre os depósitos, as comissões e taxas de desconto, cobrados pelos estabelecimentos bancários".

- **Incide ISS sobre a intermediação de negócios na Bolsa de Mercadorias e Futuro – BM&F, cuja atividade é voltada para a comercialização de mercadorias.** "A jurisprudência desta Corte pacificou-se no sentido da incidência de ISS sobre a intermediação de negócios na Bolsa de Mercadorias e Futuros – BM&F, cuja atividade é voltada para a comercialização de mercadorias. Precedentes". (AgRg no AREsp 583483/RJ, Rel. Ministro OG FERNANDES, SEGUNDA TURMA, Julgado em 25/11/2014, DJE 10/12/2014).

- **Consoante jurisprudência consolidada do STJ, não se aplica aos serviços de registros públicos, cartorários e notariais a sistemática de recolhimento de ISS prevista no art. 9º, § 1º, do Decreto-Lei 406/1968** (REsp 1660423/SP, Rel. Ministro HERMAN BENJAMIN, SEGUNDA TURMA, julgado em 18/05/2017, DJe 20/06/2017)

- **A atividade de agenciamento, corretagem ou intermediação de títulos pelas empresas corretoras habilitadas perante as bolsas de mercadorias e futuros está sujeita à incidência do ISS.** (AgInt nos EDcl no REsp 1323224/RJ, Rel. Ministro GURGEL DE FARIA, PRIMEIRA TURMA, julgado em 08/06/2017, DJe 07/08/2017)

- **Leasing como prestação de serviço.** "O acórdão do STF proferido pelo Min. Eros Grau no Recurso Extraordinário nº 592.905 (com repercussão geral reconhecida), que tratou sobre a incidência do ISS nos contratos de leasing, traz novos elementos ao entendimento do que possa ser entendido como serviço. De acordo com o Ministro, a existência da prestação do serviço esta intrinsicamente relacionada ao núcleo da atividade constante na Lista de Serviços. Nessa medida, segundo seu voto vencedor, mesmo que a atividade resulte em uma obrigação de dar (que, no caso de leasing, e entregar o bem ao arrendatário), pode haver uma prestação de serviço que contratualmente tem maior importância que o resultado em si (que no caso examinado foi o de financiamento)". (BERGAMINI, Adolpho. Curso de ISS. São Paulo: Editora Revista dos Tribunais, 2017, pag. 53)

- **Conceito de leasing.** "Este negócio jurídico (item 15.09) mantém conotações com a locação, compra e venda e financiamento, denotando características especiais devido à triangularidade, intermediação de um agente que financia a operação, como também em razão da tríplice opção conferida ao arrendatário". (MELO, José Eduardo Soares de; PAULSEN, Leandro. Impostos federais, estaduais e municipais. 6 ed. Porto Alegre: Livraria do Advogado, 2011, p. 317)

- **Serviço de leasing.** "Assim, uma pessoa física ou jurídica, necessitando de um bem móvel ou imóvel, contrato com uma empresa arrendadora a compra do bem. A empresa de Leasing compra e cede o seu uso à arrendatária, mediante retribuição, por um período determinado. Ao término do contrato, caberá a arrendatária a opção de renovar a cessão, restituir o bem ou comprá-lo pelo seu valor residual" (DÁCOMO, Natália de Nardi. Hipótese de Incidência do ISS. São Paulo: Noeses, 2006, pag. 204)

- **Local de pagamento no serviço de leasing.** "Na vigência do revogado art. 12, a, do Decreto-lei 406/68, a competência tributária para a cobrança do ISS era do Município em que localizada a sede do estabelecimento prestador do serviço, ou, na falta deste, do domicílio do contribuinte. Com a superveniência da Lei Complementar 116/2003, nos termos dos seus arts. 3º, caput, e 4º, o tributo passou a ser devido ao Município em que prestado o serviço, desde que ali haja um estabelecimento do contribuinte que configure uma unidade econômica ou profissional, sendo irrelevante a denominação de sede, filial, agência, posto de atendimento, sucursal, escritório ou contato. Esse é o entendimento consolidado, em sede de recurso especial representativo de controvérsia repetitiva, no tocante à incidência de ISS sobre o serviço de leasing mercantil, hipótese em que o tributo será devido ao Município em que localizada unidade da instituição financeira com poder decisório sobre a operação de arrendamento mercantil (STJ, REsp 1.060.210/SC, Rel. Ministro Napoleão Nunes Maia Filho, Primeira Seção, DJe de 05/03/2013). (AgInt no AREsp 1074607/SP, Rel. Ministra Assusete Magalhães, Segunda Turma, julgado em 03/10/2017, DJe 13/10/2017)

- **Base de cálculo do leasing.** "Exigir o ISS sobre o valor do bem objeto do arrendamento mercantil é pretender que o ISS posa incidir sobre bens objeto de mercancia. É evidente que, no caso, não se tem material. Fosse bem material, poder-se-ia entender caber ISS. Mas, no caso, não se há falar em material, mas em bem objeto de compra e venda, vale dizer, de uma das modalidades de incidência do ICMS" (BARRETO, Aires F. Curso de Direito Tributário municipal. São Paulo: Saraiva, 2009, p. 402/403)

- **Intermediação bancária.** "As prestações de serviços, por sua vez, correspondem as operações de intermediações, agenciamentos, assessoramento, custódia, cobrança ou recebimento (títulos, cheques, dinheiro, carnes), pagamentos, transferências de fundos etc. As prestações de serviço caracterizam-se pela remuneração do trabalho humano; evidentemente, isso engloba custos (papel, computadores, locação dos espaços físicos para a realização das atividades, salário de pessoal etc.). Os bancos estabelecem basicamente três tipos de relações jurídicas com seus clientes. a) relações financeiras; b) relações financeiras e de prestação de serviços; c) relações de prestação de serviços" (DÁCOMO, Natália de Nardi. Hipótese de Incidência do ISS. São Paulo: Noeses, 2006, pag. 198)

- **Serviço de proteção ao crédito:** O Imposto Sobre Serviços de Qualquer Natureza – ISSQN – incide sobre os serviços de proteção ao crédito, ainda que prestados por entidade sindical a seus associados. (AREsp 654.401-SP, Rel. Min. Gurgel de Faria, por unanimidade, julgado em 04/10/2018, DJe 16/11/2018)

- **Competência para cobrança de ISS sobre operações de arrendamento mercantil (leasing financeiro) quando a sede da empresa prestadora se situa em um local e presta serviços em outro.** Na vigência do Decreto-Lei 406/68: o ISS era devido ao Município onde estivesse sediado o estabelecimento prestador. A partir da LC 116/2003: o ISS é devido para o Município onde o serviço é efetivamente prestado (STJ. 1ª Seção. REsp 1.060.210-SC, Rel. Min. Napoleão Nunes Maia Filho, julgado em 28/11/2012).

> 16 – Serviços de transporte de natureza municipal.
>
> 16.01 – Serviços de transporte de natureza municipal.
>
> 16.01 – Serviços de transporte coletivo municipal rodoviário, metroviário, ferroviário e aquaviário de passageiros. (Redação dada pela Lei Complementar nº 157, de 2016)
>
> 16.02 – Outros serviços de transporte de natureza municipal. (Incluído pela Lei Complementar nº 157, de 2016)

- **Código Civil.** "Artigo 730: pelo contrato de transporte alguém se obriga, mediante retribuição, a transportar, de um lugar para outro, pessoas ou coisas".

- **Serviço de transporte.** "A relação de serviço tributável pelo ISS e a de carregar, conduzir - pessoa, animal, coisa - a determinado lugar, desde que tal operação se realize dentro dos limites do município cujo ponto inicial, pontos intermediários e ponto final estejam exclusivamente contidos dentro do território de um mesmo município" (DÁCOMO, Natália de Nardi. Hipótese de Incidência do ISS. São Paulo: Noeses, 2006, pag. 211)

- **Aspecto temporal do serviço de transporte.** "Convém lembrar também que, a base de cálculo e o aspecto temporal do imposto são fixados no momento em que o preço é pago pelo usuário, e não da prestação propriamente dita" (LUSTOZA, Helton Kramer. Et al. **Tributos em Espécie**. 4º ed. Salvador: JusPodivm, 2017, p. 832)

- **A base de cálculo do ISS incidente sobre a prestação de serviço de transporte coletivo de passageiros é o preço efetivamente pago pelo usuário no ato da compra e venda dos bilhetes** (seja vale-transporte ou passagem escolar), não o vigente no momento posterior em que se dá a efetiva prestação. Assim, mos-tra-se indevido o recolhimento do tributo sobre a diferença verificada quando da majoração da tarifa de transporte ocorrida entre a compra do bilhete ante-cipado e a efetiva prestação do serviço, pois o momento da incidência do fato gerador é o da compra das passagens. (STJ. AgRg no AREsp 112.288-RS, Rel. Min. Benedito Gonçalves, julgado em 20/9/2012).

17 - Serviços de apoio técnico, administrativo, jurídico, contábil, comercial e congêneres.

17.01 - Assessoria ou consultoria de qualquer natureza, não contida em outros itens desta lista; análise, exame, pesquisa, coleta, compilação e fornecimento de dados e informações de qualquer natureza, inclusive cadastro e similares.

17.02 - Datilografia, digitação, estenografia, expediente, secretaria em geral, resposta audível, redação, edição, interpretação, revisão, tradução, apoio e infra-estrutura administrativa e congêneres.

17.03 - Planejamento, coordenação, programação ou organização técnica, financeira ou administrativa.

17.04 - Recrutamento, agenciamento, seleção e colocação de mão-de-obra.

17.05 - Fornecimento de mão-de-obra, mesmo em caráter temporário, inclusive de empregados ou trabalhadores, avulsos ou temporários, contratados pelo prestador de serviço.

17.06 - Propaganda e publicidade, inclusive promoção de vendas, planejamento de campanhas ou sistemas de publicidade, elaboração de desenhos, textos e demais materiais publicitários.

17.07 - (VETADO)

17.08 - Franquia (franchising).

17.09 - Perícias, laudos, exames técnicos e análises técnicas.

17.10 - Planejamento, organização e administração de feiras, exposições, congressos e congêneres.

17.11 - Organização de festas e recepções; bufê (exceto o fornecimento de alimentação e bebidas, que fica sujeito ao ICMS).

17.12 - Administração em geral, inclusive de bens e negócios de terceiros.

17.13 - Leilão e congêneres.

17.14 - Advocacia.

17.15 – Arbitragem de qualquer espécie, inclusive jurídica.

17.16 – Auditoria.

17.17 – Análise de Organização e Métodos.

17.18 – Atuária e cálculos técnicos de qualquer natureza.

17.19 – Contabilidade, inclusive serviços técnicos e auxiliares.

17.20 – Consultoria e assessoria econômica ou financeira.

17.21 – Estatística.

17.22 – Cobrança em geral.

17.23 – Assessoria, análise, avaliação, atendimento, consulta, cadastro, seleção, gerenciamento de informações, administração de contas a receber ou a pagar e em geral, relacionados a operações de faturização (factoring).

17.24 – Apresentação de palestras, conferências, seminários e congêneres.

17.25 – Inserção de textos, desenhos e outros materiais de propaganda e publicidade, em qualquer meio (exceto em livros, jornais, periódicos e nas modalidades de serviços de radiodifusão sonora e de sons e imagens de recepção livre e gratuita). (Incluído pela Lei Complementar nº 157, de 2016)

- **Imunidade tributária.** "RE 91662 / SP – Relator(a): Min. DECIO MIRANDA – Julgamento: 04/11/1980 – Órgão Julgador: SEGUNDA TURMA – Publicação: DJ 28-11-1980 PG-10102 EMENT VOL-01194-04 PG-00969 RTJ VOL-00098-03 PG-00802 – EMENTA. TRIBUTÁRIO. IMPOSTO SOBRE SERVIÇOS. Não incide sobre anúncios e publicidade em jornal. Precedente: RE 87.049, Pleno de 13.04.78, RTJ 87/608. **Em sentido contrário:** EMENTA: TRIBUTÁRIO. ENCARTES DE PROPAGANDA DISTRIBUÍDOS COM JORNAIS E PERIÓDICOS. ISS. ART. 150, VI, d, DA CONSTITUIÇÃO. Veículo publicitário que, em face de sua natureza propagandística, de exclusiva índole comercial, não pode ser considerado como destinado à cultura e à educação, razão pela qual não está abrangido pela imunidade de impostos prevista no dispositivo constitucional sob referência, a qual, ademais, não se estenderia, de qualquer forma, às empresas por eles responsáveis, no que concerne à renda bruta auferida pelo serviço prestado e ao lucro líquido obtido. Recurso não conhecido. (RE 213094, Relator(a): Min. ILMAR GALVÃO, Primeira Turma, julgado em 22/06/1999, DJ 15-10-1999 PP-00023 EMENT VOL-01967-03 PP-00446 RTJ VOL-00171-01 PP-00336) **Sentido contrário:** As prestadoras de serviços de composição gráfica, que realizam serviços por encomenda de empresas jornalísticas ou editoras de livros, não estão abrangidas pela imunidade tributária prevista no art. 150, VI, d, da CF. Frisou que, no ponto, os serviços de composição gráfica realizados por empresas contratadas para realizar esses trabalhos, seriam meros prestadores de serviço e, por isso, a eles não se aplicaria a imunidade tributária. Vencido o Ministro Eros Grau, que dava provimento ao recurso. RE 434826 AgR/MG, rel. orig. Min. Cezar Peluso, red. p/ o acórdão Min. Celso de Mello, 19.11.2013. (RE-434826)

- **Marketing.** "As sociedades que tenham como objeto a prestação de serviços de marketing não possuem direito à exclusão da base de cálculo do ISS dos valores recebidos a título de reembolso pelo pagamento de profissionais contratados interinamente". (AgInt nos EDcl no AgInt no AREsp 903.587/SP, Rel. Ministro OG FERNANDES, SEGUNDA TURMA, julgado em 02/05/2017, DJe 05/05/2017) * A prestação de serviços de marketing é fato gerador do ISS (STJ – AREsp 227724/SP).

- **Conceito de franquia.** "Não se trata de mera prestação e serviços (fazer), uma vez que a participação na distribuição de bens (mercadorias e serviços) entre franqueador e franqueado envolve ampla atividade de transferência de tecnologia, imposição de condutas, cessão de direitos, obrigação de aquisição de quantidades mínimas, etc., evidenciando objetivo participativo entre as partes". (MELO, José Eduardo Soares de; PAULSEN, Leandro. Impostos federais, estaduais e municipais. 6 ed. Porto Alegre: Livraria do Advogado, 2011, p. 319)

- **Conceito de franquia.** "O contrato de franquia caracteriza-se por ser um negócio jurídico complexo, sendo que a norma individual e concreta de tal contrato introduz diversas relações jurídicas: compra e venda, locação, licenciamento de marcas, cessão de know-how, assistência técnica, mandato, comissão, prestação de serviços etc" (DÁCOMO, Natália de Nardi. Hipótese de Incidência do ISS. São Paulo: Noeses, 2006, pag. 225)

- **Natureza jurídica da franquia.** "(...) o franqueador presta ao franqueado serviços de organização empresarial, que se desdobram, basicamente, em três contratos específicos: i) engineering, por meio do qual o franqueador orienta o franqueado em todos o processo de montagem e planejamento do seu estabelecimento; ii) mangement, mediante o qual o franqueador orienta o franqueado no treinamento de sua equipe de funcionários e na gerência de sua atividade; iii) marketing, por meio d qual o franqueador orienta o franqueado quanto aos procedimentos de divulgação e promoção dos produtos comercializados" (RAMOS, André Luiz Santa Cruz. **Direito Empresarial esquematizado**. Rio de Janeiro: Forense, 2010, p. 461)

- **Função econômica do contrato de franquia.** "A função econômica do contrato de franquia, neste caso, encontra-se centrada em um modelo de distribuição de produtos ou de serviços, concebido pelo franqueador, no qual se incluem, necessariamente, conhecimento técnico e treinamento. Este modelo é facilmente reconhecido pelo consumidor pelos sinais distintivos licenciados pelo franqueador" (NEGRÃO, Ricardo. Manual de Direito Comercial e Empresarial. São Paulo: Saraiva, 2010, p. 310.)

- **Não incidência do ISS sobre franquia:** "O contrato de franquia envolve diversas atividades, não podendo ser resumido a um contrato cujo objeto é apenas uma obrigação de fazer. Do mesmo modo as operações de factoring, que também guardam uma natureza complexa, envolvendo diversas atividades" (HOFFMANN, Susy Gomes. O Imposto sobre serviços de qualquer natureza. In. Curso de Especialização em Direito Tributário. Coord. Eurico Marcos Diniz de Santi. Forense: Rio de Janeiro, 2009, p. 514). NO MESMO SENTIDO: "É inequívoca a intributabilidade, por via de ISS, da atividade da franquia. O franchising não se subsume ao conceito constitucional de serviços tributáveis por esse imposto municipal; consequentemente, dita atividade econômica não está abrangida pela competência tributária atribuída aos Municípios pela Constituição Federal" (BARRETO, Aires F. ISS na Constituição e na Lei. São Paulo: Dialética, 2003, p. 172)

- **Incidência do ISS sobre franquia.** "Desta forma, a franquia, por sua natureza, irá englobar a transferência de uso de marca, know-how, tecnologia na administração do negócio, bem como treinamento de funcionários e franqueado, dentre outra atividades. O que mostra que a franquia é um serviço de organização empresarial! Afirmar que a franquia é apenas uma relação jurídica complexa, sem identificá-la na esfera tributária é temerária e cômoda. É necessário classificá-la a fim de identificar sua essência para fins de tributação, somente desta forma será possível evitar uma não incidência sem justificativa constitucional. Em respeito a hipótese de incidência constitucional é de se reconhecer que a franquia é uma forma prestação de serviço, conforme deixa claro o artigo 2º da Lei 8.955/94. Apesar de traduzir em sua operacionalização uma série de vínculos obrigacionais entre franqueador e franqueado, o contrato de franquia empresarial constitui uma obrigação de fazer". (LUSTOZA, Helton Kramer. Et al. *Tributos em Espécie.* 4º ed. Salvador: JusPodivm, 2017, p. 819)

- **Legitimidade de incidência do ISSQN sobre a franquia.** "Nos termos jurisprudência do STJ, a partir da edição da Lei Complementar nº 7 7 6/03, em vigor a partir de 7º. 7.2004, a atividade de franquia passou a ser expressamente prevista no item 7 7.08 da lista de serviços anexa, ficando, portanto, sujeita à tributação. (STJ. AGRESP 20090 7 738 7 64, HUMBERTO MARTINS, STJ – SEGUNDA TURMA, 14/02/2011)". **Neste mesmo sentido:** "Desse modo, prevalece o entendimento consolidado nesta Corte no sentido de que a pendência de julgamento, no STF, de Recurso Extraordinário submetido ao rito do art. 543-B do CPC, não enseja sobrestamento dos Recursos Especiais que tramitam no STJ. No caso concreto, o fato gerador ocorreu durante a vigência da Lei Complementar 116/03, razão por que é correta a posição adotada pelo Tribunal de origem no acórdão combatido, que não afasta a incidência do ISS sobre serviço de franquia. Orientação firmada no julgamento do REsp 1.131.872/SC (1ª Seção, Rel. Min. Luiz Fux, DJe de 01/02/2010 recurso submetido à sistemática prevista no art. 543-C do CPC). (AgInt no AREsp 1087134/SP, Rel. Ministro MAURO CAMPBELL MARQUES, SEGUNDA TURMA, julgado em 10/10/2017, DJe 17/10/2017) **Em sentido contrário:** "Em sentido contrário: Natureza híbrida contratual. Não incidência ISSQN" – (AgRg no Ag 746597 / RJ; AgRg no Ag 581593 / MG; REsp 222246 / MG; REsp 189.225).
- **Os serviços postais e telemáticos prestados por empresas franqueadas, sob a égide da LC 56/87, não sofrem a incidência do ISS, em observância ao princípio tributário da legalidade.** (REsp 1131872/SC, Rel. Ministro LUIZ FUX, PRIMEIRA SEÇÃO, julgado em 09/12/2009, DJe 01/02/2010) (Tema 399 Recursos Repetitivos do STJ)

- **STF: Incidência do ISSQN sobre a Franquia – Tese aprovada no RE 603.136:** "É constitucional a incidência de Imposto sobre Serviços de Qualquer Natureza (ISS) sobre contratos de franquia (franchising) (itens 10.04 e 17.08 da lista de serviços prevista no Anexo da Lei Complementar 116/03)."
- **Conceito de Assessoria.** "Assessoria e o resultado de um processo de estudo e investigação, e gênero, cujas espécies podem ser assessoria técnica, assessoria administrativa, assessoria econômica, artística etc. Consultoria e a ação ou efeito de (um especialista) parecer sobre matéria da sua especialidade. Consultoria e a atividade de prestação de serviços de análise e orientação de questões, com ou sem a elaboração de parecer técnico" (DÁCOMO, Natália de Nardi. Hipótese de Incidência do ISS. São Paulo: Noeses, 2006, pag. 215)
- **Regulamento do trabalho temporário – Lei 6019/1974.** "Art. 2º Trabalho temporário é aquele prestado por pessoa física contratada por uma empresa de trabalho temporário que a coloca à disposição de uma empresa tomadora de serviços, para atender à necessidade de substituição transitória de pessoal permanente ou à demanda complementar de serviços".
- **Serviços de fornecimento de mão de obra:** "Os serviços de fornecimento de mão-de-obra permanecentes são também chamados "terceirização"; contemplam

o fornecimento de serviços de limpeza, vigilância etc. Observe-se que o objeto da relação de serviço não e a contratação de pessoal ou do trabalhador, mas a limpeza, a vigilância, a manutenção etc. Sendo assim, não importa quem e o indivíduo que realiza o serviço mas a relação entre duas empresas a tomadora e a prestadora de serviços" (DÁCOMO, Natália de Nardi. Hipótese de Incidência do ISS. São Paulo: Noeses, 2006, pag. 222)

- **Fornecimento de mão-de-obra x subempreitada. Não especificação da obra ou do resultado material almejado. Incidência do serviço de fornecimento de mão-de-obra.** "Entende-se como de cessão de mão-de-obra o contrato que tem por objeto o mero fornecimento de profissionais, sem especificação da obra que realizarão nem do resultado material objetivado por sua atuação, com preço calculado em razão do prazo da cessão dos profissionais. Recurso de Ofício provido. Decisão por maioria". (...) "Ora, se os contratos firmados não referem obra específica, mas apenas cessão de mão-de-obra, inclusive com preço calculado por profissional cedido e pelo prazo da cessão, se o contrato social do contribuinte informa que o objeto da empresa é o fornecimento de mãode-obra, se, finalmente, o contribuinte declara que presta serviço de fornecimento de mão-deobra, não há porquê, a meu ver, se cogitar de espécie diversa de prestação de serviço que não o de fornecimento de mão-de-obra. Não vejo nada no caso a indicar que o tipo de serviço aqui cogitado seria de empreitada ou subempreitada". CCM/RJ, Recurso *Ex Officio* nº 1.634, Rel. Conselheiro Pedro Antonio, Acórdão 7.804, julgado em 22 de janeiro de 2004.

- **Base de cálculo do serviço de cessão de mão de obra temporária.** "Não hipótese específica, os valores correspondentes à paga de salários e de encargos sociais dos trabalhadores temporários, são receitas destes e não da empresa prestadora. Incluir tais valores (salários e encargos) na base de cálculo do ISS é ferir a capacidade contributiva e onerar valores não relacionados ao fato gerador da obrigação tributária do imposto municipal" (MORAES, Bernardo Ribeiro de. ISSQN - Fornecimento de mão-de-obra temporária - base de cálculo. Revista Dialética de Direito Tributário, n. 60, set. 2000, p. 35)

- **Regulamento do serviço de Administração - Lei 4769/65.** "Art 2º A atividade profissional de Técnico de Administração será exercida, como profissão liberal ou não, VETADO, mediante: a) pareceres, relatórios, planos, projetos, arbitragens, laudos, assessoria em geral, chefia intermediária, direção superior; b) pesquisas, estudos, análise, interpretação, planejamento, implantação, coordenação e controle dos trabalhos nos campos da administração VETADO, como administração e seleção de pessoal, organização e métodos, orçamentos, administração de material, administração financeira, relações públicas, administração mercadológica, administração de produção, relações industriais, bem como outros campos em que esses se desdobrem ou aos quais sejam conexos;"

- **Regulamento do serviço de Advocacia - Lei 8906/94.** "Art. 1º São atividades privativas de advocacia: I - a postulação a qualquer órgão do Poder Judiciário e aos juizados especiais; (Vide ADIN 1.127-8) II - as atividades de consultoria, assessoria e direção jurídicas".

- **Regulamento do serviço de Leiloeiro - Decreto 21981/1932.** "Art. 1º A profissão de leiloeiro será exercida mediante matricula concedida pelas juntas Comerciais, do Distrito Federal, dos Estados e Território do Acre, de acordo com as disposições deste regulamento".

- **Regulamento do serviço de contabilidade - Decreto-Lei 9295/1946.** "Art. 25. São considerados trabalhos técnicos de contabilidade: a) organização e execução de serviços de contabilidade em geral; b) escrituração dos livros de contabilidade obrigatórios, bem como de todos os necessários no conjunto da organização contábil e levantamento dos respectivos balanços e demonstrações; c) perícias judiciais ou extrajudiciais, revisão de balanços e de contas em geral, verificação de haveres revisão permanente ou periódica de escritas, regulações judiciais ou extrajudiciais de avarias grossas ou comuns, assistência aos Conselhos Fiscais das sociedades anônimas e quaisquer outras atribuições de natureza técnica conferidas por lei aos profissionais de contabilidade."

- **Publicidade x propaganda.** "A propaganda visa a promover a venda de produtos e serviços, difundir ideias ou informar o público a respeito de organizações ou instituições colocadas a serviço desse mesmo público. Propaganda e a soma dos meios de publicidade para divulgar ou difundir algo, ou informar o público; trata-se da atividade de expor algo ao público, difundir ideias, mercadorias, produtos ou serviços, por parte de um anunciante identificado (...) Publicidade compreende as atividades daqueles que, em caráter regular e permanente, exercem funções artísticas e técnicas por meio das quais se estuda, concebe-se, executa-se e distribui-se propaganda, trata-se de um instrumento da propaganda. (DÁCOMO, Natália de Nardi. Hipótese de Incidência do ISS. São Paulo: Noeses, 2006, pag. 223)

- **Imunidade tributária de jornais e revistas.** RE 91662/SP - Relator(a): Min. DECIO MIRANDA - Julgamento: 04/11/1980 - Órgão Julgador: SEGUNDA TURMA - Publicação: DJ 28-11-1980 PG-10102 EMENT VOL-01194-04 PG-00969 RTJ VOL-00098-03 PG-00802 - EMENTA. TRIBUTÁRIO. IMPOSTO SOBRE SERVIÇOS. Não incide sobre anúncios e publicidade em jornal. Precedente: RE 87.049, Pleno de 13.04.78, RTJ 87/608.

- **Imunidade tributária de jornais e revistas.** EMENTA: TRIBUTÁRIO. ENCARTES DE PROPAGANDA DISTRIBUÍDOS COM JORNAIS E PERIÓDICOS. ISS. ART. 150, VI, d, DA CONSTITUIÇÃO. Veículo publicitário que, em face de sua natureza propagandística, de exclusiva índole comercial, não pode ser considerado como destinado à cultura e à educação, razão pela qual não está abrangido pela imunidade de impostos prevista no dispositivo constitucional sob referência, a qual, ademais, não se estenderia, de qualquer forma, às empresas por eles responsáveis, no que concerne à renda bruta auferida pelo serviço prestado e ao lucro líquido obtido. Recurso não conhecido. (RE 213094, Relator(a): Min. ILMAR GALVÃO, Primeira Turma, julgado em 22/06/1999, DJ 15-10-1999 PP-00023 EMENT VOL-01967-03 PP-00446 RTJ VOL-00171-01 PP-00336) Em outras palavras: "A razão disso é porque, em tais situações, fica evidente que o veículo publicitário não pode ser considerado como destinado à cultura e à educação, mas sim, como uma prestação de serviço de publicidade comercial"(LUSTOZA, Helton Kramer. Et al. Tributos em Espécie. 4 ed. Salvador: JusPodivm, 2017, p. 830)

- **Imunidade tributária de jornais e revistas.** Inaplicabilidade de Imunidade na composição gráfica de revistas: As prestadoras de serviços de composição gráfica, que realizam serviços por encomenda de empresas jornalísticas ou editoras de livros, não estão abrangidas pela imunidade tributária prevista no art. 150, VI, d, da CF. Frisou que, no ponto, os serviços de composição gráfica realizados por empresas contratadas para realizar esses trabalhos, seriam meros prestadores de serviço e, por isso, a eles não se aplicaria a imunidade tributária. Vencido o Ministro Eros Grau, que dava provimento ao recurso. RE 434826 AgR/MG, rel. orig. Min. Cezar Peluso, red. p/ o acórdão Min. Celso de Mello, 19.11.2013. (RE-434826)

▶ **Decisão Administrativa - alcance dote termo publicidade.** "ICMS. FALTA DE EMISSÃO DE NOTA FISCAL NA VEICULAÇÃO DE PROPAGANDA MEDIANTE "OUT-DOOR". Paradigma indicado presta-se ao confronto, por ter tratado da mesma matéria com decisão favorável ao contribuinte. A Constituição Federal de 1988 não recepcionou completamente a Lista Serviços a que se refere o artigo 8º do Decreto-Lei 406/68, sobretudo, alguns itens dessa lista anteriores à Constituição Federal que não mais prevalecem, caso da "publicidade" - "promoção ou difusão ao público de determinados produtos, bens, pessoas, serviços ou ideias". A veiculação de propaganda por meio dos chamados "outdoor", painéis ou cartazes é modalidade da prestação de serviço de comunicação, portanto, sujeita apenas a ICMS. A atual Lei Complementar 116, de 2003, que regula o ISSQN, não estabelece a incidência do imposto municipal na veiculação de propaganda. RECURSO CONHECIDO. NEGADO PROVIMENTO. DECISÃO NÃO UNÂNIME" (TIT/SP. Câmara Superior. Processo 833152/2006 - DOE 16/10/2010)

▶ **Programação visual exercida na elaboração de materiais publicitários. Incidência no subitem 17.06. Difere do serviço previsto no subitem 23.01.** "Os serviços de programação e comunicação visual que não se destinem à publicidade e propaganda devem ser classificados no subitem 23.01 da Lista, sujeitando-se à alíquota de 5%. Recurso voluntário improvido. Decisão unânime. CCM/RJ, RV nº 14.466, Acórdão 15.464, Rel. Conselheiro Fernando da Costa, julgado em 24/05/2016".

▶ **Decisão Administrativa - inserção de publicidade na internet.** "ISS. Subitem 10.08 da Lista de Serviços da Lei nº 13.701, de 24 de dezembro de 2003. Código de Serviço 06394. Agenciamento de veiculação de anúncios em "sites" da internet. Outro caso, contudo, verifica-se na prestação de serviços às empresas que desejam ter publicidade veiculada em sites de internet. 8. Do exame dos documentos juntados, bem como da análise do próprio site da consulente na Internet, conclui-se que ao promover uma campanha de afiliação, aproximando sites de internet interessados em veicular anúncios (denominados "afiliados" pela consulente) e empresas interessadas em fazer propaganda de seus produtos em diversos sites de internet (denominados "anunciantes"), a consulente está prestando serviços enquadrado no seguinte código de serviço da Instrução Normativa SF/SUREM nº 8, de 18 de julho de 2011:" (Município de são Paulo - SOLUÇÃO DE CONSULTA SF/DEJUG nº 04, de 09 de março de 2016)

▶ **Decisão Administrativa - isenção de publicidade.** "ISS. Subitem 17.06 da Lista de Serviços da Lei Complementar nº 116, de 31 de julho de 2003. Código de serviço 02496. Incidência de ISS na inserção de anúncios. Portanto, conclui-se que veicular informação nada mais é do que realizar publicidade. Os serviços de veiculação e divulgação de materiais de propaganda e publicidade estão abrangidos pelos serviços de propaganda e publicidade, sendo enquadráveis no subitem 17.06. da Lista de Serviços do art. 1º da Lei nº 13.701/2003, relativo à propaganda e publicidade, inclusive promoção de vendas, planejamento de campanhas ou sistemas de publicidade, elaboração de desenhos, textos e demais materiais publicitários, código de serviço 02496, do Anexo I, da Instrução Normativa SF/SUREM nº 8, de 18 de julho de 2011." (Município de são Paulo - SOLUÇÃO DE CONSULTA SF/DEJUG nº 08, de 17 de março de 2016)

▶ **Hipermercados. Exposição de mercadorias mediante remuneração. Incidência ISSQN. Serviço de publicidade e propaganda.** "HIPERMERCADOS E CONGÊNERES - EXPOSIÇÃO DE MERCADORIAS, MEDIANTE REMUNERAÇÃO, EM EXTREMIDADES DE

GÔNDOLAS OU PRATELEIRAS – SERVIÇO DE PUBLICIDADE E PROPAGANDA – INCIDÊNCIA DO IMPOSTO – DESPROVIMENTO DO RECURSO VOLUNTÁRIO – MANUTENÇÃO DO RESPEITÁVEL "DECISUM" DE PRIMEIRO GRAU. Grava o ISSQN o valor do contrato avençado entre o hipermercado e alguns de seus fornecedores, quando, em troca da correspondente remuneração, referido estabelecimento varejista compromete-se a expor determinadas mercadorias nas pontas de suas gôndolas ou prateleiras, bem como em qualquer outro lugar de destaque em suas dependências. No caso em apreço, a utilidade imaterial perseguida por aqueles fornecedores foi precisamente a exposição privilegiada de seus produtos, destinada a tornar sua marca mais visível e as respectivas mercadorias mais acessíveis aos diversos clientes do hipermercado (...)". CART/BH, 3ª Câmara, Rel. Alfredo Bento, Acórdão 8.763, 10/09/2011.

- **Publicidade em sites da internet:** O ICMS não incide sobre o serviço de inserção de publicidade e veiculação de propaganda em sites da internet. AREsp 1.598.445-SP, Rel. Min. Gurgel de Faria, Primeira Turma, por unanimidade, julgado em 23/08/2022.

- **Inserção de textos. Tese fixada:** "É constitucional o subitem 17.25 da lista anexa à LC nº 116/03, incluído pela LC nº 157/16, no que propicia a incidência do ISS, afastando a do ICMS, sobre a prestação de serviço de inserção de textos, desenhos e outros materiais de propaganda e publicidade em qualquer meio (exceto em livros, jornais, periódicos e nas modalidades de serviços de radiodifusão sonora e de sons e imagens de recepção livre e gratuita)." ADI 6034/RJ, relator Min. Dias Toffoli, julgamento virtual finalizado em 8.3.2022 (terça-feira), às 23:59

> 18 – Serviços de regulação de sinistros vinculados a contratos de seguros; inspeção e avaliação de riscos para cobertura de contratos de seguros; prevenção e gerência de riscos seguráveis e congêneres.
>
> 18.01 – Serviços de regulação de sinistros vinculados a contratos de seguros; inspeção e avaliação de riscos para cobertura de contratos de seguros; prevenção e gerência de riscos seguráveis e congêneres.

- **Regulação de sinistros.** "Assim, doravante, poderá se supor que quaisquer prestador dos serviços mencionados dica obrigado ao imposto. Entretanto, se o segurado e quem realiza tais atividades haveria dificuldade em se visualizar a relação jurídica; enquanto que a companhia se seguro teria que realizar atividades totalmente distintas do negócio seguro para qualificar-se como contribuinte do imposto." (MELO, José Eduardo Soares de. ISS – aspectos teóricos e práticos. 3 ed. São Paulo: dialética, 2003, pag.102)

> 19 – Serviços de distribuição e venda de bilhetes e demais produtos de loteria, bingos, cartões, pules ou cupons de apostas, sorteios, prêmios, inclusive os decorrentes de títulos de capitalização e congêneres.
>
> 19.01 – Serviços de distribuição e venda de bilhetes e demais produtos de loteria, bingos, cartões, pules ou cupons de apostas, sorteios, prêmios, inclusive os decorrentes de títulos de capitalização e congêneres.

- **Regulamento de loterias – Decreto 6259/1944.** "Art. 40. Constitui jôgo de azar passível de repressão penal, a loteria de qualquer espécie não autorizada ou ratificada expressamente pelo Govêrno Federal. Parágrafo único. Seja qual fôr a sua denominação e processo de sorteio adotado, considera-se loteria tôda operação, jôgo ou aposta para a obtenção de um prêmio em dinheiro ou em bens de outra natureza, mediante colocação de bilhetes, listas, cupões, vales, papéis, manuscritos, sinais, símbolos, ou qualquer outro meio de distribuição dos números e designação dos jogadores ou apostadores".

- **STF: Incidência do ISSQN sobre venda de bilhetes - Tema de Repercussão Geral 700 - tese aprovada:** "É constitucional a incidência de ISS sobre serviços de distribuição e venda de bilhetes e demais produtos de loteria, bingos, cartões, pules ou cupons de apostas, sorteios e prêmios (item 19 da Lista de Serviços Anexa à Lei Complementar 116/2003). Nesta situação, a base de cálculo do ISS é o valor a ser remunerado pela prestação do serviço, independentemente da cobrança de ingresso, não podendo corresponder ao valor total da aposta",

> 20 - Serviços portuários, aeroportuários, ferroportuários, de terminais rodoviários, ferroviários e metroviários.
>
> 20.01 - Serviços portuários, ferroportuários, utilização de porto, movimentação de passageiros, reboque de embarcações, rebocador escoteiro, atracação, desatracação, serviços de praticagem, capatazia, armazenagem de qualquer natureza, serviços acessórios, movimentação de mercadorias, serviços de apoio marítimo, de movimentação ao largo, serviços de armadores, estiva, conferência, logística e congêneres.
>
> 20.02 - Serviços aeroportuários, utilização de aeroporto, movimentação de passageiros, armazenagem de qualquer natureza, capatazia, movimentação de aeronaves, serviços de apoio aeroportuários, serviços acessórios, movimentação de mercadorias, logística e congêneres.
>
> 20.03 - Serviços de terminais rodoviários, ferroviários, metroviários, movimentação de passageiros, mercadorias, inclusive suas operações, logística e congêneres.

- **Serviço de administração de imóvel em terminal de embarque.** "As atividades pertinentes à administração do imóvel, na área de apoio em que se localiza o terminal de embarque, têm implicado a incidência do ISS". (MELO, José Eduardo Soares de; PAULSEN, Leandro. Impostos federais, estaduais e municipais. 6 ed. Porto Alegre: Livraria do Advogado, 2011, p. 322)

- **Serviço de rebocagem. Não incidência de ISSQN na vigência do Decreto-Lei n. 406/68, tanto por ausência de expressa previsão legal (art. 108, §1°, do CTN), como por não ser serviço congênere ao de atracação.** (AgRg no AREsp 720449/RJ, Rel. Ministro Herman Benjamin, Segunda Turma, Julgado em 01/09/2015, DJE 11/11/2015); AgRg no AREsp 157118/RJ,Rel. Ministro Castro Meira, Segunda Turma, Julgado em 12/06/2012,DJE 20/06/2012); EREsp 965583/SP, Rel. Ministro Mauro Campbell Marques, Primeira Seção, Julgado em 23/02/2011,DJE 26/04/2011.

- **Serviço de praticagem.** "O Superior Tribunal de Justiça possui entendimento de que incide o ISS sobre o serviço de praticagem". (REsp 1129490/SP, Rel. Ministro OG FERNANDES, SEGUNDA TURMA, julgado em 05/12/2017, DJe 13/12/2017)

- **Serviço de capatazia.** "Os serviços de capatazia encontram lastro normativo constitucional e infraconstitucional idôneo para a incidência de outro imposto, de competência dos Municípios, qual seja, o imposto sobre serviços de qualquer natureza, como se constata por simples leitura do art. 156, III, da CF/88 c/c o item 87 da Lista de Serviços a que se refere o art. 8° do Decreto-lei 406/68, correspondente ao item 20 e subitens 20.01 e 20.02 da Lista de Serviços a que se refere o art. 1° da Lei Complementar 116/2003, que contemplam, como fato gerador do ISSQN, a prestação de serviços de capatazia em portos e aeroportos" (REsp 1626971/SC, Rel.

Ministra ASSUSETE MAGALHÃES, SEGUNDA TURMA, julgado em 25/04/2017, DJe 04/05/2017).

21 – Serviços de registros públicos, cartorários e notariais.

21.01 – Serviços de registros públicos, cartorários e notariais.

- **Serviços cartorários.** "Os serviços de registros públicos, cartórios e notariais são exercidos em caráter privado, por delegação do Poder Público. Observe-se que a delegação de competência e um instrumento de descentralização administrativa, com o objetivo de assegurar maior rapidez e objetividade as decisões, situando-as na proximidade dos fatos, pessoas ou problemas a atender" (DÁCOMO, Natália de Nardi. Hipótese de Incidência do ISS. São Paulo: Noeses, 2006, pag.248)

- **Sujeito passivo.** "O entendimento predominante da doutrina e jurisprudência é de que os cartórios extrajudiciais não possuem personalidade jurídica e, portanto, não podem figurar no pólo passivo das demandas judiciais. De acordo com o art. 106, I, do regulamento de imposto de renda, aprovado pelo Decreto nº 3.000/99 a remuneração de notários e registradores está fincada no código 0190 (carnê-leão), aplicável às pessoas físicas" (LUSTOZA, Helton Kramer. Et al. Tributos em Espécie. 4º ed. Salvador: JusPodivm, 2017, p. 843)

- **Consulta Receita Federal – SOLUÇÃO DE CONSULTA Nº 81 de 11 de Marco de 2004.** "EMENTA: Imposto de Renda da Pessoa Jurídica. Declaração. Cartório. Os cartórios são tributados como pessoas físicas, por meio da DIRPF dos respectivos tabeliães, e estão desobrigados da apresentação da DIPJ e da DCTF".

- **Consulta Receita Federal – SOLUÇÃO DE CONSULTA Nº 217 de 11 de Junho de 2010.** "EMENTA: TITULARES DE CARTÓRIO DE REGISTRO DE IMÓVEIS Para efeito de tributação do Imposto de Renda. Os cartórios de registro de imóveis não são consi-derados pessoas jurídicas, e nem a elas equiparadas, ainda que obrigados à inscrição no Cadastro Nacional das Pessoas Jurídicas (CNPJ). Os valores oriundos dos serviços notariais e de registro, a que se refere o art. 236 da Constituição, auferidos pelos titulares, ainda que em condição provisória, são considerados rendimentos do trabalho não-assalariado, e devem ser oferecidos à tributação, mensalmente, por meio do Recolhimento Mensal Obrigatório (carnê-leão), podendo, para efeito de apuração da base de cálculo, serem deduzidas as despesas escrituradas em Livro Caixa. Sendo assim, os titulares de serviços de registro de imóveis devem entregar a Declaração do Imposto sobre a Renda Retido na Fonte (Dirf), em seu próprio nome – indicando o número de inscrição no Cadastro das Pessoas Físicas (CPF), caso tenham pago ou creditado rendimentos que tenham sofrido retenção do imposto sobre a renda na fonte, ainda que em um único mês do ano-calendário a que se referir a declaração".

- **Consulta Receita Federal – SOLUÇÃO DE CONSULTA Nº 54 de 09 de Abril de 2009.** "EMENTA: IRPF. NOTÁRIOS e REGISTRADORES. Os rendimentos oriundos dos serviços notariais e cartoriais serão tributados mensalmente pelo imposto de renda na pessoa física do titular do cartório, sujeitando-se ao recolhimento do carnê-leão na forma da legislação em vigor. A tributação dos rendimentos auferidos pelos notários e oficiais de registro opera-se na pessoa física do titular ainda que o cartório esteja obrigado à inscrição no Cadastro Nacional da Pessoa Jurídica (CNPJ)".

- **Atividade notarial. Sujeição ao ISSQN.** "(...) As pessoas que exercem atividade notarial não são imunes à tributação, porquanto a circunstância de desenvolverem os respectivos serviços com intuito lucrativo invoca a exceção prevista no art. 150,

§ 3º da Constituição. O recebimento de remuneração pela prestação dos serviços confirma, ainda, capacidade contributiva. A imunidade recíproca é uma garantia ou prerrogativa imediata de entidades políticas federativas, e não de particulares que executem, com inequívoco intuito lucrativo, serviços públicos mediante concessão ou delegação, devidamente remunerados. Não há diferenciação que justifique a tributação dos serviços públicos concedidos e a não-tributação das atividades delegadas. Ação Direta de Inconstitucionalidade conhecida, mas julgada improcedente". (ADI 3089, Relator p/ Acórdão: Min. Joaquim Barbosa, Tribunal Pleno, julgado em 13/02/2008). Repercussão geral reconhecida no Supremo Tribunal Federal (RE 756915 - Tema 688).

- **Notários e registradores devem pagar ISS sobre o valor dos emolumentos** (STJ.1ª Seção. REsp 1.328.384-RS, Rel. Orig. Min. Napoleão Nunes Maia Filho, Rel. p/ acórdão Min. Mauro Campbell Marques, julgado em 4/2/2013) - Informativo 514.

- **Não se aplica à prestação de serviços de registros públicos cartorários e notariais o regime especial de alíquota fixa do ISS previsto no § 1º do art. 9º do DL n. 406/1968.** "É pacífico o entendimento no Superior Tribunal de Justiça segundo o qual os serviços notariais não possuem natureza pessoal, motivo pelo qual inviável a cobrança do ISS sob a forma de alíquotas fixas, não se aplicando a sistemática de recolhimento do art. 9º, §1º, do Decreto-Lei 406/68". (AgInt no REsp 1630011/RJ, Rel. Ministra REGINA HELENA COSTA, PRIMEIRA TURMA, Julgado em 21/03/2017, DJE 30/03/2017). **No mesmo sentido:** AgInt no REsp 1595734/SP, Rel. Ministro FRANCISCO FALCÃO, SEGUNDA TURMA, Julgado em 07/03/2017, DJE 10/03/2017.

22 - Serviços de exploração de rodovia.

22.01 - Serviços de exploração de rodovia mediante cobrança de preço ou pedágio dos usuários, envolvendo execução de serviços de conservação, manutenção, melhoramentos para adequação de capacidade e segurança de trânsito, operação, monitoração, assistência aos usuários e outros serviços definidos em contratos, atos de concessão ou de permissão ou em normas oficiais.

- **Incidência do ISS.** "...concluímos que o serviço público prestado por concessionários está sujeito ao Imposto sobre Serviços, na medida que tal serviço é prestado de modo empresarial (visando lucro) e sob condições contratuais que lhe garantem sua obtenção, não havendo razão jurídica para conceder privilégio ao setor que explora essa atividade" (AMARAL, Gustavo da Silva. ISS - Materialidade de sua incidência. In. Curso de Especialização em Direito Tributário. Coord. Eurico Marcos Diniz de Santi. Forense: rio de Janeiro, 2009, p. 493)

- **Serviços prestados pela concessionária.** "Os serviços realizados por uma empresa concessionaria visam ao lucro, exploram atividades econômicas, atuam por conta e risco próprios. A natureza jurídica do serviço e privada; por decisão do Poder Público, o serviço perdeu seu caráter de público; portanto, não há cogitar do instituto da imunidade tributária. Os serviços de exploração de rodovia compreendem, entre outros, a administração e o controle da fronta de veículos de transporte rodoviário de cargas e passageiros; o atendimento e a assistência as vítimas e seus parentes (em caso de acidente); e o acionamento de serviços de apoio e órgãos oficiais, como polícia rodoviária". (DÁCOMO, Natália de Nardi. Hipótese de Incidência do ISS. São Paulo: Noeses, 2006, pag. 254)

- **Sujeito ativo do ISS e o pedágio.** "Portanto, a prestação de serviço remunerada por pedágio - que pensamos tratar-se de conservação =, reforma, ampliação, melhoramento, assistência médica e mecânica – ficará sujeita à incidência do ISS quando se der em regime de concessão, permissão ou autorização" (BAPTISTA, Marcelo Caron. A norma tributária do Imposto sobre Serviços – ISS ênfase no consequente normativo. In. Curso de direito Tributário e Finanças Públicas. Eurico Marcos Diniz de Santi (org.), São Paulo: Saraiva, 2008, p. 1034)

23 – Serviços de programação e comunicação visual, desenho industrial e congêneres.

23.01 – Serviços de programação e comunicação visual, desenho industrial e congêneres.

- **Programação e comunicação visual.** "Os painéis são todas as manifestações que podem ser vistas dos logradouros públicos, e constantes em *back light* (caixas iluminadas por dentro com anúncios nas faces externas), *front light* (telas de vinil com iluminação frontal), painel trifásico (telas de vinil fatiadas que giram no eixo de um suporte triangular ao mudar imagens), além de buscar, e até decoração de pontos de taxi". (MELO, José Eduardo Soares de; PAULSEN, Leandro. Impostos federais, estaduais e municipais. 6 ed. Porto Alegre: Livraria do Advogado, 2011, p. 325)
- **Conceito de serviço de programação visual.** "Programação visual é a parte do desenho industrial (q.v) que se ocupa da concepção, representação gráfica e organização de sistemas e mensagens veiculadas através de canal visual (sistemas de sinalização identidade visual de empresas, planejamento gráfico-editorial etc.); comunicação visual, design. O produto desta atividade" (DÁCOMO, Natália de Nardi. Hipótese de Incidência do ISS. São Paulo: Noeses, 2006, pag. 257)
- **Serviços de programação e comunicação visual que não se destinem à publicidade e propaganda. Incidência no subitem 23.01. Difere do serviço previsto no subitem 17.06.** "Os serviços de programação e comunicação visual que não se destinem à publicidade e propaganda devem ser classificados no subitem 23.01 da Lista, sujeitando-se à alíquota de 5%. Recurso voluntário improvido. Decisão unânime". CCM/RJ, RV nº 14.466, Acórdão 15.464, Rel. Conselheiro Fernando da Costa, julgado em 24/05/2016.

24 – Serviços de chaveiros, confecção de carimbos, placas, sinalização visual, banners, adesivos e congêneres.

24.01 – Serviços de chaveiros, confecção de carimbos, placas, sinalização visual, banners, adesivos e congêneres.

25 – Serviços funerários.

25.01 – Funerais, inclusive fornecimento de caixão, urna ou esquifes; aluguel de capela; transporte do corpo cadavérico; fornecimento de flores, coroas e outros paramentos; desembaraço de certidão de óbito; fornecimento de véu, essa e outros adornos; embalsamento, embelezamento, conservação ou restauração de cadáveres.

25.02 – Cremação de corpos e partes de corpos cadavéricos.

25.02 – Translado intramunicipal e cremação de corpos e partes de corpos cadavéricos. (Redação dada pela Lei Complementar nº 157, de 2016)

25.03 – Planos ou convênio funerários.

25.04 – Manutenção e conservação de jazigos e cemitérios.

25.05 – Cessão de uso de espaços em cemitérios para sepultamento. (Incluído pela Lei Complementar nº 157, de 2016)

▶ **Planos e convênios funerários.** "Planos ou convênios funerários não constituem nenhuma obrigação de fazer; em razão do que não deveriam sujeitar-se ao ISS, por revestirem a característica de seguros, sujeitos à tributação federal". (MELO, José Eduardo Soares de; PAULSEN, Leandro. Impostos federais, estaduais e municipais. 6 ed. Porto Alegre: Livraria do Advogado, 2011, p. 327)

▶ **Base de cálculo dos serviços funerários.** "Tal serviço também compreende o aluguel de capela, o fornecimento de flores coroas, essa (estrado que se ergue numa igreja para nele se colocar um cadáver enquanto se efetuam as cerimonias fúnebres) etc., bem como o transporte do corpo cadavérico; o desembaraço de certidão de óbito; fornecimento de véu e outros enfeites" (DÁCOMO, Natália de Nardi. Hipótese de Incidência do ISS. São Paulo: Noeses, 2006, pag. 262)

26 – Serviços de coleta, remessa ou entrega de correspondências, documentos, objetos, bens ou valores, inclusive pelos correios e suas agências franqueadas; courrier e congêneres.

26.01 – Serviços de coleta, remessa ou entrega de correspondências, documentos, objetos, bens ou valores, inclusive pelos correios e suas agências franqueadas; courrier e congêneres.

▶ **Serviço das franqueadas dos correios.** "é pacífico no STJ o entendimento de que após a vigência da LC 116/03, incide ISS sobre serviços realizados pelas agências franqueadas dos correios". (MELO, José Eduardo Soares de; PAULSEN, Leandro. Impostos federais, estaduais e municipais. 6 ed. Porto Alegre: Livraria do Advogado, 2011, p. 328)

27 – Serviços de assistência social.

27.01 – Serviços de assistência social.

▶ **Serviço de assistência social.** "Prestados por assistentes sociais que não tenham vinculo de emprego ou trabalhem como servidores públicos. Os serviços de assistente social serão os praticados pelo profissional autônomo ou por empresa" (MARTINS, Sergio Pinto. Manual do Imposto sobre Serviços. São Paulo: Atlas, 2004, p. 311)

28 – Serviços de avaliação de bens e serviços de qualquer natureza.

28.01 – Serviços de avaliação de bens e serviços de qualquer natureza.

▶ **Serviço de avaliação.** "Conforme os conhecimentos do avaliador, a avaliação pode ser bens de mercadorias, de riscos ou danos, de animais, de títulos de créditos, ou outras" (DÁCOMO, Natália de Nardi. Hipótese de Incidência do ISS. São Paulo: Noeses, 2006, pag. 270)

29 – Serviços de biblioteconomia.

29.01 – Serviços de biblioteconomia.

▶ **Serviço de biblioteconomia.** "Biblioteconomia e a parte da bibliotecologia que trata dos aspectos da armazenagem, do acesso e da circulação das coleções de livros; conjunto de conhecimentos e técnicas necessárias a gestão de uma biblioteca". (DÁCOMO, Natália de Nardi. Hipótese de Incidência do ISS. São Paulo: Noeses, 2006, pag. 270)

30 – Serviços de biologia, biotecnologia e química.

30.01 – Serviços de biologia, biotecnologia e química.

31 - Serviços técnicos em edificações, eletrônica, eletrotécnica, mecânica, telecomunicações e congêneres.

31.01 - Serviços técnicos em edificações, eletrônica, eletrotécnica, mecânica, telecomunicações e congêneres.

▶ **Serviço técnico.** "Serviço técnico se refere a atividade de um especialista, perito, experto ou alguém que tem conhecimento específico" (DÁCOMO, Natália de Nardi. Hipótese de Incidência do ISS. São Paulo: Noeses, 2006, pag. 274)

32 - Serviços de desenhos técnicos.

32.01 - Serviços de desenhos técnicos.

▶ **Serviço de desenhista.** "São os efetuados pelo desenhista ou desenhador, pessoa que faz desenhos, representações figuradas por meio de linhas. Técnico e o desenhista que executa desenhos científicos industriais., ligado a determinada especialidade mecânica ou de engenharia". (MORAES, Bernardo Ribeiro de. Doutrina e prática do Imposto sobre Serviços. São Paulo: Dialética, 2003, pag 340).

33 - Serviços de desembaraço aduaneiro, comissários, despachantes e congêneres.

33.01 - Serviços de desembaraço aduaneiro, comissários, despachantes e congêneres.

34 - Serviços de investigações particulares, detetives e congêneres.

34.01 - Serviços de investigações particulares, detetives e congêneres.

▶ **Serviço de investigação.** "Investigação particular, portanto, e a averiguação sistemática de algo; inquirição, indagação, apuração de ordem sistemática de algo; inquirição, indagação, apuração de ordem privada. Sendo assim, o trabalho, o trabalho de investigação pública, como o dos investigadores de polícia, está fora do conceito." (DÁCOMO, Natália de Nardi. Hipótese de Incidência do ISS. São Paulo: Noeses, 2006, pag 281)

35 - Serviços de reportagem, assessoria de imprensa, jornalismo e relações públicas.

35.01 - Serviços de reportagem, assessoria de imprensa, jornalismo e relações públicas.

36 - Serviços de meteorologia.

36.01 - Serviços de meteorologia.

▶ **Serviço de meterorologia.** "Meteorologia e o estudo científico dos fenômenos atmosféricos, cuja análise permite a previsão do tempo." (DÁCOMO, Natália de Nardi. Hipótese de Incidência do ISS. São Paulo: Noeses, 2006, pag. 285)

37 - Serviços de artistas, atletas, modelos e manequins.

37.01 - Serviços de artistas, atletas, modelos e manequins.

▶ **Serviços de atletas, modelos e artistas.** "Para compor o critério material, apenas o atleta profissional poderá sofrer a incidência do ISS, e isso evidentemente, quando a relação jurídica não for trabalhista. Modelo e o indivíduo contratado por agência ou casa de modas para desfilar com as roupas que devem ser exibidas a clientela." (DÁCOMO, Natália de Nardi. Hipótese de Incidência do ISS. São Paulo: Noeses, 2006, pag. 287)

38 – Serviços de museologia.

38.01 – Serviços de museologia.

39 – Serviços de ourivesaria e lapidação.

39.01 – Serviços de ourivesaria e lapidação (quando o material for fornecido pelo tomador do serviço).

40 – Serviços relativos a obras de arte sob encomenda.

40.01 – Obras de arte sob encomenda.

REFERÊNCIAS

AMARO, Luciano. Direito tributário brasileiro. 9. ed. São Paulo: Saraiva, 2003.

AMARO, Luciano. Infrações Tributárias. São Paulo: Revista de Direito Tributário, n. 67, 1996.

ATALIBA, Geraldo. Hipótese de Incidência Tributária. São Paulo: Malheiros, 2010.

ATALIBA, Geraldo; BARRETO, Aires F. ISS - Construção civil - Pseudo-serviço e prestação de serviço - Estabelecimento prestador - Local da prestação. *In*. Revista de Direito Tributário, nº 40, abril/junho, 1987, p. 93/94.

BALEEIRO, Aliomar. Direito Tributário Brasileiro. Atualizada por Misabel Abreu Machado Derzi. 11. ed. Rio de janeiro: Forense, 2005.

BAPTISTA, Marcelo Caron. A norma tributária do Imposto sobre Serviços - ISS ênfase no consequente normativo. In. SANTI, Eurico Diniz de. Curso de Direito Tributário e Finanças Públicas. São Paulo: Saraiva, 2008.

BANDEIRA DE MELLO, Celso Antônio. Pareceres de Direito Administrativo. São Paulo: Malheiros, 2011.

BARRETO, Aires F. Curso de Direito Tributário Municipal. São Paulo: Saraiva, 2009.

BARRETO, Aires F. ISS na Constituição e na Lei. São Paulo: Dialética, 2003.

BARROSO, Luís Roberto. Interpretação e Aplicação da Constituição. São Paulo: Saraiva, 2004.

BECKER, Alfredo Augusto. Teoria Geral do Direito Tributário. São Paulo: Saraiva, 1963.

BINENBOJM, Gustavo. A nova Jurisdição Constitucional brasileira: legitimidade democrática e instrumentos de realização. 2. ed. Rio de Janeiro: Renovar, 2004.

BOTTALLO, Eduardo Domingos. Notas sobre o ISS e a Lei Complementar n. 116/2003. *In*. O ISS e a LC 116. Coord. Valdir de Oliveira Rocha. São Paulo: Dialética, 2003.

CARRAZA, R.A. Redução de capital: imunidade. Exegese do art. 156 § 2º, I, da Constituição Federal. Revista Dialética, n. 24, p. 119, set. 1997.

CARRAZZA, Roque Antônio. Curso de Direito Constitucional Tributário. 27 ed. São Paulo: Malheiros. 2010.

CARVALHO, Paulo de Barros. Curso de Direito Tributário. São Paulo: Saraiva, 2005.

CARVALHO, Raquel Melo Urbano de. Curso de Direito administrativo. Salvador: Juspodivm, 2009.

CASTRO, A.A. Norma geral antielisiva: art. 116, parágrafo único do CTN -constitucionalidade e outros aspectos relevantes. Brasília, 28 de dezembro de2002. Disponível em: http://www.aldemario.adv.br/nga.pdf. Acesso em maio de 2009.

CASSONE, Vittorio. In: MACHADO, Hugo de Brito (Coord.). *Sanções administrativas tributárias*. São Paulo: Dialética, 2004.

COELHO, Sacha Calmon Navarro. Manual de Direito Tributário. 2. ed. Rio de Janeiro: Forense, 2002.

COELHO, Sacha Calmon Navarro. *In*: RESENDE, Flávio Lúcio Chaves de. *A responsabilidade pela prática de infrações tributárias não-delituosas*. Disponível na Internet: WWW.jusnavegandi.com.br. 22/10/2008.

COELHO, Sacha Calmon Navarro. Comentários à Constituição de 1988. Rio de Janeiro: Forense, 1990.

COSTA, Antonio Jose da. A Regra-Matriz de Incidência do ITBI, Tese de Doutorado apresentada na PUC-SP, São Paulo, 1996.

COSTA, Regina Helena. Imunidades tributárias: teoria e análise da jurisprudência do STF. 2 ed. São Paulo: Malheiros, 2006.

DÁCOMO, Natália de Nardi. Hipótese de Incidência do ISS. São Paulo: Noeses, 2006.

DENARI, Z. Curso de Direito Tributário. 6. ed, Forense, 1996, p. 168.

DERZI, Misabel Abreu Machado. O aspecto espacial do imposto municipal sobre serviços de qualquer natureza. In: TÔRRES, Heleno Taveira (Org.). ISS na lei complementar n. 116/2003 e na constituição. Barueri: Manole, 2004.

DI PIETRO, Maria Sylvia Zanella. Direito Administrativo. São Paulo: Atlas, 2000.

FISCHER, Octavio Campos. O princípio da eficiência e a tributação do Brasil. *In*. MARTINS, Ives Gandra. Princípio da eficiência em matéria tributária. São Paulo: Revista dos Tribunais, 2006.

FRANÇA, Phillip Gil. O controle da Administração Pública: tutela jurisdicional, regulação econômica e desenvolvimento. 2. ed. São Paulo: Revista dos Tribunais, 2010.

FREITAS, Juarez. Controle dos atos administrativos e os princípios. São Paulo: Malheiros, 1999.

GABARDO, Emerson. Interesse Público e subsidiariedade. Belo Horizonte: Fórum, 2009.

__________. Princípio constitucional da eficiência administrativa. São Paulo: Dialética, 2002.

__________. Eficiência e legitimidade do Estado. São Paulo: Manole, 2003.

GONCALVES, Gilberto Rodrigues. ISS na construção civil. São Paulo: RBB, 1998.

GUTEIRREZ, C. Fato gerador do imposto de transmissão de bens imóveis no sistema brasileiro. Disponível em http://cristinagutierrez.pro.br/publicacoes/artigos/ARTIGO5.HTM. Acesso em 18/12/2008.

HARADA, K. Imposto sobre transmissão de bens imóveis (ITBI). Jus Navigandi, Teresina, ano 4, n. 40, mar. 2000. Disponível em: <http://jus2.uol.com.br/doutrina/texto.asp?id=1400>. Acesso em: 15/12/2008.48.

HARADA, K. ITBI. Aspecto temporal de seu fato gerador. Jus Navigandi, Teresina, ano 11, n. 1220, 3 nov. 2006. Disponível em: <http://jus2.uol.com.br/doutrina/texto.asp?id=9114. Acesso em: 15/12/2008.

HARADA, Kiyoschi. Direito Financeiro e Tributário. 15. ed. São Paulo: Atlas, 2006.

HARADA, Kiyoshi. IPTU: doutrina e prática. São Paulo: Atlas, 2012.

HOLANDA, Sérgio Buarque. Raízes do Brasil. 24 ed., Rio de Janeiro: José Olympio, 1992.

JUSTEN FILHO, Marçal. *Curso de direito administrativo*. 2ª ed. São Paulo: Saraiva, 2006.

JUSTEN FILHO, Marçal. ISS – O Imposto sobre Serviços na Constituição. Revista de Direito Tributário, nº 46, São Paulo: RT, 1985.

LOBO, R.L. A antecipação do fato gerador do ITBI inter vivos e o § 7º do artigo 150da Constituição Federal. Revista Dialética, n. 85, p. 106, out. 2002.

LOPES, Paulo Ancona e VECCHI, LOPES, Paulo Ancona e VECCHI, Ana. A nova era do franchising. São Paulo: Editora Infinito, 2000.

LUSTOZA, Helton Kramer; CASALINO, Vinicius. Curso de Direito Tributário. Curitiba: Ithala, 2021.

LUSTOZA, Helton Kramer; ROCHA, Roberval. Manual de Direito Tributário. Salvador: Juspodivm, 2021.

LUSTOZA, Helton Kramer e outro. Tributos em Espécie. 6 ed. Salvador: Juspodivm, 2021.

LUSTOZA, Helton Kramer. Novos paradigmas da incidência do ISSQN sobre a prestação de serviço na construção civil. *In*.Revista de Estudos Tributários. Porto Alegre: v. 15, nº 87, p105-122, set/out, 2012.

MARTINS, Sergio Pinto. Manual de Imposto sobre Serviços. São Paulo: Atlas, 2004.

MACHADO, H.B. Curso de Direito Tributário. 24. edição revista, atualizada e ampliada. São Paulo: Malheiros, 2004.

MACHADO, Hugo de Brito. Curso de Direito Tributário, 33ª ed. São Paulo: Malheiros. 2012.

MACHADO SEGUNDO, Hugo de Brito. Código Tributário Nacional. 2 ed. São Paulo: Atlas.

MELO, José Eduardo Soares de. ISS – Aspectos Teóricos e Práticos. 5. ed. São Paulo: Dialética, 2008.

MELO, Jose Eduardo Soares de; PAULSEN, Leandro. Impostos federais, estaduais e municipais. 6 ed. Porto Alegre: Livraria do Advogado, 2011.

MEZZOMO, M.C. Breves apontamentos sobre a incidência do ITBI e IPTU.Site do Curso de Direito da UFSM. Santa Maria-RS. Disponível em: <http://www.ufsm.br/direito/artigos/tributario/ITBI-IPTU.htm>. Acesso em 18/12/2008.

MONTEIRO, F.M. O compromisso de compra e venda e o aspecto temporal da hipótese de incidência do ITBI. Revista Dialética, n. 83, p. 36, ago. 2003.

MORAES, Bernardo Ribeiro de. Doutrina e Prática do Imposto sobre Serviços. São Paulo: Revista dos Tribunais, 1978.

NEGRÃO, Ricardo. Manual de Direito Comercial e Empresarial. São Paulo: Saraiva, 2010.

NOGUEIRA, R.B. Tributo antecipado pelo contribuinte de direito, cuja base de cálculo é o preço. Não pago este, também a Fazenda não pode se aproximar do Tributo. Compensação ou restituição. Revista Dialética, n. 72, p. 171, set. 2001.

PEIXOTO, Marcelo Magalhães; CARDOSO, Laís Vieira. Comentários à lista de serviços anexa a lei complementar 116/03. In: MARTINS, Ives Gandra da Silva; PEIXOTO, Marcelo Magalhães (orgs). ISS lei complementar 116/2003. Curitiba: Juruá, 2008, p. 369-426.

PINTO JÚNIOR, M. O fato gerador do ITBI. Texto confeccionado em 31/07/2006. Disponível em: http://www.direitonet.com.br/artigos/exibir/3635/O-fato-gerador-do-ITBI. Acesso em 05/05/2009.

RAMOS, André Luiz Santa Cruz. Direito Empresarial esquematizado. Rio de Janeiro: Forense, 2010.

RIBEIRO, Ricardo Lodi. Tributos: Teoria Geral e Espécies. Rio de Janeiro: Editora Impetus, 2014.

SABBAG. Eduardo de Moraes. Elementos do Direito Tributário. 8ª ed. São Paulo: Editora Premier Máxima, 2007.

SCHIER, Adriana da Costa Ricardo. Administração Pública: Apontamentos sobre os Modelos de Gestão e Tendências Atuais. In: GUIMARÃES, Edgar (Coord.). Cenários do Direito Administrativo – Estudos em Homenagem ao Professor Romeu Felipe Bacellar Filho. Belo Horizonte: Fórum. 2004.

SANTI, Eurico Marcos Diniz de. Curso de Direito tributário e finanças públicas. São Paulo: Saraiva.

SPAGNOL, Werther Botelho. Curso de Direito Tributário – conforme a Emenda Constitucional n. 42/03 DOU 31.12.2003. Belo Horizonte: Del Rey, 2004.

TORRES, Ricardo Lobo. Curso de Direito Financeiro e Tributário. 9ª ed. Rio de Janeiro: Renovar, 2002.

VELLOSO, Andrei Pitten. Constituição Tributária Comentada. São Paulo: Atlas, 2007.

ANOTAÇÕES

ANOTAÇÕES

ANOTAÇÕES

ANOTAÇÕES

ANOTAÇÕES

EDITORA
JusPODIVM
www.editorajuspodivm.com.br

COLOR
system

JUS2671